KB093700

DOMINICK SALVATORE

국제금융론 ^{제12판}

도미니크 살바토레 지음 | 김갑용 옮김

Σ 시그마프레스

국제금융론, 제12판

발행일 | 2017년 8월 25일 1쇄 발행

저자 | 도미니크 살바토레
역자 | 김갑용
발행인 | 강학경
발행처 | (주)시그마프레스
디자인 | 이상화
편집 | 류미숙

등록번호 | 제10-2642호
주소 | 서울시 영등포구 양평로 22길 21 선유도코오롱디지털타워 A401~403호
전자우편 | sigma@spress.co.kr
홈페이지 | http://www.sigmapress.co.kr
전화 | (02)323-4845, (02)2062-5184~8
팩스 | (02)323-4197

ISBN | 978-89-6866-957-6

International Economics, 12th Edition (Vol. 2)

＊ 책값은 책 뒤표지에 있습니다.

이 도서의 국립중앙도서관 출판예정도서목록(CIP)은 서지정보유통지원시스템 홈페이지 (http://seoji.nl.go.kr)와 국가자료공동목록시스템(http://www.nl.go.kr/kolisnet)에서 이용하실 수 있습니다. (CIP제어번호: CIP2017018287)

오늘날 국제경제는 갈수록 중요성이 더해 가고 있다. 최근 들어 세계화의 가속화, 세계경제의 블록화, EU 및 유로의 탄생, 개발도상국, 신흥경제 및 미국 등 선진국에서의 금융위기, 한-EU FTA의 체결, 한-미 FTA와 관련된 국내에서의 거센 반대 등 수많은 국제경제 현상 및 사건들이 발생하고 있으며 우리들의 삶에 직접적 · 간접적으로 큰 영향을 주고 있다.

이러한 국제경제적 사건들에 관심을 갖고 이러한 사건들과 우리의 구체적인 일상생활의 연관성을 이해하고 이에 어떻게 대처해야 하는가를 모색하는 것은 아주 중요한 일이 되었지만 결코 쉬운 것은 아니다. 따라서 복잡하게 얽혀 있는 국제경제 현상을 이해하기 위해서는 이런 현상들을 단순화시켜 해석하고 설명하는 이론적 도구가 필요하며 이것이 국제경제학을 공부하는 이유이다.

이러한 필요에 입각하여 미국 포담대학교 도미니크 살바토레의 *International Economics*의 제12판 중 국제경제의 통화 및 금융 부분을 다루는 국제금융론 부분을 번역 출판하게 된 것을 매우 기쁘게 생각한다. 과거에도 이 책은 제1판부터 제10판까지 번역되었지만 그동안 국제금융론의 새로운 전개과정에 맞추어 수정 · 보완 · 추가되었다. 또한 과거의 번역상의 오류도 대폭 수정하였다.

이 책이 기존의 다른 책과 구별되는 장점은 다음과 같다.

첫 번째, 저자도 밝히고 있는 바와 같이 복잡한 국제금융론을 먼저 직관적으로 설명하고 차후에 수식이나 도표를 이용하여 보다 논리적으로 설명하는 방식을 취함으로써 국제금융에 관한 깊은 이해가 없는 독자들도 국제금융 문제를 직관적으로 이해할 수 있도록 하였다는 것이다.

두 번째, 이 책은 국제금융론에 관련된 거의 모든 내용이 빠짐 없이 수록되어 있으며 방대한 내용을 모두 수록함으로써 발생하는 복잡함은 부록을 적절히 활용하여 해결하고 있다.

세 번째, 설명 방식이 아주 세밀하고 자세할 뿐 아니라 비약 없이 전개되므로 주의 깊게 책을 읽을 경우 어려운 개념도 비교적 쉽게 이해 가능하다는 점이다.

마지막으로 무엇보다도 역자들에게 매력적이었던 점은 풍부한 사례연구 및 국제금융 관련 최근의 데이터들을 많이 제공함으로써 자칫 현실감을 느끼기 어려운 국제경제 이론에 현장적 생동감을 불어넣고 있다는 것이다.

번역을 하는 과정에서 원저의 내용을 충실하게 전달할 수 있도록 최선을 다하였다고 생각되나 본의 아닌 오역도 있을 것이다. 이 점에 대해서는 독자들의 따가운 질책을 기대한다.

마지막으로 살바토레 교수의 **국제금융론** 한국어판이 나올 수 있도록 판권을 제공한 Wiley와 (주)시그마프레스 강학경 사장님, 꼼꼼한 편집으로 멋지게 책을 만들어준 편집부 여러분에게 깊은 감사를 표한다.

2017년 8월

역자

| 저자 서문 |

이 책은 대단한 호평을 받은 것으로 자부하는 *International Economics*의 제12판으로 미국, 캐나다 및 기타 영어를 사용하는 국가의 600개 이상의 대학에서 채택되었다. 또한 이 책은 중국어, 프랑스어, 그리스어, 인도네시아어, 이탈리아어, 한국어, 폴란드어, 포르투갈어, (브라질) 스페인어, 러시아어 및 기타 언어로도 번역되었다. 이 책이 미국 및 세계 전체에 걸쳐 국제금융론의 주요 교과서 중 하나로 자리매김할 수 있었던 특징들은 제12판에서도 그대로 유지되었다. 그러나 새로운 많은 주요한 토픽과 최근의 중요한 진전 상황을 포함할 수 있도록 내용을 완전히 새롭게 바꾸고 확대하였다.

국제경제의 중요한 진전 상황

제12판의 주요 목적은 21세기에 미국 및 세계가 직면하고 있는 중요한 국제금융 문제점 및 쟁점들을 이해하고 평가하며 해결책을 제시할 수 있도록 국제금융 이론과 원리를 포괄적이고, 새로운 방법으로 명쾌하게 설명하는 것이다. 최근의 국제금융 문제점 및 쟁점들은 다음과 같다.

1. 자본시장의 세계화로 인해 환율의 급변성과 불균형이 야기되었고 금융 상황은 불안정해졌으며 국내통화 문제에 대한 정부의 통제력이 약화되었다.
2. 개발도상국, 신흥 및 이행 경제에서 금융 및 경제위기가 매우 빈번하여 전체 금융경제체제의 안정성을 위협하고 있다.

이러한 국제금융적 사건들로 인해 미국 및 세계 여타국들의 후생은 영향을 받지만 그럼에도 불구하고 대부분은 미국의 통제를 벗어나 있다.

제12판의 새로운 내용

제1장은 이 책의 제11판이 출간된 이후 세계경제에서 발생한 극적인 경제 및 금융 변화를 반영할 수

있도록 대폭 개정되고 보완되었다.

세계경제의 급격한 세계화는 대부분의 국가에 이익을 가져다주지만, 중국과 같은 신흥시장으로 부터의 경쟁이 치열해지는 미국이나 기타 선진국뿐만 아니라 세계화를 활용할 수 없는 빈곤국에게는 도전이 되기도 한다. 세계경제의 지속적인 세계화는 국제무역과 국제경쟁력에 영향을 미치기도 하지만 정부의 국내정책에 대한 통제권을 잠식하기도 한다.

이 책의 제12판에서는 세계경제의 위험한 구조적 불균형을 심도 있게 분석하고, 이를 해결할 수 있는 정책대안들을 살펴본다. 오늘날 세계경제의 구조적 불균형으로는 미국의 무역수지 적자, 유럽의 저성장과 높은 실업률, 10년에 걸친 일본의 정체, 중국으로부터의 경쟁으로 인한 선진국과 개발도상국에 대한 경쟁적 도전, 세계의 빈곤, 환경 및 테러리즘을 들 수 있다. 이들 토픽이 이 책에서 심도 있게 다루어진다.

이 책에서는 60여 개의 사례연구가 포함되어 있는데, 이 중 1/4 이상이 새롭게 추가된 것이며 나머지는 전면적으로 개정되었다.

또한 이 책의 웹사이트(www.wiley.com/college/salvatore)는 완전히 새롭게 바꾸고 확대하였으며, 장마다 인터넷을 이용하여 문제를 풀거나 답할 수 있는 연습문제뿐만 아니라 추가적인 예, 사례 및 이론적 논점들을 제공할 예정이다.

이 책에서 새롭게 확대되고 개정된 내용은 다음과 같다 : 외환시장의 규모·통화 및 지리적 분포, 캐리 트레이드, 폭증하는 미국의 대중국 무역수지 적자, 예측 불가능한 유로/달러 환율, 과도기 경제에서의 발라사-사무엘슨 효과, 구조적 불균형 및 환율 불균형, 달러 및 미국 경상수지 적자의 실질 환율, 수입 가격에 대한 환율 관철, 대서양 전역의 통화정책, EU의 부적절한 구조조정과 성장 둔화, 석유가격 및 성장, 인플레이션 타기팅 및 환율, 전 세계적 금융위기와 대불황, 경기침체 이후의 느린 회복세와 성장세, 유로존 위기와 유로의 미래, IMF 회원국의 환율 조정, 국제통화 체제의 개혁 등.

독자 및 수준

이 책은 국제금융론을 완벽하게 이해하는 데 필수적인 모든 원리와 이론들을 소개한다. 교과서 자체에서는 이를 직관적인 수준에서 소개하고 대부분 장들의 끝에 있는 부록에서는 보다 엄밀하게 소개한다. 게다가 부분균형분석을 소개한 후 보다 어려운 일반균형분석(이는 임의로 선택할 수 있음)을 소개한다. 따라서 이 책은 신축성을 가질 수 있도록 짜여졌으며, 분석의 수준이 지나치게 복잡하거나 또는 지나치게 단순한 다른 국제금융론 교과서의 단점을 극복하고 있다.

책의 구성

이 책은 2부로 구성되어 있다. 제1부(제1~3장)에서는 일국의 국제수지의 측정, 외환시장 및 환율결정의 문제를 다루고, 제2부(제4~9장)에서는 개방경제 거시경제학 또는 국내경제와 여타 세계경제 간의 거시적 관계 및 현행 국제통화제도의 운영을 다룬다.

이 책에서 제시된 많은 예들과 현실세계에서의 사례연구들 때문에 경영대학원의 국제금융론 강좌에서 이 책을 사용해도 적합할 것이다. 국제금융론 1년차 대학원 과정에서는 교수님들이 부록을 다루고, 각 장 말미의 주석과 함께 소개되고 있는 광범위한 참고문헌으로부터 읽을거리를 숙제로 부과해도 좋을 듯하다.

학생들에게

- 동일한 기초개념을 다루는 장에서는 동일한 예를 사용한다. 이러한 특징은 이 책만의 고유한 것이다. 예를 들면 (국제금융론을 다루는) 제1장부터 제9장에 이르기까지 동일한 도표와 숫자가 각 장에서 사용된다. 이렇게 함으로써 학생들은 매번 새로운 예를 가지고 다시 시작할 필요가 없으므로 학생들의 부담은 크게 경감된다.

- 예에서는 실제의 숫자가 이용되고 도표는 일정한 척도로 그려져 있다. 이렇게 함으로써 소개되는 다양한 개념과 이론들을 학생들에게 보다 구체적이고 접근 가능하며 관련성 있게 하여 그래프를 읽기 쉽고 이해하기 쉽게 하였다.

- (장마다 3개에서 8개까지의) 약 60개의 사례연구가 소개되고 있다. 이러한 현실세계에서의 사례연구는 일반적으로 짧은 분량이지만 적절한 내용이어서 학생들의 이해를 공고히 하고 각 장에서 소개된 가장 중요한 토픽을 흥미롭게 한다.

- 각 장의 절은 참조를 용이하도록 하기 위해 번호를 매겼다. 다소 긴 절은 2개 또는 그 이상의 번호를 매긴 서브섹션으로 나누었다. 모든 그래프와 도표는 본문에서 세심하게 설명하였으며 또한 캡션에서도 간략하게 요약하였다.

- 본문을 읽기 편하게 색상과 음영을 적절히 이용하여 학생들의 이해를 돕도록 하였다.

- 각 장은 다음과 같은 학습 보조 도구로 끝을 맺는다.

  - **요약** — 한 문단으로 본문의 각 절을 복습한다.

  - **주요용어** — 각 장에서 색깔로 처리된 용어를 목록화하여 한눈에 볼 수 있게 하였다.

  - **복습문제** — (각 절에 대하여 2개 또는 1개 이상의 문제에 해당하는) 총 14개의 복습문제를 장마다 수록하였다.

  - **연습문제** — 장마다 14개에서 15개의 연습문제를 수록하였다. 이 문제들은 학생들에게 특정한 척도를 계산하거나 사건을 설명하도록 한다.

  - **부록** — 부록은 각 장에서 직관적으로 설명된 자료를 엄밀하게 그러나 자세하고 명백하게 설명한다.

도미니크 살바토레
포담대학교 경제학과 교수

| 요약 차례 |

| 차례 |

제2부 개방경제 거시경제학 및 국제통화제도

제4장 변동환율제도와 고정환율제도하에서 가격조정기구

제5장 소득조정기구 및 자동조정기구의 종합

제9장 국제통화제도 : 과거, 현재 및 미래

제 1 부

국제수지, 외환시장 및 환율

제1부(제1~3장)에서는 국제수지, 외환시장 및 환율결정이론을 다룬다. 국제수지 불균형의 조정, 개방경제 거시경제학 및 현행 국제금융제도의 기능을 다루는 제2부를 이해하기 위해서는 이 3개의 장에서 소개되는 내용을 명확하게 이해하는 것이 필수이다. 제1장에서는 국제수지의 의미, 기능 및 측정을 살펴본다. 제2장에서는 이론을 소개할 뿐만 아니라 외환시장의 실제 작동을 살펴보기 때문에 국제경제학을 공부하는 학생들, 특히 경영학을 전공하는 학생들에게 실질적으로 적합한 내용이다. 제3장에서는 국제수지에 대한 통화론적 접근방법 및 자산시장을 기초로 한 현대적 환율이론과 환율결정이론을 살펴본다.

제 1 장

국제수지

- 국제수지가 무엇이며 무엇을 측정하는지를 이해할 수 있다.
- 지난 수십 년간 미국의 국제수지 변화를 설명할 수 있다.
- 무역수지가 심각하게 악화되는 것의 문제점을 인식하고 최근의 미국의 순국제투자포지션을 설명할 수 있다.

1.1 서론

국제수지(balance of payments)란 원칙적으로 특정기간에(보통 1년) 한 국가의 거주자가 다른 국가의 거주자와 행한 모든 거래를 기록한 요약표로, 미국과 일부 다른 국가들은 분기별로 이러한 거래를 기록한다. 국제수지의 주요 목적은 정부에게 그 국가의 국제적 위상을 알려 주고 통화정책, 재정정책 및 무역정책을 수립할 때 도움을 주는 것이다. 정부는 또한 주요 교역 상대국의 국제수지를 참조하여 정책결정을 하기도 한다. 한 국가의 국제수지에 포함되어 있는 정보는 국제무역이나 국제금융과 직·간접으로 관련되어 있는 은행, 기업 및 개인들에게 필수불가결한 것이다.

앞에서 정의한 국제수지의 개념을 조금 더 명확하게 설명할 필요가 있다. 첫째 한 국가의 거주자가 외국의 거주자와 행하는 수백만 건의 거래가 문자 그대로 국제수지에 **개별적으로 나타날 수 없다**는 점은 분명하다. 국제수지는 **요약표로서** 모든 상품무역을 몇 개의 항목으로 집계한다. 마찬가지로 유형별 국제자본이동의 순수지(net balance)만을 포함한다. 그뿐만 아니라 한 국가의 중앙은행이 외환보유고의 일부를 자국의 상업은행에 매각하는 경우와 같이 외국의 거주자와 직접적으로 연관되어 있지 않은 거래도 국제수지에 포함된다.

국제거래란 한 국가의 거주자와 외국의 거주자 사이에(보통 지급이 수반되는) 상품, 서비스 및 자산의 교환을 의미하며, (반대급부가 없는) 증여나 기타의 이전 거래도 국제수지에 포함된다. 그러므로 누가 한 국가의 거주자인가 하는 문제는 보다 명확하게 설명할 필요가 있다. 외교관, 군인, 관광객 및 일시적으로 이주하는 노동자는 그들이 시민권을 가지고 있는 국가의 거주자이다. 마찬가지로 주식회사는 법인으로 등록된 국가의 거주자이지만, 주식회사의 해외지점이나 현지법인은 그렇지 않다. 물론 이러한 구분은 다소 자의적이고 문제의 여지가 있을 수도 있다. 예를 들면, 어떤 노동자가 일시적으로 해외에 이주하여 그곳에서 영원히 거주할 수도 있다. UN, IMF, 세계은행, WTO

와 같은 국제기구는 이들 기구가 위치한 국가의 거주자가 아니다. 또한 국제수지는 시간이라는 차원을 가지고 있다는 점도 기억해야 할 것이다. 즉, 국제수지는 일정 기간(보통은 1년) 한 국가의 거주자와 다른 국가의 거주자 사이에서 발생한 상품, 서비스, 증여 및 자산의 이동인 것이다.

이 장에서는 미국과 기타 국가들의 국제거래를 검토한다. 1.2절에서는 국제수지를 기술하는 데 사용되는 몇 가지 회계원리를 논의한다. 1.3절에서는 2014년 미국의 국제거래내역을 제시하고 분석한다. 1.4절에서는 다양한 계정수지와 국제수지 불균형의 개념과 측정에 관해 검토한다. 1.5절에서는 전후 미국의 국제수지를 간략히 검토한다. 1.6절에서는 경상계정의 중요성을 보여주고, 1.7절에서는 미국의 국제투자포지션을 검토한다. 부록에서는 IMF에 보고하는 데 사용하는 국제수지 측정방법을 제시한다. 이러한 방법을 사용함으로써 서로 다른 국가 간의 국제수지의 일관성이 유지되고 상호 비교가 가능해진다.

1.2 국제수지의 회계

우리는 국제수지 회계원칙 또는 국제거래가 일국의 국제수지에 기록 또는 기입되는 방법을 검토한다. 2014년 6월 경제분석국(BEA)은 국제경제계정의 종합적인 재편성을 새로 도입하였다. 그에 따라 2014년 미국의 국제수지는 이러한 새로 도입된 회계원칙을 사용하여 작성되었다. 우리는 국제수지 계정의 주요한 세 가지 개념인 경상계정, 자본계정 및 금융계정을 검토하는 것으로부터 시작한다.

1.2A 경상계정과 자본계정

경상계정(current account)거래는 재화와 용역의 수출과 수입, 외국거주자로부터 수령하거나 지불한 1차(투자) 소득과 외국에 송금하거나 수령한 2차(경상이전, 일례로 노동자의 연금) 소득의 수입(대변)과 지출(차변)을 포함한다. (보통 규모가 매우 작은) 자본계정(capital account)거래는 생산되지 않은 비금융자산의 획득과 처분, 자본이전의 수령과 지불을 의미한다. 재화와 용역의 수출, 외국거주자로부터 수령한 1차(투자) 소득과 외국에서 수령한 2차(경상이전, 일례로 노동자의 연금) 소득 및 외국에서 수령한 자본이전은 대변거래(credit transactions)로 분류된다. 반면에 재화와 용역의 수입, 외국거주자에 지불한 1차 소득과 외국에 송금한 2차 소득 및 외국에 지불한 자본이전은 차변거래(debit transactions)에 기록된다.

경상계정거래(current-account transactions)와 자본계정거래(capital-account transactions)에서 순대출(net lending, +)은 한 국가의 경상계정과 자본계정에서 대부가 차입을 초과할 때 발생한다. 우리는 이것을 그 국가가 기타국에 대해 신용을 제공했으므로 순대여라고 부른다. (타국의 총부채의 총신용 초과분에 대해 지불을 약속한 것이므로) 순대부자의 의미는 경상거래와 자본거래에서 지출보다 벌어들이는 것이 더 많다는 것을 의미한다. 경상계정과 자본계정거래에서 순차입(net borrowing, −)은 한 국가의 경상계정거래와 자본계정거래에서 총차입이 총대부를 초과할 때 발생한다. 우리는 이것을 그 국가가 기타국에 대해 신용을 제공했으므로 순차입이라고 부른다. (자국이 총부채의 총신용 초과분에 대해 지불을 약속한 것이므로) 순차입자의 의미는 경상계정거래와 자본계정거래에서 소득보다 지출이 더 많다는 것을 의미한다.

1.2B 금융계정

금융계정(financial account)거래는 금융자산의 순취득, 외국부채의 순발생 및 순금융파생거래(보유고 제외)를 포함한다. 금융자산의 순취득(net acquisition of financial assets)은 직접투자 및 포트폴리오 투자자산(단기 및 장기)뿐 아니라 다른 투자 자산(통화, 예금, 대출, 무역신용, 선지급) 다른 투자 및 공적 준비자산(나중에 논의)을 포함한다. 순부채의 발생(net incurrence of liabilities)은 직접 및 포트폴리오 투자 부채 및 기타 투자 부채(통화, 예금, 대출, 무역신용, 선지급)를 포함한다. 금융파생상품(financial derivatives) 또한 금융계정에 포함된다. 금융파생자산은 보통의 주식 및 채권보다 복잡하지만 그 가치는 주식과 채권의 가치에 따라 결정된다.

금융계정거래에서 순대출(net lending from financial-account transactions, +)은 그 국가의 금융자산의 순취득이 부채의 순발생을 초과할 때 발생하며 금융계정거래에서 순차입(net borrowing from financial-account transactions, −)은 그 국가의 부채의 순발생이 금융자산의 순취득을 초과할 때 발생한다.

공적 준비자산(official reserve assets)은 해당국의 통화당국의 금 보유, 특별인출권(SDR)의 보유, IMF의 준비자산 포지션뿐 아니라 통화당국이 보유하고 있는 공적인 해외통화보유를 포함한다. 특별인출권[또는 지금(paper gold)]은 IMF의 장부상에서 창출된 국제준비자산이며 회원국의 국제무역의 중요성에 따라 회원국에 배분된다. IMF의 보유자산포지션은 IMF에 가입한 회원국이 IMF에 지불한 보유고로서 그 국가는 필요한 경우에 허락 없이 자동적으로 차입할 수 있다. IMF의 회원국은 IMF가 부가한 융자조건을 충족하는 경우 추가적인 대출이 가능하다(특별인출권과 IMF의 준비자산 포지션은 제9장에서 자세히 논의함).

1.2C 복식부기에 의한 국제거래

일국의 국제거래를 기록할 때 복식부기(double-entry bookkeeping)로 알려진 회계 절차가 사용되는데, 이것은 거래가 두 번 기록 또는 기입되는 것을 의미한다. 그 이유는 각각의 거래는 일반적으로 양면을 갖기 때문이다. 우리가 무언가를 팔면 그 대가를 받거나 그것에 대해서 지불을 하겠다는 바이어의 약속을 받는다. 유사하게 우리가 무엇을 사면 그것에 대해 지불하거나 지불하겠다는 약속을 하게 된다. 이와 같이 각각의 거래는 2번 기입되는데, 한 번은 무언가를 매입하거나 매도하는 것, 그리고 그것에 대한 동일한 지불을 하거나 지불을 받는 것이다.

예를 들어 한 기업이 100달러의 제품을 수출하고 90일 내에 수출업자에게 지불을 하겠다는 수입업자의 약속을 받아들이면 100달러의 수출은 그 국가의 경상계정에 기록되고 100달러의 해외자산의 취득은 그 국가의 금융계정에 기록된다. 90일 내에 지불하겠다는 수입업자의 약속을 승락함으로써 수출업자는 100달러의 청구권을 갖는 것이다. 수입업자가 그 구입에 대해 현금으로 지급하게 되면 그 거래는 전과 동일한 방식으로 기록되고 수출업자가 현금 지급을 받는다는 것을 제외하고는 동일하다. 재화 및 서비스의 수입은 유사하게 기록되고 역으로 기록될 뿐이다. 재화 또는 용역의 외국으로부터의 수입은 경상계정의 차변에 기록되고 100달러의 부채발생은 금융계정에 기록된다. 또 하나의 국제거래로서 미국 정부가 100달러의 식량원조를 빈국에 제공하는 것을 상정해 보자. 그 거래의 양면은 미국의 경상계정의 차변과 대변에 기록된다. 빈국으로 100달러의 식량을 보내는 것은 미국의 경상계정의 대변에 기록되고 원조가치는 2차 소득으로 기록된다. 국제거래의 또 하나의 다른 예는 일국의 거주자가 100달러의 외국주식을 외국은행으로부터 100달러의 차입을 통해서 구입하는 것이다. 그 거래의 양면은 그 국가의 금융계정에 다음과 같이 기록된다. 금융자산의 취득(100달러 주식의 구입 및 해외부채의 발생)은 대변에, 주식구입을 위한 100달러의 은행융자는 차변에 기록된다. 보다 복잡한 예는 외국의 거주자가 미국의 재무성 증권 200달러를 구입하고 미국에 있는 은행계정에서 인출함으로써 지불하는 경우이다. 미국의 국제수지에서 그 거래는 다음과 같이 기록된다. 재무성 증권 200달러의 구입은 미국 금융계정에서 200달러의 부채의 발생으로 미국의 은행계정 해외거주자가 인출한 것은 금융자산의 취득으로 기록된다. 즉, 자산의 취득과 그와 동일한 액수의 부채의 발생이다. 복식부기로 인해 경상 및 자본계정거래의 순대출과 순차입은 금융계정거래의 순차입 및 순대출과 동일해야 한다.

$$경상계정 + 자본계정 = 금융계정 \qquad\qquad (1\text{-}1)$$

복식부기 원리로 인하여 경상 및 자본계정의 수지는 금융계정의 수지와 동등해야 한다. 그러나 대부분 이러한 동일성은 **오차와 누락**으로 인해 현실세계에서는 타당하지 않다. 오차는 서로 다른 기록조건, 자료수집기관의 차이, 거래의 추정치의 오류에 의해 발생한다. 무역거래보다는 서비스 거래에서 발생하는 누락항은 망각 또는 조세회피 때문에 발생한다. 경상 및 자본, 금융계정에서 총대변과 총차변의 차이는 국제수지에서 통계적 불일치(statistical discrepancy)로 기록된다.

1.3 미국의 국제거래

표 1-1은 이 앞 절에서 논의한 회계 포맷과 회계원리를 활용한 2014년 미국의 국제거래 요약표를 보여준다. 몇 가지 경우 반올림을 해서 소계의 합계가 총계와 다르게 나타난다.

표 1-1에서 2014년 미국의 경상계정에서 재화와 서비스의 수출 및 소득의 수령(대변)으로 3조 3,070억 달러를 보인다. 이 중 재화의 수출은 1조 6,330억 달러, 서비스의 수출은 7,110억 달러, 1차 소득수입 8,230억 달러, 2차 소득수입 1,400억 달러이다. 미국의 주요 수출품은 석유제품, 자동차, 농업제품, 화학제품(사례연구 1-1)이고 미국의 서비스 수출로는 여행, 운송, 보험, 외국에 제공하는 금융 서비스 등이 포함된다.

한편 2014년 미국의 경상계정에서 재화와 용역의 수입, 소득지출(차변)은 3조 6,960억 달러이고 그중 재화의 수입은 2조 3,740억 달러, 서비스의 수입은 4,770억 달러, 1차 소득지출 5,850억 달러,

표 1-1　2014년도 미국의 국제거래(10억 달러)

경상계정

재화 및 서비스 수출과 소득수입(대변)	3,307
재화 및 서비스의 수출	2,343
재화	1,633
서비스	711
본원적 소득수입	823
2차 소득(경상이전)수입	140
재화 및 서비스 수입과 소득지출(차변)	3,696
재화 및 서비스의 수입	2,852
재화	2,374
서비스	477
본원적 소득지출	585
2차 소득(경상이전)지출	259

자본계정

자본이전수입과 기타신용	0
자본이전지출과 기타신용	0

금융계정

미국의 순 금융자산 취득(파생상품 제외)	
자산/금융 유출의 순증가(+)	792
직접투자자산	357
포트폴리오 투자자산	538
기타 투자자산	−100
준비자산	−4
미국의 순 금융부채발생(파생상품 제외)	
자산/금융 유입의 순증가(+)	977
직접투자부채	132
포트폴리오 투자부채	705
기타 투자부채	141
금융파생상품(준비자산 제외) 순거래	−54
통계적 불일치	150

수지

경상계정 수지	−390
재화 및 서비스수지	−508
재화수지	−741
서비스수지	233
본원적 소득수지	238
2차 소득수지	−119
자본계정 수지	0
순대여(+) 또는 순차입(−) (경상 및 자본계정거래)	−390
순대여(+) 또는 순차입(−) (금융계정거래)	−240

출처 : U.S. Department of Commerce, *Survey of Current Business* (Washington, D.C., July 2015), and Borga, M. and K. L. Howell, "The Comprehensive Restructuring of the International Economic Accounts: Changes in Definitions, Classifications, and Presentations," *Survey of Current Business*, March 2014, pp. 1−19.

사례연구 1-1 ⊕ 미국의 주요 수출품 및 수입품

표 1-2는 2014년도 미국의 주요 수출품 및 수입품 액수를 보여 준다. 미국의 주요 수출품은 석유제품, 자동차, 농업 제품, 화학제품이다. 미국의 수입품은 석유, 자동차, 가전 제품, 의류 및 가사용품이 주종을 이루고 있다. 표 1-2를 통해 미국은 화학제품, 민간항공기, 농업제품, 석유 시추 및 건설장비, 과학장비에서 수출이 수입을 초과함을 알 수 있다. 이러한 것들은 미국이 비교우위를 가지고 있는 상품 이다. 미국은 석유제품, 자동차, 가전제품, 의류 및 가사용 품, 의료제품, 발전기, 컴퓨터 및 통신, 반도체에서 수입이 수출을 초과한다(비교열위를 가지고 있다).

표 1-2 2014년도 미국의 주요 수출품 및 수입품(10억 달러)

수출품	금액	수입품	금액
석유제품	161.2	석유제품	350.9
자동차	159.7	자동차	328.5
농업제품	134.1	가전제품	164.8
화학제품	119.3	의류 및 가사용품	135.9
민간항공기	58.2	농업제품	98.2
전기기계	57.3	의료제품	91.9
의료제품	51.0	화학제품	80.7
화학 장비	46.2	전기기계	71.3
반도체	43.7	컴퓨터	63.7
통신장비	40.7	통신	58.7
가계제품	40.2	반도체	44.0
석유 시추 및 건설장비	29.6	과학장비	40.2

출처 : U.S. Department of Commerce, *Survey of Current Business* (Washington, D.C.: U.S. Government Printing Office, July 2015).

2차 소득지출 2,590억 달러이다. 자본계정에서는 자본이전수입 기타 신용은 없고 자본이전지출과 기타 부채도 없다(반올림하여 0으로 기록)

미국의 금융계정의 첫 번째 부분에서 2014년 미국은 파생금융상품을 제외하고 7,920억 달러의 금 융자산을 획득하였는데, 그중 3,570억 달러는 직접투자, 5,380억 달러는 포트폴리오 투자, 1,000억 달러는 기타 투자의 감소, 400억 달러는 미국의 공적 준비자산의 감소라는 것을 보여준다.

미국 금융계정의 두 번째 부분에서 파생금융상품을 제외한 9,770억 달러의 금융부채를 부담하 였고, 이 중 직접투자는 1,320억 달러, 7,050억 달러는 포트폴리오 투자와 기타 투자라는 것을 보여 준다. 2014년 외환보유고를 제외한 파생금융상품의 순수지는 540억 달러이다.

표 1-1에서 금융계정 다음으로 2014년 미국의 통계적 불일치는 1,500억 달러라는 것을 보여 준 다. 이것은 복식부기 원리에 따라 미국의 경상계정과 자본계정의 순차입을 금융계정거래의 순차입 과 일치시키는 조건으로부터 도출된다.

1.4 다양한 계정수지와 미국의 국제수지

표 1-1의 하단은 여러 가지 수지를 보여 준다. 표와 같이 미국은 2014년 3,900억 달러의 경상수지 적자를 기록하였다. 이것은 미국의 재화와 용역의 수출, 1차 소득과 2차 소득의 가치(대변)가 재화와 용역의 수입, 1차(투자) 소득과 2차 소득의 가치(차변)에 비해 3,900억 달러의 차이로 부족함을 의미한다. 이것은 5,080억 달러의 재화 및 서비스수지 적자(무역수지 적자 7,410억 달러와 서비스수지 2,330억 달러의 흑자), 1차 소득의 2,380억 달러의 흑자, 1,190억 달러의 2차 소득 수지 적자에 기인한다.

자본수지는 0이었기 때문에 자본 및 경상계정에서의 순차입의 합계는 3,900억 달러이다. 이것은 2014년 경상계정 및 자본계정에서 3,900억 달러만큼 소득보다 많이 지출했다는 것을 의미한다.

표 1-1의 마지막 줄은 금융계정거래에서의 순차입이 2,400억 달러임을 보여 준다. 이것은 미국이 2014년 대여보다 차입을 2,400억 달러만큼 많이 하였음을 의미한다. 복식부기 원리에 따라 경상계정 및 자본계정에서의 순대여 또는 순차입은 금융계정에서의 순대여 또는 순차입과 동일하므로 파생금융상품을 기록한 후에 1,500억 달러의 **통계적 불일치**가 기록된다.

금융계정거래에서 2,400억 달러의 미국의 순차입 중에서 40억 달러는 미국의 공적 준비자산의 감소로 커버되었다. 제2차 세계대전 후 1971년까지 고정환율제도(official settlements balance)하에서였다면 미국은 2014년에 40억 달러의 공적 결제수지의 적자를 냈다고 할 수 있다. 그러나 현재의 관리변동환율제도하에서는 40억 달러 공적 준비자산을 잃었다고만 말할 수 있다. 이런 의미는 2.3C절에서 다룬다.

1.5 전후 미국의 국제수지

이 절에서는 표 1-3을 사용하여 미국의 국제수지의 역사를 제시한다. 표 1-3으로부터 미국의 무역수지는 1960년대에는 흑자였으나 1970년대에 적자로 돌아섰고(50년 동안 처음으로 발생한 사건이며 1970년대에는 1970년과 1975년만 무역흑자였음) 1982년 이후에는 적자규모가 크게 확대되었다는 것을 알 수 있다. 이것은 1970년대에 수입석유가격이 크게 상승한 것을 반영하며 1980년대에는 달러의 국제가치가 크게 상승한 것 때문이다. 1990년대와 2000년대에는 유럽과 일본보다 미국의 경제가 급속도로 성장한 것도 그 원인 중 하나이다. 사례연구 1-2는 지난 30년간의 미국과 중국 간의 상품무역적자 및 무역을 보여 준다.

미국의 상품 및 서비스의 수지는 미국의 재화 또는 상품무역수지만큼 크게 적자를 보이진 않았다. 왜냐하면 서비스 무역수지 흑자가 점점 증가하였기 때문이다(사례연구 1-3은 미국의 주요 상대국가와의 상품 및 서비스 무역수지를 보여 준다). 미국은 또한 본원적 소득의 흑자가 점증하였고 2차 소득의 적자는 점점 증가하였다. 상품 및 서비스수지, 본원적 소득과 2차 소득수지를 합하면 미국의 경상수지를 도출할 수 있다. 미국의 경상수지는 1960년대에는 흑자였으나 그 이후로 적자로 돌아섰고 그 규모가 확대되었다. 미국의 경상수지 적자는 1980년대에는 연평균 780억 달러였고

표 1-3 미국의 국제거래 요약 : 1960~2014년(10억 달러)

연도	재화무역수지	서비스수지	재화 및 서비스수지	본원적 소득수지	2차 소득수지	경상계정 수지
1960	5	−1	4	3	−4	3
1965	5	0	5	5	−5	5
1970	2	0	2	6	−6	2
1975	9	4	12	13	−7	18
1980	−26	6	−19	30	−8	2
1985	−122	0	−122	26	−22	−118
1990	−111	30	−81	29	−27	−79
1995	−174	78	−96	21	−38	−114
2000	−446	70	−377	19	−58	−416
2005	−783	76	−708	68	−100	−740
2006	−836	86	−752	43	−89	−798
2007	−821	124	−699	101	−115	−713
2008	−833	132	−702	146	−125	−681
2009	−510	127	−384	124	−122	−382
2010	−650	151	−499	178	−128	−449
2011	−744	187	−557	233	−134	−457
2012	−741	204	−538	203	−126	−461
2014	−741	233	−508	238	−119	−390

출처 : U.S. Department of Commerce, *Survey of Current Business* (Washington, D.C.: U.S. Government Printing Office, July 2015 and Previous Issues).

1990년대에는 1,160억 달러, 2000년대에는 5,730억 달러였으나 2010년부터 2014년까지는 연평균 4,240억 달러로 하락하였다.

일국의 국제수지를 논의할 때 몇 가지 중요한 요점들을 염두에 두어야 한다. 첫째는 무역수지에 대한 관심이 지나치게 과도하다는 것이다. 특히 무역수지가 적자인 경우에 더욱 그러하다. 그 이유 중 하나는 월별, 분기별 무역수지에 관한 자료가 가장 먼저 공표된다는 것이다. 무역수지가 적자가 된다는 것이 바람직하지 않다는 것은 오도된 이해일 수 있다. 왜냐하면 무역수지 적자는 적자국이 국내에서 소비할 재화가 더 많아진 것을 의미하기 때문이다. 더 나아가 대규모의 지속적인 무역적자(예 : GDP의 2~3%를 초과하는 규모)는 선진국에서는 장기적으로 지속 가능하지 않다. 이 문제는 다음 절에서 검토한다.

둘째로 오늘날의 분절화된 생산이 이루지는 글로벌 세계에서 무역수지 개념 자체가 모호할 수 있다. 왜냐하면 특정 재화를 수출하는 나라가 그 수출재의 생산에 일부만 기여할 수 있기 때문이다. 여러 경우에 한 국가는 그 국가가 다른 국가로부터 수입하는 제품의 부품과 구성품을 단지 조립만 할 수 있다. 예를 들어 중국이 미국으로 수출하는 아이패드(애플이 발명한 제품)는 그 부품이나 구성품의 1/3 이상이 다른 국가로부터 중국이 수입한 구성품일지라도 전적으로 중국의 수출품으로 기록될 수 있다.

사례연구 1-2 🌐 폭증하는 미국의 대중국 무역수지 적자

그림 1-1은 1985년부터 2014년까지 미국의 대중국 상품 수출과 수입을 보여 주고 있다. 미국의 대중국 수입은 미국의 대중국 수출보다 훨씬 빠르게 증가하여 미국의 대중국 무역수지 적자는 큰 폭으로 빠르게 증가하고 있다(2014년에는 3,432억 달러가 되었다). 사실상 2000년에는 중국이 일본을 제치고 미국의 무역수지 적자가 가장 큰 국가가 되었

다. 2014년 미국의 대중국 무역적자는 대일본 무역적자의 5배 이상이 되었다. 중국과 같이 경제규모가 크고 고도성장을 하는 개발도상국가가 무역수지 흑자를 기록하는 것이 정상적인 일이라고 하더라도 적자규모가 매우 크고 증가 속도가 빠르기 때문에 미국-중국 무역관계에 주요한 걸림돌이 되고 있다.

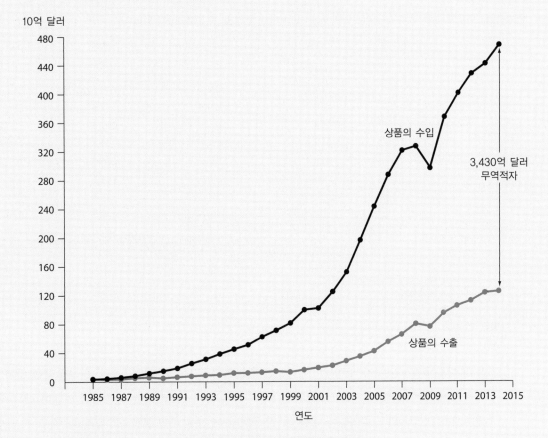

그림 1-1 미국의 대중국 수출, 수입 및 순 무역수지 : 1985~2014년(10억 달러)
미국의 대중국 수입은 미국의 대중국 수출보다 훨씬 빠르게 증가하여 미국은 큰 폭의 무역수지 적자를 기록하였다.
출처 : U.S. Department of Commerce, *Survey of Current Business* (Washington, D.C.: U.S. Government Printing Office, Various Issues).

셋째로 국제거래는 독립적이지 않고 상호 연관되어 있다는 것을 인지하는 것이 매우 중요하다. 예를 들어 미국이 해외원조를 삭감하게 되면 원조 수령국의 미국으로부터의 수입능력이 감소할 수 있다. 그러므로 미국의 예상하는 무역수지의 개선은 해외원조의 감소보다 적을 수 있으며, 특히 그 원조제품이 미국에 묶여 있는 경우 더욱 그러하다.

마지막으로 중국과 같은 나라가 미국과의 무역적자를 감소시키려 하는 경우 미국의 브라질에 대

사례연구 1-3 🌐 미국의 주요 교역 상대국

표 1-4는 2014년도 미국의 12대 주요 교역 상대국에 대한 상품과 서비스의 수출 및 수입과 이들 국가에 대한 순 수지를 보여 주고 있다. 이 표로부터 2014년도 미국의 주요 교역 상대국은 캐나다, 중국, 멕시코, 일본, 독일, 영국의 순임을 알 수 있다. 또한 이 표를 통해 미국은 중국에 대하여 대규모의 상품수지 적자를 기록하고 있음을 알 수 있으며,

바로 이러한 점들이 첨예한 무역마찰의 원인이 되고 있다(사례연구 1-2 참조). 미국은 또한 2014년에 독일, 일본, 멕시코와도 적자를 보였으나 중국과의 적자가 압도적이다. 같은 해 미국은 브라질, 네덜란드, 영국과는 흑자를 기록했다.

표 1-4 2014년도 미국의 주요 교역 상대국에 대한 상품 및 서비스 무역 및 순 수지(10억 달러)

국가	수출	수입	총계	순수지[a]
캐나다	374.9	384.4	759.3	−9.7
중국	167.2	482.3	649.5	−315.1
멕시코	270.7	320.9	591.6	−50.2
일본	114.7	167.9	282.6	−53.2
독일	77.8	157.0	234.8	−79.2
영국	118.1	105.2	223.3	12.9
한국	66.8	80.3	147.1	−13.5
프랑스	51.3	64.2	115.5	−12.9
브라질	70.7	38.5	109.2	32.1
인도	37.7	66.2	103.9	−28.5
네덜란드	59.9	31.1	91.0	28.8
타이완(중국)	39.9	48.2	88.1	−8.2

[a] 일부 순수지는 10억 달러 반올림 오차 있음

출처 : U.S. Department of Commerce, *Survey of Current Business* (Washington, D.C.: U.S. Government Printing Office, July 2015).

한 무역흑자를 감소시킬 수 있다. 왜냐하면 브라질은 중국으로 자연자원을 대부분 수출하여 미국 제품에 대한 수입지출을 하기 때문이다. 다자간 무역과 고도로 상호 의존적인 거래가 이루어지는 세계에서 한 국가의 국제거래에 대한 해석은 특별히 인과관계를 설정하고자 할 때 매우 조심스럽게 다루어져야 한다.

1.6 경상계정의 중요성

표 1-3을 통해서 미국은 과거 수십 년간 경상계정적자가 심화되었는데, 그 주원인은 재화 또는 상품 무역에서의 무역적자(trade deficits)(수출을 초과하는 수입)의 증가에 그 원인이 있었다. 이러한 거대한 무역적자는 자주 미국에서 수백만의 일자리 손실이 발생하고 미국의 거대한 해외로부터의 차입 때문에 미국이 최대 채무국이 된 원인인 것으로 비난을 받고 있다. 이러한 비난을 보다 자세히 검토해 보기로 하자.

먼저 모든 차입이 경상 및 무역계정의 적자를 해결하기 위한 수동적 결과는 아니라는 것이다. 미국의 어떤 차입은 외국인이 미국 이외보다 미국에서 실물투자기회가 낮다고 평가하여 이를 활용하기 위한 외국인의 의도에서 발생할 수 있으며, 이러한 차입은 미국의 일자리를 창출하게 된다. 두 번째로 해외로부터의 차입은 미국 자신이 국내투자에 국내저축으로는 재원조달이 어려운 생산적인 투자기회를 활용하기 위한 결과일 수 있다는 것이다. 마지막으로 정부 자신이 재정적자(조세징수를 초과하는 정부지출)를 커버하기 위해 해외로부터 차입을 할 수 있다.

이와 같이 일국의 경상수지는 일국의 국민소득에서 최종 **정산 결과**(bottom line)로 해석될 수 있다. 구체적으로 경상계정적자(current account deficit, $M - X$) 또는 해외 순차입은 재정적자(budget deficit, $G - T$ 또는 정부지출−조세)를 커버하기 위한 정부의 공공차입과 민간저축(private saving, S)을 초과하는 민간투자(private investment, I) 또는 민간 순차입의 합계로 해석할 수 있다.

$$(M - X) \quad = \quad (G - T) \quad + \quad (I - S)$$

경상계정적자 = 정부적자 + 민간투자−민간저축

(해외 순차입) = (공공부문 차입) (민간부문 차입) (1-2)

이와 같이 경상계정적자(해외순차입)를 감소시키기 위해서는 그 국가는 (1) 순공공차입 (2) 순민간차입 둘 중 하나를 감소시키거나 두 가지를 모두 감소시켜야 하지만 단기에서는 실행하기가 어렵다. 예산 적자를 감소시키기 위해서는 세입을 증가시키거나 정부지출을 감소시켜야 한다. 세입을 증가시키는 것은 인기가 없는 정책이고 정부지출(예 : 건강 및 교육에 대한 지출 등)을 감소시키는 것은 실행하기가 어렵다. 똑같은 이유로 민간 저축을 장려하거나 민간투자를 감소하는 것도 쉽지 않다. 소득이 일정한 상태에서 민간저축은 민간소비를 감소시킴으로써만 증가할 수 있고(예 : 조세징수나 규제 증가를 통하여) 민간투자 역시 성장을 감소시키며 일자리를 축소시키게 된다.

우리는 또한 매우 상호 의존적인 세계에서 살고 있으며 한 국가의 경상수지 적자는 여타 세계의 경상수지 흑자라는 것을 기억해야 한다. 적자국 측면에서 경상적자를 축소시키고자 하는 시도는 흑자국이 경상흑자를 유지하거나 보존하는 정책을 채택해서는 안 된다는 것을 의미한다. 실제로 흑자국가들은 그들의 흑자를 축소시키고자 하는 조치를 취함으로써 적자국이 적자를 감소시키고자 하는 정책을 용이하게 하여 국제적인 거시경제균형으로 돌아가는 데 기여해야 한다. 이 모든 것은 제6장에서 자세히 검토되는데, 거기서는 특히 조정정책 또는 개방경제 거시경제학을 다룬다.

물론 경상계정흑자는 그 국가가 외부세계에 대해 순대여자라는 것을 의미한다. 이것은 그 국가가 예산 흑자 또는 민간에서 저축이 투자를 초과함으로써 소득 이하로 지출한다는 것을 의미한다. 그 국가가 대여하는 금액은 그 국가의 순해외투자를 의미한다.

1.7 미국의 국제투자포지션

일국의 국제수지가 1년 동안 재화, 용역, 자본의 국제적 유량을 측정한다면 국제투자포지션(international investment position)은 연말 시점에서 일국의 해외자산 및 외국인 보유 국내자산의 총량 및 분포를 측정한다. 따라서 국제수지는 유량개념이고 국제투자포지션은(국제부채수지라고도 함) 저량 개념이다.

일국의 국제투자포지션을 통하여 그 국가의 해외투자로부터 발생하는 미래의 소득흐름과 외국인 의 국내투자에 대한 지출의 흐름을 예측할 수 있다. 더 나아가 만약 통계적 불일치가 없고 미국의 해 외투자에 저량과 외국인의 미국에 대한 직접투자가 그 기간에 가격과 환율변동을 반영하도록 재평 가된다면 전년도 말의 국제투자포지션에 특정 연도 동안의 자본흐름을 더함으로써 특정 연도 말의 국제투자포지션을 알 수 있다.

표 1-5는 해외직접투자를 시장가격을 평가해서 1980년, 1990년, 2000년, 2005년, 2010년, 2014년 말 미국의 국제투자포지션을 보여 준다. 이 표로부터 우리는 미국의 순해외투자포지션은 1980년 말 3,060억 달러 흑자에서 2014년 말 7조 200억 달러의 적자로 크게 악화되었음을 알 수 있다. 또한 그 표로부터 미국의 해외보유자산의 총량은 1980년에 9,300억 달러에서 2014년 24조 5,900억 달러로 26배 증가하였다. 미국의 부채(외국인 보유 미국자산)는 1980년 5,690억 달러에서 2014년 31조 6,150 억달러로 더 빠르게(56배) 증가하였다. 표 1-2에서 1997년 이후로 미국의 경상수지 적자가 크게 증 가하였고 1999년 이후로 순국제투자포지션이 악화되었음을 알 수 있다. 그 결과 1990년대에 미국은 대량의 (실제로는 최대) 부채국이 되었다(사례연구 1-4 참조).

표 1-5 미국의 연도별 국제투자포지션 : 1980~2014년(시장가치 기준, 10억 달러, 연말)

	1980	1990	2000	2005	2010	2014
미국의 순국제투자포지션	360	−230	−1,337	−1,932	−2,474	−7,020
순국제투자 포지션(파생금융상품 제외)	360	−230	−1,337	−1,990	−2,584	−7,094
미국의 자산	930	2,179	6,239	11,962	20,298	24,596
자산(파생금융상품 제외)	930	2,179	6,239	10,772	16,646	21,371
기능적 범주						
직접투자(시장가치)	388	617	1,532	2,652	4,307	7,124
포트폴리오 투자	62	342	2,426	4,329	6,337	9,573
준비자산	171	175	128	188	489	434
기타 투자	309	1,045	2,153	3,603	5,513	4,240
미국의 부채	569	2,409	7,576	13,894	22,772	31,615
부채(파생금융상품 제외)	569	2,409	7,576	12,762	19,230	28,465
기능적 범주						
직접투자(시장가치)	127	505	1,421	1,906	2,598	6,229
포트폴리오 투자	290	1,057	4,247	7,590	12,290	16,917
기타 투자	151	847	1,908	3,266	4,342	5,319

출처 : U.S. Department of Commerce, *Survey of Current Business* (Washington, D.C.: U.S. Government Printing Office, July 2015 and Previous Issues).

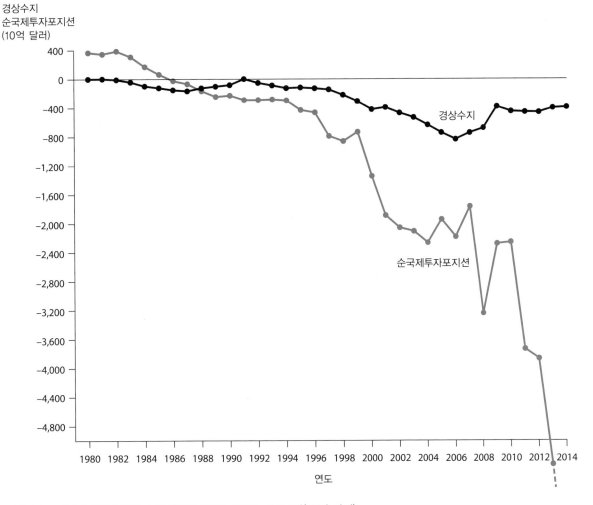

그림 1-2 미국의 경상수지와 순국제투자포지션, 1980~2014년(10억 달러)

미국은 1980년, 1981년 및 1991년을 제외하고는 경상수지 적자를 나타내었다. 미국의 경상수지 적자는 1997년 이후 대규모화되었고 빠른 속도로 증가하였다. 미국의 순국제투자포지션은 1980~1986년에는 양(+)이었으나 그후 음(−)이 되었고 1999년 이후에는 급격히 증가하였다.

출처 : U.S. Department of Commerce, *Survey of Current Business* (Washington, D.C. : U.S. Government Printing Office, July 2015 and Previous Issues).

사례연구 1-4 🌐 채무국으로서의 미국

1986년에 미국이 순 채권국에서 채무국으로 이동함에 따라 경제학자, 정치가, 정부관리 간에 이러한 사태 전개의 이점과 위험에 관한 격렬한 논쟁이 있었다. 유리한 점으로는 1980년대 중반 해외투자가 대량으로 유입됨에 따라 미국은 이자율 인상과 민간투자의 '구축(crowding out)' 없이도 재정적자의 절반가량을 충당할 수 있었다. 또한 기업, 농업, 부동산 및 기타 재산에 대해서도 해외투자가 이루어

졌으며, 이로 인해 미국이 보다 빠른 성장을 할 수 있었다. 1980년대에 해외투자로 인해 미국 내에서 250만 개의 일자리가 추가적으로 창출되었으며, 외국의 보다 효율적인 신경영기법들이 도입된 것으로 추정된다.

해외투자가 직접적인 생산활동에 투입되고 투자수익이 외국 투자자에게 지급하는 이자나 배당금보다 크면 해외투자는 그만큼 미국에 유리하다. 그러나 해외투자가 단순

(계속)

히 미국 소비지출 증가의 재원이 되면 외국 투자자에게 지급하는 이자나 배당금은 미국의 장래 소비 및 경제성장에 대한 실질적 부담이 되거나 누출됨을 의미한다.

세계에서 가장 경제규모가 크고 부유한 국가인 미국이 외채상환 요구를 받을 경우 이를 갚을 수 있다는 점은 의심할 여지가 없다. 미국의 외채는 총국민소득(GNI)의 40% 정도로 가난한 개발도상국보다 낮다. 많은 미국인들에게 보다 곤혹스러운 것은 외채가 다음 세대에 대한 부담이며 미국의 외채로 인해 빈곤국가에서 자본이 이탈되고 있다는 사실이다.

또한 어떤 이유로든 외국인이 갑자기 투자금을 인출해 갈 위험이 존재한다. 그로 인해 금융위기가 촉발되고 미국의 이자율이 상승할 수 있다. 외국인 투자에 대한 투자소득 지급이 증가한다는 것은 장차 미국의 경상수지가 악화되는 것을 의미하며, 이로 인해 기타 국가의 자원이 유출되며 성장이 둔화된다. 일반적으로 미국 내 외국기업들이 발전된 미국 기술을 해외로 이전시킬 것을 우려하는 사람들도 있다.

외국 행정가와 로비스트들이 미국 의회, 주 의회 의사당, 시청 등에 자주 출입함에 따라 미국의 정치, 경제문제에 대한 국내 통제력이 약화될 것이라는 우려도 있다. 이러한 모든 점에는 약간의 아이러니가 있는데, 이러한 우려는 사실상 캐나다, 유럽국가 및 개발도상국들이 1950년대, 1960년대 및 1970년대에 자국으로 유입된 대규모 해외투자(특히 미국 투자)에 대하여 종종 토로하던 불만들이기 때문이다. 1980년대 후반 이후 해외투자의 위험에 대한 미국 내 우려의 목소리가 높았지만 이제 형세는 반전된 것으로 보인다. 대부분의 국가가 해외직접투자를 유치하기 위해 적극적으로 모색한 1990년대 초반에는 이러한 우려가 거의 사라졌으나 2000년대에 와서 다시 나타나고 있다.

출처 : "A Note on the United States as a Debtor Nation," *Survey of Current Business* (Washington, D.C.: U.S. Government Printing Office, June 1985), p. 28 and "The International Investment Position of the United States," *Survey of Current Business* (July 2008-2015).

요약

1. 국제수지란 일정 기간 통상 1년 동안에 한 국가의 거주자와 다른 나라 거주자 사이에 이루어진 모든 거래를 기록한 요약표이다. 주요 목적은 통화당국에게 그 나라의 국제적인 위상을 알리고, 국제무역이나 금융에 관여하고 있는 은행, 기업 및 개인들의 의사결정에 도움을 주는 것이다.

2. 국제수지는 경상계정, 자본계정 및 금융계정으로 나뉜다. 경상계정거래는 재화와 용역의 수출과 수입, 1차(투자) 소득과 2차(경상이전) 소득의 수입(대변)과 지출(차변)을 포함한다. 자본계정거래는 비생산적 비금융자산의 획득과 처분, 자본이전의 수령과 지불을 의미한다. 순대여는 대부와 차입을 초과할 때 순차입은 차입이 대부를 초과할 때 발생한다. 금융계정거래는 금융자산의 순취득, 부채의 순부담, 파생금융상품의 순거래 등이다. 순차입은 금융자산의 순취득이 부

채의 순부담을 초과할 때 발생한다. 공적 준비자산에는 통화당국이 보유하는 금, 특별인출권, IMF 포지션과 외국환보유액이 포함된다.

3. 2014년에 미국의 상품 및 서비스 수출은(미국의 해외자산에 대한 투자소득을 포함하면) 3조 3,070억 달러였으며, 미국의 상품 및 서비스 수입은 (미국 내 해외자산에 대한 투자소득의 지급을 포함하면) (−)3조 6,960억 달러였다. 이와 같이 미국은 2014년 3,900억 달러의 경상수지 적자를 기록하였다. 자본수지는 0이었다. 2014년 미국은 7,920억 달러의 금융자산을 획득하였고 9,770억 달러의 부채를 부담하였다. 파생금융상품의 순수지는 (−)540억 달러였다. 이와 같이 미국의 금융계정은 2,390억 달러의 순차입을 기록하였다. 복식부기원리에 따른 통계적 불일치는 1,500억 달러이다.

4. 중요한 국제수지 요소로는 재화, 서비스 각각의 수지, 재화와 서비스를 합계한 수지, 1차 소득수지, 2차 소득수지 그리고 마지막 세 가지 수지의 합계인 경상수지가 있다. 경상계정과 자본계정의 수지는 경상 및 자본계정에서 그 국가가 순대여인지 순차입인지를 보여 준다. 자본계정 수지는 자본계정거래에서 순대여자인지 순차입자인지를 보여 준다.

5. 미국은 1960년대 경상수지 흑자를 보였으나 1970년대에 와서는 경상수지 적자로 돌아섰으며, 1982년에 적자폭이 매우 컸다. 1980년대 경상수지 적자규모는 연 780억 달러, 1990년대에는 1,160억 달러, 2000년대 5,730억 달러로 증가하다가 2010년부터 2014년 기간에 4,240억 달러로 감소하였다.

6. 일국의 경상수지는 그 국가의 국민소득 추계에서 최종 정산 결과를 보여 주므로 특별히 중요하다. 좀 더 구체적으로 표현하면 경상계정적자 또는 해외로부터의 순차입은 예산적자를 충당하기 위한 순정부(공공)차입과 민간부문 순차입 또는 민간투자(I)의 민간저축(S) 초과분의 합계이다.

7. 국제투자포지션 또는 국제대차는 매년 말 한 국가의 해외자산과 그 국가 내 외국자산의 총량 및 분포를 측정하며, 미국의 해외투자로부터의 소득과 미국에서의 해외투자에 대한 지급의 미래흐름을 예측하는 데 유용하게 쓰인다. 미국은 1914년 이후 1986년에 처음으로 순채무국이 되었고 지금은 세계에서 채무규모가 가장 큰 국가이다.

주요용어

경상계정(current account)

경상계정거래(current-account transactions)

경상계정적자(current account deficit, $M-X$)

고정환율제도(official settlements balance)

공적 준비자산(official reserve assets)

국제수지(balance of payments)

국제투자포지션(international investment position)

금융계정(financial account)

금융계정거래에서 순대출(net lending from financial-account transactions, ＋)

금융계정거래에서 순차입(net borrowing from financial-account transactions, －)

금융자산의 순취득(net acquisition of financial assets)

금융파생상품(financial derivatives)

대변거래(credit transactions)

무역적자(trade deficits)

민간저축(private saving, S)

민간투자(private investment, I)

복식부기(double-entry bookkeeping)

순대출(net lending, ＋)

순부채의 발생(net incurrence of liabilities)

순차입(net borrowing, －)

자본계정(capital account)

자본계정거래(capital-account transactions)

재정적자(budget deficit, $G-T$)

차변거래(debit transactions)

통계적 불일치(statistical discrepancy)

복습문제

1. 국제수지란 무엇인가? 어떠한 점에서 국제수지는 요약표인가? 국제거래란 무엇인가? 한 국가의 거주자는 어떻게 정의되는가? 한 국가의 국제수지를 측정하는 데 시간은 어떤 관련이 있는가?

2. 경상계정에는 어떤 국제거래가 포함되는가? 자본계정은 무엇을 포함하는가? 경상계정과 자본계정에서 대변거래와 차변거래는 무엇인가? 경상계정과 자본계정에서 순대여와 순차입은 무엇을 의미하는가?

3. 금융계정에는 어떤 국제거래가 포함되는가? 금융자산의 순획득의 의미는? 부채의 순부담은? 금융계정 거래에서 순대여와 순차입이란?

4. 전반적인 국제수지는 왜 항상 균형을 이루어야 하는가? 복식부기란 무엇인가? 복식부기에서는 왜 통계적 불일치란 항목을 설정하는가? 통계적 불일치는 어떻게 발생하는가?

5. 2014년 미국의 경상계정은 순대여와 순차입 중 어느 것인가? 그 규모는?

6. 2014년 미국의 금융계정은 순대여와 순차입 중 어느 것인가? 그 규모는?

7. 2014년 1,500억 달러의 통계적 불일치는 어떻게 발생했는가?

8. 경상계정이 국가의 국민소득에서 최종정산 결과라는 의미는 무엇인가?

9. 경상계정적자, 예산적자, 민간투자 및 저축 간에는 어떤 관계가 있는가?

10. 일국의 국제수지나 국민소득을 분석함에 있어 피해야 할 가장 심각한 위험은 무엇인가?

11. 제2차 세계대전 이후 미국의 무역수지 불균형의 원인과 결과는 무엇인가?

12. 한 국가의 국제투자포지션 또는 국제대차란 무엇인가? 국제투자포지션은 국제수지와 어떤 관계가 있는가?

13. 한 국가의 국제투자포지션이 중요한 이유는 무엇인가?

14. 미국이 순 채무국이 되었기 때문에 발생하는 유리한 점과 위험에는 어떠한 것들이 있는가?

연습문제

문제 1~7의 거래가 미국의 국제수지에 어떻게 기입되는가를 보여라.

1. 미국의 거주자가 영국의 거주자로부터 500달러의 상품을 수입하고 3개월 후에 대금을 지불하기로 하였다.

2. 해외원조계획의 일환으로 미국 정부가 미국은행에 있는 100달러의 은행잔고를 개발도상국에 제공하였다.

3. 미국 정부는 100달러 상당의 식량원조를 개발도상국에 제공하였다.

4. 미국의 거주자가 1,000달러의 외국 주식을 구입하고 대금은 그의 해외은행잔고에서 인출하여 지불하였다.

5. 미국 거주자가 외국 주식에 대한 배당금으로 100달러를 받아서 해외에 있는 그의 은행계정에 예금하였다.

6. 외국투자가가 400달러의 미국 재무성 증권을 구입하고 대금은 미국에 있는 그의 은행잔고에서 인출하여 지불하였다.

7. 연습문제 6번의 외국 투자가는(동일한 연도에) 만기가 되어 원금과 이자를 합쳐 410달러를 지급받아 이 달러를 자국의 은행에 예금하였다.

8. 국가의 경상수지 적자가 1,000억 달러이고, 예산적자가 800억 달러, 국가의 민간저축이 200억 달러라고 가정하면, 민간투자는 얼마인가?

9. 식 1-2를 (a) 경상계정흑자의 관점에서 재작성한 후 (b) 예산흑자의 관점에서 풀고, 다시 (c) 민간저축의 관점에서 문제를 풀어라.

10. 최근 연도에 대하여 표 1-1을 작성하라.

11. 최근 연도에 대하여 표 1-2를 작성하라.

12. 최근 연도에 대하여 표 1-3을 작성하라.

13. 최근 연도에 대하여 표 1-4를 작성하라.

14. 최근 연도에 대하여 표 1-5를 작성하라.

| 부록 |

A1.1 IMF의 국제거래 보고방식

이 부록의 A1.1절에서는 모든 국가가 국제통화기금(IMF)에 보고할 때 이용하는 국제수지의 측정방법을 소개한다. 이와 같이 표준화된 보고방식 때문에 여러 국가의 국제수지를 일관성 있게 비교할 수 있다.

표 1-6은 2013년 한 해에 대해 미국, 일본, 독일, 영국, 프랑스, 이탈리아, 캐나다의 국제수지표를 국제통화기금의 표준형식으로 요약해서 보여 준다. 표 1-7은 스페인, 한국, 중국, 인도, 브라질, 러시아, 멕시코의 국제수지를 요약해 보여 준다.

표 1-6의 항목 A로부터 2013년에 미국은 (−)4,003억 달러의 경상계정 수지 적자를 기록한 반면 일본은 (+)341억 달러의 경상수지 흑자를 기록했음을 알 수 있다. 또한 독일은 (+)2,560억 달러의 경상수지 흑자, 프랑스는 (−)402억 달러의 경상수지 적자, 영국은 (−)1,142억 달러의 경상수지 적자, 이탈리아는 (−)209억 달러의 경상수지 적자, 그리고 캐나다는 (+)586억 달러의 경상수지 흑자를 기록했음을 알 수 있다.

표 1-6의 항목 B는 자본계정을 보여 준다. 자본계정은 자본이전과 생산되지 않은 비금융자산의 취득과 처분을 측정한다. 자본이전은 고정자산의 소유권 이전과 고정자산의 취득 및 처분과 연관된 자금의 이전으로 구성된다. 비생산 비금융자산의 취득과 처분에는 특허, 리스 및 기타 이전 가능 계약과 같은 무형자산을 포함한다. 표 1-6으로부터 2013년도에 7개 국가의 자본계정은 미미한 수준이었음을 알 수 있다.

표 1-6의 항목 C는 금융계정을 보여 준다. 이 금융계정은 이 장에서 논의한 자본계정과 거의 동일하다. 금융계정은 (한 국가에 대한 그리고 한 국가로부터의) 직접투자, 포트폴리오 투자자산 및 부채(주식 및 채권) 그리고 통화당국, 일반정부, 은행 및 기타 부문의 기타 투자자산 및 부채를 측정한다. (대외채무와 마찬가지로 만기가 중요한) 기타 투자를 제외하고는 장기자본과 단기자본이라는 전통적인 구분방법을 이제는 사용하지 않으며, 단기채나 파생금융상품은 금융계정의 포트폴리오 항목에 기록한다. 2013년도에 각국의 금융계정 수지는 미국 −3,676억 달러, 일본 −553억 달러, 독일 3,257억 달러, 영국 −1,212억 달러, 프랑스 −172억 달러, 이탈리아 310억 달러 그리고 캐나다의 경우 −614억 달러였다.

경상계정(항목 A), 자본계정(항목 B), 금융계정(항목 C) 및 순오차 및 누락(항목 D)을 합하면 한 국가의 국제수지가 된다. 표 1-6으로부터 국제준비자산 및 기타 관련 항목의 변화는 일본(388억 달러)의 경우를 제외하고는 매우 작다는 것을 알 수 있다.

연습문제 고정환율제도하에서 표 1-6의 국가들의 국제수지 흑자나 적자가 얼마인지를 보여라.

표 1-6 IMF 방식에 의한 국제수지포지션 : 미국, 일본, 독일, 영국, 프랑스, 이탈리아, 캐나다(2013, 10억 달러)[a]

	미국	일본	독일	영국	프랑스	이탈리아	캐나다
A. 경상계정	−400.3	34.1	256.0	−114.2	−40.2	20.9	−58.6
상품 대변(수출)	1,592.8	694.9	1,440.1	476.2	580.8	501.7	465.5
상품 차변(수입)	2,294.5	784.6	1,160.7	645.4	637.3	453.6	472.5
상품수지	−701.7	−89.7	279.5	−168.7	−56.5	48.1	−7.0
서비스 : 대변(수출)	687.4	135.4	261.0	297.5	255.0	113.2	84.0
서비스 : 차변(수입)	462.1	170.9	324.5	182.7	230.7	108.4	107.8
상품 및 서비스 수지	−476.4	−125.1	216.0	−53.9	−32.2	53.0	−30.8
1차 소득 : 대변	780.1	222.3	276.8	230.2	205.3	65.5	69.8
1차 소득 : 차변	580.5	53.0	179.1	247.3	153.3	78.5	95.3
상품, 서비스 및 1차 소득수지	−276.7	44.2	313.6	−71.0	19.8	40.0	−56.3
2차 소득 : 대변	118.4	15.9	68.6	25.4	16.2	26.5	11.1
2차 소득 : 차변	241.9	26.0	126.3	68.7	76.2	45.7	13.4
B. 자본계정[b]	−0.4	−7.7	2.7	8.5	2.4	−0.1	−0.1
자본계정 : 대변	−	1.2	16.6	12.4	3.1	8.8	0.3
자본계정 : 차변	0.4	8.9	14.0	4.0	0.7	8.9	0.3
A와 B의 총합	−400.7	26.4	258.7	−105.8	−37.8	20.8	−58.6
C. 금융계정[b]	−367.6	−55.3	325.7	−121.2	−17.2	31.0	−61.4
직접투자 : 자산	408.3	136.4	80.9	7.1	−0.4	28.6	45.5
주식 및 투자기금 몫	352.1	125.5	56.9	−18.7	12.2	23.7	45.5
부채	56.1	11.0	24.0	25.8	−12.6	5.0	−
직접투자 : 부채	295.0	3.7	51.3	48.3	6.5	13.1	67.6
주식 및 투자기금 몫	226.8	3.4	8.1	47.6	23.3	19.7	67.6
부채	68.1	0.3	43.2	0.7	−16.8	−6.6	−
포트폴리오 투자 : 자산	489.9	−78.7	186.7	−16.0	86.9	27.2	26.6
주식 및 투자기금 몫	275.2	−69.7	66.9	−43.5	65.2	63.0	4.4
부채	214.6	−9.0	119.8	27.5	21.7	−35.8	22.2
포트폴리오 투자 : 부채	491.0	185.0	−32.1	46.7	180.9	47.5	41.5
주식 및 투자기금 몫	−85.4	169.8	15.3	27.5	35.0	17.5	17.9
부채	576.4	15.3	−47.4	19.2	145.9	30.1	23.6
파생금융상품 및 피고용인 스톡옵션(ESO) : 순	2.3	58.2	24.1	23.2	−22.4	4.0	−
파생금융상품 및 ESO : 자산	−	−208.5	24.1		−287.3	−3.7	−
파생금융상품 및 ESO : 부채	−	−266.7	−	−23.2	−265.0	−7.6	
기타 투자 : 자산	−250.3	174.2	−244.1	−296.9	−8.2	−37.3	−8.8
기타 주식	−	1.4	13.6	−	8.4	−	−
부채	−250.3	172.8	−257.7	−296.9	−16.6	−37.3	−8.8
기타 투자 : 부채	231.8	156.7	297.3	−256.6	−114.3	−69.2	15.7
기타 주식	−	−	−	−	−0.1	−	−
부채	231.8	156.7	−297.3	−256.6	−114.2	−69.2	15.7
경상계정+자본계정−금융 계정수지	−33.1	81.7	−67.1	15.4	−20.6	−10.2	2.8

표 1-6　IMF 방식에 의한 국제수지포지션 : 미국, 일본, 독일, 영국, 프랑스, 이탈리아, 캐나다(2013, 10억 달러)[a] (계속)

	미국	일본	독일	영국	프랑스	이탈리아	캐나다
D. 순오차 및 누락항	30.0	−42.9	68.2	−8.5	18.6	12.2	1.9
E. 준비자산 및 관련항목	−3.1	38.8	1.2	6.9	−2.0	2.0	4.8
준비자산	−3.1	38.8	1.2	6.9	−2.0	2.0	4.8
IMF 여신	−	−	−	−	−	−	−
예외적 금융	−	−	−	−	−	−	−
미국 달러당 변환율	1.0000	97.60	0.7532	0.63966	0.7532	0.7532	1.0298

[a] 반올림으로 인하여 일부 합은 일치하지 않는다.
[b] E 항목의 범주로 분류된 요소는 제외한다.
출처 : International Monetary Fund, *Balance of Payments Statistics Yearbook* (Washington, D.C. : IMF, 2014).

표 1-7　IMF 방식에 의한 국제수지포지션 : 스페인, 한국, 중국, 인도, 브라질, 러시아, 멕시코(2013, 10억 달러)[a]

	스페인	한국	중국	인도	브라질	러시아	멕시코
A. 경상계정	10.7	79.9	182.8	−49.2	−81.1	34.1	−26.3
상품 대변(수출)	311.4	617.1	2,147.5	319.1	242.2	523.3	380.7
상품 차변(수입)	326.5	536.6	1,795.8	433.8	239.6	341.3	381.6
상품수지	−15.1	80.6	351.8	−114.7	2.6	181.9	−0.9
서비스 : 대변(수출)	145.4	101.5	215.1	148.6	39.1	70.1	20.1
서비스 : 차변(수입)	91.7	109.4	331.5	126.3	86.3	128.4	32.1
상품 및 서비스 수지	38.7	72.6	235.4	−92.3	−44.7	123.7	−12.9
1차 소득 : 대변	49.0	31.2	185.5	11.2	10.1	42.3	9.7
1차 소득 : 차변	69.3	19.8	229.3	33.0	49.8	122.6	45.1
상품, 서비스 및 1차 소득수지	18.4	84.1	191.5	−114.0	−84.4	43.4	−48.4
2차 소득 : 대변	26.1	9.1	53.2	69.4	5.5	17.3	22.2
2차 소득 : 차변	33.8	13.3	61.9	4.6	2.1	26.6	0.1
B. 자본계정[b]	10.4	−	3.1	1.0	1.2	−0.4	−
자본계정 : 대변	13.6	0.1	4.5	2.1	1.6	0.5	−
자본계정 : 차변	3.2	0.1	1.4	1.2	0.4	0.9	−
A와 B의 총합	21.1	79.9	185.9	−48.3	−79.9	33.7	−26.3
C. 금융계정[b]	32.9	62.4	−323.2	−59.2	−72.9	45.0	−61.0
직접투자 : 자산	32.0	29.2	162.9	1.8	13.4	86.7	13.2
주식 및 투자기금 몫	26.9	26.1	127.2	−1.3	14.8	91.1	9.6
부채	5.1	3.1	35.6	3.1	−1.4	−4.4	3.6
직접투자 : 부채	44.9	12.2	347.8	28.2	80.8	70.7	39.2
주식 및 투자기금 몫	41.3	10.1	273.2	26.7	41.6	33.8	30.8
부채	3.6	2.1	74.7	1.4	39.2	36.9	8.4
포트폴리오 투자 : 자산	−24.8	26.8	5.4	0.2	9.0	11.8	1.6
주식 및 투자기금 몫	17.3	13.3	2.5	0.2	1.5	−0.9	−
부채	−42.1	13.6	2.8	−	7.5	12.7	1.6
포트폴리오 투자 : 부채	43.5	18.6	65.9	7.0	34.7	0.7	51.1

표 1-7   IMF 방식에 의한 국제수지포지션 : 스페인, 한국, 중국, 인도, 브라질, 러시아, 멕시코(2013, 10억 달러)[a] (계속)

	스페인	한국	중국	인도	브라질	러시아	멕시코
주식 및 투자기금 몫	9.6	4.2	32.6	19.9	11.6	−7.6	−0.9
부채	33.9	14.3	33.3	−12.9	23.0	8.4	52.0
파생금융상품 및 피고용인 스톡옵션(ESO) : 순	−4.6	−3.8	−	2.3	−0.1	0.3	0.5
파생금융상품 및 ESO : 자산	−4.6	−31.5	−	8.1	−0.4	−8.5	−
파생금융상품 및 ESO : 부채	−	−27.6	−	5.8	−0.3	−8.8	−0.5
기타 투자 : 자산	−70.0	36.2	136.5	22.8	40.0	80.8	27.3
기타 주식	−	0.2	−	−	−	0.7	−
부채	−70.0	35.9	136.5	22.8	40.0	80.1	27.3
기타 투자 : 부채	−188.8	−4.8	214.2	51.0	19.7	63.3	13.3
기타 주식	−	0.1	−	−	−	−	−
부채	−188.8	−4.9	214.2	51.0	19.7	63.3	13.3
경상계정＋자본계정－금융 계정수지	−11.9	17.5	509.0	10.9	−6.9	−11.2	34.7
D. 순오차 및 누락항	12.5	−3.0	−77.6	−	1.0	−10.8	−16.9
E. 준비자산 및 관련항목	0.6	14.5	431.4	10.9	−5.9	−22.1	17.8
준비자산	0.6	14.5	431.4	10.9	−5.9	−22.1	17.8
IMF 여신	−	−	−	−	−	−	−
예외적 금융	−	−	−	−	−	−	−
미국 달러당 변환율	0.7532	1,094.9	6.1958	58.598	2.15609	31.837	12.7720

[a] 반올림으로 인하여 일부 합은 일치하지 않는다.
[b] E 항목의 범주로 분류된 요소는 제외한다.

출처 : International Monetary Fund, *Balance of Payments Statistics Yearbook* (Washington, D.C. : IMF, 2014).

제 2 장

외환시장과 환율

 학습목표

- 외환시장의 의미와 기능을 이해한다.
- 현물환율과 선물환율, 교차환율 및 실효환율을 이해한다.
- 환위험, 헤징, 투기 및 이자재정을 이해한다.

2.1 서론

외환시장(foreign exchange market)이란 개인, 기업 및 은행이 외국통화 또는 외환을 사고파는 시장이다. 어떤 특정 통화(예 : US 달러)에 대한 외환시장은 달러가 다른 통화와 거래되는(예 : 런던, 파리, 취리히, 프랑크푸르트, 싱가포르, 홍콩, 동경, 뉴욕 등과 같은) 모든 장소로 구성되어 있다. 이러한 금융센터들은 전산망으로 연결되어 있으며 상호 간 끊임없는 접촉을 하면서 단일한 국제적 외환시장을 형성한다.

2.2절에서는 외환시장의 기능을 살펴보고, 2.3절에서는 환율과 재정을 정의하고 환율과 국제수지의 관계를 살펴본다. 2.4절에서는 현물환율(spot rates) 및 선물환율(forward rates)을 정의하고 통화스왑, 통화선물 및 통화옵션을 논의한다. 2.5절에서는 환위험, 헤징 및 투기를 다룬다. 2.6절에서는 외환시장의 효율성을 살펴보고, 커버된 이자재정 및 커버되지 않은 이자재정을 살펴본다. 마지막으로 2.7절에서는 유로커런시(Eurocurrency), 유로본드(Eurobond) 및 유로노트(Euronote) 시장을 살펴본다. 부록에서는 커버된 이자재정 마진을 정확하게 계산하는 공식을 유도한다.

2.2 외환시장의 기능

지금까지 외환시장의 중요한 기능은 자금 또는 구매력을 한 국가 및 한 국가의 통화로부터 다른 국가 및 다른 국가의 통화로 이전하는 것이었다. 이는 보통 전자이체에 의해 이루어지는데, 최근에는 인터넷에 의한 자금이전이 증가하고 있다. 이러한 방법을 이용하여 국내은행은 외국 금융센터에 있는 환거래 은행으로 하여금 특정 수량의 현지 통화를 개인이나 기업 또는 계정에 지급할 것을 지시한다.

외환에 대한 수요는 관광객이 다른 나라를 방문하여 자국 통화를 방문국 통화로 환전할 때나 국내기업이 다른 나라로부터 수입하려 할 때 그리고 한 개인이 해외에 투자하려고 할 때 등 여러 경우에 발생한다. 한편 한 나라의 외환공급은 외국인 여행자의 지출, 수출로 인한 외화 획득 그리고 해외투자로부터 발생한 소득 수취의 경우에 발생한다. 예를 들어, 미국기업이 영국에 수출하고 영국 기업으로부터 파운드 스털링(영국 통화)으로 지급받는다고 가정하자. 이 경우 미국의 수출업자는 은행에서 파운드화를 달러로 환전할 것이다. 그러면 이 은행은 영국을 방문하려는 미국 거주자들이나 영국으로부터 수입을 하고 파운드화로 지급하고자 하는 미국기업 또는 영국에 투자하기 위해 파운드화가 필요한 미국 투자자들에게 이 파운드화를 팔아 달러를 받는다.

따라서 한 나라의 상업은행은 그 나라 거주자들의 해외거래 과정에서 발생하는 외환의 수요와 공급에 관한 청산소(clearing house) 역할을 수행한다. 만약 이러한 기능이 없다면, 영국의 파운드화를 필요로 하는 미국의 수입업자는 판매할 파운드화를 보유하고 있는 미국의 수출업자를 직접 찾아 나서야만 할 것이다. 이러한 일은 매우 많은 시간을 낭비하고 비효율적이고 본질적으로는 물물교환과 다를 바 없다. 파운드화의 초과공급 상태에 있는 미국의 상업은행들은 여분의 파운드화를 (외환 브로커를 매개로 하여) 고객의 수요를 충당할 만큼 파운드화를 보유하지 못한 상업은행에 매도한다. 최종적으로 한 국가는 자국 국민의 해외여행 지출, 수입 그리고 해외투자 등에 필요한 외환을 외국인의 국내관광 및 수출 그리고 해외 투자수익 등으로 발생하는 외환 수취로 지급한다.

만일 한 나라의 대외거래 과정에서 발생한 외환에 대한 총수요가 총공급을 초과하면, 총외환수요량과 총외환공급량의 균형이 이루어지도록 (다음 절에서 살펴보는 바와 같이) 그 나라 통화와 다른 나라 통화 간의 교환 비율이 변화한다. 만약 이러한 환율의 조정이 이루어지지 않는다면 그 나라의 상업은행들은 중앙은행으로부터 차입을 해야만 한다. 이때 이 나라 중앙은행은 '최후의 대부자(lender of last resort)'로서의 역할을 하며 중앙은행의 외환보유고가 감소한다(즉, 국제수지의 적자). 반면에 한 나라의 대외거래 과정에서 외환의 초과공급이 발생하면(그리고 환율이 변화하지 않는다면) 이러한 외환의 초과공급분은 그 나라 중앙은행에서 자국통화로 환전되므로 그 나라의 외환보유고는 증가한다(국제수지의 흑자).

이와 같이 외환시장에는 네 단계의 거래자 또는 참가자가 있음을 알 수 있다. 가장 아래 또는 첫 번째 단계는 여행자, 수입업자, 수출업자, 투자자 등과 같은 전통적 이용자들이다. 이들은 외국통화의 직접적 이용자이며 공급자이기도 하다. 다음 두 번째 단계는 외환의 이용자와 획득자 사이에서 청산소로서의 역할을 수행하는 상업은행들이다. 세 번째 단계는 외환 브로커들인데, 이들은 상업은행 간(소위 은행 간 시장 또는 도매시장) 외환의 유입과 유출을 원활하게 해 주는 역할을 한다. 마지막으로 네 번째 단계는 한 나라의 중앙은행으로, 중앙은행은 그 나라의 총외환수입과 지출이 일치하지 않을 때 최후의 구매자와 판매자로서의 역할을 수행한다. 그 결과 중앙은행의 외환준비고가 감소하거나 증가한다.

미국 달러화는 미국의 국가통화뿐만 아니라 국제통화로서의 특수한 지위를 갖고 있으므로 미국의 수입업자와 해외에 투자하고자 하는 미국 내 거주자들은 달러로 지불할 수가 있다. 그렇기 때문에 영국에서 달러를 파운드화로 환전해야 하는 사람들은 바로 영국의 수출업자나 해외투자 수취인들이다. 마찬가지로 미국의 수출업자와 해외투자 수취인도 달러로 지불할 것을 요구할 수 있다. 이때 영국의 수입업자나 투자자들은 런던에서 파운드화를 달러로 환전하여 지불해야 한다. 이러한 이유로 외국의 금융센터는 규모가 더 커지게 된다.

그러나 미국 달러는 국제통화 이상의 역할을 한다. 달러는 기축통화(vehicle currency)이다. 즉, 달러는 브라질의 수입업자가 일본의 수출업자에게 대금결제를 하는 경우와 같이 미국과 관계없는 거래의 경우에도 사용된다(사례연구 2-1 참조). 유럽통화동맹 또는 EMU의 새로 창설된 통화인 유로의 경우도 마찬가지이다. 미국은 달러가 기축통화로 사용될 때 세뇨리지(seigniorage) 이익을 얻는다. 이것은 외국인이 해외에서 보유하고 있는 달러 금액만큼 발생하며 그만큼 미국에 대해 무이자 대출을 해 주는 것과 같다. 현재 미국 달러의 60% 이상이 해외에서 보유되고 있다.

스위스 바젤에 있는 국제결제은행(BIS)의 세계 전체 외환거래 총액은 2001년에는 하루에 거의 1조 2,000억 달러, 2004년에는 1조 9,000억 달러, 2007년에는 3조 3,000억 달러, 2010년에는 4조 달러, 2013년에는 5조 3,000억 달러에 이르는 것으로 추정되고 있다. 이는 세계 전체 연평균 무역거래액의 30%이며 2013년 미국 GDP의 약 30%에 해당한다. 영국 소재 은행들이 외환시장 턴 오버의 대략 37%를, 그 다음은 미국이 약 18%를, 일본은 6%, 싱가포르, 스위스와 홍콩은 5%, 오스트레일리아는 4%, 기타 소규모 시장이 나머지를 차지한다. 대부분의 외환거래는 실제로 통화를 교환하지 않고 은행계정의 장부상으로 지급과 수입을 기록한다. 예를 들어, 미국의 수입업자는 자신이 거래하는 미국 은행계정에 장부상으로 지급함으로써 유럽통화동맹으로부터의 수입대금을 지불한다. 그러면 그 미국 은행은 상품가격에 해당하는 유로를 유럽통화동맹의 수출업자 계정에 장부상으로 지급하도록 유럽통화동맹의 환거래 은행에 지시한다.

외환시장의 또 다른 기능은 신용 기능이다. 신용은 보통 상품이 운송 중이고 구매자가 상품을 다시 판매하여 그 대금을 지불할 수 있는 기간 동안 제공된다. 일반적으로 수출업자가 수입업자에게 허용하는 대금의 지급 기간은 90일 정도이다. 그러나 수출업자는 보통 수입업자의 지불 의무를 자기가 거래하는 상업은행에서 할인한다. 결과적으로 수출업자는 즉시 대금을 수령하고 은행은 지불 기일이 만기가 될 때 수입업자로부터 대금을 수령한다. 외환시장은 (2.5절에서 논의되겠지만) 헤징과 투기의 수단을 제공하는 또 다른 역할도 한다. 오늘날 외환거래의 약 90%는 순수 금융거래이며 무역금융은 약 10%에 불과하다.

전자이체로 인해 몇 초 만에 통화거래를 실행할 수 있고 하루 24시간 거래가 된다는 점에서 외환시장은 진정으로 범세계적이라고 할 수 있다. 샌프란시스코와 로스앤젤레스에서 은행의 정규 업무시간이 마감되면 싱가포르, 홍콩, 시드니, 도쿄에서 은행의 업무가 시작된다. 이들 은행의 업무시간이 마감될 무렵 런던, 취리히, 파리, 프랑크푸르트, 밀라노에서 은행의 업무가 시작되며 이들 은행의 업무가 마감되기 전에 뉴욕과 시카고에서 은행의 업무가 시작된다. 사례연구 2-1에서는 지배적인 기축통화인 달러를 살펴보며, 사례연구 2-2에서는 신속하게 두 번째로 중요한 기축통화가 된 유로의 탄생을 논의한다.

사례연구 2-1 🌐 지배적인 국제통화로서의 미국 달러

오늘날 미국의 달러는 국내거래뿐만 아니라 국제 민간거래와 국제간 공적 거래에 있어서도 계산의 단위, 교환의 매개수단 및 가치저장 수단의 역할을 하는 지배적인 기축통화이다. 미국 달러는 제2차 세계대전 이후 영국의 파운드를 대신하여 지배적인 기축통화가 되었는데, 그 이유는 달러 가치의 안정, 고도로 발달된 미국의 대형 금융시장 및 거대한 규모의 미국 경제 때문이다. 또한 (유럽연합 28개 회원국의 19개국 공식통화인) 유로는 1999년 처음 탄생한 이후 두 번째로 중요한 기축통화가 되었다(사례연구 2-2 참조).

표 2-1은 2013년도 세계경제에서 달러, 유로 및 기타 주요 통화의 상대적 중요성을 보여 주고 있다. 이 표는 외환

거래의 16.7%가 유로로, 11.5%가 일본의 엔으로 그리고 19.1%가 기타 통화로 이루어지는 데 비해 43.5%가 달러로 이루어지고 있음을 보여 준다. 또한 표 2-1을 통해 은행간 대부의 58.7%, 국제간 채권거래의 35.9%, 국제간 무역송장의 44.6%가 달러로 표기되고 있음을 알 수 있다. 또한 외환보유고의 62.9%가 달러로, 22.3%가 유로 형태로 보유되고 있는 반면, 기타 통화의 보유비중은 대단히 작음을 알 수 있다. 비록 미국은 제2차 세계대전 이후 누려왔던 유일한 기축통화국으로서의 지위는 점차 약화되고 있지만, 아직도 세계에서 지배적인 기축통화국의 위치를 누리고 있다.

표 2-1 2013년도 주요 통화의 상대적 중요성(%)

	외환거래[a]	은행간 대부[a]	국제간 채권거래[a]	무역송장[b]	외환보유고[c]
미국 달러	43.5	58.7	35.9	44.6	62.9
유로	16.7	19.6	45.3	28.3	22.3
일본 엔	11.5	3.1	2.2	2.7	4.0
파운드 스털링	5.9	5.1	9.3	7.9	3.8
스위스 프랑	2.6	2.4	1.6	1.4	0.3
기타 통화	19.8	11.1	5.7	15.7	6.7

[a] Bank of International Settlements, *Triennial Central Bank Survey*(Basel:BIS, March 2007) and BIS data set
[b] 2014; http://www.swift.com/products_services/renminbi_reports.
[c] 2014; IMF, Currency *Composition of Official Foreign Exchange Reserves*(Washington, D.C.: IMF, March 2015).

사례연구 2-2 🌐 새로운 통화의 탄생 : 유로

1999년 1월 1일, 유로(euro, €)는 유럽연합 당시의 15개 회원국 중 11개 회원국(오스트리아, 벨기에, 독일, 핀란드, 프랑스, 아일랜드, 이탈리아, 룩셈부르크, 스페인, 포르투갈, 네덜란드)의 단일통화로 탄생했다. 그리스는 2001년 초 참가하였고 슬로베니아는 2007년에, 키프로스와 몰타는 2008년에 슬로바키아는 2009년, 에스토니아는 2011, 라트비아는 2014년에, 리투아니아는 2015년에 가입하여 유럽통화연합(EMU)의 회원국은 19개국(2015년 유럽연합의 28개 회원국 중)이 되었다. 영국, 스웨덴 및 덴마크는 참가하지 않았지만 수년 내에 참가할 것으로 보인다. 이것은 일

련의 주권국가들이 자국의 통화를 포기하고 공통의 통화를 선택한 첫 번째 일이었으며, 제2차 세계대전 이후 발생한 가장 중요한 경제적 사건 중의 하나로 평가받고 있다.

유로는 처음부터 중요한 국제통화가 되었는데 그 이유는 유럽통화연합이 (1) 미국에 버금가는 경제 단위이며 무역 단위이고, (2) 고도로 발달된 대형 금융시장이 성장하고 있으며 점차 규제가 완화되고 있고, (3) 인플레이션이 높지 않아 유로의 가치가 안정될 것으로 예상되기 때문이다. 그러나 유로가 조만간 국제통화나 기축통화로서 달러를 대체할 수 없는 충분한 이유도 있다. 그 이유는 (1) 대부분의

(계속)

1차 산품은 달러로 가격이 표시되고 있는데 당분간 이러한 관습이 유지될 것이고, (2) (EMU 참가 후보국이며 EMU에 참가하기도 전에 유로를 사용할 수도 있는) 중부유럽이나 동부유럽의 구공산권 국가와 서부 아프리카와 동부 아프리카에 있는 과거 프랑스 식민지를 제외하고는, EMU 비회원 국가들은 당분간 대부분의 국제거래를 달러로 할 것이며, (3) 단순한 타성에 의해 현재의 국제통화(달러)를 선호하기 때문이다.

유로는 이후 최근 10년간 달러와 그 후에는 중국의 화폐인 인민폐와 더불어 주도적 위치를 공유할 가능성이 매우 높다. 중국은 역외시장에 자국통화를 사용하게 하거나 국제무역거래의 결제 및 무역송장액에 인민폐 사용을 촉진시킴으로써 이미 자국의 통화를 국제화하는 데 속도를 가하고 있다. 2015년까지 인민폐는 세계에서 7번째로 많이 사용되는 통화가 되었다. 세계은행은 새로운 다통화 국제통화체제에서 2025년까지 달러와 같이 유로와 인민폐도 중요한 국제통화 또는 기축통화가 될 것으로 예측한다.

출처 : D. Salvatore, "The Euro: Expectations and Performance," *Eastern Economic Journal*, Winter 2002, pp. 121 – 136; D. Salvatore, "Euro," *Princeton Encyclopedia of the World Economy* (Princeton, N.J.: Princeton University Press, 2008), pp. 350 – 352; World Bank, *Multipolarity: The New Global Economy* (Washington, D.C.: World Bank, 2011), pp. 39 – 142; and D. Salvatore, "Exchange Rate Misalignments and the International Monetary System," *Journal of Policy Modeling*, July/August 2012, pp. 594 – 604; "The Future of the Renminbi," *The Financial Times*, September 30, 2014, p. 1; and D. Salvatore, "When and How Will the Euro Crises End," *The Journal of Policy Modeling*, May/June 2015, pp. 416 – 424.

2.3 환율

이 절에서는 먼저 환율을 정의하고 변동환율제도에서 환율이 어떻게 결정되는가를 살펴보고, 각종 통화 간의 환율이 상이한 금융센터 간에 재정에 의하여 어떻게 균등화되는가를 설명한다. 마지막으로 환율과 국제수지의 관계를 살펴본다.

2.3A 균형환율

단순화를 위해 두 경제, 즉 미국과 유럽통화동맹(EMU)만이 존재한다고 가정하고 달러($)가 국내통화이고 유로(€)는 외국통화라고 하자. 달러와 유로 사이의 환율(exchange rate, R)은 1유로를 구입하는 데 필요한 달러의 수량을 말한다. 즉, $R = \$/€$이다. 예를 들어, 환율이 $R = \$/€ = 1$이면 이것은 1유로를 구입하는 데 1달러가 필요하다는 것을 의미한다.

오늘날 우리가 채택하고 있는 변동환율제도에서 유로화에 대한 달러화 표시 가격(R)은 다른 상품가격의 결정원리와 같이 유로화에 대한 시장 수요곡선과 공급곡선이 교차하는 점에서 결정된다. 그림 2-1은 이를 보여 주고 있는데, 수직축은 유로화의 달러 표시 가격 또는 환율($R = \$/€$)을, 수평축은 유로화의 수량을 표시한다. 유로화에 대한 시장수요와 공급곡선은 점 E에서 교차하여 균형환율은 1이고 유로화의 수요량과 공급량은 하루에 2억 유로이다. 환율이 이보다 높으면 유로화의 공급량이 수요량을 초과하므로 환율은 균형환율인 $R = 1$로 하락하고, 환율이 $R = 1$보다 낮으면 유로화의 수요량이 공급량을 초과하므로 환율은 균형환율 $R = 1$로 상승한다. 환율이 균형수준으로 상승할 수 없다면(1973년 3월까지 통용되었던 고정환율제도의 경우처럼) 미국 거주자의 유로화에 대한 수요에 제약을 가하거나 미국중앙은행(연방준비은행)의 국제준비자산으로 유로화에 대한 초과수요를 충당해야 한다.

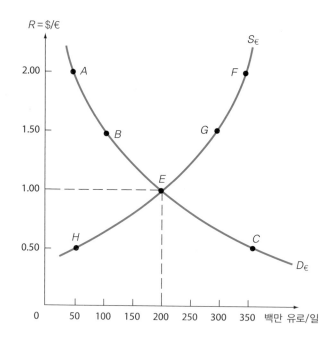

그림 2-1 변동환율제도에서의 환율

수직축은 유로의 달러 표시 가격($R=\$/\text{€}$)을 수평축은 유로화의 양을 표시한다. 변동환율제도에서 균형환율이 $R=1$일 때 수요량과 공급량이 일치하며 하루에 2억 유로가 거래된다. 이는 미국의 유로에 대한 수요곡선과 공급곡선이 교차하는 점 E로 표현된다. 환율이 균형환율보다 높다면 유로화에 대한 초과공급이 발생하여 환율은 균형환율로 하락하며, $R=1$보다 환율이 낮다면 유로화의 공급부족으로 인하여 환율은 균형환율로 상승한다

유로화에 대한 미국의 수요는 우하향하는데, 이는 환율(R)이 낮아질수록 미국 거주자의 유로화에 대한 수요량이 증가함을 의미한다. 그 이유는 환율이 하락하면(즉, 1유로를 구입하는 데 필요한 달러의 수량이 더욱 적어지게 되면) 미국이 영국으로부터 수입을 하거나 영국에 투자하는 것이 더 싸지므로, 미국 거주자의 유로화에 대한 수요량이 증가하기 때문이다. 반면에 미국의 유로화 공급은 보통 (그림 2-1과 같이) 우상향하는데, 이는 환율(R)이 높아질수록 미국으로 공급되는 유로화의 수량이 증가함을 의미한다. 그 이유는 환율이 높아지면 EMU의 거주자들은 1유로에 대해 더 많은 달러를 받게 되기 때문이다. 그 결과 미국 상품과 미국에 대한 투자가 보다 저렴해지고 매력적이므로 미국에서 지출을 더 많이 하기 때문에 미국으로 더 많은 유로화가 공급된다.

(예컨대 EMU 상품에 대한 미국 내의 인기가 높아진 결과) 미국의 유로화에 대한 수요곡선이 위로 이동하여 유로화에 대한 공급곡선과 점 G에서 교차하면(그림 2-1 참조), 균형환율은 $R=1.5$가 되고 유로화의 균형거래량은 하루 3억 유로가 될 것이다. 이때는 1유로를 구입하는 데 (앞에서의 1달러 대신) 1.5달러가 필요하므로 달러화는 평가하락한 것이다. 따라서 평가하락(depreciation)은 외국통화의 국내가격이 상승함을 뜻한다. 반대로 유로화에 대한 미국의 수요곡선이 밑으로 이동하여 점 H에서 공급곡선과 교차하면(그림 2-1 참조), 균형환율은 $R=0.5$로 하락하며 이때 (1유로를 구입하는 데 더 적은 달러가 필요하므로) 달러화는 평가상승했다고 한다. 그러므로 평가상승(appreciation)은 외국통화의 국내가격이 하락하는 것을 뜻한다. 국내통화의 평가상승은 외국통화

의 평가하락을 뜻하며 그 역도 마찬가지이다. 미국의 유로화에 대한 공급곡선이 이동하여도 마찬가지로 균형환율과 유로화의 균형거래량에 영향을 미친다(이는 이 장의 뒤에 연습문제로 수록되어 있음).

환율은 또한 국내통화 한 단위에 대한 외국통화의 가격으로도 정의할 수 있다. 이는 앞에서 정의한 내용을 역수로 표현하면 된다. 앞의 예에서는 유로화의 달러 가격이 $R = 1$이므로 그 역수도 역시 1이다. 만일 유로의 달러 표시 가격이 $R = 2$라면 달러의 유로 표시 가격은 $R = 1/2$이 되고 1달러를 구입하는 데 1/2유로가 필요하다. 이런 방법으로 정의한 환율이 간혹 사용되고는 있지만, 특별히 명시하지 않는 한 앞에서 내린 환율의 정의, 즉 유로화에 대한 달러 표시 가격(R)을 사용하기로 한다. 현실세계에서는 혼동을 피하기 위해 환율의 개념을 명확히 정의하여 이용하고 있다(사례연구 2-3 참조).

마지막으로 설명의 편의상 두 종류의 통화만이 존재하는 경우를 설명하였으나, 실제로는 모든 쌍의 통화에 대한 수많은 환율이 존재한다. 따라서 미국의 달러와 유로 환율 외에도 미국의 달러와 영국의 파운드(£), 미국의 달러와 스위스의 프랑, 캐나다의 달러와 멕시코의 페소, 영국의 파운드와 유로, 유로와 스위스의 프랑 및 이들 통화와 일본의 엔 사이의 환율도 있다. 그러나 일단 달러화에 대한 각종 통화 간의 환율이 결정되고 나면, 다른 두 통화 간의 환율, 즉 교차환율(cross exchange rate)은 쉽게 결정된다. 예를 들어 미국 달러화와 영국 파운드 간의 환율이 2이고 미국 달러화와 유로 사이의 환율이 1.25이면, 파운드와 유로 사이의 환율은 1.6이 된다(즉, 1파운드를 구입하는 데 1.6유로가 필요하다). 구체적으로는 아래와 같다.

$$R = €/£ = \frac{£의\ \$\ 표시\ 가격}{€의\ \$\ 표시\ 가격} = \frac{2}{1.25} = 1.6$$

시간이 지나면서 한 통화는 어느 통화에 대해 평가하락할 수도 있고 또 다른 통화에 대해서는 평가상승할 수도 있기 때문에, 실효환율(effective exchange rate)을 계산한다. 실효환율은 자국통화와 그 나라의 가장 중요한 교역 상대국 통화 사이의 환율을 가중평균한 것으로 가중값은 교역 상대국의 상대적 중요성에 의해 결정된다(2.5A절 참조). 마지막으로 우리가 지금까지 논의한 명목환율과 (제3장에서 논의될) 실질환율을 구분할 수 있어야 한다.

2.3B 재정

임의의 두 통화 사이의 환율은 재정(arbitrage)을 통해 여러 금융센터에서 같게 유지된다. 재정이란 이윤을 얻기 위해 통화가치가 저렴한 금융센터에서 통화를 구입하여 보다 비싼 금융센터에서 즉시 재판매하는 것을 의미한다.

일례로 유로화의 달러 가격이 뉴욕에서는 0.99달러이고 프랑크푸르트에서는 1.01달러라면, 재정자(대개 상업은행의 외환거래자)는 뉴욕에서 유로화를 0.99달러에 매입하여 프랑크푸르트에서 1.01달러에 즉시 판매함으로써 1유로당 0.02달러의 이익을 얻는다. 1유로당 이익이 작은 것처럼 보이지

사례연구 2-3 🌐 환율의 표시방법

표 2-2에서 2015년 1월 21일 수요일 미국통화에 대해 여러 국가의 통화의 환율 또는 현물환율을 보여 주고 있다. 환율은 먼저 외국통화의 달러 표시 가격으로(직접 또는 미국식 표시방법), 나중에는 달러의 외국통화 표시 가격(간접 또는 유럽식 표시방법)으로 보여 준다. 예를 들어 유로지역의 경우 직접 표시방법에 따른 현물환율은 1유로당 1.1611달러

이다. 간접 또는 달러의 유로 표시 가격은 1달러당 0.8613 유로이다. 표의 마지막 열에는 연초 대비 환율 변화를 보여 준다. 이것은 연초부터 당일까지(YDT) 환율의 백분비 변화이다. 예를 들어, 달러는 유로 대비 2015년 초부터 2015년 1월 21일까지 4.2% 평가상승하였다는 것을 보여 준다.

표 2-2 환율 표시방법(2015년 1월 21일)

통화
최근 뉴욕 거래소의 달러 대비 환율

국가/통화	미국 달러 단위	외국통화 단위	연초 대비 변화율 (%)	국가/통화	미국 달러 단위	외국통화 단위	연초 대비 변화율 (%)
미국				유럽			
아르헨티나 페소	0.1161	8.6130	1.8	체코공화국 코루나	0.04153	24.081	5.3
브라질 헤알	0.3896	2.6002	−2.2	덴마크 크로네	0.1561	6.4042	4.0
캐나다 달러	0.8104	1.2340	6.2	유로지역 유로	1.1611	0.8613	4.2
칠레 페소	0.001592	628.20	3.5	헝가리 포린트	0.003681	271.67	3.8
콜롬비아 페소	0.0004207	2376.92	unch	아이슬란드 크로나	0.007586	131.82	3.3
에콰도르 미국 달러	1	1	unch	노르웨이 크로네	0.1318	7.5872	1.8
멕시코 페소	0.0678	14.7546	0.1	폴란드 즐로티	0.2700	3.7041	4.6
페루 누에보 솔	0.3326	3.007	0.8	러시아 루블	0.01530	65.352	7.9
우루과이 페소	0.04065	24.6000	2.5	스웨덴 크로나	0.1223	8.1736	4.7
베네수엘라 볼리바르	0.158885	6.2939	unch	스위스 프랑	1.1629	0.8599	−13.5
아시아-태평양				터키 리라	0.4254	2.3506	0.7
오스트레일리아 달러	0.8085	1.2369	1.1	우크라이나 그리브나	0.0633	15.7895	−0.2
중국 위안	0.1611	6.2080	unch	영국 파운드	1.5143	0.6604	2.9
홍콩 달러	0.1290	7.7509	−1.1	중동, 아프리카			
인도 루피	0.01622	61.645	−2.2	바레인 디나르	2.6522	0.3771	unch
인도네시아 루피아	0.0000801	12477	0.4	이집트 파운드	0.1361	7.3490	2.8
일본 엔	0.008478	117.96	−1.5	이스라엘 셰켈	0.2537	3.9409	1.1
카자흐스탄 텡게	0.005427	184.28	0.8	쿠웨이트 디나르	3.3994	0.2942	0.4
마카오 파타카	0.1252	7.9860	unch	오만 오만리얄	2.5978	0.3849	unch
말레이시아 링깃	0.2766	3.6159	5.2	카타르 카타르리얄	0.2746	3.642	unch
뉴질랜드 달러	0.7552	1.3242	3.2	사우디아라비아 사우디리얄	0.2662	3.7571	0.1
파키스탄 루피	0.00993	100.750	−0.1	남아프리카공화국 랜드	0.0869	11.5130	−0.4
필리핀 페소	0.0225	44.408	−0.7	아랍에미리트 디르함	0.2722	3.6731	unch
싱가포르 달러	0.7491	1.3350	0.7				
대한민국 원	0.0009240	1082.30	−1.1				
스리랑카 루피	0.0075821	131.89	0.5				

	종가	순변화	변화율 (%)	연초 대비 변화율(%)
타이완 달러 0.03175 31.494 −0.5				
타이 바트 0.03069 32.580 −1.0				
베트남 동 0.00004680 21366 −0.1	WSJ 달러 지수	84.17 −0.16	−0.19	1.39

출처 : Tullett Prebon, WSJ Market Data Group

만 단 몇 분의 작업으로 백만 유로에 대해 2만 달러의 이익을 얻을 수 있다. 이 이익 중 전자이체 및 재정과 관련된 부대비용을 차감해야 하지만 이러한 비용은 대단히 적으므로 무시하기로 하자.

그러나 재정이 발생함에 따라 두 통화 사이의 환율은 두 금융센터에서 균등화되는 경향이 있다. 위의 예에서 재정의 결과 유로에 대한 수요는 뉴욕에서 증가하여 유로의 달러 표시 가격은 상승압력을 받고, 동시에 프랑크푸르트에서 유로를 판매함에 따라 유로의 공급이 증가하여 유로의 달러 가격이 하락압력을 받는다. 이러한 현상은 유로의 달러 표시 가격이 뉴욕과 프랑크푸르트에서 일치하게 되어($1 = €1) 재정으로 인한 이익이 없어질 때까지 계속된다.

위의 예와 같이 두 나라의 통화와 두 금융센터가 재정에 연관될 때 이를 2점 재정(two-point arbitrage)이라 하고, 세 나라 통화와 3개의 금융센터가 연관될 때는 삼각재정(triangular or three-point arbitrage)이라 한다. 삼각재정은 그리 흔하지는 않지만, 2점 재정과 같은 방법으로 작용하여 3개의 금융센터에서 세 가지 통화 사이의 **간접환율** 혹은 **교차환율**이 일관성을 갖게 된다. 예를 들어 환율이 다음과 같다고 하자.

$$뉴욕 \ \$1 = €1$$

$$프랑크푸르트 \ €1 = £0.64$$

$$런던 \ £0.64 = 1\$$$

이러한 교차환율은 일관성이 있다. 왜냐하면

$$\$1 = €1 = £0.64$$

이므로 이익을 얻을 수 있는 재정의 가능성이 없기 때문이다. 그러나 뉴욕에서 유로의 달러 표시 가격이 $0.96이고 다른 환율이 위와 같다면, 뉴욕에서 $0.96로 €1를 매입하고 이 €1로 프랑크푸르트에서 £0.64를 매입한 후 이 €0.64로 런던에서 $1을 매입하면, 1유로당 0.04달러의 이익을 얻을 수 있다. 반대로 유로의 달러 표시 가격이 뉴욕에서 $1.04이면 위의 경우와 반대로 하여 이익을 얻을 수 있다. 즉, 런던에서 $1로 £0.64를 매입하고 이 £0.64로 프랑크푸르트에서 1유로를 매입한 후 이를 뉴욕에서 1.04달러로 환전하면 1유로당 0.04달러의 이익을 얻을 수 있다.

2점 재정의 경우와 마찬가지로 삼각재정의 경우에도 통화의 가치가 저렴한 금융센터에서는 통화에 대한 수요가 즉각 증가하고 통화의 가치가 비싼 금융센터에서는 통화에 대한 공급이 즉각 증가하여 교차환율은 일관성 있게 유지되고 재정에 의한 이익이 더 이상 발생하지 않는다. 결과적으로 재정에 의하여 각종 통화 사이의 환율은 즉각적으로 균등화되며 교차환율은 일관성 있게 되어 모든 국제금융센터가 하나의 단일시장으로 통합된다.

2.3C 환율과 국제수지

이제 그림 2-2를 이용하여 환율과 국제수지의 관계를 살펴보기로 하자. 그림 2-2는 $D'_€$로 표시된 유로에 대한 새로운 수요곡선이 추가된 점을 제외하고는 그림 2-1과 동일하다. 우리는 제1장에서 미

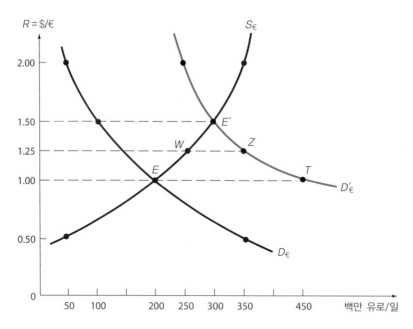

그림 2-2 고정환율제도와 변동환율제도에서의 불균형

유로에 대한 수요곡선과 공급곡선이 각각 $D_€$와 $S_€$일 때, 환율 $R = \$/€ = 1$에서 균형이 성립하고 하루에 거래되는 유로의 양은 2억 유로가 된다. $D_€$가 $D'_€$로 위로 이동하면 고정환율제도에서는 2억 5,000만 유로(그림의 TE)의 초과수요를 (유로의 공적 준비자산으로부터) 매각하여 $R = 1$의 환율을 유지할 수 있다. 자유변동환율제도에서 달러는 $R = 1.50$(그림의 점 E')이 될 때까지 평가하락한다. 한편 관리변동환율제도에서 미국이 달러의 평가하락을 $R = 1.25$가 되도록 제한하려고 하면, 미국은 유로의 공적 준비자산으로부터 하루에 1억 유로의 초과수요를 충당해야 한다.

국의 유로에 대한 수요($D_€$)는 미국의 유럽연합의 재화 및 서비스에 대한 수요, 미국의 유럽연합에 대한 1차(투자) 소득 및 2차 소득(경상이전지출)에 대한 지불, 미국의 유럽연합에 대한 투자(해외금융사자산의 순취득 − 미국의 자본유출)에서 발생한다는 것을 보았다.

한편 유로의 공급($S_€$)은 미국의 유럽언합으로의 재화 및 서비스에 대한 수출, 미국의 유럽연합으로부터의 1차(투자) 소득 및 2차 소득에 대한 수령, 유럽연합의 미국에 대한 투자(미국의 자본유입)에서 발생한다(단순화를 위해 세계는 미국과 유럽연합의 2개국으로만 구성되고 두 국가 간의 거래는 유로로 이루어진다고 가정한다).

수요곡선과 공급곡선이 각각 $D_€$와 $S_€$일 때, 균형환율 $D = \$/€ = 1$(그림 2-2의 점 E)이 되고, (그림 2-1에서와 마찬가지로) 하루의 수요량 및 공급량은 2억 유로가 된다. 어떤 이유로든 (미국의 EMU 상품에 대한 수요의 증가와 같이) 미국의 유로화에 대한 자율적인 수요가 증가하여 수요곡선이 $D'_€$로 이동한다고 하자. 미국이 $R = 1$에서 환율을 고정시키고자 한다면 미국의 통화당국은 하루에 TE(그림 2-2에서 2억 5,000만 유로)만큼의 유로에 대한 초과수요를 보유하고 있는 유로의 공적 준비자산으로부터 공급해야 한다. 또는 유로의 평가상승(달러의 평가하락)을 막기 위하여 EMU의 통화당국은 달러를 매입하여 (따라서 달러의 공적 준비자산이 증가) 외환시장에 유로를 공급해야 한다. 어느 경우이든 미국의 공적 결제수지는 하루에 2억 5,000만 유로(공적 환율인 $R = 1$인 경우에는 2억 5,000만 달러) 또는 연간 912억 5,000만 유로(912억 5,000만 달러)의 적자가 된다.

반대로 미국이 순수변동환율제도를 채택하고 있다면 환율은 $R = 1.00$에서 $R = 1.50$으로 상승하여(즉, 달러는 평가하락) 유로의 수요량(하루에 3억 유로)은 유로의 공급량(그림 2-2의 점 E')과 정확히 일치하게 된다. 이 경우에는 미국의 유로 공적 준비자산은 감소하지 않는다. 실제로 이러한 제도에서는 국제 준비자산이 전혀 필요하지 않을 것이다. 자율적 거래에 의한 유로에 대한 초과수요는 달러가 유로에 대하여 충분히 평가하락함으로써 완전히 제거된다.

그러나 1973년 이래 운용되고 있는 관리변동환율제도에서 미국의 통화당국은 달러의 평가하락 (또는 평가상승)을 완화하기 위하여 외환시장에 개입할 수 있다. 앞의 예에서 미국은 달러의 평가하락(순수변동환율제도에서 $R = 1.50$까지 달러가치가 하락하도록 하는 대신에)이 $R = 1.25$가 되도록 제한할 수 있다. 미국은 공적 준비자산으로부터 유로에 대한 초과수요분 WZ 또는 1억 유로를 매일 외환시장에 공급하여 그렇게 할 수 있다(그림 2-2 참조). 이러한 제도에서 미국 국제수지의 잠재적 적자 중 일부는 미국 준비자산의 감소에 의해 부분적으로 충당되며, 나머지는 달러의 평가하락으로 반영된다. 따라서 미국의 국제수지 적자를 단순히 미국 공적 준비자산의 감소나 미국 공적 준비계정의 순차변잔고로 측정할 수는 없다. 관리변동환율제도에서 공적 준비자산의 감소는 국제수지의 적자를 측정하는 것이 아니라 환율수준과 환율의 변동에 영향을 미치기 위한 공적 개입의 정도만을 측정하는 것이다.

이러한 이유로 미국은 1976년 이후 국제수지 적자나 흑자를 계산하지 않고 있다. 현재의 관리변동환율제도에서 공적 준비자산에 대한 지나친 관심을 갖지 않도록 국제거래표에 공적 준비자산이 (쉽게 계산할 수는 있지만) 나타나지도 않는다(표 1-1 참조).

그러나 국제거래와 국제수지의 개념 및 측정은 몇 가지 이유로 아직도 중요하다. 첫째, 제1장에서 지적한 바와 같이 무역은 국제거래와 국민소득 사이의 연결고리가 된다(이러한 연결고리는 제5장에서 살펴본다). 둘째, 많은 개발도상국가들은 고정환율제도를 채택하고 있으며 자국의 통화를 미국의 달러, 유로 또는 SDRs 등과 같은 주요 통화에 대해 고정시키고 있다. 셋째, 국제통화기금은 회원국으로 하여금 매년 자국의 국제수지표를 (A1.1절에서 논의된 표준화된 형태로) IMF에 보고하도록 하고 있다. 그리고 마지막으로 가장 중요한 것으로는 공적 준비자산이 국제수지 적자나 흑자를 측정하지는 않지만 한 국가의 통화당국이 환율의 급변성을 감소시키고 환율수준에 영향을 미치기 위한 목적으로 외환시장에 개입한 정도를 측정한다는 것이다.

2.4 현물환율, 선물환율, 통화스왑, 통화선물 및 통화옵션

이 절에서는 현물환율과 선물환율을 구별하고 그 중요성을 살펴본다. 그리고 통화스왑, 통화선물 및 통화옵션과 그 용도를 논의한다.

2.4A 현물환율과 선물환율

가장 일반적인 외환거래의 형태는 계약을 체결한 후 2영업일 이내에 외환을 지급하거나 수취하는 것이다. 2영업일은 계약자 쌍방이 국내 및 해외 은행계정에 대금을 이체하는 데 충분한 시간이다. 이러한 종류의 거래를 **현물환거래**(spot transaction)라고 부르며 현물환거래가 발생할 때의 환율을 **현물환율**(spot rate)이라고 한다. 그림 2-1에서 $R = \$/€ = 1$은 현물환율이다.

현물환거래 이외에 **선물환거래**(forward transactions)가 있다. 선물환거래는 계약 당시에 약정된 환율[**선물환율**(forward rate)]로 일정량의 외환을 미래의 특정일에 팔거나 사기로 계약하는 거래이다. 예를 들어 현 시점으로부터 3개월 후에 $\$1.01 = €1$의 환율로 100유로를 매입하는 계약을 할 수 있다. 계약이 체결된 시점에서는(보통 10%의 증거금을 제외하고는) 통화를 지불하지 않는다는 점에 주목하자. 따라서 매입자는 3개월 후에 그때의 현물환율과는 관계없이 100유로를 101달러에 매입한다. 전형적인 선물환거래의 기간은 1개월, 3개월 또는 6개월인데, 3개월이 가장 보편적이다(사례연구 2-3 참조). 이보다 장기의 선물환거래는 그에 따른 불확실성이 크기 때문에 그리 흔하지 않다. 그러나 만기가 되면 1기간 혹은 그 이상의 기간에 대한 선물환계약을 다시 체결할 수 있다. 여기서는 3개월 만기의 선물환거래 및 선물환율만을 다루는데, 이러한 과정은 만기가 다른 선물환거래의 경우에도 마찬가지로 적용된다.

균형선물환율은 미래에 인도할 외환에 대한 시장 수요곡선과 공급곡선이 교차하는 점에서 결정된다. 선물환에 대한 수요와 공급은 헤징, 환투기 그리고 커버된 이자재정의 과정에서 발생한다. 헤징, 환투기 및 커버된 이자재정과 현물환율 및 선물환율 사이의 밀접한 관계에 대해서는 2.5절 및 2.6절에서 논의한다. 다만 여기서 알아두어야 할 사실은 어떤 시점에서의 선물환율은 그 시점에서의 현물환율과 같거나, 높거나 아니면 낮을 수 있다는 점이다.

만일 선물환율이 현재의 현물환율보다 낮다면 외환은 국내통화에 대하여 할인되었다고 하며, 이를 **선물환 할인**(forward discount)이라고 부른다. 반대로 선물환율이 현재의 현물환율보다 높은 경우에 외환은 국내통화에 대하여 할증되었다고 하며 이를 **선물환 할증**(forward premium)이라고 부른다. 예컨대 현물환율이 $\$1 = €1$이고, 3개월 선물환율이 $\$0.99 = €1$라면 유로의 달러에 대한 3개월 선물환율은 1센트 또는 1% (혹은 연간 4%) 할인되었다고 한다. 한편, 현물환율이 $\$1 = €1$이고 3개월 선물환율이 $\$1.01 = €1$라면 유로는 1센트 또는 3개월간 1%(혹은 연간 4%) 할증되었다고 한다.

선물환 할인(*FD*)이나 선물환 할증(*FP*)은 보통 그에 상응하는 현물환율로부터 연간 %로 표시하며 다음의 공식을 이용하여 계산할 수 있다.

$$FD \text{ 또는 } FP = \frac{FR - SR}{SR} \times 4 \times 100$$

여기서 *FR*은 선물환율을, *SR*은 (앞에서 단순히 *R*이라고 표시하였던) 현물환율을 나타낸다. 4를 곱하는 이유는 $FD(-)$나 $FP(+)$를 연간기준으로 표시하기 위함이며 *FD*와 *FP*를 %로 표시하기 위하여 100을 곱한다. 따라서 유로의 현물환율이 $SR = \$1.00$이고 선물환율은 $SR = \$0.99$이면

$$FD = \frac{\$0.99 - \$1.00}{\$1.00} \times 4 \times 100 = \frac{\$0.01}{\$1.00} \times 4 \times 100$$
$$= -0.01 \times 4 \times 100 = -4\%$$

가 되어 앞에서 공식을 이용하지 않고 얻은 결과와 일치하게 된다. 마찬가지로 *SR* = \$1이고 *FR* = \$1.01라면 *FP*는 다음과 같다.

$$FD = \frac{\$1.01 - \$1.00}{\$1.00} \times 4 \times 100 = \frac{\$0.01}{\$1.00} \times 4 \times 100$$

$$= 0.01 \times 4 \times 100 = +4\%$$

2.4B 외환스왑

외환스왑(foreign exchange swap)이란 어떤 통화를 현물 매도함과 동시에 선물시장에서 재매입하는 것이 하나의 단일거래로 이루어지는 것을 말한다. 예를 들면 시티은행이 오늘 100만 달러를 수취하고 3개월 후에 100만 달러가 필요하지만 이 기간에 100만 달러를 유로로 투자하고 싶다고 하자. 시티은행은 오늘 현물시장에서 달러를 팔고 유로를 매입하는 동시에 3개월 선물시장에서 유로를 팔고 달러를 매입하는 2개의 거래를 하는 대신에, 프랑크푸르트의 도이치 은행과 100만 달러를 유로로 스와핑하는 단일거래를 택함으로써 중개수수료를 절감할 수 있다. 통화스왑에서 (통상 연간 기준으로 표현되는) **스왑률**(swap rate)은 현물환율과 선물환율의 차이이다.

특정 통화를 미래에 인도하는 매매와 관련된 대부분의 은행 간 거래는 선물환계약만으로 이루어지는 것이 아니고 통화스왑의 형태로 현물환거래와 결합되어 이루어진다. 통화스왑 거래의 미결제 잔액은 2013년 4월 현재 약 2조 2,280억 달러에 이른다. 이것은 은행간 통화거래의 42%를 차지한다. 현물환거래는 2조 460억 달러 또는 총거래의 38%이다. 이와 같이 외환거래시장은 통화스왑과 현물환시장이 대부분을 차지한다.

2.4C 외환선물과 외환옵션

개인, 기업 또는 은행은 외환선물과 외환옵션을 사거나 팔 수 있다. 외환선물거래는 1972년 시카고 상업거래소(CME)의 국제통화시장(IMM)에서 처음 시작되었다. **외환선물**(foreign exchange futures)이란 표준화된 통화 수량과 특정한 거래 일자에 대한 선물계약으로 조직화된 시장(거래소)에서 이루어지고 있다. IMM에서 거래되는 통화는 일본의 엔, 캐나다의 달러, 영국의 파운드, 스위스의 프랑, 오스트레일리아의 달러, 멕시코의 페소 및 유로이다.

IMM 거래는 표준화된 규모의 계약으로 이루어진다. 예를 들면, IMM의 일본 엔 계약은 ¥1,250만, 파운드 계약은 £62,500, 캐나다 달러 계약은 C\$100,000, 유로 계약은 €125,000의 단위로 이루어진다. 계약의 인도결제일은 1년에 4일, 즉 3월, 6월, 9월, 12월의 세 번째 수요일로 제한되어 있다. IMM은 1일 가격변동폭을 제한한다. 매도자와 매입자는 중개수수료를 지불하고 (계약액의 약 4%에 해당하는) 증거금을 예치해야 한다. IMM과 유사한 시장으로는 유로넥스트와 프랑크푸르트 기반의 유렉스가 있다.

외환선물시장에서는 소수의 통화가 표준화된 거래규모로만 거래되며 인도결제일이 한정되어 있고, 1일 가격변동폭이 제한되어 있으며, 시카고, 뉴욕, 런던, 프랑크푸르트 및 싱가포르와 같은 몇몇

지역에서만 거래된다는 점에서 선물환시장과 차이가 있다. 통화선물거래는 선물환거래에 비해 거래규모가 작기 때문에 대기업보다는 소규모 기업에게 유용하지만 다소 비용이 많이 든다. 또한 통화선물 계약은 만기가 되기 전에 조직화된 외환선물시장에서 매도할 수 있지만 선물환계약은 이것이 불가능하다. 통화선물시장은 선물환시장에 비해 규모가 작지만 최근 들어, 특히 급격히 성장하여 왔다(2013년 4월 말 현재 통화선물의 미결제 잔액은 약 6,800억 달러이다). 이들 두 시장에서 가격이 상이할 때 재정에 의해 이들 시장은 연결되어 있다.

1982년 이래로 개인, 기업 그리고 은행은 필라델피아 증권거래소, 시카고 상업거래소(1984년 이후) 및 은행에서(일본의 엔, 캐나다 달러, 영국의 파운드, 스위스 프랑 및 유로) 외환옵션을 매입하거나 매도할 수 있게 되었다. 외환옵션(foreign exchange option)이란 지정일 (유럽 옵션) 또는 지정일 이전 아무 때나(아메리칸 옵션) 지정된 가격[권리행사가격(strike price)]으로 표준화된 수량의 거래통화를 매입(콜옵션)하거나 매도(풋옵션)할 수 있는 의무가 아닌 권리를 구매자에게 부여하는 계약이다. 통화옵션은 표준화된 규모로 거래되고 있으며 거래 단위는 IMM 선물계약과 같다. 옵션의 매입자는 통화를 매입할 수 있는 선택권이 있으며 통화를 매입하는 것이 이익이 되지 않으면 매입을 포기할 수도 있다. 그러나 옵션의 매도자는 매입자가 (매입을) 원하는 경우에 반드시 계약을 이행해야 한다. 매입자는 계약을 체결할 때 이러한 특권에 대한 대가로 매도자에게 계약액의 1%에서 5%에 해당하는 프리미엄(옵션가격)을 지불한다. 2013년 4월 말 현재 외환옵션의 미결제 잔액은 약 3,370억 달러 정도이다.

이와는 대조적으로 선물환계약이나 외환선물은 모두 옵션이 아니다. 선물환계약은 반대매매를 할 수 있고 (즉, 이전의 매입을 중화시키기 위하여 통화를 선물환 매도할 수 있음) 외환선물계약은 선물거래소에서 다시 매도할 수 있지만 반드시 이행되어야 한다(즉, 계약의 양 당사자는 인도일에 계약을 이행해야 함). 따라서 옵션은 선물환계약보다는 융통성이 없지만 경우에 따라서는 옵션이 보다 유용할 수도 있다. 예를 들어, EMU 기업을 인수하고자 입찰하는 미국기업은 인수에 성공할 경우 지정된 금액을 유로로 지불해야 한다. 미국기업은 이러한 입찰이 성공할지를 알 수 없으므로 필요로 하는 유로화 콜옵션을 매입하여 입찰이 성공하는 경우 옵션을 행사하면 된다.

사례연구 2-4에서는 전 세계 외환시장의 일평균 거래액의 거래수단, 통화 및 지리적 위치별 분포를 보여 준다.

사례연구 2-4 🌐 외환시장의 규모, 통화 및 지역분포

표 2-3은 2013년 외환시장의 규모, 통화 및 지역분포에 관한 자료를 보여 준다. 표에서 일별 현물환거래 2조 460억 달러로 총외환 턴오버의 38.3%이고, 아웃라이트 선물환거래는 6,800억 달러로서 총액의 12.7%에 해당하며 외환스왑은 2조 2,280억 달러로서 41.7%이다. 또한 통화스왑(외환파생상품)은 540억 달러로서 1.1%를 차지하고, 옵션 및 기타 상품 3,370억 달러 또는 6.3%이며 총외환시장 규모는 5조 3,450억 달러이다. 표를 통해 미국 달러의 비중은 유

(계속)

로의 2.6배로서, 일본 엔의 4배, 영국 파운드(두 통화는 달러와 유로 다음으로 가장 많이 사용)의 7배에 이른다. 영국(대부분 런던) 시장규모의 비중은 40.9%로 가장 높고, 다음으로 미국(대부분 뉴욕, 시카고, 필라델피아)은 18.9%를 차지한다.

표 2-3 2013년도 글로벌 외환시장 턴오버, 통화 및 지역분포(일평균)

시장 턴오버[a]			통화분포		지역분포	
	금액(10억 달러)	백분비	통화	백분비[b]	국가	백분비
현물거래	2,046	38.3	미국 달러	87.0	영국	40.9
선물거래	680	12.7	유로	33.4	미국	18.9
외환스왑	2,228	41.7	일본 엔	23.0	싱가포르	5.7
통화스왑	54	1.1	영국 파운드	11.8	일본	5.6
옵션	337	6.3	오스트레일리아 달러	8.6	홍콩	4.1
총계	5,345	100.0	스위스 프랑	5.2	스위스	3.2
			캐나다 달러	4.6	프랑스	2.8
			멕시코 페소	2.5	오스트레일리아	2.7
			중국 인민폐	2.2	네덜란드	1.7
			기타	21.6	기타	14.2
			총계	200.0	총계	100.0

[a] 4월의 일일 평균, 수십억 달러. 반올림으로 인하여 일부 합은 일치하지 않는다.
[b] 각 거래가 두 가지 통화를 포함하기 때문에 총시장 점유율은 100%가 아닌 200%로 계산된다.
출처 : Bank for International Settlements, *Triennial Central Bank Survey* (Basel: BIS, February 2014).

2.5 환위험, 헤징 및 환투기

이 절에서는 환위험의 의미를 살펴보고 환투기를 주업무로 하고 있지 않은 기업이나 개인이 환위험을 피하거나 커버할 수 있는 방법에 관해 살펴본다. 그다음 투기자들이 미래의 환율을 예측함으로써 이익을 얻는 방법을 살펴본다.

2.5A 환위험

한 나라의 외환수요 및 공급곡선은 시간이 경과함에 따라 이동하여 현물환율(및 선물환율)은 빈번하게 변동한다. 외환에 대한 수요 및 공급곡선은 국내와 해외에서 국내 및 해외상품에 대한 기호의 변화, 각국의 상이한 경제성장률, 인플레이션율 및 상대이자율의 변화와 기대의 변화 등으로 인해 시간이 지남에 따라 이동한다.

예를 들어 EMU 상품에 대한 미국의 선호도가 증가하면 유로화에 대한 미국의 수요는 증가하며(수요곡선은 위쪽으로 이동) 이로 인해 환율은 상승한다(즉, 달러의 평가하락). 반면에 미국의 인플레이션율이 EMU보다 낮다면 영국의 거주자에게 미국 상품의 가격은 더 저렴해진다. 그 결과 미국에 대한 유로화의 공급이 증가하여(공급곡선은 오른쪽으로 이동) 환율이 하락한다(달러의 평가상승). 또는 단순히 달러가 강세를 나타낼 것이라는 예상만으로도 달러가 평가상승할 수 있다. 간단히 말해 동태적이고도 급변하는 세계에서 환율은 동시적으로 작용하는 수많은 경제적 요인들의 끊임 없는 변화를 반영하여 빈번하게 변동한다.

그림 2-3은 1971년부터 2014년까지 미국의 달러와 일본 엔, 유로, 영국 파운드 및 캐나다 달러 사이의 환율이 큰 폭으로 변동하고 있음을 보여 주고 있다. 여기에서 환율은 외국의 관점에서 정의되기 때문에(즉, 환율은 미국 달러의 외국통화 표시 가격) 환율이 상승하는 것은 외국통화의 평가하락(즉, 1달러를 사기 위해 필요한 외국통화의 양이 더 많아짐을)을 그리고 환율이 하락하는 것은 외국통화의 평가상승을 의미한다는 점에 주의하자.

그림 2-3의 첫 번째 도표는 일본의 엔이 1971년 초 1달러당 약 360엔에서 1978년에는 1달러당 180엔으로 급격히 평가상승하였음을 보여 준다. 그 후 엔 환율은 상승하여(즉, 엔은 평가하락) 1982년 가을과 1985년 봄에 1달러당 260엔이 되었지만, 그 후 지속적으로 하락하여 1995년 봄에는 1달러당 거의 80엔 수준이 되었고 1996년에서 2007년까지는 달러당 109엔에서 125엔의 범위에 머물다가 2015년 1월에는 평균 118엔이 되었다.

그림 2-3의 두 번째 패널에서는 유로가 1999년 1월 1일 도입된 가치인 1유로당 1.17달러에서 2000년 10월 1유로당 0.85달러 급격히 평가하락하였다는 것을 알 수 있다. 그 후 2002년 초 그전만큼 급격히 평가상승하여 2004년 12월에 1유로당 1.36달러의 높은 수준에 도달하였다. 그 후 유로는 2005년에 평균 1유로당 1.25달러 정도로 평가하락하였다가 2008년 7월에 1유로당 1.58달러의 정점에 도달하였고, 2015년 1월에는 1유로당 1.16달러로 평가하락하였다. 그림 2-3에서 유로/달러 환율은 유로의 달러화 표시 가격(그림 2-3에서 다른 통화의 표시 방법과 반대로)으로 표시된 것을 주목할 필요가 있다. 또한 영국 파운드는 1980년부터 1985년까지 달러에 대해 크게 평가하락하였고 (2008년 초 평가상승), 캐나다 달러는 2002년부터 2008년 초까지 미국에 대해 크게 평가상승하였다 (그리고 2008년 가을 이후 평가상승).

그림 2-3의 제일 아래 도표는 (달러의 외국통화 표시 가격을 가중평균한 것으로 정의된 1973년 3월 = 100) 달러의 실효환율을 보여 준다. 미국의 달러와 다른 통화 사이의 환율이 변화하는 정도가 다르며 때때로 변화방향까지 다르기 때문에 이 지수가 중요하다. 1980년 초부터 1985년 초까지 기타 통화의 평가하락 및 달러의 평가상승, 1985년 초부터 1987년 말까지 기타 통화의 평가상승 및 달러의 평가하락은 이 도표를 통해 명확하게 알 수 있다. 다소 명확하지는 않지만 달러의 실효환율은 1987년 이후에도 급변하였고 2015년 1월에는 평균 81 부근을 유지하였다(그림 2-3 참조).

그림 2-3에서와 같이 환율의 빈번하고도 급격한 변동 때문에 장차 외환을 지불하거나 수취하는 개인, 기업 및 은행은 환위험에 처하게 된다. 예를 들어 미국의 수입업자가 유럽경제동맹(EMU)으로부터 10만 유로의 상품을 수입하고 3개월 후에 유로화로 지불해야 한다고 가정하자. 만일 유로화의 현물환율이 $SR = \$1/€1$라면 수입업자가 3개월 후에 지불해야 하는 금액의 현재 달러가치는 10만 달러이다. 그러나 3개월 후에 현물환율이 $SR = \$1.10/€1$가 되면 그때 수입업자는 수입품에 대하여 11만 달러를 지불해야 하며 현재 가치보다 1만 달러를 더 지불해야 한다. 물론 3개월 후에 현물환율

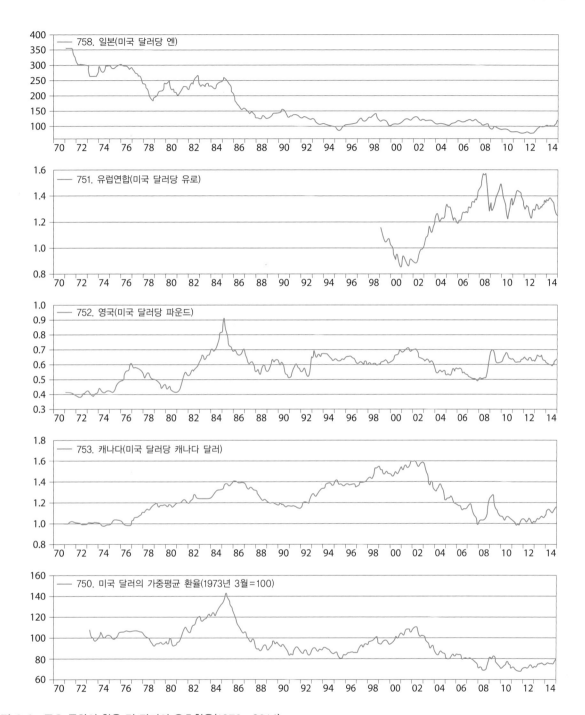

그림 2-3 주요 통화의 환율 및 달러의 유효환율(1970~2014)

그림의 상위 4개의 패널은 1970년부터 2014년까지 (유로는 1999년 초에 도입) 일본 엔, 유로, 영국 파운드 및 캐나다 달러의 환율변동을 보여 준다. 사용된 환율 표시방법은 유로를 예외로 하고 모두 달러의 외국통화 표시값이다. (따라서 환율의 상승은 외국통화의 평가하락을, 달러의 평가상승을 의미) 맨 아래 패널에서는 1973년 3월을 100으로 놓았을 때 달러의 외국통화표시 가중평균값으로 정의되는 달러의 유효환율을 보여 준다. 그림들로부터 1970년부터 2014년까지 환율의 큰 폭의 변동이 있었음을 알 수 있다.

출처 : The Conference Board, *Business Cycle Indicators*, January 2015, p. 23.

은 $SR = \$0.90/€1$가 될 수도 있는데, 이 경우 수입업자는 9만 달러만 지불하며 예상했던 것보다 1만 달러를 적게 지불할 수도 있다. 그러나 수입업자는 대개 이와 같은 환위험을 피하고 싶어 한다. 즉, 그는 3개월 후 유로의 달러가격이 상승할 때(현물환율이 상승할 때)를 대비하고 싶을 것이다.

마찬가지로 3개월 후에 10만 유로를 수취하기로 되어 있는 미국의 수출업자는 3개월 후 현물환율이 $SR = \$0.90/€1$라면 (현시점의 현물환율 $SR = \$1/€1$에서 받을 수 있는 10만 달러 대신에) 9만 달러밖에 받지 못한다. 그러나 수입업자와 마찬가지로 수출업자도 그가 직면하게 되는 환위험을 (적은 비용으로) 피하고 싶어 할 것이다. 또 다른 예로 미국 재무성 증권보다 수익률이 높은 3개월 만기 EMU 단기재정증권에 투자하기 위해 현재의 현물환율로 유로화를 구입하는 투자자가 있다고 하자. 그러나 그가 유로화를 달러로 환전하는 3개월 후에 현물환율의 하락폭이 크다면 EMU의 증권으로부터 얻게 되는 추가적인 이자수입이 상쇄되거나 오히려 손해를 볼 수도 있다.

위의 세 가지 예에서 명백히 알 수 있는 것은 미래에 외환을 지불하거나 수취할 때 현물환율이 변동하므로 환위험(foreign exchange risk) 또는 소위 '오픈 포지션(open position)'이 발생한다는 사실이다. 일반적으로 기업가는 위험기피적이므로 이러한 환위험에 대비하거나 이를 기피하려고 한다 (반면에 재정의 경우에는 값이 싼 금융센터에서 통화를 구입하여 보다 비싼 금융센터에서 즉시 재판매하므로 환위험이 발생하지 않는다는 점에 주목하기 바란다). 환위험은 미래에 외환을 수취하고 지불하는 거래[거래 환노출(transaction exposure)] 때문에 발생하기도 하지만, 해외에 보유한 재고와 자산을 기업의 연결대차대조표에 국내통화로 기입하기 위하여 평가할 때[회계적 환노출(translation or accounting exposure)]와 기업의 미래 이윤을 국내 통화가치로 추정할 때[경제적 환노출(economic exposure)]도 발생한다. 다음에서는 거래 환노출 또는 위험에 대해서 살펴보기로 하자.

2.5B 헤징

헤징(hedging)이란 한위험의 회피 또는 오픈 쏘지션을 커버하는 것을 말한다. 가령 앞의 예에서 수입업자는 현재 현물환율인 $SR = \$1/€1$에 10만 유로를 차입하고 지불만기가 될 때까지 3개월 동안 은행에 예금하여 이자수입을 얻을 수도 있다. 그렇게 함으로써 수입업자는 3개월 후의 현물환율이 현재의 현물환율보다 높아지더라도 수입품에 대해 10만 달러 이상을 지불해야 하는 위험을 피할 수 있다. 마찬가지로 수출업자는 현시점에서 10만 유로를 차입하고 이를 현재의 현물환율인 $SR = \$1/€$에 10만 달러로 환전한 후 이를 은행에 예금하여 이자수입을 얻을 수 있다. 3개월 후에 수출업자가 수취하는 10만 유로로 차입금 10만 유로를 상환하면 된다. 이러한 방식으로 환위험을 피하는 데 드는 비용은 대출이자와 예금이자의 차액이 된다.

그러나 위에서와 같이 현물환시장에서 환위험을 커버하는 일은 심각한 결함이 있는데, 그 이유는 기업가 또는 투자자가 3개월 동안 자금을 차입하거나 자기 자금을 묶어 두어야 하기 때문이다. 이를 피하기 위해 보통 선물환시장에서는 헤징이 발생한다. 따라서 수입업자는 3개월 후에 인수(및 결제)하기로 하고 현재의 3개월 선물환율로 유로를 선물환 매입하면 된다. 만일 유로가 연간 4% 선물환할증되어 있다면 수입업자는 수입대금을 결제하기 위한 10만 유로에 대해 10만 1,000달러를 지불하면 된다. 따라서 헤징 비용은 (10만 달러의 1%인) 1,000달러가 된다. 마찬가지로 3개월 후에 수출대금으로 10만 유로를 수취하는 수출업자는 현재의 3개월 선물환율로 3개월 후에 유로화를 인도하기로 하는 선물환 매도를 하면 된다. 3개월 내에는 자금이 이전되지 않으므로 수출업자는 현시점에서 차입할 필요가 없다. 만일 유로화가 연간 4% 선물환 할인되었다면 수출업자는 3개월 후에 그가 인도하는 10만 유로에 대해 9만 9,000달러를 받는다.

통화선물시장이나 통화옵션시장에서도 환위험을 헤징하고 오픈 포지션을 회피할 수 있다. 예를 들어 수입업자가 3개월 후에 10만 유로를 지불해야 되고 유로의 3개월 선물환율이 $SR = \$1/€1$라고 하자. 수입업자는 10만 유로를 선물 매입하거나(이 경우 수입업자는 3개월 후에 10만 달러를 지불하고 10만 유로를 받는다), 3개월 후에 10만 유로를 $\$1/€1$의 행사가격으로 콜옵션을 매입하는 대가로 1%(또는 10만 달러 옵션에 대한 1,000달러)의 프리미엄을 지급할 수도 있다. 만일 3개월 후에 유로의 현물환율이 $SR = \$0.98/€1$가 되면 선물환으로 헤징한 경우 수입업자는 10만 달러를 지불해야 한다. 그러나 옵션을 매입한 경우에는 옵션을 행사하지 않고 현물환시장에서 10만 유로를 9만 8,000달러에 매입할 수도 있다. 이 경우에 1,000달러의 프리미엄은 보험증서로 생각할 수 있고 수입업자는 통화선물계약으로 2,000달러를 절약하게 된다.

환율이 불확실한 상황에서 무역업자와 투자자들이 헤징할 수 있는 능력은 국제무역과 국제투자의 흐름을 크게 촉진한다. 장차 동일한 외환을 여러 차례 지불하고 동시에 수취하는 다국적기업은 순 오픈 포지션에 대해서만 헤징할 필요가 있다는 점에 주목할 필요가 있다. 마찬가지로 은행도 미래의 계약일에 지불하고 수취할 외환의 순잔고에 대해서만 오픈 포지션을 갖는다. 은행은 가능한 한 대부분의 오픈 포지션을 (외환 브로커를 통하여) 다른 은행과 거래함으로써 커버하고 잔여 부분은 현물환시장, 통화선물시장, 통화옵션시장에서 커버한다. 최근 들어 각종 외환거래와 관련한 위험이 크게 증가하였지만, 이러한 환위험을 인식하고 이에 대처하기 위한 지식과 환위험을 커버하기 위한 수단 역시 크게 증가하였다.

2.5C 투기

투기(speculation)는 헤징과 반대가 된다. 헤징을 하는 사람은 환위험을 커버하려 하지만 반대로 투기자는 이익을 얻을 수 있다는 기대감에서 환위험 또는 오픈 포지션을 수용하며 추구하기도 한다. 만약 투기자가 장래의 현물환율의 변화 정도를 정확하게 예상한다면 그는 이익을 얻고 그렇지 않은 경우에는 손해를 본다. 헤징의 경우와 같이 투기는 현물환시장, 선물환시장, 통화선물시장 및 통화옵션시장에서 발생할 수 있는데 보통 선물환시장에서 발생한다. 먼저 현물환시장에서의 투기를 살펴보기로 하자.

만일 어떤 투기자가 특정 외환의 현물환율이 상승할 것으로 예상한다면 그는 그 통화를 현 시점에서 매입하여 은행에 예금한 후 다시 매도할 수 있다. 투기자의 예상이 정확하여 실제로 현물환율이 상승한다면 이 투기자는 통화 1단위당 그 통화를 매입할 때의 낮은 현물환율과 매도할 때의 높은 현물환율의 차액만큼 이익을 얻는다. 그러나 투기자의 예상과 달리 현물환율이 하락한다면 매입가격보다 낮은 가격으로 그 통화를 매도해야 하므로 손해를 보게 된다.

한편, 투기자가 현물환율이 하락할 것으로 예상한다면 그는 3개월 동안 외환을 차입하여 즉시 현재의 현물환율로 국내통화와 교환한 후, 국내통화를 은행에 예금하여 이자를 얻는다. 이 투기자가 예상한 대로 3개월 후에 현물환율이 하락하면, 그는 더 낮은 환율로 외환을 매입하여 (자기의 외환차입을 상환하고) 이익을 얻는다(물론 투기자가 이익을 얻기 위해서는 3개월 후의 현물환율이 현재보다 충분히 낮아서 국내통화예금보다 이자율이 높은 외화예금에 대한 이자를 상쇄할 수 있어야 한다). 만일 3개월 후의 현물환율이 낮아지지 않고 오히려 상승한다면 투기자는 손해를 볼 것이다.

위의 두 예에서 투기자는 현물환시장에서만 거래했으며 투기를 하기 위해 자기 자금을 묶어 두든지 아니면 차입을 해야 했다. 선물환시장에서 헤징과 마찬가지로 투기 역시 발생하는 이유는 이러한 불편을 피하기 위해서이다. 예를 들어 어떤 투기자가 3개월 후에 특정 외환의 현물환율이 현재의 3개월 선물환율보다 높아질 것으로 예상하면, 그는 3개월 후에 인도받기로(지불하기로)하고 일정액의 외환을 선물환 매입하면 된다. 3개월 후에 그의 예상이 정확하면, 투기자는 약정된 낮은 선물환율로 외환을 인도받아 높은 현물환율로 즉시 매도하여 이익을 얻는다. 물론 투기자의 예상이 틀려서 3개월 후의 현물환율이 약정된 선물환율보다 낮다면 이 투기자는 손해를 본다. 어쨌든 (투기자가 선물환계약 당시에 지불해야 하는 보통 10%의 증거금을 제외하고는) 3개월 내에는 통화가 이전되지 않는다.

다른 예로써 유로에 대한 3개월 선물환율이 $FR = \$1.01/\text{€}1$이고 어떤 투기자가 3개월 후 유로화에 대한 현물환율이 $SR = \$0.99/\text{€}1$가 된다고 예상하는 경우를 생각해 보자. 그러면 이 투기자는 3개월 후에 인도하기로 하고 유로화를 선물환 매도한다. 3개월 후에 그의 예상이 적중하여 현물환율이 그가 예상한 것과 같다면, 그는 현물환시장에서 유로화를 $SR = \$0.99/\text{€}1$에 매입하여, 약정된 선물환율 $\$1.01/\text{€}1$로 유로화를 매도함으로써 선물환계약을 이행할 수 있으며, 그 결과 이 투기자는 1유로당 2센트의 이익을 얻으며, 3개월 후의 현물환율이 $SR = \$1.00/\text{€}1$이면 1유로당 1센트의 이익을 얻는다. 또한 3개월 후의 현물환율이 $\$1.01/\text{€}1$라면 이 투기자는 아무런 이익도 얻지 못한다. 마지막으로 3개월 후의 현물환율이 그가 유로화를 선물환 매도할 때의 선물환율보다 높으면 투기자는 1유로당 선물환율과 현물환율의 차이만큼 손해를 본다.

(유로가 평가하락할 것으로 믿는) 이 투기자는 또 다른 방법으로 3개월 후에, 예컨대 $\$1.01/\text{€}1$의 행사가격으로 풋옵션을 매입할 수도 있다. 만일 그의 예상이 적중하여 3개월 후에 유로의 현물환율이 실제로 $\$0.99/\text{€}1$가 되면, 그는 현물시장에서 $\$0.99/\text{€}1$에 유로를 매입하고 옵션을 행사하여 $\$1.01/\text{€}1$를 받는다. 이렇게 하여 이 투기자는 1유로당 2센트의 이익을 얻는다(여기에서 프리미엄 또는 옵션 가격을 공제하면 그의 순이익이 된다). 이 경우에 옵션 가격이 선물환계약에 수반되는 수수료보다 높아 옵션을 선택할 때의 순이익이 다소 작아질 수도 있다는 점을 제외하면, 옵션이나 선물환계약을 할 때의 결과는 동일하다. 반대로 투기자의 예상이 틀려서 3개월 후 유로의 현물환율이 그가 예상한 것보다 훨씬 높으면, 이 투기자는 그의 옵션을 행사하지 않으며 프리미엄이나 옵션 가격만큼 손해를 본다. 선물환계약의 경우에는 투기자가 매매계약을 이행해야 하므로 더 큰 손해를

본다.

　투기자가 미래의 현물환율이 높아지면 외환을 재매도할 목적으로 현물환시장, 선물환시장, 또는 통화선물시장에서 외환을 매입하거나 외환의 콜옵션을 매입하는 경우 투기자는 이들 통화에 대해 **롱 포지션**을 취한다고 한다. 반대로 투기자가 미래의 낮은 환율로 외환을 매입하여 외환차입을 상환하거나 선물매도계약이나 옵션을 이행하기 위한 목적으로 외환을 차입하거나 외환을 선물매도하는 경우에 투기자는 **숏 포지션**을 취한다고 한다(즉, 이 투기자는 현재 그의 수중에 없는 것을 매도하는 것이다).

　투기는 안정적일 수도 있고 불안정적일 수도 있다. 안정적 투기(stabilizing speculation)는 외환의 국내가격(즉, 환율)이 하락하거나 낮을 때, 환율이 곧 상승하여 이익을 얻을 수 있다고 예상하여 외환을 매입하거나 또는 환율이 상승하거나 높을 때, 곧 환율이 하락할 것으로 예상하여 외환을 매도하는 것을 말한다. 안정적 투기는 시간이 경과함에 따라 환율변동을 완화시켜 주는 중요한 기능을 수행한다.

　반면에 불안정적 투기(destabilizing speculation)는 환율이 낮거나 하락할 때 장차 환율이 더 하락할 것으로 예상하여 외환을 매도하거나 또는 환율이 상승하거나 높을 때 환율이 더 상승할 것을 예상하여 외환을 매입하는 것을 말한다. 따라서 불안정적 투기는 시간의 경과에 따른 환율변동 폭을 확대시켜 국제무역 및 국제투자의 흐름을 대단히 파행적으로 만들 수 있다. 투기가 주로 안정적인가 불안정적인가 하는 문제는 대단히 중요한데, 이 문제는 변동환율제도의 운용을 깊이 있게 다루고 있는 제4장과 변동환율제도 및 고정환율제도의 운용을 비교하는 제8장에서 다시 다루기로 한다. 일반적으로 '정상적인' 조건에서의 투기는 안정적인 것으로 생각되며 여기서는 투기가 안정적인 것으로 가정하자.

　은행보다는 부유한 개인이나 기업이 대개 투기자가 된다. 그러나 미래에 외환으로 지불해야 하는 사람은 누구나 환율이 상승할 것으로 예상될 때는 지불을 신속히 하고, 환율이 하락할 것으로 예상될 때는 지불을 지연시킴으로써 투기를 할 수 있다. 반면에 장차 외환을 수취할 사람들은 누구나 반대의 전략을 이용함으로써 투기를 할 수 있다. 이를테면 수입업자는 환율이 곧 상승할 것으로 예상되면 그는 상품의 주문 즉시 수입 대금을 지불할 것이다. 반대로 환율이 상승할 것으로 예상하는 수출업자는 상품의 인도를 지연시키고 대금의 수령을 지연시키기 위하여 신용기간을 더욱 장기화시키려 할 것이다. 이러한 것을 리드(leads)와 래그(lags)라 부르며 이는 투기의 한 형태이다.

　최근 들어 환율에 대한 투기로부터 몇 건의 막대한 손실이 발생했다. 가장 놀랄 만한 사건 중의 하나는 로열 더치 셸(Royal Dutch Shell)이 지분의 50%를 보유하고 있는 일본의 정유 및 유통회사인 쇼와카 셸 세키유(Showaka Shell Sekiyu)의 사례이다. 1989년부터 1992년까지 쇼와카의 금융부서는 달러가 평가상승할 것이라고 예상하여 64억 4,000만 달러를 통화선물시장에 베팅하였다. 달러가 평가하락함에 따라(엔이 평가상승함에 따라 그림 2-3 참조) 쇼와카는 13억 7,000만 달러의 손해를 입었다. 좀 더 최근에는 아일랜드의 가장 큰 은행인 AIB(Allied Irish Bank)의 미국 자회사인 올퍼스트 뱅크(Allfirst Bank)의 존 러스낙(John Rusnak)은 미국 달러를 일본의 엔과 거래하는 과정에서 5년 동안 7억 5,000만 달러의 손실을 본 것이 2002년 2월 밝혀졌다. 2004년 1월에는 오스트레일리아 국립은행(IVAB)의 외환 딜러 4명이 규정 위반의 3개월간의 외환거래를 통해 3억 6,000만 달러의 손실을 초래하였다. 정말로 환투기는 대단히 위험하고 막대한 손실을 가져올 수 있다!

2.6 이자재정과 외환시장의 효율성

이자재정(interest arbitrage)은 해외에서 더 높은 수익을 얻기 위한 단기유동자본의 국제적 이동을 뜻한다. 이자재정은 커버될 수도 있고 커버되지 않을 수도 있는데 이들을 차례로 살펴보자. 그 후에 커버된 이자평형이론 및 외환시장의 효율성을 살펴본다.

2.6A 커버되지 않은 이자재정

해외의 금융센터에서 더 높은 이자수입을 얻기 위해 해외로 자금을 이전시킬 경우 국내통화를 외환으로 환전하여 투자해야 하고 만기가 되면 이러한 외화자금(및 이자수입)을 국내통화로 재환전해야 하므로 투자기간 동안 외환의 평가하락 가능성으로 인하여 환위험이 존재한다. 만일 이러한 환위험이 커버되고 있으면 커버된 이자재정이 되고, 그렇지 않은 경우에는 커버되지 않은 이자재정이 된다. 이자재정은 보통 커버되고 있지만 먼저 단순한 커버되지 않은 이자재정(uncovered interest arbitrage)을 살펴보자.

3개월 만기 재무성 증권의 연간 이자율이 뉴욕에서는 6%이고 프랑크푸르트에서는 8%라고 하자. 그러면 미국의 투자자는 현재의 현물환율로 달러를 유로화로 환전하여 EMU 증권을 매입하면 연간 2%의 이익을 얻는다. EMU 증권이 만기가 되면 미국의 투자자는 투자한 유로화와 이자소득을 달러로 환전한다. 그러나 그때 유로화가 평가하락하여 현재 유로화를 매입할 때 지불했던 달러보다 더 적은 달러를 받을 수도 있다. 만일 유로화가 3개월 투자기간에 연간 1% 평가하락하면 미국의 투자자가 해외투자로부터 얻는 순이익은 (그가 추가로 더 받는 2%의 이자에서 유로화의 평가하락으로 손해를 본 1%를 차감하면) 연간 1%가 되며, 3개월 동안 1/4%의 이익을 얻는다. 만일 유로가 3개월 동안 연 2% 평가하락하면 미국의 투자자는 아무런 이익을 얻을 수 없으며, 유로화가 2% 이상 평가하락하면 미국의 투자자는 손해를 본다. 물론 유로화가 평가상승하면, 미국의 투자자는 추가적인 이자소득과 아울러 평가상승으로 인한 이익도 얻는다.

커버되지 않은 이자재정과 관련된 것으로 캐리 트레이드(carry trade)가 있다. 캐리 트레이드란 투자자가 저수익통화를 차입하여 고수익통화를 대여(투자)하는 전략이다. 즉, 투자자가 비교적 이자율이 낮은 통화를 차입한 후 그 펀드를 사용하여 이자율이 높은 다른 통화를 구입하는 전략이다. 그러나 투자기간에 고수익통화가 평가하락하면 투자자는 손실을 볼 위험을 감수한다(사례연구 2-5).

2.6B 커버된 이자재정

단기자금을 해외에 투자하는 투자자는 일반적으로 환위험을 피하려 한다. 따라서 보통 이자재정은

사례연구 2-5 🌐 캐리 트레이드

앞에서 정의한 것처럼 캐리 트레이드란 투자자가 저수익 통화를 차입하고 고수익통화를 대여(투자)하는 전략이다. 투자기간 동안 양의 이자율 차보다 고수익통화가 저수익 통화에 비해 더 높은 백분율의 차이로 평가하락하면 투자자는 손실을 보게 된다.

예를 들어 엔 캐리 트레이드에서 투자자가 일본은행에서 엔을 1%의 이자율로 차입하고 그것을 당시의 환율로 달러로 교환한 후 4%의 이자를 지급하는 미국 채권을 구입한다고 가정하자. 투자기간 동안 엔-달러 환율이 변화하지 않는다면 투자자는 3%의 이익을 얻을 것이다. 달러가 엔에 비해 평가상승하면 더 큰 이익을 얻을 것이다. 한편 투자기간 동안 달러가 엔에 비해 평가하락하면 투자자는 더 작은 이익을 얻거나 손익분기점 또는 손실을 볼 수도 있을 것이다.

구체적으로 투자기간 동안 달러가 엔에 비해 3% 이하로 평가하락하면 그만큼 적게 이익을 볼 것이다. 정확히 3% 평가하락하면 손익분기점이 될 것이며(거래비용은 없다고 가정) 3% 이상으로 평가하락하면 투자자의 손실은 달러의 평가하락률과 이자율 차이와 간격이 될 것이다. 이와 같이 캐리 트레이드에서의 위험은 환율의 불확실성에 기인한다. 실제로는 레버리지로 인해 전에 예측한 것보다 훨씬 큰 이익이나 손실이 발생할 수 있다. [왜냐하면 투자자는 미국 채권을 채권가격의 일부(보통 10%)로 구입하기 때문]

이론적으로 커버되지 않은 이자평형에 따르면 캐리 트레이드는 두 통화 간의 이자율 차이와 투자자들이 저수익통화가 고수익통화에 비해 평가상승할 것을 예상하는 비율과 동일하므로 예측한 이윤을 발생시키지는 않는다

그러나 캐리 트레이드는 투자자가 차입통화를 다른 통화로 전환하는 과정을 통해 매각하므로 차입된 통화가치를 약화시키게 된다. 실제로 캐리 트레이드는 저수익통화의 급속한 평가하락과 고수익통화의 급속한 평가상승을 통해 환율의 변동성을 증가시킨 것으로 비난을 받아 왔다.

미국 달러와 엔은 1990년대 이후 캐리 트레이드 거래에서 가장 빈번히 사용되어 온 통화로서 엔은 저수익통화, 달러는 고수익통화의 역할을 하였다.

2007년 초에 엔 캐리 트레이드는 최고조에 도달하였으며 규모는 약 1조 달러에 이르렀다. 2008년에는 엔의 급속한 평가상승으로 그 거래는 크게 위축되었다. 이로 인해 엔화 표시 부채의 위험을 커버하기 위해 외국통화를 엔으로의 전환 압력을 받았고, 이것은 엔의 평가상승을 더욱 가속화시켰다. 환율의 변동성은 캐리 트레이드의 불확실성을 증가시키는 경향이 있는데, 그것은 2008년에 발생했으며 2008년 세계 금융위기로 인한 신용규제에 기여하였다.

출처 : C. Burnside, M. Eichenbaum, and S. Rebelo, "Carry Trade and Momentum in Currency Markets," *Annual Review of Financial Economics*, December 2011, pp. 511–535; and "Fumbling the Carry Trade," *The Wall Street Journal*, March 12, 2015, p. C1.

커버되고 있다. 환위험을 피하고자 하는 투자자는 외국의 재무성 증권을 매입하기 위해 현재의 현물환율로 국내통화를 외환으로 환전하는 동시에, 그가 만기일에 받게 될 원리금을 선물환 매도한다. 따라서 커버된 이자재정(covered interest arbitrage)이란 투자할 외환을 현물 매입함과 동시에 환위험을 피하기 위해 외환을 선물환 매도하는 것(스왑)을 말한다. 따라서 재무성 증권이 만기가 되면 투자자는 해외투자원리금과 동등한 가치의 국내통화를 환위험 없이 받을 수 있다. 이자율이 높은 나라의 통화는 보통 선물환 할인되므로 투자에 대한 순수익은 대략 해외금융센터와 국내의 이자율 차이와 선물환 할인율 사이의 차이와 일치한다. 선물환 할인율만큼 수익이 감소하는 것은 환위험을 피하기 위한 보험비용으로 생각할 수 있다.

한 예로 앞의 예를 계속 사용하여 3개월 재무성 증권의 연간 이자율이 뉴욕에서는 6%이고 프랑크푸르트에서는 8%이며 유로화는 연 1% 선물환 할인되었다고 가정하자. 커버된 이자재정을 위해서 미국의 투자자는 (EMU 재무성 증권을 매입하기 위해) 달러를 유로화로 현재의 현물환율로 환전하

는 동시에 그가 받게 될 투자원리금을 현재의 선물환율로 선물환 매도한다. 유로화는 연 1% 선물환 할인되었으므로 미국의 투자자는 3개월간 외환거래로부터 발생하는 환위험을 커버하기 위해 1/4%의 손해를 감수해야 한다. 따라서 순이익은 추가적으로 받을 수 있는 연 2%의 이자에서 외환거래로부터 손해를 보는 1%를 뺀 1%가 된다(따라서 투자기간인 3개월 동안에는 1/4%가 된다). 이자율 차이와 선물환 할인율을 연간 기준으로 표시하고 그다음에 3개월 투자기간에 대한 수익률을 계산하기 위하여 이를 4로 나누었음에 주의하자.

그러나 커버된 이자재정이 계속됨에 따라 이익을 얻을 수 있는 가능성은 점점 감소하다가 마침내 소멸된다. 이는 두 가지 이유 때문에 발생한다. 첫째, 자금이 뉴욕에서 프랑크푸르트로 이동함에 따라 (뉴욕에서는 자금의 공급이 감소하므로) 뉴욕 이자율은 상승하며, (프랑크푸르트에서는 자금의 공급이 증가하여) 프랑크푸르트 이자율은 하락한다. 그 결과 프랑크푸르트에서 높았던 이자율의 차이는 감소한다. 둘째, 현물환시장에서 유로화를 매입한 결과 현물환율은 상승하고 선물환시장에서 유로화를 매도함에 따라 선물환율은 하락한다. 따라서 유로화에 대한 선물환 할인율(즉, 현물환율과 선물환율 간의 차이)은 상승한다. 프랑크푸르트에서 높았던 이자율 차이가 감소하고 유로화의 선물환 할인율이 상승하므로 순이익은 감소하고 마침내 0이 된다. 이 경우 유로화는 커버된 이자재정 평형(Covered Interest Arbitrage Parity, CIAP) 상태에 있다고 한다. 이때 외국의 금융센터에서 높았던 이자율 차이는 (모두 연간 기준으로 계산할 때) 외환의 선물환 할인율과 같아진다. 실제 세계에서는 커버된 이자재정에 의해 국제적으로 자금이 이동하기 위해서는 최소한 연 1/4% 이상의 순이익이 필요하다. 따라서 앞의 예에서 거래비용을 감안하면 순이익은 연간 3/4% 또는 3개월간 0.1875%이다.

만일 유로화가 선물환 할증되었다면 미국의 투자자가 3개월간 얻을 수 있는 순이익은 추가 이자수입에 유로화의 선물환 할증을 합한 것이 된다. 그러나 커버된 이자재정이 계속됨에 따라 (앞에서 설명한 바와 같이) 프랑크푸르트에서 높았던 이자율 차이와 유로화에 대한 선물환 할증율은 감소하여 마침내 유로화는 선물환 할인되고 모든 이익도 소멸되고 만다. 따라서 어떤 통화에 대한 선물환율 및 현물환율은 커버된 이자재정을 매개로 하여 밀접한 관계에 있다.

2.6C 커버된 이자재정 평형

그림 2-4는 국가 간 이자율 차이는 커버된 이자재정을 통하여 외환에 대한 선물환 할인 및 선물환 할증과 밀접한 관계가 있음을 일반적으로 그리고 엄밀하게 보여 주고 있다. 그림의 수직축은 한 국가의 금융센터(i)와 해외금융센터(i^*)의 이자율 차이($i - i^*$)를 연간 %로 표시한다. ($i - i^*$)가 0보다 작으면 외국에서의 이자율이 국내 이자율보다 더 높다는 것을 의미한다. 수평축은 연간 %로 표시한 외환에 대한 선물환 할인율($-$) 또는 선물환 할증률($+$)을 측정한다.

대각선상의 실선은 커버된 이자재정 평형(CIAP)을 보여 준다. 따라서 ($i - i^*$)가 -1이면 외환은 연간 1% 선물환 할인된 것이다. ($i - i^*$)가 1이면 외환은 연간 1% 선물환 할증된 것이다. 이자율 차이가 0이면, 외환은 선물환 할인이나 할증되지도 않으며(즉, 선물환율은 현물환율과 같으며) 이는 원점의

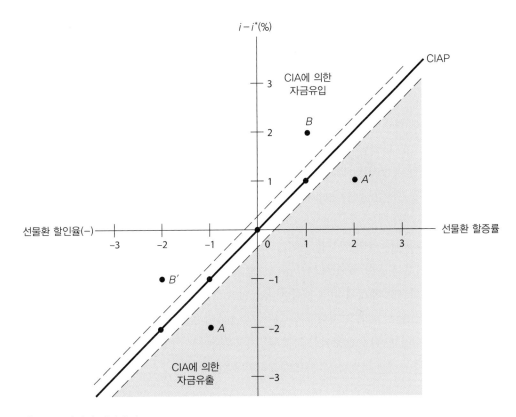

그림 2-4　커버된 이자재정

수직축은 국내(i)와 외국(i^*)의 이자율 차이($i-i^*$)를 연간 %로 표시한다. 수평축은 선물환율을 측정하며 −부호와 +부호는 각각 연간 %로 표시된 선물환 할인율 및 선물환 할증률을 나타낸다. 대각선상의 실선은 커버된 이자재정 평형(CIAP)을 보여 준다. CIAP 선 아래에서는 음의 이자율 차이가 선물환 할인율보다 크거나 선물환 할증률이 양의 이자율 차이보다 크다. 어느 경우이든 커버된 이자재정에 의해 자금이 유출된다. CIAP 선 위에서는 반대의 경우가 되며 재정에 의해 자금이 유입된다.

CIAP 선으로 표현된다.

　CIAP 선 아래에서는 음의 이자율 차이(즉, 외국의 이자율이 더 높음)가 선물환 할인율보다 크거나 선물환 할증률이 양의 이자율 차이보다 크다(그림 2-4 참조). 어느 경우이든 커버된 이자재정(CIA)에 의한 자금유출로 순이익을 얻을 수 있다. 예를 들어 점 A에서는 연간 −2%의 이자율 차이가 존재하며(외국에서의 이자율이 연간 2% 더 높음) 외환은 연간 1% 선물환 할인되어 있다. 따라서 연간 1%의 커버된 이자재정 마진이 존재하므로 자금은 유출된다. 마찬가지로 점 A′에서 외환은 연간 2% 선물환 할증되었고 양의 이자율 차이는 1%밖에 되지 않는다. 따라서 투자자는 외환거래에서 2% 이익을 얻고 해외투자로 인해 1%의 이자손실을 보기 때문에 해외에 투자하려는 유인을 갖게 된다. 이때 순이익은 연간 1% 또는 투자기간인 3개월 동안 1/4%가 된다.

　재정에 의한 자금유출이 계속됨에 따라 순이익은 감소하며 결국은 소멸된다. 구체적으로 점 A에서는 해외로 자금이 이동함에 따라 앞 절에서 설명한 바와 같이 외국에서 높았던 이자율 차이(예 : −2에서 −1.5로 감소하고)는 감소하고 외환에 대한 선물환 할인율(예 : −1에서 −1.5로)이 상승하여 CIAP 선에 도달한다(그림 2-4 참조). 점 A′에서는 해외로 자금이 이동함에 따라 양의 이자율 차이(예 : 1에서 1.5로)는 증가하고 선물환 할증률(예 : +2에서 +1.5로)은 감소하여 다시 CIAP 선에 도달하게 된다. 특히 자금이 해외로 이동하면 국내에서는 이자율이 상승하고 해외에서는 하락한다. 따라서 국내 이자율이 더 높으므로 양의 이자율 차이는 증가한다. 반면에 투자자들이 해외투자를 위해 외환을 매입함에 따라 현물환율은 상승한다. 또한 환위험을 커버하기 위해 외환을 선물환 매도함에 따라 선물환율은 하락한다. 따라서 선물환 할증률(즉, 선물환율이 현물환율보다 높은 정도)은 하락한다. 양의 이자율 차이는 증가하고 선물환 할증률은 감소하여 재정에 의한 자금유출로부터 발생하는 순이익은 감소하고 결국은 이자평형선상의 0이 되고 재정에 의한 자금유출은 더 이상 없어진다.

이자율 평형선 위에서는 양의 이자율 차이가 외환에 대한 선물환 할증률보다 높거나(그림의 점 B) 음의 이자율 차이가 선물환 할인율보다 높다(그림의 점 B′). 어느 경우이든 외국인들은 국내에 투자하는 것이 유리하므로 재정에 의해 자금이 유입된다. 그러나 재정에 의해 자금이 계속 유입됨에 따라 순이익은 감소하여 이자율 평형선에 도달하면 소멸된다. 현실세계에서는 순이익이 연간 약 1/4%(3개월간 1/16%)일 때 이자재정(자금유입이든 자금유출이든)이 발생하지 않는다. 이 범위가 그림에서는 대각선상의 점선 사이의 흰 부분으로 표시되어 있다.

2.6D 커버된 이자재정 마진

CIAP 선상에서는 음의 이자율 차이(즉, 외국의 이자율이 높음)가 외환에 대한 선물환 할인율(FD)과 같으며, 양의 이자율 차이는 외환에 대한 선물환 할증률(FP)과 같음을 살펴보았다. 이는 다음과 같이 표현된다.

$$i < i^* \text{이면 } i - i^* = FD \text{ 또는}$$
$$i > i^* \text{이면 } i - i^* = FP$$

그러나 선물환율에서 현물환율을 빼고 이것을 현물환율로 나눈 것[즉, $(FR - SR)/SR$]은 ($SR > FR$일 때) 선물환 할인율이고, ($FR > SR$이면) 선물환 할증률이므로 위의 CIAP 조건은 다음과 같이 표현할 수 있다.

$$i - i^* = (FR - SR)/SR \qquad (2\text{-}1)$$

이제 커버된 이자재정 마진(Covered Interest Arbitrage Margin, CIAM) 또는 커버된 이자재정으로 인한 수익률을 다음과 같이 정의하거나

$$CIAM = (i - i^*) - FD \text{ 또는 } FP$$

보다 정확하게는 다음과 같이 정의할 수 있다.

$$\text{CIAM} = (i - i^*)/(1 + i^*) - (FR - SR)/SR \qquad (2\text{-}2)$$

여기서 $(1 + i^*)$는 가중요소이다. 이 공식은 이 장 부록에서 유도한다.

이 공식이 어떻게 적용되는지를 보기 위해 3개월 재무성 증권의 연간 이자율이 뉴욕에서는 6%이고 프랑크푸르트에서는 8%이며 유로의 현물환율은 $1/€1이고 유로에 대한 3개월 선물환율이 $0.99/€1라고 하자. CIAM 공식을 적용하면 다음과 같다.

$$\text{CIAM} = (0.06 - 0.08)/(1 + 0.08) - (\$0.99 - \$1.00)/\$1.00$$

$$= (-0.02)/1.08 - (-\$0.01)/\$1.00$$

$$= -0.01852 + 0.01$$

$$= -0.00852$$

CIAM이 음의 부호인 것은 CIA에 의한 자금유출 또는 프랑크푸르트에 대한 투자를 의미한다. CIAM의 절댓값은 프랑크푸르트에 투자된 1달러당 추가적 수익이 연간 0.852% 또는 분기 간에는 0.213%임을 의미한다(이 숫자는 가중요소 없이 앞에서 계산한 숫자와 유사). 이 숫자는 3개월 EMU 재무증권에 1,000만 달러를 투자하고 3개월간 환위험을 커버하면 21,300달러의 추가수익을 얻을 수 있음을 뜻한다. 이러한 추가수익으로부터 거래비용을 빼야 할 것이다. 만일 거래비용이 연간 1/4% 또는 분기 간 1/16%라면 거래비용은 1,000만 달러의 (0.01/16)인 6,250달러가 된다. 따라서 CIA에 의해 프랑크푸르트에 1,000만 달러를 3개월간 투자할 때 거래비용을 고려한 순이익은 $21,300 − $6,250 = $15,050가 된다.

현실세계에서는 상당한 크기의 커버된 이자재정 마진을 종종 관찰할 수 있다. 그 이유는 커버된 이자재정이 작용하지 않아서가 아니라 다른 요인들이 작용하고 있기 때문이다. 예를 들면 해외에서의 세율이 CIAM보다 더 높기 때문에 재정에 의한 자금유출이 발생하지 않을 수도 있다. 마찬가지로 외국정부가 채무불이행을 선언하거나 해외투자 원리금의 국내 송금에 대해 외환규제를 할 것이라고 투자자들이 우려하면, 투자자들은 외국금융센터에서 유리한 투자기회가 있더라도 해외에 투자하지 않을 수 있다. 또는 단순히 개발도상국 금융센터의 해외투자 기회에 대한 정보의 부족 때문에 큰 폭의 지속적인 CIAM이 존재할 수도 있다.

2.6E 외환시장의 효율성

가격이 이용 가능한 모든 정보를 반영하고 있을 때 시장은 효율적이라고 한다. 선물환율이 미래의 현물환율을 정확히 예측할 때, 즉 선물환율이 이용 가능한 모든 정보를 반영하며, 새로운 정보에 신속하게 조정되어 투자자들이 이용 가능한 정보를 이용하여 보통 이상의 이익을 일관성 있게 얻을 수 없으면 외환시장은 효율적이라고 한다.

시장의 효율성의 여부는 대단히 중요한데, 그 이유는 시장이 효율적인 경우에만 가격이 다양한 자원의 희소가치를 정확히 반영하여 자원이 효율적으로 배분되기 때문이다. 예를 들어 어떠한 이

유로든 어느 상품의 가격이 소비자들이 평가하는 가치보다 높으면 이 상품을 생산하는 데 지나치게 많은 자원이 투입되어 소비자들이 선호하는 다른 상품의 생산이 감소하는 비용을 치르게 된다.

바로 그 특성 때문에 시장의 효율성에 대한 검증은 정형화하고 해석하기도 대단히 어렵다. 외환시장이 효율적이라고 하더라도 한 통화의 선물환율이 그 통화의 미래의 현물환율과 일치할 것으로 기대할 수는 없는데, 그 이유는 미래의 현물환율이 예견되지 않았던 사건들에 의해서 좌우되기 때문이다. 그러나 선물환율이 미래의 현물환율보다 높거나 낮은 빈도가 비슷하면, 투자자들이 특정 정보를 이용하여 보통 이상의 이윤을 일관성 있게 얻을 수 없다는 의미에서 외환시장은 효율적이라고 할 수 있다.

레비치(Levich, 1985) 및 다른 학자들(참고문헌 참조)은 외환시장의 효율성(efficiency of foreign exchange markets)에 대한 많은 실증연구를 하였다. 대부분 이러한 연구 결과에 의하면 위와 같이 효율성을 정의할 때 외환시장은 효율적인 것으로 보인다. 예를 들어 몇몇 실증연구 결과에 의하면 무위험재정(risk-free arbitrage)의 기회는 거의 없고, 이자율 평형으로부터의 이탈 정도는 대부분 거래비용보다 낮은 것으로 나타나고 있다. 마찬가지로 투기자들은 때로는 이익을 얻지만 때로는 손해를 보며, 확실하고도 많은 이익을 얻을 수 있는 기회는 거의 없다. 보다 최근에 프랑켈(J. A. Frankel)과 맥아더(A.T. MacArthur, 1988)는 커버된 이자재정이 대규모 산업국가에서는 잘 성립하지만 소규모 산업국가의 경우에는 그렇지 않다는 증거를 제시한 바 있으며, 루이스(Lewis, 1995)는 커버된 이자재정이 개발도상국의 경우에는 잘 성립하지 않는다는 점을 보여 주었다. 클라리다 등(Clarida et al., 2003)은 선물환에 관한 시계열 자료들은 미래 현물환의 경로를 예측하는 데 충분히 활용되지 않은 정보들을 포함하고 있다는 것을 보여 준다.

따라서 대부분의 연구 결과에 의하면 외환시장이 대단히 효율적인 것으로 보이지만, 이러한 결론에 대하여 이견이 없는 것은 아니다. 환율은 뉴스에 신속하게 반응하고 급격하게 변동하며, 이를 정확하게 예측하려는 시도는 모두 실패했다. 그러나 선물환율이 이용 가능한 거의 모든 정보를 반영하며, 일반적으로 미래의 현물환율을 과대 예측하거나 과소 예측하는 빈도가 비슷하다고 하더라도, 선물환율이 미래의 현물환율보다 높거나 낮은 정도(즉, 분산)는 크거나 작을 수 있다는 점에 주목하기 바란다. 지난 10년간 이러한 분산은 상대적으로 컸다. 즉, 선물환율은 미래의 현물환율에 대한 훌륭한 예측량이지만 효율적인 예측량은 아닌 것으로 보인다. 이 문제에 관해서는 환율예측을 다루는 다음 장에서 살펴보기로 한다.

환율의 변동성이 커짐에 따라 외환거래의 규모는 세계무역액보다 더 빨리 성장하였고 투자자본의 이동규모보다 훨씬 빠른 속도로 증가하였다. 1998~2001년 동안에만 외환거래의 규모가 하락하였다(1998년 1조 5,000억 달러에서 2001년 1조 2,000억 달러로). 이것은 유로의 도입(유로가 여러 주요 통화를 대신하여 이런 통화 간 교환할 필요성을 제거)과 은행부문의 통합(은행 간 거래의 통합)에 기인한다. 보다 최근에 외환거래액은 과거의 성장을 회복하여 2013년 4월에는 53억 달러 수준에 도달하였다.

2.7 유로커런시 시장 또는 역외 금융시장

이 절에서는 유로커런시 시장 또는 역외 금융시장의 운용과 효과를 살펴보고 유로본드 및 유로노트를 논의한다.

2.7A 유로커런시 시장의 설명 및 규모

유로커런시(eurocurrency)란 통화발행국 이외의 지역에 예치된 상업은행 예금을 뜻한다. 예를 들어, (미국은행의 영국 지점까지도 포함하여) 영국의 상업은행에 예치된 미국 달러 표시 예금을 유로달러라고 한다. 마찬가지로 프랑스의 상업은행이나 영국은행의 프랑스 지점에 예치된 파운드 스털링은 유로스털링이라 하고 스위스 은행에 (새로운 유럽 통화인) 유로로 예치된 예금은 (어색한 '유로유로'라는 말을 피하기 위하여) '유로예금(Eurodeposit)'이라 한다. 국제은행이나 다국적기업 또는 정부가 추가적으로 외화자금을 조달하거나 투자할 필요가 있을 때 이들 은행 예금계정의 잔고에서 차입하거나 대부하며 이러한 차입과 대부가 발생하는 시장을 유로커런시 시장(offshore deposits)이라 한다.

초기에는 달러만이 이러한 방법으로 사용되었으므로 이와 같은 시장을 유로달러 시장이라고 불렀다. 그 후에 기타 주요국의 통화(영국의 파운드 스털링, 독일의 마르크, 일본의 엔, 프랑스 및 스위스의 프랑)도 이러한 방법으로 사용되었으므로 이와 같은 시장을 유로커런시 시장이라고 부르게 된 것이다. 예치국 통화 이외의 다른 통화로 예금을 예치하는 관행은 동경, 홍콩, 싱가포르, 쿠웨이트, 바하마와 카리브해역의 케이만 군도와 같은 비유럽 국제금융센터에까지 확산되어 이를 역외예금(offshore deposits)이라고 한다. 그러나 유럽 지역 이외에 예치된 예금도 종종 유로예금이라고 한다. 유로커런시 시장은 이처럼 지역적으로 확대되어 사실상 24시간 영업을 하고 있다. 실제로 어느 한 국가에 예치된 해외 예금은 (그 국가의 통화로 예치되었더라도) 국내 예금에 대한 해당국 정부의 규제로부터 면제된다면 사실상 유로커런시이다.

유로커런시 시장은 대부분 만기 6개월 이하의 단기자금으로 구성되어 있다. 유로커런시 시장의 규모를 측정할 때는 총규모와 순규모를 구분해야 한다. 총규모에는 은행 간 예금이 포함된다. 은행 간 예금이란 초과분의 유로커런시를 보유한 은행이 유로커런시의 초과수요 상태에 있는 은행에 예치한 예금이다. 따라서 은행 간 예금은 한 은행으로부터 다른 은행으로 유로커런시 자금의 이전이며 비은행 고객에게 대부할 수 있는 유로커런시의 총량이 증가한 것은 아니다. 그러나 은행 간 시장은 유로커런시 시장에서 중요한 역할을 하기 때문에 유로커런시 시장의 규모를 측정하는 데는 총규모가 더 적합한 것으로 보인다(사례연구 2-6 참조).

2.7B 유로커런시 시장의 발전 및 성장 원인

지난 50년간 유로커런시 시장이 존재하고 괄목할 만한 성장을 한 데에는 몇 가지 이유가 있다. 한 가지 이유로는 단기예금 이자율이 해외에서 더 높았기 때문이다. 1986년 3월 폐지될 때까지 연방준비제도의 레귤레이션 Q(regulation Q)는 미국은행이 지급하는 예금이자율에 대한 상한선을 설정하였

사례연구 2-6 🌐 **유로커런시 시장의 규모와 성장**

표 2-4는 1964년부터 2014년까지 유로커런시 예금(즉, 차입국이나 대출국 통화 이외의 다른 통화로 표기된 국제 은행예금)의 총규모와 순규모 및 유로달러의 점유율을 보여 준다. 또한 이 표는 비교를 용이하게 하기 위하여 동 기간 미국(M2로 정의된)의 통화량을 보여 준다. 이 표로부터 유로커런시 시장의 총규모는 1964년의 190억 달러로부터 2007년에는 17조 9,000억 달러 이상으로 급격하게 증가했고 그후 글로벌 금융위기 결과로 2009년에는 15조 8,000억

달러, 2014년에는 15조 5,000억 달러에 이르렀다. 따라서 유로커런시 예금의 총규모는 1964년 미국 M2의 5% 이하에서 2007년에는 238%로 증가하였고, 2014년에는 132%였다. 미국의 통화량이 1964년부터 2008년까지 28배 증가한 반면 유로커런시 예금은 814배 증가하였다. 이 표를 통해 총 유로커런시 예금 중 유로달러가 차지하는 비중은 1968년의 79%에서 1996년과 2007년에는 55%로 감소하였고, 2014년에는 61%였음을 알 수 있다.

표 2-4 유로커런시 예금시장의 규모(10억 달러)

연도	총규모	순규모	총규모 대비 유로달러(%)	미국의 통화량(M2)
1964	19	14	n.a.	425
1968	46	34	79	567
1972	210	110	78	802
1976	422	199	69	1,152
1980	839	408	71	1,599
1984	1,343	667	78	2,310
1988	2,684	1,083	64	2,994
1992	3,806	1,751	59	3,431
1996	4,985	2,639	55	3,842
2000	6,077	3,532	63	4,949
2004	10,035	6,952	57	6,437
2006	14,168	9,604	59	7,094
2007	17,931	11,966	55	7,522
2008	16,668	10,928	58	8,269
2009	15,817	10,829	57	8,552
2010	16,014	10,983	58	8,849
2011	16,183	10,926	60	9,692
2012	15,776	11,598	57	10,491
2013	15,588	11,639	59	11,052
2014	15,465	11,843	61	11,720

출처 : Morgan Guaranty, *World Financial Markets*; BIS, *Quarterly Survey*; and IMF, *International Financial Statistics*; Various Issues.

는데, 이 상한선은 종종 유럽은행이 지불하는 예금이자율보다 낮았다. 그 결과 단기 달러 예금이 유럽은행으로 빠져나가 유로달러가 되었다. 또 다른 중요한 이유는 다국적기업의 입장에서는 그들이 지불해야 할 통화를 단기간 해외에 예치하는 것이 편리하기 때문이다. 달러는 국제결제를 할 때 가장 중요한 국제통화 또는 기축통화이기 때문에 유로달러의 형태로 통화를 보유하는 것은 당연한 일

일 것이며, 또 다른 중요한 이유는 다국적기업이 유로커런시 시장에서 차입함으로써 국내의 여신규제를 극복할 수 있다는 점이다.

유로커런시 시장은 원래 냉전시대 초기에 공산권 국가들이 정치적 위기가 발생하면 그들의 달러 예금이 동결될 것을 우려하여 미국 이외의 지역에 달러 예금을 예치하려고 했기 때문에 시작되었다. 1973년 이후 유가가 몇 배 상승하면서 석유수출국의 막대한 달러 예금은 유로달러 시장의 성장의 기폭제가 되었다. 이들 국가들은 정치적 위기가 발생하면 달러 예금이 동결될 것을 우려하여 달러 예금을 미국 이외의 지역에 예치하려고 하였다. 1970년대 말과 1990년대 초 미국이 각각 이란과 이라크와의 갈등관계에 있을 때, 이란과 이라크가 미국에 보유하고 있던 달러 예금 중 일부 부분에 대한 동결조치가 실제로 발생하였다.

유럽은행은 외환표시 예금을 받아 미국 국내은행보다 더 높은 이자율을 지급할 수 있는데, 그 이유는 유럽은행이 이 예금을 보다 높은 이자율로 대출할 수 있었기 때문이다. 일반적으로 유로커런시 예금의 대출이자율과 차입이자율 간 스프레드는 미국 국내은행의 경우보다 크다. 따라서 유럽은행은 미국의 국내은행보다 더 높은 예금 이자율을 지불하고 더 낮은 이자율로 대출할 수 있다. 그 이유는 (1) 유로커런시 시장에서는 예금 및 대출에 대한 경쟁이 치열하고, (2) (유럽은행의 미국 지점을 제외하고는) 유로커런시 예금에 대한 법적 지불준비금과 기타의 규제가 없기 때문에 유로커런시 시장에서 영업비용이 저렴하며, (3) 대규모의 예금 및 대출을 취급함으로써 발생하는 규모의 경제와 (4) 위험분산 때문이다. 유로커런시 시장에서 재정은 광범위하게 이루어지므로 일반적으로 이자율 평형은 유지되고 있다.

2.7C 유로커런시 시장의 운용 및 효과

한 가지 중요한 문제는 유로커런시가 통화인가 아닌가 하는 점이다. 유로커런시는 대부분 요구불예금이 아니라 정기예금이므로, 보통 통화에 대한 좁은 의미의 정의나 (유통통화와 요구불예금만 포함하는) M1에 의하면 유로커런시는 통화 그 자체라기보다는 대체통화 또는 준통화이다. 따라서 유로은행은 일반적으로 통화를 창조하지 못하며, 본질적으로는 대부자와 차입자를 연결시켜 주는 금융중개기관이고, 미국의 상업은행보다는 (NOW 계정을 개설하기 이전의) 저축 및 대부기관에 더 가깝다. 보다 중요한 것은 1960년 이후 유로예금시장이 급격히 성장함에 따라 세계의 유동성이 크게 증가하였다는 점이다. 또한 유로예금시장으로 인해 국내와 외국의 금융시장이 상당히 통합되었으며 그 결과 산업국가 내 국내은행의 경쟁이 격화되고 효율성이 제고되었다.

유로커런시 시장의 존재, 규모 및 급성장으로 인해 몇 가지 문제점이 야기되었다. 가장 심각한 문제 중의 하나는 유로커런시 시장 때문에 각국 정부의 국내안정화 정책의 효과가 줄어든다는 점이다. 예를 들어, 국내의 여신규제 때문에 국내에서 자금을 차입할 수 없는 대기업은 유로커런시 시장에서 차입할 수 있고 또 실제로 자금을 차입함으로써 국내 인플레이션 압력을 제거하기 위해 여신을 제한하려는 정부의 노력을 좌절시킨다. 이는 국내 금융거래가 유로커런시 거래에 비해 작은 소국의 경우에 특히 그렇다. 이와 밀접한 문제로 한 국제금융센터에서 다른 국제금융센터로 단기의 유동적 유로커런시 자금이 대규모로 빈번하게 이동하면 환율 및 국내이자율이 불안정해질 수도 있다는 점이다.

또 다른 문제점은 유로커런시 시장이 대체로 통제되지 않는다는 점이다. 따라서 범세계적인 불황이 발생하면 일부 은행들은 지급불능 사태에 처하게 되고 19세기와 1930년대 자본주의 국가들이 경험했던 국제적 금융공황이 발생할 수도 있다. 국내의 금융공황은 중앙은행이 예금보험을 통해 국내은행을 규제하고, 유동성이 부족한 경우에는 '최후의 대부자' 역할을 함으로써 어느 정도 해소할 수 있다. 그러나 유로커런시 시장에서 한 국가가 유로커런시 시장을 규제하면, 유로커런시 시장의 활동이 다른 지역으로 이동하는 결과만이 나타날 것이다. 따라서 규제와 지침이 효과적이기 위해서는 다자간에 행해져야 한다. 그러나 유로은행 업무에 대한 경쟁이 치열한 점으로 보아 이러한 다자간 협력이 가까운 장래에 이루어질 것 같지는 않다. 실제로 각국은 유로은행업을 유치하기 위하여 현재의 규제를 철폐하며 필요한 하부구조를 제공하는 등 각자의 길을 가고 있다.

그 한 예로 미국의 사례를 들 수 있다. 1981년 12월부터 미국에서 IBF(International Banking Facilitie)가 허용되었다. 즉, 미국은행은 해외로부터 예금을 유치하여 이를 해외에 재투자함으로써 막대한 유로달러 시장과 직접 경쟁할 수 있게 되었다. 이에 따라 미국 국내은행에 예치된 해외예금에 대해서는 (달러로 예치되었다고 하더라도) 연방은행이 부과한 지급준비 및 보험 요건이 면제되었다. 또한 몇몇 주는 국제적인 은행거래로 발생한 이윤에 대해서 주 정부의 세금 및 지방세를 면제하는 보완적인 법안을 통과시켰다. 거의 200여 개에 달하는 미국은행이 이 시장에 참가하였는데, 이 중 약 절반은 뉴욕에 있고 나머지 은행은 시카고, 마이애미, 뉴올리언스와 샌프란시스코에 있다. 미국은 거대한 유로달러 시장의 20%가량을 점유했으며, 이에 따라 은행업에서 수천 개의 새로운 일자리가 창출되었는데, 이 중 절반은 뉴욕에 소재하고 있다.

2.7D 유로본드 시장과 유로노트 시장

유로본드(Eurobonds)란 채권이 판매되는 국가 이외의 다른 통화로 장기자본을 조달하기 위하여 차입자 국가 이외의 지역에서 판매되는 장기채권이다. 이에 대한 예로는 미국기업이 런던에서 유로나 미국 달러로 표시된 채권을 판매하는 경우를 들 수 있다. 유로본드는 외국채와 구분해야 하는데, 외국채는 단순히 외국에서 판매되는 채권으로 채권이 판매되는 국가의 통화로 표시된 것을 말한다. 그 예로 파운드 스털링 표시 채권을 영국에서 판매하는 다국적기업을 들 수 있다. 반대로 유로본드는 해외에서 판매되지만 다른 나라의 통화로 표시된 채권이다. 주요 국제 채권시장으로는 런던, 프랑크푸르트, 뉴욕 및 동경이 있다. 유로본드는 무담보(즉, 담보를 필요로 하지 않는다는 점에서)라는 점에서 대부분의 국내채와는 다르다. 다른 형태의 채무증권으로는 유로노트(Euronotes)가 있다. 이는 단기의 유로커런시 대출과 장기 국제채권의 중간쯤에 위치하고 있는 중기 금융상품이다. 기업, 은행 및 국가는 노트 판매국 외의 통화로 중기 자금을 차입하기 위하여 이러한 국제노트를 발행한다.

2010년에 기업과 은행 및 각국은 1조 4,990억 달러의 유로본드와 유로노트를 거래하였다. 이것은 1993년의 2,000억 달러보다는 높고, 2007년의 2조 7,840억 달러보다는 낮다(금융위기로 인해). 1993년에 비해 2007년까지 거래규모가 크게 증가한 이유는 프랑스, 독일 일본 등 여러 나라에서 국제채무증권을 거래하는 자본시장의 개장과 미국이자평형세의 폐지 때문이다. 유로본드와 유로노트를 발행하는 유인은 다른 대안들보다 장기 차입비용이 저렴하기 때문이다. 2010년에 유로본드와 유로노트의 72%가 달러 표시였으며 22%는 유로, 2%는 캐나다 달러, 1% 오스트레일리아 달러와 파운드이고 기타 통화는 2%였다.

일부 유로본드는 자금의 공급자가 인출할 통화를 선택하여 환율변동으로부터 어느 정도 보호받을 수 있도록 두 가지 이상의 통화로 표시되기도 한다. 그 대신 자금공급자는 보다 낮은 이자율로 자금을 공급할 수 있다. 유로본드와 유로노트는 여러 국가의 여러 은행 간에 신용위험을 분산할 수 있도록 (신디케이트라고 하는) 은행집단에 의해 양도되는 경우가 많이 있다. 통상 유로본드와 유로노트는 변동금리채이다. 즉, 부과되는 이자율은 3개월이나 6개월마다 시장상황이 변화함에 따라 재조정된다. 유로본드나 유로노트가 신디케이트에 의해 발행되고 판매되고 나면, 투자자들이 보유하고 있는 국제채나 국제노트를 판매할 수 있는 국제채 또는 국제노트의 유통시장이 등장한다(처음 발행되는 채권이나 노트가 판매되는 시장을 **발행시장**이라 한다).

유로대출 금리는 LIBOR(런던은행 간 대출금리)나 유로은행들 간 대출금리인 EUROBOR(벨기에에서 결정)에 마크업이나 스프레드를 합한 것으로 표시된다. 이러한 스프레드는 차입자의 신용등급에 따라 다르며 최우량 차입자에 대해서는 1%, 신용등급이 낮은 차입자에 대해서는 2% 정도이다. 때로는 신용등급이 낮은 차입자는 여러 가지의 수수료를 사전에 지급하여 낮은 스프레드를 약정할 수도 있다. 이러한 수수료에는 신디케이트를 조직하는 은행에 대한 간사은행 수수료, 참가은행에게 대여자금의 액수에 따라 배분되는 참가은행 수수료, 미인수 채권에 대한 약정수수료 등이 있다. 유로커런시, 유로본드 및 유로크레디트(유로노트) 시장의 규모와 급성장과 이에 따른 국내 및 해외금융시장의 통합 때문에 우리는 진정으로 범세계적인 은행제도로 가까이 가고 있다.

요약

1. 외환시장은 개인이나 기업 그리고 은행이 외화 또는 외환을 매매하는 시장이다. 어떤 통화, 예컨대 미국 달러에 대한 외환시장은 달러와 다른 통화가 매매되는 런던, 파리, 취리히, 프랑크푸르트, 싱가포르, 홍콩, 동경 및 뉴욕과 같은 지역으로 구성되어 있다. 이러한 상이한 금융센터는 전화망과 비디오 스크린으로 연결되어 있고 상호 간에 끊임없이 접촉하고 있다.

2. 외환시장의 주요기능은 구매력을 한 국가나 한 통화로부터 다른 국가나 다른 통화로 이전시키는 것이다.

외환의 수요는 다른 나라로부터 상품과 서비스를 수입하거나 해외에 투자할 때 발생하며, 외환의 공급은 상품과 서비스를 다른 나라로 수출하거나 외국으로부터 투자가 유입될 때 발생한다. 그러나 오늘날 외환거래의 약 90%는 외환거래자와 투기자들에 의해서 이루어지고 있다. 한 나라의 상업은행은 외환의 수요와 공급에 대한 청산소 역할을 한다. 또한 상업은행은 외환 브로커의 중개를 통해 다른 은행과 외환에 대한 수요 및 공급의 균형을 유지한다. 한 국가의 중앙은행은 '최후의 대부자 또는 차입자'로서의 역할을 한다.

3. 환율(R)은 외국통화의 국내 통화가격으로 정의된다. 1973년 이후 운용되고 있는 변동환율제도에서 균형환율은 외환에 대한 총수요 및 총공급곡선이 교차하는 점에서 결정된다. 외환의 국내 통화가격이 상승하면 국내통화는 평가하락하였다고 말한다. 반대의 경우에는 국내통화가 평가상승하였다(그리고 외환은 평가하락하였다)고 한다. 재정이란 이익을 얻기 위하여 외환을 값이 싼 지역에서 매입하여 값이 비싼 곳에서 즉시 매도하는 것을 말한다. 재정으로 인하여 모든 금융센터에서 환율이 균등화되고 교차환율이 일관성 있게 되어 각각의 금융센터들은 하나의 시장으로 통합된다. (오늘날 우리가 채택하고 있는) 관리변동환율제도에서 공적 준비자산의 감소는 국제수지의 적자를 측정하는 것이 아니라 환율수준에 영향을 미치기 위해 외환시장에 개입한 정도만을 나타낸다.

4. 현물환거래는 외환의 인도가 2영업일 내에 이루어진다. 선물환거래란 미래(보통 1개월, 3개월, 6개월 후)에 일정한 양의 외환을 현재 약정된 환율(선물환율)로 매매하기로 하는 계약을 말한다. 선물환율이 현물환율보다 낮을 때 외환은 연간 몇 % 선물환 할인되었다고 하고, 반대의 경우 외환은 선물환 할증되었다고 한다. 통화스왑은 특정통화를 현물 매도함과 동시에 선물로 재매입하는 것을 말한다. 외환선물은 표준화된 통화수량과 특정한 인도결제일에 대한 선물계약으로 조직화된 시장(거래소)에서 거래된다. 외환옵션이란 표준화된 수량의 거래통화를 지정된 날짜나 또는 그 이전에 매입 또는 매도할 수 있는 권리를 명기한 계약이다.

5. 환율은 시간이 지남에 따라 변동하므로 장차 외환으로 지불하거나 지불받는 사람은 환위험에 처하게 된다. 이러한 환위험을 커버하는 것을 헤징이라 한다.

투기는 헤징의 반대이다. 투기란 이익을 얻기 위해 오픈 포지션을 취하는 것인데, 안정화적일 수도 있고 불안정적일 수도 있다. 헤징과 투기는 현물환시장, 선물시장, 통화선물시장 및 통화옵션시장에서 나타날 수 있는데 보통 선물환시장에서 나타난다.

6. 이자재정이란 해외에서 높은 수익을 얻기 위한 단기 유동자금의 국제적 이동을 말한다. 커버된 이자재정이란 투자를 하기 위해 외환을 현물로 매입함과 동시에 환위험을 커버하기 위하여 상응하는 외환을 선물 매도하는 것을 말한다. 커버된 이자재정에 대한 순수익은 보통 외국과의 이자율 차이에서 선물환 할인율을 뺀 것과 같다. 커버된 이자재정이 계속됨에 따라 순수익은 감소하며 마침내 소멸된다. 순수익이 0일 때 이 통화는 이자율 평형 상태에 있다고 한다. 선물환율이 미래의 현물환율을 정확히 예측할 때 외환시장은 효율적이라고 한다.

7. 유로커런시란 통화발행국 이외의 지역에 예치된 상업은행 예금이다. 또한 통화발행국에 예치된 예금도 국내 예금에 부과되는 여러 가지 규제로부터 면제되면 사실상 유로커런시이다. 지난 30년간 유로커런시 시장은 급성장하였다. 유로커런시 시장이 존재하고 급성장한 이유는 (1) 유로커런시 예금에 대한 높은 이자율, (2) 다국적기업의 입장에서 유로커런시 시장의 편리성, (3) 국내의 금융규제를 피할 수 있는 능력 때문이다. 일반적으로 유로은행은 통화를 창조하지 못하며 본질적으로는 차입자와 대출자를 연결하는 금융중개기관이다. 유로커런시 시장은 환율 및 금융시장의 불안정성을 초래할 수도 있다. 유로본드란 채권 판매국 이외의 다른 통화로 장기자본을 조달하기 위하여 차입자의 국가 이외 지역에서 판매되는 장기채권이다. 유로노트는 단기의 유로커런시와 장기의 유로본드의 중간쯤에 위치한 중기 금융상품이다.

주요용어

교차환율(cross exchange rate)

기축통화(vehicle currency)

불안정적 투기(destabilizing speculation)

선물환 할인(forward discount)

선물환 할증(forward premium)

선물환율(forward rate)

세뇨리지(seigniorage)

실효환율(effective exchange rate)

안정적 투기(stabilizing speculation)

역외 예금(offshore deposits)

외환선물(foreign exchange futures)

외환스왑(foreign exchange swap)

외환시장(foreign exchange market)

외환시장의 효율성(efficiency of foreign exchange markets)

외환옵션(foreign exchange option)

유로노트(Euronotes)

유로본드(Eurobonds)

유로커런시(eurocurrency)

유로커런시 시장(offshore deposits)

이자재정(interest arbitrage)

재정(arbitrage)

캐리 트레이드(carry trade)

커버되지 않은 이자재정(uncovered interest arbitrage)

커버된 이자재정 마진(Covered Interest Arbitrage Margin, CIAM)

커버된 이자재정 평형(Covered Interest Arbitrage Parity, CIAP)

커버된 이자재정(covered interest arbitrage)

투기(speculation)

평가상승(appreciation)

평가하락(depreciation)

헤징(hedging)

현물환율(spot rate)

환위험(foreign exchange risk)

환율(exchange rate, R)

복습문제

1. 외환시장이란 무엇인가? 가장 중요한 기능은? 그리고 이 기능은 어떻게 수행되는가?

2. 외환시장 참가자의 네 가지 부류는? 외환시장의 기타 기능은?

3. 환율이란 무엇인가? 변동환율제도하에서 균형환율은 어떻게 결정되는가?

4. 국내통화의 평가하락이란 무엇을 의미하는가? 평가상승이란? 실효환율은 무엇인가?

5. 재정이란 무엇인가? 그리고 그 결과는? 삼각재정이란 무엇인가? 교차환율이란 무엇인가?

6. 변동환율제도에서 국제수지 적자나 흑자의 측정이 적합하지 않은 이유는 무엇인가?

7. 현물환거래와 현물환율이란 무엇인가? 선물환거래 및 선물환율은 무엇인가? 선물환 할인이란 무엇인가? 선물환 할증이란 무엇인가? 외환스왑이란 무엇인가? 외환선물이란? 외환옵션이란?

8. 환위험이란 무엇인가? 현물환시장, 선물환시장, 외환선물시장 및 외환옵션시장에서 환위험은 어떻게 커버되는가? 보통 현물환시장에서 헤징이 발생하지 않는 이유는?

9. 투기란 무엇인가? 현물환시장, 선물환시장, 외환선물시장 및 옵션시장에서 투기는 어떻게 일어나는가? 현물환시장에서는 보통 투기가 일어나지 않는 이유는? 안정적인 투기란 무엇인가? 불안정적인 투기는?

10. 이자재정이란 무엇인가? 커버되지 않은 이자재정이란? 커버된 이자재정이란? 이자재정은 선물환시장에서 어떻게 커버되는가? 커버된 이자재정이 계속됨에 따라 이로부터 발생하는 순이익이 감소하는 이유는?

11. 외환이 커버된 이자재정 평형(CIAP)에 있다는 뜻은? 현실세계에서는 어떤 요인들 때문에 CIAP가 성립하지 않을 수 있는가?

12. (a) 유로커런시란 무엇인가? (b) 역외 예금이 보다 적

합한 용어인 이유는? (c) 유로커런시에 대한 대출이자율과 차입이자율 사이의 스프레드가 미국 상업은행의 달러 예금에 대한 스프레드보다 작은 이유는?

13. (a) 유로커런시는 통화인가? (b) 유로은행은 통화를 창조하는가? (c) 유로커런시가 존재함으로써 발생하는 가장 심각한 문제는 무엇인가?

14. 유로커런시와 유로본드 및 유로노트의 차이점은 무엇인가?

연습문제

1. 다음 그림에서
   (a) 파운드의 공급곡선이 $S_\pounds$와 $S'_\pounds$일 때 변동환율제도에서 달러와 파운드 사이의 균형환율과 균형거래량은 얼마인가?
   (b) 파운드의 공급곡선이 $S_\pounds$일 때 미국이 $3 = £1$의 환율을 유지하기 위해서는 미국의 중앙은행은 하루에 얼마의 파운드 보유량이 증가 또는 감소해야 하는가?

2. (a) 문제 1번과 같이 파운드에 대한 수요곡선 $D_\pounds$와 공급곡선 $S_\pounds$를 다시 그리고 $\$1 = £1$에서 $D_\pounds$와 교차하도록(교차점을 C로 표시) 다른 파운드에 대한 공급곡신($S^*_\pounds$)을 그려라.
   (b) 변동환율제도를 가정하고 파운드에 대한 공급곡선이 $S^*_\pounds$일 때 균형환율과 파운드의 균형거래량은

얼마인가?
   (c) 파운드의 공급곡선이 $S^*_\pounds$일 때 미국이 $R = 1.5$의 환율을 유지하려고 한다면 중앙은행이 보유하는 파운드는 하루에 얼마나 증가 또는 감소하는가?

3. 환율이 다음과 같다고 가정하자.

$$뉴욕에서는 \$2 = £1$$
$$런던에서는 ¥410 = £1$$
$$동경에서는 ¥200 = 1\$$$

삼각재정을 통해 어떻게 이익을 얻을 수 있는지 설명하라.

4. (a) 위의 문제 3번의 예에서 어떤 요인에 의하여 교차환율이 일관성을 갖게 되는지 설명하라.
   (b) 위의 문제 3번에서 일관성 있는 교차환율은 얼마인가?

5. 현물환율 및 3개월 선물환율이 다음과 같을 경우 선물환 할인율 혹은 선물환 할증률을 계산하라.
   (a) $SR = \$2.00/£1$, $FR = \$2.01/£1$
   (b) $SR = \$2.00/£1$, $FR = \$1.96/£1$

6. 현물환율 및 3개월 선물환율이 다음과 같을 경우 선물환 할인율 혹은 선물환 할증률을 계산하라.
   (a) $SR = SF2/€1$, $SF2.02/€1$
   여기서 SF는 스위스 프랑이며, $€$는 유로이다.
   (b) $SR = ¥200/\$1$, $FR = ¥190/\$1$

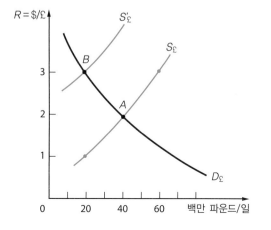

7. $SR = \$2/£1$이고 3개월 $FR = \$1.96/£1$라고 가정하자 3개월 후에 10,000파운드를 지불해야 하는 수입업자는 어떻게 환위험을 헤징할 수 있는가?

8. 위의 연습문제 7번에서 3개월 후에 100만 파운드를 수취하는 수출업자는 어떻게 환위험을 헤징할 수 있는가?

9. 3개월 선물환율이 $FR = \$2.00/£1$이고, 어떤 투기자가 3개월 후 현물환율이 $SR = \$2.05/£1$가 될 것으로 예상한다고 가정하자. 이 투기자는 선물환시장에서 어떤 방법으로 투기할 수 있는가? 만일 예상이 정확하다면 그는 얼마나 이익을 얻을 수 있는가?

10. 위의 문제 9번의 투기자가 3개월 후 현물환율이 $SR = \$1.95/£1$가 될 것으로 예상한다면, 그는 선물환시장에서 어떤 방법으로 투기할 것인가? 그의 예상이 정확한 경우 그의 이익은 얼마인가? 만일 3개월 후의 현물환율이 $SR = \$2.05/£1$라면 결과는 어떻게 될까?

11. 해외금융센터에서 더 높은 이자율 차이가 연 4%이고 외환이 연 2% 선물환 할인되었다면 이자재정자가 환위험을 커버하고 3개월 만기의 외국의 재무증권을 구입하면 대략 얼마의 이익을 얻는가?

12. 위의 문제 11번의 경우에
    (a) 선물환율이 연 1% 할증되었다면 그가 얻는 이익은?
    (b) 선물환율이 연 6% 할인된 경우에는 어떻게 될까?

13. 그림 2-4를 참조하여 (a) 점 B와 점 B'에서는 재정에 의해 자금이 유입되는지 설명하라. (b) 재정에 의한 자금유입이 지속되면 어떤 요인에 의해 순이익이 소멸되는지를 설명하라.

14. CIAP가 성립한다고 하더라도 여러 금융센터의 투자자들은 금융투자로부터 반드시 동일한 수익을 얻을 수 없는지 설명하라.

| 부록 |

A2.1 커버된 이자재정 마진 공식의 도출

본 부록에서는 커버된 이자재정 마진(CIAM)을 계산하는 공식을 유도한다. 식 (2A-1)의 공식으로부터 출발하면

$$K(1 + i/4) \gtreqless (K/SR)(1 + i^*/4)FR \qquad (2A\text{-}1)$$

여기서 K = 투자금액

    i = 연간 국내 이자율

    i^* = 연간 해외 이자율

    SR = 현물환율

    FR = 선물환율

이다. 식 (2A-1)의 좌변은 K만큼의 자금을 국내에 3개월 투자할 때의 투자가치(투자원금＋이자수입)이다. 우변은 동일한 자금을 해외에 3개월 투자하고 환위험을 커버한 경우의 국내통화 표시 투자가치(투자원금＋이자수입)이다. 특히 이 식의 우변은 투자의 외환 표시 가치에 3개월 동안의 해외

이자율에 1을 더한 값을 곱하고(투자자금과 이자를 국내통화로 재환전하기 위하여) 이를 다시 선물환율로 곱한 것이다. 이 식의 좌변이 우변보다 크면 투자자들은 국내에 투자하며, 우변이 좌변보다 클 경우에는 해외에 투자하고 양변이 일치하면 투자자들은 해외 및 국내투자에 대해 무차별하다.

커버된 이자재정(CIA) 이론에 의하면 재정에 의한 자금의 유출이나 유입은 순이익이 없어질 때까지(즉, 커버된 이자재정 평형 또는 CIAP에 도달할 때까지) 계속된다. 따라서 CIAP에 도달하면 식 (2A-1)의 양변이 일치한다. 식 (2A-1)을 방정식으로 보고 이를 풀면 다음의 커버된 이자재정 마진(CIAM) 공식을 유도할 수 있다. 이때 편의상 양변을 K로 나누고 i와 i^*를 4로 나누어 주는 것을 잠시 생략하면 공식이 쉽게 유도한다. 이렇게 하여 1달러당 연간 CIAM을 계산할 수 있다. 그후 이렇게 구한 CIAM에 투자된 자금(K)을 곱하고 i와 i^*를 4로 나누면 환위험을 커버했을 때 3개월 투자에 대한 추가적 달러수입, 즉 이자재정 마진을 %로 계산할 수 있다.

위에서 설명한 바와 같이 식 (2A-1)을 방정식으로 취급하고 양변을 K로 나눈 후 i와 i^*를 4로 나누는 것을 생략하면 다음 식 (2A-2)을 얻게 된다.

$$1 + i = (FR/SR)(1 + i^*) \tag{2A-2}$$

식 (2A-2)를 풀면

$$(1 + i)/(1 + i^*) = FR/SR$$

$$[(1 + i)/(1 + i^*)] - 1 = [FR/SR] - 1$$

$$(1 + i - 1 - i^*)/(1 + i^*) = (FR - SR)/SR$$

$$(i - i^*)/(1 + i^*) = (FR - SR)/SR$$

이 된다. FR에 대해 풀면 CIAP가 성립할 때의 선물환율을 계산할 수 있는 다음의 식 (2A-3)이 된다.

$$FR = [(i - i^*)/(1 + i^*)] \, SR + SR \tag{2A-3}$$

따라서 커버된 이자재정 마진(CIAM)은

$$CIAM = [(i - i^*)/(1 + i^*)] - (FR - SR)/SR \tag{2A-4}$$

이 된다.

이 식이 2.6D절에 소개된 식 (2-2)이다. 식 (2A-4)의 우변의 첫 번째 분수는 국내와 외국의 이자율 차이를 $1 + i^*$로 나눈 것이다. 두 번째 분수는 선물환 할인율이다. CIAP가 성립하면 이 두 가지는 일치하므로 CIAP = 0이 된다. 식 (2A-4)는 연간 CIAM이므로 3개월 CIAM은 CIAM/4이 된다.

연습문제 2.6D절의 i, i^*, SR 및 FR에 대한 수치를 이용하여 다음과 같은 경우에 미국의 투자자가 100,000달러를 3개월간 투자했을 때 받게 되는 달러(원금＋이자)를 구하라. (a) 미국 재무성 증권에 투자했을 때, (b) 환위험을 커버하고 영국 재무성 증권에 투자했을 때 (b)에 대한 답은 2.6B절과 같이 CIAM을 평가했을 때와 얼마나 차이가 있는가?

환율결정이론

학습목표

- 구매력평가 이론을 이해하고 단기에서 그 이론이 잘 적용되지 않는 이유를 이해한다.
- 환율에 관한 통화론적 접근방법과 포트폴리오 모형을 이해한다.
- 환율의 과잉조정의 원인을 이해한다.
- 환율을 왜 예측하기 어려운지를 이해한다.

3.1 서론

이 장에서는 현대적 환율이론들을 살펴본다. 이 이론들은 1960년대 후반 이후 개발된 국제수지에 대한 통화론적 접근방법과 자산시장 또는 포트폴리오 접근방법을 기초로 한다. 이러한 이론은 대부분 환율을 순수한 금융현상으로 본다. 또한 이들 이론은 환율의 단기적 변동성이 대단히 크며 환율이 장기적으로 균형수준을 오버슈팅(overshooting)하는 현상을 설명하려고 하는데, 이러한 현상은 지난 50년간 관찰되어 왔다.

이러한 현대적 환율이론은 (제4장과 제5장에서 논의되는) 전통적 환율이론과 구분되는데, 전통적 환율이론은 무역 흐름을 기초로 장기 또는 수년 동안만을 대상으로 환율변동을 설명한다. 1973년 변동환율제도가 도입된 이래 국제자본이동은 엄청나게 증가했으며 현재는 무역보다 그 규모가 훨씬 크다. 따라서 환율에 대한 통화론적 접근으로 관심이 이동하는 것은 당연한 일이다. 그러나 전통적 환율이론은 장기적 환율을 설명하는 데 여전히 중요하다.

3.2절에서는 구매력평가 이론을 소개하는데, 이 이론은 환율결정에 대한 통화론적 접근방법과 자산시장 또는 포트폴리오 접근방법의 장기적 분석틀이 된다. 3.3절에서는 국제수지와 환율에 대한 통화론적 접근방법을 살펴보고, 3.4절에서는 환율결정에 대한 자산시장 또는 포트폴리오 접근방법을 소개한다. 3.5절에서는 환율동학과 단기환율이 장기환율수준을 오버슈팅하는 경향을 설명한다. 마지막으로 3.6절에서는 통화론적 접근방법과 자산시장 또는 포트폴리오 접근방법 및 환율 예측에 대한 실증연구를 살펴본다. 이 장의 부록에서는 통화론적 접근방법과 포트폴리오 접근방법에 대한 정형화된 모형을 소개한다.

3.2 구매력평가 이론

이 절에서는 구매력평가(PPP) 이론을 살펴보고 환율을 설명하는데, 이 이론이 얼마나 유용한지를 평가한다. 구매력평가(PPP) 이론[purchasing-power parity (PPP) theory]은 스웨덴의 경제학자인 구스타프 카셀(G. Cassel)이 정립한 이론으로 제1차 세계대전으로 인하여 국제무역이 붕괴되고 여러 나라에서 상품의 상대가격이 크게 변화한 이후 각국이 금본위 제도로 복귀할 수 있는 균형환율을 추정하기 위해 이용되었다. 구매력평가 이론에는 절대적 이론과 상대적 이론이 있는데, 이들을 차례로 살펴보자.

3.2A 절대적 구매력평가 이론

절대적 구매력평가 이론(absolute purchasing-power parity theory)은 두 통화 사이의 균형환율은 두 나라의 물가수준의 비율과 같다는 것이다.

$$R = \frac{P}{P^*} \tag{3-1}$$

여기에서 R = 환율 또는 현물환율이며 P와 P^*는 각각 국내와 외국의 일반물가수준이다. 예를 들면, 밀 1부셸의 가격이 미국에서는 1달러이고 EMU에서는 1유로라면 달러와 파운드 사이의 환율은 $R = \$1/€1 = 1$이 되어야 한다. 즉, 일물일가의 법칙(law of one price)에 의해 한 상품의 가격은 동일한 통화로 표시하면 (두 가지 통화의 구매력이 일치하도록) 양국에서 동일해야 한다. 만일 밀 1부셸의 가격이 미국에서는 0.5달러이고 EMU에서는 1.5달러라면 상인들은 미국에서 밀을 구입하여 EMU에서 판매함으로써 이익을 얻을 것이다. 이러한 상품재정으로 인해 밀의 가격이 EMU에서는 하락하는 반면 미국에서는 상승하여 (무역에 대한 규제나 수송비가 존재하지 않을 때) 결국 두 경제에서 밀의 가격은 1달러로 같아진다. 통화새성과 마찬가지로 상품재정으로 인하여 시장 간에 상품의 가격은 균등화된다.

절대적 구매력평가 이론은 타당하지 않을 수 있다. 그 이유는 첫째, 이 이론은 자본계정은 완전히 무시한 채 상품 및 서비스 무역만이 균형이 되도록 하는 환율을 결정하는 것으로 보인다. 따라서 상품 및 서비스 무역만 균형이 되도록 하는 환율이 결정되면 자금이 유출되는 국가의 국제수지는 적자가 되고, 자금이 유입되는 국가의 국제수지는 흑자가 된다. 둘째, 비교역상품과 비교역 서비스가 존재하기 때문에 절대적 구매력평가 이론으로는 상품 및 서비스 무역의 균형을 달성할 수 있는 환율조차도 결정할 수 없다.

비교역상품에는 시멘트나 벽돌과 같이 수송비가 너무 높아 인접한 국경지역을 제외하고는 국제적으로 교역되지 않는 생산물이 포함된다. 기술자, 미용사, 주치의 및 기타 서비스를 포함한 대부분의 서비스는 국제적으로 교역되지 않는다. 국제무역에 의하여 교역상품과 교역 서비스의 가격은 국가 간 균등화되는 경향이 있지만, 비교역상품과 비교역 서비스의 가격은 균등화되지 않는다. 각국의 일반물가수준에는 교역상품과 비교역상품이 포함되고, 비교역상품의 가격은 국제무역에 의해 균등화되지 않으므로 절대적 구매력평가 이론으로는 무역 균형을 달성할 수 있는 환율을 결정할 수 없다. 그뿐만 아니라 절대적 구매력평가 이론은 운송비와 국제무역의 자유로운 이동에 대한 기타 장애를 고려하지 않고 있다. 따라서 절대적 구매력평가 이론을 너무 심각하게 받아들일 필요는 없다(사례연구 3-1, 3-2 참조). 구매력평가 이론은 보통 상대적 구매력평가 이론의 형태로 사용된다.

사례연구 3-1 🌐 현실세계에서 절대적 구매력평가 이론

그림 3-1은 1973년 이후 변동환율제도 기간에 독일 마르크로 표시한 달러의 실제 환율(즉, 시장에서의 DM/$, 파란색 선)과 (미국 물가지수에 대한 독일 물가지수로 측정한, 검은색 선) 구매력평가 환율을 보여 준다. 절대적 구매력평가 이론이 성립하면 이 두 가지 환율은 일치해야 한다. 그러나 그림에서 볼 수 있는 바와 같이 이 두 가지 환율에는 큰 차이가 있다. 달러는 1973년부터 1980년까지, 1986년부터 2000년 그리고 2003년부터 2014년까지 저평가되었고 1981년부터 1985년까지 그리고 2001년부터 2002년까지 고평가되었다. 이 그림은 (1985년 초) 절정기에는 마르크 표시 달러의 가치가 거의 40%가량 고평가되었음을 보여 준다. 1981년 및 2001년 초, 1985년 및 2002년 말에만 이 두 가지 환율은 교차하며 달러와 마르크는 평형상태에 있었다.

그림 3-1 실제 및 PPP 달러 환율(1973~2014)

파란색 선은 1973년부터 2014년까지 (DM/$로 정의된) 달러의 시장환율을, 검은색 선은 (미국의 소비자물가지수에 대한 독일의 소비자물가지수로 측정한) 구매력평가 환율이다. 이 그림을 통해 달러는 1973~1980년, 1986~2000년 및 2003~2014년에 저평가되었고 1981~1985년 및 2000~2002년에 고평가되었음을 알 수 있다(1999년 이후 DM/$의 변화는 달러에 대한 유로 환율의 변화를 반영한다).

출처 : International Monetary Fund, *International Financial Statistics* (Washington, D.C. : IMF, Various Issues).

사례연구 3-2 🌐 빅맥지수와 일물일가법칙

절대적 구매력평가 이론에 의하면 환율은 미국과 다른 나라의 물가수준의 비율과 같아야 하기 때문에, 특정 상품(예 : 맥도널드의 빅맥 햄버거)의 달러 가격은 모든 국가에서 동일해야 한다. 표 3-1의 제2열을 통해 사실상 빅맥의 달러 표시 가격은 국가별로 큰 차이가 있다는 것을 알 수 있다. 2014년 7월 23일 빅맥 가격은 미국의 4.8달러에 비해 노르웨이에서는 7.76달러로 가장 비싸고 인도에서는 1.75달러로 가장 저렴하다.

표의 세 번째 열에는 달러와 여러 통화 간의 암묵적 환율을 제시한다. 이것은 햄버거의 가격을 여러 국가나 지역에서 동일하게 만드는 환율이다. 예를 들어 유로지역에서 3.68유로의 햄버거 가격과 미국에서 4.80달러의 햄버거 가격을 두 지역에서 동일하게 하는 환율로서 1.3043(표 3-1에서는 반올림하여 1.30)이다. 이것은 실제 환율 1.35에 비해 유로가 달러에 비해 3.5% 과대평가된 것을 의미한다.

빅맥의 달러 가격이 노르웨이에서 7.76달러이므로 미국의 4.80달러에 비해 2014년 7월 23일 노르웨이의 크로네는 미국 달러에 비해 62%($7.76/$4.80) 과대평가되었다. 또한 표로부터 스위스 프랑은 43%, 브라질의 헤알은 22%, 영국의 파운드는 3% 과대평가되었다. 한편, 터키의 리라는 8% 과소평가되었고, 일본 엔은 24%, 멕시코 페소는 32%, 중국 인민폐 43%, 인도 루피는 64% 과소평가되었다. 노르웨이는 미국인이 방문하기에 가장 비싼 국가이고 인도는 가장 저렴한 국가이다(표에 열거된 국가들 중에서).

표 3-1 빅맥 가격과 환율(2014년 7월 23일)

환율	빅맥 가격		구매력 평가[a] 환율	실제 환율 (2014. 7. 23.)	달러에 대한 고평가(+) 또는 저평가(−) %
	해당국 통화	달러			
미국[b]	$4.80	4.80	1.00	1.00	0.00
오스트레일리아	A$5.10	4.81	1.06	1.06	0.40
브라질	Real 13.00	5.86	2.71	2.22	22.11
영국[c]	£2.89	4.93	1.67	1.69	2.71
캐나다	C$5.64	5.25	1.18	1.07	9.51
중국[d]	Yuan 16.9	2.73	3.52	6.20	−43.14
유로지역[e]	€3.68	4.95	1.30	1.35	3.50
인도	Rupee 105	1.75	21.90	60.09	−63.56
일본	Yen 370	3.64	77.16	101.53	−24.00
멕시코	Peso 42	3.25	8.76	12.93	−32.27
노르웨이	Kroner 48	7.76	10.01	6.19	61.79
러시아	Rouble 89	2.55	18.56	34.84	−46.72
남아프리카공화국	Rand 24.50	2.33	5.11	10.51	−51.41
스위스	SFr 6.16	6.83	1.28	0.90	42.86
터키	Lire 9.25	4.42	1.93	2.09	−7.75

[a] 구매력평가 : 개별적인 가격을 미국의 가격으로 나눔
[b] 4개 도시의 평균
[c] 파운드당 달러
[d] 5개 도시의 평균
[e] 유로지역의 가중평균 가격
출처 : "The Big Mac Index," *The Economist*, July 26, 2014, p. 61.

3.2B 상대적 구매력평가 이론

보다 정교한 상대적 구매력평가 이론(relative purchasing-power parity theory)은 일정 기간 동안의 환율변화는 같은 기간 동안 양국의 상대적 물가수준의 변화에 비례한다는 것이다. 특히 기준기간을 하첨자 0으로 표시하고 다음 기간(1기)을 하첨자 1로 표시할 때 상대적 구매력평가 이론에 의하면

$$R_1 = \frac{P_1/P_0}{P_1^*/P_0^*} \cdot R_0 \tag{3-2}$$

가 된다. 여기에서 R_1과 R_0는 각각 제1기와 기준기간의 환율이다.

예로 기준기간으로부터 1기 사이에 외국의 일반물가수준은 변하지 않는 반면(즉, $P_1^*/P_0^* = 1$), 국내의 일반물가수준이 50% 상승했을 때, 상대적 구매력평가 이론에 의하면 (외국통화 1단위당 국내통화 표시 가격으로 정의된) 1기의 환율은 기준기간과 비교하여 50% 더 높아야(즉, 국내통화의 가치는 50% 평가하락해야) 한다.

절대적 구매력평가 이론이 성립하면 상대적 구매력평가 이론도 성립하지만, 상대적 구매력평가 이론이 성립한다고 해서 절대적 구매력평가 이론이 반드시 성립하지는 않는다는 점에 주목하자. 예컨대 자본이동과 수송비 및 국제무역의 자유로운 흐름에 대한 기타 장애와 정부의 개입정책 등의 요인 때문에 절대적 구매력평가 이론은 성립하지 않지만, 이러한 요인들이 변화만 보는 경우에 상대적 구매력평가 이론은 타당할 수 있다.

그러나 상대적 구매력평가 이론에도 다른 난점은 있다. 이러한 난점 중의 한 가지는 [1964년 발라사(Balassa)와 사무엘슨(Samuelson)이 지적한 바와 같이] 교역상품과 교역 서비스 가격에 대한 비교역상품과 비교역 서비스 가격의 비율이 개발도상국보다 선진국에서 체계적으로 높다는 사실 때문에 발생한다. 발라사–사무엘슨 효과(Balassa-Samuelson effect)는 교역재의 노동생산성은 선진국이 개발도상국보다 높은 반면 여러 가지 비교역상품과 비교역 서비스(예 : 이발)의 생산기술이 선진국에서나 개발도상국에서 유사하기 때문인 것으로 설명한다. 그러나 선진국 노동자들은 비교역상품과 비교역 서비스 부문에서도 교역상품과 교역 서비스 부문에서 받는 높은 임금을 받으려고 하기 때문에 결과적으로 선진국에서 비교역상품과 비교역 서비스의 가격은 개발도상국에 비해 체계적으로 훨씬 높다. 예를 들면 이발 가격이 미국에서는 10달러이지만 브라질에서는 1달러에 불과할 수도 있다.

일반물가지수에는 교역상품 및 교역 서비스의 가격뿐만 아니라 비교역상품과 비교역 서비스의 가격이 포함되며, 비교역상품과 비교역 서비스의 가격은 국제무역으로 균등화되지 않고 개발도상국보다 선진국에서 체계적으로 높기 때문에, 상대적 구매력평가 이론은 개발도상국의 환율을 과소평가하고 선진국의 환율을 과대평가하는 경향이 있으며, 발전수준의 격차가 클수록 이러한 왜곡의 정도도 커진다. 이 점은 로고프(Rogoff, 1996)와 차우드리 및 칸(Choudri & Khan, 2005)에 의해 확인된 바 있다.

또한 중요한 구조변화의 결과 상대적 구매력평가 이론에 문제점이 발생할 수도 있다. 예를 들어

사례연구 3-3 🌐 현실세계에서 상대적 구매력평가설

그림 3-2는 1973년부터 2014년(변동환율제도 기간)까지 18개 선진국에 대해 상대물가수준의 변화와 환율변화 간의 관계를 보여 준다. 수평축은 각국의 평균 인플레이션율에서 미국의 평균 인플레이션율을 차감한 값을 측정한다. (양의 값을 갖는 것은 해당 국가의 인플레이션율이 미국보다 높다는 것을 의미한다.) 수직축은 미국 달러의 외국통화 가격으로 정의되는 환율의 변화를 측정한다. 이처럼 환율의 증가는 미국 달러에 비해 외국통화가 평가하락하는 것을 의미하고, 환율의 하락은 외국통화가 평가상승하는 것을 의미한다.

상대적 구매력평가설(PPP)에 따르면 미국보다 인플레이션율이 높은 국가는 통화가 평가하락하고 낮은 인플레이션을 경험하는 국가는 환율이 평가상승하게 된다. 그림으로부터 분석대상인 41년간 이 사실이 타당하다는 것을 알 수 있다. 즉, 미국보다 인플레이션율이 더 높은 국가는 그 국가의 통화가 평가하락했고 미국보다 인플레이션율이 낮은 국가는 통화가 평가상승하였다. 이 이론이 완전히 타당하기 위해서는 그림 3-2의 점들이 기울기가 1인 직선과 완전히 일치해야 한다. 그러나 그렇지는 않으므로 상대적 구매력평가설은 대략적으로만 타당하다.

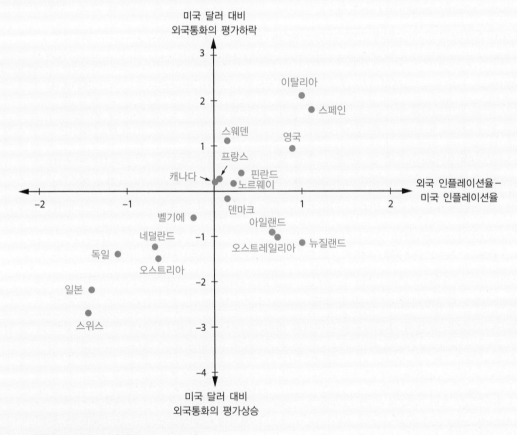

그림 3-2 인플레이션 격차와 환율(1973~2014)

수평축을 따라 양의 값을 갖는 것은 해당국의 평균 인플레이션율이 미국의 인플레이션율보다 높다는 것을 의미한다. 수직축을 따라 양의 값을 갖는 것은 해당국의 통화가 미국 달러에 비해 평가하락한 것을 나타낸다. 인플레이션이 높을수록 해당국의 통화가 평가하락한 것으로 나타난 것을 통해 장기에서 상대적 구매력평가 이론이 대체로 타당하다는 것을 확인할 수 있다. 1999년 이후 유럽통화연합국가들의 환율변화는 달러와 유로 간의 환율변화를 반영한다.

출처 : International Monetary Fund, *International Financial Statistics*, Various Issues.

상대적 구매력평가 이론에 의하면 제1차 세계대전 직후 영국의 파운드화는 과소평가(즉, 파운드화의 환율이 너무 높았다)된 것으로 보였으나, 실제로 당시에는 이와는 정반대였다는 점(즉, 파운드화의 환율은 더 높았어야 했다)은 분명하다. 그 이유는 영국이 전쟁 동안 상당량의 해외투자를 회수하였기 때문에 (해외투자 소득의 감소를 고려하지 않은) 상대적 구매력평가 이론으로 예측된 환율수준에서는 전후 영국의 국제수지가 큰 폭의 적자를 보였을 것이기 때문이다. 사례연구 3-3은 상대적 구매력평가 이론을 간단하게 검증한 것을 소개한다. 보다 엄밀하고 정형화된 검증은 다음 절에서 논의한다.

3.2C 구매력평가 이론에 대한 검증

1973년 이후 변동환율제도가 채택됨에 따라 구매력평가 이론에 대한 관심이 재차 고조되었으며 이에 따라 이 이론의 타당성에 대한 수많은 실증연구가 행해졌다.

프렌켈(Frenkel, 1978)은 인플레이션율이 높았던 1920년대에, 크라비스와 립시(Kravis & Lipsey, 1978)는 1950~1970년의 기간에 대해, 맥키논(McKinnon, 1979)은 1953~1977년의 기간에 대해 PPP 이론의 장기적 타당성에 관한 경험적 증거를 제시했다. 반대로 프렌켈(Frenkel, 1981)은 1970년대에 특히 1970년대 후반에 그리고 레비치(Levich, 1985)와 돈부시(Dornbusch, 1987)는 1980년대에 PPP 이론이 성립하지 않는다는 결과를 발견했다.

프랑켈(Frankel, 1986, 1990)은 PPP로부터의 이탈은 대단히 천천히 소멸되기 때문에 PPP 이론을 타당하게 검증하기 위해서는 수십 년에 걸친 장기자료를 이용해야 한다고 주장한 바 있다. 1869~1984년의 기간에 대한 달러/파운드의 연도별 자료를 이용하여 프랑켈은 PPP로부터의 이탈이 50% 소멸되는 데 4~5년 걸리고, 1년에 소멸되는 정도는 15%라는 점을 발견하였다. 로디안과 테일러(Lothian & Taylor, 1996)는 1790~1990년 기간의 달러/파운드 및 프랑/파운드 환율을 이용, 프랑켈과 로스(Frankel & Rose, 1995)는 1948~1992년까지 150개 국가에 대한 환율을 이용, 맥도널드(MacDonald, 1999)는 1960~1996년까지의 자료를 이용, 테일러(Taylor, 2002)는 1882~1996년의 기간에 대한 20개국(G7 국가 및 13개 기타 국가)의 연간 자료를 이용하여 프랑켈의 결과를 확인하였다. 캐신 및 맥더모트(Cashin & McDermott, 2006)는 1973~2002년 동안 90개 선진국과 개발도상국에 대해 그들의 이전의 결론을 확장하고 재확인했다.

PPP로부터의 이탈이 이렇게 천천히 소멸되는 이유는 무엇일까? 로고프(Rogoff, 1996, 1999)가 제시한 한 가지 설명은 지난 20년 또는 30년간 진행된 세계화에도 불구하고 국제 상품시장은 아직도 국내상품시장보다 훨씬 덜 통합되었다는 것이다. 그 이유는 수송비, 보호무역의 존재 및 위협, 정보비용 및 노동의 국제적 이동 가능성에 대한 제약 등을 들 수 있다. 다양한 조정비용 때문에 환율이 큰 폭으로 변동하더라도 국내의 상대가격이 즉각적으로 또한 큰 폭으로 변동하지 않을 수 있다.

따라서 PPP 이론의 경험적 타당성에 대해 다음과 같은 전반적 결론을 내릴 수 있다. (1) 밀이나 특정 등급의 철과 같이 교역량이 많은 개별 상품에 대해서는 PPP가 성립(즉, 일물일가의 법칙이 적용)한다고 생각할 수 있지만 교역상품 전반이나 (비교역상품을 포함하고 있는) 모든 상품에 대해서는

PPP가 그다지 잘 성립하지 않을 것이다. (2) 일단 포함되는 상품의 범위가 결정되면, PPP가 장기간 (수십 년)에는 잘 성립하지만 10년이나 20년의 기간에는 그다지 잘 성립하지 않고 단기간에는 전혀 성립하지 않는다. (3) 순수하게 금융적 교란이 발생하고 인플레이션이 높은 기간에는 PPP가 잘 성립하지만, 통화안정 시기에는 잘 성립하지 않고 주요 구조변화가 발생하는 시기에는 전혀 성립하지 않는다.

이러한 결론은 PPP 이론 자체의 타당성과 관련해서도 중요하지만 다음 장에서 살펴보는 바와 같이 국제수지 및 환율결정에 대한 통화론적 접근방법과 자산시장 또는 포트폴리오 접근방법에서 PPP 이론이 차지하는 중심적 역할 때문에 또한 대단히 중요하다.

3.3 국제수지 및 환율에 대한 통화론적 접근방법

이 절에서는 국제수지에 대한 통화론적 접근방법(monetary approach to the balance of payments)을 살펴본다. 이러한 접근방법은 1960년대 말 로버트 먼델(Robert Mundell)과 해리 존슨(Harry Johnson)이 처음 시작하였으며 1970년대에 크게 발전되었다. 통화론적 접근방법은 국제수지를 본질적으로 통화적 현상으로 간주하는 점에서 (시카고 학파로부터 유래한) 국내의 통화주의(monetarism)를 국제경제에 확장한 것이다. 즉, 통화는 장기적으로 국제수지에 대한 교란요인으로뿐만 아니라 조정에서도 결정적인 역할을 한다. 3.3A절에서는 고정환율제도에서 통화론적 접근방법을 3.3B절에서는 변동환율제도에서의 통화론적 접근방법을 살펴본다. 3.3C절에서는 통화론적 접근방법에 의해 환율이 어떻게 결정되는가를 살펴보고 3.3D절에서는 기대가 환율에 미치는 효과를 논의한다.

3.3A 고정환율제도에서 통화론적 접근방법

통화론적 접근방법은 **명목 통화잔고**에 대한 수요는 **명목 국민소득**과 정의 관계에 있으며 상기적으로 안정적이라는 전제에서 출발한다. 따라서 통화수요함수(demand for money)는 다음과 같이 표현할 수 있다.

$$M_d = kPY \tag{3-3}$$

여기서 M_d = 명목 통화잔고의 수요량

k = 명목 통화잔고와 명목 국민소득의 바람직한 비율

P = 국내의 물가수준

Y = 실질 국민소득

식 (3-3)에서 PY는 명목 국민소득 또는 생산량(GDP)이다. 장기에는 명목 국민소득이 완전고용수준에 있는 것으로 가정한다. k는 명목 국민소득에 대한 명목 통화잔고의 바람직한 비율이며, k는 또한 $1/V$과 같은데 V는 통화의 유통속도 또는 경제 내에서 1년간 통화가 회전하는 횟수이다. V(따라서 k도)는 제도적 요인에 의해 결정되고 일정하다고 가정하므로 M_d는 안정적이고 국내의 물가수준과

실질 국민소득과 정의 관계를 갖는 함수이다.

예를 들어 GDP = PY = 10억 달러이고 V = 5(따라서 k = 1/V = 1/5)이면, M_d = (1/5)PY = (1/5)(10억 달러) = 2억 달러가 된다. 식 (3-3)에는 포함되지 않았지만, 통화에 대한 수요는 이자율(i) 또는 이자를 지급하는 채권 대신에 비활동적인 통화잔고를 보유하는 데 드는 기회비용과 음의 관계에 있다(이처럼 보다 완벽한 통화수요 함수는 이 장 부록에 정형화된 형태로 소개된다). 그러나 분석을 단순하게 하기 위해 지금은 M_d가 PY 또는 명목 GDP하고만 관계있다고 가정하여 식 (3-3)을 계속 사용할 것이다.

한편 한 국가의 통화량(supply of money)은 다음과 같이 결정된다.

$$M_s = m(D + F) \tag{3-4}$$

여기에서 M_s = 한 국가의 총통화량

　　　　　m = 통화승수

　　　　　D = 한 국가의 본원통화 중 국내 구성부문

　　　　　F = 한 국가의 본원통화 중 국제 또는 해외 구성부문

한 국가의 본원통화 중 국내 구성부문(D)은 통화당국에 의해 창조된 국내 여신 또는 국내자산이다. 통화량 중 해외 구성부문(F)은 한 국가의 국제준비자산으로 국제수지의 흑자나 적자로 인하여 증가하거나 감소한다. D+F를 한 국가의 본원통화(monetary base) 또는 고성능통화(high-powered money)라고 한다. (오늘날 우리가 채택하고 있는) 부분지급준비제도에서는 은행에 D나 F가 1달러 예금될 때마다 그 국가의 통화량은 몇 배 증가한다. 이것이 바로 식 (3-4)에서 통화승수인 m이다.

예컨대 상업은행에 1달러가 예금되면 법적 지급준비율(LRR)이 20%일 때 은행은 0.8달러를 대출할 수 있다. 그러면 차입자는 첫 번째 은행이 대출한 0.8달러로 지불을 하고, 이 금액은 결국 다른 은행으로 예금된다. 그러면 이 은행은 이 중 80%(0.64달러)를 대출하며 20%(0.16달러)는 지급준비금으로 보유한다. 이러한 과정은 계속 반복되어 처음의 1달러 예금이 총 $1+$0.8+$0.64+\cdots=$5의 요구불예금(이는 통화량의 일부임)에 대한 본원통화가 된다. 5달러라는 숫자는 원래의 예금 1달러를 법적 지급준비율 20% 또는 0.2로 나누어 구할 수 있다. 즉, $1/0.2 = 5 = m$이 된다. 그러나 현실세계에서의 통화승수는 초과지급준비금이나 누출로 인해 이보다는 작을 것이다. 설명을 단순하게 하기 위해 통화승수는 일정하다고 가정하자.

$M_d = M_s$인 균형상태(예 : 한 국가의 GDP가 증가하여)에서 통화수요가 증가하면 국내 본원통화(D)가 증가하든지 아니면 국제준비자산 또는 국제수지의 흑자(F)가 증가해야 한다. 통화당국이 D를 증가시키지 않으면 통화에 대한 초과수요는 F의 증가에 의해 충족된다. 반대로 통화수요(M_d)가 일정할 때 본원통화의 국내부문(D)과 통화량(M_s)이 증가하면 F가 감소한다(국제수지의 적자). 따라서 통화수요의 초과분이 본원통화의 국내부문의 증가로 충족되지 않으면 국제수지는 흑자가 되는 반면, 통화량의 초과분이 통화당국에 의해 해소되지 않고 국제준비자산의 유출에 의해 교정될 때 국제수지 적자가 발생한다.

예를 들어 한 국가의 GDP가 10억 달러에서 11억 달러로 증가하면 M_d는 2억 달러 (10억 달러의 1/5)에서 2억 2,000만(11억 달러의 1/5)달러로 증가한다. 이 국가의 통화당국이 D를 일정하게 유지하면, 궁극적으로 F가 400만 달러 증가하여(국제수지 흑자) 통화량은 2,000만 달러(400만 달러×통화승수 $m = 5$) 증가한다. 이러한 국제수지 흑자는 경상수지나 자본수지의 흑자를 통해 발생할 수 있다. 현재로서는 통화에 대한 초과수요 때문에 국제수지는 흑자가 되어 M_s가 초과수요만큼 증가한다는 점이 중요하며, 이러한 흑자가 어떤 형태로 나타나는지는 중요하지 않다. 반대로 통화의 초과공급이 존재하면 초과공급이 해소될 수 있도록 준비자산이 유출된다(국제수지의 적자).

따라서 고정환율제도에서 한 국가는 장기적으로 통화량을 조절할 수 없다. 즉, 한 국가의 통화량 규모는 장기적으로 국제수지의 균형을 달성할 수 있는 규모로 결정된다. 외국인들은 달러를 기꺼이 보유하려고 하기 때문에 고정환율제도에서는 미국과 같은 준비통화국만이 장기적으로 통화량을 조절할 수 있다.

요약하면 한 국가의 국제수지 흑자는 국내의 통화당국에 의해 충족되지 못하는 **통화에 대한 초과수요** 때문에 발생한다. 반대로 한 국가의 국제수지 적자는 한 국가의 통화당국에 의해 해소되지 않거나 교정되지 않는 **통화에 대한 초과공급** 때문에 발생한다. 장기적으로 볼 때 한 국가의 국제수지 흑자나 적자는 일시적이며 스스로 조정된다. 즉, 통화에 대한 초과수요나 초과공급이 자금의 유입이나 유출에 의해 해소되고 나면, 국제수지 흑자나 적자도 조정되며 더 이상 통화가 국제적으로 이동하지 않는다. 따라서 미국과 같은 준비통화국을 제외하고는 고정환율제도에서 장기적으로 통화량을 조절할 수 있는 국가는 없다.

3.3B 변동환율제도에서 통화론적 접근방법

변동환율제도에서 국제수지의 불균형은 통화나 국제준비자산이 국제적으로 이동하지 않아도 환율 변동에 의해 순간적으로 자동 조정된다. 즉, 변동환율제도에서 국가는 통화량이나 통화정책에 대한 통제력을 행사한다. 환율이 변화하면 국내 물가가 변화하고 그 결과 조정이 이루어진다. 예를 들면 (과도한 통화량으로 인한) 국제수지 적자의 결과 그 국가의 통화는 자동적으로 평가하락하고 이에 따라 통화의 초과공급이 충분히 흡수될 때까지 물가가 상승하고 통화수요가 증가하여 자동적으로 국제수지 적자가 해소된다.

반대로 (통화에 대한 초과수요로 인한) 국제수지의 흑자가 존재하면 자동적으로 그 국가의 통화는 평가상승하며 그 결과 국내물가는 하락하여 통화에 대한 초과수요 및 국제수지 흑자는 해소된다. 고정환율제도에서는 국제수지 불균형을 통화나 준비자산의 국제적 이동으로 정의하지만 (따라서 국가는 장기적으로 통화량에 대한 통제력이 없음), 변동환율제도에서는 통화나 준비자산이 국제적으로 이동하지 않고도 환율의 신속한 자동적 변동에 의해 국제수지 불균형이 조정된다(따라서 국가는 통화량이나 통화정책에 대한 통제력을 가지고 있음).

한 국가의 다른 국가의 통화로 표시한 실제 환율은 이 국가 통화량과 실질소득의 증가율과 외국의 통화량 및 실질소득의 증가에 의해 결정된다. 예를 들면, 외국에서는 통화량, 실질소득 및 통화

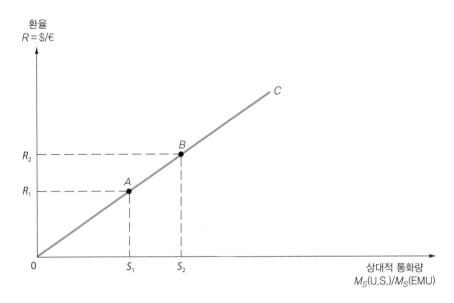

환율
$R = \$/€$

R_2

R_1

A

B

C

O

S_1

S_2

상대적 통화량
M_S(U.S.)/M_S(EMU)

그림 3-3 상대적 통화량 및 환율

선 OC는 유럽통화동맹의 통화량에 대한 미국의 통화량 비율[$S = M_S$(U.S.)/M_S(EMU)]과 달러-유로 환율($R = \$/€$)의 관계를 보여 준다. 선 OC는 S_1이 S_2로 변하면 R은 R_1에서 R_2로 비례적으로 증가한다는 것을 보여 준다.

수요의 증가율이 0인 반면, 국내에서는 통화량의 증가가 실질소득 및 통화수요의 증가를 초과하면 국내 물가 및 환율은 상승(통화의 평가하락)한다. 반대로 국내통화량이 실질소득 및 통화수요보다 작게 증가하면, 국내 물가 및 환율은 하락(통화의 평가상승)한다(통화론적 접근방법에서 환율이 실제로 결정되는 과정은 다음 절에서 논의한다).

따라서 통화론적 접근방법에 의하면 한 국가의 통화량이 과다하게 증가하면 그 국가의 통화는 평가하락하는 반면, 통화량이 충분히 증가하지 않으면 그 국가의 통화는 평가상승한다. 다른 말로 하면 (실질소득이나 통화수요에 비하여 통화량이 빠른 속도로 증가하여) 인플레이션 압력이 존재하는 국가에서는 환율이 상승(즉, 평가하락, 그림 3-3 참조)할 것이다. 반대로 외국보다 낮은 인플레이션 압력을 받는 국가에서는 환율이 하락(평가상승)할 것이다. 글로벌 통화론자에 의하면 1970년대에 미국의 달러가 평가하락하고 독일 마르크가 평가상승한 이유는 미국에서는 통화가 과도하게 증가하여 인플레이션 압력이 컸던 반면 독일에서는 통화 증가율이 낮아 인플레이션 압력이 낮았기 때문이라고 한다.

변동환율제도에서 기타 국가들은 일부 국가의 과도한 통화량 증가로부터 어느 정도 차단된다. 과도한 통화량 증가로 인하여 통화가 평가하락하는 국가는 외국으로 인플레이션 압력을 전파하는데, 이는 통화나 준비자산의 수출을 통해 직접 전파되는 것이 아니라 일차적으로 수입수요의 증가를 통해 전파된다. 이러한 과정은 시간이 걸리며 세계경제가 유휴자원을 가지고 있는 정도와 해외의 구조적 여건에 의해 달라진다.

오늘날 운용되고 있는 관리변동환율제도에서는 통화당국이 자국통화의 과다한 평가상승이나 평가하락을 방지하기 위하여 외환시장에 개입하며, 그 과정에서 준비자산이 증가하거나 감소한다. 이 제도에서는 국제수지 적자의 일부분은 통화의 평가하락에 의해 자동적으로 조정되는 한편 나머지

부분은 국제준비자산의 감소에 의해 조정된다(그림 2-2 참조). 결과적으로 한 국가의 통화량은 국제수지 적자에 의해 영향을 받으며 국내통화정책의 효과는 부분적으로 상실된다. 관리변동환율제도에서는 한 국가의 통화량이 외국의 과도하거나 불충분한 통화증가에 의해서 영향을 받는데, 물론 그 정도는 고정환율제도의 경우보다는 약하다. 현행 변동환율제도의 운용에 관해서는 제8~9장에서 상세하게 논의한다.

3.3C 환율결정에 대한 통화론적 접근방법

2.3A절에서 환율을 외국통화 1단위의 국내통화가격으로 정의한 바 있다. 달러($)가 국내통화이고 유로화(€)가 외국통화이면, 환율(R)은 1유로당 달러의 액수, 즉 R = $/€로 정의된다. 예를 들어 R = \$1/€1이면 이는 1유로화를 구입하기 위해 1달러가 필요하고 만약 R = \$1.20/€1이면 1유로를 얻기 위해 1.2달러가 필요하다는 말이다.

시장이 경쟁적이고 관세, 수송비 및 기타 무역에 대한 장애가 존재하지 않으면 구매력평가(PPP)이론을 전제로 하는 일물일가의 법칙에 의해 한 상품의 가격은 미국이나 유럽통화연맹(EMU)에서 모두 같아야 한다. 즉, $P_X(\$) = RP_X(€)$가 된다. 예를 들어 상품 X 1단위의 가격이 유럽통화연맹에서 P_X = €1이고, R = \$1.20/€1이면 미국에서는 P_X = \$1.2가 된다. 이는 모든 교역상품에도 적용되며, 모든 상품(물가지수)에도 해당된다. 즉,

$$P = RP^*$$

이고

$$R = \frac{P}{P^*} \tag{3-1}$$

여기서 R은 달러의 환율, P는 미국의 달러 가격 물가지수, P^*는 유럽통화연맹의 유로 가격 물가지수를 의미한다.

이제 미국과 EMU에서의 명목 통화수요 함수(식 3-3의 M_d와 M_d^*)로부터 시작하여 달러와 유로화 사이의 환율이 어떻게 결정되는지를 통화론적 접근방법으로 살펴보기로 하자.

$$M_d = kPY \text{이고} \quad M_d^* = k^*P^*Y^*$$

여기에서 k는 미국에서 명목 국민소득에 대한 명목 통화잔고의 바람직한 비율이며, P는 미국의 물가수준, Y는 미국의 실질 생산량이고 *의 상첨자가 붙은 기호는 EMU를 의미한다.

균형상태에서 통화수요는 통화량과 같다. 즉, $M_d = M_s$이고 $M_d^* = M_s^*$이다. 식 (3-3)의 M_d에 M_s를 대입하고 M_d^*에 M_s^*를 대입한 후 EMU에 대한 식을 미국에 대한 식으로 나누면

$$\frac{M_s^*}{M_s} = \frac{k^*P^*Y^*}{kPY} \tag{3-5}$$

가 된다. 식 (3-5)의 양변을 $\frac{P^*}{P}$와 $\frac{M_s^*}{M_s}$로 나누면

$$\frac{P}{P^*} = \frac{M_s k^* Y^*}{M_s^* k Y} \tag{3-6}$$

가 된다. 그러나 (식 3-1로부터) $R = \dfrac{P}{P^*}$ 이므로

$$R = \frac{M_s k^* Y^*}{M_s^* k Y} \tag{3-7}$$

가 된다. EMU의 k^*와 Y^* 그리고 미국의 k와 Y가 일정하다고 가정하면 M_s와 M_s^*가 변하지 않는 이상 R은 일정하다. 예를 들어 $k^* Y^*/kY = 0.3$이고 $M_s/M_s^* = 4$이면 $R = \$1.2/€1$가 된다. 게다가 R의 변화는 M_s의 변화에 비례하고 M_s^*의 변화에는 반비례한다. 예를 들어 M_s가 M_s^*에 비하여 10% 증가하면, R은 10% 상승(달러의 평가하락)한다.

식 (3-7)과 관련하여 몇 가지 중요한 점을 주의해야 한다. 첫째, 식 (3-7)은 구매력평가(PPP)이론과 일물일가의 법칙(식 3-7)이 성립할 때 성립한다. 둘째, 식 (3-7)은 식 (3-3)과 같은 형태의 명목 통화수요 함수로부터 유도되었는데, 이 통화수요 함수에는 이자율이 포함되어 있지 않다. 이자율과 환율 사이의 관계는 기대에 대해 논의하는 3.3D절에서 살펴본다. 셋째, 각국에서 준비자산의 이동이나 변화가 없어도 환율이 변화하여 통화시장의 균형이 이루어진다. 따라서 (무역을 통해 세계시장의 가격에 영향을 미치지 못하는) 소국의 경우에는 PPP 이론에 의해 고정환율제도에서는 물가수준이 결정되며, 변동환율제도에서는 환율이 결정된다. 사례연구 3-4는 통화량 증가와 인플레이션율의 관계(식 3-6)를 보여 주며, 사례연구 3-5는 명목환율과 실질환율의 관계를 보여 줌으로써 변동환율제도에서 통화론적 접근방법을 검증한다.

3.3D 기대, 이자율 차이 및 환율

환율은 통화량과 실질소득의 국가 간 증가율 차이에 의해 결정되지만 기대 인플레이션과 예상되는 환율변화에 의해서도 결정된다. 만일 전년도에 예상했던 것보다 미국의 인플레이션율이 EMU의 인플레이션율보다 갑자기 10% 더 높아질 것으로 예상하면, PPP 이론이나 일물일가의 법칙으로 예측할 수 있는 것처럼 미국과 EMU의 물가가 같아지도록 달러는 즉각 10% 평가하락할 것이다. 따라서 한 국가에서 기대 인플레이션율이 상승하면 그 국가의 통화는 즉시 같은 크기만큼 평가하락한다.

환율변화가 예상되면 실제 환율은 예상되는 환율변화만큼 즉각 변화한다. 왜 그렇게 되는지를 살펴보기 위해 2.6A절에서 논의된 커버되지 않은 이자재정(UIA)을 상기하자. 통화론자들은 국내 및 해외채권이 완벽한 대체재인 것으로 가정하므로 (따라서 국내채권을 보유하는 대신 해외채권을 보유할 때 추가적인 위험은 없다), 두 국가 사이의 이자율 차이는 항상 두 통화 사이의 예상되는 환율변화와 같다. 즉,

$$i - i^* = EA \tag{3-8}$$

가 되고 i는 (미국) 국내 이자율, i^*는 (EMU) 해외 이자율 그리고 EA는 외국통화(€)의 국내통화($)에 대한 연간 기대(예상되는) 평가상승률이다.

사례연구 3-4 🌐 통화량 증가와 인플레이션

표 3-2는 1973~1985년, 1986~1998년, 1999~2014년 기간에 주요 7개국(G7)에 대한 통화량(M1)의 증가율과 소비자물가의 상승률을 보여 준다. 현실세계에서 물가는 여러 가지 요인에 의해 결정되지만 통화론적 접근방법에 의하면 물가와 통화량은 장기적으로는 같은 방향으로 움직인다.

이 표로부터 첫 번째 기간(1973~1985년)에 대한 미국,

일본, 프랑스 및 이탈리아, 두 번째 기간(1986~1998년)에 대한 미국, 프랑스 및 이탈리아의 경우 통화량 증가율은 인플레이션율과 유사함을 알 수 있다. 또한 통화량 증가율과 인플레이션율의 차이는 인플레이션율이 낮았던 세 번째의 시기(1999~2014년)에 큰 차이가 있음을 알 수 있다.

표 3-2 1973~2014년도 통화량과 소비자물가(% 증가)

	1973~1985	1986~1998	1999~2011	1973~2014
미국				
통화량 증가율	80.4	40.9	86.3	196.1
인플레이션율	83.0	39.2	33.2	140.0
일본				
통화량 증가율	75.3	74.3	82.4	184.3
인플레이션율	74.0	15.2	0	87.4
독일[a]				
통화량 증가율	76.5	96.3	97.3	203.8
인플레이션율	50.3	26.4	26.9	98.4
영국				
통화량 증가율	92.2	100.9	91.6	197.1
인플레이션율	119.8	50.0	54.4	178.0
프랑스[a]				
통화량 증가율	102.5	35.9	97.6	197.3
인플레이션율	107.1	27.4	26.6	146.4
이탈리아[a]				
통화량 증가율	146.1	51.5	79.3	199.2
인플레이션율	139.9	53.1	31.8	181.5
캐나다				
통화량 증가율	106.2	76.0	111.1	223.2
인플레이션율	91.1	32.7	30.2	141.0
상기 국가 평균				
통화량 증가율	97.0	68.0	92.5	200.1
인플레이션율	95.0	34.9	29.0	139.0

[a] 1999~2014년의 기간에 통화량의 증가율은 유로의 증가율을 반영함

출처 : International Monetary Fund, *International Financial Statistics* (Washington, D.C. : IMF, Various Issues).

예를 들어 $i = 6\%$이고, $i^* = 5\%$라면, EMU와 미국에 대한 투자수익률이 같아지고 커버되지 않은 이자평형 상태에 도달하기 위해서는 파운드가 연간 1% 평가상승할 것이라는 기대가 형성되어야 한다. 즉, EMU의 이자율이 미국보다 연 1% 이자율이 낮은 것은 유로의 기대 평가상승률이 연 1%라는

사례연구 3-5 🌐 명목환율, 실질환율 및 통화론적 접근방법

그림 3-4는 1973~2014년까지 미국 달러($)와 독일의 마르크(DM) 간의 명목환율 및 실질환율 지수(1973 = 100)를 보여 준다. 명목환율은 DM/$로 정의된다(1999년 초부터 마르크의 변동은 달러에 대한 유로 환율의 변화를 반영한다). 실질환율(real exchange rate)은 명목환율을 미국의 소비자물가지수에 대한 독일의 소비자물가지수의 비율로 나눈 것이다. 즉, (DM/$)/(PGerm/PUS) = (DM/$)(PUS/PGerm)이다.

(PPP 이론이 전제하는 바와 같이) 명목환율이 미국과 독일의 상대적 물가 변화를 반영한다면 실질환율은 명목환율

과 같거나 실질환율의 명목환율에 대한 비율은 일정해야 한다. 그러나 이 그림으로부터 명목환율과 실질환율은 같은 방향으로 변동하지만, 1973~1985년, 1995~2001년 및 2004~2006년 기간에는 그 차이가 점차 커지고 있음을 알 수 있다. 통화론적 접근법의 핵심적 요소(구매력평가 이론)는 1973~1985년, 1995~2001년 및 2004~2006년에는 타당하지 않은 것 같다. 그러나 1986~1994년, 2002~2003년 및 2007~2014년까지의 명목환율과 실질환율의 변화는 (크게 차이가 나기는 하지만) 거의 같은 방향으로 움직였음을 알 수 있다(그림 3-4 참조).

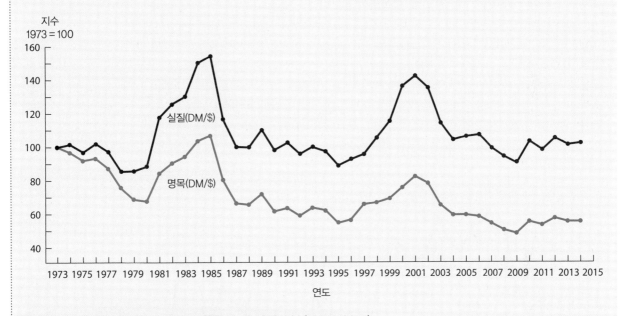

그림 3-4 달러와 마르크 사이의 명목환율 및 실질환율 지수(1973~2014)

이 그림은 1973~2014년까지 달러($)와 독일의 마르크(DM) 간의 명목환율 및 실질환율 지수(1973 = 100)를 보여 준다. 명목환율은 DM/$로 정의되며, 실질환율은 (DM/$)(PUS/PGerm)이다. 1973~1985년, 1995~2001년 및 2004~2006년에는 명목환율과 실질환율의 차이가 커지고 있기 때문에, 통화론적 접근방법의 결정적 구성요소인 PPP 이론은 이 기간에 성립한다고 할 수 없다. 그러나 이 두 가지 환율은 1986~1994년, 2002~2003년 및 2007~2014년 기간에는 같은 방향으로 변동했다.

출처 : International Monetary Fund, *International Financial Statistics* (Washington, D.C.: IMF, Various Issues).

점에 의해 상쇄되어, 커버되지 않은 이자평형 조건처럼 미국 및 EMU에 대한 수익률이 같아진다.

어떤 이유로든 만일 유로의 기대 평가상승률(달러의 평가하락률)이 연간 1%에서 2%로 상승한다면, 미국의 투자수익률 연 6%에 비해 EMU 투자수익률은 7%(이자율 5%와 유로의 기대 평가상승률 2%의 합)가 된다. 이로 인해 자금은 미국으로부터 EMU로 즉각 이동하여 유로는 실제로 연 1% 평가상승하며 유로가 장차 연 1% 평가상승할 것이라는 기대와 커버되지 않은 이자평형 역시 성립하게

된다. 앞의 결론은 미국에서 더 높았던 연간 이자율 차이가 1%로 변하지 않음을 가정하고 있다. 만일 이자율 차이가 변한다면 유로의 기대 평가상승률도 달라지겠지만, 식 (3-8)로 표현되는 커버되지 않은 이자평형 조건이 충족되도록 유로의 기대 평가상승률은 항상 이자율 차이와 같아야 한다.

만일 $i < i^*$이기 때문에 미국의 투자수익률이 EMU의 수익률보다 낮다면, 커버되지 않은 이자평형 조건이 충족되도록 유로는 그 차이만큼 평가하락(달러는 평가상승)할 것으로 기대된다. 그뿐만 아니라 유로의 기대 평가하락률(달러의 평가상승률)이 변한다면 커버되지 않은 이자평형 조건이 충족되도록 유로는 실제로 그만큼 평가하락할 것이다. 구매력평가(PPP) 이론 및 일물일가의 법칙과 마찬가지로 커버되지 않은 이자평형 조건도 통화론적 접근방법 및 환율결정에서 핵심적인 구성요소이다. 사례연구 3-6은 커버되지 않은 이자평형 조건에 대한 실증적 결과를 보여 준다.

사례연구 3-6 ⊕ 이자율 차이, 환율 및 통화론적 접근방법

그림 3-5는 1973~2014년까지 미국 달러와 독일 마르크 사이의 (그림 3-4에서와 마찬가지로 DM/$로 정의된) 명목환율 지수(%로 표시된)와 미국과 독일의 명목 이자율 차이를 보여 준다. 명목 이자율 차이는 미국 재무성 증권에 대한 수익률-독일 재무성 증권 수익률로 정의된다. 통화론적 접근방법에 의하면 (다른 조건이 일정할 때) 독일에 비해 미국에서 이자율이 상승하면 달러는 마르크에 대해 평가하락하며, 독일에 비해 미국에서 이자율이 하락하면 달러는 마르크에 대해 평가상승한다. 그림 3-5로부터 1973년부터 2014년까지 41년간의 3/4기간, 특히 그 기간의 전반기에는 사실이라는 것을 보여 준다.

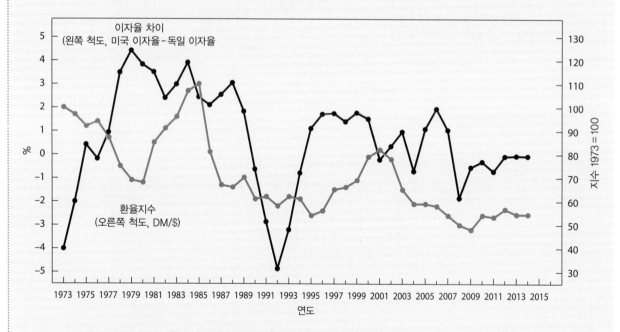

그림 3-5 명목 이자율 차이와 환율의 변동(1973~2014)

통화론적 접근방법으로 예측할 수 있는 바와 같이 1973~2014년까지 41년의 기간 중 30년간은 미국의 이자율이 독일보다 더 상승하면 달러는 독일 마르크(1999년 이후는 유로)에 대해 평가하락했다(두 곡선은 반대방향으로 움직였다).

출처 : International Monetary Fund, *International Financial Statistics* (Washington, D.C. : IMF, Various Issues).

3.4 포트폴리오 모형과 환율

이 절에서는 국제수지 및 환율결정에 대한 자산시장 또는 포트폴리오 접근방법을 소개한다. 3.4A 절에서는 단순한 자산시장 모형을 소개하고 3.4B절에서는 예상되는 환율변화 및 위험을 포함하는 확장된 자산시장 모형을 소개한다. 3.4C절에서는 이러한 모형을 이용하여 포트폴리오 조정을 검토한다.

3.4A 포트폴리오 모형

지금까지는 통화론적 접근방법을 소개하고 국내의 통화수요 및 통화량에만 관심을 기울였다. 이를 통해 국내의 통화량이 통화수요를 초과하면 고정환율제도에서는 국내통화가 유출(국제수지의 적자)되고 변동환율제도에서는 국내통화가 평가하락한다는 점을 살펴보았다. 반대로 국내의 통화수요가 통화량을 초과하면 고정환율제도에서는 자본이 유입(국제수지의 흑자)되고 변동환율제도에서는 국내통화가 평가상승한다. 통화론적 접근방법은 국내 및 해외채권이 완전 대체재임을 가정한다.

자산시장 접근방법 또는 포트폴리오 접근방법(portfolio balance approach)은 국내채권 및 해외채권이 불완전 대체재임을 가정하고, 각국의 금융자산(통화는 이의 한 가지 형태일 뿐임)에 대한 총수요와 총공급 또는 저량을 균형시키는 과정에서 환율이 결정된다고 생각하는 점에서 통화론적 접근방법과 차이가 있다. 따라서 자산시장 접근방법은 통화론적 접근방법을 보다 현실적이고 바람직한 방향으로 변형시킨 것으로 생각할 수 있다. 포트폴리오 접근방법은 1970년대 중반 개발되었으며 기본 모형을 여러 방향으로 변형한 모형이 소개되었다.

가장 단순한 포트폴리오 모형에 의하면 개인이나 기업은 그들의 금융자산을 국내통화, 국내채권 및 외화표시 해외채권으로 조합하여 보유한다. (국내 및 해외의) 채권을 보유하는 이유는 이자를 얻을 수 있기 때문이다. 그러나 이들 채권은 채무불이행과 채권의 시장 가격변동으로 인한 위험을 수반한다. 국내 및 해외채권은 완전 대체재가 아니며 해외채권은 국내채권과 비교하여 추가적인 위험을 수반한다. 그러나 국내통화를 보유하면 위험은 없지만 이자 수익을 얻을 수 없다.

따라서 국내통화를 보유하는 데 드는 기회비용은 채권을 보유함으로써 얻을 수 있는 이자이며, 채권에 대한 이자가 높을수록 개인이나 기업이 보유하려는 통화량은 감소할 것이다. 어느 특정시점에서 개인들은 각자의 선호도와 위험회피 성향의 정도에 따라 각자의 금융자산을 통화와 채권으로 보유하려고 할 것이다. 개인이나 기업은 금융자산의 일부를 (채권으로 보유하지 않고) 지불 목적으로 (통화에 대한 거래적 수요) 통화의 형태로 보유한다. 그러나 채권에 대한 이자가 높을수록 그들이 보유하려고 하는 통화의 양은 감소할 것이다(즉, 그들은 통화의 사용을 경제화한다).

그러나 이러한 선택은 국내통화와 채권 일반에 대해 국한된 것이 아니고 국내통화, 국내채권 및 해외채권에 대한 선택의 문제가 된다. 외화표시 해외채권은 외국통화가 평가하락하면 채권보유자의 국내통화로 표시했을 때 자본손실이 발생할 수 있는 위험이 따른다. 그러나 한 국가에서 수익률을 하락시키는 교란이 다른 국가에서 동시에 발생할 가능성은 별로 없으므로, 해외채권을 보유하면 위험을 분산시킬 수 있다. 따라서 금융 포트폴리오에는 국내통화(거래의 목적으로), 국내채권(이자를 지급하므로) 및 해외채권(이자 및 위험의 분산)이 포함될 것이다. 포트폴리오 보유자의 기호나 선호, 금융자산, 국내 및 해외의 이자율, 외국통화의 미래 가치에 대한 예상, 국내 및 해외의 인플레이션율 등이 주어졌을 때 포트폴리오 보유자는 그의 만족을 극대화할 수 있는(즉, 그의 기호에 가장 적합한) 포트폴리오를 보유할 것이다.

기저의 요인들(즉, 포트폴리오 보유자의 기호나 선호, 금융자산, 국내 및 해외의 이자율, 기대 등) 중 어느 한 가지라도 변화하면 포트폴리오 보유자는 그의 포트폴리오를 재편성하여 바람직한 포트폴리오(균형 포트폴리오)가 새롭게 구성된다. 예를 들어 국내 이자율이 상승하면 국내채권에 대한 수요가 증가하고 해외채권 및 국내통화 수요는 감소한다. 투자자들이 해외채권을 매도하고 국내채권을 보유하기 위하여 외환을 국내통화로 환전함에 따라 환율은 하락한다(즉, 국내통화는 외국통화에 비해 평가상승한다). 반대로 외국에서 이자율이 상승하면 해외채권에 대한 수요가 증가하지만 국내채권 및 국내통화에 대한 수요는 감소한다. 투자자들이 해외채권을 매입하기 위하여 외국통화를 매입함에 따라 환율은 상승한다(즉, 국내통화는 평가하락한다). 마지막으로 자산이 증가하면 국내통화, 국내채권 및 해외채권에 대한 수요가 증가한다. 그러나 투자자들이 해외채권을 매입하기 위해 외국통화를 매입함에 따라 환율은 상승한다(즉, 국내통화는 평가하락한다).

자산시장 접근방법에 의하면 각각의 금융자산에 대한 수요와 공급이 일치할 때 각 금융시장에서 균형이 이루어진다. 자산시장 접근방법을 포트폴리오 접근방법이라고 하는 이유는 투자자들이 금융자산을 (그들 개인의 관점에서) 분산되고 안정된 포트폴리오의 형태로 보유하기 때문이다. 국내 이자율보다 해외 이자율이 더 상승하거나 투자자들의 금융자산이 증가하거나 투자자들의 해외채권 수요가 증가하면, 외국통화에 수요가 증가하여 환율은 상승한다(즉, 국내통화는 평가하락한다). 반대로 국내 이자율이 해외 이자율보다 높거나 아니면 투자자들의 자산이 감소하여 투자자들이 해외채권을 매도하면 외환공급이 증가하여 환율은 하락한다(즉, 국내통화는 평가상승한다). 따라서 각 금융시장이 균형을 이루어 가는 과정에서 환율이 결정됨을 알 수 있다. 보다 정형화된 자산시장 또는 포트폴리오 접근방법과 환율결정이론은 부록의 A3.2절에서 소개한다.

3.4B 확장된 포트폴리오 모형

이 절에서는 통화수요(M), 국내채권 수요(D) 및 해외채권 수요(F)를 결정하는 변수들을 보다 포괄적으로 고려하여 앞에서 소개된 단순한 포트폴리오 모형을 확장한다. 앞에서 소개된 단순한 포트폴리오 모형으로부터 M, D 및 F는 국내 및 해외의 이자율(i와 i^*)에 의존한다는 점을 살펴보았다. M, D 및 F에 영향을 미치는 추가적인 변수로는 현물환율의 기대 변화(expected change in the spot rate)(외국통화의 기대 평가상승률 또는 EA), 국내의 거주자가 해외채권을 보유할 때 수반되는 추가적인 위험을 보상하기 위한 위험 프리미엄(RP), 실질소득 수준 또는 생산량(Y), 국내의 물가수준(P) 및 거주자의 부(W) 등이 있는데 이제 이들 변수들을 모두 고려해 보자.

3.3C절에서 통화론적 접근방법을 살펴볼 때 논의한 커버되지 않은 이자평형 조건 (식 3-8)로부터

$$i - i^* = EA \qquad (3\text{-}8)$$

임을 이미 알고 있다. 즉, 외국(영국)보다 국내(미국)의 이자율이 더 높으면 이러한 이자율 차이는 외국통화(€)의 국내통화($)에 대한 기대 평가상승률과 같다. 자산시장 모형에서는 이제 EA도 M, D 및 F에 대한 수요함수에서 추가적인 설명변수로 포함된다.

또한 국내채권 및 해외채권은 이제 불완전한 대체재로 가정하였으므로 해외채권을 보유할 때는 국내채권을 보유하는 경우보다 추가적인 위험이 수반된다. 이러한 추가적인 위험은 예상하지 못한 환율의 변화(환위험) 및/또는 외국정부가 국내 송금을 규제할 수도 있기 때문에 발생하는 위험(국가위험) 때문에 발생한다. 이제 국내 거주자가 해외채권을 보유할 때 발생하는 추가적인 위험을 보상하기 위한 위험 프리미엄(risk premium, RP)을 포함하도록 식 (3-8)의 커버되지 않은 이자평형 조건을 확장해야 한다.

따라서 커버되지 않은 이자평형 조건은 다음과 같다.

$$i - i^* = EA - RP$$

따라서

$$i = i^* + EA - RP \qquad (3\text{-}9)$$

가 된다. 식 (3-9)는 국내 이자율(i)이 해외 이자율(i^*) + 외국통화의 기대 평가상승률(EA) − 해외채권 보유의 위험 프리미엄(RP)과 같아야 함을 의미한다.

예를 들면 $i = 4\%$, $i^* = 5\%$이고 $EA = 1\%$이면 커버되지 않은 이자평형 상태에 있기 위해서는 해외채권에 대한 RP는 2%(즉, 4% = 5%+1%−2%)가 되어야 한다. 만일 RP가 1%라면 국내 거주자는 다음 절에서 설명하겠지만 해외채권을 보다 많이 보유하는 것이 이익이 된다. 물론 국내채권이 해외채권보다 더 위험하다면 식 (3-9)에서 RP의 부호는 +가 된다.

통화론적 접근방법과 마찬가지로 확장된 자산모형 또는 포트폴리오 모형에도 한 국가의 실질소득 또는 생산량(GDP), 물가수준(P), 국가의 부(W)가 포함된다. M, D 및 F에 대한 확장된 수요함수는 식 (3-10)부터 식 (3-12)까지로 표현되며, 각 변수 위의 부호는 각 식의 우변에 포함된 독립변수 또는 설명변수와 좌변의 종속변수 사이의 양(+) 또는 음(−)의 관계를 나타낸다.

$$M = f(\overset{-}{i}, \overset{-}{i^*}, \overset{-}{EA}, \overset{+}{RP}, \overset{+}{Y}, \overset{+}{P}, \overset{+}{W}) \qquad (3\text{-}10)$$

$$D = f(\overset{+}{i}, \overset{-}{i^*}, \overset{-}{EA}, \overset{+}{RP}, \overset{+}{Y}, \overset{+}{P}, \overset{+}{W}) \qquad (3\text{-}11)$$

$$F = f(\overset{-}{i}, \overset{+}{i^*}, \overset{+}{EA}, \overset{-}{RP}, \overset{+}{Y}, \overset{-}{P}, \overset{+}{W}) \qquad (3\text{-}12)$$

식 (3-10)은 국내 거주자의 (국내)통화수요(M)는 국내 이자율(i), 해외 이자율(i^*) 및 외환의 기대 평가상승률(EA)과 음의 관계에 있음을 의미한다. 즉, i, i^* 및 EA가 높을수록 M은 작아진다. 국내 이자율이 상승하면 국내통화를 보유하는 데 드는 기회비용이 높아지기 때문에 국내통화에 대한 수요가 감소한다. 마찬가지로 외환의 기대 평가상승률이 커지면 (해외채권에 대한 기대 수익률이 높아지므로) 국내통화 보유의 기회비용이 커지기 때문에 M은 EA와 음의 관계에 있다. 반대로 M은 국내 거주자가 해외채권을 보유하도록 하는 데 필요한 위험 프리미엄(RP) 및 국내의 실질소득(Y), 물가(P) 및 부(wealth)와는 정의 관계에 있다. 즉, 해외채권에 대한 위험 프리미엄, 실질소득, 물가 및 부가 커질수록 국내통화에 대한 수요는 증가한다.

식 (3-11)은 국내채권(D)에 대한 수요는 i, RP 및 W와 정(+)의 관계에 있음을 의미한다. 즉, 국내채권에 대한 이자율이 높을수록 국내채권에 대한 수요는 증가한다. 마찬가지로 해외채권에 대한 위험 프리미엄이 높을수록 국내의 거주자는 해외채권 대신에 국내채권을 더 많이 보유하려고 한다. 그뿐만 아니라 국내 거주자의 부가 커지면 해외채권, 국내채권 및 국내통화에 대한 수요는 증가한다. 반대로 D는 i^*, EA, Y 및 P와는 음(−)의 관계에 있다. 즉, i^*가 높아지면 국내 거주자는 국내채권 대신 해외채권을 더 많이 보유하려고 하며, 마찬가지로 Y 및 P가 더 커지면 국내 거주자들은 D와 F 대신에 국내통화를 더 많이 보유하려고 한다. 마지막으로 국내 거주자의 부가 증가할수록 M, D 및 F에 대한 수요는 증가한다.

식 (3-12)는 F가 i, RP, Y 및 P와는 음(−)의 관계에 있고 i^*, EA 및 W와는 정(+)의 관계에 있음을 의미한다. 즉, i가 높아지고, 해외채권에 대한 위험 프리미엄이 커질수록 국내 거주자들은 해외채권을 적게 보유하려고 한다. Y나 P가 커지면 국내 거주자들은 국내통화를 더 많이 보유하고 (국내채권과) 해외채권을 더 적게 보유하려고 한다. 반대로 해외채권에 대한 이자율(i^*)이 상승하거나, 외환의 기대 평가상승률(EA)이 상승하거나 국내 거주자의 부가 증가하면 국내 거주자들은 해외채권을 더 많이 보유하려고 한다.

국내통화(M), 국내채권(D) 및 해외채권(F)에 대한 각각의 수요를 외생적인(즉, 모형 밖에서 결정되는) 것으로 가정한 각각의 공급과 같게 하면 국내통화, 국내채권 및 해외채권의 균형 거래량과 국내와 해외의 균형이자율 및 균형환율을 구할 수 있다. 이러한 값들은 동시에 결정된다. 그뿐만 아니라 (국내통화, 국내채권 및 해외채권)의 세 가지 자산은 서로 대체재이기 때문에 모형 내의 어느 한 가지 변수가 변화하면 기타의 다른 변수들도 영향을 받는다. 예를 들어, 국내통화나 국내채권으로부터 해외채권으로 수요가 변화하면 통화를 환전해야 하므로 환율이 변화한다.

3.4C 포트폴리오 조정과 환율

이 절에서는 포트폴리오 조정을 통해 확장된 자산시장 모형이 어떻게 작동하는지를 살펴보자. 국내통화 당국이 공개시장 조작을 통해 정부증권(채권)을 매각한다고 하자. 그러면 (채권 대금을 국내통화로 지불하므로) 국내통화량이 감소하고, 채권 가격은 하락하며 국내 이자율(i)은 상승한다. i의 상승으로 인해 M과 F에 대한 수요는 감소하고 D에 대한 수요는 증가한다(식 3-10에서 3-12까지의 부호 참조). 즉, 국내의 거주자들은 국내통화 및 해외채권에 대한 수요를 줄이고 국내채권을 더 많이 보유한다. 외국의 거주자들 (위의 모형에서 외국 거주자들의 수요함수는 표시하지 않았음) 역시 자국통화나 자국의 채권수요를 줄이는 대신 국내채권을 더 많이 매입할 것이다. 해외채권에 대한 수요의 감소로 인해 해외채권 가격은 하락하고 해외 이자율(i^*)은 상승하며, 국내로 자금이 유입됨에 따라 국내 이자율의 상승(i)은 둔화된다. 게다가 국내 및 해외 거주자들이 해외채권을 매도하고 국내채권을 매입하는 과정에서 국내통화를 매입하고 외국통화를 매도하기 때문에 변동환율제도에서 국내통화는 평가상승하고 외국통화는 평가하락한다(고정환율제도에서는 우리나라의 국제수지는 흑자가 된다).

i와 i^*의 상승 및 국내통화의 평가상승(외국통화의 평가하락)으로 인하여 외국통화의 기대 평가상승률이 더 커질 수도 있으며, 해외채권의 보유량이 감소하여 해외채권에 대한 위험 프리미엄이 감소할 수도 있다. 그러나 모든 시장에서 동시에 균형이 다시 성립하게 되면, 결국에는 커버되지 않은 이자평형 조건(식 3-9)이 성립한다. 국내 및 해외의 실질 GDP 수준, 물가 및 부(즉, Y, P, W와 Y^*, P^*, W^*)도 i, i^*, EA 및 RD의 변화에 의해 영향을 받으며 이에 따라 모형 내의 모든 변수에 또다시 영향을 미친다. 국내 이자율의 상승이 다른 변수에 미치는 효과를 추적하는 것은 대단히 복잡하고 어려운 일이다. 현실세계에서는 국내 및 외국 경제모형을 컴퓨터 시뮬레이션하여 모형 내에 포함된 각 변수의 최종 균형값을 구한다. 이러한 모형을 통해 모형 내 모든 변수의 관계를 알 수 있고 균형환율이 결정되는 데 있어 경제 전반을 포괄적으로 볼 수 있도록 하기 때문에 이 모형이 중요하다.

외생적 변화의 다른 예로 외국통화가 과거에 예상했던 것 이상으로 장차 평가상승(EA)한다고 하자. 이 경우 일차적인 효과는 M과 D가 감소하고 F가 증가하는 것이다(식 3-10에서 3-12까지 EA에 대한 부호 참조). M과 D가 감소하면 국내 이자율(i)은 하락하지만 국내 거주자들이 해외채권을 매입하기 위해 국내자금이 유출됨에 따라 i의 하락은 완화되고 (해외 이자율) i^*는 하락한다. 국내 거주자에 의한 F의 증가로 인해 외환 수요가 증가하여 외환은 평가상승(국내통화는 평가하락)하는데, 그 결과 외환의 기대 평가상승률(EA)이 커진 것이 어느 정도 완화된다. 모든 시장이 동시에 균형을 찾아가는 과정에서 이러한 변화는 국내 및 해외 거주자에 대한 모든 변수에 영향을 미친다. EA가 상승하는 대신에 위험 프리미엄(RP)이 더 커지면 그 효과는 지금 논의한 것과는 정반대가 될 것이다(식 3-10부터 3-12까지 RP 변수에 대한 부호 참조).

마지막으로 국내에서 실질소득 또는 GDP(Y)가 증가한 효과를 살펴보자. 식 (3-10)부터 식 (3-12)까지의 식으로부터 실질소득 증가의 직접적 효과는 M이 증가하고 D와 F가 감소함을 알 수 있다. F의 감소 결과 변동환율제도에서는 국내통화가 평가상승(외국통화의 평가하락)하고 고정환율제도에서는 국제수지가 흑자가 된다. 이러한 변화는 모든 시장에서 균형이 동시에 달성될 때까지 모형 내 모든 변수들은 또다시 영향을 받을 것이다. 일단 균형에 다시 도달하게 되면 환율은 더 이상 변화하지 않고 국제수지 불균형은 해소될 것이다. 즉, 자산시장 또는 포트폴리오 접근방법에 의하면 모형 내의 어떤 변수가 외생적으로 변화하면 일시적으로 환율이 변화하고 국제수지 불균형이 나타난다. 장기간에 걸친 환율의 변화나 국제수지 불균형은 불균형에 대한 조정속도가 느리거나 외생적 변화가 연속적으로 발생하는 것을 의미한다.

3.5 환율동학

이 절에서는 환율동학, 즉 외생적인 변화 후 시간이 지남에 따라 환율이 새로운 균형환율로 접근해 가는 과정에서의 환율변화를 살펴본다. 3.5A절에서는 직관적으로 환율동학을 소개하고 3.5B절에서는 그림을 이용하여 보다 정형화된 방법으로 소개한다.

3.5A 환율의 오버슈팅

이자율, 기대, 부 등이 변화하면 균형이 교란되며 이에 따라 투자자들은 금융자산을 재조정하여 새로운 균형에 도달한다는 점을 앞에서 살펴보았다. 이러한 조정은 포트폴리오를 구성하는 다양한 금융자산의 **저량**(stock)변화를 수반한다. 투자자들의 포트폴리오를 구성하는 금융자산의 **총저량**(stock)은 장기간에 걸쳐 축적되었기 때문에 저축이나 투자를 통한 연간 **유량**(flow)(저량의 증가)에 비해 규모가 매우 크다. 또한 한 시점에서 투자자들의 포트폴리오를 구성하는 금융자산의 총저량의 규모가 클 뿐만 아니라 다양한 금융자산 보유에 따른 이익과 비용에 영향을 미치는 이자율, 기대 및 기타 요인들이 변화하면 투자자들이 신속하게 균형 포트폴리오를 조정하기 때문에 금융자산의 저량 역시 즉각적으로 변화한다.

예를 들어 예상치 못한 통화량의 증가로 인해 한 국가의 이자율은 즉각 하락한다. 모든 시장이 원래 균형상태에 있었다면, 앞에서 설명한 바와 같이 국내 이자율이 하락했을 때 투자자들은 국내채권 대신 국내통화나 해외채권을 보유하려고 할 것이다. 이러한 저량 조정은 그 규모가 크며 즉각적으로 또는 단시간 내에 발생한다. 이는 예컨대 한 국가의 통화가 평가하락한 결과 발생하는 상품 무역의 유량변화와는 대조적인데, 이러한 유량변화는 장기간에 걸쳐 점진적으로 발생한다(과거의 계약은 이행되어야 하고 새로 주문을 하는 데는 수개월이 걸림). 따라서 금융자산의 저량 조정은 보통 무역의 유량 조정보다 규모가 크고 신속하게 발생한다.

무역의 유량 조정에 비해 금융자산의 저량 조정이 규모가 크고 신속하다는 점은 환율의 결정과 변화(환율동학)에 대단히 중요한 의미를 가지고 있다. 예를 들면 예상치 못한 통화량의 증가와 이로 인한 이자율 하락의 결과, 투자자들은 해외채권의 저량을 증가시키려 하기 때문에 해외채권의 수요가 대규모로 신속하게 증가할 것이다. 이로 인해 국내통화는 즉각 대폭으로 평가하락하며, 무역량의 변화와 같은 실물시장의 점진적 소규모 변화를 압도할 수 있다(물론 해외에서 통화량이 증가하고 이자율이 하락한다면 반대의 결과가 나타남). 장기적으로는 실물시장의 변화가 환율에 영향을 미칠 것은 확실하지만 단기나 초단기(하루, 일주일, 1개월)에는 환율의 변화가 금융자산의 저량 조정이나 기대 효과를 대부분 반영할 것이다. 만일 실물부문이 금융부문과 같이 즉각적으로 반응한다면 환율의 오버슈팅 현상(exchange rate overshooting)은 나타나지 않을 것이다.

앞에서 분석한 내용을 토대로 환율이 장기균형으로 조정되는 과정에서 환율이 단기적으로 장기 균형환율을 오버슈팅하는 현상을 설명할 수 있다. 무역의 유량 조정은 시간이 지남에 따라 점진적으로 발생하기 때문에 단기나 초단기에는 환율조정의 부담을 대부분 금융시장이 떠안게 된다. 따라서 금융시장이 신속하게 다시 균형을 찾기 위해서는 환율이 오버슈팅될 수밖에 없다. 시간이 경과하면서 실물(예 : 무역)부문에서 발생하는 조정 효과가 누적됨에 따라 환율은 반대방향으로 변화하며 오버슈팅이 제거된다. 이러한 과정에 대한 정확한 설명은 다음 절에 소개된다.

3.5B 새로운 균형환율로 가는 시간 경로

단기환율이 장기 균형환율을 오버슈팅하는 정확한 경로를 설명하는 모형은 1976년 루디 돈부시(Rudi Dornbusch)가 소개하였는데 그림 3-6을 통해 시각적으로 살펴볼 수 있다. 도표 (a)는 t_0의 시점에서 연방준비은행이 미국의 통화량을 1,000억 달러에서 1,100억 달러로 100억 달러를 예기치 않게 증가시켰으며 그 후 같은 수준으로 통화량을 유지하고 있음을 보여 준다. 도표 (b)는 예상하지 못한 미국의 통화량 증가로 인해 t_0의 시점에서 미국의 이자율이 10%에서 9%로 즉각 하락했음을 보여 준다. 도표 (c)는 미국의 통화량이 10% 증가한 것이 미국의 물가수준에는 즉각적인 영향을 미치지 못하고 있음을 보여 준다. 미국의 물가는 '경직적'이어서 시간이 지나면서 점차 상승하여 장기적으로는 처음보다 10% 상승(물가지수 100에서 110으로)한다고 가정한다.

마지막으로 도표 (d)는 투자자들이 국내통화와 국내채권 대신 해외채권을 보유하려고 함에 따라 (해외채권을 더 매입하기 위하여) 외환에 대한 수요가 증가하고 그 결과 환율(R)은 상승(미국통화의 평가하락)한다는 점을 보여 준다. 달러는 즉각적으로 10% 이상 평가하락하는데, 장기적으로는 (미국 내 통화량이 10% 증가하였으므로) 달러가 10% 평가하락할 것으로 예상할 수 있다. 도표 (d)는 R이 즉각적으로 t_0의 시점에서 \$1/€1에서 \$1.16/€1로 16% 상승(달러의 평가하락)함을 보여 준다. PPP 이론에 의하면 장기적으로 달러는 (통화량이 증가한 비율과 같은 비율인) 10%만 상승해야 하는데, 달러가 즉각적으로 10% 이상 상승하는 원인이 무엇일까 하는 의문점이 남는다.

이 의문에 대답하기 위해서는 식 (3-8)로 표현되는 커버되지 않은 이자평형 조건을 다시 살펴보아야 한다. 이 조건은 국내 이자율(i)은 해외 이자율(i^*)에 외환의 기대 평가상승률(EA)을 합한 것과 같다는 것이다. (통화론적 접근방법에서와 같이) 국내채권과 해외채권은 완전한 대체재이므로 위험 프리미엄은 없다. 편의상 $EA = 0$이라고 가정하면 커버되지 않은 이자평형 조건에 의해 미국의 통화량이 증가하기 이전에는 $i = i^*$가 된다. 그러나 예기치 않게 미국의 통화량이 증가하여 이자율이 하락한다. 따라서 이제 미국의 이자율(i)은 해외 이자율(i^*)보다 낮은데, 커버되지 않은 이자평형 조건이 성립하기 위해서는 이 차이가 외환(€)의 기대 **평가하락률**이나 달러의 기대 평가상승률로 상쇄되어야 한다.

달러가 장차 **평가상승**하면서도 장기적으로는 (미국의 통화량 및 물가상승률과 일치하도록) 10% 평가하락할 수 있는 유일한 방법은 달러가 즉각적으로 10% 이상 평가하락하는 방법뿐이다. 도표 (d)는 달러가 t_0의 시점에서 즉각 16% 평가하락(R은 상승)하고 그 후 시간이 지남에 따라 점진적으로 6% 평가상승(R이 하락)하여, 장기적으로는 결국 10% 평가하락함을 보여 주고 있다. 다른 말로 하면, 초기의 과도한 평가하락 이후 달러는 평가상승하여 달러의 저평가가 해소된다. 또한 시간이 지남에 따라 미국 물가는 10% 상승하고 명목이자율 역시 점차 상승하여 장기적으로는 원래의 수준인

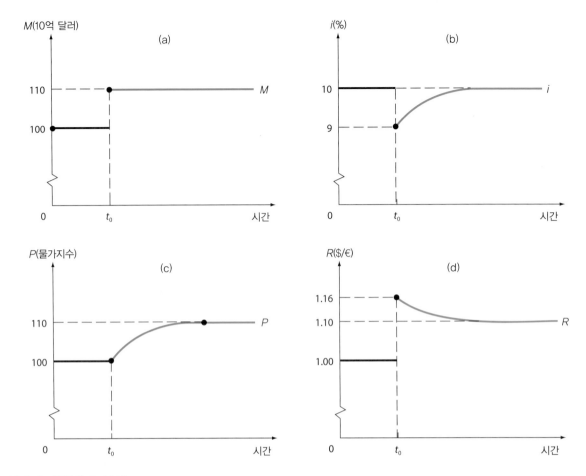

그림 3-6 환율의 오버슈팅

도표 (a)는 t_0의 시점에서 미국의 통화량이 1,000억 달러에서 1,100억 달러로 10% 예기치 않게 증가했음을 보여 주고, 도표 (b)는 미국의 통화량이 증가한 결과 미국의 이자율이 10%에서 9%로 즉각 하락했음을 보여 준다. 도표 (c)는 미국의 물가지수가 100에서 장기적으로는 110으로 10% 점차 상승함을 보여 준다. 도표 (d)는 달러 환율(R)이 즉각적으로 $1/€1에서 $1.16/€1로 16% 상승(달러의 평기히락)하여 장기 환율 $1.10/€1를 오버슈팅하며 장기에 걸쳐 점차 평가상승함으로써(R의 하락) 장기환율로 접근함을 보여 준다. 미국 물가가 상승함에 따라 미국 이자율은 장기적으로는 원래의 10%로 점차 복귀한다.

10%로 복귀함을 도표 (b)로부터 알 수 있다.

미국에서 물가가 상승함과 동시에 달러가 (t_0의 시점에서 갑자기 16% 평가하락한 이후) 시간이 지남에 따라 6% 평가상승하는 것은 모순되는 것으로 보일 수도 있다. 그러나 도표 (d)에서 알 수 있는 바와 같이, t_0의 시점에서 과도한 평가하락을 해소하기 위해 달러가 평가상승할 뿐이다. 무역까지 고려해서 이 현상을 다른 각도에서 보면 달러의 급격한 평가하락으로 인해 미국의 수출은 점차 증가하고 수입은 점차 감소하여 (다른 조건이 같다면) 시간이 지나면서 달러는 **평가상승**한다고 생각할 수 있다. 미국의 통화량이 예기치 않게 10% 증가하면 PPP 이론으로부터 달러는 장기적으로 10% 평가하락할 것임을 알고 있기 때문에 달러가 장차 평가상승할 수 있는 유일한 길은 달러가 현재 즉각 10% 이상 평가하락하는 방법뿐이다.

물론 환율이 장기균형수준에 도달하기 전에 다른 교란요인이 발생한다면 환율은 끊임없이 변동

사례연구 3-7 🌐 미국 달러 환율의 오버슈팅

그림 3-7은 1961년부터 2015년 1월까지 미국 달러의 독일 마르크 및 일본 엔 환율의 급변성과 오버슈팅을 보여 주고 있다. 이 그림은 1달러당 외환단위로 표시한 환율을 전월 대비 변화율로 보여 준다(1999년 초 이후 달러/독일 마르크의 환율은 달러에 대한 유로의 환율변화를 반영). 1961년부터 1971년의 고정환율 동안 달러 환율의 소폭 변동을 1973년 이후 변동환율 또는 관리변동환율 기간의 급격한 변동 및 오버슈팅과 비교해 보자.

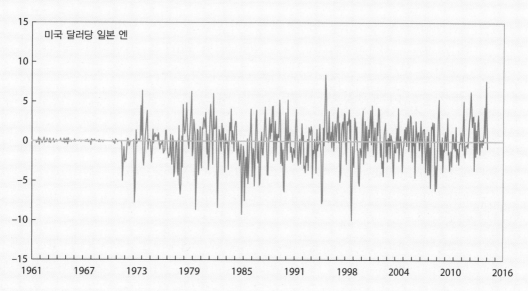

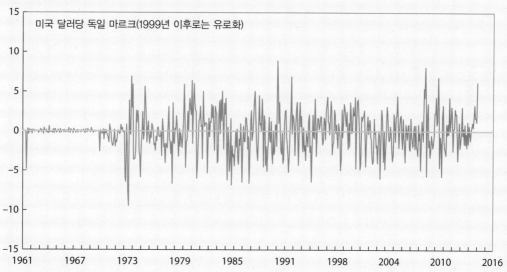

그림 3-7　달러 환율의 오버슈팅

1973년 이후 독일 마르크 및 일본 엔에 대한 달러 환율의 급격한 변동은 현재의 관리변동환율제도에서 달러의 오버슈팅을 시사한다. 1999년 이후 DM/$의 변동은 유로의 달러에 대한 변동을 반영한다.

출처 : International Monetary Fund, *International Financial Statistics* (Washington, D.C. : IMF, Various Issues).

하며 장기균형수준으로 접근하겠지만 도달할 수는 없다. 이러한 사실은 최근 현실세계에서의 환율 경험과 잘 부합하는 것으로 보인다. 1971년 이후, 특히 1973년 이후 환율은 큰 폭의 급변성과 오버슈팅을 보이고 그 후에 조정되지만 항상 변동하는 특징을 보여 주고 있다(사례연구 3-7 참조).

3.6 통화론적 모형 및 포트폴리오 모형에 대한 실증분석 및 환율예측

프렌켈(Frenkel, 1976)은 1976년의 영향력 있는 논문에서 1920년대 독일의 초인플레이션(hyperinflation) 시기에 통화론적 모형을 뒷받침하는 강력한 증거를 제시했으며, 빌슨(Bilson, 1978)과 돈부시(Dornbusch, 1979)도 1970년대 인플레이션 시기에 대하여 같은 증거를 제시했다. 그러나 1970년대 후반 이후 통화론적 모형은 실증분석에 의해 기각된다. 예를 들면 프랑켈(Frankel, 1993)은 독일에서 통화량이 증가한 결과 통화론적 모형으로 예측할 수 있는 바와 같이 마르크가 평가하락하는 대신 평가상승했음을 발견했다. 그러나 맥도널드와 테일러(MacDonald & Taylor, 1993), 맥도널드(MacDonald, 1999), 라파흐와 오하르(Rapach & Wohar, 2002)는 보다 정교한 추정기법을 이용하여 장기의 경우에 (환율은 균형수준으로 수렴한다는) 통화론적 모형을 뒷받침하는 증거를 발견했다.

불충분한 자료 때문에 자산시장 또는 포트폴리오 모형에 대한 경험적 연구는 훨씬 적게 이루어졌으며 이루어진 연구 역시 이 모형을 뒷받침하는 경험적 증거를 그다지 제시하지 못하고 있다. 브랜슨, 핼튜넨 및 메이슨(Branson, Halttunen & Masson, 1977)과 프랑켈(Frankel, 1984)은 두 가지 경험적 연구를 하였는데, 프랑켈은 1973~1979년의 기간 동안에 달러의 독일 마르크, 일본 엔, 프랑스 프랑 및 영국 파운드에 대한 환율 방정식을 추정한 결과 모형에 포함된 설명변수에 대한 효과(부호)는 이들 이론에서 예측한 것과는 반대로 나타났음을 발견했다.

통화론적 모형과 포트폴리오 모형을 실증적으로 검증하는 다른 방법은 이들 모형의 미래 환율 예측능력을 살펴보는 것이다. 미즈와 로고프(Meese & Rogoff, 1983a)는 한 획기적인 연구에서 어떤 환율모형도 선물환율이나 랜덤워크(random walk) 모형의 예측능력을 능가하지 못한다는 점을 발견했다. 랜덤워크 모형이란 다음 분기의 환율에 대한 최상의 예측량은 현재 분기의 환율이라는 것이다. 실제로 마르크/달러, 엔/달러 환율에 대한 6개의 검증 중 4개는 랜덤워크 모형이, 2개는 선물환율이 최상의 예측량이었으며 포트폴리오 모형이 최상의 예측량이 된 경우는 한 번도 없었다. 그러나 이들이 행한 그 후의 연구(1983b)에서는 12개월 이상의 기간에 대해서는 포트폴리오 모형이 단순한 랜덤워크 모형을 능가하는 것으로 나타났다.

최근에 발표된 논문에서 마크(Mark, 1995)는 미즈와 로고프(Meese & Rogoff, 1983)의 모형을 환율의 오버슈팅을 포함하는 모형으로 수정하여 1981~1991년의 기간 동안 1분기, 1년 및 3년의 기간에 대하여 미국 달러의 캐나다 달러, 마르크, 엔, 스위스 프랑에 대한 환율에 대한 통화론적 모형을 검증하였다. 마크는 1분기에 대한 4개의 환율에서는 수정모형이 단순한 랜덤워크 모형과 같은 크기의 예측오차를 보이고 있음을 발견했다. 1년의 기간에 대해서는 수정모형이 달러/엔, 달러/스위스 프랑 환율에서 랜덤워크 모형을 능가했지만 다른 환율에 대해서는 그렇지 못했고, 3년의 기간에 대해서는 (미국 달러/캐나다 달러를 제외한) 3개의 환율에서 수정모형이 랜덤워크 모형을 능가했다. 마크의 결과는 그 이전의 연구보다는 이 장에서 검토한 환율 모형을 뒷받침하는 것으로 나타났지만 라파흐와 오하르(Rapach & Wohar, 2002), 프랑켈과 로즈(Frankel & Rose, 1995), 루이스(Lewis, 1995), 로고프(Rogoff, 1999), 닐리와 사르노(Neely & Sarno, 2002), 엥글과 웨스트(Engle & West, 2004)의 연구는 여전히 이 점에 대해 여전히 회의적이다. 에반스(Evans)와 라이온스(Lyons)는 2005년에 하루부터 한 달 기간에 대해서 랜덤워크 모형이나 기타 모형보다 우월한 비공공정보를 이용하는 미시적 기초 모형을 소개하였다.

환율모형이 환율을 잘 예측하지 못하는 데는 근본적으로 두 가지 이유가 있다. 첫째는 환율이 예측할 수 없는 새로운 정보나 '뉴스'의 영향을 강하게 받는다는 점이다(Dornbusch, 1980). 둘째는 외환시장 참가자의 기대가 적어도 일시적으로는 자기실현적(self-fulfilling)이거나 자기보강적(self-enforcing)인 경우가 종종 있기 때문에 소위 말하는 투기적 거품(speculative bubble)이 나타난다는 점이다. 즉, 환율이 어떤 방향으로 움직이면 경제의 기본여건과는 상관없이 환율이 그 방향으로 계속 움직일 것이라고 예상하는 경우가 때때로 있다는 것이다. 그러나 궁극적으로 이러한 거품은 붕괴되고 환율의 변화방향이 반전되면서 반대방향으로 지나치게 변동하며 장기 균형환율을 오버슈팅한다. 환율 거품의 예로는 1980년대 전반기에 달러의 급격한 과대평가를 들 수 있다. 예측할 수 없는 뉴스와 밴드왜건 효과(bandwagon effect) 때문에 단기(1년 이하) 환율을 예측하는 것은 거의 불가능하다. 1999년 유로가 탄생한 후 1년간 유로/달러 사이의 환율의 경우에 그러했다(사례연구 3-8 참조). 좀 더 최근에 엥글, 마크와 웨스트(Engle, Mack, & West, 2007), 왕과 유(Wang & Wu, 2009), 델라 코르테, 사르노와 치아카스(Della Corte, Sarno, & Tsiakas, 2008), 림, 사르노와 소일리(Rime, Sarno, & Sojli, 2010), 에반스(Evans, 2011) 및 엥글(Engle, 2013)은 테일러의 규칙과 그것이 기대에 미치는 효과를 강조함으로써 환율의 급변성을 설명하고 예측구간을 줄일 수 있다는 것을 보여 주었으나 대부분의 환율예측은 아직도 빗나가는 것 같다.

따라서 환율을 모형화하는 이론적 작업이 놀랄 만하게 진행되는 데 반해 장기의 경우를 제외하고는 실증 연구의 결과들은 이러한 이론을 뒷받침하는 증거를 별로 제시하지 못하고 있다고 결론지을 수 있다. 그러나 이들 이론이 잘못되었거나 필요 없다는 뜻은 아니고, 단지 이들 이론이 환율 결정에 대해 충분히 설명을 못하고 있다는 뜻이다. 직관적으로 볼 때 환율이 장기에서는 구매력평가 수준으로 수렴할 것이며, 커버되지 않은 이자평형 조건을 확장하여 환율변동에 대한 기대나 위험 프리미엄을 포함하면 이 조건 역시 성립할 것으로 생각된다. 그러나 기대를 보다 훌륭하게 모형화하고 통화이론과 실질환율 이론을 종합할 필요는 있다. 이러한 문제는 제4장과 제5장에서 다루기로 한다.

사례연구 3-8 🌐 유로환율은 예측을 불허한다

유로(2015년 유럽연합 28개 회원국 중 19개국의 새로운 통화, 사례연구 2-2 참조)는 1999년 1월 1일 1.17달러의 가치로 도입되었지만, 거의 모든 예측(연말까지 1.25달러에서 1.3달러로 평가상승할 것임)과는 반대로 지속적으로 하락하여 2000년 10월 말 0.82달러까지 하락하였다(그림 3-8 참조). 그 후 유로는 2001년 초 0.95달러까지 평가상승하였으나 유럽통화연합 또는 EMU에서의 높은 이자율, 미국에서의 불황 및 2001년 9월 뉴욕 세계무역센터에서의 테러공격에도 불구하고 2001년 7월 0.85달러 이하로 다시 하락하였다. 다시 한 번 모든 전문가의 예측이 빗나갔다. 그러나 2002년 2월부터 유로는 거의 연속적으로 평가상승하여 2002년 중순에는 달러와 등가에 도달하였고 2004년 말에는 1.36달러, 2008년 7월에는 줄곧 1.58달러를 유지하였다. 그리고 2015년 1월에는 1.16달러가 되었다. 전문가들은 유로의 움직임에 대한 이유를 결과가 나온 후에만 '설명'이 가능할 뿐이다.

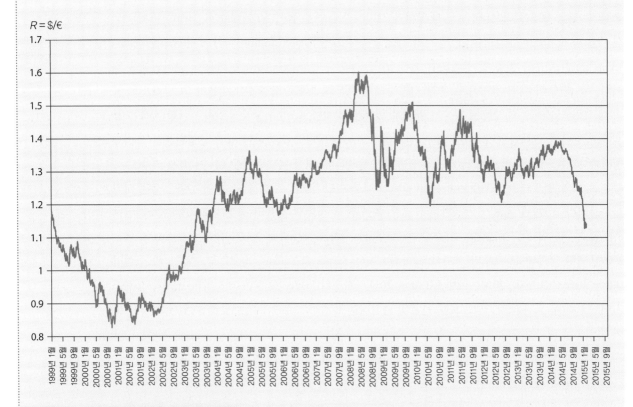

그림 3-8 유로의 도입 이후 유로/달러 환율

유로는 1999년 처음 도입된 이후 2000년 10월까지 거의 연속 평가하락하였으며 2002년 중반까지 달러가치를 밑돌아 전문가들의 예측은 빗나갔다. 유로는 2004년 12월 1.36달러의 가치를 유지했고, 2008년 7월에는 1.58달러, 2015년 1월에는 1.16달러였다.

출처 : International Monetary Fund, *International Financial Statistics* (Washington, D.C. : IMF, 2015).

요약

1. 현대적 환율이론들은 국제수지에 대한 통화론적 접근방법과 자산시장 또는 포트폴리오 접근방법을 바탕으로 하고 있으며 대부분 환율변화를 순수한 금융현상으로 본다. 한편 전통적 환율이론은 무역흐름을 바탕으로 하고 있으며 장기적인 환율변동을 설명한다. 현재 자본이동 규모가 무역보다 훨씬 크기 때문에 관심의 방향이 현대적 환율이론으로 전환되었지만 전통적 환율이론은 여전히 중요하며 장기에서 현대적 환율이론을 보완하는 역할을 한다.

2. 절대적 구매력평가(PPP) 이론에서는 두 통화 사이의 환율은 양국의 물가수준의 비율과 동일하다. 따라서 한 상품의 가격은 동일한 통화로 표시했을 때 양국에서 같다는(일물일가의 법칙) 것이다. 보다 정교한 상대적 구매력평가 이론에 의하면 환율변화는 동일한 기간 동안 양국의 상대적인 물가수준의 변화에 비례한다. 이 이론은 장기의 경우에 또는 인플레이션이 높은 기간에만 적합하다. 그러나 이 이론은 비교역상품의 존재와 구조변화 때문에 일반적으로 타당하지 않으며, 1970년대 후반 이후 특히 그렇다.

3. 통화론적 접근방법에 의하면 통화에 대한 명목수요 함수는 장기적으로 안정적이며 명목 국민소득과는 정의 관계에 있지만 이자율과는 음의 관계에 있다. 한 국가의 통화량은 본원통화에 통화승수를 곱한 것과 같으며, 한 국가의 본원통화는 통화당국에 의한 국내 여신과 국제준비자산의 합과 같다. 통화량이 통화수요를 초과하면, 고정환율제도에서는 준비자산이 유출되거나 또는 국제수지의 적자가 발생하며 변동환율제도에서는 (국제준비자산이 이동하지 않고) 그 국가의 통화가 평가하락한다. 한 국가에서 통화에 대한 초과수요가 존재하면 그 반대가 된다. 따라서 미국과 같은 준비통화국을 제외하면 고정환율제도에서는 장기적으로 통화량에 대한 국가의 통제력이 없지만 변동환율제도에서는 통제력을 가질 수 있다. 한 국가에서 기대 인플레이션율이 상승하면 그 국가의 통화는 기대 인플레이션율이 상승한 크기만큼 즉각 평가하락한다. 또한 통화론적 접근방법에서는 국내 이자율이 외국 이자율보다 더 높은 경우 이자율 차이는 외환의 기대 평가상승률과 같다고 가정한다(커버되지 않은 이자평형).

4. 포트폴리오 모형에서는 개인과 기업이 국내통화, 국내채권 및 외화표시 해외채권을 결합하여 보유하는데 (국내 및 해외) 채권을 보유하는 동기는 이자 수입 때문이다. 그러나 채권보유에는 채무불이행이나 채권의 가격변동에 따른 위험이 수반된다. 이 외에도 해외채권의 보유에는 환위험과 국가 위험이 수반되는 반면에, 국내통화를 보유하면 위험은 없지만 이자를 얻을 수 없다. 국내통화(M), 국내채권(D) 및 해외채권(F)의 수요는 국내 및 해외 이자율(i와 i^*), 외환의 기대 평가상승률(EA), 해외채권에 대한 위험 프리미엄(RP), 실질 GDP(Y), 물가(P) 및 부(W)의 함수이다. M, D와 F를 각각의 공급과 같게 하면 통화량, 국내채권 및 해외채권의 균형거래량과 아울러 국내 및 해외의 균형이자율과 균형환율을 구할 수 있다. 모형에 포함된 변수들 중 어느 하나라도 변화하면 모형의 모든 변수들이 영향을 받는다. 환율은 각각의 금융시장에서 균형이 동시에 달성되는 과정에서 결정된다.

5. 투자자의 포트폴리오를 구성하는 금융자산의 총저량은 오랜 기간 축적되었기 때문에 그 규모가 크다. 다양한 금융자산을 보유할 때의 비용이나 이익에 영향을 미치는 이자율, 기대 또는 기타 요인들이 변화하면 투자자들이 신속하게 포트폴리오의 균형을 모색하는 과정에서 급격하고도 즉각적인 금융자산의 변동이 발생한다. 실물부문(무역)의 조정은 시간이 지남에 따라 점진적으로 이루어지기 때문에 단기나 초단기에 환율조정의 부담은 금융시장의 몫이 된다. 따라서 금융시장에서 신속하게 균형이 이루어지도록 환율은

장기 균형환율을 오버슈팅하게 된다. 시간이 지나면서 실물부문에서 발생하는 조정의 효과가 누적됨에 따라 환율은 반대방향으로 움직이며 오버슈팅이 해소된다. 금융시장의 기저에 있는 조건은 항상 변화하므로 환율은 급변한다.

6. 실증적 연구들은 장기의 경우를 제외하면 통화론적 모형이나 포트폴리오 모형을 뒷받침하지 않는 것으로 보인다. 단기환율은 모든 예측을 불허하는데, 그 이유 중의 한 가지는 예상할 수 없는 뉴스의 중요성 때문이며 또 다른 이유는 투기적 거품이 존재하고 진행되기 때문인데, 이로 인해 환율은 경제의 기본여건에서 벗어나는 경우가 많다. 이러한 사실은 이론이 잘못되었거나 유용하지 않다는 것을 의미하는 것은 아니며, 단지 환율결정에 대한 불완전한 설명을 하고 있다는 것을 의미한다.

주요용어

구매력평가(PPP) 이론[purchasing-power parity (PPP) theory]

국제수지에 대한 통화론적 접근방법(monetary approach to the balance of payments)

발라사–사무엘슨 효과(Balassa-Samuelson effect)

본원통화(monetary base)

상대적 구매력평가 이론(relative purchasing-power parity theory)

위험 프리미엄(risk premium, RP)

일물일가의 법칙(law of one price)

절대적 구매력평가 이론(absolute purchasing-power parity theory)

통화량(supply of money)

통화수요함수(demand for money)

포트폴리오 접근방법(portfolio balance approach)

현물환율의 기대 변화(expected change in the spot rate)

환율의 오버슈팅 현상(exchange rate overshooting)

복습문제

1. 전통적 환율이론과 현대적 환율이론이란 무엇인가? 두 가지의 차이점은? 각 이론의 타당성은? 두 이론 사이의 관계는?

2. 구매력평가 이론이란 무엇인가? 이 이론은 어떻게 이용되는가? 절대적 구매력평가 이론이란 무엇인가? 이 이론을 받아들일 수 없는 이유는?

3. 상대적 구매력평가 이론이란 무엇인가? 경험적 연구들은 이 이론을 뒷받침하는가 아니면 기각하는가?

4. 국제수지에 대한 통화론적 접근방법에서 통화에 대한 수요란 무엇인가? 한 국가의 통화량이란 무엇인가? 한 국가의 본원통화란 무엇인가? 통화승수는?

5. 통화론적 접근방법에 의하면 국제수지 흑자나 적자는 왜 발생하는가? 고정환율제도에서 통화량에 대한 국가의 통제력이 없는 이유는 무엇인가?

6. 통화론적 접근방법에 의하면 변동환율제도에서 국제수지 적자는 어떤 과정을 통하여 조정되는가? 고정환율제도에서는 어떤 차이가 있는가?

7. 통화론적 접근방법에 의하면 변동환율제도에서 환율 수준과 환율의 변화는 어떻게 결정되는가? 통화론적 접근방법에 의할 때 관리변동환율제도는 고정환율제도나 변동환율제도와 어떤 차이가 있는가?

8. 국제수지에 대한 통화론적 접근방법에서 기대와 커버되지 않은 이자평형 조건이 차지하는 역할은 무엇인가?

9. 자산시장 또는 포트폴리오 접근방법이란 무엇인가? 통화론적 접근방법과의 차이는 무엇인가?

10. 포트폴리오 접근방법에 의할 때 단기와 장기의 환율 변화에서 무역에 의한 조정과 비교하여 금융자산의 저량 조정이 갖는 상대적 중요성은 무엇인가?

11. 포트폴리오 접근방법에서 기대와 위험 프리미엄은 어떤 역할을 하는가? 통화론적 접근방법에서는 위험 프리미엄이 없는 이유는?

12. 오늘날의 외환시장에서 종종 관찰되는 환율의 오버슈팅을 통화론적 접근방법과 자산시장 접근방법은 어떻게 설명하는가?

13. 실증적 연구에 의하면 통화론적 접근방법과 포트폴리오 접근방법은 뒷받침되는가 아니면 기각되는가?

14. 어떤 면에서 이론적 연구와 경험적 연구가 더 행해져야 하는가? 이러한 연구가 행해진다면 가까운 장래에 어떤 결과가 나타날 것인가?

연습문제

1. 1973년에 GDP 디플레이터는 영국에서 15.6이었고 미국에서는 34.3이었다(1995 = 100). 2001년에는 이것이 영국에서는 116.1이었고 미국에서는 112.1이었다. 환율은 1973년에 $1 = £0.4078였고 2001년에는 $1 = £0.6944였다.

   (a) 1973년부터 2001년까지 영국과 미국의 인플레이션율을 계산하고 그 차이를 구한 다음 같은 기간 동안 영국 파운드의 미국 달러에 대한 평가하락률과 비교하라.

   (b) 1973년부터 2001년까지 영국과 미국 간의 상대적 구매력평가 이론은 성립하는가? 그 이유는?

2. 1973년에 GDP 디플레이터가 스위스에서는 45.0이었고 미국에서는 34.3이었다(1995 = 100). 2001년에는 이것이 스위스에서는 103.2였고 미국에서는 112.1이었다. 1973년에는 $1 = SFr3.1648이었고 2001년에는 $1 = SFr1.6876이었다. 1973년부터 2001년까지 스위스와 미국 간에 상대적 구매력평가 이론은 성립하는가?

3. 어떤 국가에서 통화의 유통속도가 $V = 5$이고 명목 GDP = 2,000억 달러라고 하자.

   (a) 이 국가의 통화수요량은 얼마인가?

   (b) 이 국가의 명목 GDP가 2,200억 달러로 증가하면 통화수요량은 얼마나 증가하는가?

   (c) 명목 GDP가 해마다 10% 증가하면 이 국가의 통화수요는 어떻게 변화하는가?

4. 한 국가의 통화당국이 창조한 국내 여신이 80억 달러이고, 이 국가의 국제준비자산이 20억 달러이며, 이 국가의 상업은행에 대한 법적 지급준비율이 25%라고 하자.

   (a) 이 국가의 본원통화의 양은 얼마인가?

   (b) 통화승수의 크기는 얼마인가?

   (c) 이 국가의 총통화량은 얼마인가?

5. 고정환율제도를 가정하고 다음 국가의 국제수지 적자나 흑자의 규모는 얼마인가?

   (a) 연습문제 3(a) 및 4(a)

   (b) 연습문제 3(b) 및 4(b)

   (c) 연습문제 3(c) 및 4(c)

6. 다음에서 통화당국이 본원통화의 국내 구성부문을 변화시키지 않을 경우 국제수지의 불균형은 어떻게 조정되는지를 설명하라.

   (a) 연습문제 5(b)

   (b) 연습문제 5(c)

   (c) 만일 통화당국이 본원통화의 국내 구성부문을 변화시킴으로써 국제수지 불균형을 중화 또는 불태화한다면 어떤 현상이 발생하는가? 이러한 일은 얼마나 오래 지속될 수 있는가?

7. 한 국가의 명목 GDP = 100, $V = 4$이고 $M_s = 30$이라고 하자. 이 국가의 국제수지가 적자가 되는 이유를

설명하라.

8. 일물일가의 법칙에 의하면 2개의 국가가 존재할 때 국제적으로 교역되는 상품의 한 국가에서의 가격은 다른 국가에서 이 상품의 가격에 환율을 곱한 것과 같다. 이러한 법칙이 성립한다고 가정하고 첫 번째 국가에서는 인플레이션이 없고 두 번째 국가에서는 인플레이션이 있을 경우 첫 번째 국가에서 장기적으로 물가와 환율을 일정하게 유지시킬 수 없는 이유를 설명하라.

9. 이자율이 뉴욕에서는 $i = 10\%$이고 프랑크푸르트에서는 $i^* = 6\%$이며 오늘의 현물환율은 $SR = \$1/€1$이고 3개월 후에는 $\$1.01/€1$가 될 것으로 예상된다고 하자.

　(a) 커버되지 않은 이자평형 조건(UIP)이 성립하는 이유를 설명하라.

　(b) 기대가 변화하여 3개월 후의 현물환율이 $\$1.02/€1$가 될 것으로 예상되며 이자율 차이는 변하지 않는다면 어떤 일이 발생할지를 설명하라.

10. (a) 환율의 기대변화와 외환에 대한 선물환 할인 또는 할증의 차이를 설명하라.

　(b) 환율의 기대변화가 선물환 할인 또는 할증과 같은 경우는 언제인가?

11. 한 국가의 개인이나 기업은 그들의 자산 중 바람직한 비율만큼 해외채권을 보유하고 있다고 하자. 이때 환율이 일회적으로 하락(국내통화는 평가상승하고 외국통화는 평가하락)한다고 하자. 3.4A절에서 소개된 단순한 포트폴리오 모형에 의하면 어떤 조정이 발생할 것으로 예상되는가?

12. 3.4B절에서 소개된 확장된 자산시장 또는 포트폴리오 모형을 이용하여 변동환율제도에서 국내의 기대 인플레이션율이 더 높아지면 어떤 포트폴리오 조정이 일어나는지를 설명하라.

13. 3.5B절에서 소개된 확장된 자산시장 또는 포트폴리오 모형을 이용하여 외국 정부의 재정적자로 인하여 외국에서 통화량이 증가하면 어떤 포트폴리오 조정이 발생하는지 설명하라.

14. EMU 중앙은행이 예기치 않게 통화량을 증가시킬 때 발생하는 달러의 환율동학을 설명하라.

| 부록 |

이 부록에서는 국제수지와 환율에 대한 통화론적 접근방법과 포트폴리오 접근방법에 대한 정형화된 모형을 제시한다.

A3.1 정형화된 통화론적 접근방법

부록에서는 이 장에서 서술적으로 소개되었던 국제수지에 대한 통화론적 접근방법을 요약하여 정형화된 수리적 모형으로 소개한다.

　우선 통화수요 함수가 다음과 같은 형태를 갖는다고 가정하자.

$$M_d = (P^a Y^b u)/(i^c) \tag{3A-1}$$

여기서 M_d = 명목 통화에 대한 수요량

       P = 국내 물가수준

       Y = 실질 소득 또는 생산량

       i = 이자율

       a = 통화수요의 가격탄력성

       b = 통화수요의 소득탄력성

       c = 통화수요의 이자율탄력성

       u = 오차항

이다. 식 (3A-1)은 3.3A절에서 설명한 바와 같이 M_d가 P_Y 또는 GDP와는 정의 관계에 있고 i와는 음의 관계에 있음을 보여 준다.

한편, 한 국가의 통화량은

$$M_s = m(D + F) \tag{3A-2}$$

로 가정하는데 여기서

       M_s = 한 국가의 총통화량

       m = 통화승수

       D = 본원통화 중 국내 구성부문

       F = 본원통화 중 해외 구성부문

이다. D는 이 국가의 통화당국에 의해 결정되고 $D+F$는 이 국가의 총본원통화 또는 고성능 통화의 양을 의미한다.

균형상태에서 통화량은 통화수요량과 같다.

$$M_d = M_s \tag{3A-3}$$

식 (3A-3)의 M_d에 식 (3A-1)을 대입하고 M_s에 식 (3A-2)를 대입하면,

$$(P^a Y^b u)/(i^c) = m(D + F) \tag{3A-4}$$

가 된다. 식 (3A-4)의 양변에 자연대수(ln)를 취하면

$$a \ln P + b \ln Y + \ln u - c \ln i = \ln m + \ln(D + F) \tag{3A-5}$$

를 얻는다. 식 (3A-5)를 시간(t)으로 미분하면

$$a(1/P)(dp/dt) + b(1/Y)(dY/dt) + (1/u)(du/dt) - c(1/i)(di/dt)$$
$$= (1/m)(dm/dt) + [D/(D + F)](1/D)(dD/dt)$$
$$+ [F/(D + F)](1/F)(dF/dt) \tag{3A-6}$$

를 얻는다. $D + F = H$, $(1/P)(dp/dt) = gP$, $(1/Y)(dY/dt) = gY$ 등으로 기호를 단순화하면(g는

증가율),

$$agP + bgY + gu - cgi = gm + (D/H)gD + (F/H)gF \qquad (3A\text{-}7)$$

를 얻는다. 식 (3A-7)에서 우변의 마지막 항이 좌변의 종속변수가 되도록 식을 정리하면, 다음과 같이 국제수지에 대한 통화론적 접근방법을 검증할 때 보통 사용되는 일반적인 식이 된다.

$$(F/H)gF = agP + bgY + gu - cgi - gm - (D/H)gD \qquad (3A\text{-}8)$$

식 (3A-8)에 의하면 물가, 실질소득, 이자율 및 통화승수의 증가율이 0이면, 한 국가의 국제준비 자산의 가중증가율[$(F/H)gF$]은 이 국가의 본원통화 중 국내부문의 음(−)의 가중증가율[$(D/H)gD$]과 같다.

이것이 의미하는 바는 다른 조건이 일정할 때 한 국가의 통화당국이 D를 변화시키면 F는 자동적으로 같은 크기만큼 반대방향으로 변화한다는 것이다. 따라서 한 국가의 통화당국은 본원통화(즉, $H = D + F$)의 구성만 결정할 수 있지 본원통화 자체의 규모는 변화시킬 수 없다. 즉, 고정환율제도에서 통화량이나 통화정책에 대한 국가의 통제력은 없다.

반대로 P, i, m이 일정할 때 Y의 증가는 D의 증가 또는 F의 증가 또는 D와 F의 증가에 의해 충족되어야 한다. 만일 통화당국이 D를 증가시키지 않는다면, 이 국가에서 통화에 대한 초과수요가 발생하며 고정환율제도에서는 해외로부터의 통화나 준비자산의 유입(국제수지의 흑자)에 의해 충족된다. 식 (3A-8)은 이 식에 포함된 변수가 국제수지에 미치는 효과를 파악하는 데 이용될 수 있다.

식 (3A-8)과 같은 방법을 이용하여 행해진 실증분석들은 국제수지에 대한 통화론적 접근방법에 대해 애매한 결과만을 보여 주고 있으며, 통화론적 접근방법을 전통적 접근방법과 조화시키기 위해서는 보다 많은 실증적 및 이론적 연구가 필요하다.

연습문제 특정기간 특정국가에 대해 식 (3A-8)을 추정한 결과 $a = b = c = 1$이고, $gu = gi = gm$ $= 0$이라고 하자. 또한 분석기간 초에 이 국가의 $D = 100$이고, $F = 20$이며, 분석기간 동안 $gP =$ 10%이고, $gY = 4$%이며 통화당국이 D를 100에서 110으로 증가시켰다고 하자. 고정환율제도에서 분석기간 말의 준비자산(F)의 규모를 추정하라.

A3.2 정형화된 포트폴리오 모형과 환율

이 절에서는 정형화된 단순한 1국 포트폴리오 모형을 소개하는데, 이 모형에서 개인과 기업은 그들의 금융자산을 국내통화, 국내채권 및 외환표시 해외채권을 결합하여 보유한다.

이 모형의 기본방정식은 다음과 같다.

$$M = a(i, i^*)W \qquad (3A\text{-}9)$$

$$D = b(i, i^*)W \qquad (3A\text{-}10)$$

$$RF = c(i,\, i^*)W \tag{3A-11}$$

$$W = M + D + RF \tag{3A-12}$$

여기서 M은 명목 국내통화에 대한 수요량, D는 국내채권에 대한 수요, R은 (외국통화 1단위당 국내통화로 정의된) 환율, RF는 국내통화로 표시한 해외채권 수요, W는 부이며 i와 i^*는 각각 국내 및 해외의 이자율이다.

처음 3개의 식은 국내 거주자의 국내통화, 국내채권 및 해외채권에 대한 수요는 국내 및 해외 이자율의 함수이고, 부의 일정비율과 같다는 점을 보여 주고 있으므로 $a + b + c = 1$이 된다. 즉, 한 국가의 총체적인 부는 $M + D + RF$와 같다(식 3A-12).

특히 위의 모형은 M, D 및 RF가 W의 일정 비율임을 의미한다. 그뿐만 아니라 M은 i 및 i^*와 음($-$)의 관계에 있고, D는 i와는 정($+$)의 관계에 있지만 i^*와는 음($-$)의 관계에 있다. RF는 i와 음의 관계에 있지만 i^*와는 정($+$)의 관계에 있다. i가 상승하면 D는 증가하지만 M과 RF는 감소한다. i^*가 상승하면 RF는 증가하지만 M과 D는 감소한다. 시간이 지남에 따라 W는 저축을 통해 증가하며 W가 증가하면 M, D 및 RF도 증가한다.

포트폴리오 접근방법에 의하면 각 금융시장에서 수요량과 공급량이 일치할 때 균형이 성립한다. 처음에 각 금융시장은 균형상태에 있다고 가정하고 식 (3A-12)에서 RF에 대해 풀면

$$RF = W - M - D \tag{3A-13}$$

가 된다. 식 (3A-13)의 M과 D에 각각 식 (3A-9)와 식 (3A-10)을 대입하면

$$RF = W - a(i,\, i^*)W - b(i,\, i^*)W$$

$$RF = (1 - a - b)W \tag{3A-14}$$

를 얻을 수 있다. 식 (3A-14)는 다음과 같이 쓸 수 있다.

$$RF = (1 - a - b)W - f(i,\, i^*)W \tag{3A-15}$$

따라서

$$R = f(i,\, i^*)W/F \tag{3A-16}$$

가 된다.

식 (3A-16)은 환율이 i^*, W와는 정($+$)의 관계에 있지만 i, F와는 음($-$)의 관계에 있음을 의미한다. 따라서 저축의 증가로 인한 부의 증가는 세 가지 금융자산에 대한 수요를 증가시키지만 해외채권을 매입하기 위해 국내통화를 외환으로 환전하는 과정에서 환율은 상승(국내통화는 평가하락)한다. 마찬가지로 해외 이자율이 상승하면 국내 거주자들은 해외채권을 더 많이 매입하며 R은 상승한다. 반대로, F의 공급이 증가하면 F의 가격은 하락하여 국내 거주자의 부는 감소한다. 이때 국내 거주자들은 해외채권을 포함한 세 가지 금융자산의 보유량을 감소시키려 할 것이다. 그러나 (외환으

로 표시된) 해외채권을 매도하고 외환시장에서 외환을 국내통화로 환전함에 따라 R은 하락(즉, 국내통화는 평가상승)한다. 국내 이자율이 상승하는 경우에도 마찬가지이다.

연습문제 앞에서 소개된 포트폴리오 모형을 이용하여 다음이 환율에 미치는 효과를 분석하라.
(a) 국내통화량의 증가, (b) 국내통화의 일회적인 평가하락

개방경제 거시경제학 및 국제통화제도

제2부(제4~9장)에서는 개방경제 거시경제학을 다룬다. 제4장에서는 환율이 해당 국가의 경상수지에 미치는 효과를 살펴본다. 제5장에서는 경상수지가 한 국가와 외국의 소득수준에 어떻게 영향을 미치고 또 반대로 어떤 영향을 받는지를 살펴본다. 제6장과 제7장에서는 개방경제에서의 통화정책과 재정정책을 다룬다. 따라서 제4장부터 제7장까지 개방경제 모형을 단계적으로 확장한다. 특히 제4장에서는 환율이 한 국가의 경상수지에 미치는 효과를 부분균형 분석방법으로 검토한다. 제5장은 재화시장 모형을 경제 전반으로 확장한다. 제6장에서는 통화시장과 국제자본이동이 추가되며 재정정책과 통화정책을 살펴보고, 제7장에서는 물가 및 인플레이션을 다룸으로써 모형을 완결한다. 마지막으로 제8장과 제9장에서는 국제통화제도의 운용 및 미래에 관해 살펴본다.

제 4 장

변동환율제도와 고정환율제도하에서 가격조정기구

학습목표

- 환율변화가 당사국의 경상수지에 미치는 효과를 이해한다.
- '외환시장의 안정성'의 의미와 중요성을 이해한다.
- '환율전가'의 의미와 중요성을 이해한다.
- 금본위제도가 어떻게 운영되는지를 설명한다.

4.1 서론

이 장에서는 변동환율제도 및 고정환율제도에서 한 나라의 경상수지가 가격변화에 의해 어떻게 영향을 받는가를 살펴보고, 제5장에서 본국 및 타국의 소득에 의해 경상수지가 어떻게 영향을 받는가를 살펴본다. 또한 제5장에서는 소득 및 가격 변화가 한 국가의 경상수지와 국민소득 수준에 미치는 결합 효과를 종합한다.

논의를 단순화하기 위하여 민간자본의 자율적 국제적 이동은 없다고 가정하자. 즉, 민간자본의 국제적 이동은 일시적인 무역의 불균형을 커버(즉, 지불)할 수 있도록 수동적으로 이루어진다. 또한 각국은 경상수지(및 국제수지) 적자를 환율변화를 통해 조정한다고 가정하자(경상수지 및 국제수지 흑자를 조정하기 위해서는 환율변화의 방향이 반대가 된다). 이 전통적 환율 모형은 무역흐름을 바탕으로 하고 있으며 조정속도는 수출과 수입이 가격(환율)의 변화에 반응하는 정도(탄력성)에 좌우되기 때문에 이를 무역 접근방법(trade approach) 또는 탄력성 접근방법(elasticity approach)이라고 한다.

제3장에서 살펴본 바와 같이 오늘날 민간자본의 국제적 이동은 무역규모보다 훨씬 크다. 따라서 환율은 대체로, 특히 단기의 경우에 무역보다는 자본이동을 반영하는 반면, 장기에는 무역이 환율에 강한 영향을 미친다. 이 장에서 민간자본의 자율적 국제적 이동이 없다고 가정하는 이유는 무역이 환율에 미치는 효과와 환율이 무역에 미치는 효과를 분리하여 알아보기 위해서이다. 물론 현실 세계에서는 무역과 자본이동이 모두 환율에 종합적인 영향을 미치지만 금융부분과 무역부문을 통합한 환율결정이론은 아직 개발되지 않았다. 이러한 이론에 가장 근접한 것이 3.4절에서 살펴본 자산시장 또는 포트폴리오 모형이다.

이 장의 4.2절에서는 환율이 경상수지에 미치는 효과를 살펴보고, 4.3절에서는 환율변화가 국내 물가(인플레이션율)에 미치는 효과를 살펴본다. 4.4절에서는 이와 밀접한 관련이 있는 외환시장의 안정성에 관한 문제를 검토하며, 4.5절에서는 무역 탄력성의 추정값을 소개하고 경상수지가 환율의 변화에 대해 시차를 두고 부분적으로 반응하는 이유를 설명한다. 마지막으로 4.6절에서는 금본위제 도하에서의 조정기구(소위 가격-정화-유통기구)를 설명한다. 부록에서는 국내물가에 대한 환율변화의 효과를 그래프로 설명하며, 외환시장의 안정성에 대한 마셜-러너 조건을 수학적으로 도출한다. 그리고 금본위제도에서 금의 수출입점(gold point)과 금의 국제적 이동이 어떻게 결정되는가를 그래프를 이용하여 설명한다.

4.2 변동환율제도하에서의 조정

이 절에서는 평가하락이나 평가절하에 의해 경상수지나 국제수지 적자가 조정되는 방법을 살펴본다. 평가하락이란 변동환율제도를 전제로 하고 있다. 한편 평가절하(devaluation)란 한 나라의 통화당국이 의도적으로 고정된 환율수준으로부터 더 높은 환율수준으로 환율을 상승시키는 것을 말한다. 그러나 평가하락과 평가절하는 가격에 영향을 미쳐 한 국가의 경상수지나 국제수지를 조정하므로 이들을 가격조정기구라고 하며 여기에서는 이들을 함께 설명한다. 이는 다음 장에서 논의되는 국내 및 해외의 소득변화를 통하여 국제수지 불균형이 조정되는 소득조정기구와 구분되어야 한다. 먼저 조정과정 자체를 살펴보고 외환에 대한 수요곡선과 공급곡선이 어떻게 도출되는가를 살펴보기로 한다.

4.2A 환율변화에 의한 국제수지 조정

그림 4-1은 한 나라의 국제수지 적자가 평가하락이나 평가절하에 의해 조정되는 과정을 보여 준다. 이 그림에서는 미국과 EMU 두 경제만이 존재하고 국제적인 자본이동이 없다고 가정하였으므로 유로에 대한 미국의 수요 및 공급곡선은 상품과 서비스의 거래만을 반영한다. 이 그림에서 환율이 $R = \$1/€1$일 때 미국의 유로 수요량은 연간 120억 유로인 반면 공급량은 80억 유로임을 알 수 있다. 따라서 미국의 국제수지는 40억 유로(AB)의 적자가 발생한다.

만일 미국의 유로화에 대한 수요 및 공급곡선이 $D_€$와 $S_€$일 때 달러가 $R = \$1/€1$에서 $R = \$1.20/€1$로 20% 평가하락하거나 평가절하되면 미국의 국제수지 적자는 완전히 제거된다. 즉 $R = \$1.20/€1$에서 유로에 대한 수요량과 공급량은 연간 100억 유로로 같아지며(그림의 점 E), 미국의 국제수지는 균형을 이루게 된다. 그러나 미국의 유로에 대한 수요 및 공급곡선이 $D_€^*$와 $S_€^*$로 탄력성이 작다면(기울기가 가파르다면) 위에서와 같이 달러를 20% 평가절하해도 미국의 국제수지 적자는 30억 유로(그림의 CF)로 감소할 뿐이며, 적자를 완전히 제거하기 위해서는 (그림의 점 E^*) 달러가 100% 평가하락 또는 평가절하되어야 한다. 이와 같이 큰 폭으로 달러화가 평가하락하거나 평가절하되는 것은 (다음에서 살펴보는 이유 때문에) 현실성이 없을 수도 있다.

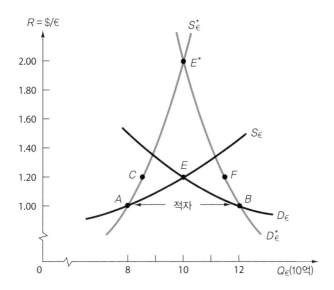

그림 4-1　환율변화에 의한 국제수지 조정

환율이 $R = \$1/€1$일 때 미국의 유로 수요량은 연간 120억 유로인 반면 공급은 80억 유로이다. 따라서 미국의 국제수지는 40억(AB) 유로의 적자가 발생한다. 수요 및 공급곡선이 $D_€$와 $S_€$일 때 달러가 20% 평가하락하거나 평가절되면 미국의 국제수지 적자는 완전히 제거된다(점 E). 수요 및 공급곡선이 $D_€^*$이고 $S_€^*$이면 적자를 완전히 제거하기 위해서는 100%의 평가하락이나 평가절하가 필요하다(그림의 점 E^*).

　따라서 미국의 유로화에 대한 수요 및 공급곡선이 얼마나 탄력적인가를 아는 것은 매우 중요한 일이다. 경우에 따라서는 적자국의 외환에 대한 수요와 공급곡선의 형태 때문에 평가하락이나 평가절하의 결과 국제수지 적자가 감소하거나 제거되지 않고 오히려 증가하는 경우도 있다. 한 나라의 외환에 대한 수요와 공급곡선이 이렇게 도출되는지를 설명한 후에 이 문제를 살펴보기로 하자.

4.2B　외환에 대한 수요곡선의 도출

그림 4-1의 미국의 유로화에 대한 수요곡선($D_€$)은 (그림 4-2의 왼쪽 도표에 표시된) 유로화 표시 미국의 수입 수요곡선과 미국의 수입품에 대한 EMU의 공급곡선으로부터 도출된다. 한편 그림 4-1의 미국의 유로화 공급곡선($S_€$)은 유로화로 표시한 미국의 수출품에 대한 수요곡선 및 공급곡선으로부터 도출된다(그림 4-2의 오른쪽 도표). 먼저 미국의 유로화에 대한 수요곡선($D_€$)을 도출해 보자.

　그림 4-2의 왼쪽 도표에서 D_M은 $R = \$1/€1$일 때 유로화로 표시한 미국의 EMU으로부터 수입 수요곡선을, S_M은 미국의 수입상품에 대한 EMU의 공급곡선을 의미한다. 수요곡선과 공급곡선이 D_M과 S_M이면, 유로화로 표시한 미국의 수입품 가격은 $P_M = €1$이고 미국의 수입량은 연간 $Q_M = 120$억 단위가 된다. 따라서 미국의 유로화 수요량은 120억 유로이다(그림 4-2의 왼쪽 도표의 점 B'). 이것은 그림 4-1에서 미국의 $D_€$상의 점 B에 해당한다.

　달러가 $R = \$1.20/€1$로 20% 평가하락하면 S_M은 변하지 않지만 D_M은 D_M'으로 20% 아래로 이동한다(그림 4-2의 왼쪽 도표 참조). 그 이유는 미국이 계속 (D_M상의 점 B'과 같이) 120억 단위를 수입하기 위해서는 달러 표시 수입품의 가격이 변하지 않도록 유로화로 표시한 미국의 수입품 가격이

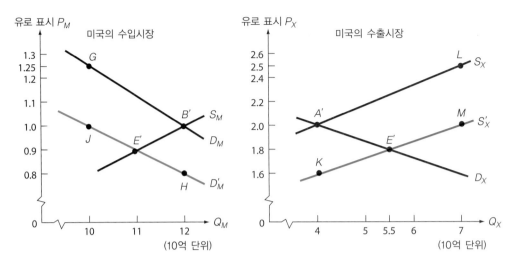

그림 4-2 미국의 외환에 대한 수요 및 공급곡선의 도출

왼쪽 도표에서 수요곡선과 공급곡선이 D_M과 S_M이면, P_M = €1이고 연간 Q_M = 120억 단위가 된다. 따라서 미국의 유로화 수요량은 120억 유로이다(점 B'). 이것은 그림 4-1에서 미국의 D_ϵ상의 점 B에 해당하는 점이다. 달러가 20% 평가하락하면 D_M은 D'_M으로 20% 아래로 이동한다. 그 결과 P_M = €0.9, Q_M = 110 단위가 되므로 미국의 유로화 수요량은 99억 유로로 감소한다(왼쪽 도표의 점 E'). 이 점은 그림 4-1의 D_ϵ상의 (99억 유로를 반올림하여 100억 유로로 표시한) 점 E에 해당된다.

오른쪽 도표에서 수요와 공급이 D_X와 S_X일 때 유로화 표시 미국 수출상품의 가격은 P_X = €2이고 미국의 수출량은 Q_X = 40억 단위이므로 미국으로 공급되는 유로화의 양은 80억 유로가 된다(그림 4-2의 오른쪽 도표에서 점 A'). 이는 그림 4-1의 S_ϵ 곡선상의 점 A에 해당한다. 달러를 20% 평가절하하면 S_X는 S'_X로 20% 아래로 이동한다. 이때 P_X = €1.8이고 Q_X = 55억 단위가 되므로 미국으로 공급되는 유로화의 양은 99억 유로가 된다(점 E'). 이것은 그림 4-1의 점 E에 해당한다.

P_M = €1에서 P_M = €0.8로 20% 하락해야 하기 때문이다(D'_M상의 점 H). 그러나 P_M = €1보다 낮으면 EMU의 미국에 대한 수출 공급이 감소하는 반면(즉, EMU는 S_M상에서 아래로 이동하며) 유로화 표시 수입품의 가격이 P_M = €0.8보다 높으면 미국의 수입수요량은 감소하므로(미국은 D'_M 선상에서 위로 이동하므로) 가격은 새로운 균형점 E'에서 결정된다(그림 4-2의 왼쪽 도표 참조). 학생들은 이 단락과 앞의 단락을 다시 읽고 그림 4-2의 왼쪽 도표와 그림 4-1과의 관계를 세세하게 공부해야 한다. 왜냐하면 이 문제는 중요한 문제이고 국제금융에서 가장 까다로운 문제 중의 하나이기 때문이다.

D'_M은 일정한 비율로 이동했기 때문에 D_M과 평행이 아니라는 점에 유의하기 바란다. 따라서 점 B'(€1.00)에서 20% 아래로 이동하면 €0.2만큼 이동하지만, 점 G(€1.25)에서 20% 아래로 이동하면 €0.25만큼 이동한다. 이제 수요곡선과 공급곡선이 D'_M과 S_M이므로 P_M = €0.9, Q_M = 110 단위가 되고 미국의 유로화 수요량은 99억 유로로 감소한다(그림 4-2의 왼쪽 도표에서 점 E'). 이 점은 그림 4-1의 D_ϵ상의 (99억 유로로 반올림하여 100억 유로로 표시한) 점 E에 해당된다. 따라서 미국의 유로화 수요량은 (그림 4-2 왼쪽 도표의 점 B'으로 표시된) R = \$1/€1일 때의 120억 유로에서 (점 E'으로 표시된) R = \$1.20/€1일 때는 100억 유로로 감소한다. 이는 그림 4-1의 D_ϵ 선상의 점 B로부터 점 E로 이동하는 것으로 표현된다.

D_M의 탄력성이 0인(즉, D_M이 수직인) 특이한 경우에만 미국의 유로화 수요량은 달러가 평가하

락하거나 평가절하된 후에도 변하지 않는데, 그 이유는 이때 D_M이 아래로 이동해도 D_M 그 자체는 변하지 않기 때문이다(이 문제는 연습문제로 수록됨). 따라서 D_M이 수직인 특수한 경우를 제외하면 달러가 평가하락하거나 평가절하되면 미국의 유로화 수요량은 항상 감소하므로 D_ϵ는 우하향한다(그림 4-1 참조). 달러가 평가절하되거나 평가하락하면 유로화 표시 미국의 수입품 가격과 미국의 수입량이 모두 하락하기 때문에 미국의 유로화 수요량은 감소한다(그림 4-2의 왼쪽 도표 참조).

또한 S_M이 일정할 때 D_M의 탄력성이 작을수록(즉, 기울기가 클수록) 미국의 유로화 수요량이 감소하는 정도가 작아지고 미국의 유로화 수요곡선의 탄력성이 작아진다(기울기가 커지게 된다). (이 문제는 이 장의 뒤에 있는 연습문제에 수록됨) 이 경우에 달러화의 20% 평가절하는 그림 4-1에서 D_ϵ상의 점 B에서 점 E로의 이동이 아니고 D'_ϵ상의 점 B에서 점 F로의 이동으로 표현될 수 있다.

4.2C 외환에 대한 공급곡선의 도출

그림 4-2의 오른쪽 도표에서 D_X는 미국의 수출상품에 대한 유로화 표시 EMU의 수요이고, S_X는 $R = \$1/€1$일 때 EMU에 대한 미국의 수출상품 공급이다. 수요와 공급이 D_X와 S_X일 때 유로화 표시 미국 수출상품의 가격은 $P_X = €2$이고 미국의 수출량은 $Q_X = 40$억 단위가 되므로 미국으로 공급되는 유로화의 양은 80억 유로가 된다(그림 4-2의 오른쪽 도표에서 점 A'). 이는 그림 4-1의 S_ϵ 곡선상의 점 A에 해당한다.

달러가 $R = \$1.20/€1$로 20% 평가절하되거나 평가하락하면 D_X는 변하지 않으나 S_X는 S'_X로 20% 아래로 이동한다(그림 4-2의 오른쪽 도표 참조). 그 이유는 이제 1유로는 달러로 표시했을 때 20% 더 비싸졌기 때문에 미국 수출상품의 유로화 표시 가격이 $P_X = €1.6$이거나 달러가 평가절하되기 전보다도 20% 가격이 낮더라도 (그림에서 S'_X상의 점 K) 미국은 (S_X상의 점 A'과 같이) 40억 단위를 수출하려고 하기 때문이다. 그러나 유로화 표시 가격이 $P_X = €2$보다 낮으면 EMU는 미국의 수출상품을 더 수입하며(EMU는 D_X 선을 따라 아래로 움직이며) 유로화 표시 가격이 $P_X = €1.6$보다 높으면 미국의 수출 공급이 증가하므로(미국은 S'_X 선상에서 위로 움직이므로) 결국 새로운 균형점 E'에 도달하게 된다(그림 4-2의 오른쪽 도표 참조).

공급곡선이 일정한 비율로 이동하기 때문에 S'_X는 S_X와 평행하지 않다는 점에 유의해야 한다. 수요와 공급곡선이 D_X와 S'_X일 때 $P_X = €1.8$이고 $Q_X = 55$억 단위이므로 미국으로 공급되는 유로화의 양은 99억 유로로 증가한다($1.8 \times 55 = 99$). 이것은 그림 4-2의 오른쪽 도표에서 점 E'으로 표시되며 그림 4-1에서 (99억 유로를 반올림하여 100억 유로로 표시한) S_ϵ상의 점 E에 해당된다. 따라서 미국으로 공급되는 유로화의 양은 $R = \$1/€1$일 때 80억 유로(그림 4-2의 오른쪽 도표에서 점 A')에서 $R = \$1.20/€1$일 때는 100억 유로(점 E')로 증가한다. 이것은 그림 4-1에서 S_ϵ상의 점 A로부터 점 E로 이동하는 것으로 표현된다.

달러를 평가절하하면 유로화 표시 가격은 하락하지만 미국의 수출량은 증가한다는 점에 유의하기 바란다(그림 4-2의 오른쪽 도표에서 점 E'과 점 A'을 비교해 보라). 이때 미국으로 공급되는 유로화의 양은 점 A'과 점 E' 사이의 D_X의 가격탄력성에 의해 결정된다. 위의 경우에는 Q_X의 증가율이

P_X의 감소율보다 크기 때문에 D_X는 가격탄력적이며, 미국으로 공급되는 유로화의 양이 증가했다. 만약 그림 4-2의 오른편 도표에서 D_X의 탄력성이 작다면(기울기가 크다면), 똑같이 20% 평가절하하더라도 그림 4-1의 점 A는 $S_€$상의 점 E로 이동하지 않고 $S_€^*$상의 점 C로 이동할 것이다. 따라서 D_X의 탄력성이 작을수록 유로화 공급곡선($S_€$)의 탄력성 역시 작아질 것이다.

만약 D_X가 단위탄력적이라면 달러가 평가하락하거나 평가절하되더라도 유로화 공급량은 변하지 않으므로 유로화 공급곡선은 수직 또는 탄력성이 0으로 된다(S_X가 수직이어서 달러의 평가하락 또는 평가절하의 결과 S_X가 변하지 않는 경우에도 위와 동일). 마지막으로 D_X가 가격비탄력적이라면 달러의 평가절하 또는 평가하락의 결과 미국으로의 유로화 공급량은 사실상 감소하므로 미국의 유로화 공급곡선은 우하향한다(이 문제는 이 장 뒤의 연습문제에 수록됨). 따라서 미국의 유로화에 대한 수요곡선은 거의 언제나 우하향하는 반면, 미국의 유로화 공급곡선은 D_X가 탄력적, 단위탄력적 또는 비탄력적인가에 따라 각각 우상향하거나 수직이거나 우하향한다. 4.4절에서는 이러한 점들이 외환시장의 안정성을 결정하는 데 중요한 역할을 한다는 사실을 살펴볼 것이다.

4.3 환율의 변화가 국내물가와 교역조건에 미치는 효과

지금까지는 달러의 평가절하 또는 평가하락이 미국의 국제수지에 미치는 영향을 살펴보기 위하여, **외화(유로화)로** 표시한 미국의 수입품 및 수출상품에 대한 수요곡선과 공급곡선을 중심으로 논의를 전개하였다. 그러나 달러의 평가절하나 평가하락은 **달러화로** 표시한 미국의 국내 물가에 매우 중요한 영향을 미친다. 즉, 달러가 평가하락하거나 평가절하되면 미국의 수입대체상품과 수출상품의 생산이 촉진되고 미국 내 물가가 상승한다. 따라서 달러가 평가절하나 평가하락한 결과 미국에서 유로화로 표시한 수입품 및 수출상품의 가격은 하락하지만(그림 4-2 참조), 수입대체상품과 수출상품의 달러 표시 가격은 상승하여 인플레이션 압력이 생긴다. 보다 상급의 학생들을 위하여 A4.1절에서는 이 점을 그래프로 설명한다.

달러화의 평가절하나 평가하락의 폭이 클수록 미국 경제에 대한 인플레이션 압력이 더욱 커지기 때문에 미국의 국제수지 적자를 환율변화를 통해 조정하려는 것은 현실성이 없다. 미국의 수입대체상품과 수출상품의 달러 표시 가격이 상승하는 것은 미국 생산자들이 비교역상품이나 국내상품의 생산으로부터 수입대체상품 및 수출상품의 생산으로 자원을 이동시키는 데 필요한 유인이라는 점에 주목하자. 그러나 이러한 가격 상승 때문에 평가절하 또는 평가하락으로 인해 미국이 점할 수 있었던 가격우위 역시 감소한다(사례연구 4-1 참조).

평가하락이나 평가절하는 그 나라의 교역조건에도 영향을 미친다. 한 나라의 교역조건은 그 나라의 수입상품 가격에 대한 수출상품 가격의 비율로 정의된다. 수출가격과 수입가격은 모두 국내통화로 측정하든지 아니면 모두 외국통화로 측정하여야 한다. 평가하락 또는 평가절하의 결과 국내통화로 표시한 수출상품 및 수입품의 가격은 모두 상승하므로 수출상품의 가격이 수입품의 가격보다 더 크게 상승했는가, 더 작게 상승했는가, 아니면 같은 비율로 증가했는가에 따라 교역조건은 개선되

사례연구 4-1 🌐 1997~1998년 동아시아 위기 동안 개발도상국 통화의 평가하락 및 인플레이션

표 4-1은 1997년 중반부터 1999년 가을까지 자국통화의 급격한 평가하락을 포함한 심각한 경제위기와 외환위기를 겪었던 아시아 4개국(타이, 한국, 말레이시아, 인도네시아)의 통화가치 하락률과 이로 인한 인플레이션율을 보여 준다. 이들 국가들은 1997년까지 고도성장을 하여 '아시아의 용'이라고 불리던 국가들이다. 또한 이 표는 동기간에(1997년 2분기부터 1999년 3분기까지) 급격한 통화가치의 하락과 인플레이션 압력을 받았던 라틴아메리카 국가들(브라질, 칠레, 멕시코)에 대한 자료도 함께 보여 주고 있다.

표 4-1로부터 인도네시아를 제외하면 해당 아시아 국가들의 인플레이션율은 평가하락률의 1/3이 채 안 됨을 알 수 있다. 다른 말로 하면 이들 아시아 국가들에서 평가하락으로 인한 가격 우위 중 약 1/3가량이 인플레이션으로 소실되었다는 의미이다. 인도네시아의 경우에는 소실된 비율이 72.5%(49.0/67.6)에 이르며, 라틴아메리카 국가의 경우에는 이 비율이 브라질은 20%, 칠레는 46%였다. 멕시코의 경우는 인플레이션율이 평가하락률의 거의 2배에 달한다. 제6장과 제7장에서 살펴보겠지만 인플레이션은 통화의 평가하락률에만 좌우되는 것은 아니며 구조적 여건과 그 국가 내에서 작용하고 있는 기타 요인에 의해서도 결정된다.

표 4-1 일부 아시아 및 라틴아메리카 국가의 평가하락률, 인플레이션(1997년 2분기~1999년 3분기, %)

아시아 국가	통화의 평가하락	인플레이션
인도네시아	67.6	49.0
말레이시아	40.0	8.6
한국	25.4	8.1
타이	32.1	9.3
라틴아메리카 국가		
브라질	42.6	8.3
칠레	19.4	8.9
멕시코	15.5	27.7

출처 : International Monetary Fund, *International Financial Statistics* (Washington, D.C. : IMF, 2000).

거나 악화되거나 변하지 않는다.

그림 4-2로부터 달러가 20% 평가절하 또는 평가하락했을 때 미국의 수출상품과 수입품의 유로화 표시 가격이 변화하는 정도를 정확히 알 수 있으므로 미국 교역조건의 변화를 측정할 수 있다. 달러가 평가하락 또는 평가절하되기 이전에는 $P_X = €2$(그림 4-2의 오른편 도표에서 점 A')이고 $P_M = €1$(왼편 도표의 점 B')이므로 $P_X/P_M = 2/1 = 2$ 또는 200%이다. 달러화가 20% 평가하락 또는 평가절하된 후에는 $P_X = €1.8$(오른편 도표의 점 E')이고 $P_M = €0.9$(왼편 도표의 점 E')이므로 $P_X/P_M = 1.8/0.9 = 2$ 또는 200%이다. 따라서 이 경우 미국의 교역조건은 변하지 않았다. 미국의 수출상품 및 수입품에 대한 달러 표시 가격을 사용하여 교역조건의 변화를 측정하여도 결과는 동일하다(부록의 그림 4-7 참조). 그러나 일반적으로는 한 나라의 통화가 평가절하 또는 평가하락할 때 (부록 A4.2에서 논의되고 있는 바와 같이) 그 나라의 교역조건은 변화할 것이다.

어떤 산업국가가 예전에 수입하고 있던 천연자원을 국내에서 생산하면 흥미로운 상황이 벌어진다. 이에 대한 좋은 예로 영국이 1976년에 북해에서 다량의 원유를 생산하면서 원유를 수입할 필요가 없어진 경우를 들 수 있다. 그 결과 그 나라의 통화가 지나치게 평가상승하여 전통적인 공업부문에서 국제경쟁력을 상실하고 심지어는 탈공업화에 이를 수도 있다. 이를 네덜란드 병(Dutch disease)이라고 부른다. 이 명칭은 네덜란드가 천연가스산업을 개발하여 천연가스 수입의 필요성이 없어지자 네덜란드의 플로린(Dutch florin)이 평가상승하여 전통적인 공업부문에서 경쟁력을 상대적으로 상실했던 데서 유래한다.

4.4 외환시장의 안정성

이 절에서는 외환시장의 안정성에 대한 의미와 조건을 살펴본다. 안정적 외환시장(stable foreign exchange market)이란 균형환율로부터 교란이 발생하면 자동적으로 환율이 균형수준으로 회복되는 힘이 존재하는 시장을 의미한다. 반면에 균형환율로부터 교란이 발생하면 환율이 균형수준으로부터 더욱 멀어지게 될 때 이를 불안정한 외환시장(unstable foreign exchange market)이라고 한다.

4.4A 안정적 외환시장과 불안정한 외환시장

외환의 공급곡선이 양의 기울기를 갖거나, 음의 기울기를 갖더라도 외환의 수요곡선보다 비탄력적(기울기가 큼)이면 외환시장은 안정적이다. 만약 외환의 공급곡선이 음의 기울기를 가지고 있고 또 외환의 수요곡선보다 더 탄력적(기울기가 작음)이라면 외환시장은 불안정하다. 이러한 조건이 그림 4-3에 예시되어 있다.

그림 4-3의 왼쪽 도표는 그림 4-1의 D_ϵ와 S_ϵ를 다시 그린 것이다. 수요 및 공급곡선이 D_ϵ와 S_ϵ일 때 균형환율은 $R = \$1.20/\text{€}1$이고 유로화의 수요량과 공급량은 연간 100억 유로(그림 4-3의 왼쪽 도표에서 점 E)로 일치한다. 어떤 이유로든 환율이 $R = \$1/\text{€}1$로 하락하면 40억 유로($AB$)에 대한 초과수요(미국의 국제수지적자)가 발생하며 환율은 $R = \$1.20/\text{€}1$의 균형환율로 자동 회복된다. 반대로 환율이 $R = \$1.40/\text{€}1$로 상승하면 30억 유로($NR$)에 대한 초과공급(미국의 국제수지 흑자)이 발생하며 그 결과 환율은 자동 하락하여 $R = \$1.20/\text{€}1$의 균형환율로 복귀한다. 따라서 그림 4-3의 왼쪽 도표에 있는 외환시장은 안정적이다.

그림 4-3의 가운데 도표에서 D_ϵ는 왼쪽 도표의 D_ϵ와 동일하지만 S_ϵ는 우하향하며 D_ϵ보다 기울기가 크다(탄력성이 작다). 이 경우에도 마찬가지로 균형환율은 $R = \$1.20/\text{€}1$(점 E)이며, 환율이 $R = \$1/\text{€}1$로 균형환율보다 낮으면 15억 유로에 해당하는(UB) 초과수요(미국의 국제수지 적자)가 발생하여, 환율은 자동적으로 $R = \$1.20/\text{€}1$의 균형환율로 회복된다. 균형환율보다 높은 $R = \$1.40/\text{€}1$의 환율에서는 10억 유로($NT$)에 해당하는 초과공급(미국의 국제수지 흑자)이 발생하여, 환율은 자동적으로 균형환율 수준인 $R = \$1.20/\text{€}1$로 하락한다. 이 경우에도 외환시장은 역시 안정적이다.

그림 4-3의 오른쪽 도표는 가운데 도표와 똑같은 것처럼 보이지만 수요와 공급곡선이 서로 바뀌

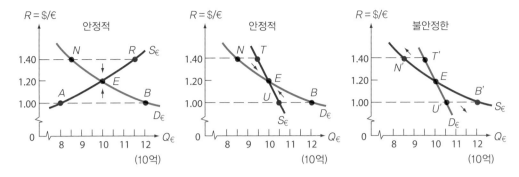

그림 4-3 안정적 외환시장과 불안정한 외환시장
3개의 도표에서 모두 균형환율은 R = $1.20/€1이고 유로화의 수요량과 공급량은 연간 100억 유로이다. 어떤 이유로든 균형이 교란되어 환율이 R = $1/€1로 하락하면 왼쪽 및 가운데 도표에서는 환율이 균형환율로 자동 회복되지만 오른쪽 도표에서는 외환의 초과공급으로 인하여 환율은 더욱 하락한다. 마찬가지로 R = $1.40/€1에서는 왼쪽 및 가운데 도표에서는 초과공급이 발생하여 환율이 R = $1.20/€1로 하락하지만, 오른쪽 도표에서는 초과수요로 인하여 환율이 더 상승한다. 따라서 왼쪽 및 가운데 도표는 안정적 외환시장을, 오른쪽 도표는 불안정한 외환시장을 보여 준다.

어져 있다. 따라서 이제는 $S_€$가 음의 기울기를 가지고 있고 $D_€$보다 경사가 완만(탄력적)하다. 균형환율은 역시 R = $1.20/€1이지만(점 E) 이제 환율이 균형환율보다 낮으면 유로화에 대한 초과공급이 발생하여 환율은 자동적으로 더 떨어지고 균형환율로부터 더욱 멀어진다. 예를 들면 R = $1/€1의 환율에서는 15억 유로($U'B'$)의 초과공급이 발생하므로 환율은 자동적으로 더 떨어지고 균형환율로부터 더욱 멀어지게 된다. 한편 R = $1.40/€1에서는 10억 유로($N'T'$)의 초과수요가 발생하여 환율은 자동적으로 상승하고 균형환율로부터 더욱 멀어지게 된다. 따라서 오른쪽 도표의 외환시장은 **불안정적**이다.

외환시장이 불안정하면 변동환율제도는 국제수지 불균형을 개선시키지 못하고 오히려 악화시킨다. 이때 적자를 제거하거나 감소시키기 위해서는 적자국 통화의 평가절하가 아니라 평가상승이 필요한 반면, 흑자를 조정하기 위해서는 평가절하가 필요하다. 이러한 정책들은 안정적인 외환시장의 경우에 요구되는 정책과는 정반대이다. 그러므로 외환시장이 안정적인지 불안정적인지를 결정하는 것은 중요하다. 외환시장이 안정적이어야만 유로의 수요와 공급곡선의 탄력성(적자국 통화의 평가하락 또는 평가절하를 통해 국제수지 불균형을 조정하는 것의 실현가능성)이 중요해진다.

4.4B 마셜–러너 조건

현실세계에서 외환 수요곡선과 공급곡선의 정확한 형태를 알고 있다면 외환시장이 어떤 경우에 안정적이고, 불안정적인지를 쉽게 알 수 있고, 안정적이라면 국제수지 적자를 조정하기 위해 필요한 평가절하나 평가하락의 크기를 판단하는 것도 (앞에서 살펴본 바와 같이) 용이할 것이다. 그러나 불행하게도 현실은 그렇지 않다. 따라서 수출상품과 수입품에 대한 수요와 공급으로부터 외환시장의 안정성과 불안정성 및 외환에 대한 수요와 공급의 탄력성을 추론할 수밖에 없다.

외환시장의 안정조건은 마셜–러너 조건으로 판단할 수 있다. 마셜–러너 조건을 일반적으로 정형화하는 것은 매우 복잡하므로 부록의 A4.2절에서 소개하고, 여기서는 일반적으로 사용되는 단순한 형태를 소개하고 논의한다. 이 조건은 수출상품과 수입품의 공급곡선(S_M과 S_X)이 모두 무한탄력적 또는 수평일 때 성립한다. 마셜-러너 조건(Marshall-Lerner condition)에 의하면 수입수요(D_M)와 수출수요(D_X)에 대한 가격탄력성의 절댓값의 합이 1보다 클 때 외환시장은 안정적이다. 만약 D_M과 D_X의 가격탄력성의 합이 1보다 작다면 외환시장은 불안정하고, 이러한 두 가지 수요탄력성의 합이 1인 경우에는 환율이 변화하여도 국제수지는 변하지 않는다.

예를 들어 그림 4-2의 왼쪽 도표에서 D_M이 수직이고 S_M이 수평이면 달러화의 평가하락이나 평가절하 결과 미국의 수입수요는 변하지 않으므로 미국의 유로화 수요량은 변하지 않고, 그 결과 미국의 국제수지는 변화하지 않는다. 그림 4-2의 오른쪽 도표에서 S_X가 수평선이어서 달러화가 일정 비율로 평가하락 또는 평가절하되는 비율만큼 아래로 이동하면, D_X가 가격에 대해 탄력적, 단위탄력적 또는 비탄력적인가에 따라 미국으로 공급되는 유로화의 양은 증가, 불변, 또는 감소함을 알 수 있다. 따라서 D_M과 D_X의 가격탄력성의 합은 D_X의 가격탄력성과 같고(왜냐하면 D_M의 탄력성이 0으로 가정했으므로), D_X의 탄력성이 1보다 크면 미국의 국제수지는 개선된다.

D_M이 우하향하여 달러가 평가절하되는 것만큼 아래로 이동하면 미국의 유로화 수요량은 감소하고, 그 자체로 미국의 국제수지는 자동적으로 개선된다. D_M의 가격탄력성이 클수록 미국의 유로화 수요량이 감소하는 정도는 더욱 커진다. 이제 D_X의 가격탄력성이 1보다 작아서 달러의 평가절하 결과 유로의 공급량이 감소한다고 하더라도 미국의 유로화 수요량이 감소하는 정도가 미국으로 공급되는 유로화 양이 감소하는 정도보다 크다면, 미국의 국제수지는 여전히 개선될 것이다. 이렇게 되기 위해서는 D_M과 D_X의 탄력성의 합이 1보다 커야 한다. 이들 두 가지 탄력성의 합이 1보다 크면 클수록 달러의 평가절하나 평가하락으로 인한 미국의 국제수지 개선 효과는 더 커진다.

4.5 현실세계에서의 탄력성

이 절에서는 수입품과 수출상품의 가격탄력성을 측정하는 방법을 살펴보고 현실세계에서 탄력성의 추정값을 소개하며 J-곡선 효과를 논의한 후 국내가격에서 환율변동의 '가격전가(pass-through)'를 살펴본다.

4.5A 탄력성의 추정값

마셜-러너 조건에 의하면 수입수요와 수출수요의 가격탄력성의 절댓값의 합이 1보다 클 때 외환시장은 안정적이다. 그러나 한 나라의 국제수지 적자를 조정하기 위해 (즉, 과도한 인플레이션 압력을 받지 않고) 평가하락이나 평가절하를 이용하려면 외환에 대한 수요와 공급곡선이 충분히 탄력적이어서 두 가지 탄력성의 합이 1보다 상당히 커야 한다. 따라서 현실세계에서의 수출상품과 수입품의 탄력성을 아는 것은 매우 중요한 일이다.

제2차 세계대전 전에는 일반적으로 외환시장이 안정적일 뿐만 아니라 외환의 수요와 공급이 매우 탄력적인 것으로 생각되었다. 여러 사람 중 특히 마셜(Marshall)은 1923년에 출판된 **통화, 신용 및 통상**(*Money, Credit and Commerce*)에서 이러한 견해를 피력하였지만 경험적 증거는 제시하지 못했다.

1940년대에는 국제무역에서 가격탄력성을 추정하기 위하여 많은 계량경제학적 연구가 시도되었다. 창(Chang)은 두 가지 대표적인 연구를 하였는데, 하나는 1924년부터 1938년까지 자료가 존재하는 21개국에 대한 수입수요의 가격탄력성을 측정한 1945년의 연구였고, 또 하나는 같은 기간에 대해 22개국 수출수요의 가격탄력성을 측정한 1948년의 연구였다. 창은 수요탄력성의 합이 평균적으로 1보다 간신히 크며, 따라서 외환시장은 안정적이지만 외환에 대한 수요와 공급곡선은 (그림 4-1의 D_ϵ, S_ϵ 대신 D_ϵ^*, S_ϵ^*와 같이) 아마도 기울기가 상당히 크고 비탄력적일 것이라는 사실을 발견하였다. 다른 연구들도 이와 비슷한 결론을 내렸고, 수입수요와 수출수요에 대한 탄력성의 절댓값의 합이 1보다 작거나 1에 아주 가깝다는 사실을 확인하였다. 따라서 제2차 세계대전 이전의 탄력성 낙관론(elasticity optimism)이 전후에는 탄력성 비관론(elasticity pessimism)으로 바뀌었다.

그러나 오커트(Orcutt)는 1950년의 논문에서 국제무역의 탄력성을 추정하는 데 사용된 회귀방법은 실제의 탄력성을 전반적으로 과소평가한다는 견해에 대해 설득력 있는 이유를 제시하였다. 간단히 말하면 그것은 마셜의 견해가 옳고 새로운 계량경제학적 기법에 의한 탄력성 추정값은 외관상으로는 정확하게 보일지라도 사실과는 거리가 멀다는 것이다.

1940년대에 행해진 초기의 계량경제학적 연구가 수입과 수출에 대한 수요의 가격탄력성을 대체로 과소평가한다고 하는 오커트의 주장에 대해, 그가 제시한 한 가지 이유는 추정상의 식별문제(identification problem)이다. 이는 그림 4-4를 이용하여 설명할 수 있다. 이 그림은 미국의 수출상품에 대한 외국의 수요곡선과 미국의 공급곡선을 외환(유로)으로 표시했을 때, 달러의 평가하락 또는 평가절하가 미국 수출시장에 대해 미치는 효과를 보여 준다는 점에서 그림 4-2의 오른쪽 도표와 유사하다. 점 E와 점 E^*는 각각 달러의 평가절하 또는 평가하락 이전과 이후에 실제로 관찰된 점이라고 가정하자(그림 4-4의 곡선들은 실제로 관찰할 수 없음). 그림 4-4에서 S_X가 S_X^*로 아래로 이동하는 것은 (그림 4-2의 오른쪽 도표에서와 마찬가지로) 달러가 평가하락이나 평가절하되었기 때문이다. 달러의 평가하락이나 평가절하는 미국의 수출상품에 대한 외국의 수요에는 영향을 미치지 못한다.

만약 (미국 수출상품에 대한 기호의 변화와 같은) 다른 변화가 없다면 추정된 미국의 수출상품에 대한 외국의 수요곡선은 그림 4-4의 D_X로 알 수 있듯이 비탄력적이다. 그러나 D_X'가 미국 수출상품에 대한 외국의 기호 감소로 인하여 D_X''로 아래로 이동한다면 수요곡선 D_X'가 탄력적인 경우에도 균형점 E와 E^*를 관찰할 수 있다. 회귀분석은 실제의 수요곡선이 탄력적이어서 D_X'와 D_X''와 같다고 하더라도, D_X에 대한 탄력성을 추정할 뿐이어서 탄력성이 낮은 것으로 나타난다(즉, 회귀분석의 기법은 수요곡선 D_X'와 D_X''를 식별하지 못한다). 기호의 변화나 기타 설명할 수 없는 요인 때문에 수요는 시간이 경과함에 따라 자주 변화하므로 추정된 탄력성은 실제의 탄력성을 과소추정하는 경향이 있다.

또한 1940년대의 탄력성은 가격변화에 대한 1년 이하의 기간에 대한 수량반응을 토대로 단기탄

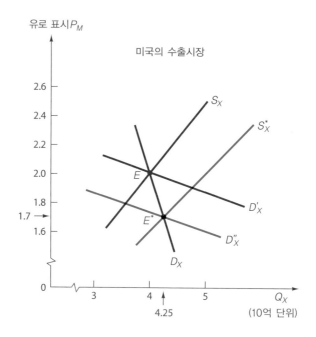

그림 4-4 식별문제

관찰된 균형점 *E*와 *E**는 비탄력적 수요곡선 D_X가 이동하지 않는 경우에도 관찰될 수 있고, 탄력적 수요곡선 D'_X가 D''_X로 이동하는 경우에도 관찰될 수 있다. 1940년대에 사용된 추정기법은 실제의 수요곡선이 D'_X라고 하더라도 (비탄력적인) 수요곡선 D_X의 탄력성을 추정하였다.

력성을 측정한 것이다. 준츠와 롬버그(Junz & R. Rhomberg, 1973)는 국제무역에서 가격변화에 대한 수량반응에는 다섯 가지의 시차가 존재할 수 있음을 보여 주고 있다. 이러한 시차에는 가격변화를 인지할 수 있을 때까지의 인지시차(recognition lag), 가격변화를 이용하기 위한 의사결정 시차(decision lag), 가격변화의 결과 상품의 주문 및 인도에 소요되는 인도시차(delivery lag), 새로운 주문을 하기 전에 재고를 정리하는 데 필요한 교체시차(replacement lag), 마지막으로 가격변화의 결과 생산물의 구성을 변화시키기 위한 생산시차(production lag) 등이 있다. 준쯔와 롬버그는 최종적 장기 수량반응의 50%가 발생하기 위해서는 3년, 90%가 발생하기 위해서는 5년이 걸리는 것으로 추정하였다. 1940년대의 초기의 계량경제학적 연구는 가격이 변화한 당해 연도만의 수량반응을 측정했기 때문에 장기적인 탄력성을 크게 과소평가하고 있다.

4.5B J-곡선 효과와 수정된 탄력성 추정값

국제무역에서 단기탄력성은 장기탄력성에 비해 훨씬 작을 뿐만 아니라 평가절하나 평가하락 직후한 나라의 무역수지가 악화되었다가 나중에 개선될 수도 있다. 그 이유는 평가절하나 평가하락 직후에는 국내통화 표시 수입품의 가격이 수출상품 가격보다 빨리 상승하는 반면, 처음에는 수량이 그다지 변화하지 않는 경향이 있기 때문이다. 시간이 지나면서 수출량은 증가하고 수입량은 감소하며 수출상품 가격은 수입품 가격을 추격하기 때문에 이 국가의 무역수지는 더 이상 악화되지 않고 반전된다. 경제학자들은 평가절하나 평가하락의 결과 무역수지가 처음에는 악화되고 후에 개선되

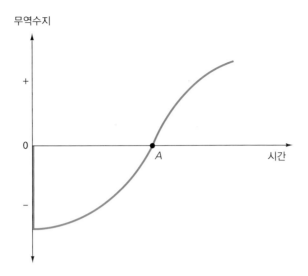

그림 4-5 J-곡선
초기의 무역수지가 0인 원점에서 시작하여 평가절하나 평가하락의 결과 처음에는 무역수지가 악화되고 (시점 A 이후에) 개선된다.

는 이러한 경향을 J-곡선 효과(J-curve effect)라고 한다. 그 이유는 무역수지를 수직축에 시간을 수평축에 그리면, 평가절하나 평가하락에 대한 무역수지의 반응이 J자의 모양을 하기 때문이다(그림 4-5 참조). 이 그림에서는 초기의 무역수지가 0임을 가정하고 있다.

하버거(Harberger, 1957), 하우태커와 매기(Houthakker & Magee, 1969), 스턴, 프란시스와 슈마허(Stern, Francis, & Schumacher, 1976), 스피탤러(Spitaeller, 1980), 아터스와 나이트(Artus & Knight, 1984)[골드스타인과 칸(Goldstein & Khan, 1985)은 이들 연구를 요약·검토했음], 후퍼, 존슨과 마르케즈(Hooper, Johnson, & Marquez, 1998)는 실증적 연구를 통해 오커트가 제기한 몇 가지 추정문제를 극복하려고 하였다. 이들 연구들은 대체로 J-곡선 효과의 존재를 확인하였으며 장기탄력성의 값은 1940년대의 실증적인 연구에서 추정된 탄력성의 값보다 약 2배 정도 높다는 결론을 내렸다. 이러한 연구의 핵심은 단기에는 현실세계의 탄력성이 충분히 높아서 외환시장은 안정적이며, 장기에도 외환에 대한 수요와 공급의 탄력성이 매우 높다는 것이다. 그러나 초단기(예 : 처음 6개월 동안)에는 이른바 **충격탄력성**(impact elasticity)이 매우 낮아서 평가절하나 평가하락의 결과 경상수지가 악화되고 그다음에 개선된다(J-곡선)는 것이다. 사례연구 4-2와 4-3은 여러 국가의 수입 및 수출에 대한 탄력성의 추정값을 소개하고, 사례연구 4-4와 4-5는 환율의 변화가 미국의 무역수지와 경상수지에 미치는 효과를 살펴보며, 사례연구 4-6은 1990년대 초 금융위기 시기에 환율의 변화가 유럽의 주요 산업국가의 경상수지에 대해 미친 효과를 살펴본다.

4.5C 환율의 전가

한 국가의 무역수지나 경상수지가 평가하락에 대하여 반응하는 데는 보통 시차가 (일시적으로는 J-곡선 효과와 같은 엉뚱한 효과도) 존재하지만, 이러한 시차 이후에도 수입품의 국내가격은 평가하

사례연구 4-2 🌐 국제무역에 있어 가격탄력성의 추정값

표 4-2는 14개 산업국가의 제조업 상품의 수출과 수입에 대한 충격, 단기 및 장기탄력성의 절댓값을 보여 준다. 충격 탄력성으로 알 수 있는 바와 같이 외환시장은 6개월의 초단기 조정기간에는 매우 불안정한 것으로 보여 J-곡선 효과를 확인할 수 있다. 1년의 조정기간에 대한 단기탄력성은 대부분의 국가에 대해 마셜-러너 조건이 충족되고는 있지만 가까스로 성립하고 있다. 장기(수년의 조정기간)의 경우에는 수출상품 및 수입품에 대한 가격탄력성의 단순평균이 7개 산업국가에서는 1.92로, 소규모 산업국가에서는 2.07, 그리고 14개국 전체에 대해서는 2.00으로 나타났다. 따라서 외환에 대한 수요곡선과 공급곡선은 대단히 탄력적이다.

표 4-2 제조업 상품의 수입 및 수출에 대한 수요의 가격탄력성의 추정값

국가	수입탄력성			수출탄력성		
	초단기	단기	장기	초단기	단기	장기
미국	–	1.06	1.06	0.18	0.48	1.67
일본	0.16	0.72	0.97	0.59	1.01	1.61
독일	0.57	0.77	0.77	–	–	1.41
영국	0.60	0.75	0.75	–	–	0.31
프랑스	–	0.49	0.60	0.20	0.48	1.25
이탈리아	0.94	0.94	0.94	–	0.56	0.64
캐나다	0.72	0.72	0.72	0.08	0.40	0.71
오스트리아	0.03	0.36	0.80	0.39	0.71	1.37
벨기에	–	–	0.70	0.18	0.59	1.55
덴마크	0.55	0.93	1.14	0.82	1.13	1.13
네덜란드	0.71	1.22	1.22	0.24	0.49	0.89
노르웨이	–	0.01	0.71	0.40	0.74	1.49
스웨덴	–	–	0.94	0.27	0.73	1.59
스위스	0.25	0.25	0.25	0.28	0.42	0.73

출처 : J.R.Artus and M.D.Knight, *Issues in the Assesment of Exchange Rates of Industrial Countries*, Occasional Paper 29(Washington, D.C.: International Monetary Fund, July 1984), Table 4, p. 26. 표상의 '대시(−)'는 사용할 수 없는 값을 나타냄

사례연구 4-3 🌐 국제무역에서 기타 가격탄력성의 추정값

표 4-3에서는 G7 국가(미국, 일본, 독일, 영국, 프랑스, 이탈리아, 캐나다)의 단기 및 장기에서 재화 및 서비스 수요의 가격탄력성의 추정값의 절대치를 보여 준다. 1950년대 중반 또는 1960년대 초반부터 1996년, 1997년까지 탄력성이 분기별 자료를 사용하여 추정되었다(각국의 자료 수집 가능성에 의존). 결과로부터 단기 가격탄력성의 값이 매우 낮아 외환시장이 불안정한 것 같으며 따라서 마셜-러너 조건이 충족되지 않으며 G7 모든 국가에 대해 J-곡선 효과를 확인시키는 결과이다. 그러나 (여러 해에 걸친) 장기에서는 7개 국가 중 5개 국가에서는 수입과 수출수요의 가격탄력성의 합이 1보다 크다(그래서 마셜-러너 조건은 충족). 독일과 프랑스는 예외이고 그룹 전체의 수출입 가격탄력성의 가중평균은 1.26이다. 석유수입(가격탄력성이 매우 낮음)이 제외된다면 탄력성의 추정치는 훨씬 높아질 것

(계속)

이다. 여러 학자들의 다른 추정치는 표의 추정치보다 높은 값을 갖는 것으로 조사된다. 핀스트라 등(Feenstra et al., 2014)은 연구 대상 미국 제품의 반 이상에 대해 특정제품들의 추정치는 총체적인 가격탄력성보다 높게 분석된다고 밝혔다.

표 4-3 수출과 수입에 대한 가격탄력성 추정치

국가	수입탄력성		수출탄력성	
	단기	장기	단기	장기
미국	0.1	0.3	0.5	1.5
일본	0.1	0.3	0.5	1.0
독일	0.2	0.6	0.1	0.3
영국	0.0	0.1	0.2	1.6
프랑스	0.1	0.4	0.1	0.2
이탈리아	0.0	0.4	0.3	0.9
캐나다	0.1	0.9	0.5	0.9

출처 : P. Hooper, K. Johnson, and J. Marquez, "Trade Elasticities for the G-7 Countries," Board of Governors of the Federal Reserve System, *International Finance Discussion Papers* No. 609, April 2008, pp. 1 – 20.

락의 크기보다 적게 상승할 수도 있다. 즉, 평가하락으로부터 국내물가로의 가격전가(pass-through) 효과가 불완전할 수도 있다. 예를 들어 한 국가의 통화가 10% 평가하락하면 수입품의 국내통화 표시 가격은 10% 이하로 상승할 수도 있다. 그 이유는 이 국가의 시장점유율을 유지하고 확대하려고 노력한 외국의 수출기업이 수출상품의 가격을 인하하여 시장점유율이 하락하는 것을 막고, 가격인상의 일부 이윤을 줄임으로써 흡수하려고 하기 때문이다. 구체적으로는 어떤 국가의 통화가 10% 평가하락하면, 이 국가로 수출하는 외국기업은 시장점유율이 낮아질 것을 우려하여 수출상품의 가격을 6%만 인상하고 이윤이 4% 감소하도록 할 수도 있다.

미국의 경우에 달러의 평가하락으로 인한 전가효과는 장기에서 약 42% 정도인 것으로 추정된다. 이는 미국이 수입하는 상품의 달러 표시 가격은 달러의 평가하락률 중 약 42% 상승하며 나머지 58% 는 수출업자의 이윤감소로 흡수된다는 뜻이다(사례연구 4-7 참조). 환율변화로 인한 가격에 미치는 전가효과(즉, 기업의 가격책정 능력)는 지난 20년간 인플레이션율이 낮은 환경하에서 감소했다고 제조업보다는 1차 상품무역에서 그리고 중국과의 무역에서 더 감소했다는 실증적 증거가 많아지고 있다(Taylor, 1999; McCarthy, 1999; Chinn, 2005; Ihrig, Marazzi, & Rothenberg, 2006; Marquez & Schindler, 2007; Takhtamanova, 2008; Mishkin, 2008; Kee, Nicita, & Olarrega, 2008; Imbs & Mejean, 2009 참조).

또한 수출업자들은 달러의 평가하락이 지속되고 가까운 장래에 반전되지 않는다는 확신이 없으면 달러가 평가하락한 것만큼 가격을 인상하려고 하지 않을 것이다. 생산설비를 계획하고 건설하고 해체하며 새로운 시장에 진입하거나 철수하는 데는 비용이 많이 들기 때문에 수출업자들은 수출

사례연구 4-4 🌐 달러의 실효환율 및 미국의 경상수지

그림 4-6은 1980년부터 2014년까지 (1달러당 외국통화로 정의한, 1995 = 100, 오른쪽 수직선) 달러의 실효환율지수와 (왼쪽 수직선, 단위 10억 달러로 표시한) 미국의 경상수지를 보여 준다. 이 그림은 1980년부터 1985년까지 달러의 실효환율은 거의 40% 평가상승했지만 미국의 경상수지는 1982년부터 악화되기 시작했음을 보여 준다. 달러가 1985년에 급격하게 평가하락하기 시작했음에도 불구하고 미국의 무역수지는 1987년까지 계속 악화되었다. 따라서 미국의 무역수지는 (약 2년간의) 시차를 두고 달러 환율의 변화에 반응하는 것으로 보인다.

1987년부터 1991년까지 환율은 크게 변하지 않았음에도

불구하고 1987년부터 1991년 경상수지는 개선되었고, 그 후 1994년까지(1999년 제외)는 악화되었다. 달러는 1995년부터 2001년까지 평가하락하였고 미국의 경상수지는 악화되었으나(2001년 제외) 달러의 평가하락에도 불구하고 2002~2006년 경상수지는 한층 더 악화되었다. 2009년과 2012년부터 2014년까지 달러는 평가상승하였으나 경상수지는 개선되었다.

이와 같이 미국의 경상수지는 2년의 시차를 두고 실효환율에 반응하기도 하고 반대로 움직이기도 한다. 분명히 다른 강력한 힘이 미국의 경상수지에 영향을 준다는 것을 알수 있다(다음 장에서 논의).

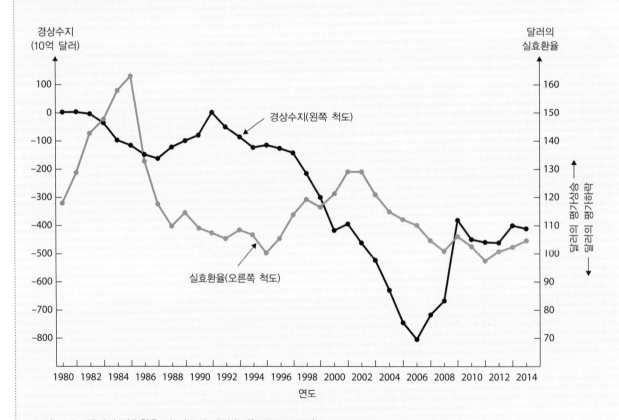

그림 4-6 달러의 실효환율 및 미국의 경상수지(1980~2014)
미국의 경상수지는 긴 시차를 두고 반응하지만(환율이 평가하락할 때 개선되고 평가상승할 때 악화됨) 항상 그런 것은 아니다(2002~2006년 동안은 달러가 평가하락했는데도 불구하고 경상수지는 크게 악화됨).
출처 : International Monetary Fund, *International Financial Statistics* and U.S. Department of Commerce, *Survey of Current Business*, Various Issues.

사례연구 4-5 ⊙ 달러의 평가하락과 미국의 경상수지

표 4-4는 달러가 다른 (미국 제외) OECD 국가에 대해서 30% 평가하락하거나 전 세계 통화에 대해서 22.5% 평가하락하는 경우 미국의 성장률, 인플레이션율, 무역수지, 경상수지 및 단기이자율에 미치는 효과의 추정값을 보여 준다. 효과는 2004~2009년 (초기상황) 동안 달러의 평가하락이 없는 경우를 기준으로 결정된다. 표를 통해 달러의 평가하락이 없는 초기상황과 비교하여 2004~2009년 기간의 연평균 효과와 최종상황(2009년)을 알 수 있다.

표 4-4로부터 OECD 국가에 대해 달러가 30% 평가하락하는 경우(모든 통화에 대해 22.5% 평가하락하는 경우와 결과는 동일하거나 거의 유사) 2004~2009년 동안 실질 GDP의 성장률이 3.3에 이르고 있다. 인플레이션율은 초기상황 1.3%에 비해 2.6%로 상승하였고 무역수지는 GDP의 -4.7%에서 -3.4%로, 경상수지는 -5.1%에서 -4.2%

로, 단기이자율은 3.9%에서 6.9%로 바뀌었다. 이러한 효과는 예상했던 대로 무역수지와 경상수지를 개선한 것 외에도 달러의 평가하락은 수출과 성장을 촉진시켰다. 그러나 그 효과는 인플레이션 측면으로 인해 이자율이 높아지고 성장률이 저하되는 측면도 있다.

표의 마지막 2개의 열에서는 초기상황 대비 2009년의 결과를 보여 준다. 즉, 미국의 성장은 초기에 비해 1%의 반 정도만 하락하고 물가수준은 7.6% 더 높으며, 무역수지는 2.0%p 더 개선되고(GDP의 -4.7%에서 -3.4%로), 경상수지 또한 1.4%p 개선되며(-5.1%에서 GDP의 -4.2%) 단기이자율은 3%p 더 높게 나타난다(3.9%에서 6.9%로). 이와 같이 우리는 미국의 무역 및 경상수지의 적절한 개선을 위해서는 달러의 상당한 정도의 평가하락이 필요하다고 결론지을 수 있다.

표 4-4   달러의 평가하락이 미국의 무역수지 및 경상수지에 미치는 효과(2004~2009)

국가	연평균(2004~2009)			기준 대비 종기(2009) 변화	
	초기상황	OECD에 대한 환율조정[a]	전 세계에 대한 환율조정[b]	OECD에 대한 환율조정	전 세계에 대한 환율조정
실질 GDP 성장률[c]	3.3	3.3	3.3	-0.5	-0.3
인플레이션율[c]	1.3	2.6	2.2	7.6	5.1
무역수지[d]	-4.7	-3.4	-3.4	2.0	1.9
경상수지[d]	-5.1	-4.2	-4.3	1.4	1.3
단기이자율[e]	3.9	6.9	6.9	3.0	3.0

[a] OECD 국가에 대해 30% 평가하락
[b] 전 세계에 대해 22.5% 평가하락
[c] 처음 3개의 열은 연평균변화율, 마지막 2개의 열은 초기 대비 2009년의 수준값
[d] GDP의 백분비, 마지막 2개 열의 값은 처음 2개 열의 값을 더할 필요가 없음
[e] 백분비
출처 : Organization for Economic Cooperation and Development, *Economic Outlook* (Paris: OECD, June 2004).

사례연구 4-6 ⊙ 1990년대 초 유럽의 금융위기 기간 중 환율 및 경상수지

표 4-5는 (제8장에서 상세하게 살펴볼) 1990년대 초반 유럽의 금융위기로 인하여 이탈리아에서는 22.1%, 영국에서는 8.0% 통화가치가 하락한 반면, 독일 및 프랑스의 실질 실효환율은 평가상승하였음을 보여 준다. 또한 이 표는 1992년부터 1995년까지 4개국의 경상수지가 개선되었으

며, (평가하락률이 가장 높았던) 이탈리아의 경상수지가 가장 많이 개선되었음을 보여 준다. 독일과 프랑스의 경상수지도 (이들 통화의 평가상승에도 불구하고) 개선되었기 때문에, 한 국가의 경상수지에는 다른 요인이 작용하는 것이 틀림없다. 이 문제는 다음 장에서 살펴보기로 한다. 이탈리

(계속)

아의 경상수지는 대부분 리라의 평가하락 이후 1년 이내에   개선되었다는 점에 주목하자.

표 4-5 이탈리아, 영국, 독일 및 프랑스의 실질 실효환율과 경상수지(1992~1995)

국가	실질 실효환율지수(1995 = 100)				경상수지(10억 달러)			
	1992	1993	1994	1995	1992	1993	1994	1995
이탈리아	122.1	106.0	107.2	100.0	3.1	32.9	35.4	44.1
영국	108.0	105.0	103.3	100.0	−22.9	−20.0	−17.0	−18.5
독일	83.0	87.6	92.5	100.0	28.2	41.2	50.9	65.1
프랑스	88.6	92.2	95.6	100.0	2.4	7.2	7.2	11.0

출처 : Organization for Economic Cooperation and Development, *Economic Outlook* (Paris: OECD, December 2000).

사례연구 4-7 ⊕ 선진국에서 환율의 수입가격으로의 전가탄력성

표 4-6은 G7 국가와 소수의 기타 국가들에 대해 환율변화로 인한 수입가격에 미치는 전가탄력성은 1975~2003년 기간에 대해 장기와 단기로 나누어 보여 주고 있다. 표를 통해 단기환율 전가탄력성은 미국의 0.23에서 네덜란드의 0.79에 이르기까지 분포하고 14개 국가에 대한 비가중 평균값은 0.53임을 알 수 있다. 이것은 미국의 달러가 10% 평가하락하는 경우 미국의 수입가격은 2.3% 상승하고, 네덜란드 플로린이 10% 평가하락하는 경우 네덜란드의 수입가격은 7.9% 상승한다는 것을 의미한다. 장기환율 전가탄력성은 이탈리아의 0.35의 낮은 값부터 일본의 1.13의 높은 값까지 분포하고 있으며 14개국 전체에 대한 비가중 평균값은 0.70이다.

표 4-6 선진국에서 환율의 수입가격으로의 전가탄력성

국가	단기탄력성	장기탄력성
미국	0.23	0.42
일본	0.43	1.13
독일	0.55	0.80
영국	0.36	0.46
프랑스	0.53	0.98
이탈리아	0.35	0.35
캐나다	0.75	0.65
오스트레일리아	0.56	0.67
헝가리	0.51	0.77
네덜란드	0.79	0.84
폴란드	0.56	0.78
스페인	0.68	0.70
스웨덴	0.48	0.38
스위스	0.68	0.93
비가중 평균	0.53	0.70

출처 : J. M. Campa and L. S. Goldberg, "Exchange Rate Pass-Through into Import Prices?" *The Review of Economics and Statistics*, November 2005, pp. 679 – 690.

상품의 가격을 대폭 인상하여 시장을 상실하는 위험을 감수하려 하지 않는다. 이러한 효과를 교두보 효과(beachhead effect)라 한다. 달러가 급격히 평가하락했던 1985년부터 1988년의 기간에 일본의 자동차업체들은 미국 시장점유율을 유지하기 위해 자동차 수출가격을 가능한 한 오래 인상하지 않았으며 마지못해 소폭 가격인상을 했다는 점에서 이 효과를 분명히 알 수 있다. 이러한 과정에서 일본 자동차업체의 이윤마진은 급감하였으며 경우에 따라서는 손실을 입기도 했는데, 이로 인해 미국의 자동차업체들로부터 덤핑을 한다는 비난을 받기도 했다. 동시에 미국의 자동차업체들은 가격을 유지하여 일본 자동차업체로부터 시장점유율을 탈환하는 대신 가격을 인상하여 이윤마진을 높이는 길을 택했다.

4.6 금본위제도하에서의 조정

제4장의 마지막 절인 이 절에서는 금본위제도로 알려진 국제통화제도의 운용을 살펴본다. 금본위제도에서도 자동적인 가격기구에 의해 조정이 이루어지지만 변동환율제도하에서 작동하는 가격기구와는 성격이 다르다.

4.6A 금본위제도

금본위제도(gold standard)는 1880년경부터 1914년 제1차 세계대전이 발발할 때까지 운용되었다. 전쟁 직후 금본위제도로 복귀하려고 시도하였지만 1931년 대공황기에 이러한 노력은 실패했으며 가까운 장래에 금본위제도로 복귀할 가능성은 거의 없다. 그럼에도 불구하고 금본위제도에 내재되어 있는 상점과 단점을 이해하는 것은 그 자체로도 중요할 뿐 아니라 제2차 세계대전 이후 1971년 붕괴하기까지 운용되었던 고정환율제도(브레튼우즈 체제 또는 금환본위제)에서도 (어느 정도) 이러한 장 · 단점이 적용되기 때문에 중요하다.

금본위제도에서 각국은 자국통화에 포함되는 금의 함량을 정의하고 이 가격에서 어떤 양의 금도 수동적으로 사거나 팔 준비가 되어 있다. 각국 통화 1단위에 포함되어 있는 금의 함량은 고정되어 있으므로 환율 역시 고정된다. 예를 들면 금본위제도에서 미국에서 1달러의 금화는 순금 23.22 그레인을 함유하고 있는 반면, 영국에서 1파운드의 금화는 순금 113.0016 그레인을 함유하고 있다. 이것은 파운드의 달러 표시 가격 또는 환율이 R = $/£ = 113.0016/23.22 = 4.87임을 의미하며, 이것을 주조평가(mint parity)라 한다(금본위제도의 중심은 프랑크푸르트가 아니라 런던이므로 유로와 달러 대신 파운드와 달러를 중심으로 논의를 전개한다).

1파운드의 가치가 있는 금을 뉴욕과 런던 간에 운반하는 데 드는 수송비가 약 3센트이므로 달러와 파운드 간의 환율은 주조평가의 상하 3센트 이상 변동할 수 없다(환율은 4.90 이상으로 상승하거나 4.84 이하로 하락할 수 없다). 그 이유는 누구나 미국 재무부(뉴욕 연방준비은행은 1913년에 설립되었음)에서 4.87달러 어치의 금을 매입하여 3센트의 비용으로 런던에 운반하고 이를 (영국의 중앙은행인) 잉글랜드은행에서 1파운드와 교환할 수 있으므로 아무도 1파운드에 대하여 4.90달러 이상을 지불하지 않기 때문이다. 따라서 미국의 파운드화 공급곡선은 R = \$4.90/£1에서 무한탄력적(수평)이 되며, 이것이 미국의 금 수출점(gold export point)이다.

반대로 달러와 파운드 사이의 환율은 4.84 이하로 하락할 수 없다. 그 이유는 누구나 1파운드 상당의 금을 영국에서 구입하여 3센트의 비용으로 뉴욕으로 운반하고 4.87달러와 교환(따라서 받는 순금액은 4.84달러가 됨)할 수 있으므로 아무도 1파운드에 대하여 4.84달러 이하를 받으려고 하지 않기 때문이다. 따라서 미국의 파운드화에 대한 수요곡선은 $R = \$4.84/£1$에서 무한탄력적(수평)이 되며, 이것이 미국의 금 수입점(gold import point)이다.

달러와 파운드 간의 환율은 미국의 파운드화 수요곡선과 공급곡선이 금 수출입점 사이의 교차점에서 결정되었으며, 미국의 금 매입이나 금 판매로 인해 금 수출입점 밖으로 이동할 수 없다. 즉, 달러가 평가하락하는 경향, 즉 환율이 $R = \$4.90/£1$ 이상 상승하려는 경향은 미국으로부터의 금 수송에 의해 좌절된다. 이러한 금의 유출은 미국의 국제수지 적자 규모를 측정한다. 반대로 달러가 평가상승하는 경향, 즉 환율이 $R = \$4.84/£1$ 이하로 하락하려는 경향은 미국으로의 금 수송에 의해 좌절되며, 이러한 금의 유입은 미국의 국제수지 흑자 규모를 측정한다(관심 있는 독자를 위해 부록의 A4.3절에서는 이러한 과정을 도표로 설명하였다).

금본위제도하에서 국제수지 적자는 금으로 결제되고 각국의 금 보유량은 제한되어 있으므로 적자는 무한히 계속될 수 없고 곧 조정되어야만 한다. 이제 금본위제도하에서 국제수지 적자와 흑자를 자동적으로 조정하는 조정기구를 살펴보자.

4.6B 가격-정화-유통기구

금본위제도에서의 자동조정기구는 가격-정화-유통기구(price-specie-flow mechanism)이다. 이는 다음과 같이 작동하여 국제수지 불균형을 조정한다. 금본위제도에서 각국의 통화량은 금 그 자체 및 금과 교환되는 지폐로 구성되어 있으므로 적자국에서는 통화량이 감소하고 흑자국에서는 증가하게 된다. 이에 따라 적자국의 국내물가는 하락하고 흑자국의 국내물가는 상승하여 결과적으로 적자국의 수출은 촉진되고 수입은 둔화되어 국제수지 적자가 제거된다.

금의 유출과 통화량의 감소로 인해 적자국의 국내물가가 하락하는 것은 소위 통화수량설(quantity theory of money)을 기초로 하고 있다. 이것은 식 (4-1)을 이용하여 설명할 수 있다.

$$MV = PQ \tag{4-1}$$

여기에서 M은 한 국가의 통화량, V는 통화의 유통속도(국내통화 1단위가 1년 동안 회전되는 횟수), P는 일반물가지수이며, Q는 실물 생산량이다. 고전파 경제학자들은 V가 제도적 요인에 의해 결정되며 일정한 것으로 생각했다. 또한 그들은 (물가, 임금 및 이자율의 완벽하고도 즉각적인 신축성을 가정하여) 일시적인 교란을 제외하고는 경제 내에는 자동적으로 인플레이션 없이 완전고용이 달성되는 경향이 있는 것으로 생각하였다. 예컨대 경제 내에 실업이 존재하면, 완전고용을 달성할 수 있을 정도로 임금이 충분히 하락하여 자동적으로 조정된다. 따라서 산출량은 완전고용수준에서 고정된 것으로 가정하였다. V와 Q가 일정할 때 M이 변화하면 P는 그 비율만큼 변화한다(식 4-1 참조).

따라서 적자국의 금이 유출됨에 따라 적자국의 통화량은 감소하고 이에 비례하여 국내물가는 하락한다. 예를 들어 국제수지의 적자와 금의 유출로 인하여 M이 10% 감소하면 이 국가의 P도 10% 하락한다. 이에 따라 적자국의 수출은 촉진되고 수입은 둔화된다. 반면 흑자국에서는 위와 반대로 될 것이다. 즉, 흑자국의 통화량이 (금의 유입으로 인하여) 증가하면 흑자국의 국내물가는 상승하고, 이에 따라 흑자국의 수출은 둔화되고 수입은 촉진된다. 따라서 이러한 과정이 계속되어 마침내 적자와 흑자는 해소된다.

여기에서 조정과정이 자동적이라는 점에 주목해야 한다. 즉, 국제수지 불균형이 발생하면 조정과정은 즉시 작동하며 불균형이 완전히 제거될 때까지 계속 작동한다. 또한 이러한 조정과정은 적자국과 흑자국의 국내물가의 변화에 의존한다는 점에 주목하자. 따라서 변동환율제도에서 국내통화의 대외가치가 변화하여 국제수지 불균형이 조정되는 반면, 금본위제도에서는 각국의 국내물가가 변화하여 조정이 이루어진다. 또한 금본위제도에서의 조정은 적자국과 흑자국에서 수출 및 수입의 가격탄력성이 높다는 점을 전제하므로 수출량과 수입량은 가격변화에 신속하고도 상당한 정도로 반응한다.

가격-정화-유통기구는 1752년 데이비드 흄(David Hume)이 소개하였는데, 흄은 한 국가가 수입보다 수출을 더 많이 하여 지속적으로 금을 축적할 수 있다는 중상주의자들의 사고가 잘못된 것임을 입증하기 위해 이것을 이용하였다. 흄은 한 국가가 금을 축적함에 따라 국내물가가 상승하여 마침내 이 국가의 (처음에 금 축적의 원인이었던) 수출흑자가 소멸된다는 점을 지적하였다. 흄은 매우 멋진 예를 들어 이 점을 설명하였는데, 즉 각각의 구획이 서로 연결되어 있는 한(즉, 각국이 국제무역에 의해 서로 연결되어 있는 한) 어떤 구획(국가)에서 수위(금의 양)를 자연적인 수준 이상으로 상승시키려고 하는 것은 무의미하다는 것이다.

한 국가의 통화량이 국제수지 여건에 따라 수동적으로 변화하도록 한다는 것은 각국이 인플레이션 없는 완전고용을 달성하기 위하여 통화정책을 사용할 수 없다는 것을 의미한다. 그러나 이 문제는 고전파 경제학자들에게는 전혀 문제가 되지 않았는데, 그 이유는 고전파 경제학자들은 인플레이션 없이 완전고용으로 향하는 자동적인 경향이 경제 내에 있는 것으로 생각했기 때문이다. 조정과정이 작동하기 위하여 각국은 국제수지 적자나 흑자가 자국의 통화량에 미치는 영향을 불태화(중립화)하지 않을 것으로 생각했다는 점에 주목하기 바란다. 반대로 금본위제도에서의 게임의 룰(rules of the game of the gold standard)은 적자국이 여신을 더욱 제한하고 흑자국은 여신을 확대하여 조정과정을 강화하는 것이었다(금본위제도에서의 실제 경험은 제9장에서 논의한다).

요약

1. 이 장에서는 환율결정에 대한 전통적인 무역 또는 탄력성 접근방법을 살펴보았다. 이 접근방법에서는 민간자본의 자율적 국제적 이동이 없는 것으로 가정하며(즉, 민간자본은 일시적 무역불균형을 커버 또는 지불하기 위해 수동적으로 이동하며), 경상수지(및 국제수지)의 적자가 변동환율제도에서는 해당국 통화의 평가하락에 의해, 그리고 고정환율제도에서는 해당국 통화의 평가절하에 의해 어떻게 조정되는지를 살펴보았다. 경상수지(및 국제수지)가 흑자인 경우에는 이와 반대가 된다.

2. 한 국가는 보통 자국통화의 평가하락이나 평가절하를 통해 국제수지 불균형을 조정할 수 있다. 외환에 대한 수요곡선과 공급곡선이 탄력적일수록 일정한 규모의 적자를 조정하는 데 필요한 평가절하나 평가하락의 정도는 작아진다. 한 국가의 외환수요는 외환표시 수입수요 및 수입품의 공급으로부터 도출된다. 후자가 탄력적일수록 전자도 탄력적으로 된다.

3. 어떤 국가의 통화가 평가절하 또는 평가하락하면 그 국가의 수출상품과 수입대체상품의 국내통화 표시가격이 상승하고 인플레이션 압력을 받게 된다.

4. 외환의 공급곡선이 우상향하거나, 우하향하더라도 외환에 대한 수요곡선의 기울기보다 더 크다면(탄력성이 작다면) 외환시장은 안정적이다. 마셜-러너 조건에 의하면 수입품과 수출상품에 대한 수요의 가격탄력성의 합이 (절댓값으로) 1보다 크면 외환시장은 안정적이며, 이 조건은 수출상품과 수입품에 대한 공급탄력성이 무한대일 때 성립한다. 두 가지 수요탄력성의 합이 1이면 환율이 변화해도 이 나라의 국제수지는 변화하지 않으며, 반대로 두 가지 수요탄력성의 합이 1보다 작다면 외환시장은 불안정하며 평가절하

의 결과 이 나라의 적자는 감소하지 않고 오히려 증가한다.

5. 1940년대에 연구된 국제무역에서의 탄력성에 대한 실증적인 추정값에 의하면 외환시장은 불안정하거나 겨우 안정적인 것으로 나타나 소위 탄력성 비관론이 나타나게 되었다. 그러나 이들 계량경제학적인 연구는 장기탄력성을 추정하지 않고 단기탄력성을 추정하였고, 특히 수요의 이동에 관한 식별문제 때문에 실제의 탄력성을 상당히 과소평가하였다. 보다 최근의 연구결과들은 외환시장이 대체로 안정적이고 장기적으로 외환에 대한 수요 및 공급곡선이 대단히 탄력적이라는 점을 보여 준다. 환율변동에 대해 경상수지 불균형은 충분히 반응하지 못하며 장기의 시차를 두고 반응하는 것으로 보인다. 또한 평가하락이나 평가절하의 결과 한 국가의 무역수지는 처음에는 악화되고 후에 개선될 수도 있다(J-곡선 효과). 한 국가의 통화가 평가하락해도 보통은 국내의 수입가격에 부분적으로만 전가된다.

6. 금본위제도에서 각국은 자국통화의 금의 함량을 정의하고 이 가격에서 어떠한 양의 금도 수동적으로 사거나 팔도록 되어 있다. 그 결과 주조평가라고 하는 고정환율이 결정된다. 환율은 외환에 대한 수요곡선과 공급곡선이 금 수출입점 사이의 교차하는 점에서 결정되며, 각국의 금 매입이나 판매로 인하여 환율이 금 수출입점 밖으로 변동할 수 없다. 금본위제도에서의 조정기구는 가격-정화-유통기구이다. 적자국의 금이 유출되면 적자국의 통화량은 감소하며, 이에 따라 국내물가가 하락하여 적자국의 수출이 촉진되고 수입은 둔화되어 마침내 적자가 제거된다. 흑자의 경우에는 이와 반대의 과정으로 조정된다.

주요용어

가격-정화-유통기구(price-specie-flow mechanism)

가격전가(pass-through)

금 수입점(gold import point)

금 수출점(gold export point)

금본위제도(gold standard)

금본위제도에서의 게임의 룰(rules of the game of the gold standard)

네덜란드 병(Dutch disease)

마셜-러너 조건(Marshall-sLerner condition)

무역 접근방법(trade approach)

불안정한 외환시장(unstable foreign exchange market)

식별문제(identification problem)

안정적 외환시장(stable foreign exchange market)

주조평가(mint parity)

탄력성 비관론(elasticity pessimism)

탄력성 접근방법(elasticity approach)

통화수량설(quantity theory of money)

평가절하(devaluation)

J-곡선 효과(J-curve effect)

복습문제

1. 평가절하나 평가하락의 결과 국제수지나 경상수지의 적자는 어떻게 감소하거나 제거되는가?

2. 한 나라의 외환에 대한 수요곡선과 공급곡선이 비탄력적인 경우 평가절하나 평가하락으로 국제수지 적자를 제거하는 것이 실현가능하지 않은 이유는?

3. 한 국가의 외환 수요곡선은 어떻게 도출되는가? 이 곡선의 탄력성을 결정하는 것은 무엇인가?

4. 한 국가의 외환 공급곡선은 어떻게 도출되는가? 이 곡선의 탄력성을 결정하는 것은 무엇인가?

5. 평가절하나 평가하락이 인플레이션 압력을 가하는 이유는?

6. 외환에 대한 수요곡선과 공급곡선이 어떤 형태일 때 외환시장이 안정적인가? 불안정한 경우는?

7. 외환시장이 안정적이기 위한 마셜-러너 조건은 무엇인가? 불안정한 시장인 경우는? 환율이 변화해도 국제수지가 변화하지 않는 조건은?

8. 외환시장이 불안정하면 적자국 통화가 평가하락해도 국제수지 적자는 감소하지 않고 증가하는 이유는 무엇인가?

9. 탄력성 비관론이란 무엇인가? 이것은 왜 나타났는가?

10. J-곡선 효과란 무엇인가?

11. 탄력성 비관론이 정당화될 수 없는 이유는? 외환시장의 안정성과 외환에 대한 수요곡선 및 공급곡선의 탄력성에 대하여 오늘날 지배적인 견해는?

12. 가격전가란 무엇을 의미하는가? 국제경쟁력과의 관련성은 무엇인가?

13. 금본위제도에서는 환율은 어떻게 결정되는가?

14. 금본위제도에서는 무역수지 적자나 흑자가 어떻게 자동적으로 제거되는가?

연습문제

1. 한 국가의 교역상품(즉, 국내에서 생산되고 수입하거나 수출되는 상품)에 대한 우하향하는 수요곡선과 우상향하는 공급곡선으로부터 가격이 균형가격보다 낮을 때 교역상품에 대한 수입수요곡선을 도출하라.

2. 위의 문제 1번과 같은 경우에 가격이 균형가격보다 높을 때 이 교역상품에 대한 수출 공급곡선을 유도하라.

3. 그림 4-2의 왼쪽 도표와 유사한 그림을 그리되 D_M을 수직으로 그리고 D_ϵ가 수직인 이유를 설명하라.

4. 그림 4-2의 오른쪽 도표와 유사한 그림을 그리되 S_X을 수직으로 그리고 S_ϵ가 수직인 이유를 설명하라.

5. 그림 4-2의 왼쪽 도표와 유사한 그림을 그리되 D_M을 그림 4-2보다 기울기가 더 크게(탄력성이 작도록) 그린 후 D_ϵ가 그림 4-1보다 기울기가 더 큰(탄력성이 작은) 이유를 설명하라

6. 그림 4-2의 오른쪽 도표와 유사한 그림을 그리되 S_X를 그림 4-2보다 기울기가 더 크게(탄력성이 작도록) 그린 후 적당한 범위에서 D_X가 가격탄력적이면 S_ϵ가 그림 4-1보다 기울기가 더 큰(탄력성이 작은) 이유를 설명하라

7. 소국의 경우에 S_M과 D_X가 수평인 이유를 설명하라.

8. 소국의 통화가 평가절하되거나 평가하락하면 국제수지가 항상 개선되는 이유를 설명하라.

9. 그림 4-2와 유사한 그림을 그리되 불안정한 외환시장이 되도록 그려라.

10. 어떤 면에서 미국은 중국과 무역문제가 있는가?

11. 1990년대에 달러의 엔화에 대한 급격한 평가하락에도 불구하고 미국의 대일본 무역수지 적자가 감소하지 않았기 때문에 국제수지에 대한 탄력성 접근방법은 성립하지 않는다고 말할 수 있는지 설명하라.

12. 금본위제도에서 미국의 통화당국은 금 1온스의 가격을 35달러로 정하였고 영국의 통화당국은 14파운드로 정하였다고 하자. 미국의 달러와 파운드 사이의 관계는 어떻게 되는가? 이를 무엇이라고 하는가?

13. 뉴욕과 런던 사이의 금 수송비는 수송되는 금 가치의 1%라고 하자. 달러와 파운드 사이의 금 수출점 또는 환율($R = \$/\pounds$)의 상한선은 얼마인가? 그 이유는?

14. 달러와 파운드 사이의 금 수입점 또는 환율($R = \$/\pounds$)의 하한선은 얼마인가? 그 이유는?

| 부록 |

이 부록의 A4.1절에서는 환율의 변화가 교역상품의 국내통화 표시 가격에 미치는 효과를 그림을 이용하여 설명한다. A4.2절에서는 외환시장의 안정성에 관한 마셜-러너 조건을 수리적으로 유도하고, 마지막 A4.3절에서는 금본위제도에서의 금 수출입점과 금의 국제적 이동이 어떻게 결정되는가를 도표를 이용하여 살펴본다.

A4.1 환율의 변화가 국내가격에 미치는 효과

달러의 평가하락이나 평가절하는 미국의 수입대체상품과 수출상품의 생산을 촉진하고 이로 인해 미국 내 달러 표시 가격이 상승한다는 점을 4.3절에서 살펴보았다. 그림 4-7을 이용하여 이를 설명할 수 있다.

그림 4-7의 왼쪽 도표에서 S'_M은 환율이 $R = \$1/\epsilon1$일 때 미국의 수입품에 대한 EMU의 공급곡선을 달러로 표시한 것이며 D'_M은 달러 표시 미국의 수입 수요곡선이다. 수요곡선과 공급곡선이 D'_M과 S'_M일 때 점 B'에서 균형이 성립하며 $P_M = \$1$이고 연간 $Q_M = 120$억 단위가 된다. 달러가 $R = \$1.20/\epsilon1$로 20% 평가하락하거나 평가절하되면, 달러로 표시한 미국 수입품에 대한 EMU의 공급곡선은 S''_M으로 20% 하락(위로 이동)하는데, 그 이유는 EMU의 수출업자가 미국으로부터 받는 1달러

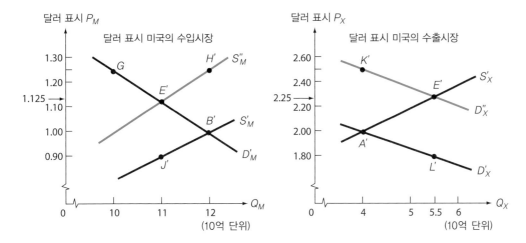

그림 4-7 평가하락이나 평가절하가 국내가격에 미치는 효과

왼쪽 도표의 D'_M은 미국의 달러 표시 수입 수요곡선이며, S'_M은 환율이 $R = \$1/€1$일 때 미국의 수입품에 대한 EMU의 공급곡선을 달러로 표시한 것이다. 수요곡선과 공급곡선이 D'_M과 S'_M일 때 $P_M = \$1$이고 연간 $Q_M = 120$억 단위이다. 달러가 20% 평가하락하거나 평가절하되면, S'_M은 S''_M으로 위로 이동하지만, D'_M은 변화하지 않는다. 수요곡선과 공급곡선이 D'_M과 S''_M일 때 $P_M = \$1.25$가 되고 $Q_M = 110$억 단위가 된다.

오른쪽 도표에서 D'_X는 $R = \$1/€1$일 때 미국 수출상품에 대한 EMU의 수입곡선을 달러로 표시한 것이며 S'_X는 달러 표시 미국의 수출상품 공급곡선이다. 수요곡선과 공급곡선이 D'_X와 S'_X일 때 $P_X = \$2$, $Q_X = 40$억 단위가 된다. 달러가 $R = \$1.20/€1$로 20% 평가하락하거나 평가절하되면 D'_X는 D''_X로 위로 이동하지만, S'_X는 변하지 않는다. 수요곡선과 공급곡선이 D''_X와 S'_X일 때 $P_X = \$2.25$이고 $Q_X = 55$억 단위(점 E')가 된다. 따라서 달러가 평가절하나 평가하락하면 미국 내 달러 표시 가격은 상승한다.

의 가치는 유로로 표시할 때 20% 하락하기 때문이다. 이것은 EMU의 수출업자에게 1단위당 20%의 세금을 부과하는 것과 같다. S'_M은 일정한 비율로 이동하고 S'_M으로부터 20% 위로 이동할 때 S''_M을 기준으로 계산하므로 S''_M은 S'_M과 평행이 아니라는 점에 주의하라. 또한 달러의 평가절하 또는 평가하락의 결과 D'_M은 변화하지 않는다. 수요곡선과 공급곡선이 D'_M과 S''_M일 때 $P_M = \$1.125$가 되고, $Q_M = 110$억 단위(점 E')가 된다. 따라서 달러가 20% 평가절하나 평가하락한 결과 미국 수입품의 달러 표시 가격은 1.00달러에서 1.125달러로 12.5% 상승한다.

그림 4-7의 오른쪽 도표에서 D'_X는 미국 수출상품에 대한 EMU의 수입곡선을 $R = \$1/€1$일 때 달러로 표시한 것이며 S'_X는 달러 표시 미국의 수출상품 공급곡선이다. 수요곡선과 공급곡선이 D'_X와 S'_X일 때 점 A'에서 균형이 성립하며 $P_X = \$2.00$, $Q_X = 40$억 단위가 된다. 달러가 $R = \$1.20/€1$로 20% 평가하락하거나 평가절하되면 미국의 수출상품에 대한 EMU의 수요곡선은 달러로 표시했을 때 D''_X로 20% 상승(위로 이동)하는데, 이제 1유로는 달러로 표시했을 때 20%의 가치가 더 있기 때문이다. 이것은 EMU의 미국 수출상품 구매자에게 단위당 20%의 보조금을 지급하는 것과 같다. D'_X는 일정한 비율로 이동하고 D'_X로부터 20% 위로 이동할 때 D''_X를 기준으로 계산하므로 D''_X는 D'_X와 평행하지 않다는 점을 주목하자. 또한 달러의 평가하락이나 평가절하의 결과 S'_X는 변하지 않는다. 수요곡선과 공급곡선이 D''_X와 S'_X일 때 $P_X = \$2.25$이고 $Q_X = 55$억 단위(점 E')가 된다. 따라서 달러가 20% 평가하락하거나 평가절하된 결과 미국 수출상품의 달러 표시 가격은 2달러에서 2.25달러로

12.5% 상승한다.

수입대체상품과 수출상품의 달러 표시 가격이 상승하는 것은 미국의 생산자로 하여금 비교역상품의 생산에서 교역상품의 생산으로 생산을 전환하는 데 필요하지만, 그 결과 미국이 평가절하나 평가하락으로 얻을 수 있었던 가격우위는 감소한다. 수입대체상품이나 수출가능상품의 가격은 미국의 일반물가지수의 한 부분이고 이것이 상승하므로 달러의 평가절하나 평가하락은 미국 내 인플레이션 압력을 가하게 된다. 결과적으로 일정한 규모의 적자를 조정하기 위하여 필요한 평가절하나 평가하락의 규모가 클수록 적자를 조정하기 위한 방법으로 평가절하나 평가하락을 실행할 수 있는 가능성은 더 작아진다. 평가하락이나 평가절하의 결과 비교역상품의 생산으로부터 교역상품의 생산으로 국내자원이 전환될 수 있는 용이성과 이러한 전환에 수반되는 인플레이션 압력을 쉽게 알 수 있는 지표로 수출상품과 수입상품에 대한 수요 및 공급의 탄력성을 이용할 수 있다.

연습문제 그림 4-7로부터 달러가 20% 평가절하되거나 평가하락하기 이전과 이후의 미국 교역조건을 계산하라. 이 결과를 4.3절에서의 결과와 비교하라.

A4.2 마셜-러너 조건의 도출

이제는 외환시장이 안정적이기 위해서는 수입품과 수출상품에 대한 수요탄력성의 합이 1보다 커야한다는 마셜-러너 조건을 수학적으로 유도해 보자. 이 조건은 수입품과 수출상품에 대한 공급곡선이 무한탄력적 또는 수평일 때 성립한다.

마셜-러너 조건을 수학적으로 유도하기 위하여

P_X와 P_M = 각각 수출상품과 수입품의 외환 표시 가격

Q_X와 Q_M = 각각 수출량과 수입량

V_X와 V_M = 각각 외환 표시 수출액과 수입액이라고 하자.

그러면 무역수지(B)는 다음과 같다

$$B = V_X - V_M = Q_X \cdot P_X - P_M \cdot Q_M \tag{4A-1}$$

소폭의 평가절하를 할 때 무역수지의 변화(dB)는 다음과 같다.

$$dB = P_X \cdot dQ_X + Q_X \cdot dP_X - (P_M \cdot dQ_M + Q_M \cdot dP_M) \tag{4A-2}$$

이 결과는 미분의 곱셈공식($duv = v \cdot du + u \cdot dv$)을 이용하여 얻을 수 있다. S_M은 수평이므로 달러의 평가절하나 평가하락의 결과 P_M은 변하지 않기 때문에(즉, $dP_M = 0$), 식 (4A-2)의 마지막 항은 0이 된다. 따라서 첫 항과 세 번째 항을 정리하면 다음과 같다.

$$dB = dQ_X \cdot P_X + Q_X \cdot dP_X - dQ_M \cdot P_M \tag{4A-3}$$

이제 식 (4A-3)을 가격탄력성을 이용하여 정리하자. 수출상품에 대한 수요의 가격탄력성(n_X)은 P_X가 일정한 비율로 변화할 때 Q_X의 변화율을 측정하는 것이다. 즉,

$$n_X = -\frac{dQ_X}{Q_X} \div \frac{dP_X}{P_X} = \frac{dQ_X}{Q_X} \div k\left(\frac{P_X}{P_X}\right) = \frac{dQ_X \cdot P_X}{Q_X \cdot k \cdot P_X} \tag{4A-4}$$

인데 여기서 $k = -dP_X/P_X$(달러의 평가절하 또는 평가하락률)이다.

마찬가지로 수입 수요의 가격탄력성(n_M)은 다음과 같다.

$$n_M = -\frac{dQ_M}{Q_M} \div \frac{dP_M}{P_M} = \frac{dQ_M \cdot P_M}{Q_M \cdot k \cdot P_M} \tag{4A-5}$$

식 (4A-4)로부터 다음을 얻을 수 있다.

$$dQ_X \cdot P_X = n_X \cdot Q_X \cdot P_X \cdot k \tag{4A-6}$$

이는 식 (4A-3)의 첫 번째 항이다. 또한 식 (4A-3)의 두 번째 항은 다음과 같이 다시 쓸 수 있다.

$$Q_X \cdot dP_X = Q_X(dP_X/P_X)P_X = Q_X(-k)P_X = -Q_X \cdot k \cdot P_X \tag{4A-7}$$

마지막으로 식 (4A-5)로부터 다음과 같은 식을 얻을 수 있다.

$$dQ_M \cdot P_M = -n_M \cdot Q_M \cdot dP_M = -n_M \cdot Q_M \cdot P_M \cdot k \tag{4A-8}$$

여기에서 $k = dP_M/P_M$이다. 외환으로 표시하면 $dP_M = 0$이지만 국내통화로 표시하면 dP_M은 양이다. 식 (4A-8)은 식 (4A-3)의 세 번째 항이다.

식 (4A-6), (4A-7), (4A-8)을 식 (4A-3)에 대입하면 다음과 같다.

$$dB = n_X \cdot Q_X \cdot P_X \cdot k - Q_X \cdot P_X \cdot k - (-n_M \cdot Q_M \cdot P_M \cdot k) \tag{4A-9}$$

이 식을 정리하면 다음과 같다.

$$dB = k[Q_X \cdot P_X(n_X - 1) + n_M \cdot Q_M \cdot P_M] \tag{4A-10}$$

처음에

$$B = Q_X \cdot P_X - Q_M \cdot P_M = 0 \tag{4A-11}$$

이면

$$dB = k[Q_X \cdot P_X(n_X + n_M - 1)] \tag{4A-12}$$

이 되고 $dB > 0$이면

$$n_X + n_M - 1 > 0 \text{ 또는 } n_X + n_M > 1 \tag{4A-13}$$

이 된다. 여기서 n_X와 n_M은 양이다.

$V_M > V_X$의 상태에서 평가절하나 평가하락을 하면 n_M은 n_X보다 상대적으로 더 큰 가중값을 갖게 되며 안정적 외환시장에 대한 마셜-러너의 조건은 보다 쉽게 충족되고 다음과 같이 표현된다.

$$n_X + (V_M/V_X)n_M > 1 \qquad (4A\text{-}14)$$

미국의 수입상품에 대한 외국공급의 가격탄력성(e_M)과 미국의 수출상품공급의 가격탄력성(e_X)이 무한대가 아니라면,

$$n_X + n_M < 1 \qquad (4A\text{-}15)$$

라 하더라도 e_M과 e_X가 작을수록 외환시장은 더욱 안정적으로 된다.

e_M과 e_X가 무한대가 아닐 때 외환시장의 안정성에 관한 마셜-러너 조건은 다음과 같이 표현된다.

$$\frac{e_X(n_X - 1)}{e_X + n_X} + \frac{n_M(e_M + 1)}{e_M + n_M} \qquad (4A\text{-}16)$$

또는 위의 두 항을 공통분모로 합하면 다음과 같다.

$$\frac{e_M e_X(n_M + n_X - 1) + n_M \cdot n_X(e_M + e_X + 1)}{(e_X + n_X)(e_M + n_M)} \qquad (4A\text{-}17)$$

식 (4A-16)이나 (4A-17)이 0보다 크거나 작거나 0인가에 따라 각각 평가절하나 평가하락의 결과 외환시장이 안정적이거나 불안정하거나 변화하지 않는다. 스턴(Stern, 1973)의 책에는 식 (4A-16)이 수학적으로 유도되어 있다.

또한 스턴의 책에는 평가절하국의 교역조건이 악화되는 조건도 유도되어 있는데 이는 다음과 같다.

$$e_X \cdot e_M > n_X \cdot n_M \qquad (4A\text{-}18)$$

식 (4A-18)의 부등호 방향이 반대가 되면 평가절하국의 교역조건은 개선되며 양변이 같으면 교역조건은 변하지 않는다.

연습문제 소국의 통화가 평가절하 또는 평가하락하더라도 교역조건이 변하지 않는 이유를 설명하라. (힌트 : 연습문제 9번 참조)

A4.3 금본위제도에서의 금의 이동과 금 수출입점의 도출

그림 4-8은 금본위제도에서 금 수출입점과 금의 국제적 이동이 어떻게 결정되는지를 보여 준다. 그림에서 주조평가는(4.6A절에서 정의된 바와 같이) $\$4.87 = \pounds1$이다. 미국의 파운드 공급곡선($S_\pounds$)은

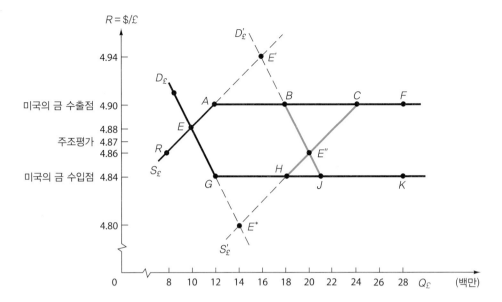

그림 4-8 금 수출입점과 금의 이동

$S_£$와 $D_£$에서 균형환율은 $R = \$4.88/£1$(점 E)가 되고 금의 국제적 이동은 없으며 미국의 국제수지는 균형이 된다. $D'_£$와 $S_£$이면, 자유변동환율제도에서는 균형환율이 $R = \$4.94/£1$이지만 금본위제도에서는 미국의 600만 파운드(AB) 금 수출 때문에 (미국의 금 수출점인) $R = \$4.9/£1$ 이상 상승할 수 없다. 이 크기가 금본위제도에서 미국의 국제수지 적자이다. $D_£$와 $S'_£$이면, 자유변동환율제도에서는 균형환율이 $R = \$4.8/£1$이지만 금본위제도에서는 미국의 600만 파운드(HG) 금 수입 때문에 (미국의 금 수입점인) $R = \$4.84/£1$ 이상 하락할 수 없다. 이 크기가 금본위제도에서 미국의 국제수지 흑자이다.

$REABCF$로 표시되고 미국의 금 수출점인 $\$4.9 = £1$(주조평가에 1파운드 상당의 금을 뉴욕에서 런던으로 수송하는 비용 3센트를 합한 것)에서 무한탄력적 또는 수평이다. 미국의 파운드 수요곡선 ($D_£$)은 $TEGHJK$로 표시되고 미국의 금 수입점인 $£4.84 = £1$(주조평가에서 1파운드 상당의 금을 런던에서 뉴욕으로 수송하는 비용 3센트를 뺀 것)에서 무한탄력적 또는 수평선이다. $S_£$와 $D_£$는 금 수출입점 내의 점 E에서 교차하므로 균형환율은 $R = \$4.88/£1$가 되고 금의 국제적 이동은 없다(즉, 미국의 국제수지는 균형이 된다).

만약 미국의 파운드 수요가 $D'_£$로 증가(위로 이동)하면, 환율은 $R = \$4.94/£1$(그림의 점 E')로 상승하려는 경향이 있다. 그러나 금본위제도에서 어느 누구도 1파운드에 대하여 4.9달러 이상을 지불하지 않으므로(즉, 미국의 파운드 공급곡선은 $R = \$4.9/£1$에서 수평선이기 때문에) 환율은 $R = \$4.9/£1$로밖에 상승하지 못하며 미국은 점 B에 위치하게 된다. 점 B에서 미국의 파운드 수요량은 1,800만 파운드인데 이 중 1,200만 파운드(점 A)는 미국의 영국에 대한 상품과 서비스의 수출에 의해 공급되고 나머지 600만 파운드(AB)는 미국에서 영국으로 금수출(이것은 미국의 국제수지 적자)로 공급된다.

반대로 미국의 파운드 수요곡선이 이동하지 않고 계속 $D_£$인 데 반해 미국의 파운드 공급곡선이 $S'_£$로 증가(우측으로 이동)하면 변동환율제도에서 균형점은 $E^*(R = \$4.8/£1$의 환율)이다. 그러나 금본위제도에서는 어느 누구도 1파운드에 대하여 4.84달러 이하를 받으려 하지 않으므로(즉, 미국의 파운드 수요곡선은 $R = \$4.84/£1$에서 수평선) 환율은 $R = \$4.84/£1$로만 하락하며 미국은 점 H상에 있게 된다. 점 H에서 미국의 파운드 공급량은 1,800만 파운드이지만 미국의 파운드 수요량은 1,200만 파운드(점 G)에 불과하다. 미국에 공급되는 600만 파운드(HG)의 초과공급량은 영국으로부터의 금수입이라는 형태를 취하게 되고, 이것은 미국의 국제수지 흑자이다.

금본위제도에서는 가격–정화–유통기구가 작동하여 $D_£$와 $S_£$는 또다시 금 수출입점 내부에서 교차하도록 이동함으로써 양국의 국제수지 불균형은 자동적으로 조정된다.

연습문제 그림 4-8에서 $D_£$는 $D'_£$로 $S_£$는 $S'_£$로 동시에 이동하는 경우 금본위제도와 변동환율제도의 경우에 환율 및 미국 국제수지의 흑자나 적자규모를 구하라.

소득조정기구 및
자동조정기구의 종합

- 개방경제에서 균형 국민소득이 어떻게 결정되는가를 이해한다.
- 외국의 반향에 대한 의미를 이해한다.
- 흡수(총지출) 접근방법의 작동원리를 설명한다.
- 개방경제에서 모든 자동적 조정기구의 종합적 작용원리를 이해한다.

5.1 서론

이 장에서는 먼저 자동적 소득조정기구의 작동을 살펴보는데, 이는 적자국 및 흑자국에서 국민소득의 변화가 유발되어 국제수지가 조정되는 것이다. 자동적 소득조정기구는 케인즈 경제학을 개방경제(국제거래를 하는 국가)에 적용시킨 것이다. 이는 (제4장에서 소개한) 자동적인 가격의 변화에 의해 국제수지가 조정되었던 전통적 또는 고전적 조정기구와 구별된다.

제4장과 마찬가지로 여기에서도 한 국가의 경상수지에서 적자 혹은 흑자가 발생한다고 가정하자. 그러나 제4장에서는 국민소득이 일정하고 자동적 가격변화에 의해 국제수지의 조정이 이루어진다고 암묵적으로 가정하였지만, 이제는 모든 가격이 일정한 것으로 가정하고 소득의 자동적 변화에 의해 어떻게 국제수지가 조정되는지를 살펴본다. 구체적으로는 자동적 소득조정기구만을 분리하여 살펴보기 위해 고정환율제도를 가정하고 모든 가격, 임금 및 이자율은 고정되어 있다고 가정한다. 또한 각국은 초기에는 불완전고용 상태에 있는 것으로 가정한다. 현실세계에서는 국제수지의 불균형이 국민소득뿐만 아니라 환율, 물가, 임금 및 이자율 등에 영향을 미친다. 따라서 모든 자동조정기구는 어느 정도 동시에 작동할 것이다. 이처럼 자동적 조정기구를 종합하는 것은 이 장의 마지막 두 절에서 소개한다.

5.2절에서는 (경제학 원론에서 배운) 폐쇄경제에서 균형 국민소득 및 승수의 개념과 그 결정에 관해 복습하며, 5.3절에서는 이러한 개념을 확장하여 소규모 개방경제에서의 균형 국민소득 수준 및 승수의 결정원리를 살펴본다. 5.4절에서는 한 국가가 소국이 아닐 때 발생하는 외국의 반응까지 고려할 수 있도록 위의 논의를 확장한다. 대국에서 무역 및 소득수준이 변화하면 교역 상대국의 무역

및 국민소득에 영향을 미치고, 이것이 다시 처음 국가로 2차적인 영향(반향)을 미치기 때문에 외국의 반향이 나타난다. 사실상 이러한 과정을 통하여 경기변동이 국제적으로 전파된다. 5.5절에서는 가격조정기구와 소득조정기구를 함께 살펴보고, 마지막으로 5.6절에서는 통화적 조정을 설명하고 모든 자동조정기구를 종합하며 아울러 각 자동기구의 단점과 조정정책의 필요성을 지적한다. 부록에서는 외국의 반향을 고려한 무역승수를 수리적으로 유도하고 이전문제(transfer problem)를 살펴본다.

5.2 폐쇄경제하에서의 소득결정이론

이 절에서는 폐쇄경제[closed economy, 즉 자급자족(autarky) 상태에 있거나 국제무역을 하지 않는 경제]에서 균형 국민소득 및 승수의 개념과 그 결정원리를 복습한다. 이러한 개념들은 경제원론에서 다루어지는데, 소규모 개방경제(5.3절)에서 균형 국민소득 수준 및 승수를 살펴보기 위한 출발점이 된다. 이 장에서는 **자동적 소득조정기구**를 살펴보기 때문에 모형에 정부부문을 포함할 필요는 없다. 재정정책 및 기타 정책을 살펴보는 제6장에서는 정부부문을 고려한다.

5.2A 폐쇄경제에서 균형 국민소득 결정

정부부문이 없는 폐쇄경제에서의 균형 국민소득 수준(equilibrium level of national income) 혹은 생산량 수준(Y)은 식 (5-1)로 표현되는 바와 같이 의도된 혹은 계획된 소비(C)에, 의도된 혹은 계획된 투자지출(I)을 합한 것과 같다.

$$Y = C(Y) + I \tag{5-1}$$

의도된 혹은 계획된 투자(desired or planned investment, I)는 외생적이며 국민소득 수준과는 독립적이다(즉, 국민소득 수준에 따라 변화하지 않는다). 반대로 의도된 소비지출 $C(Y)$는 국민소득의 함수로, 국민소득 수준에 의존한다. 이는 소득(Y)이 증가함에 따라 의도된 소비(C) 또한 증가함을 의미한다. 소득의 변화(ΔY)에서 소비의 변화(ΔC)가 차지하는 비율을 한계소비성향(Marginal Propensity to Consume, MPC)이라 한다. 소비자는 소득의 일부를 저축하므로 소비의 증가는 소득의 증가보다 작고 $MPC < 1$가 된다. 그림 5-1은 이러한 관계를 보여 준다.

그림 5-1의 위의 도표에서 소비 및 투자지출은 수직축에, 국민소득은 수평축에 표시되어 있고, $C(Y)$선은 소비함수(consumption function)이다. 의도된 소비는(소득이 0일 때) 100이며, 소득이 증가함에 따라 증가한다. 소득이 0일 때 소비수준이 0보다 큰 것은 이 국가가 과거의 저축으로 소비하거나 돈을 빌리는 것을 의미한다. 한편, 소득이 증가함에 따라 의도된 소비도 증가하지만 소득이 증가하는 것보다는 적게 증가한다. 예를 들면, 소득이(위의 도표에서 AB로 표시되는 바와 같이 400에서 1,000으로) 600만큼 증가하면 소비는 450만큼(BC) 증가한다. 따라서 한계소비성향(MPC)은, $\Delta C/\Delta Y = 450/600 = 3/4$, 즉 0.75이다. 이러한 선형의 소비함수는 절편이 100이고 기울기가 0.75인 $C =$

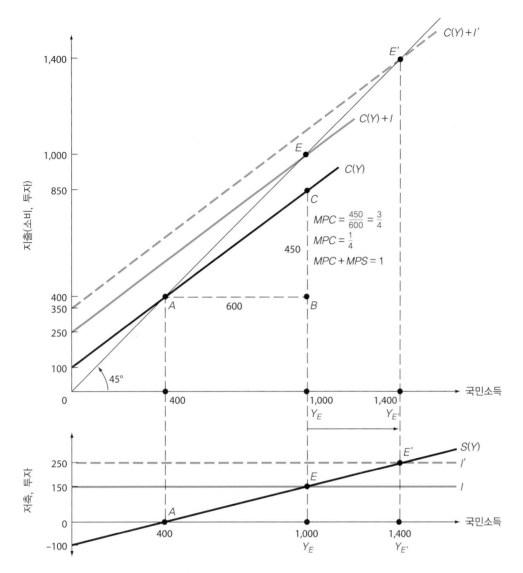

그림 5-1 폐쇄경제에서 균형 국민소득

위의 도표에서 $C(Y)$는 소비함수이고 $C(Y) + I$는 소비함수에 의도된 투자를 합해서 얻은 총지출함수이다. 균형 국민소득 수준은 $C(Y) + I$ 함수가 45° 선과 교차하는 점 E에서 결정된다. 아래 도표에서는 저축함수 $S(Y)$가 수평의 투자함수와 교차하는 점 E에서 균형이 결정된다. 두 개의 도표에서 균형 국민소득 수준은 1,000이다. 투자가 $I' = 250$으로 증가하면 새로운 균형 국민소득 수준은 점 E'으로 표시된 1,400이고, 여기에서 점선의 $C(Y) + I'$이 45° 선과 교차하고 점선의 I' 선이 $S(Y)$와 교차한다.

100 + 0.75Y로 표현된다.

　소비함수에 소득과는 관계없는 가상적인 의도된 투자지출 150을 합하면 그림의 총지출함수 $C(Y) + I$를 구할 수 있다. $C(Y) + I$ 함수는 45° 선과 점 E에서 교차하며, 45° 선상의 모든 점에서는 수직축과 수평축의 거리가 같기 때문에 점 E에서 (수직축으로 측정된) 1,000만큼의 소비와 투자지출의 총합은 (수평축으로 측정된) 1,000만큼의 소득 또는 생산량 수준과 일치한다. 따라서 균형 국민소득 수준은 $Y_E = 1,000$이 된다.

$Y > 1,000$이면 생산량이 의도된 지출보다 많으므로 판매되지 않은 상품이 누적된다. 따라서 의도하지 않은(unplanned) 재고가 증가하기 때문에 기업들은 생산을 감축한다. 반대로 $Y < 1,000$인 경우에는 생산량이 의도된 지출보다 적으므로 재고는 감소하고 생산은 증가한다. 따라서 $Y_E = 1,000$ 이외의 다른 소득수준에서는 의도된 지출이 생산량보다 크거나 작으므로 국민소득 수준이 $Y_E = 1,000$을 향해 움직인다고 하는 의미에서 균형 국민소득 수준 $Y_E = 1,000$은 안정적이다. 균형 국민소득 수준이 완전고용 국민소득 수준(Y_F)과 같아야 할 이유는 없으므로 여기서는 완전고용 상태가 아닐지라도 균형은 성립한다고 가정한다.

그림 5-1의 아래 도표에서 수직축은 저축 및 투자수준을, 수평축은 (위의 도표와 마찬가지로) 국민소득 수준을 측정한다. 의도된 투자수준은 소득수준과는 관계없이 $I = 150$으로 외생적이다. 한편 의도된 저축은 소득함수로서 저축함수(saving function)는 다음과 같다.

$$S(Y) = Y - C(Y) \tag{5-2}$$

따라서 (위의 도표에서) $Y = 0$이고 $C = 100$이면 (아래 도표에서는) $S = -100$이 된다. $Y = 400$, $C = 400$이면 $S = 0$(2개의 도표에서 점 A)이다. $Y = 1,000$, $C = 850$이면 $S = 150$이다. 소득이 증가하면 의도된 저축도 증가한다는 점에 유의하자. 소득의 변화(ΔY)에서 의도된 저축의 변화(ΔS)가 차지하는 비율을 한계저축성향(Marginal Propensity to Save, MPS)이라 한다. 예를 들면 아래 도표에서 소득이 (400에서 1,000으로) 600 증가하면 저축은 150 증가한다. 따라서 한계저축성향(MPS)은 $\Delta S/\Delta Y = 150/600 = 1/4$이다. 소득의 변화($\Delta Y$)는 항상 소비의 변화($\Delta C$)와 저축의 변화($\Delta S$)의 합과 같으므로 $MPC + MPS = 1$이고, $MPS = 1 - MPC$이다. 위의 예에서는 $MPC + MPS = 3/4 + 1/4 = 1$이고, $MPS = 1 - 3/4 = 1/4$이다.

아래 도표에서 150의 의도된 투자(경제에 대한 주입)는 $Y = 1,000$일 때 의도된 저축(경제로부터의 누출)과 같다. 투자는 총지출을 증가시켜 생산을 자극하므로 경제에 대한 주입(injection)이며, 저축은 생산된 소득이지만 지출되지 않으므로 경제로부터의 누출(leakage)이다. 따라서 균형 국민소득 수준은

$$S = I \tag{5-3}$$

일 때의 소득수준이다. 그림으로 보면 균형 국민소득 수준은 저축함수와 투자함수(investment function)가 교차하는 점 E에서 결정된다. $Y > 1,000$이면 의도된 저축이 의도된 투자보다 크기 때문에 그 차이만큼 의도하지 않은 또는 계획되지 않은 재고투자가 발생한다. 따라서 생산량과 소득수준은 $Y_E = 1,000$의 방향으로 감소한다. 반대로 $Y < 1,000$에서는 의도된 투자가 의도된 저축을 초과하여 그 차이만큼 의도하지 않은 재고가 감소하여 소득과 생산은 $Y_E = 1,000$의 방향으로 증가한다.

따라서 균형 국민소득 수준은 위의 도표에서 $C(Y) + I$ 함수와 45° 선이 교차하는 점, 또는 아래 도표에서는 $S(Y)$와 I 함수가 교차하는 점에서 결정된다. 두 경우 모두 균형 국민소득 수준은 $Y_E = 1,000$이고 균형 국민소득 수준은 완전고용 소득수준보다는 작다고 가정하자.

5.2B 폐쇄경제하에서의 승수

어떤 이유로든 투자가 $I = 150$에서 $I' = 250$으로 100만큼 증가하면 총지출함수는 $C(Y) + I$에서 (그림 5-1의 위의 도표에서 점선으로 표시된) $C(Y) + I'$으로 100만큼 위로 이동하고 $Y_{E'} = 1,400$에서 균형점 E'이 결정된다. 다른 말로 하면 투자가 독립적으로 증가하면 투자함수는 $I = 150$에서 (아래 도표에서 점선으로 표시된) $I' = 250$으로 위로 이동하여 저축함수와 점 E'에서 교차하고 $Y_{E'} = 1,400$에서 균형 국민소득 수준이 결정된다.

아래 도표의 원래의 균형점 E에서 투자가 $I = 150$에서 $I' = 250$으로 증가하면 $I' > S$이 되어 Y는 증가한다. Y가 증가하면 S도 증가한다. 이러한 과정은 Y가 충분히 증가하여 이로 인해 유발된 S가 I'과 같아질 때까지 계속된다. 이렇게 되기 위해서는 위의 도표와 아래의 도표에서 새로운 균형점 E'으로 표시된 바와 같이 국민소득 Y는 $Y_E = 1,000$에서 $Y_{E'} = 1,400$으로 400만큼 증가해야 한다. 다시 말하면

$$\Delta I = \Delta S = MPS \times \Delta Y$$

이므로

$$\Delta Y = \left(\frac{1}{MPS} \right) \Delta I$$

가 된다. 따라서 승수(k)는

$$k = \frac{\Delta Y}{\Delta I} = \frac{1}{MPS} = \frac{1}{1 - MPC} \tag{5-4}$$

이 된다. 즉, 폐쇄경제에서의 케인즈 승수(multiplier, k)는 한계저축성향의 역수와 같고, 또한 $1 - MPC$의 역수와 같다. 그런데 $0 < MPS < 1$이므로 승수는 1보다 큰 값을 갖는다. 예를 들면 그림 5-1에서 $MPS = 1/4$이므로 $k = 4$이고 투자가 100 증가하면 Y는 400 증가하며 이로 인해 유발된 S는 100이 증가한다.

소득이 투자보다 더 많이 증가하는 이유는 다음과 같다. 투자지출이 증가하면 생산자는 생산을 확대하고, 더 많은 노동자를 고용하며 자본과 기타 생산요소를 더욱 많이 사용한다. 생산과정에서 파생된 소득은 생산량의 가치와 동일하므로 투자지출이 100만큼 증가하면 소득 역시 100만큼 증가하는 직접적 효과가 있다. 그러나 사람들은 100만큼 소득이 증가한 것 중에서 $3/4(MPC)$을 소비할 것이다. 따라서 소득이 100 증가할 때 소비지출은 75 증가한다. 그 결과 생산은 더욱 증가하여 소득은 추가적으로 75 증가하고, 이러한 소득의 증가로 인해 소비는 다시 56.25(0.75 × 75이므로)만큼 또 증가한다.

이러한 과정은 단계마다 소득이 증가하는 정도가 작아져서 결국 소득이 증가하지 않을 때까지 계속된다. 따라서 소득은 첫 번째 단계에서는 100, 두 번째 단계에서는 75, 세 번째 단계에서는 56.25 등으로 계속 증가하여 결국 증가한 소득의 총합은 400이 된다. 소득이 $Y_E = 1,000$에서 $Y_{E'} = 1,400$으로 400 증가할 때 이로 인해 유발된 저축은 100만큼 증가하여 결국은 $S = I' = 250$이 되고 소득증가의 과정은 멈춘다.

5.3 소규모 개방경제하에서의 소득결정이론

이제 균형 국민소득과 승수에 관한 논의를 폐쇄경제에서 소규모 개방경제(국제거래를 통해 무역상대국이나 다른 국가의 국민소득에 영향을 미치지 못하는 경제)의 경우로 확장시켜 보자. 먼저 한 나라의 수입함수를 정의하고 균형 국민소득 수준의 결정원리를 수식과 도표를 이용하여 살펴본 후 무역승수를 도출하며, 5.4절에서는 소국이라는 가정을 완화하여 외국의 반향을 고려한다. 논의를 쉽게 하기 위하여 정부부문은 존재하지 않고 이 경제는 완전고용수준 이하의 상태에 있는 것으로 계속 가정한다.

5.3A 수입함수

한 국가의 수입함수(import function) $M(Y)$는 이 나라의 국민소득과 수입 사이의 관계를 보여 준다. 그림 5-2는 가상적인 수입함수를 보여 준다. $Y = 0$일 때 $M = 150$이고 Y가 증가함에 따라 M도 증가한다는 점에 유의하기 바란다. 소득이 0일 때 이 나라는 해외에서 차입을 하거나 국제준비자산을 이용하여 150을 수입한다. 그리고 소득이 증가함에 따라 수입도 증가한다.

소득 변화(ΔY)에 대한 수입 변화(ΔM)의 비율을 한계수입성향(Marginal Propensity to Import, MPM)이라고 한다. 예를 들면 그림 5-2의 수입함수의 점 G에서 점 H로의 이동은 $Y = 1,000$에서 $Y = 2,000$으로 소득이 증가함에 따라 수입은 $M = 300$에서 $M = 450$으로 증가하는 것을 의미한다. 따라서 $MPM = \Delta M/\Delta Y = 150/1,000 = 0.15$이다. MPM은 $M(Y)$의 기울기와 같고 일정하다. 한편 소득에 대한 수입의 비율을 평균수입성향(Average Propensity to Import, APM)이라 하는데, (그림 5-2에서와 같이 수입함수의 절편이 0보다 크면) 소득이 증가함에 따라 평균수입성향은 감소한다. 따라서 점 G에서 $APM = M/Y = 300/1,000 = 0.3$이고 점 H에서는 $APM = M/Y = 450/2,000 = 0.225$이다. 이때 MPM/APM은 수입수요의 소득탄력성(income elasticity of demand of imports)(n_Y)이다. 구

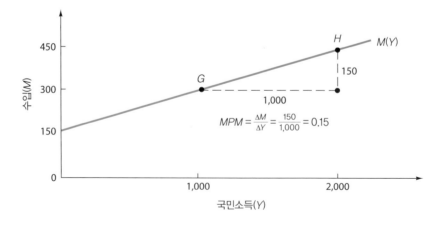

그림 5-2 수입함수

수입함수 $M(Y)$는 소득이 0일 때 수입은 150이며, 소득이 증가하면 수입도 증가함을 보여 준다(소득이 변화할 때 수입의 변화율). 수입함수의 기울기를 한계수입성향(MPM)이라고 한다. 이 수입함수의 경우에는 $MPM = \Delta M/\Delta Y = 0.15$로 일정하다.

체적으로는

$$n_Y = \frac{\text{수입의 변화율}}{\text{소득의 변화율}} = \frac{\Delta M/M}{\Delta Y/Y} = \frac{\Delta M/\Delta Y}{M/Y} = \frac{MPM}{APM} \tag{5-5}$$

이 된다. 그림 5-2에서 점 G에서 점 H로 이동할 때의 n_Y는 다음과 같다.

$$n_Y = \frac{150/1{,}000}{300/1{,}000} = \frac{0.15}{0.30} = 0.5$$

미국은 대국이고 자원이 풍부하며 국제무역 의존비중이 높지 않기 때문에 미국의 APM과 MPM은 다른 국가에 비해 작을 것이다. 이를테면 미국의 $APM = 0.15$이고 $MPM = 0.27$이면 $n_Y = 1.8$이고, 독일의 $APM = 0.33$, $MPM = 0.50$이면 $n_Y = 1.5$이며, 영국의 $APM = 0.29$, $MPM = 0.64$이면 $n_Y = 2.2$이다. G7 국가 중 오직 일본만이 APM과 MPM이 미국보다 작다. 미국과 기타 국가에 대한 수입수요의 소득탄력성은 사례연구 5-1에서 소개된다.

5.3B 소규모 개방경제에서 균형 국민소득의 결정

폐쇄경제에서 균형 국민소득의 결정원리를 국제무역이 있는 개방경제로 쉽게 확장할 수 있다. 개방경제에서 수입은 저축과 마찬가지로 소득흐름으로부터의 누출인 반면, 수출은 투자와 마찬가지로

사례연구 5-1 🌐 수입의 소득탄력성

표 5-1은 표 4-3에서 가격탄력성을 추정하기 위해 사용한 동일한 자료원에서 미국, 일본, 독일, 프랑스, 영국, 이탈리아, 캐나다 국가에 대해 재화 및 서비스 수입의 소득탄력성 값을 보여 준다. 표에서 미국, 독일, 프랑스, 이탈리아, 캐나다의 수입의 소득탄력성은 1.4에서 1.8에 걸쳐 있다. 영국은 2.2, 일본은 0.9이다. 일본의 수입 소득탄력성이 낮은 것은 일본에서는 MPM이 APM보다 낮다는 것이고 다른 선진국의 경우와 반대이다. 이것은 일본의 경우 원자재의 수입이 비례 이상이고 소득이 증가하는 경우 다른 선진국에 비해 수입재보다는 국내재에 비례적으로 더 많은 지출이 이루어진다는 것을 의미한다.

표 5-1 수입의 소득탄력성

국가	탄력성
미국	1.8
일본	0.9
독일	1.5
프랑스	1.6
영국	2.2
이탈리아	1.4
캐나다	1.4

출처 : Hooper, Johnson, and Marquez (2008).

소득흐름으로의 주입이다. 특히 수입은 저축과 마찬가지로 벌어들인 소득 중 국내생산물을 구입하는 데 지출되지 않는 부분인 반면, 수출은 투자와 마찬가지로 국내생산을 촉진한다.

소규모 개방경제의 경우에 수출은 외생적이며 (투자와 마찬가지로)소득수준에 의존하지 않는 것으로 가정하자. 따라서 수출함수(export function)는 소득 축에 평행한 직선이 된다. 즉, 한 나라의 수출은 무역상대국이나 기타 국가의 입장에서는 수입이기 때문에 수출국의 소득수준에 의존하지 않고 무역상대국이나 기타 국가의 소득수준에 의해 결정된다. 반대로 수입은 (저축과 마찬가지로) 국내 소득수준의 함수이다. 이 점을 염두에 두고 소규모 개방경제의 경우에 균형 국민소득 수준이 결정되는 조건을 살펴보자.

소규모 개방경제의 소득 흐름에서 주입과 누출에 관련된 균형조건은

$$I + X = S + M \qquad (5\text{-}6)$$

이다. 균형 국민소득 수준을 결정하는 이 조건이 무역수지(및 국제수지)의 균형을 의미하는 것은 아니라는 점에 유의하기 바란다. $S = I$인 경우에만 $X = M$이 되어 무역수지는 균형을 이루게 된다.

식 (5-6)을 다시 정리하면 균형 국민소득 수준을 결정하는 조건은 다음과 같이 쓸 수 있다.

$$X - M = S - I \qquad (5\text{-}7)$$

이 식은 균형 국민소득 수준에서 한 나라의 무역수지 흑자(외국으로부터의 주입)는 국내투자에 대한 국내저축의 초과분(순 국내누출)과 같다는 점을 의미한다. 반대로 균형 국민소득 수준에서 한 나라의 무역수지 적자는 국내저축에 대한 국내투자의 초과분과 일치한다.

식 (5-7)에서 I를 좌변으로 이항하면 다음과 같은 유용한 균형조건을 구할 수 있다.

$$I + (X - M) = S \qquad (5\text{-}8)$$

수출초과는 해외자산의 축적을 뜻하므로 식 (5-8)에서 $(X - M)$은 순 해외투자를 의미한다. 따라서 식 (5-8)은 균형 국민소득 수준에서 국내투자와 해외투자를 합한 것이 국내저축과 일치한다는 점을 보여 준다(사례연구 5-2 참조). 만일 수입이 수출을 초과하면 $(X - M)$항은 음이 되어, 국내투자는 순 해외투자의 회수액(즉, 외국인이 국내에 투자한 것)만큼 국내저축보다 크다.

5.3C 그래프로 살펴본 균형 국민소득의 결정

앞에서 수식으로 설명한 소규모 개방경제에서 균형 국민소득이 결정되는 원리를 그림 5-3을 통해 알 수 있다. 그림 5-3에서 위의 도표와 아래의 도표는 각각 식 (5-6)과 식 (5-7)로 표현된 균형 국민소득 수준의 결정원리를 보여 준다. 수출은 외생적으로 300이라고 가정하였고 위와 아래의 도표에서 소득수준은 모두 $Y_E = 1{,}000$이다. 특히 위의 도표에서는 저축과 수입의 합 및 투자와 수출의 합을 수직축에, 소득은 수평축에 표시하고 있다. (그림 5-1과 마찬가지로) 투자 $I = 150$이고, 수출 $X = 300$이면 투자함수와 수출함수의 합은 $I + X = 150 + 300 = 450$이다. 그런데 저축함수와 수입함수의 합 $S(Y) + M(Y)$는 그림 5-2의 수입함수를 그림 5-1의 저축함수에 수직으로 더하여 구할 수 있다. 예

사례연구 5-2 🌐 민간부문 수지 및 경상수지

표 5-2에서 주요 7개국(G7)에 대해 1996~2000년 기간 및 2001년 국내총생산(GDP)의 백분율로 표시하여 민간부문 수지($S-I$)와 경상수지($X-M$)를 알 수 있다. 이 표로부터 GDP의 백분율로 표시할 때 미국은 가장 큰 민간부문 및 경상수지 적자를, 일본은 가장 큰 민간부문 및 경상수지 흑자를 보인 것을 알 수 있다(단 캐나다는 2001년에 일본보다 더 큰 경상수지 흑자를 보임). 식 (5-7)의 균형 조건($S-I$) $= (X-M)$은 (다음 장에서 논의되는) 정부부문의 누락으로 인해 성립되지 않는다.

표 5-2 주요 7개국(G7)의 민간부문 수지 및 경상수지(1996~2001)

국가	민간부문 수지(1996~2000)		경상수지(1996~2000)	
	평균	2001	평균	2001
미국	-2.7	-4.7	-2.7	-4.1
일본	7.9	8.5	2.3	2.1
독일	1.2	1.8	-0.6	-0.7
영국	-0.6	-2.9	-1.2	-1.8
프랑스	4.7	3.0	2.2	1.6
이탈리아	4.6	1.5	1.6	0.1
캐나다	-0.4	0.9	0.1	3.7

출처 : Organization for Economic Cooperation and Development, *Economic Outlook* (Paris: OECD, December 2001), p. 134.

를 들어 $Y=0$일 때, $S=-100$, $M=150$이므로 $S+M=-100+150=+50$이다. $Y=1,000$이면 $S+M=150+300=450$이다. 저축함수와 수입함수의 합의 기울기는 (저축함수의 기울기인) MPS와 (수입함수의 기울기인) MPM의 합과 같다는 점에 유의하자. 즉, $S(Y)+M(Y)$의 기울기 $= MPS + MPM = 0.25 + 0.15 = 0.40$이다.

따라서 균형 국민소득 수준은 $Y_E = 1,000$이고, $(I+X)$ 함수가 $S(Y)+M(Y)$ 함수와 교차하는 점(위의 도표의 점 E)에서 결정된다. 즉

$$주입 = 누출$$
$$I+X = S+M$$
$$150+300 = 150+300$$
$$450 = 450$$

에서 균형 국민소득 수준이 결정된다. 이 경우에 $I = S = 150$이므로 $X = M = 300$(그림에서 EJ)이라는 점에 주목하자. 따라서 $Y_E = 1,000$인 균형 국민소득 수준에서 무역수지는 균형을 이루게 된다. 주입과 누출이 같지 않을 때 이 경제는 자동적으로 Y_E로 복귀한다는 의미에서 Y_E 역시 안정적이다.

그림 5-3의 아래 도표에서는 $(X-M)$과 $(S-I)$를 수직축에, Y를 수평축에 측정한다. $Y=0$이면 $X = 300$, $M = 150$이므로 $X-M = 300-150 = 150$이다. X는 일정한 반면 Y가 증가하면 M도 증가하므로, Y가 증가할 때 $X-M(Y)$ 함수는 감소한다. 즉, Y가 증가하면 무역수지는 악화된다. 반대로 Y

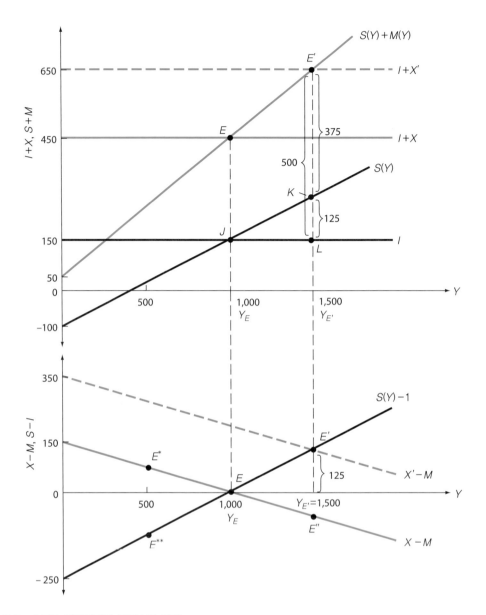

그림 5-3 소규모 개방경제의 국민소득 결정

위의 도표는 저축과 수입의 합 및 투자와 수출의 합을 수직축에, 국민소득을 수평축에 측정한다. 균형 국민소득 수준은 Y_E = 1,000이고, $I+X$ 함수가 $S(Y)+M(Y)$ 함수와 교차하는 점 E에서 결정된다. Y_E = 1,000에서 $S = I$ = 150이므로 $X = M$ = 300이 된다. 아래의 도표는 $(X-M)$과 $(S-I)$를 수직축에 Y를 수평축에 측정한다. $X-M(Y)$ 함수는 Y가 증가하면 감소하는데, X는 일정한 반면 Y가 증가하면 M 역시 증가하기 때문이다. $S(Y)-I$ 함수는 Y가 증가하면 증가하는데, Y가 증가하면 S도 증가하는 반면 I는 일정하기 때문이다. Y_E = 1,000이고 이는 $X-M(Y)$ 함수가 $S(Y)-I$ 함수와 교차하는 점 E에서 결정된다. 이때 $X-M = S-I$ = 0이 된다. (위의 도표에서 점선 $I+X'$과 아래 도표에서 $X'-M(Y)$로 표현되는 바와 같이) X가 200만큼 외생적으로 증가하면, $Y_{E'}$ = 1,500, $X'-M$ = 125 및 $S-I$ = 125가 된다.

= 0에서 $S = -100$이고 $I = 150$이므로 $S-I = -100-150 = -250$이다. Y가 증가하면 S도 증가하는 반면 I는 일정하므로 $S(Y)-I$ 함수는 증가한다. 따라서 균형 국민소득 수준은 $X-M(Y)$ 함수가 $S(Y)-I$ 함수와 교차하는 점(아래 도표의 점 E)에서 결정되며 이때 $Y_E = 1,000$이다.

그림 5-3의 아래 도표 및 식 (5-7)을 이용할 때의 장점은 무역수지를 그림으로부터 직접 알 수 있다는 점이다. $X - M(Y)$ 함수와 $S(Y) - I$ 함수가 수평축에서 교차하므로 $Y_E = 1,000$에서 $X - M = S - I = 0$이 된다. 즉, 이 경우에 무역수지는 균형 국민소득 수준에서 균형을 이룬다. 이는 (수출과 투자의 독립적 증가와 같은) 교란요인이 한 나라의 균형 국민소득 수준에 미치는 효과와 자동적인 소득조정기구의 작동을 분석하는 데 편리한 출발점이 된다.

5.3D 무역승수

그림 5-3의 두 도표에 있는 균형점 E로부터 시작하여 (식 5-6의 좌변에 있는) 투자나 수출이 독립적으로 변화하면 균형 국민소득 수준이 교란된다. 균형 국민소득 수준이 변화하면 (식 5-6의 우변의) 저축 및 수입량도 변화하여 마침내 저축과 수입의 유발된 변화의 합이 투자와 수출의 독립적 변화의 합과 같게 된다. 즉, 새로운 균형 국민소득 수준은

$$\Delta I + \Delta X = \Delta S + \Delta M \tag{5-9}$$

인 점에서 결정된다.

소득이 변화할 때 유발된 저축과 수입의 변화는

$$\Delta S = (MPS)(\Delta Y)$$
$$\Delta M = (MPM)(\Delta Y)$$

가 된다. 식 (5-9)의 ΔS와 ΔM에 이를 대입하면

$$\Delta I + \Delta X = (MPS)(\Delta Y) + (MPM)(\Delta Y)$$
$$\Delta I + \Delta X = (MPS + MPM)(\Delta Y)$$
$$\Delta Y = \frac{1}{MPS + MPM}(\Delta I + \Delta X)$$

가 된다. 따라서 무역승수(foreign trade multiplier, k')는 다음과 같다.

$$k' = \frac{1}{MPS + MPM} \tag{5-10}$$

예를 들어 그림 5-3의 균형점 E에서 시작하여 수출이 $X = 300$에서 $X' = 500$으로 200만큼 외생적으로 증가하면 다음과 같이 된다.

$$k' = \frac{1}{MPS + MPM} = \frac{1}{0.25 + 0.15} = \frac{1}{0.40} = 2.5$$
$$\Delta Y = (\Delta X)(k') = (200)(2.5) = 500$$
$$Y_{E'} = Y_E + \Delta Y = 1,000 + 500 = 1,500$$
$$\Delta S = (MPS)(\Delta Y) = (0.25)(500) = 125$$
$$\Delta M = (MPM)(\Delta Y) = (0.15)(500) = 75$$

따라서 $Y_{E'}$에서는 다음이 성립한다.

$$주입의\ 변화 = 누출의\ 변화$$
$$\Delta I + \Delta X = \Delta S + \Delta M$$
$$0 + 200 = 125 + 75$$
$$200 = 200$$

$Y_{E'} = 1{,}500$의 새로운 균형 국민소득 수준에서는 수출이 수입을 125만큼 초과한다. 즉, 소득이 자동적으로 변화한 결과 유발된 수입의 증가는 수출의 독립적 증가보다는 작기 때문에 국제수지의 조정은 불완전하다. 위에서 구한 무역승수 $k' = 2.5$는 이에 상응하는 5.2B절에서 구한 폐쇄경제의 무역승수인 $k = 4$보다 작은데, 그 이유는 개방경제에서 국내소득이 저축과 수입으로 누출되기 때문이다. 이것이 개방경제 거시경제학의 기본적 결과이다.

그림 5-3의 위의 도표에서 (점선으로 표시된) $I + X'$ 함수는 $S(Y) + M(Y)$ 함수와 점 E'에서 교차한다. $Y_{E'} = 1{,}500$에서는 $X' = 500(E'L)$이고 $M = 375(E'K)$이므로 $X' - M = 125(KL)$이다. 이와 동일한 결과가 그림 5-3의 아래 도표에서 점 E'으로 표시되는데, 여기서 높은 수준의 새로운 $X' - M(Y)$ 함수(점선)는 변화하지 않은 $S(Y) - I$ 함수와 $Y_{E'} = 1{,}500$에서 교차하여 무역수지의 흑자는 $X' - M = 125$가 된다.

$MPS + MPM$이 작으면 작을수록 그림 5-3의 위의 도표에서 $S(Y) + M(Y)$의 기울기는 완만해지며, 무역승수의 크기와 독립적 투자 및 수출의 증가에 따른 소득 증가의 크기가 더 커진다는 점에 주목하자. 또한 X가 외생적으로 증가하면 Y는 증가지만 I는 불변($\Delta I = 0$)이라는 점도 주목하자.

만일 X 대신 I가 200만큼 증가한다면

$$\Delta I + \Delta X = \Delta S + \Delta M$$
$$200 + 0 = 125 + 75$$

가 되고 이 나라는 수입의 증가와 동일한 75만큼의 지속적인 무역수지 적자를 경험하게 된다. 이는 도표상으로는 $S(Y) - I$ 함수가 아래로 200만큼 이동하여 변화하지 않은 $X - M(Y)$ 함수와 점 E''(그림 5-3의 아래 도표 참조)에서 교차하여 $Y_{E''} = 1{,}500$이고 $X - M = -75$인 것으로 표현된다.

반면에 그림 5-3의 아래 도표의 균형점 E에서 시작하여 저축이 200만큼 독립적으로 증가하면 $S(Y) - I$ 함수가 위로 200만큼 이동하며 (점 E^*에서) $Y_E^* = 500$이 되고 무역수지의 흑자는 $X - M = 75$가 된다. 마지막으로 수입이 200만큼 독립적으로 증가하면 $X - M(Y)$ 함수가 아래로 200만큼 이동하여 균형점은 E^{**}가 되고(그림 5-3의 아래 도표 참조), $Y^{**} = 500$이 되어 이 국가의 무역수지 적자는 $X - M = -125$가 된다. 이처럼 균형 국민소득 수준이 감소하는 이유는 수입이 국내생산을 대체하기 때문이다. 사례연구 5-3은 미국의 경상수지와 성장률과의 관계를 보여 주며, 사례연구 5-4는 몇몇 개발도상국의 경우에 대해 이들 관계를 보여 준다.

사례연구 5-3 🌏 **미국과 전 세계 성장률 및 미국의 경상수지 적자**

표 5-3은 1996년부터 2014년까지 미국과 세계 전체의 실질 GDP의 증가율 및 미국의 경상수지(CA)와 미국의 GDP 대비 경상수지(CA/GDP)를 보여 준다. 여기서는 미국의 경상수지의 지속가능성이 관심사이기 때문에, 미국의 경상수지 적자규모보다는 CA/GDP의 비율을 중심으로 살펴본다.

표로부터 미국의 CA/GDP는 2006~2009년까지, 2012~2013년까지 미국 경제성장이 둔화됨에 따라(예상한 바와 같이) 개선되었다. 그러나 경제성장이 둔화되어도 CA/GDP가 2010년에는 증가하고 2011년에는 변하지 않았다. 이것은 미국의 CA/GDP는 정반대 방향으로 작용하는(이 장의 다음 부분과 제4장에서 검토) 많은 경제적인 힘의

상호작용(예 : 단지 미국의 값만이 아닌 여타국의 성장, 달러 환율의 변화, 상대 인플레이션율)에 의해 결정된다는 것을 보여 준다. 경상수지 적자는 자본유입에 의해 결제되므로 미국의 경상수지의 지속가능성에 대한 의문이 생긴다. 해외로부터의 자본유입이 갑자기 철회되거나 동결되면, 달러는 급격한 평가하락과 함께 미국 이자율의 급격한 상승을 가져오므로 미국은 경상수지 적자를 조정하거나 감소시킬 수밖에 없다. 미국경제는 깊은 불황에 빠질 수 있다. 따라서 미국이 경상수지 적자를(예 : GDP의 2~3% 범위 내로) 축소시키는 것이 중요하다.

표 5-3 미국과 전 세계 성장률 및 미국의 경상수지 적자(1996~2014)

	평균(1996~2005)	2006	2007	2008	2009	2010	2011	2012	2013	2014
미국 실질 GDP 증가율(%)	3.4	2.7	1.8	−0.3	−2.8	2.5	1.6	2.3	2.2	2.4
세계 실질 GDP 증가율(%)	3.9	5.6	5.7	3.0	0.0	5.4	4.1	3.4	3.3	3.3
미국의 경상수지(10억 달러)	−394	−807	−719	−687	−381	−449	−459	−461	−400	−411
미국의 CA/GDP	−3.9	−5.8	−5.0	−4.7	−2.6	−3.0	−3.0	−2.9	−2.4	−2.4

출처 : IMF, *International Financial Statistics* (Washington, D.C. : IMF, 2015).

5.4 외국의 반응

이 절에서는 소규모 개방경제의 가정을 완화하여 외국의 반응(foreign repercussions)을 고려할 수 있도록 분석을 확장한다. 두 나라만이 존재할 경우에(즉, 1국과 2국), 2국의 수입이 독립적으로 증가하면 1국의 수출은 같은 크기로 독립적으로 증가한다. 만일 2국의 수입이 독립적으로 증가하여 국내생산을 대체하면 2국의 소득은 감소한다. 그 결과 2국의 수입이 감소하여 수입의 독립적 증가는 어느 정도 상쇄된다. 이것이 1국에 대한 외국의 반응이며, 이로 인해 원래의 1국 수출의 독립적 증가는 어느 정도 상쇄된다. 결과적으로 외국의 반응이 있을 때 1국의 무역승수는 외국의 반응이 없을 때보다 작아지며, 무역수지는 그다지 많이 개선되지 않을 것이다.

1국의 독립적 수출 증가가 2국의 국내생산을 대체한다고 가정하면, 외국의 반응이 있을 때 수출의 독립적 증가에 대한 1국의 무역승수(k'')는

$$k'' = \frac{\Delta Y_1}{\Delta X_1} = \frac{1}{MPS_1 + MPM_1 + MPM_2(MPS_1/MPS_2)} \tag{5-11}$$

이 되는데, 여기서 밑에 있는 첨자 1과 2는 각각 1국과 2국을 의미한다(이 공식과 다음의 공식은 부

사례연구 5-4 🌐 개발도상국의 성장과 경상수지

표 5-4는 2010년부터 2014년까지 몇몇 중요하고 고도성장하는 개발도상국의 성장률과 GDP 대비 경상수지 비율을 보여 준다. 이 표로부터 2010년부터 2014년까지 중국, 인도, 인도네시아, 터키 같은 몇몇 대국은 높은 성장률을 보여 준 반면 기타 국가는 완만하게 성장했음을 알 수 있다. 또한 이 표로부터 성장률과 경상수지는 거의 관계가 없음을 알 수 있다. 중국과 같은 국가는 고도성장을 하면서도 경상수지는 흑자였던 반면 인도, 인도네시아, 터키와 같은 국가는 비교적 고도성장을 하였으나 경상수지는 적자였다. 기타 대국들은 적절한 성장을 하면서 국제수지 흑자 국가(한국과 러시아)가 되거나 국제수지 적자가 되는 국가(브라질, 멕시코, 폴란드, 남아프리카공화국)도 있다. 이것들을 통해 다시 한 번 국내의 경제성장이 일국의 경상수지에 영향을 주지만 다른 요인들(환율, 상대 인플레이션, 구조 불균형)이 영향을 주고 있는 것도 사실이다.

표 5-4 개발도상국의 성장과 경상수지(2010~2014)

국가	실질 GDP의 증가율		GDP 대비 경상수지(%)	
	평균(2010~2013)	2014	평균(2010~2013)	2014
아시아				
중국	8.8	7.4	2.6	1.8
홍콩	4.0	3.0	4.0	2.1
인도	6.7	5.6	−3.3	−2.1
한국	3.9	3.7	3.5	5.8
싱가포르	6.9	3.0	20.6	17.6
타이완	4.7	3.5	10.1	11.9
인도네시아	6.2	5.2	−1.3	−3.2
말레이시아	4.6	4.5	8.1	4.3
타이	4.3	1.0	1.2	2.9
라틴아메리카				
아르헨티나	5.4	−1.7	−0.5	−0.8
브라질	3.4	0.3	−2.6	−3.5
멕시코	3.6	2.4	−1.2	−1.9
중부유럽				
체코공화국	0.6	2.5	−2.4	−0.2
폴란드	3.0	3.2	−3.8	−1.5
터키	6.0	3.0	−7.5	−5.8
러시아	3.4	0.2	3.7	2.7
아프리카				
남아프리카공화국	2.8	1.4	−3.8	−5.7

출처 : IMF, *International Financial Statistics* (Washington, D.C. : IMF, 2015).

록에서 유도한다). 예컨대 (5.3절에서와 같이) 1국의 $MPS_1 = 0.25$, $MPM_1 = 0.15$이고 2국의 $MPS_2 = 0.2$, $MPM_2 = 0.1$이라면 승수(k'')는 다음과 같다.

$$k'' = \frac{\Delta Y_1}{\Delta X_1} = \frac{1}{0.25 + 0.15 + 0.10(0.25/0.20)} = \frac{1}{0.525} = 1.90$$

따라서 1국의 수출이 초기에 독립적으로 200 증가하면, 외국의 반응이 없을 때 1국의 소득은 $(200)(2.5) = 500$ 증가하지만, 외국의 반응이 있을 때는 $(200)(1.90) = 380$ 증가한다. 그 결과 외국의 반응이 있을 때 $\Delta M_1 = (\Delta Y_1)(MPM_1) = (380)(0.15) = 57$이 되고 $\Delta S_1 = (\Delta Y_1)(MPS_1) = (380)(0.25) = 95$가 된다.

이들 값을 균형식 $\Delta I_1 + \Delta X_1 = \Delta S_1 + \Delta M_1$에 대입하면 $0 + \Delta X_1 = 95 + 57 = 152$가 된다. 따라서 X_1의 순증가분은 외국의 반응이 있을 때는 152가 되는 반면, 외국의 반응이 없을 때는 200이 된다. M_1이 57 증가하면 1국의 무역수지 흑자는 외국의 반응이 있을 때는 $152 - 57 = 95$가 되는 데 비하여, 외국의 반응이 없을 때는 125(그림 5-3의 점 E')가 된다.

국민소득 수준과 무역수지가 균형상태(그림 5-3의 아래 도표에서 점 E)에 있을 때 1국에서 투자 (I_1)의 독립적 증가는 소득(Y_1)을 증가시키고 또한 수입(M_1)을 증가시키므로 1국의 무역수지는 적자가 된다(그림 5-3의 아래 도표에서 균형점 E'' 참조). 외국의 반응이 없을 때는 이것으로 모든 과정이 마무리된다. 외국의 반응이 있는 경우 M_1의 증가는 2국의 수출(X_2)이 증가한 것과 같으므로 Y_2 및 M_2가 증가한다. 이러한 M_2의 증가는 X_1의 증가(1국에 대한 외국의 반응)이며 원래의 1국의 무역수지 적자는 완화된다.

외국의 반응이 있을 때 투자의 독립적 증가로 인한 1국의 승수(k^*)는 다음과 같다.

$$k^* = \frac{\Delta Y_1}{\Delta I_1} = \frac{1 + MPM_2/MPS_2}{MPS_1 + MPM_1 + MPM_2(MPS_1/MPS_2)} \qquad (5\text{-}12)$$

식 (5-12)의 분모는 식 (5-11)의 분모와 동일하므로 위에서의 계산을 그대로 적용하면 다음과 같은 결과를 얻게 된다.

$$k^* = \frac{\Delta Y_1}{\Delta I_1} = \frac{1 + 0.10/0.20}{0.525} = \frac{1.50}{0.525} = 2.86$$

따라서 $k^* > k' > k''$이고 I_1이 독립적으로 200 증가하면 Y_1은 외국의 반응이 없을 때는 500 증가하는 반면, 외국의 반응이 있는 경우에는 $(200)(2.86) = 572$ 증가한다. 결과적으로 외국의 반응이 있을 때 M_1은 $(\Delta Y_1)(MPM_1) = (572)(0.15) = 85.8$, $\Delta S_1 = (\Delta Y_1)(MPS_1) = (572)(0.25) = 143$ 증가한다.

이들 값을 균형식 $\Delta I_1 + \Delta X_1 = \Delta S_1 + \Delta X_1$에 대입하면 $200 + \Delta X_1 = 143 + 85.8 = 228.8$을 얻을 수 있다. 따라서 X_1의 유발된 증가는 28.8이다. M_1이 85.8 증가하고 X_1이 28.8 증가함에 따라 1국의 무역수지 적자는 외국의 반응이 있는 경우 $85.8 - 28.8 = 57$이고, 외국의 반응이 없을 때는 75(그림 5-3의 점 E'')가 된다. 따라서 외국의 반응이 있는 경우의 무역수지 흑자나 적자는 외국의 반응이 없을 때보다 작게 된다.

마지막으로 2국에서 투자가 독립적으로 증가하면 외국의 반응이 있을 때 I_2의 독립적 증가로 인한 1국의 무역승수(k^{**})는 다음과 같다.

$$k^{**} = \frac{\Delta Y_1}{\Delta I_2} = \frac{MPM_2/MPS_2}{MPS_1 + MPM_1 + MPM_2(MPS_1/MPS_2)} \tag{5-13}$$

$k^* = k^{**} + k''$임에 유의하기 바란다. I_2가 독립적으로 증가할 때 1국의 무역수지와 Y_1에 미치는 효과는 이 장의 뒤에 있는 연습문제에 수록되었다. 식 (5-11), 식 (5-12) 및 식 (5-13)으로 표현되는 외국의 반응이 있을 때의 무역승수는 부록의 A5.1절에서 수리적으로 도출한다.

이러한 방법으로 경기변동이 국제적으로 전파된다는 점에 주목하기 바란다. 예를 들면 미국에서 경제활동이 확대되면 수입이 증가한다. 그런데 미국의 수입은 다른 국가의 수출이므로 미국에서 경제활동의 확대는 다른 국가로 전파된다. 이들 국가의 수출증가로 인해 이들 국가의 경제활동이 확대되고 미국으로부터의 수입이 증대하여 다시 미국으로 파급된다. 다른 예로는 1930년대의 대공황을 들 수 있다. 1930년대 초반 미국의 경제활동이 갑작스럽게 위축되면서 미국의 수입수요가 대폭 감소하였다. 이런 경향은 스무트–홀리 관세법(Smoot-Hawley Tariff)의 통과로 더욱 악화되었는데, 이는 미국 역사상 가장 높은 관세였으며 다른 국가들의 보복을 초래하였다. 미국의 급격한 수입 감소는 외국에 대해 (승수효과를 통해) 심각한 디플레이션 영향을 미치게 되었고, 이로 인해 외국은 미국으로부터 수입을 줄이게 되어, 미국의 국민소득은 더욱더 감소하였다. 이러한 외국의 반응은 공황을 전 세계로 전파시키는 데 중요한 역할을 하였으며, 소국의 경우에만 자국 경제에서 발생하는 변화가 외국에 대해 미치는 반응을 무시할 수 있었다. 사례연구 5-5는 1997년 7월 아시아에서 시작된 금융위기가 무역의 연관성을 통하여 미국, 일본 및 유럽연합에 미친 효과를 보여 준다.

사례연구 5-5 🌐 1990년대 후반 아시아 금융위기가 OECD 국가에 미친 영향

표 5-5는 OECD가 INTERLINK 모형을 이용하여 추정한, 1997년 7월 아시아 금융위기가 미국, 일본, 유럽연합, 캐나다, 오스트레일리아 및 뉴질랜드에 미친 효과의 추정값을 보여 준다. 아시아 외환위기는 무역의 연관성을 통하여 세계 각국으로 전파되었다. 구체적으로는 위기를 경험한 국가의 통화가 평가하락하면서 이들 국가의 수출은 촉진되었지만 소득 감소로 인해 이들 국가의 수입수요는 감소하였다. 이러한 효과는 외환위기가 발생하지 않았더라면 나타났을 외국의 성장률과 경상수지에서 실제의 성장률과 경상수지의 차이로 측정할 수 있다.

이 표는 아시아 외환위기로 인하여 1998년부터 1999

년까지 미국의 실질 GDP가 (1998년의 4.7%에서 4.3%로 1999년의 4.2%에서 3.8%로) 0.4%p 감소했음을 보여 준다. 이는 1998년과 1999년에 미국의 GDP가 약 340억 달러에서 350억 달러 감소한 것에 해당한다. 유럽연합에서 (%p)로 표시한 성장률의 하락은 미국과 비슷하지만, 일본, 오스트레일리아 및 뉴질랜드의 경우는 미국보다 훨씬 컸고, 캐나다의 경우에는 미국보다 작았다. 또한 이 표는 외환위기로 인해 미국의 경상수지 적자가 1998년 130억 달러, 1999년 270억 달러 증가했음을 보여 준다. 경상수지 적자에 미친 효과는 일본과 유럽연합에서는 미국과 비슷했고 캐나다, 오스트레일리아, 뉴질랜드에서는 미국보다 훨씬 작았

(계속)

다. 따라서 일부 대국이나 지역에서의 경제위기는 무역의 연관성을 통하여 다른 국가나 지역으로 쉽게 파급되며 이들 국가에 큰 영향을 미친다는 사실을 알 수 있다. 이것은 2007년 미국 서브프라임 모기지 시장에서 시작되어 2008 년 미국의 전체 금융 및 경제부문, 더 나아가 세계의 나머지까지 확산된 금융위기로부터(9.6E에서 자세히 논의) 한층 더 분명해진다.

표 5-5 아시아 외환위기가 OECD 국가의 성장률 및 경상수지에 미친 효과(1998~1999)

국가	실질 GDP의 증가율(%)		경상수지(10억 달러)	
	1998	1999	1998	1999
미국	−0.4	−0.4	−13	−27
일본	−1.3	−0.7	−12	−22
유럽연합	−0.4	−0.2	−19	−28
캐나다	−0.2	−0.3	−2	−3
오스트레일리아 및 뉴질랜드	−0.9	−0.1	−3	−4
OECD	−0.7	−0.4	−26	−55

출처 : Organization for Economic Cooperation and Development, *OECD Economic Outlook* (Paris: OECD, June 1998), p. 17.

5.5 흡수접근방법

이 절에서는 자동적 가격조정 및 소득조정기구를 통합하여 소위 흡수접근방법을 살펴본다. 구체적으로는 평가절하 혹은 평가하락을 통해 한 나라의 국제수지 적자가 조정되는 과정에서 유발되는 (자동적인) 소득변화의 효과를 살펴본다. 제4장에서는 자동적인 가격조정기구만을 분리해서 살펴보기 위해 이러한 자동적 소득변화를 생략하였다.

한 국가는 (외환시장이 안정적일 때) 국제수지의 적자를 평가절하나 평가하락을 통하여 조정할 수 있다는 점을 제4장에서 살펴보았다. 한 국가의 무역수지가 개선되는 정도는 수출품 및 수입품에 대한 가격탄력성에 따라 좌우되므로 이러한 방법으로 적자를 조정하는 것을 **탄력성 접근방법**이라 한다. 평가절하나 평가하락은 수출을 촉진하고 수입을 억제하므로(수입이 억제됨에 따라 수입대체품의 국내생산은 촉진됨) 적자국의 무역수지는 개선된다. 이에 따라 적자국의 생산 및 실질소득이 증가하면 수입이 증가하여 평가절하나 평가하락으로 인한 원래의 무역수지 개선효과는 부분적으로 상쇄된다.

그러나 적자국이 이미 완전고용상태에 있었다면 생산은 증가할 수 없기 때문에 실질국내흡수(지출)가 감소할 때에만 평가하락이나 평가절하의 결과 한 나라의 국제수지 적자가 감소하거나 제거된다. 만일 실질국내흡수가 자동적으로든 아니면 긴축적 재정정책이나 통화정책을 통해서든 감소하지 않는다면, 평가하락이나 평가절하의 결과 국내가격이 상승하기 때문에 평가하락으로 인해 발생했던 유리한 경쟁우위가 완전히 상쇄되어 적자는 감소하지 않는다.

그림 5-3의 아래 도표에서 살펴보면 적자국의 평가하락이나 평가절하의 결과 (X는 증가하고 M은

하락하므로) $X - M(Y)$ 함수는 위로 이동하여 초기에 완전고용 이하의 수준에서는 (또 마셜–러너 조건이 충족된다면) 이 나라의 무역수지가 개선된다. 그러나 무역수지가 최종적으로 개선되는 정도는 $X - M(Y)$ 함수가 위로 이동한 것보다는 작은데, 그 이유는 국내생산이 증가하면 수입수요가 증가하여 원래의 무역수지 개선이 부분적으로 상쇄되기 때문이다. 그러나 이 국가가 원래 완전고용상태에 있었다면 평가하락이나 평가절하의 결과 인플레이션이 발생하여 $X - M(Y)$ 함수가 원래의 위치로 다시 이동하므로 무역수지는 개선되지 않는다. 국내흡수가 어떤 방법으로든 감소할 때만 적자국의 무역수지는 개선된다(즉, $X - M(Y)$ 함수가 원래의 위치로 이동하지 않는다).

이러한 분석방법은 알렉산더(Alexander)가 1952년 처음 소개했는데, 그는 이것을 흡수접근방법(absorption approach)이라고 불렀다. 알렉산더는 (실질변수로 표현했을 때) 생산이나 소득(Y)은 소비(C) + 국내투자(I) + 무역수지($X - M$)와 같다는 항등식에서 출발하였다.

$$Y = C + I + (X - M) \tag{5-14}$$

국내흡수($C + I$)를 A라 하고 무역수지($X - M$)를 B라 하면 위의 식은

$$Y = A + B \tag{5-15}$$

가 된다. 양변에서 A를 빼면 위의 식은

$$Y - A = B \tag{5-16}$$

가 된다. 즉, 국내생산 혹은 소득에서 국내흡수를 빼면 무역수지와 같다. 평가하락이나 평가절하의 결과 무역수지(B)가 개선되기 위해서는 Y가 증가하거나 A가 감소해야 한다. 만일 이 나라가 원래 완전고용상태에 있었다면 생산이나 실질소득(Y)은 증가할 수 없고, 따라서 자동적으로든 긴축적인 재정정책이나 통화정책에 의해서든 국내흡수가 감소할 때만 평가하락이나 평가절하는 효과가 있다.

평가하락이나 평가절하의 결과 임금소득자로부터 이윤소득자에게로 소득이 재분배된다면(한세 저축성향은 보통 임금소득자보다 이윤소득자의 경우에 더 높으므로) 국내흡수는 자동적으로 감소한다. 게다가 평가하락으로 인해 국내가격이 상승하면 민간이 보유하고자 하는 실질현금잔고의 가치가 감소하며, 실질현금잔고의 가치를 회복하기 위해 민간은 소비지출을 줄여야 한다. 마지막으로 국내물가의 상승으로 인하여 보다 많은 사람들이 더 높은 과세구간에 위치하게 되므로 소비가 감소한다. 이러한 자동적인 효과의 크기나 속도는 불확실하므로 긴축적인 재정정책이나 통화정책을 이용하여 국내흡수를 적절히 감소시켜야 한다. 이 문제는 다음의 두 장에서 다루기로 하자.

따라서 탄력성 접근방법은 수요측면을 강조하여 수출품이나 수입대체품에 대한 추가적인 수요를 충족할 수 있는 유휴자원이 경제 내에 존재하고 있음을 암묵적으로 가정하는 반면, 흡수접근방법은 공급측면을 강조하여 한 국가의 수출품 및 수입대체품에 대한 적절한 수요가 있다는 점을 암묵적으로 가정한다. 그러나 탄력성 접근방법이나 흡수접근방법 모두 중요하며 이 두 가지 방법을 동시에 고려해야 한다는 점은 명백하다.

자동적인 소득조정기구 및 흡수접근방법과 밀접한 관계가 있는 것으로 소위 이전문제(transfer

problem)가 있다. 이 문제는 부록의 A5.2절에서 다루기로 한다.

5.6 통화적 조정과 자동조정의 종합

이 절에서는 국제수지의 불균형에 대한 통화적 조정을 살펴본다. 그 후에는 자동적 가격조정, 소득조정 및 통화적 조정을 종합하고 이러한 조정방법이 현실세계에서 어떻게 작동하는가를 살펴본다. 마지막으로 각각의 자동조정기구의 단점을 설명함으로써 이 장을 마치기로 한다.

5.6A 통화적 조정

지금까지는 통화적 조정을 고려하지 않았다. 그러나 환율이 자유롭게 변동할 수 없을 때는 국제수지 적자의 결과 그 국가의 통화량이 감소하는데, 그 이유는 외환에 대한 초과수요가 그 국가의 중앙은행에서 국내통화를 외환으로 환전하여 해소되기 때문이다. 부분지급준비 은행제도에서는 이렇게 준비자산이 감소하면 통화량은 무역수지 적자의 몇 배 감소한다. 통화당국이 통화량의 감소를 불태화(sterilization)하거나 중화하지 않으면 적자국의 이자율은 상승한다.

적자국에서 이자율이 상승하면 국내투자는 위축되고 (승수과정을 통하여) 국민소득이 감소하며 이에 따라 수입이 감소하여 적자폭도 감소한다. 그뿐만 아니라 이자율이 상승하면 외국자본이 유입되어 적자가 충당될 수 있다. 흑자국에서는 반대의 과정이 발생한다. 금본위제도에서의 실제 조정은 (4.6B절에서 설명한 가격-정화-유통기구보다는) 이러한 국제자본이동과 자동적인 소득조정을 통해서 이루어졌다.

통화량과 소득 감소의 결과 적자국에서는 흑자국에 비해 물가가 하락하는 경향이 있기 때문에 적자국의 무역수지는 한층 더 개선된다. 국내가격의 변화를 통한 이러한 조정은 이론적으로는 금본위제도에서 가장 현저하고 직접적인 현상이지만, 다른 국제통화제도의 경우에도 이러한 조정이 나타난다.

제7장에서 살펴보겠지만 실제로 이러한 자동적 통화-물가의 조정을 통해 한 국가의 무역수지 적자와 실업이 제거될 수 있지만 그것은 장기의 경우에만 국한된다. 다음에서는 통화량의 변화가 이자율과 국내물가의 변화를 통해 어느 정도 국제수지에 영향을 미치는 것으로 가정하자.

5.6B 자동조정의 종합

이제는 균형 국민소득 수준에서 실업과 국제수지 적자에 직면하고 있는 국가에 대해 자동적 가격조정, 소득조정 및 통화적 조정을 종합해 보자[즉, 자동조정기구의 종합(synthesis of automatic adjustments)].

자유변동환율제도와 안정적인 외환시장의 경우에는 적자가 완전히 제거될 때까지 이 국가의 통화가 평가하락할 것이다. 관리변동환율제도에서 이 국가의 통화당국은 보통 적자가 완전히 해소될 만큼의 평가하락을 용인하지 않는다. (전후 1973년까지 채택했던) 고정환율제도에서는 허용된 좁은 한도 내에서만 환율이 평가하락할 수 있었기 때문에 국제수지 조정은 대부분 다른 방법을 통해서 이루어졌다.

평가하락은 (허용되는 정도에 따라) 적자국의 생산과 소득을 촉진하며 수입 증가를 유발하므로, 평가하락으로 인한 초기의 무역수지 개선효과는 부분적으로 상쇄된다. 이는 자유변동환율제도에서는 국제수지 적자를 해소하기 위해 필요한 평가하락의 정도가 자동적 소득조정이 없는 경우보다 더 크다는 것을 의미한다.

자유변동환율제도의 경우를 제외하고는 국제수지 적자는 그 나라의 통화량을 감소시켜 이자율이 상승한다. 또한 이로 인해 적자국의 국내투자 및 소득이 감소하여 수입의 감소가 유발되어 그 결과 적자가 감소한다. 이자율의 상승은 외국자본을 유인하여 적자를 충당할 수 있도록 한다. 소득과 통화량의 감소에 따라 적자국의 물가는 흑자국에 비해 상대적으로 하락하므로 적자국의 무역수지는 한층 더 개선된다.

고정환율제도에서는 한 국가가 평가절하를 하지 않는 한 위에서 논의된 통화적 조정을 통하여 대부분 자동적 조정이 이루어진다. 반대로 자유변동환율제도에서 국가경제는 국제수지 불균형으로부터 상당히 차단되어 있고 대부분의 국제수지 조정은 환율변동을 통하여 이루어진다(제8장에서는 고정환율제도와 변동환율제도를 비교, 평가한다).

자동적인 가격조정, 소득조정 및 통화적 조정이 모두 작동할 수 있다면 고정환율제도에서도 국제수지 불균형이 어느 정도 완벽하게 조정될 것으로 보인다. 그러나 문제는 자동조정과정에서 종종 심각한 부작용이 나타난다는 점인데, 각국은 이로 인해 (제6장과 제7장에서 논의되는 바와 같이) 조정정책을 사용하여 부작용을 피하려 한다.

현실세계에서는 한 국가에서 (지출의 증가와 같은) 독립적 교란이 발생하면 소득, 물가, 이자율, 환율, 경상수지 및 기타 변수 등이 변화하며, 한 국가에서 발생한 교란이 다른 나라에 영향을 미치고 그 반응이 다시 그 국가로 전파된다. 이들 변수 사이에는 대단히 복잡한 관계가 존재하고 시간이 지남에 따라 기타의 변화와 교란이 발생한다. 또한 각국은 대내 목표와 대외 목표를 달성하기 위한 다양한 정책을 채택하고 있기 때문에, 현실세계에서 이러한 효과를 모두 파악하기는 대단히 어렵다.

이제는 대형 컴퓨터의 등장으로 한 경제에 대한 대규모 모형을 구성하여 한 국가나 다른 국가에서의 독립적 지출의 변화가 물가, 이자율, 수출, 수입 및 기타 변수에 대해 미치는 순효과와 무역승수를 추정하는 데 이용되고 있다. 이러한 모형들은 대단히 복잡하기는 하지만, 이 장에서 설명된 일반적 원리에 따라 작동한다(사례연구 5-6 참조).

5.6C 자동조정의 단점

자유변동환율제도의 단점은 환율의 교란적 변동이다. 이는 (비용을 지불하여 환위험을 헤징할 수 있다고 하더라도) 국제무역의 흐름을 방해하고, 장기적으로는 전혀 불필요할 수도 있는 (국내자원의 이동과 특화 패턴의 변화라는 형태로) 값비싼 조정 부담을 줄 수 있다.

관리변동환율제도에서는 환율의 교란적 변동을 피할 수는 있지만 통화당국은 다른 국가를 희생

사례연구 5-6　세계경제의 상호의존성

표 5-6은 정부지출의 독립적 증가가 자국의 국민총생산 (GNP), 소비자물가지수(CPI), 이자율, 통화가치, 경상수지에 미치는 효과와 무역상대국에 미치는 반향을 보여 준다. 이러한 시뮬레이션 결과들은 연방준비이사회(FRB)의 다국 간 모형을 이용하여 구한 것이다. 정부지출 증가의 효과는 몇 년에 걸쳐 효과가 나타나지만 표 5-6에서 소개된 결과들은 정부지출이 증가한 다음 해의 결과를 보여 준다. 표의 A는 미국에서 정부지출이 1% 증가했을 때 미국과 기타 OECD 국가에 대한 효과를 보여 준다. OECD는 경제협력개발기구로 세계에서 가장 규모가 큰 산업국가 24개국으로 구성되어 있다.

표의 A는 미국의 정부지출이 GNP 대비 1% 증가하면 (승수과정을 통하여) 그다음 해에 미국의 GNP가 1.8% 증가함을 보여 준다. 기간이 길어지면 총효과는 더 커질 것이다. 또한 정부지출 증가로 인해 미국 물가는 0.4%, 미국의 단기이자율은 (4%에서 5.7%로) 1.7%, 미국의 통화가치는 2.8% 상승하며, 미국의 경상수지는 165억 달러 악화됨을 알 수 있다. 달러는 평가상승하는데 그 이유는 미국의 이자율 상승으로 인한 자금유입이 미국 GNP의 증가로 인해 유발되는 수입의 증가보다 크기 때문이다.

이 표의 상단 우측은 미국의 지출 및 소득 증가로 인하여 기타 OECD 국가의 GNP가 0.7% 증가함을 보여 준다. 그 결과 기타 OECD 국가의 물가와 단기이자율은 0.4% 상승한다. 달러의 평가상승은 기타 OECD 국가 통화의 평가하락을 의미하며 기타 OECD 국가의 경상수지는 89억 달러 개선된다. 기타 OECD 국가의 평균 평가하락률은 추정하지 않았으며 이들 국가에서 경상수지가 개선되는 정도는 미국의 경상수지 적자의 증가보다 작은데, 그 이유는 미국이 상당 부분 OPEC(석유수출국기구)와 기타 개발도상국으로부터 수입하기 때문이다.

표의 B는 기타 OECD 국가에서 정부지출이 1% 증가하면 이들 국가의 평균 GNP는 1.4% 증가하며, 물가는 0.3%, 단기이자율은 0.6% 상승하고 통화가치는 0.3% 상승하며 경상수지는 72억 달러 악화됨을 보여 준다. 이러한 변화들은 미국에 영향을 미치는데 미국에서는 GNP가 0.5% 증가하고 물가는 0.2%, 단기이자율은 0.5% 상승하며 경상수지는 79억 달러 개선된다. 세계경제에 대한 다른 모형도 이와 비슷한 결과를 보여 준다(Mckibbin, 1997; Coeneme et al., 2012 참조). 오늘날 세계경제의 상호의존성이 강하다는 점은 미국과 미국의 교역 상대국에서 발생하는 기타의 변화를 통해서도 알 수 있다.

표 5-6　정부지출이 GNP 대비 1% 증가할 때 다음 연도에 대한 추정효과

A. 미국의 정부지출 증가

	미국 내 효과	기타 OECD 국가에 대한 효과
GNP	1.8%	0.7%
CPI	0.4%	0.4%
이자율	1.7%[a]	0.4%
통화가치	2.8%	–
경상수지	−165억 달러	89억 달러

B. 기타 OECD 국가의 정부지출 증가

	기타 OECD 국가에 대한 효과	미국 내 효과
GNP	1.4%	0.5%
CPI	0.3%	0.2%
이자율	0.6%[a]	0.5%[a]
통화가치	0.3%	–
경상수지	−72억 달러	79억 달러

[a] 백분율 변화

출처 : R. Bryant, D. Henderson, G. Holtham, P. Hooper, and S. Symansky, eds., *Empirical Macroeconomics for Interdependent Economies* (Washington, D.C.: Brookings Institution, 1988), p. 21.

시키면서(이에 따라 보복을 유발시키면서) 국내경제를 진작시키기 위해 국내통화를 과소평가하는 방향으로 환율을 조작할 수도 있다. 이렇듯 경쟁적인 평가하락이나 평가절하(인근 궁핍화 정책)는 양차대전 동안 국제무역에 파행적이고 큰 손실을 주는 것이었다(9.2B절 참조).

반면에 고정환율제도에서 평가절하의 가능성은 불안정적인 국제자본이동을 유발할 수도 있는데 이 역시 파행적인 것이다. 고정환율제도의 경우에 각국은 1차적으로 통화적 조정에 의존해야 한다.

자동적인 소득변화의 경우에도 역시 심각한 부작용이 있을 수 있다. 예를 들면 수입이 독립적으로 증가하여 국내생산을 희생해야 하는 국가는 무역수지 적자가 감소할 수 있도록 국민소득의 감소를 수용해야 한다. 반대로 완전고용상태에서 수출이 독립적으로 증가하는 국가는 무역수지 흑자가 해소되도록 국내 인플레이션을 감수해야 할 것이다.

마찬가지로 자동적인 통화적 조정이 작동하기 위해서는 한 국가가 국제수지 불균형에 따른 통화량의 변화를 수동적으로 받아들여야 하며, 이에 따라 인플레이션 없는 완전고용이라는 중요한 목표를 달성하기 위한 통화정책의 이용을 포기해야 한다. 이러한 이유 때문에 각국은 국제수지 불균형을 해소하기 위해 자동기구에 의존하는 대신 조정정책을 자주 사용하게 된다.

요약

1. 소득조정기구는 적자국 및 흑자국 국민소득의 유발된 변화를 통해 국제수지가 조정되는 것이다. 소득조정기구만을 분리하기 위하여 고정환율제도를 가정하고 모든 물가, 임금 및 이자율이 일정한 것으로 가정한다. 또한 경제가 완전고용 이하의 상태에 있는 것으로 가정한다.

2. 정부부문이 없는 폐쇄경제에서 균형 국민소득 수준(Y_E)은 의도된 소비지출(C)에 의도된 투자지출(I)을 합한 것과 같다. 즉, $Y = C(Y) + I$이다. 마찬가지로 $S = I$일 때 Y_E가 결정된다. $Y \neq Y_E$라면 의도된 지출은 생산물의 가치와 일치하지 않으므로 $S \neq I$이다. 그 결과 의도되지 않은 재고투자나 재고의 감소가 발생하여 경제는 Y_E 방향으로 움직이게 된다. I의 증가로 인해 Y_E는 I의 증가보다 몇 배 증가한다. I의 증가분에 대한 Y_E의 증가분의 비율을 승수(k)라 하는데, 이는 한계저축성향(MPS)의 역수와 같다. Y_E의 증가로 말미암아 S는 I의 독립적 증가만큼 증가한다.

3. 소규모 개방경제에서 수출은 I와 마찬가지로 외생적이며, 국민소득과는 독립적인 반면, 수입(M)은 S와 마찬가지로 소득에 의존한다. Y의 변화분에 대한 M의 변화분의 비율을 한계수입성향(MPM)이라 한다. Y_E는 주입의 합($I + X$)이 누출의 합($S + M$)과 일치하는 곳에서 결정된다. Y_E에 대한 조건은 $X - M = S - I$와 $I + (X - M) = S$로 표현할 수 있다. 무역승수는 $k' = 1/(MPS + MPM)$이고 이에 상응하는 폐쇄경제에서의 승수(k)보다 작다. I와 X 중 어느 하나가 독립적으로 증가하면 Y_E는 $k' \times \Delta I$나 $k' \times \Delta X$만큼 증가한다. Y_E가 변화하면 S는 $(MPS) \times (\Delta Y)$만큼 변화하고 M은 $(MPM) \times (\Delta Y)$만큼 변화하지만 무역수지의 조정은 불완전하다.

4. 소국이 아닌 경우에는 외국의 반향을 무시할 수 없다. 2개국 모형의 경우 1국의 수출이 독립적으로 증가하는 것은 2국의 수입이 독립적으로 증가하기 때문이며 그 크기 또한 같다. 만일 2국의 수입이 독립적으로 증가하여 국내생산을 대체하면 2국의 소득은 감소하기 때문에, 2국의 수입이 감소하여 수요의 독립적 증가

는 어느 정도 상쇄된다. 이것이 1국에 대한 외국의 반응으로, 이로 인해 초기에 1국에서의 독립적 수출증가의 효과는 어느 정도 상쇄된다. 따라서 외국의 반응이 있을 때 1국의 무역승수와 무역수지 흑자는 외국의 반응이 없을 때보다 작게 된다(식 5-11 참조). 또한 외국의 반응이 있을 때 1국의 투자(식 5-12 참조)와 2국의 투자(식 5-13 참조)가 독립적으로 증가하는 경우에 대해서도 1국의 무역승수를 계산할 수 있다. 외국의 반응은 경기순환이 국제적으로 전파되는 과정을 설명해 준다.

5. 흡수접근방법은 자동적 가격조정기구와 소득조정기구를 종합한다. 예를 들면, 평가하락이나 평가절하는 수출 및 수입대체상품의 국내생산을 촉진하고, 실질 국민소득 수준을 증가시킨다. 그 결과 수입의 증가가 유발되어 초기의 무역수지 개선효과가 부분적으로 상쇄된다. 그러나 이 국가가 처음부터 완전고용의 상태에 있었다면 생산이 증가할 수 없기 때문에 평가하락이나 평가절하의 결과 국내물가가 상승하여 실질 국내흡수가 어떤 방법으로든 감소하지 않는다면 무역수지는 변화하지 못한다.

6. 환율이 자유롭게 변동할 수 없을 때 적자국 통화가 평가하락하면 적자가 완전하게 해소되지는 않는다 하더라도 일부 개선된다. 이때 적자로 인하여 적자국의 통화량이 감소하고 이자율은 상승한다. 그 결과 투자, 소득 및 수입의 감소가 유발되어 적자가 감소하며, 이자율의 상승으로 인하여 자금이 유입된다. 그뿐만 아니라 통화량과 소득이 감소하기 때문에 적자국의 물가는 흑자국의 물가에 비해 하락하는데, 이로 인하여 적자국의 무역수지는 더 한층 개선된다. 이러한 모든 조정기구가 동시에 작동하면 국제수지가 완전히 조정되겠지만 이는 대외균형을 달성하기 위하여 대내균형을 희생시키는 것이다.

주요용어

균형 국민소득 수준(equilibrium level of national income)
무역승수(foreign trade multiplier, k')
소비함수(consumption function)
수입수요의 소득탄력성(income elasticity of demand of imports)(n_Y)
수입함수(import function)
수출함수(export function)
승수(multiplier, k)
외국의 반응(foreign repercussions)
의도된 혹은 계획된 투자(desired or planned investment, I)

자동조정기구의 종합(synthesis of automatic adjustments)
저축함수(saving function)
투자함수(investment function)
평균수입성향(Average Propensity to Import, APM)
폐쇄경제(closed economy)
한계소비성향(Marginal Propensity to Consume, MPC)
한계수입성향(Marginal Propensity to Import, MPM)
한계저축성향(Marginal Propensity to Save, MPS)
흡수접근방법(absorption approach)

복습문제

1. 자동적인 소득조정기구는 어떻게 작동하여 국제수지를 조정하는가? 소득조정기구를 분리하기 위하여 일정한 것으로 가정한 변수에는 어떤 것들이 있는가?

2. 폐쇄경제란 무엇인가? 의도된 혹은 계획된 투자, 소비 그리고 저축이란 무엇인가? 투자가 외생적이라는 말은 무슨 뜻인가? 소비함수, 저축함수, 그리고 투자

함수란 무엇인가?

3. *MPC*와 *MPS*는 무엇을 측정하는가?

4. 폐쇄경제에서 균형 국민소득 수준은 어떻게 결정되는가? 폐쇄경제에서 승수의 크기(k)는 어떻게 결정되는가?

5. 수출이 외생적이라 함은 무슨 뜻인가? *MPM*, *APM* 그리고 n_Y는 각각 무슨 뜻인가?

6. 소규모 개방경제에서 균형 국민소득 수준은 어떻게 결정되는가? 무역승수(k')의 크기는 어떻게 결정되는가?

7. 자동적인 소득조정기구가 무역수지나 국제수지를 불완전하게 조정한다는 것은 무슨 뜻인가?

8. 외국의 반응이란 무엇인가? 외국의 반응을 고려하지 않는 것은 어떤 경우에 문제가 되는가?

9. 외국의 반응이 있는 경우 2국의 국내생산을 대체하는 1국의 수출증가에 대한 1국의 무역승수는?

10. 1국에서 투자가 독립적으로 증가할 때의 승수는? 2국의 투자가 독립적으로 증가하는 경우는? 외국의 반응은 국제적 경기변동과 어떤 관계가 있는가?

11. 탄력성 접근방법이란 무엇인가? 흡수접근방법이란? 흡수접근방법은 어떻게 자동적 가격조정기구와 소득조정기구를 종합하는가?

12. 완전고용상태에서 적자국 통화가 평가하락하거나 평가절하되면 적자국의 무역수지는 어떻게 변하는가? 실질국내흡수는 어떻게 감소될 수 있는가?

13. 자동적인 통화 조정이란 무엇인가? 이는 국제수지 불균형을 어떻게 조정하는가?

14. 고정환율제도나 관리변동환율제도의 경우에 한 경제의 균형이 완전고용 수준상태 이하에 있다면 자동조정기구들이 어떻게 작용하여 국제수지 적자를 조정하는가? 각각의 자동조정기구의 단점은 무엇인가?

연습문제

1. $C = 100 + 0.8Y$이고 독립투자 $I = 100$일 때 균형 국민소득 수준을 결정하는 그림을 그려라.

2. 위의 문제 1번에서
   (a) 저축함수의 식은 무엇인가?
   (b) 의도된 저축과 투자를 이용하여 균형 국민소득 수준을 결정하는 그림을 그려라.

3. 위의 문제 1번의 숫자와 그림을 이용하여 독립적 투자지출이 $I = 100$에서 $I' = 200$으로 100 증가할 때, 총지출을 이용하여 새로운 균형 국민소득 수준이 결정되는 그림을 그려라.

4. 위의 문제 2번의 숫자와 그림을 이용하여 독립적 투자지출이 $I = 100$에서 $I' = 200$으로 100증가할 때,
   (a) 의도된 저축과 투자를 이용하고 총지출을 이용하여 새로운 균형 국민소득 수준이 결정되는 그림을 그려라.
   (b) 승수의 크기는 얼마인가?

5. $C = 100 + 0.8Y$, $M = 150 + 0.20Y$, $I = 100$ 그리고 $X = 350$일 때
   (a) 수식을 이용하여 Y_E를 구하라.
   (b) 그림 5-3의 상단 그림을 이용하여 Y_E를 구하라.

6. 문제 5번의 경우에 그림 5-3의 하단 그림을 이용하여 Y_E를 구하라.

7. 문제 5번과 6번에서의 그림과 수식을 이용하여 다음의 경우에 Y_E에 대한 효과를 구하라.
   (a) X가 200 증가
   (b) I가 200 증가
   (c) X와 I가 모두 200 증가

8. 문제 5번과 6번에서의 그림과 수식을 이용하여 다음의 경우에 Y_E에 대한 효과를 구하라.
   (a) S가 100 감소
   (b) M이 100 감소
   (c) S와 M이 모두 100 감소

9. 1국과 2국이 모두 대국이고 $MPS_1 = 0.20$, $MPS_2 = 0.15$, $MPM_1 = 0.20$ 및 $MPM_2 = 0.10$이며 1국이 균형 국민소득 수준과 무역수지 균형상태에 있을 때 1국의 균형 국민소득 수준과 무역수지는 다음의 경우 어떻게 변하는가?

   (a) 2국의 국내생산을 대체하는 1국의 수출이 독립적으로 200 증가

   (b) 1국의 투자가 독립적으로 200 증가

10. 2국의 투자가 독립적으로 200 증가할 때 문제 9번을 풀어라.

11. 5.4절의 숫자의 예를 이용하여 문제 9번을 풀어라.

12. 문제 7번의 (b)를 이용하여 완전고용과 무역수지 적자상태에서 평가하락이 Y_E와 $X-M$에 미치는 효과를 그림으로 설명하라.

13. 현실세계에서 어느 경우에 식 (5-8)이 성립하지 않는가?

14. 무역수지 불균형을 조정하는 데 있어 자동조정기구가 조정정책에 비해 갖는 장점은 무엇인가?

| 부록 |

이 부록의 A5.1에서는 외국의 반응이 있을 때의 무역승수를 수리적으로 도출하고 A5.2절에서는 이전문제를 살펴본다.

A5.1 외국의 반응이 있을 때 무역승수의 도출

외국의 반응이 있을 때의 무역승수를 도출하기 위해 기호를 단순화하여 ?표시가 없는 것은 1국, ?표시가 있는 것은 2국을 뜻한다고 하자. 또한 $s = MPS$이고 $m = MPM$이라고 하자.

(식 5-9로부터) 1국과 2국의 균형 국민소득 수준의 변화는 다음과 같다.

$$\Delta I + \Delta X = \Delta S + \Delta M$$
$$\Delta I^* + \Delta X^* = \Delta S^* + \Delta M^* \qquad (5A\text{-}1)$$

그러나 $\Delta S = s\Delta Y$, $\Delta M = m\Delta Y$이고 $\Delta S^* = s^*\Delta Y^*$, $\Delta M^* = m^*\Delta Y^*$임은 이미 알고 있다. 또한 1국의 수출 변화(ΔX)는 2국의 수입 변화($\Delta M^* = m^*\Delta Y^*$)이고 2국의 수출 변화($\Delta X^*$)는 1국의 수입 변화($\Delta M = m\Delta Y$)라는 점도 알고 있다. 따라서 이 값을 식 (5A-1)에 대입하면 다음과 같다.

$$\Delta I + m^*\Delta Y^* = s\Delta Y + m\Delta Y$$
$$\Delta I^* + m\Delta Y = s^*\Delta Y^* + m^*\Delta Y^* \qquad (5A\text{-}2)$$

식 (5A-2)로부터 외국의 반응이 있을 때의 무역승수를 도출할 수 있다. 먼저 외국의 반응이 있을 때 1국 투자의 독립적 증가에 대한 1국의 무역승수를 도출해 보자(식 5-12의 k^*). 2국에서는 투자의 독립적 변화가 없으므로 $DI^* = 0$이다. 식 (5A-2)의 두 번째 식을 ΔY^*에 대해 풀고 이를 첫 번째 식에 대입하면 다음과 같은 결과를 얻는다.

$$m\Delta Y = s^*\Delta Y^* + m^*\Delta Y^*$$

$$m\Delta Y = (s^* + m^*)\Delta Y^*$$

$$\frac{m\Delta Y}{s^* + m^*} = \Delta Y^*$$

$$\Delta I + m^*\frac{(m\Delta Y)}{s^* + m^*} = s\Delta Y + m\Delta Y$$

$$\Delta I + (s + m)\Delta Y - \frac{(m^*m)}{s^* + m^*}\Delta Y$$

$$\Delta I = \left[(s + m) - \frac{(m^*m)}{s^* + m^*}\right]\Delta Y$$

$$\Delta I = \left[\frac{(s + m) - (s^* + m^*) - m^*m}{s^* + m^*}\right]\Delta Y$$

$$\Delta I = \left[\frac{ss^* + m^*m + ms^* + m^*s - m^*m}{s^* + m^*}\right]\Delta Y$$

$$\frac{\Delta I}{\Delta Y} = \left[\frac{ss^* + ms^* + m^*s}{s^* + m^*}\right]$$

$$\frac{\Delta Y}{\Delta I} = \frac{s^* + m^*}{ss^* + ms^* + m^*s}$$

분자와 분모를 s^*로 나누면

$$k^* = \frac{\Delta Y}{\Delta I} = \frac{1 + (m^*/s^*)}{s + m + (m^*s/s^*)}$$

가 되는데, 이것이 바로 5.4절의 식 (5-12)이다.

또한 식 (5A-2)로부터 2국의 투자가 독립적으로 증가할 때 1국의 무역승수[식 (5-13)의 k^{**}]를 마찬가지 방법으로 도출할 수 있다. 1국의 독립적 투자는 변화하지 않으므로 $\Delta I = 0$이 된다. 식 (5A-2)의 첫 번째 식을 ΔY^*에 대해 풀고 이를 두 번째 식에 대입하면 다음을 얻게 된다.

$$\Delta Y^* = \frac{(s + m)}{m^*}\Delta Y$$

$$\Delta I^* + m\Delta Y = s^*\frac{(s + m)}{m^*}\Delta Y + m^*\frac{(s + m)}{m^*}\Delta Y$$

$$\Delta I^* = \left[s^*\frac{(s + m)}{m^*} + m^*\frac{(s + m)}{m^*} - m\right]\Delta Y$$

$$\Delta I^* = \left[\frac{s^*s + s^*m}{m^*} + \frac{m^*s + m^*m}{m^*} - \frac{mm^*}{m^*}\right]\Delta Y$$

$$\Delta I^* = \left[\frac{s^*s + s^*m + m^*s}{m^*}\right]\Delta Y$$

$$\frac{\Delta Y}{\Delta I^*} = \frac{m^*}{s^*s + s^*m + m^*s}$$

$$k^{**} = \frac{\Delta Y}{\Delta I^*} = \frac{(m^*/s^*)}{s + m + (m^*s/s^*)}$$

이것이 5.4절의 식 (5-13)이다.

　이제 외국의 반응이 있을 때 1국의 수출이 증가하여 2국의 생산을 대체하는 경우(따라서 양국의 지출의 총합은 변하지 않음)에 대한 1국의 무역승수를 도출할 수 있다. 1국의 수출이 독립적으로 증가하면, 1국의 균형 국민소득은 1국의 투자가 같은 크기만큼 독립적으로 증가할 때와 동일하게 증가한다[식 (5-12)의 $\Delta Y/\Delta I$]. 2국의 지출이 감소하면 1국의 균형 국민소득 수준은 2국의 투자가 같은 크기만큼 감소할 때와 동일하게 감소한다[(식 (5-13)의 $-\Delta Y/\Delta I^*$]. 따라서

$$k'' = \frac{\Delta Y}{\Delta X} = \frac{\Delta Y}{\Delta I} - \frac{\Delta Y}{\Delta I^*}$$

이다. 즉, k''는 식 (5-12)에서 식 (5-13)을 뺀 것과 같다. 이것이 바로 식 (5-11)이다.

　연습문제　(a) 식 (5A-2)로부터 시작하여 k^*와 k^{**}를 도출한 것과 같은 방법으로 1국에 대한 k''을 구하라. (b) 만일 1국의 독립적 수출증가가 2국의 지출증가와 같다면 외국의 반응이 있는 경우에 1국의 무역승수의 크기는?

A5.2 이전문제의 재론

여기서는 이전문제를 논의한다. 이전문제를 여기서 논의하는 이유는 자동적 소득조정기구 및 가격조정기구와 관련이 있기 때문이다. 이전문제는 보기 드문 대규모 자본이동이 지불국의 수출잉여 및 같은 크기의 수취국의 수입잉여를 수반할 수 있는 조건을 다룬다.

　이 문제는 제1차 세계대전 이후 독일이 프랑스에게 지불해야 했던 배상금과 관련하여 관심이 집중되었는데, 이로 인해 이 문제에 관한 케인즈(Keynes)와 올린(Ohlin) 사이의 유명한 논쟁이 시작되었다(이에 대해서는 참고문헌 참조). 보다 최근에는 1970년대 원유가격의 급격한 상승으로 인한 원유수입국과 원유수출국 사이의 이전문제가 관심사가 되었다.

　지불국과 수취국이 고정환율제도를 채택하고 있고 완전고용상태에 있는 것으로 가정하여 이전문제를 다루기로 하자. 지불국과 수취국의 지출이 변할 때에만 실물자원은 이전된다. 금융적인 이전이 지불국의 유휴잔고(예 : 유휴 은행잔고)를 통해 이루어지고, 수취국에서도 유휴잔고(저축)가 된다면 양국에서의 지출은 변하지 않게 되고 실물자원은 이전되지 않는다. 실물자원이 이전되기 위해서는 지불국의 지출이 감소할 수 있도록 세금이 증가하거나, 세금의 감소를 통해 수취국의 지출이 증가하여야 한다.

　수취국의 지출증가는 수입을 증가시키는 반면, 지불국의 지출감소는 수입을 감소시킨다. (지불국과 수취국의) 2개국 모형의 경우에는 이로 인해 (양국이 이전을 하기 전에 무역수지가 균형이었다면) 지불국의 무역수지 흑자와 같은 크기의 수취국의 무역수지 적자가 발생한다. 실물자원의 이전은 오직 지불국의 무역수지 흑자 및 이에 상응하는 수취국의 무역수지 적자를 통해서만 가능하다.

지불국과 수취국의 *MPM*의 합이 1이라면 금융적 이전의 결과(무역수지의 변화를 통하여) 동일한 액수의 실물자원이 이전되며 이때의 조정을 완전하다(complete)고 한다. 한편 만일 양국의 *MPM*을 합한 것이 1보다 작으면 실물자원의 이전은 금융적인 이전보다 작게 되며 이 경우 조정은 **불완전하다**(incomplete)고 한다. 만일 양국의 *MPM*의 합이 1보다 크다면 실물자원의 이전(즉 양국 무역수지의 순변화)은 금융적 이전보다 크게 되고 이때의 조정은 **과잉조정되었다**(overcomplete)고 한다. 마지막으로 지불국의 무역수지가 개선되지 않고 악화되는 경우에(따라서 수취국의 무역수지는 개선됨) 조정은 **전도되었다**(perverse)고 한다. 이 경우에는 거꾸로 수취국에서 지불국으로 실물자원이 이전된다.

소득변화만을 통한 조정이 불완전할 때 완전한 조정이 이루어지기 위해서는 지불국의 교역조건이 악화되어야 할 것이다(수취국의 교역조건은 개선된다). 지불국의 교역조건 악화로 인해 지불국의 실질국민소득과 수입이 한층 더 감소한다. 수입가격에 대한 수출가격이 하락하므로 지불국의 수입이 억제되고 수출은 한층 더 증가하여 이전이 완결된다. 반대로 소득변화를 통한 조정이 과잉인 경우에는 완전한 조정이 이루어질 수 있도록 지불국의 교역조건이 개선되어야 한다.

예를 들어 A국이 1억 달러를 B국으로 이전한다고(혹은 대여한다고) 하고 이 과정에서 A국의 소득은 1억 달러 감소하고 B국의 소득은 그만큼 증가한다고 가정하자. A국의 $MPM = m$은 0.4이고 B국의 $MPM = m^*$는 0.6이면 A국의 수입은 4,000만 달러 감소하고 (A국의 수출과 같은) B국의 수입은 6,000만 달러가 증가하여 A국의 순 무역수지는 1억 달러 개선된다. 결과적으로 이전은 완전하여 교역조건이 변화할 필요가 없게 된다. 만일 $m = 0.2$이고 $m^* = 0.5$라면 A국의 수입은 2,000만 달러 감소하고 B국의 수입은 5,000만 달러 증가하여 A국의 순 무역수지는 7,000만 달러 개선된다. 따라서 A국의 국제수지는 (자본유출 1억 달러와 무역수지 흑자 7,000만 달러를 합하면) 3,000만 달러 적자가 되며 이때 이전은 불완전하다고 한다. 따라서 이전이 완전해지기 위해서는 A국의 교역조건은 악화되고 B국의 교역조건은 개선되어야 한다. 마지막으로 $m = 0.5$이고 $m^* = 0.7$인 경우에는 A국의 무역수지는 1억 2,000만 달러 개선되고 과잉조정된다. 이 경우에는 완전한 조정을 이루기 위해서 A국의 교역조건이 충분히 개선되어야 한다.

현실세계에서는 $m + m^* < 1$일 것으로 생각되므로 소득변화를 통한 조정은 불완전할 것으로 보이며, 조정의 '2차적 부담'은 교역조건에 반영된다. 즉, 이전이 완전해지기 위해서는 지불국의 교역조건은 악화되어야 한다(또한 수취국의 교역조건은 개선되어야 한다).

연습문제 1970년대에 유가의 급상승으로 인한 이전이 어떻게 달성되었는지 논의하라. 1980년대에는 무슨 일이 일어났는가?

개방경제 거시경제학 : 조정정책

- 고정환율제도와 변동환율제도하에서 재정정책과 통화정책을 사용하여 대내균형과 대외균형을 어떻게 달성하는가를 이해한다.
- 대내균형과 대외균형을 달성하기 위한 난점과 경험을 이해한다.
- 대내균형과 대외균형을 달성하기 위해 직접통제를 사용하는 경우의 문제점을 이해한다.

6.1 서론

이 장에서는 물가안정이 이루어진 완전고용과 국제수지 균형을 달성하기 위한 조정정책들을 살펴본다. 앞의 두 장에서 논의되었던 자동조정기구는 바람직하지 않은 부작용을 초래할 수 있기 때문에(5.6C절 참조) 조정정책이 필요하다. 자동조정기구보다는 조정정책을 강조한 가장 대표적인 경제학자는 제임스 미드(James Meade)이다.

한 국가의 가장 중요한 경제적 목적 또는 목표로는 (1) 대내균형, (2) 대외균형, (3) 합리적인 성장률과, (4) 공정한 소득분배, (5) 적절한 환경보호를 들 수 있다. 대내균형(internal balance)이란 완전고용 혹은 연간 4~5% 정도 이내의 실업률[일자리를 바꾸는 과정에서 생기는 소위 마찰적 실업(frictional unemployment)]과 연간 2~3% 정도의 인플레이션율을 의미한다. 대외균형(external balance)은 국제수지의 균형(혹은 고갈된 국제준비자산을 보충하기 위한 흑자와 같이 의도된 일시적 불균형)을 뜻한다. 일반적으로 각 국가는 대외균형보다는 대내균형에 우선순위를 두고 있지만, 대규모의 지속적인 대외불균형이 발생할 때는 때때로 우선순위를 바꾸기도 한다.

이러한 목표들을 달성하기 위해 각국은 (1) 지출변화정책 또는 수요정책, (2) 지출전환정책, (3) 직접통제와 같은 정책수단을 활용할 수 있다. 지출변화정책(expenditure changing policy)으로는 재정정책과 통화정책을 들 수 있다. 재정정책(fiscal polity)은 정부지출, 조세 또는 이 두 가지를 모두 변화시키는 정책을 뜻한다. 정부지출을 증대시키거나 조세를 감소시키는 것을 팽창적 재정정책이라 하며, 그 결과 승수과정을 통하여(국내투자나 수출의 증가와 마찬가지로) 국내생산 및 소득과 (이 나라의 한계수입성향에 따라) 수입이 증가한다. 긴축적 재정정책은 정부지출의 감소, 조세수입의 증가를 뜻하며, 그 결과 국내생산, 소득 및 수입이 감소한다.

정부부문을 도입하면 식 (5-6)의 균형조건이(참조의 편의를 위해 식 6-1로 다시 씀) 식 (6-2)로 확장된다. 여기서 G는 정부지출을, T는 조세를 의미한다.

$$I + X = S + M \tag{6-1}$$

$$I + X + G = S + M + T \tag{6-2}$$

정부지출(G)은 투자(I)나 수출(X)과 같이 시스템으로의 주입이며, 조세(T)는 저축(S)이나 수입(M)같이 시스템으로부터의 누출이다. 식 (6-2)는 다음과 같이 재정리할 수 있다.

$$(G - T) = (S - I) + (M - X) \tag{6-3}$$

이 식은 정부예산의 적자가 $(G > T)$ 저축의 투자에 대한 초과분이나 수입의 수출에 대한 초과분으로 충당되는 것을 의미한다(사례연구 6-1 참조). 팽창적 재정정책은 $(G - T)$의 증가를 의미하며, 정부지출이 증가하거나 조세감소 또는 양자의 결합에 의해 이루어질 수 있다. 긴축적 재정정책은 이와 반대가 된다.

통화정책(monetary policy)이란 통화량을 변화시켜 한 나라의 국내 이자율에 영향을 주는 정책을 말한다. 통화량이 증가하고 이자율이 하락하는 통화정책은 완화적이다. 이에 따라 (승수과정을 통해)

사례연구 6-1 ● G7 국가의 정부부문 수지, 민간부문 수지 및 경상수지

표 6-1은 1996~2000년 및 2001년 G7 국가의 GDP 대비 평균 정부부문 수지$(G - T)$와 민간부문 수지$(S - I)$, 무역 또는 경상수지$(X - M)$를 %로 보여 준다. 이 표로부터 약간 변형시킨 식 (6-3)이 타당하다는 것을 알 수 있다. 예를 들어 2001년 미국의 경우 $T - G$는 0.6이다(재정흑자). 그러므로 $G - T = -0.6$은 $S - I = -4.7$에 $M - X = 4.1$을 더하거나, $S - I = -4.7$에 $X - M = -4.1$을 뺀 것과 일치하여 $-0.6 = -4.7 + 4.1$이 된다. 표에 따르면 일본은 1996~2001년 동안 G7 국가 중 가장 큰 재정수지 적자 및 민간부문의 흑자를 기록한 반면에, 미국은 민간부문과 경상수지에서 대규모 적자가 나타나고 있다.

1.6절의 식 (1-2) $[(M - X) = (G - T) + (I - S)]$는 $(M - X)$를 좌변으로 이항한 것을 제외하고는 식 (6-2)를 다시 쓴 것이다.

표 6-1 G7 국가의 GDP의 백분율로 표시한 정부부문 수지, 민간부문 수지 및 경상수지(1996~2001)

국가	정부부문 수지 평균(1996~2000)	2001	민간부문 수지 평균(1996~2000)	2001	경상수지 평균(1996~2000)	2001
미국	−0.1	0.6	−2.7	−4.7	−2.7	−4.1
일본	−5.6	−6.4	7.9	8.5	2.3	2.1
독일	−1.7	−2.5	1.2	1.8	−0.6	−0.7
영국	−0.6	1.1	−0.6	−2.9	−1.2	−1.8
프랑스	−2.6	−1.5	4.7	3.0	2.2	1.6
이탈리아	−2.9	−1.4	4.6	1.5	1.6	0.1
캐나다	0.5	2.8	−0.4	0.9	0.1	3.7

출처 : Organization for Economic Cooperation and Development, *Economic Outlook* (Paris: OECD, December 2001), p. 134.

한 나라의 투자 및 소득수준과 수입도 증가하게 된다. 동시에 이자율이 하락함에 따라 단기자본의 유출이 증가하거나 유입이 감소한다. 반대로 긴축적 통화정책은 한 나라의 통화량을 감소시키고 이자율을 상승시키는 정책을 뜻한다. 이에 따라 투자, 소득 및 수입을 위축시키고 단기자본이 유입되거나 유출이 감소한다.

지출전환정책(expenditure-switching policies)이란 환율을 변화시키는 (즉, 평가절하나 평가절상) 정책을 뜻한다. 평가절하는 외국상품으로부터 국내상품으로 지출을 전환시키며 한 국가의 국제수지 적자를 해소하기 위해 사용될 수 있다. 그러나 이로 인한 국내생산의 증가로 인해 수입이 증가하므로 초기의 무역수지 개선효과는 부분적으로 상쇄된다. 평가절상은 지출을 국내상품으로부터 외국상품으로 전환시키며 국제수지 흑자를 줄이기 위해 이용될 수 있다. 이 또한 국내생산을 감소시키므로 수입이 감소하게 되어 평가절상의 효과는 부분적으로 상쇄된다.

직접통제(direct controls)에는 관세와 쿼터 그리고 국제무역 및 자본의 국제적 이동에 대한 기타 여러 가지 제한이 있다. 이들 역시 지출전환정책이지만 (모든 품목에 대해 동시에 적용되는 일반적인 정책인 평가절하나 평가절상과는 반대로) 특정한 품목의 국제수지를 목표로 하고 있다. 가격통제나 임금통제 형태의 직접통제도 다른 정책이 실패하는 경우 국내 인플레이션을 억제하기 위하여 이용될 수 있다.

다수의 경제적 목표에 직면하여 다양한 정책수단이 이용 가능할 때 한 나라는 각각의 목표를 달성하기 위하여 어떤 정책수단을 활용할 것인가를 결정해야 한다. 1969년 노벨 경제학상 수상자인 틴버겐(J.Tinbergen)이 지적하였듯이 한 나라는 보통 독립적인 정책목표의 개수만큼 같은 수의 정책수단이 필요하게 된다. 만일 두 가지 목표를 완전히 달성하기 위해서는 두 가지 정책수단이 필요하며, 세 가지 목표가 있는 경우에는 세 가지 수단이 필요하다. 때때로 특정한 목표를 달성하기 위한 정책수단이 다른 목표를 달성할 수도 있지만, 그 정책으로 인하여 한 나라의 제2의 목표가 달성되는 것이 더욱 어려워지는 경우도 있다. 일례로 국내실업을 해소하기 위해 팽창적 재정정책을 사용하면 국제수지 흑자는 감소하지만, 적자는 증가할 것이다.

각각의 정책은 한 나라의 대내균형과 대외균형 모두에 영향을 미치므로 먼델(R. A. Mundell)이 개발한 효율적 시장구분의 원칙(principle of effective market classification)에 따라 각각의 정책을 비교하여 각 정책이 가장 효과적으로 목적을 달성하도록 해야 한다. 6.6A절에서는 각국이 이 원칙을 준수하지 않을 경우 각국은 대내 및 대외균형으로부터 더욱더 이탈하게 되는 것을 보여 준다.

6.2절에서는 대내균형과 대외균형을 둘 다 달성하기 위한 지출변화정책과 지출전환정책을 분석하고, 6.3절에서는 재화시장, 통화시장 그리고 국제수지의 균형을 정의할 수 있는 새로운 분석도구를 소개한다. 6.4절에서는 이 새로운 분석도구를 이용하여 고정환율제도에서 대내균형과 대외균형을 달성할 수 있는 방법을 살펴보고, 6.5절에서는 변동환율제도에서의 방법에 대해 살펴본다. 6.6절에서는 소위 정책 배정문제, 즉 대내균형과 대외균형을 달성하기 위하여 재정정책과 통화정책을 어떻게 이용해야 하는가 하는 문제를 제시하고 평가하기로 한다. 6.6B절에서는 완전고용에 도달할 때까지 국내물가가 일정하다는 가정을 완화하기로 하고, 6.7절에서는 직접통제를 살펴본다. 부록에서

는 재화시장, 통화시장 그리고 국제수지의 균형조건을 유도한다. 그다음 이러한 분석도구를 이용하여 환율이 변화할 때 세 가지 시장에서의 균형이 어떻게 달성되는가를 살펴보고, 마지막으로 이러한 새로운 분석도구를 수리적으로 설명한다.

6.2 지출변화정책 및 지출전환정책하의 대내균형과 대외균형

이 절에서는 지출변화정책과 지출전환정책을 사용하여 대내균형과 대외균형을 동시에 달성하는 방법을 살펴본다. 논의를 단순화하기 위하여 국제자본이동은 없는 것으로 (따라서 국제수지는 무역수지와 같아짐) 가정한다. 또한 총수요가 완전고용 산출량 수준에 도달하기 전까지 물가는 일정하다고 가정한다. 국제자본이동이 없다는 가정은 다음 절에서 완화되며, 완전고용에 이를 때까지 인플레이션이 없다는 가정은 6.6B에서 완화된다.

그림 6-1의 수직축은 환율(R)을 나타내고 있다. R의 증가는 평가절하(환율인상)를 뜻하며 R의 감소는 평가절상(환율인하)을 뜻한다. 수평축은 실질국내지출 또는 흡수(D)를 나타낸다. 흡수(D)는 국내소비와 투자 외에도 정부지출(재정정책에 의해 그 수준의 변동이 가능하다)을 포함한다.

EE 곡선은 대외균형을 달성하는 국내실질지출(또는 흡수)과 환율 간의 다양한 조합을 나타내며,

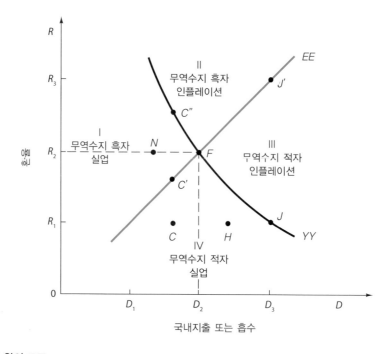

그림 6-1 스완의 도표

수직축은 환율을 나타내고, 수평축은 실질국내지출 또는 흡수를 나타낸다. EE 곡선상의 점들은 대외균형을 의미하며, 그 곡선의 오른쪽 부분은 무역수지 적자를, 왼쪽 부분은 무역수지 흑자를 나타낸다. 그리고 YY 곡선상의 점들은 대내균형을 나타내는데 그 곡선의 오른쪽 부분은 인플레이션을, 왼쪽 부분은 실업을 나타낸다. EE 곡선과 YY 곡선의 교차를 통해 대내불균형과 대외불균형의 네 영역이 정의되며, 이것은 대내균형과 대외균형을 동시에 달성하는 점 F에 도달하기 위한 적절한 정책조합을 결정하는 데 도움을 준다.

양의 기울기를 갖는데 그 이유는 다음과 같다. (평가절하로 인해) R이 높아지면 (마셜-러너 조건이 충족되는 경우) 한 국가의 무역수지는 개선된다. 따라서 대외균형과 무역수지의 균형이 달성되기 위해서는 수입이 충분히 증가하여 이로 인한 실질국내흡수(D)가 증가해야 하기 때문이다. 예를 들어, EE 선상의 점 F에서 R이 R_2에서 R_3로 상승하면 대외균형(EE 선상의 점 J')이 유지되기 위해서는 D가 D_2에서 D_3로 증가해야만 한다. D가 이보다 조금 증가하면 무역수지는 흑자가 되고, D가 이보다 많이 증가하면 무역수지는 적자가 된다.

한편 YY 곡선은 대내균형(즉, 물가안정하의 완전고용)을 달성하는 환율(R)과 국내흡수(D)의 여러 가지 조합을 보여 준다. YY 곡선은 음의 기울기를 갖는데 그 이유는 다음과 같다. (평가절상으로 인하여) R이 낮아지면 무역수지가 악화되어 실업이 발생하며 이에 따라 대내균형을 지속적으로 유지하기 위해서 국내흡수(D)가 증가해야 하기 때문이다. 예컨대 YY 선상의 점 F에서 R이 R_2로부터 R_1으로 하락하면 대내균형이 유지되기 위해서는 D가 D_2에서 D_3(YY 선상의 점 J)로 증가해야 한다. D가 이보다 적게 증가하면 실업이 발생하고, D가 이보다 많이 증가하면 총수요가 과다하게 되어 (수요견인) 인플레이션이 발생한다.

그림 6-1에서 EE 곡선과 YY 곡선이 교차하는 점 F(즉, R_2와 D_2)에서만 대내균형과 대외균형이 동시에 달성됨을 알 수 있다. EE 곡선의 윗부분은 무역수지 흑자를, 아랫부분은 무역수지 적자를 나타내고, YY 곡선의 윗부분은 인플레이션을, 아랫부분은 실업을 나타내므로 대외불균형 및 대내불균형에 대해 다음과 같이 4개의 영역으로 구분할 수 있다(그림 6-1 참조).

제 Ⅰ 영역　　무역수지 흑자 및 실업
제 Ⅱ 영역　　무역수지 흑자 및 인플레이션
제 Ⅲ 영역　　무역수지 적자 및 인플레이션
제 Ⅳ 영역　　무역수지 적자 및 실업

그림 6-1로부터 점 F에 도달하기 위해 필요한 지출변화정책 및 지출전환정책의 조합을 결정할 수 있다. 예를 들면 (적자와 실업을 나타내는) 점 C에서는 점 F에 도달하기 위해 환율(R)과 국내흡수(D)가 증가해야 한다. R만이 증가하면 대외균형점(EE 곡선상의 점 C')에 도달하거나, R이 더욱더 증가하는 경우 대내균형점(YY 곡선상의 점 C'')에 도달할 수는 있지만 대내균형과 대외균형을 동시에 달성하는 점에 도달할 수는 없다. 마찬가지로 국내흡수만을 증가시키면 대내균형점(YY 곡선상의 점 J)에 도달할 수는 있지만, 이 점은 EE 곡선 아래에 있으므로 무역수지는 적자가 된다. 점 C와 점 H는 모두 제Ⅳ영역에 있지만 점 F에 도달하기 위하여 점 H에서는 국내흡수의 감소가 필요한 반면, 점 C에서는 국내흡수가 증가되어야 한다는 점을 주목할 필요가 있다(그림 6-1 참조).

비록 어떤 국가가 YY 선상의 점 J에서와 같이 대내균형을 이미 달성하고 있더라도 평가절하만으로도 EE 선상의 점 J'에 도달할 수는 있으나 그 점에서 이 국가는 인플레이션에 직면하게 된다. 따라서 두 가지 목표를 동시에 달성하기 위해서는 두 가지의 정책수단이 필요하다. 한 국가가 점 F의 바로 양옆이나 바로 위아래 중 하나에 있는 경우에만 이 국가는 한 가지 정책수단만을 사용해서도 점

F에 도달할 수 있다. 예를 들면 점 N에서는 국내흡수를 D_1에서 D_2로 증가시키기만 하면 점 F에 도달할 수 있다. 그 이유는 환율의 변화 없이도 국내흡수의 증가로 인해 초기의 무역수지 흑자를 해소시킬 수 있을 만큼 수입이 정확하게 증가하기 때문이다. 그러나 이러한 경우는 흔한 일은 아니다. 그림 6-1의 네 가지 영역에서 필요한 지출변화정책 및 지출전환정책의 정확한 조합은 이 장 뒤에 수록된 연습문제에서 다루게 된다. 그림 6-1은 이를 소개한 오스트레일리아의 경제학자 스완(T. Swan)의 이름을 기념하여 스완의 도표(Swan's diagram)라 부른다.

제2차 세계대전 말부터 1971년까지 널리 운용되었던 고정환율제도에서 선진국들은 일반적으로 근본적 불균형의 상황에서조차도 자국통화를 평가절하나 평가절상하는 것을 탐탁지 않게 생각하였다. 흑자국들은 흑자의 위신과 국제준비자산의 축적을 향유하였고, 적자국들은 평가절하를 경제적 취약함을 드러내는 것으로 생각하여, 그것으로 인해 국제자본이 불안정하게 이동할 것을 두려워하였다(제9장 참조). 결과적으로 각국은 대내균형과 대외균형을 달성하기 위해 지출변화정책만을 가지고 있는 셈이 되었다. 이 이론적인 문제는 먼델이 대내균형을 달성하기 위해서는 재정정책을 사용하고, 대외균형을 달성하기 위해서는 통화정책을 이용하는 방법을 제시함으로써 해소되었다. 이와 같이 지출전환정책이 없더라도 이론적으로는 각국이 대내균형과 대외균형을 동시에 달성할 수 있다.

6.3 재화시장, 통화시장 및 국제수지의 균형

이 절에서는 먼델-플레밍 모형(Mundell-Fleming model)을 도입하여 환율을 변화시키지 않고, 재정정책과 통화정책을 이용하여 대내균형과 대외균형을 달성하는 방법을 살펴보기로 한다. 이를 위해서는 새로운 분석도구가 필요한데, 이러한 분석도구는 여기에서 직관적인 수준에서 소개하고 부록에서는 엄밀하게 유도한다. 그러나 여기에서는 직관적인 소개만으로도 충분하므로 이 장의 나머지 부문을 이해하기 위해 부록을 참고할 필요는 없다. 이 절에서 소개되는 분석도구는 다음 절의 분석에서도 이용된다.

새로운 분석도구는 다음의 세 가지 곡선으로 구성되어 있다. 즉, 재화시장이 균형을 이루는 점들의 조합으로 된 IS 곡선과 통화시장이 균형을 이루는 LM 곡선 그리고 국제수지 균형을 나타내는 BP 곡선이 있다. 단기자본은 국제적인 이자율 차에 의해 영향을 받는 것으로 가정한다. 실제로 이 점 때문에 대내균형을 달성하기 위해서는 재정정책을, 대외균형을 달성하기 위해서는 통화정책을 직접 이용할 수 있다.

그림 6-2에는 IS, LM 및 BP 곡선이 나타나 있다. IS 곡선(IS curve)은 재화시장이 균형을 이루는 이자율(i)과 국민소득(Y)의 여러 가지 조합이다. 재화시장은 상품 및 서비스에 대한 수요량과 공급량이 일치할 때 또는 식 (6-2)에서 알 수 있는 바와 같이 주입의 합이 누출의 합과 같을 때 균형이 된다. 투자수준(I)은 이자율(i)과 역의 관계에 있는 것으로 본다. 즉, (투자 목적으로 자금을 차입할 때) 이자율이 낮을수록 투자수준은 높아진다(또한 승수과정을 통해 국민소득도 높아진다). 제5장에

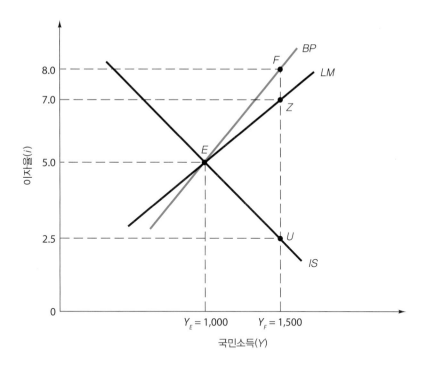

그림 6-2 재화시장과 통화시장 및 국제수지의 균형

IS, *LM* 및 *BP* 곡선은 각각 재화시장, 통화시장, 국제수지가 균형을 이루는 이자율(i)과 소득(Y)의 여러 가지 조합을 보여준다. 이자율이 낮을수록 투자수준은 높아지므로 상품과 서비스의 수요와 공급이 일치하기 위해서는 보다 높아진 투자수준과 일치할 수 있도록 저축과 수입이 증가하기 위해서는 소득이 증가해야 하므로 *IS* 곡선은 우하향한다. 보다 높은 소득은 보다 높은 거래적 통화수요를 의미하고, 통화의 총수요량이 주어진 통화량과 일치하기 위해서는 보다 높은 이자율과 보다 높은 투기적 통화수요와 관련되어야 하므로 *LM* 곡선은 우상향한다. 이자율이 상승하면 자본유입이 증가하고 이에 따라 국제수지가 계속 균형을 유지하기 위해서는 국민소득 수준(그리고 수입)과 이자율(그리고 자본유입)이 증가해야 하므로 *BP* 곡선도 우상향하게 된다. 모든 시장은 점 *E*에서 균형을 이루는데, 이자율이 5%이고, 국민소득이 1,000인 점에서 *IS* 및 *LM*, *BP* 세 곡선이 교차한다. $Y_E < Y_F$이다.

서와 마찬가지로 수출(X), 정부지출(G), 조세(T)는 외생적이거나 Y와는 독립적인 반면, 저축(S)과 수입(M)은 국민소득 수준(Y)의 양의 함수이다. 이것을 염두에 두고 *IS* 곡선이 음의 기울기를 갖는 이유를 보기로 하자.

$i = 5.0\%$의 이자율과 $Y_E = 1,000$의 국민소득은 재화시장의 균형을 달성하는 하나의 균형점이다 (*IS* 곡선상의 점 *E*). 이자율이 낮을수록 투자수준은 높아지므로 보다 높은 투자수준(및 일정한 수출)과 일치할 수 있도록 저축과 수입이 높아지기 위해서는 소득이 증가해야 하므로 *IS* 곡선은 우하향한다. 그 점에서 재화시장은 다시 균형을 이루게 된다. 수출, 정부지출 및 조세는 외생적이므로 국민소득 수준의 증가에 의해 영향을 받지 않는다. 이와 같이 재화시장의 균형은 $\Delta I = \Delta S + \Delta M$일 때 회복된다. 예를 들어 $i = 2.5\%$에서 투자수준은 $i = 5.0\%$에서보다 높을 것이며, 재화시장의 균형을 회복하기 위해서는 국민소득 수준이 (완전고용 국민소득 수준인) $Y_F = 1,500$이 되어야 할 것이다(*IS* 곡선상의 점 *U*). $Y < 1,500$이면 ($i = 2.5\%$일 때) 실업이 발생하고, $Y > 1,500$이면 인플레이션이 나타나게 된다.

LM 곡선(*LM* curve)은 주어진 일정한 양의 통화량과 통화수요가 일치하여 통화시장이 균형을 이루도록 하는 이자율(i)과 국민소득(Y)의 여러 가지 조합이다. 통화는 거래적 동기와 투기적 동기에 의해 수요된다. 거래적 통화수요(transaction demand for money)는 지불기일이 되었을 때 사업상 지불을 할 목적으로 보유하는 잔고이며, 국민소득 수준과 정(+)의 관계에 있다. 즉, 국민소득 수준이 증가함에 따라 거래량이 증가하므로(대체로 같은 비율로) 통화잔고에 대한 수요량은 증가한다. 투기적 통화수요(speculative demand for money)는 이자를 지급하는 채권 대신 통화잔고를 보유하려 함으로써 발생한다. 통화잔고를 선호하는 이유는 채권가격의 하락이라는 위험을 피하기 위한 것이다. 또한 통화잔고로 말미암아 그 보유자는 미래의 (금융적인) 투자기회를 이용할 수도 있게 된다. 그러나 이자율이 높으면 높을수록 잔고를 보유하는 비용(즉, 포기한 이자)이 커지게 되므로 투기나 유동성 목적의 통화수요량은 적어진다.

$i = 5\%$이고 $Y_E = 1,000$에서 거래적 목적과 투기적 목적에 의한 통화수요량은 주어진 통화량과 일치하여 통화시장은 균형을 이루게 된다(*LM* 곡선상의 점 *E*). 이자율(i)이 높으면 높을수록 투기적 목적에 의한 통화수요량은 감소하므로 *LM* 곡선은 우하향한다. 거래적 목적에 이용될 수 있는 보다 많은 나머지의 통화량은 더 높은 소득수준에서만 보유될 것이다. 예를 들어 $i = 7.0\%$일 때 통화시장이 균형을 이루기 위한 국민소득 수준은 $Y_F = 1,500$(*LM* 곡선상의 점 *Z*)이 되어야 한다. $Y < 1,500$(이고 $i = 7.0\%$)이면 통화수요는 공급보다 작고, $Y > 1,500$이면 통화 초과수요가 있게 된다. *LM* 곡선은 통화당국이 통화량을 일정하게 유지한다는 가정에서 도출된다는 점에 주의할 필요가 있다.

BP 곡선(*BP* curve)은 환율이 일정할 때 국제수지가 균형이 되는 이자율(i)과 국민소득(Y)의 여러 가지 조합이다. 국제수지는 무역수지의 흑자가 같은 양의 자본유출로 상쇄되거나, 무역수지의 적자가 동일한 양의 자본유입으로 상쇄될 때 또는 무역수지가 0이고 순 국제자본이동이 0일 때 균형이 된다. *BP* 곡선상에서 대외균형을 나타내는 한 점은 $i = 5.0\%$이고 $Y_E = 1,000$인 점 *E*이다. 이자율이 상승하면 자본유입이 증가하고 (혹은 자본유출이 감소) 이에 따라 국제수지가 계속 균형을 유지하기 위해서는 국민소득 수준과 수입이 증가해야 하므로 *BP* 곡선은 우상향하게 된다.

예를 들어 $i = 8.0\%$에서 국제수지가 균형을 유지하기 위해서는 국민소득 수준이 $Y_F = 1,500$이 되어야 한다(*BP* 곡선상의 점 *F*). *FE* 곡선의 좌측에는 국제수지 흑자가, 우측에는 적자가 있게 된다. 국제 단기자본이동이 이자율의 변화에 민감할수록 *BP* 곡선의 기울기는 완만해진다. *BP* 곡선은 환율이 일정하다는 가정하에서 그려진 것이다. 한 국가의 통화가 평가하락하거나 또는 평가절하되면 이 국가의 무역수지는 개선된다. 따라서 국제수지가 계속 균형상태에 있기 위해서는 이자율이 하락하여 자본유입이 감소(또는 자본유출이 증가)하여야 하므로 *BP* 곡선은 아래로 이동한다. 반대로 평가절상이나 평가상승은 *BP* 곡선을 위로 이동시킨다. 여기에서는 환율이 고정된 것으로 가정하고 있으므로 *BP* 곡선은 이동하지 않는다.

그림 6-2에서 재화시장, 통화시장, 국제수지가 동시에 균형을 이루는 유일한 점은 *IS*, *LM* 및 *BP* 곡선이 교차하는 점 *E* 하나뿐이다. 이 균형점에서 소득수준은 $Y_E = 1,000$인데, 이는 완전고용 소득수준 $Y_F = 1,500$보다 작다는 점에 주목하라. 또한 *BP* 곡선은 *IS* 곡선과 *IM* 곡선이 교차하는 점에서

반드시 교차하지 않는다는 점도 주목할 필요가 있다. 그러나 3개의 시장이 동시에 균형을 이루는 점 E와 같은 점은 환율이 고정된 상태에서 한 국가가 재정정책과 통화정책을 적절히 조합하여 완전고용 소득수준에 도달할 수 (또한 대외균형을 유지할 수) 있는 방법을 살펴보는 데 편리한 출발점이 된다.

6.4 고정환율제도에서 대내외균형을 위한 재정정책 및 통화정책

이 절에서는 먼저 재정정책이 IS 곡선에 미치는 효과와 통화정책이 LM 곡선에 미치는 효과를 살펴본다. 그 후에 대외균형과 실업(그림 6-2의 점 E)인 상태와 국제수지 적자와 실업인 상태 각각에 대해서 재정정책과 통화정책을 사용하여 대내균형과 대외균형에 도달하는 방법을 살펴본다. 마지막으로 자본이동이 무한 탄력적인 경우를 분석한다.

6.4A 대외균형과 실업이 존재할 경우의 재정정책 및 통화정책

정부지출의 증가와 또는 (민간소비를 증가시키는) 조세 감축의 형태로 시행되는 팽창적 재정정책은 IS 곡선을 우측으로 이동시키는데, 이는 각각의 이자율에서 국민소득 수준이 보다 높아질 때 재화시장은 균형을 이루기 때문이다. 반대로 긴축적 재정정책은 IS 곡선을 좌측으로 이동시킨다. 통화량의 증가와 같은 완화적 통화정책은 LM 곡선을 우측으로 이동시키는데, 이는 각각의 이자율에서 통화량의 증가를 흡수하기 위하여 국민소득 수준이 보다 증가해야 한다는 것을 의미한다. 반대로 긴축적 통화정책은 통화량을 감소시켜 LM 곡선을 좌측으로 이동시킨다. 재정 및 통화정책은 BP 곡선에 직접적인 영향을 미치지 못하며 여기서는 환율이 고정되어 있다고 가정하고 있으므로 BP 곡선은 변화하지(즉, 이동하지) 않는다.

그림 6-3은 그림 6-2의 국가가 IS 곡선을 IS'으로 우측으로 이동시키는 **팽창적 재정정책**과 LM 곡선을 LM'까지 좌측으로 이동시키는 **긴축적 통화정책**을 결합하여 완전고용 국민소득 수준에 도달하고 대외균형을 유지할 수 있음을 보여 주고 있다. 여기에서 점선 IS'과 점선 LM'은 변화하지 않은 BP 곡선과 $Y_F = 1{,}500$이고 $i = 8.0\%$(점 F)의 완전고용 소득수준에서 교차하고 있다. 즉, 국민소득의 증가(이로 인한 수입의 증가)로 인한 무역수지의 악화는 이자율이 $i = 8.0\%$로 상승함에 따른 자본유입의 증가(또는 자본유출의 감소)로 정확히 상쇄되어 이 국가의 국제수지는 균형을 이루게 된다.

이 국가는 변화하지 않은 IS 곡선과 점 U에서 교차할 수 있도록 LM 곡선을 우측으로 이동시키는 완화적 통화정책을 사용하여 완전고용 국민소득 수준에 도달할 수 있다. 그러나 점 U에서는 이자율이 2.5%가 되어서(이는 점 E에서의 이자율 $i = 5.0\%$보다 낮음), 소득의 증가에 따른 무역수지의 악화와 더불어 이자율의 하락에 따라 자본유입이 감소(혹은 자본유출이 증가)하므로 대규모의 국제수지 적자가 발생한다. 또한 이 국가는 IS 곡선을 우측으로 이동시켜 LM 곡선과 점 Z에서 만날 수 있도록 하는 팽창적 재정정책을 사용하여 완전고용 국민소득 수준에 도달할 수도 있다. 점 Z에서의 이자율은 점 E에서의 이자율보다 높으므로 무역수지의 악화는 자본유입의 증가(또는 자본유출의 감

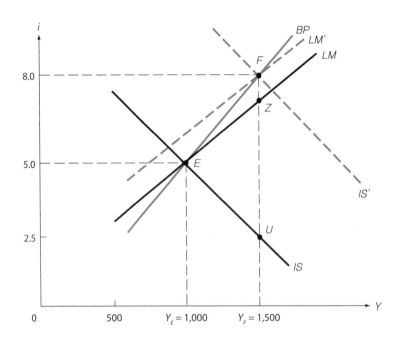

그림 6-3   대외균형과 국내실업이 존재할 경우의 재정정책 및 통화정책

국내실업과 대외균형을 이루고 있는 점 E에서 시작하여 환율이 고정된 상태에서 IS 곡선을 IS'으로 이동시키는 팽창적 재
정정책과 LM 곡선을 LM'으로 이동시키는 긴축적 통화정책을 사용하여 대외균형하에서 완전고용 국민소득 수준인 Y_F =
1,500에 도달할 수 있다. 세 시장은 IS', LM' 곡선과 변화하지 않은 BP 곡선이 i = 8.0%, Y_F = 1,500의 소득수준에서 교차
하여 균형점 F에 도달한다.

소)로 어느 정도 상쇄된다. 그러나 그러한 자본유입의 증가나 자본유출의 감소는(점 Z가 BP 곡선의
우측에 있으므로) 이 국가가 국제수지 적자를 벗어나기에 충분치 못하다.

완전고용 국민소득 수준 Y_F = 1,500에 도달하고 국제수지의 균형을 달성하기 위해 이 국가는 IS
곡선을 LM 곡선상의 점 Z까지가 아닌 BP 곡선상의 점 F까지로 이동시킬 수 있는 보다 강력한 팽창
적 재정정책을 이용해야 한다(그림 6-3 참조). 그림에서 볼 수 있는 바와 같이 LM 곡선을 LM'으로
이동시키는 긴축적 통화정책은 IS'으로 표현되는 팽창적 재정정책의 효과를 부분적으로 상쇄시키
는 한편 대외균형이 성립할 수 있도록 이자율을 i = 8.0%로 상승시킨다. 따라서 이 국가가 대내균형
과 대외균형을 동시에 달성하기 위해서는 두 가지 **상충되는** 정책(팽창적 재정정책과 긴축적 통화정
책)이 필요하다.

6.4B 국제수지 적자와 실업이 존재할 때 재정정책 및 통화정책

그림 6-4는 (그림 6-2 및 그림 6-3에서와 같이) IS 곡선과 LM 곡선이 점 E에서 교차하지만 BP 곡선
은 이 점에서 교차하지 않는 초기의 상황을 보여 주고 있다. 즉, 국내경제는 i = 5.0%와 Y_E = 1,000
에서 (실업이 존재하는 상태로) 균형을 이루고 있지만, 점 E는 BP 곡선상의 점 B의 우측에 있으므
로 국제수지 적자상태에 있다. 다시 말하면 i = 5.0%(BP 곡선상의 점 B)에서 대외균형이 성립하기
위해서는 국민소득 수준 Y = 700이 되어야 한다. 그러나 Y_E = 1,000이므로 이 국가는 초과국민소득

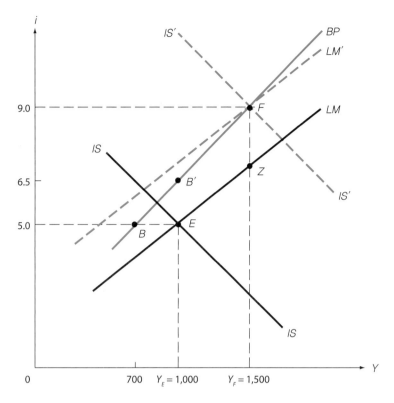

그림 6-4 국내실업과 국제수지 적자가 존재할 때의 재정정책 및 통화정책

국내실업과 무역수지 적자가 있는 점 *E*에서 시작하여 환율이 고정된 상태에서 *IS* 곡선을 *IS'*으로 이동시키는 팽창적 재정정책과 *LM* 곡선을 *LM'*으로 이동시키는 긴축적 통화정책을 사용하여 대외균형하에서 완전고용 국민소득 수준인 Y_F = 1,500에 도달할 수 있다. 세 시장은 *IS'*, *LM'* 곡선과 변화하지 않은 *BP* 곡선이 *i* = 9.0%, Y_F = 1,500의 소득수준에서 교차하여 균형점 F에 도달한다. 최초의 국제수지 적자로 인해 대내외균형에 도달하기 위해 그림 6-3에서보다 이자율이 더 높아야 한다.

300(1,000 − 700)에 한계수입성향(*MPM*)을 곱한 만큼 국제수지가 적자가 된다. 만일 (제5장에서와 같이) *MPM* = 0.15이면 이 국가의 국제수지 적자는 300 × 0.15 = 45가 된다. Y_E = 1,000에서 이 국가가 국제수지 균형을 이룰 수 있도록 자본유입이 45만큼 증가(혹은 자본유출이 45만큼 감소)하기 위해서는 이자율이 *i* = 6.5%(*BP* 곡선상의 점 *B'*)가 되어야 한다.

국내경제가 실업(*MPM* = 0.15인 경우 45만큼의)과 국제수지 적자인 상태에서 균형을 이루는 점 *E*에서 시작하여 *IS* 곡선을 *IS'*으로 우측 이동시키는 팽창적 재정정책과 *LM* 곡선을 *LM'*으로 좌측 이동시키는 긴축적 통화정책을 사용하면 완전고용 소득수준 Y_F = 1,500과 대외균형을 달성시킬 수 있다. 이때 점선 *IS'*과 *LM'* 곡선은 변화하지 않은 *BP* 곡선과 *i* = 9.0%와 Y_F = 1,500(그림에서의 점 *F*)에서 교차한다. 이 경우 이 국가가 대외균형을 달성하기 위해서는 이자율은 *i* = 5.0%에서 *i* = 8.0%(그림 6-3에서처럼)가 아닌 *i* = 9.0%까지 상승해야 한다는 점에 주목하라.

6.4C 탄력적인 자본이동하의 재정정책 및 통화정책

이전 절에서 우리는 국내실업과 국제수지 적자의 상태에 있는 국가는 적절한 팽창적 재정정책과 긴축적 통화정책을 사용하여 대내균형과 대외균형을 동시에 달성할 수 있다는 것을 보았다. 그러나 그림 6-4를 검토해 보면 BP 곡선이 LM 곡선보다 가파르고, 완전고용 국민소득 수준(Y_F)에서 BP 곡선이 LM 곡선의 위쪽에 위치할 때만 긴축적 통화정책이 요구된다는 것을 알 수 있다. 이것은 국제 자본이동이 국제 간의 이자율 차의 변화에 매우 민감하지 않다는 것을 의미한다.

그러나 오늘날 선진국 간 국제자본이동에 관한 통제의 모두 또는 대부분을 철폐하면 이러한 국가들에 대해서 BP 곡선은 그림 6-4에서보다 더 편평할 것이고, 그림 6-5와 같이 완전고용 국민소득 수준에서 LM 곡선의 아래쪽에 위치할 것 같다. 그 경우 국내실업과 국제수지 적자의 상태에 있는 점 E에서 시작하여 한 국가(점 B'가 점 E 위에 있음)는 IS를 IS'으로 이동시키는 팽창적 재정정책과 LM 곡선을 LM'으로 이동시키는 완화적 통화정책을 사용하여 IS'과 LM'이 i = 6.0%이고, Y_F = 1,500인 점 F에서 불변의 BP 곡선과 만나게 하여 대내균형과 대외균형을 동시에 달성할 수 있다. 국제자본 이동이 전의 경우보다 훨씬 더 탄력적이므로 이자율은 그림 6-4의 i = 5.0%에서 i = 9.0%로 상승하는 대신에 i = 5.0%에서 i = 6.0%로 상승하기만 해도 된다. 이와 같이 국내실업과 국제수지 적자에 직면하여 대내균형과 대외균형을 달성하기 위해서는 완전고용 국민소득 수준에서 BP 곡선이 LM

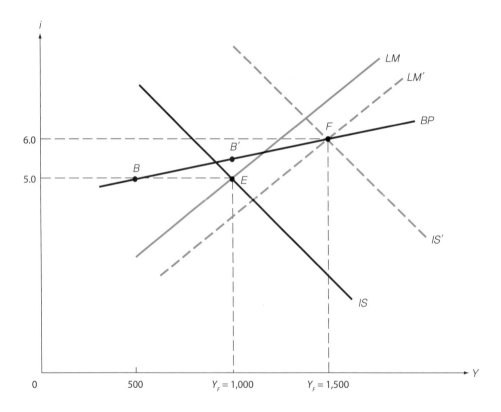

그림 6-5 탄력적인 자본이동하의 재정정책과 통화정책
국내실업과 국제수지 적자를 갖는 점 E에서 시작하여 그 국가는 환율을 고정시킨 상태에서 IS를 IS'으로 이동시키는 팽창적 재정정책과 LM 곡선을 LM'으로 이동시키는 완화적 통화정책을 사용하여 대외균형을 이루면서 완전고용 국민소득 수준 Y_F = 1,500에 도달할 수 있다. 3개의 시장은 IS' 곡선과 LM' 곡선이 이동하지 않는 BP 곡선과 만나는 i = 6.0%이고, Y_F = 1,500인 점 F에서 동시에 균형을 이룬다.

사례연구 6-2 🌐 미국의 경상계정과 예산적자 간의 관계

그림 6-6에서 1980년부터 1989년(1984년 제외)까지와 2001년부터 2003년 및 2011년부터 2014년까지 미국의 국내총생산(GDP) 대비 미국의 경상수지 적자와 미국의 재정적자(모든 정부지출이 징수한 조세총액의 초과분)는 쌍둥이(twins)처럼 다소간 함께 움직였다는 것을 알 수 있다(이러한 이유로 이를 쌍둥이 적자라고 함). 그러나 이것은 재정적자가 경상수지 적자를 충분히 설명하거나, 그 원인이 된다는 것을 의미하진 않는다. 왜냐하면 각각은 미국과 외국에서의 조세, 이자율, 환율에 대한 예상뿐 아니라 저축률, 인

플레이션, 성장과 같은 다른 많은 요인들에도 의존하기 때문이다. 식 (6-3)으로부터 $(S-I)$가 일정한 경우에만 $(X-M)$과 $(G-T)$가 함께 움직인다는 것을 알 수 있다. 실제로 1989년부터 2001년까지와 2003년부터 2011년까지 미국의 경상수지 적자와 재정적자는 서로 반대방향으로 움직였으며 후자가 하락할 때는 전자가 상승하고, 그 반대의 경우도 성립되었다. 미국은 2009년 정부재정 적자가 최대(GDP의 12.8%)였으며 경상수지 적자는 2006년에 최대치(GDP의 5.8%)를 기록했다.

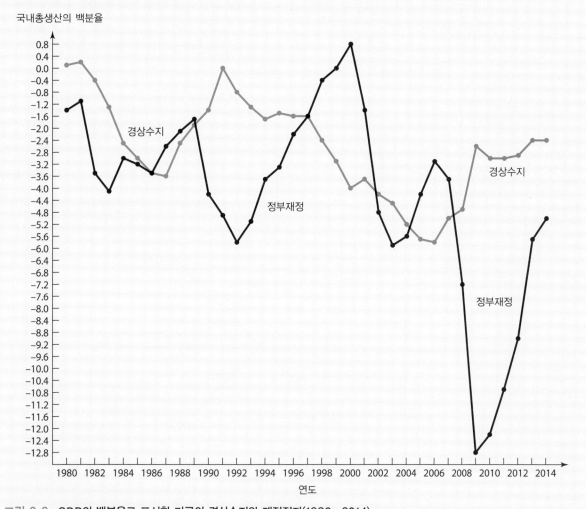

그림 6-6 GDP의 백분율로 표시한 미국의 경상수지와 재정적자(1980~2014)

1980년부터 1989년까지와 2001년부터 2003년 및 2011년부터 2014년까지 GDP의 백분율로 표시한 미국의 경상수지 적자와 미국의 재정적자는 쌍둥이(twins)처럼 함께 움직였으나, 그 이후에는 서로 반대방향으로 움직였다.

출처 : Organization for Economic Cooperation Development, *Economic Outlook* (Paris: OECD, June 2015); D. Salvatore, "Twin Deficits in the G-7 Countries and Global Structural Imbalances," *Journal of Policy Modeling*, September 2006, pp. 701 – 712; and D. Salvatore, "Global Imbalances," *Princeton Encyclopedia of the World Economy* (Princeton, N.J.: Princeton University Press, 2008), pp. 536 – 541.</>

곡선의 아래쪽 또는 위쪽에 있는가에 따라(자본이동이 이자율 차에 어느 정도 민감한가에 따라) 팽창적 재정정책과 완화적 또는 긴축적 통화정책이 필요하다.

그림 6-4나 6-5와 유사한 그림들을 사용하여 최초의 대내와 대외의 불균형의 상태에 따라 대외균형을 이루는 완전고용 국민소득 수준에 도달하기 위해 필요한 재정정책과 통화정책의 적절한 조합을 보여 줄 수 있다. 이러한 유형의 분석은 제2차 세계대전 말부터 1971년까지 지배했던 고정환율제도의 운영을 검토하는 것뿐 아니라 유럽연합이 그들의 공동통화(1999년 1월 도입된 유로)로 가는 과정에서 안정된 환율을 추구함에 따라 갖게 된 경험, 그들의 환율을 고정하거나 대규모 선진국의 통화나 특별인출권(SDRs)에 고정시킨 많은 개발도상국들에게도 해당된다. 이러한 분석은 또한 미국, 일본, 캐나다, 유럽연합(유로의 채택 이후)들과 같이 국제자본이동을 유인함으로써 그들의 통화를 관리한 국가들에게도 적절하다. 사례연구 6-2에서는 1980년대 이후 미국의 경상수지와 재정적자 간의 관계를 검토한다.

6.4D 완전한 자본이동하의 재정정책 및 통화정책

그림 6-7의 점 E에서(그림 6-2 및 그림 6-3에서와 같이) 3개의 시장이 동시에 균형상태에 있고, 자본이동이 완전한 (따라서 BP 곡선은 세계시장의 이자율 $i = 5.0\%$에서 수평선) 초기의 균형상태를 가정한다. 이는 소국이 $i = 5.0\%$에서 얼마든지 차입하거나 대여할 수 있음을 뜻한다. 이러한 조건은 1980년대와 1990년대의 유로 통화시장을 통해 고도로 자본시장 통합이 이루어진 서유럽의 소국의 경우에 특히 적합하다. 이러한 극단적인 경우에 소국은 통화정책을 사용하지 않고 적절한 재정정책

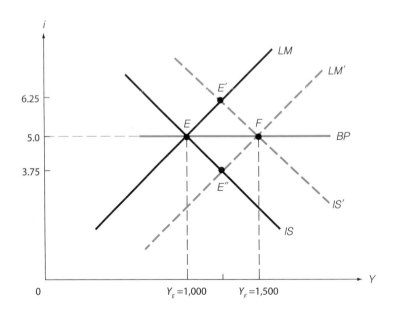

그림 6-7 고정환율제도에서 완전자본이동의 경우 재정정책과 통화정책
국내실업과 대외균형, 자본의 완전이동성과 고정환율제도의 점 E에서 시작하여 IS 곡선을 IS'으로 이동시키는 팽창적 재정정책을 사용하는 경우 자본이동을 중화시킬 수 없기 때문에 LM 곡선이 LM'으로 이동하므로 완전고용 국민소득 수준인 Y_F = 1,500에 도달할 수 있다.

만을 사용하여 완전고용 국민소득 수준과 국제수지 균형을 달성할 수 있다. 사실 자본이동이 완전하고 환율이 고정된 경우에는 통화정책의 효과는 전적으로 무력한데, 그 이유는 다음과 같다.

그림 6-7에서 소국은 점 E에서 시작하여 IS 곡선을 우측의 IS'으로 이동시켜 IS 곡선이 수평인 BP 곡선과 $Y_F = 1,500$인 점 F에서 교차하도록 팽창적 재정정책을 실시해야 한다. 점선의 IS' 곡선이 변화하지 않은 LM 곡선과 점 E'에서 만난다는 사실은 이 국가의 이자율이 $i = 6.25\%$로 상승하려는 경향이 있음을 의미한다. 그러나 이 소국의 경우에 $i = 5.0\%$에서 국제자본이동이 무한 탄력적이므로 해외로부터 자본이 유입되고 (외환이 자국통화와 교환되므로) 이 국가의 통화량은 증가하며 이에 따라 LM 곡선은 LM'으로 이동한다. 결과적으로 점선의 IS'과 LM' 곡선은 수평인 BP 곡선상의 $i = 5.0\%$와 $Y_F = 1,500$인 점 F에서 교차하게 되고, 이 국가는 대내균형과 대외균형을 동시에 달성하게 된다. 이 경우에 LM 곡선이 LM'으로 이동할 때까지 통화량이 증가하는 것을 소국이 막을 수는 없을 것이다. LM 곡선이 LM'으로 이동한 경우에만 자본유입은 중단되고, 이 국가의 통화량은(LM'의 수준에서) 안정된다.

만일 이 소국이 LM 곡선을 LM'으로 우측 이동시키는 완화적인 통화정책을 사용하여 점 F에 도달하려고 한다면 이자율은 $i = 3.75\%$로 (그림의 점 E'') 하락할 것이다. 그 결과 자본이 유출되고 이에 따라 이 국가의 통화량은 원래 수준으로 감소하여 LM' 곡선은 원래의 LM 곡선으로 다시 이동한다. 한편 이러한 자본이동이 통화량에 미치는 영향을 불태화(sterilize) 또는 중화(neutralize)시키려 한다면 이 국가의 외환보유고는 고갈되고 이 국가의 통화량이 원래의 LM 수준으로 감소할 때까지 자본은 계속 유출될 것이다. 따라서 오늘날과 같이 고도로 통합된 자본시장에서 소국이 완전탄력적 자본이동에 직면하는 경우 통화정책은 전적으로 무력해진다. 사례연구 6-3에서는 미국의 재정정책의 효과가 유럽연합과 일본에 미치는 반향효과를 살펴본다.

사례연구 6-3 🌐 미국의 재정정책이 미국 및 해외에 미치는 효과

표 6-2에서는 고정환율제도하에서 GDP의 6%에 해당하는 규모의 미국의 제한적 재정정책(조세 증가와 정부지출 감소의 결합을 통해)으로 인해 미국의 성장률, 인플레이션율, 무역수지, 경상수지 및 단기이자율에 미치는 효과와 유럽통화연합(EMU)과 일본에 미치는 반향효과를 보여 준다. 정책효과는 2004~2009년까지 제한적 재정정책을 사용하지 않았을 때의 미국의 상황을 초기상황으로 보고 그것과의 비교를 통해 측정한다. 표에서는 제한적 재정정책을 사용하지 않는 미국의 상황과 비교하여 2004~2009년의 연평균효과와 2009년의 최종상황을 보여 준다.

표를 통해 미국에서 GDP 6% 정도의 제한적 재정정책을 시행하는 경우 2004~2009년 기간 초기상황 3.3%에서 2.6%로 감소하는 것을 알 수 있다. 인플레이션율은 1.3%에서 1.6%로, 평균무역수지는 −4.7%에서 GDP의 −3.7%로, 경상수지는 −5.1%에서 GDP의 −3.8%로, 단기이자율은 3.9%에서 0.0%로 감소한다. 이러한 정책효과의 방향은 인플레이션율의 상승을 제외하고는 예상과 동일하다.

맨 마지막 줄은 초기상황과 비교한 2009년의 최종상황을 보여 준다. 즉, 성장률은 초기에 비해 4.5% 낮고, 물가는 1.5% 높으며, 무역수지는 2.1%(GDP의 −5.0%에서 −2.9%로), 경상수지는 2.6% 개선되고 단기이자율은 5.4% 낮아진다(1.6% 대신 7.0%). 미국이 제한적 재정정책을 사용하는 경우 표의 맨 아랫부분에서 볼 수 있듯이 유럽통화연합과 일본에 대해서도 반향효과를 갖는다.

(계속)

표 6-2 고정환율제도하에서 미국의 제한적 재정정책의 효과(2004∼2009)

	연평균(2004∼2009)		초기상황 대비
	초기상황	제한적 재정정책[a]	최종상황(2009)
미국			
실질 GDP 성장률[b]	3.3	2.6	−4.5
인플레이션율[b]	1.3	1.6	1.5
무역수지[c]	−4.7	−3.7	2.1
경상수지[c]	−5.1	−3.8	2.6
단기이자율[d]	3.9	0.0	−5.4
유럽통화연합			
실질 GDP 성장률[b]	2.3	2.2	−0.4
인플레이션율[b]	1.6	1.7	1.0
무역수지[c]	2.5	1.9	−1.4
경상수지[c]	1.0	0.3	−1.5
단기이자율[d]	3.6	2.5	−1.5
일본			
실질 GDP 성장률[b]	1.6	1.3	−2.0
인플레이션율[b]	−0.2	−0.7	−2.7
무역수지[c]	2.6	2.2	−1.3
경상수지[c]	5.0	4.5	−1.3
단기이자율[d]	0.0	0.0	0.0

[a] GDP 6% 규모의 제한적 재정정책
[b] 처음 열은 연평균 변화율, 마지막 열은 초기상황 대비 2009년 수준
[c] GDP의 백분비
[d] 백분비

출처 : Organization for Economic Cooperation and Development, *Economic Outlook* (Paris: OECD, June 2004).

6.5 변동환율제도에서의 *IS-LM-BP* 모형

이 절에서는 변동환율제도에서 *IS-LM-BP* 모형을 이용하여 통화정책을 통해 3개 시장의 균형을 동시에 달성할 수 있는 방법을 살펴본다. 6.5A절에서는 자본이동이 불완전한 경우를 검토하고, 6.5B 절에서는 자본이동이 완전한 경우를 보기로 한다.

6.5A 변동환율과 불완전한 자본이동하의 *IS-LM-BP* 모형

그림 6-8의 점 *E*는 그림 6-2에서와 마찬가지로 대외균형 및 실업상태에서 3개의 시장이 균형을 이루는 점이다. 정부는 *LM* 곡선을 *LM'*까지 우측으로 이동시키는 완화적 통화정책을 이용하여 $Y_F = 1,500$이고 $i = 2.5\%$인 점 *U*에서 *IS* 곡선과 교차하도록 할 수 있다. 점 *U*는 *BP* 곡선의 우측에 있으므로(점 *E*와 비교하여 *Y*는 높고 *i*는 낮기 때문에) 이 국가는 국제수지 적자에 직면하게 된다.

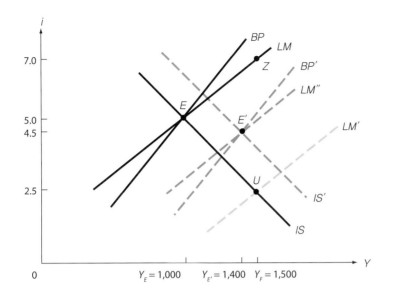

그림 6-8 **변동환율제도의 *IS-LM-BP* 모형**
대외균형 및 국내실업하에서 3개의 시장이 균형을 이루는 점 *E*에서 시작하자. 그 국가는 완화적 통화정책을 이용하여 *LM*
곡선을 *LM'*까지 우측으로 이동시켜 $Y_F = 1,500$의 완전고용 국민소득 수준인 점 *U*에서 *IS* 곡선이 교차하도록 할 수 있다.
그러나 점 *U*는 *BP* 곡선의 우측에 있으므로 이 국가는 국제수지 적자에 직면하게 된다. 변동환율제도에서는 이 국가의 통
화가 평가하락하여 *BP* 곡선과 *IS* 곡선은 우측으로 이동하고, *LM'* 곡선은 좌측으로 이동하여 *BP'*, *IS'*과 *LM''* 곡선이 $Y_{E'} =$
1,400인 *E'*과 같은 점에서 교차한다. 완화적 통화정책을 계속 실시하면 이러한 과정이 반복되어 완전고용 국민소득 수준
$Y_F = 1,500$에서 3개 시장의 균형이 달성된다.

변동환율제도에서는 이 국가의 통화가 평가하락하여 *BP* 곡선은 우측으로 이동한다. 동시에 평가
하락은 이 국가의 국제수지를 개선시키며(마셜–러너 조건이 충족된다는 전제하에서) *IS* 곡선을 우
측으로 이동시킨다. 또한 평가절하에 따라 국내물가와 통화에 대한 거래적 수요가 증가하여 *LM'* 곡
선은(실질통화량이 감소하므로) 좌측으로 이동한다. *IS'* 및 *LM''* 곡선이 $Y_{E'} = 1,400$이고, $i = 4.5\%$
인 점 *E'*과 같은 점에서 *BP'* 곡선과 교차할 때 3개 시장에서의 균형이 다시 성립하게 된다. 완화적
통화정책을 계속 실시하면 이러한 과정이 반복되어 완전고용 국민소득 수준 $Y_F = 1,500$에서 3개 시
장의 균형이 달성된다. 변동환율제도의 경우에는 3개 시장의 균형은 항상 *BP* 곡선상에 있지만 *BP*
곡선은 이동한다는 것을 주목하라.

점 *E*에서 시작하여 완전고용 국민소득 수준에 도달하기 위하여 *IS* 곡선을 우측으로 이동시켜 *LM*
곡선과 점 *Z*에서 교차할 수 있도록 하는 팽창적 재정정책을 실시하는 경우에도 위의 분석과 유사하
다. 점 *Z*가 *BP* 곡선의 우측에 있기 때문에 이 국가의 국제수지는 적자가 된다. 따라서 이 국가의 통
화는 평가하락하며 모든 곡선이 이동하여 *IS* 곡선과 *LM* 곡선이 *BP* 곡선상에서 교차하게 되고 3개
의 시장은 동시에 균형을 이루게 된다. 그러나 이 국가가 팽창적 재정정책 대신 완화적 통화정책을
사용하면, (*BP* 곡선이 *LM* 곡선보다 가파르든 완만하든 상관없이) 이자율은 하락하고, 이것이 장기
성장을 촉진한다는 점을 주목하자. 한 국가가 대내균형을 달성하기 위하여 지출변화정책(통화 또는
재정정책)을 사용하는 경우에, 대외균형을 동시에 달성하기 위해서는 환율이 변화하도록 하거나 지

출전환정책을 사용해야 한다는 점이 중요하다. 이 경우는 6.2절에서 행한 분석과 그림 6-1의 스완의 도표를 참고하면 된다.

6.5B 변동환율과 완전한 자본이동하의 *IS-LM-BP* 모형

(그림 6-7에서와 마찬가지로) 완전한 자본이동 및 변동환율제도에서 대외균형 및 실업상태에 있는 그림 6-9의 점 *E*에서 시작한다. 이 국가가 팽창적 재정정책을 이용하여 *IS* 곡선을 *IS'*까지 이동시켜 $Y_F = 1,500$인 점 *F*에서 *BP* 곡선이 교차하도록 한다. 점선 *IS'*과 변하지 않는 *LM* 곡선은 점 *E'*에서 교차하여 그 국가의 이자율은 $i = 6.25\%$로 상승한다. 이것은 대량의 자본유입을 가져오고, 그 국가의 통화는 평가상승하여 수출은 억제되고 수입은 촉진되어 *IS'*은 다시 원래의 *IS* 곡선으로 되돌아가게 된다. 이와 같이 자본이동이 완전한 경우 변동환율제도에서 재정정책은 국민소득의 수준에 영향을 미치는 데 있어 전적으로 무력하다.

한편 점 *E*에서 시작하여 완화적 통화정책을 사용하면 *LM* 곡선이 *LM'*으로 이동하여 이자율이 하락한다(*LM'*이 *IS* 곡선과 만나는 점 *E''*을 참조). 이로 인해 자본이 유출되고, 그 국가의 통화는 평가하락하는 경향을 띠게 되고 (수출이 촉진되고 수입이 억제됨에 따라) *IS* 곡선은 *IS'*으로 우측으로 이동하고, *LM'* 곡선은 약간 좌측으로 돌아가 *LM''*이 (그 국가의 가격상승으로 실질통화량이 감소함에

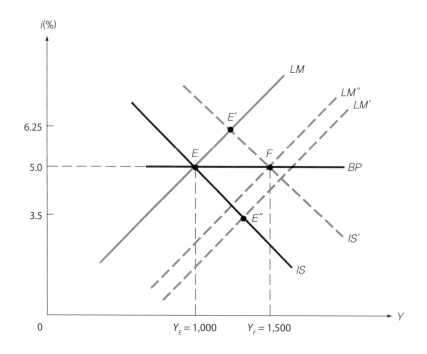

그림 6-9 완전한 자본이동과 변동환율제도의 조정정책
대외균형 및 실업, 완전한 자본이동 및 변동환율제도의 점 *E*에서 시작하여 그 국가가 완화적 통화정책을 이용하여 *LM* 곡선을 *LM'*까지 이동시켜 $Y_F = 1,500$의 완전고용 국민소득 수준에 도달할 수 있다. 이것은 *IS* 곡선은 *IS'*으로 오른쪽으로 이동시키고, (통화의 평가하락의 경향이 무역수지를 개선시키므로) *LM'* 곡선은 *LM''*으로 약간 뒤로 이동한다(국내가격상승으로 인한 실질통화량의 감소로 인해). 최종적인 균형은 *IS'* 곡선과 *LM''* 곡선이 $Y_F = 1,500$에서 *BP* 곡선과 만나는 점 *F*에서이다.

따라) 된다. 따라서 IS' 곡선과 LM'' 곡선은 $Y_F = 1,500$인 점 F에서 BP 곡선과 교차하게 되므로 이 국가는 통화정책만으로도 대내균형과 대외균형을 동시에 달성할 수 있다. 이 국가는 LM' 곡선의 LM''으로의 이동을 고려하기 위해 $Y_F = 1,500$의 약간 우측에서 LM' 곡선이 BP 곡선과 교차하여 최종적인 균형이 $Y_F = 1,500$인 점 F에서 이루어지도록 한 것을 주목하라. 이와 같이 자본이동이 완전할 때 고정환율제도에서는 재정정책은 효과가 있고, 통화정책은 효과가 없는 반면, 변동환율제도에서는 통화정책은 효과가 있고, 재정정책은 효과가 없다.

$IS\text{-}LM\text{-}BP$ 모형은 지난 40년 동안 개방경제의 정책결정과정에서 중요한 역할을 해 왔다. 이 모형에 대한 한 가지 심각한 비판은 그것이 유량과 저량을 혼용하고 있다는 것이다. 특히 LM 곡선은 통화의 저량에 기초하지만, BP 곡선은 자본의 유량에 근거하고 있다. 저량과 유량을 혼용하는 것은 좋은 생각이 아니다. 이러한 맥락에서 이 모형은 국내 이자율이 상승하면 자본이 유입되고 이로 인해 국제수지 적자는 융통되는 것으로 가정하고 있다. 그러나 자본유입은 단회적인 유형일 가능성이 높으며, 국내 이자율이 상승함에 따라 투자자들이 그들의 포트폴리오를 재조정하게 되면 멈추게 될 가능성이 높다. 사례연구 6-4에서는 변동환율제도에서 미국과 다른 OECD 국가들의 통화정책의 효과를 검토한다.

사례연구 6-4 ● 미국과 기타 OECD 국가에서 통화정책의 효과

표 6-3은 미국과 기타 OECD 국가에서 4%의 통화량이 증가하는 경우(팽창적 통화정책) 미국과 기타 OECD 국가들의 국민총생산(GNP), 소비자물가지수(CPI), 이자율, 통화가치 및 경상수지에 미치는 효과를 보여 준다. OECD(경제협력개발기구)는 시행기간에 24개의 선진국을 모두 포함하고 있다. 모의실험 결과는 연방준비위원회(FRB)의 다국 모형을 사용하여 얻을 수 있다. 통화량 증가의 효과는 여러 해에 걸쳐 나타날 것으로 생각되지만, 표 6-3은 통화량이 증가한 두 번째 해의 효과만 보여 준다.

표의 A 부분은 미국의 4% 통화량의 증가는 (승수과정을 거쳐) 미국이 통화량을 증가시킨 다음 해에 미국 GNP의 1.5%의 증가를 가져온다. 기간을 더 길게 하면 총효과는 더 커질 것이다. 그것은 또한 미국 물가의 0.4%의 증가와 미국 단기이자율의 2.2%p 하락, 달러 국제가치의 6.0% 하락(평가하락)과 미국 경상수지에서 31억 달러의 적자를 가져온다.

상단 표의 우측 부분은 미국의 통화량의 증가가 기타 OECD 국가들에 대해 0.7%의 GNP 감소, 0.6%의 물가하락, 0.5%p의 단기이자율 하락, 경상수지의 35억 달러의 악화를 가져온다. OECD 국가들의 환율에 미치는 효과는 추정되지 않았다. 세계 여타국에서의 GNP의 감소는 미국의 수입증가에 비추어 볼 때 이상한 것처럼 보인다. 그러나 미국의 수입증가는 OECD 국가들로부터라기보다는 세계의 나머지 국가(개발도상국과 산유국)로부터일지도 모른다. 더 나아가 미국의 팽창적 통화정책의 반향효과는 무역을 통해서만 작동하는 것은 아니고 논리적인 추론만으로 평가하기에는 너무 복잡하다. 그것이 우리가 모형을 필요로 하는 이유이다.

표의 B 부분은 여타 OECD 국가들이 4%의 통화량을 증가시키는 경우 GNP의 1.5%의 증가, 물가의 0.6%의 상승과 단기이자율의 2.1%p의 하락, 통화가치의 5.4% 하락(평가하락)과 경상수지에서 35억 달러의 흑자를 가져온다. 이러한 변화는 미국에 대해 반향효과를 갖는다. 미국의 0.2%의 물가하락, 0.2%p의 단기이자율 하락, 1억 달러의 경상수지 개선을 가져온다. 미국의 GNP에 미치는 효과는 없고, 달러의 환율에 관한 효과는 추정되지 않았다.

(계속)

표 6-3 4%의 통화량 증가가 두 번째 해에 미치는 추정효과

A. 미국에서의 통화량 증가

	미국에서의 효과	기타 OECD 국가에서의 효과
GNP	1.5%	−0.7%
CPI	0.4%	−0.6%
이자율	−2.2%[a]	−0.5%[a]
통화가치	−6.0%	−
경상수지	−31억 달러	−35억 달러

B. 기타 OECD 국가에서의 통화량 증가

	기타 OECD 국가에서의 효과	미국에서의 효과
GNP	1.5%	0.0%
CPI	0.6%	−0.2%
이자율	−2.1%[a]	−0.2%[a]
통화가치	−5.4%	−
경상수지	35억 달러	1억 달러

[a] 백분율 변화

출처: R. Bryant, D. Henderson, G. Holtham, P. Hooper, and S. Symansky, eds., *Empirical Macroeconomics for Interdependent Economies* (Washington, D.C.: Brookings Institution, 1988), p. 23.

6.6 정책조합과 물가변화

이 절에서는 먼저 대내균형을 달성하기 위해 재정정책을, 대외균형을 달성하기 위해 통화정책을 사용하는 이유를 살펴본다. 그 후 이러한 정책조합(policy mix)의 유효성과 비용상승 인플레이션을 고려할 때 야기되는 문제점에 대한 평가를 한다. 마지막으로 전후 기간 동안 미국 및 기타 주요 선진국들이 실시했던 정책조합의 경험을 살펴본다.

6.6A 정책조합과 대내 및 대외균형

그림 6-10에서 원점으로부터 수직축을 따라서 상방으로 이동하는 것은 긴축적 통화정책(즉, 통화량의 감소와 이자율의 상승)을 의미하며, 수평축을 따라서 우측으로 이동하는 것은 팽창적 재정정책(정부지출의 증가 또는 조세의 감소)을 의미한다.

그림에서 *IB* 선은 대내균형(즉, 물가안정과 완전고용)을 달성하는 여러 가지 재정정책과 통화정책의 조합을 나타낸다. 대내균형을 유지하기 위해서 **팽창적 재정정책**은 충분한 정도의 긴축적 통화정책으로 상쇄되어야 하므로 *IB* 곡선은 우상향한다. 예를 들어 그림 6-10의 점 *F*에서 점 *A*로 이동시키는 정부지출의 증가는 총수요의 초과 또는 수요견인 인플레이션을 야기한다. 이는 긴축적 통화정책과 이자율의 상승으로 이 국가를 *IB* 선의 점 *A*′으로 이동시킴으로써 교정되거나 제거될 수 있다.

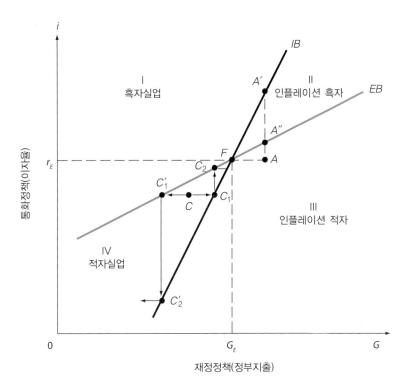

그림 6-10 **효율적인 시장 구분과 정책조합**

수직축을 따라서 이동하는 것은 긴축적 통화정책과 높은 이자율을 의미하며, 수평축을 따라서 이동하는 것은 팽창적 재정정책을 의미한다. IB 선은 대내균형을 달성시킬 수 있는 여러 가지 재정정책과 통화정책의 조합을 나타낸다. 반면에 EB 선은 대외균형을 유지할 수 있는 여러 가지 재정정책과 통화정책의 조합을 보여 준다. 통화정책은 또한 단기적인 국제자본의 이동을 가져오므로 EB 선의 기울기는 IB 선의 기울기보다 완만하다. 제IV영역에 있는 점 C에서 시작하여 IB 선상의 점 C_1에 도달할 수 있도록 팽창적 재정정책을 적절하게 사용하고, EB 선상의 점 C_2에 도달할 수 있도록 긴축적 통화정책을 사용한다면 이 국가는 대외균형과 대내균형을 동시에 달성하는 점 F에 도달할 것이다. 반대로 하는 경우 EB 선상의 점 C_1'으로 이동한 후, IB 선상의 점 C_2'로 이동한다면 이 국가는 균형점 F에서 더욱더 멀어질 것이다.

점 A'보다 낮게 이자율을 상승시키는 긴축적 통화정책은 총수요의 초과를 완전히 해소하지는 못하며 인플레이션 압력을 남겨 놓는다. 반대로 점 A' 위로 이동시키는 긴축적 통화정책과 이자율의 상승은 정부지출 증가에 의한 인플레이션을 해소하지만 실업을 유발시킨다. 따라서 IB 선의 우측과 아래에는 인플레이션이 있게 되고, IB 선의 좌측과 위에는 실업이 있게 된다.

반면에 EB 선은 대외균형(즉, 국제수지의 균형)을 달성하는 여러 가지 재정정책과 통화정책의 조합을 보여 준다. EB 선상의 한 대외균형점에서 시작했을 때 팽창적 재정정책은 국민소득을 증가시켜 국제수지를 악화시킨다. 이때 이 국가가 대외균형을 지속적으로 유지하기 위해서는 긴축적 통화정책을 사용하여 이자율을 충분히 상승시켜 자본유입을 증가(또는 자본유출을 감소)시킴으로써 악화된 국제수지를 개선시켜야 한다. 예를 들어 EB 선상의 점 F에서 확장적 재정정책으로 점 A로 이동하면 국제수지 적자가 생기는데, 이것은 EB 선상의 점 A''으로 이동시키는 긴축적 통화정책과 이자율의 상승으로 해소된다. 결과적으로 EB 선은 우상향한다. 이 국가를 점 A'' 위로 이동시키는 더 긴축적인 통화정책의 경우 국제수지 흑자가 생기는 반면, 점 A''의 아래로 이동시키는 통화정책의 경우에는 국제수지 적자가 발생한다. 따라서 *EB* 선의 우측과 아래에서는 국제수지 적자가, 좌측과 위에서는 국제수지 흑자가 발생한다.

이 국가는 *IB* 선과 *EB* 선이 교차하는 점 *F*에서만 대외균형과 대내균형을 동시에 달성할 수 있다. 그림 6-10에서 *IB* 선과 *EB* 선이 교차함에 따라 대외 및 대내불균형을 보여 주는 네 가지의 영역으로 나누어진다. *EB* 선의 기울기는 *IB* 선의 기울기보다 완만하다는 점에 주의하라. 단기적인 국제자본 이동이 국제이자율의 차이에 민감할 때는 항상 *EB* 곡선의 기울기가 완만해진다. 이는 다음과 같이 설명될 수 있다. 팽창적 재정정책은 국민소득을 증가시키고 통화에 대한 거래적 수요를 증가시킨다. 만일 통화당국이 이러한 통화수요의 증가를 충족시킬 수 있을 만큼의 통화량을 충분히 공급한다면 이자율은 변화하지 않을 것이다. 이러한 상황에서 재정정책은 국민소득 수준에는 영향을 미치지만 이자율에는 영향을 미치지 못한다. 반대로 통화정책은 통화량과 이자율을 변화시킴으로써 작용한다. 이자율의 변화는(승수과정을 통해) 투자수준 및 국민소득 수준에 영향을 미치지만 또한 국제자본이동에도 영향을 준다. 결과적으로 통화정책은 재정정책보다 대외균형을 달성시키는 데 있어서 효과적이다. 따라서 *EB* 선의 기울기는 *IB* 선의 기울기보다 완만하게 된다.

효율적 시장구분의 원칙에 따르면 대외균형을 달성하기 위해서는 통화정책을, 대내균형을 달성하기 위해서는 재정정책을 각각 사용하여야 한다. 만일 어떤 국가가 반대로 정책을 사용하면 이 국가는 대내균형과 대외균형으로부터 더욱 멀리 이탈할 것이다. 예를 들어 그림 6-10에서 실업과 적자의 상태(제IV영역)에 있는 점 *C*에서 국제수지 적자를 해소하기 위해 긴축적 재정정책을 사용하여 *EB* 선상의 점 C_1'으로 이동한 후, 실업을 해소하기 위해 완화적 통화정책을 사용하여 *IB* 선상의 점 C_2'로 이동한다면 이 국가는 점 *F*에서 더욱더 멀어질 것이다. 반대로 이 국가가 *IB* 선상의 점 C_1에 도달할 수 있도록 팽창적 재정정책을 적절하게 사용하고, *EB* 선상의 점 C_1에 도달할 수 있도록 긴축적 통화정책을 사용한다면 이 국가는 점 *F*로 더욱더 접근하게 될 것이다. 사실상 이 국가는 팽창적 재정정책과 긴축적 통화정책을 적절히 배합하여(그림 6-3과 그림 6-4의 *IS-LM-BP* 보형의 경우와 같이) 단번에 점 *C*에서 점 *F*로 이동할 수 있다. 마찬가지로 이 국가는 어떤 상태의 대내 및 대외불균형 점에서도 재정 및 통화정책을 적절히 배합하여 점 *F*에 도달할 수 있다. 이는 이 장 뒤에 있는 연습문제에 수록되어 있다.

국제단기자본이동이 국가 간의 이자율 차이에 민감할수록 *EB* 선의 기울기는 *IB* 선에 비해 완만해진다. 반대로 단기자본이동이 이자율 차에 대해 전혀 반응하지 않는 경우 *EB* 선은 *IB* 선과 같은 기울기를 갖게 되어 (또한 일치하여) 재정정책과 통화정책을 구분하더라도 위에서와 같은 목적을 달성할 수 없게 된다. 이 경우에는 환율을 변화시키지 않고는 대내균형과 대외균형을 동시에 달성할 수 없다. 이것이 바로 6.2절에서 검토한 경우이다.

6.6B 물가가 변하는 경우 정책조합의 평가

고정환율제도에서 대내균형을 달성하기 위해 재정정책을, 대외균형을 달성하기 위해 통화정책을 배합하는 데는 몇 가지 비판에 직면한다. 이 비판 중의 하나는 국제자본이동이 기대한 대로 국제적인 이자율 차이에 의해 반응하지 않을지도 모르며, 이러한 반응은 부적절하거나 심지어는 교란적일 수도 있고, (먼델이 가정한 것처럼) 지속적인 것이 아니라 일시적일 수도 있다는 점이다. 일부 경제학자에 의하면 적자국이 시간이 경과함에 따라 긴축적 통화정책을 계속 사용하지 않는다면 적자국은 통화정책을 사용하더라도 적자를 단지 단기적으로만 융통할 수 있다고 한다. 장기조정은 6.2절에서 지적한 바와 같이 환율의 변화를 필요로 하게 될 것이다.

또 다른 비판은 정부 및 통화당국이 통화 및 재정정책의 효과를 정확히 알 수 없으며 이러한 정책의 결과가 나타나기까지는 여러 가지 시차, 즉 인지, 정책선택, 실시의 시차가 존재한다는 점이다. 따라서 그림 6-10을 이용하여 6.6A절에서 설명된 바와 같이 대내 및 대외균형을 달성하는 과정은 지나치게 단순화되어 있다. 게다가 미국과 같은 국가에서의 통화정책은 준자율적인 연방준비이사회(Federal Reserve Board)에 의해 결정되는 반면, 재정정책은 정부의 한 부처에 의해 수행되므로 재정정책과 통화정책을 조정하기는 어려운 일이라는 것이다. 그러나 재정당국이 대외불균형을 무시하고 대내균형만을 추구하며, 통화당국은 통화정책의 대내불균형에 대한 효과를 고려하지 않고 대외균형이라는 목적만을 추구한다면 이 국가는 점진적으로(그림 6-10에서 점 C로부터의 화살표가 보여 주는 바와 같이) 대내 및 대외균형에 점점 가까이 도달할 수 있다.

또 다른 문제점은 완전고용 국민소득 수준에 도달하기 전에는 물가가 일정하다는 가정을 완화시킬 때 발생한다. 1990년대에는 물가가 완전고용 국민소득 수준에 도달하기 일찍 전부터 상승하기 시작하며 경제가 완전고용 수준에 접근함에 따라 더욱 빨리 상승하였다[논쟁이 되고 있는 실업률과 인플레이션과의 역의 관계 또는 상충관계는 필립스 곡선(philips curve)으로 요약된다]. 완전고용에 도달하기도 전에 물가상승이나 인플레이션이 발생할 때 한 국가는 완전고용, 물가안정, 국제수지의 균형이라는 적어도 세 가지 목표를 갖게 되므로 이 세 가지 목표를 완전하게 달성하기 위해서는 세 가지 정책을 필요로 한다. 즉, 그 국가는 완전고용을 달성하기 위해서는 재정정책을, 물가안정을 달성하기 위해서는 통화정책을 사용하고, 대외균형을 달성하기 위해서는 환율을 변화시켜야 한다. 특수한 경우 다른 정책들이 실패할 때에는 이러한 목표의 하나 또는 그 이상을 달성하기 위해 직접통제를 실시할 수도 있다. 이러한 것들은 다음 절에서 검토한다. 1990년대 기간에 기업의 경우 국제경쟁의 심화로 인해 가격상승을 자제하고, 노동자들은 완전고용의 상황에서조차도 일자리를 상실할지도 모른다는 두려움 때문에 임금인상 요구를 하지 못하게 되는 등 세계화로 인해 많은 변화가 발생했다.

현대 국가들은 또한 적정 성장률이라는 네 번째의 목표를 가지고 있는데 이를 달성하기 위해서는 장기이자율이 낮아야 한다. 따라서 이러한 국가는 이자율 구조를 '왜곡'시켜, 즉 그렇지 않았더라면 존재했을 장기이자율과 단기이자율 사이의 관계를 변화시켜 (성장목표를 달성하기 위해 필요한) 장기이자율을 낮게 하고, (물가안정이나 대외균형을 달성하기 위해 필요한) 단기이자율을 높게 할 수도 있다. 또한 통화당국은 공개시장에서 재무성 증권을 매각하고(이는 재무성 증권의 가격을 낮추고 단기이자율을 상승시킨다) 장기채권을 구입함으로써(이는 장기채권의 가격을 상승시키고 장기이자율을 하락시킨다) 이를 달성할 수도 있다. 미국은 1960년대 초에 이를 시행했지만 별로 성공을 거두지 못한 것으로 보인다.

6.6C 현실세계에서의 정책조합

1950년대와 1960년대의 고정환율 기간 동안 미국과 기타 주요 선진국들이 실제로 행한 정책조합을 살펴보자. 이들 대부분의 국가들은 대체로 대내균형을 달성하기 위하여 재정정책과 통화정책을 사용했으며, 대외불균형이 심화되어 더 이상 무시할 수 없는 경우에만 그들의 목표를 대외균형 달성으로 전환하였음을 알 수 있다. 그런 경우에도 이들 국가들은 대외불균형을 조정하기 위하여 통화정책을 사용하는 것을 주저한 것으로 보이며 대신에 자본이동에 대한(다음 절에서 논의되는) 직접통제 방식을 선호하였다.

1971년 이후 관리변동환율제도의 기간에, 주요 국가들은 환율이 대외불균형의 조정기능을 담당하는 데 대해 만족했던 것으로 보이며, 일반적으로 재정정책과 통화정책은 대내균형을 달성하는 데 이용하였다. 실제로 1970년대의 석유위기 기간에 각국이 국내의 인플레이션 압력을 진정시키기 위한 노력의 일환으로 환율을 관리하려고 한 경우도 있었다. 그러나 금융시장이 급격히 변화하는 기대의 영향을 받고 실물시장(예 : 수출과 수입)보다 신속하게 조정되었기 때문에, 균형환율을 중심으로 한 환율의 오버슈팅과 급변성(volatility)이 빈번히 발생하였다. 1980년대 전반기에 인플레이션 압력이 진정됨에 따라 주요 국가들은 (미국을 제외하고는) 대내균형을 달성하기 위해서는 재정정책과 통화정책을 계속 사용하였지만, 환율을 관리하여 대외불균형을 조정하는 데에는 가끔 통화정책을 사용하였다.

1985년까지는 달러가 전반적으로 과대평가되었으며, 순수한 시장력(market force) 때문에 달러가치의 하락 경향이 없다는 점도 명백해졌다. 미국의 막대한 **재정적자**로 인해 미국의 이자율은 해외보다 높아졌고, 이에 따라 대규모의 자본이 미국으로 유입되었다. 그 결과 달러는 큰 폭으로 과대평가되었고, 미국의 무역수지 적자는 막대해졌으며, 보호주의에 대한 요구(1.9절 참조)가 나타나게 되었다. 이때 미국은 4개 주요 선진국(독일, 일본, 프랑스, 영국)과 국제적 협력을 도모함으로써 달러의 과대평가를 조정하기 위해 외환시장에 개입하려고 했다. 또한 미국은 1986년부터 1991년까지 무역과 자본이동에는 직접적인 영향을 주지 않고 성장을 촉진하고 고용을 증대시키기 위해 선진국에서의 이자율을 동시에, 동등하게 협력하여 인하시킬 것을 주장했다.

달러는 1985년 2월을 정점으로 하여 1988년까지 다소간 연속적으로 평가절하되었지만, 미국의 경상수지 적자는 1987년 말까지 개선되지 않았다(그림 4-6 참조). 1990년과 1991년에 미국과 유럽의 다른 선진국들은 취약한 경제 및 불경기와 싸우기 위해 이자율을 인하한 반면에, 통일 독일은 국내의 인플레이션의 압력을 피하고, 국내저축을 촉진시키며, 동독의 재건을 위한 외국자본을 끌어들이기 위해 이자율을 인상시켰다. 이와 같이 주요 선진국들은 계속해서 대내균형에 우선순위를 부여하였고, 대외균형보다는 대내균형을 위해 통화정책을 사용하였다.

1992년부터 1997년까지 유럽에서는 1990년대의 심각한 불경기 이후 침체된 성장률을 높이기 위해 이자율을 하락시키는 경향이 있었으나, 미국에서는 비교적 빠른 성장에 직면하여 인플레이션 압

사례연구 6-5 ● 지난 10년간 미국의 통화정책 및 재정정책

표 6-4는 2003년부터 2014년까지 미국의 통화정책(통화 공급의 성장률로 측정)과 재정정책(예산수지로 측정)의 경로 및 그 정책들이 기타 거시경제 변수에 미치는 효과를 요약하는 미국의 거시경제 자료를 보여 준다. 첫 번째 행에서는 미국이 2003~2006년까지 비교적 고도성장을 하였다는 것을 보여 준다. 2007년에는 서브프라임 모기지 위기로 인해 성장이 둔화되었고, 2008년에는 대침체기로 음의 성장(거의 0)률을, 2009년에는 더 깊은 불황에 빠져들었다가 2010~2014년 사이에 약간 회복되었다.

두 번째 행에서는 2003년과 2004년에 2001년의 불황과 2002년의 저성장을 극복하기 위해 통화공급의 급속한 증가가 있었다는 것을 보여 준다. 2004년의 성장회복과 2006년과 2007년에 석유가격 및 기타 1차 산품 가격의 상승으로 인한 인플레이션의 위험으로 연방준비은행은 통화공급의 성장을 감소시켰다(실제로 2005년과 2006년에는 음).

2008년에는 2007년의 금융위기와 2008~2009년의 침체, 2010~2014년의 저성장을 극복하기 위해 기존의 정책 경로를 변경하여 통화량을 급속도로 증가시켰다.

세 번째 행에서는 2003년 GDP의 5.9%라는 비교적 큰 재정적자였으나 2006년에는 GDP의 3.1%까지 감소하였다. 예산적자는 2008년 GDP의 7.2%까지 증가하였고, 2009년에는 심각한 불황을 해결하기 위해 채택한 대규모 진작 패키지의 결과로 전후 사상 최대 수치인 12.8%를 기록하였다. 그 후 예산적자는 2014년에 GDP의 5.0%까지 하락하였다. 네 번째 행은 2007년, 2009년과 2012~2014년을 제외하고 예상대로 단기이자율이 통화증가율과 역으로 움직인 것을 보여 준다. 경상계정과 환율 간의 관계는 사례연구 4-4에서, 예산적자와 경상계정 간의 관계는 사례연구 6-2에서 보여 준다.

표 6-4 미국의 거시경제 자료(2003~2014)

	2003	2004	2005	2006	2007	2008	2009	2010	2011	2012	2013	2014
1. 실질 GDP 성장률(연 %)	2.8	3.8	3.3	2.7	1.8	−0.3	−2.8	2.5	1.6	2.3	2.2	2.4
2. 통화공급증가율(연 %)	7.1	5.4	−0.1	−0.5	0.6	16.7	5.7	8.4	17.7	13.4	8.0	9.5
3. 예산수지(GDP의 비율)	−5.9	−5.5	−4.2	−3.1	−3.7	−7.2	−12.8	−12.2	−10.7	−9.0	−5.7	−5.0
4. 이자율(단기, 연 %)	1.2	1.6	3.5	5.2	5.3	3.2	0.9	0.5	0.4	0.4	0.3	0.3
5. 인플레이션율(연 %)	2.3	2.7	3.4	3.2	2.9	3.8	−0.3	1.6	3.1	2.1	1.5	1.6
6. 유효환율(달러당 외국통화)	115.8	110.5	107.6	105.9	101.1	97.8	103.9	100.0	95.8	98.6	99.8	103.1
7. 경상수지(GDP의 비율)	−4.5	−5.2	−5.7	−5.8	−5.0	−4.7	−2.6	−3.0	−3.0	−2.9	−2.4	−2.4

출처 : OECD, *Economic Outlook* (Paris: OECD, June 2015) and IMF, *International Financial Statistics* (Washington, D.C.: IMF, 2015). See also D. Salvatore, ed., "Rapid Growth or Stagnation in the U.S. and World Economy?" Special Issue of the Journal of Policy Modeling, July/August 2014 with papers by Martin Baily, Robert Barro, William Baumol, Martin Feldstein, Dale Jorgenson, and John Taylor, among others.

력을 억제하기 위해 이자율이 상승하였다. 1997년부터 2000년까지 미국의 경제성장률과 이자율은 유럽과 일본에 비해 훨씬 높았고 미국으로 대량의 외국의 금융자본과 직접투자가 유입되었으며 그로 인해 달러의 평가상승과 무역적자가 발생하였다. 2001년 하이테크 분야의 버블로 인해 침체에 빠졌고 2001년부터 2003년까지 연방준비은행(Fed)은 이자율을 1%(40년 동안 가장 낮은 수준)를 인하하였고 부시대통령은 대규모의 예산팽창정책을 추진하였다.

2004년 미국에서 성장의 빠른 회복이 있자 연방준비은행(Fed)과 유럽중앙은행(ECB)은 2006년과 2007년에 인플레이션 압력을 저지하기 위해 이자율을 인상하기 시작했다. 그러나 다시 방향을 전환

사례연구 6-6 🌐 강력한 재정정책 및 통화정책 부재 시 미국의 불황 심화

미국과 대부분의 기타 선진국 및 신흥시장 경제국가들은 2008~2009년도 금융 및 경제위기를 극복하기 위해 매우 강력한 재정 및 금융정책을 시행하였다.

그림 6-11에서 네 가지 다른 시나리오하에서 미국의 실질 GDP 수준을 알 수 있다. (1) 2009년의 대불황을 극복하기 위해 미국이 취한 강력한 경기 진작 정책과 금융정책(대규모의 유동성 확대), (2) 금융정책만을 채택하는 시나리오

(위에서 두 번째 선), (3) 경기 진작 정책만을 사용하는 시나리오(위에서 세 번째 선), (4) 심각한 불황을 상쇄할 어떤 정책을 취하지 않는 경우(제일 밑에 선). 시나리오 (2)와 (3)을 사용하지 않았다면 미국의 실질 GDP는 더 많이 더 오래 하락했을 것이고, 시나리오(4)는 그뿐 아니라 2010년까지 불황이 계속되었을 것이라는 것을 보여준다.

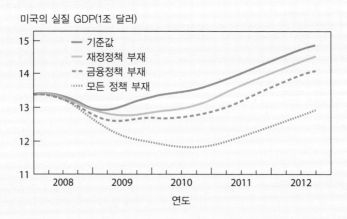

미국의 실질 GDP(1조 달러)

- 기준값
- 재정정책 부재
- 금융정책 부재
- 모든 정책 부재

연도

그림 6-11 미국의 실질 GDP 수준 네 가지 다른 계획
첫 번째 선(위에서부터 시작)은 2008~2009년의 불황을 극복하기 위해 재정정책과 금융정책을 모두 사용한 경우 2000년부터 2012년까지 미국의 실질 GDP를, 두 번째 선과 세 번째 선은 각각 재정정책과 금융정책을 사용하지 않은 경우, 마지막 선은 모두 사용하지 않은 경우이다.

출처 : U.S. Bureau of Economic Analysis, 2010.

하여 2008~2009년(전후 가장 심각한 상태)의 경기침체를 막기 위해 이자율을 인하하였다. 미국과 대부분의 선진국들은 경기침체를 막기 위해 팽창적인 정책을 사용하였다. 거의 0에 가까운 이자율(유동성 함정)에도 불구하고 경기회복이 늦어지자 연방준비은행과 유럽중앙은행은 유동성을 경제 내에 직접 주입하는 비전통적인 통화정책인 양적 완화 또는 QE까지 동원하였다. 2007년에 2002년과 그 이후 달러의 평가하락의 결과 미국의 경상적자가 감소하였다(그림 6-6 참조). 사례연구 6-5는 2000년 이후 미국의 통화정책 및 재정정책을 보여 준다. 사례연구 6-6은 미국의 정부와 연방준비은행이 재정정책과 통화정책을 사용하지 않았다면 불경기가 더 심화되었을 것이라는 것을 보여 준다.

6.7 직접통제

일국의 국제수지에 영향을 주는 직접통제는(관세, 쿼터 및 국제무역에 대한 기타의 양적 규제와 같은) 무역통제(trade controls)와 (국제자본이동에 대한 규제나 복수환율과 같은) 금융 또는 외환통제

(exchange controls)로 구분된다. 일반적으로 무역통제는 외환통제보다 덜 중요하고 받아들이기 쉽지 않다. 또한 직접통제는 보다 일반적인 정책이 실패했을 때 국내 인플레이션을 억제하기 위한 물가 및 임금통제의 형태를 취할 수도 있다.

6.7A 무역통제

무역 또는 통상규제 중에서 가장 중요한 것 중의 하나가 수입관세(import tariff)이다. 수입관세는 수입품의 국내소비자 가격을 상승시켜 수입대체품의 국내생산을 촉진시킨다. 반대로 수출보조금은 외국인에게 국내상품을 값싸게 하여 수출을 촉진시킨다. 일반적으로 모든 상품에 대하여 일률적으로 적용되는 일정한 율의 수입관세와 수출보조금은 이 국가의 통화를 동일한 율로 평가절하시키는 것과 같다. 그러나 수입관세와 수출보조금은 보통 일률적으로 적용되지 않고 특정품목에 대하여 적용되며, 수입할당에 상당하는(equivalent) 수입관세는 언제나 존재한다. 이 두 가지는 평가절하와 마찬가지로 지출전환정책이며 국내생산을 촉진한다. 일반적으로 오늘날 여러 국가들은 일시적으로 심각한 국제수지의 어려움을 겪는 경우가 아니면 수입관세나 수입할당을 새로 부과할 수 없도록 되어 있다.

오늘날 개발도상국뿐만 아니라 몇몇 선진국에서 실시하고 있는 다른 무역통제에는 수입업자가 수입하고자 하는 상품의 가치만큼 또는 그 일부분의 금액을 이자 없이 다양한 기간 동안 상업은행에 미리 예치해야 한다는 요구조건이 있다. 이는 상업은행에 예치한 금액에 대해 포기된 이자만큼 수입품의 가격을 상승시키는 효과를 미치므로 수입을 억제하게 된다. 또한 상품의 종류에 따라 상이한 기간 동안 상이한 금액을 예치할 수도 있다. 이와 같이 수입담보금제도는 신축적인 장치이지만 관리하기 어렵고 비용도 많이 든다. 적자국은 외국여행 및 관광객의 해외지출에 대해 규제를 가할 수도 있다.

6.7B 외환통제

금융 또는 외환통제를 살펴보면 선진국은 때때로 국제수지 적자인 경우 자본수출을 규제하고 국제수지 흑자인 경우 자본수입을 규제해 왔다. 일례로 1963년에 미국은 국제수지 적자를 줄이기 위해 포트폴리오 자본수출(portfolio capital exports)에 대해 이자평형세(interest equalization tax)를 부과하고 해외직접투자에 대한 자발적(후에는 강제적인) 규제를 실시하였다. 이에 따라 미국의 자본수지는 호전되었지만, 미국의 수출 및 그 후의 해외투자에 대한 이자와 이윤의 수입은 확실히 감소하여 전반적인 국제수지에 대한 순효과는 분명하지 않다.

한편 서독과 스위스는 대규모의 국제수지 흑자에 직면하여 세계적인 인플레이션 압력으로부터 국내경제를 격리시키기 위하여 외국으로부터의 예금에 대해서는 이자를 지급하지 않거나 낮은 이자를 지급함으로써 자본수입을 억제하려고 하였다. 1960년대 말과 1970년대 초에 프랑스와 벨기에는 2중 외환시장을 도입하여 대규모 자본유입으로 인한 자금거래에 대한 환율은 하락하도록 하였고 (즉, '금융 프랑'은 평가상승), 이에 따라 수출이 억제되고 수입을 촉진시키지 않도록 하기 위하여 경상수지거래(즉, 상업적인 프랑)에 대해서는 높은 환율을 유지하였다. 이탈리아는 1971년 브레튼우즈 체제가 붕괴한 이래 행정적으로 관리하기가 어렵고 비용이 많이 소요됨에도 불구하고 이중 외환시장을 도입해 왔다.

또한 국제수지 흑자와 대규모의 자본유입에 직면하고 있는 선진국들은 종종 선물환 할인을 증대시키고 자본유입을 억제하기 위하여 자국통화를 선물환 시장에서 선매하기 위하여 흔히 자국통화를 선매입하기도 한다. 이러한 선매입을 위한 자금은 보통 흑자국에서 차입한다. 예를 들어 1962년도에 국제통화기금(IMF)의 테두리 내에서 체결된 일반개입협정(General Agree ments to Borrow)에 따르면 가장 중요한 선진공업국 10개국(미국, 영국, 서독, 일본, 프랑스, 이탈리아, 캐나다, 네덜란드, 벨기에, 스웨덴)은 대규모의 단기자본이 유출되고 있는 어느 회원국가에게나 300억 달러까지 빌려 주기로 합의하였다(9.11절 참조). 1980년대와 1990년대에 발생한 급속한 세계화와 자본시장의 통합으로 인해 선진국들은 자본이동에 대한 대부분의 규제를 폐지하였다.

한편 대부분의 개발도상국들은 어떤 한 유형의 환율통제를 시행하고 있다. 가장 흔한 것은 복수환율(multiple exchange rates)을 채택하여 사치품 및 불필요한 수입품에 대해서는 높은 환율을, 필수적인 수입품에 대해서는 낮은 환율을 적용하고 있다. (경제발전을 위해 필요한 자본설비와 같이) 필수적인 수입품에 대해 낮은 환율을 적용하는 것은 국내 이용자에게 이들 제품을 더욱 저렴하게 하여 수입을 촉진하는 반면, 사치품 및 불필요한 수입품에 대해서는 높은 환율을 적용하여 이들 제품을 국내 구매자에게 비싸게 하여 수입을 억제한다. 외환통제의 극단적인 형태로는 수출업자와 기타 외환수입자로 하여금 모든 외환수입을 통화당국에 제시하도록 하고, 통화당국은 수입허가서(import licences)나 특정 수입상품의 중요도에 따른 상이한 환율로 이용 가능한 외환공급액을 수입업자들에게 배분하는 방법이 있다. 그러나 이에 따라 지하시장(black market)과 이전가격조작[transfer pricing, 즉 저가설정(under-invoicing) 또는 고가설정(over-invoicing)] 및 부패가 조장된다. 사례연구 6-7은 2007년 국제통화기금의 회원국 사이에서 외환통제의 상황을 보여 준다.

6.7C 기타의 직접통제 및 국제협력

정부당국은 보다 일반적인 정책이 실패했을 때 때때로 인플레이션 억제와 같은 순전히 국내 목적을 달성하기 위한 직접통제를 실시한다. 예를 들면 1971년에 미국은 인플레이션을 억제하기 위해서 물가 및 임금규제 또는 소득정책을 실시한 바 있다. 그러나 이러한 물가 및 임금규제는 성공적이지 못했으며 그 후에 철회되었다. 효율성의 관점에서 볼 때 통화 및 재정정책과 환율변동이 직접통제보다 국내경제와 국제무역 및 국제금융에 대해 바람직하다. 그 이유는 직접통제가 시장기구의 작동을 종종 방해하는 반면, 보다 일반적인 지출변화 또는 지출전환정책은 시장기구를 통해 작동하기 때문이다. 그럼에도 불구하고 이러한 일반적인 정책이 작동하기까지 너무 오랜 시간이 걸리거나 그 효과가 불분명할 때, 그리고 경제의 한 부문에만 영향을 미치는 문제일 때에는 각국은 특정목표를 달성하기 위한 일시적 방법으로 직접통제를 사용할 수도 있다. 이에 대한 한 가지 예가 1981년 미국이 시도한 일본 자동차에 대한 '자발적인 수출할당(voluntary export quotas)'이다.

사례연구 6-7 🌐 전 세계의 국제거래에 대한 직접통제

표 6-5는 2013년 여러 국가가 국제거래에 부과하는 다른 유형의 직접통제에 관한 자료를 요약하고 있다. 이 표로부터 우리는 전 세계적으로 가장 보편적인 형태의 직접통제는 상업은행 및 기타 신용기관에 대한 보증, 증권, 금융지원편의, 자본통제, 직접투자, 자본시장의 증권, 부동산거래 및 제도적 투자자들에 대한 자본통제들임을 알 수 있다.

표 6-5 2013년 IMF 회원국들의 국제거래에 대한 직접통제

규제의 유형	회원국의 수
A. 환율구조	
1. 이중환율	16
2. 복수환율	6
B. 지불수취협정	
1. 쌍방적 지불협정	66
2. 지불지체	28
C. 수출 또는 무형의 거래에 대한 수익에 대한 통제	
1. 송환조항	86
2. 반환조항	60
D. 자본거래	
1. 자본시장 증권	151
2. 통화시장수단	127
3. 집합투자증권	127
4. 파생상품 및 기타 수단	101
5. 상업신용	85
6. 금융신용	115
7. 보증, 증권 및 금융지원편의	78
8. 직접투자	151
9. 직접투자의 청산	42
10. 부동산거래	144
11. 개인자본거래	94
12. 상업은행과 기타 신용기관	170
13. 제도적 투자자	143

출처 : International Monetary Fund, *Exchange Arrangements and Exchange Restrictions* (Washington, D.C. : IMF, 2014).

일반적으로 직접통제와 기타의 정책이 효과적이기 위해서는 상당한 국제협력이 필요하다. 예를 들어 한 국가가 수입할당을 실시하는 경우 이로 인해 영향을 받는 국가들이 이러한 일시적 조치의 필요성을 이해하고 동의하지 않는 한 이들 국가의 보복을 초래하게 될 것이다(따라서 할당 효과는 없어진다). 동일하게 한 국가가 유지하고자 하는 환율의 경우에도 타당하다(한 가지 주목할 만한 예외는 1990년대 초 미국이 일본과의 거대하고 지속적인 무역적자를 감소시키기 위한 노력으로 일본의 의도에 반해 미국의 달러가 일본의 엔에 대해 크게 평가하락하도록 허용하였다). 한 국가가 유지하려고 하는 환율의 경우에도 마찬가지다. 마찬가지로 한 국가가 외국자본을 유치하기 위해 이자율을 상승시키더라도 다른 국가들이 이와 동일한 정도로 이자율을 상승시켜 국제 이자율 차가 변화되지 않도록 한다면 전적으로 상쇄되고 말 것이다. 제2차 세계대전 후 IMF와 GATT의 선도 아래 선진국들이 대부분 직접통제를 철폐한 과정은 제9장에서 상세하게 논의된다.

요약

1. 앞의 두 장에서 논의된 자동조정기구는 바람직하지 않은 부작용이 있으므로 조정정책들이 필요하게 된다. 한 국가의 가장 중요한 경제적 목표 또는 목적은 대내균형과 대외균형이다. 대내균형이란 물가안정 및 완전고용을 의미하며, 대외균형은 국제수지의 균형을 말한다. 이러한 목적을 달성하기 위한 수단으로 각국은 지출변화정책(즉, 재정정책 및 통화정책)과 지출전환정책(평가절하나 평가절상)을 사용할 수 있다. 효율적인 시장구분의 원리에 따르면 각 정책을 비교하여 가장 효율적으로 목적을 달성하도록 사용해야 한다.

2. 스완의 도표에서 우상향하는 EE 곡선은 대외균형을 나타내는 환율과 국내흡수의 여러 가지 조합을 나타내고 있다. EE 곡선의 우측에서는 무역수지 적자가, 좌측에서는 무역수지 흑자가 발생한다. 우하향하는 YY 곡선은 대내균형을 나타내는 환율과 국내흡수 사이의 여러 가지 조합을 표시한다. YY 곡선의 좌측에는 실업이 존재하고, 우측에는 인플레이션이 존재한다. EE 곡선과 YY 곡선이 교차함에 따라 대내 및 대외불균형을 나타내는 네 가지의 영역이 생기는데, 이로부터(EE 곡선과 YY 곡선의 교차점으로 표시되는) 대내균형과 대외균형을 동시에 달성하는 점에 도달하기 위한 정책조합을 선택할 수 있다.

3. 재화 및 서비스에 대한 수요량과 공급량이 일치할 때 재화시장은 균형을 이루게 된다. 거래적 통화수요량과 투기적 통화수요량이 일정한 통화량과 일치할 때

통화시장의 균형이 성립한다. 무역수지의 적자가 이와 동일한 양의 자본유입으로 상쇄되거나 무역수지의 흑자가 이와 동일한 양의 자본유출로 상쇄될 때 국제수지는 균형을 이룬다. IS, LM 및 BP 곡선은 각각 재화시장, 통화시장 및 국제수지가 균형을 나타내는 이자율과 국민소득의 여러 가지 조합을 보여 준다. LM 곡선과 BP 곡선은 보통 우상향하는 반면, IS 곡선은 우하향한다. 자본이동이 이자율 차에 대해 민감할수록 BP 곡선의 기울기는 완만해진다. 이 3개의 곡선이 동일한 점에서 교차하면 그 점에서 3개의 시장이 동시에 균형을 이룬다.

4. 팽창적 재정정책은 IS 곡선을 우측으로 이동시키고, 긴축적 통화정책은 LM 곡선을 좌측으로 이동시키지만, 환율이 고정되어 있는 한 BP 곡선은 이동하지 않는다. 국내 실업과 대외균형의 상태에서 한 국가는 팽창적 재정정책과 긴축적 통화정책을 적절히 이용하여 환율을 변화시키지 않고 대내균형과 대외균형을 동시에 달성할 수 있다. 대내실업과 무역수지적자의 상태에서도 대내균형과 대외균형을 동시에 달성하기 위해서는 이와 똑같은 일반적인 정책조합이 필요하다. 완전탄력적인 자본이동으로 BP 곡선이 수평인 경우 고정환율제도에서 통화정책은 완전히 무력하며 이때는 적절한 재정정책만을 사용하여 대내 및 대외균형을 달성할 수 있다.

5. 변동환율제도에서 일국은 통화정책 또는 재정정책만을 사용하여 대내균형과 대외균형에 도달할 수 있다.

통화정책을 사용하는 경우 그 국가의 이자율에 더 큰 영향을 주므로 성장률에도 더 큰 영향을 준다. 국제자본이동이 완전탄력적이고 변동환율의 경우 재정정책은 완전 무력하나 통화정책은 효과가 크다.

6. *IB* 곡선과 *EB* 곡선은 한 국가가 대내균형과 대외균형을 각각 달성하기 위하여 필요한 재정정책과 통화정책의 여러 가지 조합을 보여 준다. 이 두 곡선은 우상향하지만 통화정책의 결과 단기 국제자본이 이동하므로 *EB* 선이 보다 완만하고 대외균형을 달성하는 데 효과적이다. 대내균형을 달성하기 위해서는 재정정책을, 대외균형을 달성하기 위해서는 통화정책을 이용해야 한다(만일 이와 반대의 정책을 실시한다면 대내 및 대외균형으로부터 더욱더 이탈하게 된다). 그러나 이러한 정책조합은 단기에만 유효하며, 장기의 경우에는 대외균형을 달성하기 위해 환율의 변화가 필요할 수도 있다. 완전고용에 도달하기 전에 인플레이션이 존재하는 경우에는 물가안정이 세 번째 목표가 되고, 성장은 네 번째 목표가 될 수 있다. 이러한 경우 보통 네 가지 정책수단이 필요하게 된다. 1980년대 중반 미국은 이와 같은 목적을 달성하기 위한 주요 국가 사이의 협력의 필요성을 주장한 바 있었다.

7. 직접통제는 무역통제와 외환통제 및 기타로 구분된다. 무역통제는 관세, 할당, 수입담보금 및 기타 국제무역에 대한 선별적인 규제를 뜻하며, 외환통제에는 국제자본이동에 대한 규제, 선물환시장 개입, 복수환율 등이 포함된다. 보다 일반적인 정책이 실패했을 때 인플레이션을 감소시키기 위해 때때로 적용되는 기타의 직접통제에는 물가 및 임금통제가 있으며, 일반적으로 직접통제는 시장기구의 작동에 개입하므로 비효율적이다. 직접통제와 기타의 정책이 효과적이기 위해서는 종종 국제협력이 필요하다.

주요용어

거래적 통화수요(transaction demand for money)

대내균형(internal balance)

대외균형(external balance)

먼델-플레밍 모형(Mundell-Fleming model)

무역통제(trade controls)

복수환율(multiple exchange rates)

외환통제(exchange controls)

지출변화정책(expenditure changing policy)

지출전환정책(expenditure-switching policies)

직접통제(direct controls)

투기적 통화수요(speculative demand for money)

필립스 곡선(philips curve)

효율적 시장구분의 원칙(principle of effective market classification)

BP 곡선(BP curve)

IS 곡선(IS curve)

LM 곡선(LM curve)

복습문제

1. 국제수지 불균형을 조정하기 위한 정책이 왜 필요한가? 한 국가의 가장 중요한 경제적 목표는 무엇인가?

2. 이러한 목표를 달성하기 위하여 국가가 취할 수 있는 정책에는 어떤 것이 있는가? 이러한 정책은 어떻게 작동하여 의도된 목표를 달성하게 되는가?

3. 효율적 시장구분의 원칙이란 무엇인가? 각국이 이 원칙을 준수하는 것이 중요한 이유는?

4. 스완의 도표에서 *EE* 곡선은 무엇을 나타내는가? *YY* 곡선은 무엇을 나타내는가? 이 두 가지 곡선으로부터 알 수 있는 네 가지의 대내 및 대외불균형의 영역은 각각 무엇인가? *EE* 곡선과 *YY* 곡선의 교차점은 무엇을 나타내는가?

5. 스완의 도표를 이용하여 대내 및 대외균형을 동시에 달성할 수 있는 정책조합을 어떻게 결정할 수 있는가? 어떤 조건에서 한 가지의 정책수단만을 이용하여 대내 및 대외균형을 동시에 달성할 수 있는가?

6. *IS* 곡선은 무엇을 나타내는가? 왜 *IS* 곡선은 우하향하는가? *LM* 곡선은 무엇을 나타내는가? 거래적 통화수요와 투기적 통화수요란 무엇인가? *LM* 곡선이 보통 우하향하는 이유는? *BP* 곡선은 무엇을 나타내는가? *BP* 곡선이 보통 우상향하는 이유는? *BP* 곡선의 기울기를 결정하는 것은 무엇인가? 어떤 조건에서 재화시장, 통화시장 및 국제수지가 동시에 균형을 이루는가? 이 균형점이 반드시 완전고용 국민소득 수준인가?

7. 확장적 및 긴축적 재정정책이 *IS* 곡선에 미치는 효과는? 확장적 및 긴축적 통화정책이 *LM* 곡선에 미치는 효과는? 재정정책과 통화정책은 직접 *BP* 곡선에 영향을 미치는가? 어느 경우에 *BP* 곡선이 하방으로 이동하는가? 어느 경우에 상방으로 이동하는가?

8. 고정환율과 국제자본이동이 제한되는 경우 완전고용과 대외균형을 달성하기 위해 재정정책과 통화정책은 어떻게 사용될 수 있는가?

9. 고정환율제도에서 국제자본이동이 완전한 경우 통화정책의 효과는 왜 전적으로 무력한가?

10. 고정환율과 불완전한 자본이동의 경우 실업과 국제수지 적자를 해소하기 위해 한 국가는 재정정책과 통화정책을 어떻게 사용할 수 있는가? 완전자본이동의 경우에는 어떠한가?

11. *IB* 곡선은 무엇인가? *IB* 곡선이 우상향하는 이유는? *EB* 곡선은 무엇인가? *EB* 곡선이 우상향하는 이유는? *EB* 곡선의 기울기가 *IB* 곡선보다 완만한 이유는? 대내균형을 달성하기 위해서는 재정정책을 사용하고, 대외균형을 달성하기 위해서는 통화정책을 사용하는 이유는? 이와 반대 정책을 실시할 때의 결과는?

12. 대내균형을 달성하기 위해 재정정책을 사용하고, 대외균형을 달성하기 위해 통화정책을 사용하는 정책조합에 대해 어떤 비판이 있는가? 물가안정과 성장이라는 목표가 추가적인 목적이 될 때는 어떤 결과가 나타나는가?

13. 직접통제란 무엇인가? 무역통제란? 외환통제는? 무역통제 및 외환통제에서 가장 중요한 형태는 어떻게 작용하여 국제수지에 영향을 미치는가?

14. 직접통제의 장·단점은? 국제수지에 영향을 미치기 위한 직접통제가 효과적이기 위해서 국제협력이 필요한 이유는?

연습문제

1. 그림 6-1과 비슷한 다음 그림에서 C_1, C_4, C_7, C_{10}의 각 점에 대하여 대외균형과 대내균형을 동시에 달성하기 위해 필요한 지출변화정책과 지출전환정책들을 지적하라.

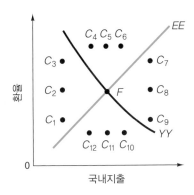

2. 문제 1번의 그림에서 C_2, C_5, C_8, C_{11}의 각 점에 대하여 대외균형과 대내균형을 동시에 달성하기 위해 필요한 지출변화정책과 지출전환정책들을 지적하라.

3. 문제 1의 그림에서 C_3, C_6, C_9, C_{12}의 각 점에 대하여 대외균형과 대내균형을 동시에 달성하기 위해 필요한 지출변화정책과 지출전환정책들을 지적하라.

4. 그림 6-2와 유사한 다음 그림에서

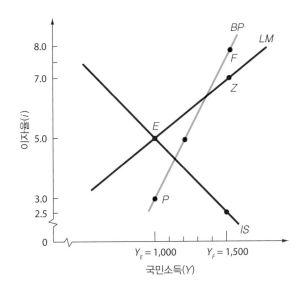

   (a) $Y_E = 1,000$에서 국제수지가 적자인지 흑자인지를 설명하라.

   (b) 한계수입성향 $MPM = 0.15$이고, 외국의 반향이 없는 경우라면 $Y_E = 1,000$에서 적자 또는 흑자의 규모는?

5. 문제 4번에서 재정정책과 통화정책을 적절히 조합하여 대외균형과 완전고용을 달성할 수 있는 방법을 설명하라.

6. 그래프 용지에 그림 6-4와 유사한 그림을 그리되 점선 IS'과 LM'은 그리지 말고 완전고용 국민소득 수준 $Y_F = 1,200$으로 가정하자. 이때 고정환율제도에서 대내균형과 대외균형을 동시에 달성하기 위해 필요한 재정정책 및 통화정책의 적절한 조합을 표시하라.

7. 완전고용 국민소득 수준이 $Y_E = 1,000$일 때 6번 문제는 어떻게 되겠는가?

8. 그래프 용지에 그림 6-2와 같은 그림을 그리되 LM 곡선과 BP 곡선을 바꾸어 BP 곡선을 LM 곡선의 기울기보다 완만하게 그려라(이 경우는 흔하지 않지만 이로 인해 중요한 점을 알 수 있다).

   (a) 완전고용 및 대외균형을 달성하기 위해 필요한 적절한 재정 및 통화정책의 조합을 그래프로 표시하라.

   (b) 이 경우에 필요한 적절한 정책조합을 6.4절에서 논의된 그림 6-2의 경우와 비교하라.

9. 국제자본이동이 완전탄력적인 경우에는 문제 8번의 결과가 어떻게 될 것인가?

10. 그림 6-8의 점 E에서 시작하여, 그 국가가 완화적인 통화정책 대신 팽창적인 재정정책을 사용함으로써 고정환율제도에서 대외균형과 대내균형을 어떻게 달성할 수 있는가를 보여 주는 그림을 그려라.

11. 그림 6-8의 점 E에서 시작하여, 자본이동이 크고 BP 곡선이 그림 6-8의 점 Z 오른쪽에 있다면 그 국가가 완화적인 통화정책 대신 팽창적인 재정정책을 사용함으로써 변동환율제도에서 대외균형과 대내균형을 어떻게 달성할 수 있는가를 보여 주는 그림을 그려라.

12. 그림 6-10과 유사한 옆의 그림에서 점 C_3, C_6, C_9, C_{12}에 대해 점 F에 도달하기 위해 필요한 재정정책과 통화정책의 유형을 지적하라.

13. 문제 12번의 그림에서 점 C_1, C_5, C_7, C_{11}에 대해 점 F에 도달하기 위해 필요한 재정정책과 통화정책의 유형을 지적하라.

14. 문제 12번의 그림에서 점 C_2, C_4, C_8, C_{10}에 대해 점 F에 도달하기 위해 필요한 재정정책과 통화정책의 유형을 지적하라.

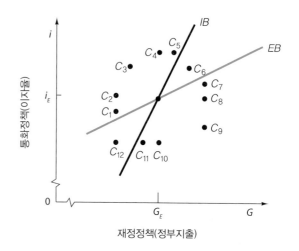

| 부록 |

이 부록의 A6.1절부터 A6.3절에서는 그림 6-2에서 IS, LM 및 BP 곡선이 어떻게 도출되는지 그리고 재정정책, 통화정책 및 한 국가 통화의 평가절하나 평가하락이 이러한 곡선에 미치는 효과를 살펴보고자 한다. A6.4절에서는 위의 분석을 수학적으로 요약하기로 한다.

A6.1 IS 곡선의 도출

그림 6-12는 시계방향으로 제1사분면에서 제4사분면까지 그려져 있는데, 이를 이용하여 제I사분면에 IS 곡선을 유도할 수 있다. IS 곡선은 재화시장을 균형시키는 이자율(i)과 국민소득 수준(Y)의 여러 가지 조합을 나타낸다. 이때의 균형은 당분간 정부부문이 없는 것으로 가정할 때 국내저축(S)과 수입(M)이라는 소득흐름으로부터의 누출을 합한 것이 투자(I)와 수출(X)이라는 소득흐름으로의 주입을 합한 것과 같다는 것을 의미한다.

제2사분면에는 그림 5-3의 윗그림에 있는 저축과 수입을 합한 함수 $[S(Y) + M(Y)]$가 그려져 있는데, 이 그림은 국민소득 수준과 총누출 사이의 정의 관계를 보여 주고 있다. 제3사분면의 45° 선은 누출($S + M$)이 주입($I + X$)과 같다는 균형조건을 나타내고 있다. 제4사분면에는 투자함수(여기서 투자는 이자율과 역의 관계에 있음)와 외생적인 수출함수를 합한 총주입$[I(i) + X]$이 그려져 있다. 투자함수는 보통 투자의 한계효율곡선(marginal efficiency of investment schedule)이라고도 한다. 예를 들어 $Y_E = 1,000$에서 $S + M = 450 = I + X$이고 $i = 5.0\%$가 되어 제1사분면의 점 E를 구할 수 있다. 유사하게 $Y_F = 1,500$에서 $S + M = 650 = I + X$이고 이자율은 $i = 2.5\%$가 되어 제1사분면의 점 U를 구할 수 있다. IS 곡선이 직선이라고 가정하면 제1사분면의 점 E와 점 U를 연결하여 IS 곡선을 유도할 수 있다. 이것이 바로 그림 6-2의 IS 곡선이다.

정부지출(G)을 고려하게 되면 총누출함수 $I(i) + X + G$는 제4사분면의 총누출함수보다 G만큼 좌

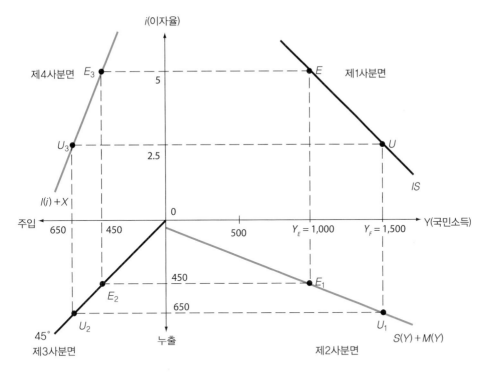

그림 6-12 *IS* 곡선의 유도

제2사분면에서는 저축과 수입을 합한 총누출과 국민소득 수준 사이의 정의 관계를 보여 주고 있다. 제3사분면의 45° 선은 누출($S + M$)이 주입($I + X$)과 같다는 균형조건을 나타내고 있다. 제4사분면에는 투자함수(여기서 투자는 이자율과 역의 관계에 있음)와 외생적인 수출함수를 합한 총주입이 그려져 있다. 제1사분면의 *IS* 곡선은 재화시장의 균형(주입과 누출의 일치로 주어짐)을 성립시켜 주는 이자율(i)과 국민소득 수준(Y)의 여러 가지 조합을 나타낸다. 팽창적 재정정책을 사용하는 경우 총누출함수는 정부지출의 증가 G만큼 좌측으로 이동하게 된다. 어느 통화의 평가절하나 평가하락은 각각의 소득수준에 대한 수입을 감소시켜 제2사분면의 총누출함수는 각각의 소득수준에서 수입(M)이 감소한 것만큼 상방 이동하고, 수출(X)이 증가한 만큼 좌측으로 이동하여 *IS* 곡선은 국제수지 개선폭($X - M$)에 개방경제 승수 k'을 곱한 것만큼 우측으로 이동한다.

측에 위치하게 되고, *IS* 곡선은 제1사분면에 나타난 것보다 G에 개방경제 승수(k')를 곱한 것만큼 우측에 위치하게 된다. 한편 조세(T)를 포함하는 경우 제2사분면의 총누출함수를 T만큼 상방 이동한 $S(Y) + M(Y) + T$가 되게 하고 *IS* 곡선을 T에서 개방경제조세 승수를 곱한 만큼 제1사분면에서 그려진 것보다 좌측으로 이동시킨다. 따라서 총주입이 총누출과 같아야 한다는 균형조건은 다음과 같다.

$$I + X + G = S + M + T \tag{6A-1}$$

정부지출(G)을 고려함으로써 재정정책이 *IS* 곡선에 미치는 효과를 도표로 분석할 수 있다. G는 재정정책으로서의 목적에만 이용된다고 가정하여 세금(T)은 누출에 포함시키지 않았다.

이 도표를 이용하여 평가절하나 평가하락이 *IS* 곡선에 미치는 효과를 살펴볼 수 있다. 특히 어느 통화의 평가절하나 평가하락은 각각의 소득수준에 대한 수입(M)을 감소시켜 제2사분면의 총누출함수는 각각의 소득수준에서 수입(M)이 감소한 것만큼 상방 이동한다. 동시에 수출이 증가하는 경우 그 증가분만큼 제4사분면의 총주입함수가 왼쪽으로 이동한다. 따라서 제1사분면의 *IS* 곡선은 국제수지 개선폭($X - M$)에 개방경제에서의 승수를 곱한 것만큼 우측으로 이동한다.

연습문제 정부지출을 0에서 50으로 증가시키는 확장적 재정정책의 효과를 그림 6-12의 각 사분면에 그려라. 정부가 이러한 팽창적 재정정책을 실시할 때 이자율이 변화하지 않도록 통화량을 변화시킨다고 가정하자. 또한(5.12절에서 소국을 가정하여 외국의 반응이 없는 것으로 했던 것과 같이) 개방경제승수 $k' = 2.5$라고 가정한다.

A6.2 *LM* 곡선의 도출

그림 6-13에서 4개의 사분면을 이용하여 제1사분면의 *LM* 곡선을 도출할 수 있다. *LM* 곡선은 통화시장을 균형시키는 이자율(i)과 국민소득 수준(Y)의 여러 가지 조합을 나타낸다. 이때의 균형은 거래적 통화수요와 투기적 통화수요가 주어진 고정된 통화량과 같다는 의미이다.

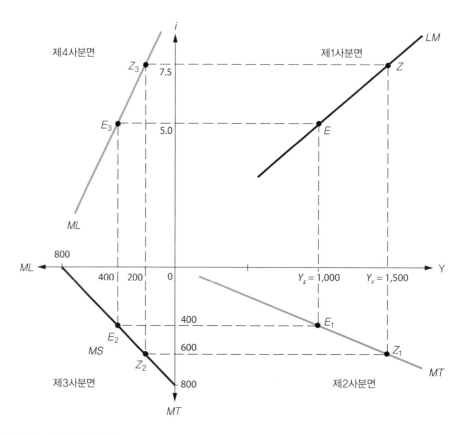

그림 6-13 *LM* 곡선의 유도

제2사분면은 거래적 통화수요(MT)와 국민소득 사이의 정의 관계를 보여 준다 제3사분면은 $MS = 800$으로 가정한 총통화량의 얼마만큼이 거래적 목적으로 보유되고, 얼마만큼이 투기적 목적으로 남게 되는가를 보여 준다. 제4사분면은 투기적 또는 유동성 목적의 통화수요(ML)가 이자율의 감소함수임을 보여 주고 있다. 제1사분면의 *LM* 곡선은 통화시장을 균형시키는(통화에 대한 총수요와 고정된 통화량의 일치로 주어짐) 이자율(i)과 국민소득 수준(Y)의 여러 가지 조합을 나타낸다. 팽창적 통화정책에 따른 통화량의 증가는 제3사분면의 MS를 하방 이동시키고 제1사분면의 *LM* 곡선을 우측으로 이동시켜 통화시장의 균형이 다시 성립하게 된다. 평가절하나 평가하락은 제2사분면에서 MT는 하방 이동시키고, 제1사분면에서 *LM* 곡선을 좌측으로 이동시킨다.

제2사분면은 거래적 통화수요(MT)와 국민소득 사이의 정의 관계를 보여 준다(여기서 MT는 Y의 일정한 비율이다). 제3사분면은 $MS = 800$으로 가정한 총통화량이 거래적 목적과 투기적 목적으로 각각 얼마만큼씩 보유되는가를 보여 준다. 제4사분면은 투기적 또는 유동성 목적의 통화수요(ML) 가 이자율의 감소함수임을 보여 주고 있다. 즉, 이자율 또는 현금잔고를 보유하는 데 대한 기회비용 이 높으면 높을수록 투기적 또는 유동성 목적에 의한 통화수요량은 더욱더 작아진다.

예를 들면 $Y_E = 1,000$에서 $MT = 400$이 되어 ($MS = 800$ 중에서) 나머지 400은 $i = 5.0\%$에서 유동 성 목적으로 보유된다. 이것이 바로 I사분면의 점 E이다. 마찬가지로 $Y_F = 1,500$에서 $MT = 600$이 되어 $MS = 800$의 총통화량 중에 나머지 200은 $i = 7.5\%$에서 유동성 목적으로 보유된다. 이에 따라 제1사분면의 점 Z를 구할 수 있다(LM 곡선이 직선인 것으로 가정하면). 제1사분면의 점 E와 점 Z를 연결하여 LM 곡선을 유도할 수 있다. 이것이 그림 6-2의 LM 곡선이다.

완화적 통화정책에 따른 통화량의 증가는 제3사분면의 MS를 하방 이동시키고 제1사분면의 LM 곡선을 우측으로 이동시켜 통화시장의 균형이 다시 성립하게 된다. 반대로 평가절하나 평가하락은 국내물가와 통화에 대한 거래적 수요를 상승시키고(즉 제2사분면에서 MT는 하방 이동) 제1사분면 에서 LM 곡선을 좌측으로 이동시켜 통화시장의 균형이 다시 성립하게 된다.

연습문제 제1사분면의 LM 곡선상의 점 E에서 출발하여 그림 6-14의 4개의 사분면 각각에 대 하여 다음의 효과를 그려 넣어라. (a) 통화량의 총증가는 거래적 목적으로 보유된다는 가정하에 통화량을 100 증가시키는 완화적 통화정책, (b) 통화당국이 MS를 800으로 유지한다고 가정할 때 제2사분면의 MT 함수를 200만큼 하방 이동시키는 평가하락, (c) (b)문제에서 통화당국이 MS 를 200 증가시켜 $MS = 1,000$인 경우는 어떻게 되겠는가?

A6.3 *BP* 곡선의 도출

그림 6-14의 4개 사분면을 이용하여 제1사분면의 BP 곡선을 도출할 수 있다. BP 곡선은 국제수지의 균형을 나타내는 이자율과 국민소득의 여러 가지 조합을 보여 준다.

제2사분면에서 그림 5-3 아래 그림의 무역수지($X - M$)가 국민소득의 감소함수로 그려져 있다. 제 3사분면의 45° 선은 무역수지의 적자가 이와 동일한 단기자본의 순유입으로 상쇄되든가 아니면 무 역수지의 흑자는 이와 동일한 단기자본의 순유출로 상쇄된다. 제4사분면에서 이 국가의 이자율 과 해외에서의 이자율이 일정하다고 가정할 때 순단기 자본유입은 이 국가에 유리한 이자율 차의 증가함수로 나타나 있다. 예를 들어 $Y_E = 1,000$에서 $X - M = 0 = SC$가 되고 $i = 5.0\%$가 된다. 이 에 따라 제1사분면의 점 E를 구할 수 있다. 마찬가지로 $Y_F = 1,500$에서 $X - M = -75$이고 $SC = +75$가 되어$(X - M + SC = 0)$이고 $i = 8.0\%$가 된다. 이에 따라 제1사분면의 점 F를 구할 수 있다. 점 E와 점 F를 연결하여 그림 6-2 제1사분면의 BP 곡선을 유도할 수 있다. $Y < Y_E$일 때는 $X - M > 0$이 고 $SC < 0$(즉, 자본의 순유출이 발생)이 되어 $X - M + SC = 0$이 되므로 FE 선상에 있고 점 E의 왼쪽

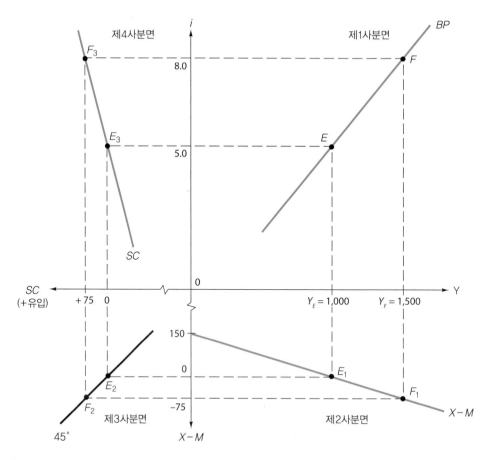

그림 6-14 *BP* 곡선의 유도

제2사분면에서 무역수지(*X* − *M*)가 국민소득의 감소함수로 그려져 있다(그림 5-3 아래 도표로부터). 제3사분면의 45° 선은 무역수지의 적자가 이와 동일한 단기자본의 순유입으로 상쇄되는 것을 보여 준다. 단기자본의 순유입(*SC*)이 이자율의 증가 함수로 나타나 있다. *BP* 곡선은 국제수지의 균형을 나타내는 이자율과 국민소득의 여러 가지 조합을 보여 준다. 평가절하나 평가하락을 하게 되면 *X* − *M* 함수는 상방 이동하며 각각의 소득수준에 대해 무역수지는 개선되므로 국제수지의 균형을 유지하기 위해서는 보다 낮아진 이자율 *i*에서 단기자본의 순유입이 보다 작아지게 된다(즉, *BP* 곡선은 하방 이동한다).

에 있는 다른 점을 구할 수 있다.

환율이 고정되었다는 가정 아래 *BP* 곡선을 그렸다. 완전고용상태에 도달하기 이전에 평가절하나 평가하락을 하게 되면 *X* − *M* 함수는 상방 이동하며 각각의 소득수준에 대해 무역수지는 개선되므로 국제수지의 균형을 유지하기 위해서는 보다 낮아진 이자율 *i*에서 단기자본의 순유입이 보다 작아지면 (혹은 자본유출이 필요할 수도 있음) 균형이 된다(제1사분면의 *BP* 곡선은 하방 이동).

연습문제 제1사분면에 있는 *BP* 곡선상의 점 *E*에서 시작하여 제2사분면의 *X* − *M* 함수를 50만 큼 상방 이동시키는 평가하락이나 평가절하의 효과를 그림 6-14의 4개의 사분면 각각에 대하여 표시하라.

A6.4 수리적 요약

위의 논의는 재화시장, 통화시장, 국제수지의 균형을 나타내는 각각 3개의 방정식으로 수학적으로 요약될 수 있다. 이 경우 이 방정식 체계에서 3개의 미지수는 국민소득 수준(Y), 이자율(i) 그리고 환율(R)이다.

부록의 A6.1절에서 지적한 바와 같이 정부부문을 고려한 개방경제에서 재화시장의 균형은 투자(I)와 정부지출(재정정책 변수로 이용되는 G^*)에 수출(X)을 합한 주입이 저축(S)과 수입(M)을 합한 누출과 같을 때 성립한다.

$$\overset{-}{I(\overset{-}{i})} + G^* + X(\overset{+}{R}) = S(\overset{+}{Y}) + M(\overset{+}{Y}, \overset{-}{R}) \tag{6A-2}$$

여기서 괄호 안의 변수는 함수적 의존관계를 나타내고 괄호 안의 변수 위에 표시되어 있는 + 나 − 기호는 양이나 음의 함수관계를 나타낸다. 예를 들어 $I(\overset{-}{i})$는 투자가 이자율과 음의 관계에 있거나 투자가 이자율의 감소함수임을 의미한다.

통화시장에서의 균형이 성립하기 위해서는 거래적 통화수요(MT)에 투기적 또는 유동성 목적의 통화수요(ML)를 합한 것이 통화량과 일치해야 하는데, 통화량은 통화당국에 의해 결정되고 통화정책변수(MS^*)로 이용된다.

$$MT(\overset{+}{Y}, \overset{+}{R}) + ML(\overset{-}{i}) = MS^* \tag{6A-3}$$

마지막으로 국제수지가 균형을 이루기 위해서는 순단기 국제자본이동(SC)에 대한 수지가 무역수지(TB)와 부호는 반대이고 절댓값으로는 동일해야 한다.

$$SC(\overset{+}{i}) = TB(\overset{-}{Y}, \overset{+}{R}) \tag{6A-4}$$

정책변수의 값이 G^*와 MS^*로 주어져 있을 때 Y, i 및 R에 대한 균형값이 결정된다. 도표상으로 이는 그림 6-8의 점 E와 같은 점에 대응하는데, 이 점에서 IS, LM 및 BP 곡선이 교차하여 3개 시장에서의 균형이 동시에 성립하게 된다.

G^*는 식 (6A-2)에만 나타나므로 재화정책은 재화시장에만 영향을 미치고 IS 곡선만을 이동시킨다. MS^*는 식 (6A-3)에만 나타나므로 통화정책은 통화시장에만 영향을 미치고 LM 곡선만을 이동시킨다. R은 3개의 식에 모두 나타나므로 환율의 변화는 3개의 시장에 영향을 미치고(6.5절에서 설명한 바와 같이) 3개의 곡선을 모두 이동시킨다.

연습문제 위의 3개의 식을 이용하여 (a) 긴축적 재정정책, (b) 긴축적 통화정책 (c) 어느 국가 통화의 평가상승이나 평가절상의 효과를 살펴보라.

제 7 장

개방경제하에서의 물가와 산출량 : 총수요와 총공급

- 총수요와 총공급을 고려하는 상황에서 고정환율제도와 변동환율제도하에서 단기 및 장기 균형이 어떻게 달성되는지를 이해한다.
- 실물 및 통화충격, 통화정책 및 재정정책이 일국의 총수요 및 균형에 어떤 영향을 주는지를 이해한다.
- 공급충격을 조정하고 개방경제의 성장을 촉진하기 어떻게 통화정책 및 재정정책이 사용되는가를 설명한다.

7.1 서론

개방경제 거시경제학에 관한 논의에서 지금까지 우리는 경제가 팽창하거나 수축하더라도 물가는 변하지 않는 것으로 가정했다(5.6절과 6.6절은 예외로 함). 경제가 완전고용에 도달하는 경우에만 물가가 상승하는 것으로 보았다. 그러나 현실세계에서는 경기순환의 정상적인 경로상에서 경제가 팽창하거나 수축함에 따라 물가는 상승하거나 하락한다. 이 장에서는 물가가 변하지 않는다는 가정을 완화하여 개방경제에서 물가와 산출량 간의 관계를 검토한다. 이것은 총수요와 총공급의 분석틀을 사용하되 국제무역과 자본이동의 효과를 포함하여 이루어진다.

7.2절에서는 총수요과 총공급의 개념을 복습하고, 폐쇄경제에서 단기와 장기로 나누어 두 곡선의 교차점에서 균형이 어떻게 결정되는가를 보여 준다. 7.3절에서는 논의를 확장하여 변동환율제도와 고정환율제도에서 국제거래가 총수요와 총공급에 미치는 효과를 검토한다. 7.4절에서 재정 및 통화 변수가 총수요에 미치는 효과뿐 아니라 실물적, 통화적 충격의 효과를 검토하며, 7.5절에서는 개방경제에서 고정환율제도와 변동환율제도의 경우 재정정책과 통화정책의 효과를 논의한다. 마지막으로 7.6절에서는 개방경제에서 장기성장을 촉진하고, 공급충격을 조정하기 위한 통화정책 및 재정정책을 논의한다.

7.2 폐쇄경제하에서 총수요, 총공급 및 균형

이 절에서 총수요곡선을 정의하고 그 곡선이 전장의 *IS-LM* 곡선으로부터 어떻게 유도되는가를 살펴본다. 그 후 장기와 단기에서 총공급곡선을 유도하고, 마지막으로 폐쇄경제에서 장기와 단기에서 총수요곡선과 총공급곡선이 어떻게 상호작용하여 균형을 결정하는가를 보여 준다.

7.2A 폐쇄경제하의 총수요

총수요(*AD*)곡선(aggregate demand (*AD*) curve)은 통화량과 정부지출 및 조세가 일정한 상태에서 한 경제의 상품 및 서비스의 총수요량과 일반물가 간의 관계를 보여 준다. 총수요곡선은 한 국가에서 국내의 상품 및 서비스에 대한 총수요량을 일반물가수준이나 GDP 디플레이터의 함수로 본다는 점을 제외하면 한 상품의 개별수요곡선과 유사하다. 물가가 낮을수록 국내의 상품 및 서비스에 대한 총수요량이 증가하므로 총수요곡선은 우하향하는 형태를 띤다.

그림 7-1은 총수요(*AD*)곡선이 이전 장의 *IS-LM* 모형으로부터 어떻게 유도되는가를 보여 준다. 6.3절의 그림 6-2로부터 *IS* 곡선은 재화시장을 균형시키는(상품의 수요량과 공급량이 일치하는) 이자율(i)과 국민소득(Y)의 여러 가지 조합을 나타낸다는 것을 보았다. 한편 *LM* 곡선은 통화에 대한 수요가 주어진 통화량과 일치하는, 즉 통화시장을 균형시키는 이자율(i)과 국민소득(Y)의 여러 가지 조합을 나타낸다. *IS* 곡선과 *LM* 곡선 모두 주어진 물가수준에서 그려지며, 균형 국민소득(Y_E)과 균형 이자율(i_E)은 *IS* 곡선과 *LM* 곡선이 교차하는 점에서 결정된다(그림 7-1의 왼쪽 도표의 점 *E*). 이것은 그림 7-1의 오른쪽 도표상에 있는 총수요곡선상의 주어진 물가수준(P_E)과 국민소득(Y_E)에서 점 *E*를 정의한다. 두 도표는 수평축을 따라서는 국민소득을 측정하지만 수직축을 따라서는 왼쪽 도표

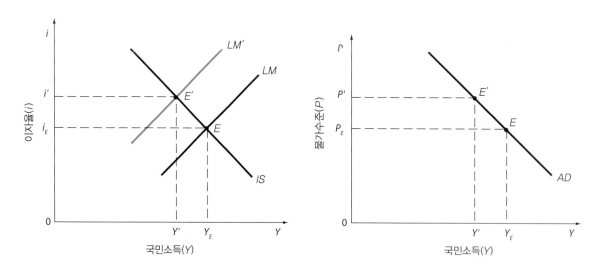

그림 7-1 *IS-LM* 곡선으로부터 *AD* 곡선의 유도

주어진 물가수준에서 *IS* 곡선과 *LM* 곡선의 교점으로부터 왼쪽 도표의 점 *E*에서 균형 국민소득(Y_E)과 이자율(i_E)이 결정된다. 이것은 오른쪽 도표상에 있는 총수요곡선상의 주어진 물가수준(P_E)과 국민소득(Y_E)에서 점 *E*를 정의한다. 물가수준이 P_E에서 P'으로 상승하는 경우 주어진 통화량의 실질가치를 감소시키고, *LM* 곡선이 왼쪽으로 *LM'*까지 이동한다. 왼쪽 도표와 오른쪽 도표의 *AD* 곡선상의 *E'*에서 낮은 국민소득 Y'을 정의한다.

는 이자율을, 오른쪽 도표는 물가수준을 측정한다.

물가수준이 P_E에서 P'으로 상승한다고 가정하자. 이것은 주어진 통화량의 실질가치를 감소시키므로, LM 곡선이 LM'까지 왼쪽으로 이동한다. 그림 7-1의 왼쪽 도표의 E'에서 IS 곡선과 LM' 곡선의 교점은 보다 높은 균형 이자율 수준 i'과 보다 낮은 국민소득 Y'을 정의한다. 재화시장에서 균형은 실질조건으로 측정되므로 보다 높은 가격이 직접 IS 곡선에 영향을 미치지 않는다. 보다 높은 균형가격 P'과 보다 낮은 국민소득 수준 Y'은 오른쪽 도표상의 총수요곡선 AD상의 점 E'을 정의한다. 이와 같이 보다 높은 가격은 보다 낮은 국민소득 수준과 관련되어, 우하향하는 모양을 갖는 AD 곡선이 된다. IS 곡선과 LM 곡선이 가파를수록 AD 곡선은 가파르거나 덜 탄력적이 된다.

물가가 변하지 않은 상태에서 통화량이 변하는 경우 AD 곡선 자체가 이동한다. 예를 들어 주어진 물가수준에서 통화량이 증가(완화적 또는 팽창적 통화정책)하는 경우 LM 곡선은 오른쪽으로 이동하고, 더 높은 소득수준을 가져온다. 또한 이것은 주어진 물가수준에서 더 높은 국민소득을 반영하여 전체 AD 곡선이 오른쪽으로 이동한다(연습문제 3번 참조). 이와 같이 주어진 통화량에서 물가가 하락하거나(AD 곡선상에서 하방 이동), 물가가 변하지 않는 상태에서 통화량이 증가하는 경우(AD 곡선 자체의 오른쪽 이동) 국민소득은 증가한다. 유사하게 정부지출이 증가하거나 조세가 감소(팽창적 재정정책)하는 경우 IS 곡선은 오른쪽으로 이동하고 각각의 물가수준에서 보다 높은 국민소득 수준을 반영하여 AD 곡선 또한 오른쪽으로 이동한다. 한편 긴축적 재정정책 및 통화정책을 사용하는 경우 AD 곡선은 왼쪽으로 이동한다.

7.2B 장기와 단기의 총공급곡선

총공급(AS)곡선(aggregate supply (AS) curve)은 한 경제에서 상품과 서비스의 총공급량과 일반물가수준 사이의 관계를 보여 준다. 이 관계는 고려 중인 시간의 길이에 따라 장기총공급곡선과 단기총공급곡선으로 나누어진다.

장기총공급곡선(LRAS)(long-run aggregate supply (LRAS) curve)은 물가에 의존하지 않고 경제 내의 이용 가능한 노동, 자본, 천연자원 및 기술의 양에만 의존한다. 경제 내의 이용 가능한 투입물의 양은 장기에서 그 국가의 자연산출량 수준(Y_N)(natural level of output, Y_N)을 결정한다. 경제 내에 이용 가능한 투입물의 양이 많을수록 장기에서 자연산출량 수준 및 소득은 커진다. 장기총공급곡선(LARS)은 물가에 의존하지 않으므로 그림 7-2에서와 같이 물가에 대해 그리는 경우 자연산출량 수준에서 수직선이 된다. 이와 같이 장기에서는 물가가 상승하더라도 산출량에 영향을 주지 않는다. 장기에서 산출량을 증가시키는 유일한 방법은 그 경제의 투입 또는 자원의 공급을 증가시키는 것이다. 이것은 시간이 경과함에 따라 단계적으로 이루어지기 때문에 여기서의 분석에서는 당분간 성장을 고려하지 않는다.

한편, 단기총공급곡선(SRAS)(short-run aggregate supply (SRAS) curve)은 단기에 물가가 상승하면 산출량이 증가하므로 우상향의 기울기를 갖는다(그림 7-2 참조). 중요한 문제는 단기에 왜 물가와 산출량이 양의 관계를 갖는가이다. 단기총공급곡선(SRAS)은 불완전 정보나 시장의 불완전성으로

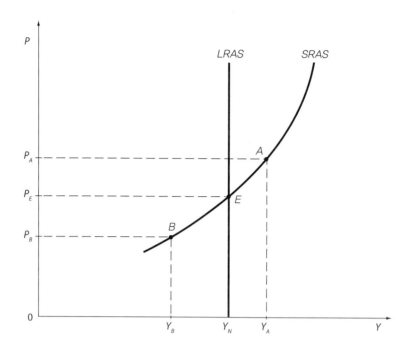

그림 7-2 장단기 총공급곡선
장기총공급곡선(LRAS)은 물가와 관계없이 국가의 자연산출량 수준(Y_N)에서 수직선이 된다. 자연산출량 수준은 경제 내의
이용 가능한 노동, 자본, 자연자원 및 기술의 양에만 의존한다. 단기총공급곡선(SRAS)은 우상향의 기울기를 갖는데 불완전
정보나 시장의 불완전성으로 인해 일시적으로 자연산출량 수준(점 E)을 초과하거나(점 A) 미치지 못하게 된다(점 B).

인해 우상향한다(그래서 산출량 수준이 일시적으로 자연산출량 수준에서 괴리될 수 있다). 예를 들
어 기업들이 보다 높은 가격으로 자신의 제품을 팔 수 있지만 투입물 가격도 같은 비율로 상승했다
는 것을 즉시 알지 못하는 경우 일시적으로 산출량을 증가시킬 것이다. 그 결과 산출량은 그림 7-2
에서 SRAS를 따라 점 E에서 점 A까지 단기에 증가한다. 그러나 기업들이 궁극적으로 그들의 생산비
도 비례적으로 상승했다는 것을 알게 되면 생산을 원래의 수준으로 되돌릴 것이며 따라서 총산출량은
보다 높은 가격수준에서도 장기자연산출량 수준으로 복귀할 것이다.

이와 같이 불완전 정보나 시장의 불완전성으로 인해 단기산출량 수준은 그 국가의 장기산출량
수준을 초과할 수 있다. 이것은 아마도 초과근무방식으로 노동자들을 고용하거나 공장을 보다 오
래 가동하는 방식일 것이다. 그러나 이런 방식으로 산출량을 증가시키는 것은 점점 더 어렵고 비용
이 많이 들기 때문에 단기총공급곡선은 점점 더 가파르게 되고 궁극적으로 수직선이 될 것이다(그
림 7-2 참조). 장기적으로 기업의 모든 가격(비용) 또한 비례적으로 증가할 것이고, 기업들은 생산을
원래의 수준으로 감소시킬 것이다. 그 결과 국가의 산출량 수준은 최초의 장기자연산출량 수준으로
돌아가고 물가수준은 보다 높아질 것이다.

같은 상황이 역으로도 발생할 수 있다. 즉, 기업들이 자신의 제품으로부터 받는 가격이 하락했지
만 투입물 가격도 같은 비율로 하락했다는 것을 즉시 알지 못하는 경우 생산을 감축시킬 것이다. 따
라서 그 국가의 산출량 수준은 일시적으로 자연산출량 수준 이하가 될 것이다(그림 7-2에서 점 B).

그러나 장기에서 기업들은 자신의 잘못을 인식하게 되고, 산출량을 원래의 수준으로 복귀시킬 것이다(그림 7-2에서 점 E). 동일한 과정은 노동시장의 불완전성에 초점을 맞춤으로써 설명될 수 있다(연습문제 5번 참조).

7.2C 폐쇄경제하에서 단기균형과 장기균형

총수요곡선과 단기와 장기의 총공급곡선이 주어진 경우 그림 7-3을 활용하여 폐쇄경제하의 단기와 장기균형을 살펴볼 수 있다. 총수요곡선 AD와 장기총공급곡선 $LRAS$ 및 단기총공급곡선 $SRAS$가 자연산출량 수준 Y_N과 물가수준 P_E에서 교차하는 초기 균형점 E에서 시작하자. 점 E에서 경제는 장기적으로뿐만 아니라 단기적으로도 균형이다. 총수요곡선이 예기치 않게 AD에서 AD'으로 오른쪽으로 이동하는 경우, 이것은 물가상승을 가져오지만 기업들은 모든 가격이 상승하고 있다는 것을 즉시 알지 못하므로 실수로 그들이 판매하는 상품의 가격만이 상승한다고 믿게 되고 그에 따라 산출량을 증가시킬 것이다. 이것은 AD'과 $SRAS$의 교점에서 새로운 단기균형점 A를 가져온다. 점 A에서 가격은 P_A이고 산출량 수준은 Y_A로서 자연산출량 수준 Y_N을 초과하게 된다.

기업들이 모든 가격(그들의 생산비를 포함하여)이 상승한다는 것을 실제로 확인함에 따라 $SRAS$ 곡선은 $SRAS'$ 곡선으로 상방 이동하게 된다. $LRAS$ 곡선상에서 AD' 곡선과 $SRAS'$ 곡선이 교차하는

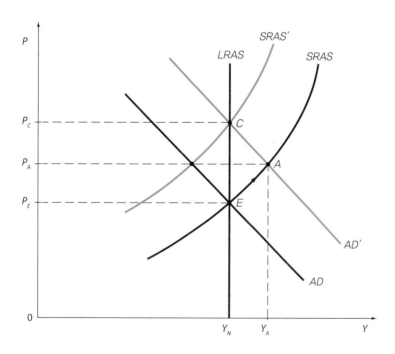

그림 7-3 폐쇄경제하의 균형

총수요곡선 AD와 장기총공급곡선 $LRAS$ 및 단기총공급곡선 $SRAS$가 교차하는 점 E에서 장단기균형이 동시에 달성된다. 총수요곡선이 예기치 않게 AD에서 AD'으로 오른쪽으로 이동하는 경우 AD'과 $SRAS$의 교점에서 새로운 단기균형점 A를 가져온다. 점 A에서 가격은 P_A이고 산출량 수준은 Y_A로서 자연산출량 수준 Y_N을 초과하게 된다. 장기에서 예상가격이 실제가격의 증가에 맞추어 증가함에 따라 단기총공급곡선은 $SRAS$로 상방 이동하여 P_C와 Y_N에서 AD', $LRAS$, $SRAS'$의 교차점에서 새로운 장기균형점 C가 된다.

새로운 장기균형점 C가 생성되며 자연산출량 수준 Y_N에서 물가는 P_C로 상승하게 된다. 물가수준은 더 높지만 산출량은 장기자연산출량 수준으로 돌아가게 된다. 불완전 정보와 시장의 불완전성으로 인해 산출량이 단기적으로 증가하더라도 기업들이 모든 가격과 비용이 비례적으로 증가한다는 사실을 인지함에 따라 생산은 장기산출량 수준으로 다시 감축되게 된다. 즉, 장기에서는 예상가격 (expected prices)이 실제가격과 조화되도록 상승함에 따라 SRAS 곡선은 물가수준의 상승만큼 상방 이동하고, 그 국가의 산출량 수준은 보다 낮은 장기자연산출량 수준으로 복귀한다.

이것을 설명하는 다른 방법은 총수요의 예기치 않은 증가는 물가의 예기치 않은 증가와 산출량의 일시적 증가를 가져온다는 것이다. 장기에서 예상가격이 실제가격의 상승에 맞추어 증가함에 따라 단기총공급곡선은 상방 이동하여 주어진 장기총공급곡선상에서 새로운 보다 높은 총수요곡선과 교차하여 경제는 다시 한 번 자연산출량 수준에서 장기와 단기균형을 동시에 달성하게 된다. 장기에서 예상가격이 상승하고, 실제가격과 일치하는 경우 SRAS 곡선 전체는 예상가격의 상승만큼 상방 이동한다. LRAS 곡선의 오른쪽의 점들은 실제가격이 예상가격을 초과하는 것을 의미한다. 그 경우 예상가격이 상승하고, SRAS 곡선은 예상가격이 실제가격과 일치할 때까지 상방 이동하여 그 경제는 장기자연균형산출량 수준으로 돌아가게 된다. AD 곡선과 SRAS 곡선이 교차하는 점에서 경제는 단기균형에 있다. 그 경제가 다시 장기균형이 되기 위해서는 AD 곡선과 SRAS 곡선은 LRAS 곡선과 교차해야 한다.

불완전 정보와 시장의 불완전성이 없는 경우(기업이 총수요의 증가가 모든 가격을 상승시켜 예상 가격이 실제가격과 항상 즉시 일치한다는 것을 인지한다면) 그 국가는 균형점 E로부터 단기에서 균형점 A로의 중간단계를 거치지 않고, 즉시 균형점 C로 이동할 것이다. 이 경우 그 국가의 산출량은 장기자연산출량 수준으로부터 이탈하지 않을 것이고, 그 국가의 단기총공급곡선은 수직이 되고, 장기총공급곡선과 일치하게 될 것이다. 현실세계에서 장기자연산출량 수준으로부터 단기이탈이 발생하는 것은 오직 불완전한 정보와 시장의 불완전성에 기인한다(사례연구 7-1 침조). 반대로 총수요곡선이 하방 이동하는 경우 일시적인 산출량 감소와 영구적인 가격하락을 가져올 것이다(연습문제 6번 참조).

사례연구 7-1 🌐 미국에서의 단기산출량의 자연산출량과의 괴리

그림 7-4는 수평축에 물가상승의 척도로서 GDP 디플레이터(1971 = 100)를, 수직축에 1971년부터 2011년까지 미국의 실질 GDP의 조정된 성장(1971 = 100)을 보여 준다. 실질 GDP의 조정된 성장은 매년 미국의 실질 GDP의 성장률에서 미국의 연평균 장기성장률 2.8%를 차감한 것이다. 이와 같이 실질 GDP의 조정된 성장은 실질 GDP의 단기적 성장이 미국의 장기자연산출량 수준으로부터 어느 정도 일탈되었는지를 보여 준다. 그림으로부터 미국의 조정된 또는 단기성장은 이론에서 예측하는 바와 같이 물가수준과 단기교란 요인의 증가에도 불구하고, 장기자연성장률 상하로 일시적인 괴리가 발생하는 것을 알 수 있다. 그림 7-4는 GDP 디플레이터가 수평축에, 실질 GDP의 조정된 성장이 수직축에 그려진 것을 제외하고는 그림 7-2와 7-3과 유사하다.

(계속)

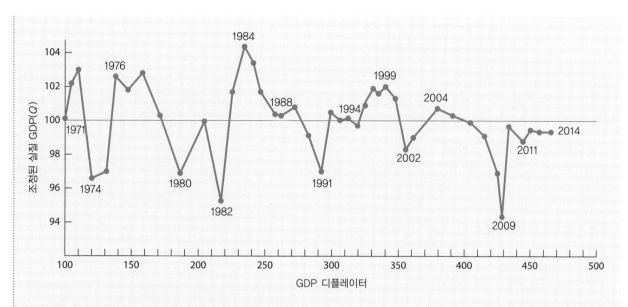

그림 7-4   미국에서의 단기산출량의 자연산출량과의 괴리

미국의 실질 GDP의 조정된 또는 단기성장(1971년 기준연도를 100으로 봄)은 이론에서 예측하는 바와 같이 물가수준(GDP 디플레이터)과 단기교란 요인의 증가에도 불구하고, 장기자연성장률(2.8%의 장기성장률 추세를 제거한 후 100 수준에서 수평선) 상하로 일시적인 괴리가 발생한 것을 알 수 있다.

출처 : Organization Economic Cooperation and Development, *Economic Outlook* (Paris: OECD, Various Issues).

7.3 고정환율제도와 변동환율제도에서 개방경제의 총수요

경제를 개방하는 경우 장기에서는 중요한 공급효과가 발생할 수 있지만 단기 및 중기(대부분의 경제정책에서 고려하는 기간)에서는 주로 총수요에 영향을 주게 된다. 이 절에서는 먼저 고정환율제도의 경우에 다음에는 변동환율제도의 경우에 경제개방의 총수요 효과를 보기로 한다. 오늘날 선진국 간에 국제자본의 이동성이 높은 것을 반영하여 우리는 BP 곡선(국제수지를 의미)을 양의 기울기를 갖지만 LM 곡선보다 더 편평한 것으로 가정한다.

7.3A 고정환율제도에서 개방경제의 총수요

그림 7-5는 고정환율제도에서 개방경제의 총수요곡선을 유도하는 것을 보여 주고, 그것을 그림 7-1의 폐쇄경제하에서 유도한 총수요곡선과 비교한다. 그림 7-5의 왼쪽 도표는 그림 6-2에서처럼 재화시장, 통화시장 및 국제수지가 i_E와 Y_E에서 모두 균형을 이루는 최초의 균형점 E를 보여 준다 (BP 곡선이 LM 곡선보다 완만하다는 것을 제외하고는 동일). 이것은 그림 7-5의 왼쪽 도표에서 점 E를 제공한다.

물가수준이 P_E에서 P'으로 상승한다고 가정하자. 이것은 주어진 통화량의 실질가치를 감소시키므로, 폐쇄경제의 경우와 정확히 동일하게 LM 곡선이 LM'까지 왼쪽으로 이동한다. 그러나 경제가

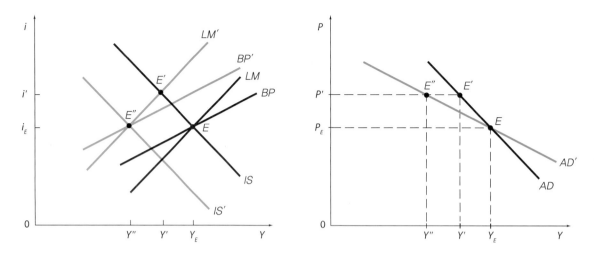

그림 7-5 고정환율제도에서 총수요곡선의 유도

LM, *IS*, *BP* 곡선이 물가수준 P_E와 소득 Y_E에서 교차하는 균형점 *E*에서 우리는 오른쪽 도표의 점 *E*를 얻는다. 물가수준이 *P′*으로 상승하는 경우 *LM*, *IS*, *BP* 곡선은 *LM′*, *IS′*, *BP′*으로 왼쪽으로 이동하고, 이러한 곡선들이 교차하는 새로운 균형점 *E″*을 생성한다. 점 *E*와 점 *E″*을 연결함으로써 우리는 개방경제 총수요곡선 *AD′*을 유도하는데, 이것은 폐쇄경제하의 총수요곡선 *AD*보다 편평하거나 더 탄력적이다.

개방되는 경우 그 국가의 총수요곡선을 유도할 때 고려해야 할 추가적인 국제적인 효과가 존재한다. 즉, 국내가격이 P_E에서 *P′*으로 상승하는 경우 그 국가의 수출은 감소하고, 수입은 증가하여 *IS* 곡선과 *BP* 곡선이 *IS′*과 *BP′*으로 왼쪽으로 이동하게 한다. *IS* 곡선은 무역수지가 악화되기 때문에 왼쪽으로 이동한다. *BP* 곡선은 각각의 소득수준에서 국내가격의 증가에서 발생하는 무역수지 악화를 상쇄하기에 충분한 자본을 해외로부터 유치하기 위해서는 보다 높은 이자율이 요구되기 때문에 왼쪽으로 이동한다.

그림 7-5의 왼쪽 도표에서 *LM′*, *BP′*, *IS′* 곡선의 교점은 새로운 균형점 *E″*을 결정한다. 점 *E″*에서 이자율(i_E)은 가격상승이 있기 전의 최초의 균형이자율 수준과 우연히 일치하고 있다. 그러나 가격은 더 높고(P_E 대신에 *P′*) 국민소득 수준은 더 낮다(Y_E 대신에 *Y″*). 이것은 그림 7-5의 오른쪽 도표에서 점 *E″*을 제공한다. 오른쪽 도표에서 점 *E*와 점 *E″*을 연결하여 개방경제하의 수요곡선 *AD′*을 얻는다. *AD′* 곡선은 전에 유도했던 폐쇄경제하의 총수요곡선보다 더 편평하거나 더 탄력적이다. 그 이유는 경제가 개방될 때 폐쇄경제하에서는 존재하지 않았던 국제무역과 국제자본이동으로부터 유래하는 추가적인 효과를 얻기 때문이다. 더 나아가 수출과 수입이 국내가격 변화에 민감할수록 *AD′* 곡선은 *AD* 곡선에 비해 더 탄력적이 된다(물론 마셜-러너 조건은 충족된다고 가정한다. 4.4B절 참조).

LM′, *IS′* 곡선이 정확히 *BP′* 곡선상에서 교차하여(그림 7-5의 왼쪽 도표의 *E″*에서와 같이) 그 국가가 세 시장 모두에서 동시에 다시 균형을 달성한다는 것을 어떻게 아는가? 대답은 *LM′* 곡선과 *IS′* 곡선이 *BP′* 곡선보다 위에서 교차한다면 그 국가의 이자율은 국제수지균형을 위해 요구되는 것보다 높을 것이다. 그렇다면 그 국가는 국제수지 흑자를 나타낼 것이다. 고정환율제도에서 국제수지 흑

자는 국제준비자산의 유입과 통화량의 증가를 가져오고 이것은 LM' 곡선을 BP' 곡선상에서 IS' 곡선과 교차할 때까지 충분히 이동시켜 점 E''에서 그 국가는 재화시장, 통화시장 및 국제수지에서 동시에 균형을 이룰 것이다. IS' 곡선과 LM' 곡선이 BP' 곡선 아래에서 교차하는 경우에는 정반대의 현상이 나타난다.

7.3B 변동환율제도에서 개방경제의 총수요

그림 7-6은 변동환율제도에서 개방경제의 총수요곡선을 유도하는 것을 보여 주고, 그것을 그림 7-1의 폐쇄경제하에서 유도한 총수요곡선과 그림 7-5의 고정환율제도에서 개방경제에 대한 것과 비교한다. 그림 7-6의 왼쪽 도표는 그림 7-5에서처럼 재화시장, 통화시장 및 국제수지가 Y_E와 i_E에서 균형을 이루는 최초의 균형점 E를 보여 준다. 이것은 그림 7-6의 왼쪽 도표에서 점 E를 제공한다.

물가수준이 P_E에서 P'으로 상승한다고 가정하자. 이것은 주어진 통화량의 실질가치를 감소시키므로, LM 곡선이 LM'까지 왼쪽으로 이동한다. 국내가격의 상승은 또한 그 국가의 수출을 감소시키고, 수입을 증가시켜 IS 곡선과 BP 곡선을 그림 7-5에서와 같이 IS'과 BP'으로 왼쪽으로 이동하게 한다. 그러나 이번에는 IS'과 LM'이 점 E''에서 교차하는데 이 점은 BP' 곡선상보다 위에 있으며(점 H), 이것은 그 국가가 무역수지 흑자를 경험한다는 것을 의미한다. 변동환율제도의 경우 국내통화량이 증가하여 LM 곡선을 오른쪽으로 이동시키지 않고, 그 국가의 통화가 평가절상되어 BP' 곡선이 다시 BP''으로 왼쪽으로 이동하게 된다. 이것은 그 국가의 무역수지의 추가적 악화를 야기시키며, LM'과 IS''이 BP'' 곡선상에서 점 E^*에서 교차할 때까지 IS' 곡선을 IS''으로 이동시킨다. 그래서 그 국

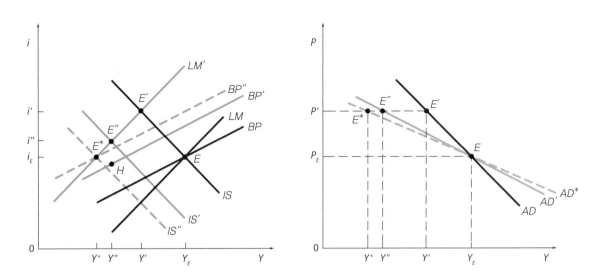

그림 7-6 변동환율제도에서 총수요곡선의 유도
좌우 도표의 점 E에서 시작하여 물가수준이 P'으로 상승하는 경우 LM, IS, BP 곡선은 LM', IS', BP'으로 왼쪽으로 이동한다. LM'과 IS' 곡선이 BP' 곡선 위에서 교차하므로(점 E''이 점 H 위에 있음) 그 국가는 국제수지 흑자를 경험하며 또한 그 국가의 통화는 평가절상된다(BP' 곡선이 다시 BP''으로 좌측으로 이동하게 된다). 이것은 LM'과 IS''이 BP'' 곡선상에서 교차할 때까지 IS' 곡선을 IS''으로 이동시키며, 이것은 오른쪽 도표의 점 E^*에 해당한다. 오른쪽 도표에서 점 E와 점 E^*를 연결하여 총수요곡선 AD^*가 도출되며 이것은 AD나 AD'에 비해 편평하거나 더 탄력적이다.

가는 다시 한 번 상품과 서비스 및 통화시장, 국제수지가 동시에 균형을 이루게 된다. 이것은 오른쪽 도표의 점 E^*에 해당한다. 오른쪽 도표에서 점 E와 점 E^*를 연결하여 총수요곡선 AD^*가 도출되며 이것은 AD나 AD'에 비해 편평하거나 더 탄력적이다.

그림 7-6의 왼쪽 도표에서 균형점 E^*에서의 이자율이 i_E(최초의 균형수준에서의 이자율)와 일치하는데 이것은 우연이다. 즉, i''은 LM', BP''과 IS'' 곡선이 교차하는 점에 따라서 i_E보다 높을 수도 있고 낮을 수도 있다. LM'과 IS'' 곡선이 BP' 곡선 위에서가 아닌 아래에서 교차하는 경우(점 E^*가 점 H 위보다 아래에 있다면) 그 국가는 국제수지 적자를 보게 될 것이다. 그 경우에 그 국가의 통화는 평가절하되어(즉, BP' 곡선은 오른쪽으로 이동하고 IS' 곡선도 그러할 것임) LM'과 IS'' 곡선은 BP'' 곡선상에서 교차하고 그 국가는 3개의 시장에서 모두 균형을 이룰 것이다. 만약 LM'과 IS'이 BP'상에서 교차한다면 환율은 변화가 없고, BP' 곡선과 IS' 곡선의 추가적 이동도 없어서 결과는 고정환율제도와 동일하게 될 것이다.

7.4 가격이 신축적인 개방경제에서의 경제적 충격과 거시경제정책이 총수요에 미치는 효과

현실세계에서 IS, LM, BP 곡선에 영향을 주는 어떤 변화든지 총수요에 영향을 줄 수 있으며, 그것은 경제가 고정 또는 변동환율제도 중 어느 제도에서 운영되느냐에 따라 다르다. 이 절에서는 가격이 신축적인 개방경제에서 변동환율제도와 고정환율제도에 대해 재정 및 통화정책뿐 아니라 실물적, 통화적 충격이 총수요에 미치는 효과를 살펴보기로 한다.

7.4A 실물부문의 충격과 총수요

그림 7-7의 양쪽 도표의 균형점 E에서 시작하여 해외가격의 상승이나 국내나 해외에서의 수요변화로 인해 일국의 수출이 증가하거나 수입이 감소하는 경우를 상정하자. 국내가격이 불변인 상태에서 일국의 수출이 증가하거나 수입이 감소하는 경우 일국의 무역수지는 개선되고, IS 곡선과 BP 곡선은 IS'과 BP' 곡선으로 오른쪽으로 이동한다. IS' 곡선과 LM 곡선의 교차점 E'이 BP' 곡선보다 위에 있으므로 그 국가는 무역수지가 흑자가 된다. 고정환율제도에서 이것으로 인해 국제준비자산이 유입되고 통화량이 증가하여 LM 곡선이 LM' 곡선으로 오른쪽으로 이동하여 새로운 균형점 E''을 정의한다. 그림 7-7의 왼쪽 도표에서 점 E에서 점 E''으로의 이동은 오른쪽 도표에서 총수요곡선이 AD에서 AD''으로 오른쪽으로 이동하는 것으로 보인다. 즉, 주어진 국내가격(P_E)하에서 일국의 수출 증가나 수입 감소로 인해 산출량은 Y 대신에 Y''이 된다.

변동환율제도인 경우 결과는 다르게 나타나며 이 경우를 분석하기 위해 그림 7-7을 계속 사용한다. 변동환율제도에서는 그림 7-7의 왼쪽 도표상의 점 E'에서 국제수지의 잠재적 흑자로 인해 통화가 평가상승하여 BP' 곡선이 BP 곡선으로 다시 이동하여 최초의 균형점으로 돌아간다(고정환율의 경우 통화량이 증가하여 LM 곡선이 LM'으로 이동하는 대신에). 국내통화의 평가상승과 더불어 IS'

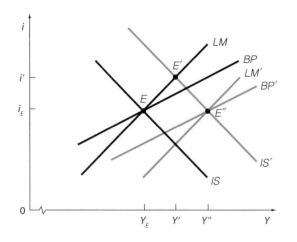
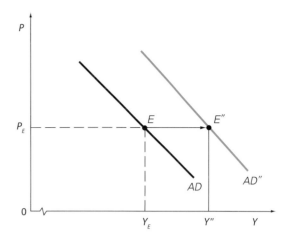

그림 7-7　무역수지의 변화와 총수요

양쪽 도표의 점 E에서 시작하여 국내가격이 불변인 상태에서 일국의 수출 증가나 수입 감소가 발생하는 경우 IS 곡선과 BP 곡선은 IS'과 BP' 곡선으로 오른쪽으로 이동한다. 이것은 고정환율제도에서 일국의 무역수지 흑자를 가져오고, LM 곡선이 LM' 곡선으로 오른쪽으로 이동하여 새로운 균형점 E'을 정의한다. 이와 같이 해서 AD 곡선은 AD" 곡선으로 오른쪽으로 이동한다. 변동환율제도에서는 통화가 평가상승하여 IS'과 BP' 곡선이 IS 곡선과 BP 곡선으로 다시 이동하여 최초의 균형점으로 돌아간다.

곡선은 다시 IS 곡선의 최초의 위치로 돌아간다(통화의 평가상승으로 무역수지가 최초의 상태로 돌아가는 것처럼). 이와 같이 무역수지가 독자적으로 개선되는 경우 변동환율제도에서는 산출량과 총수요에 지속적인 영향을 미치지 못한다(그 국가는 왼쪽 도표에서 균형점 E로, 오른쪽 도표에서 총수요곡선상의 점 E로). 독자적인 무역수지의 악화는 정반대 방향의 효과를 미칠 것이다.

7.4B 통화부문의 충격과 총수요

그림 7-8의 양쪽 도표의 균형점 E에서 시작하여 해외 이자율의 하락이나 국내나 해외에서의 선호변화로 인해 국내로 단기자본의 유입이 증가하거나 유출이 감소하는 경우를 상정하자. 이것으로 인해 양쪽 도표에서 BP 곡선은 BP' 곡선으로 오른쪽으로 이동한다. 고정환율제도에서 점 E가 BP' 곡선보다 위에 있다는 것은 그 국가가 국제수지 흑자라는 것을 의미한다(그림 7-8의 왼쪽 도표 참조). 이것은 국제준비자산의 유입과 통화량의 증가를 가져오고 LM 곡선이 LM' 곡선으로 오른쪽으로 이동하여 보다 높은 소득 Y"에서 새로운 균형점 E'을 형성한다. 국내물가는 보다 높은 국민소득 수준에서 변화하지 않으므로 이것은 총수요곡선이 오른쪽으로 이동하는 것을 의미한다(그림에는 나타나지 않음).

　한편 일국이 변동환율제도를 채택하는 경우 BP 곡선이 BP' 곡선으로 오른쪽으로 이동하는 경우 그것은 그 국가에 잠재적 국제수지의 흑자를 가져온다(그림 7-8의 오른쪽 도표). 이것으로 인해 그 국가의 통화는 평가상승하며 국제수지가 악화된다. 이러한 변화로 인해 BP'과 IS 곡선이 BP"과 IS'으로 이동하여 새로운 균형점 E"에 도달하게 하며 그 점에서 LM, BP", IS' 곡선은 주어진 물가수준과 Y"의 보다 낮은 국민소득하에서 서로 교차하게 된다. 그 결과 그 국가의 총수요곡선은 왼쪽으로

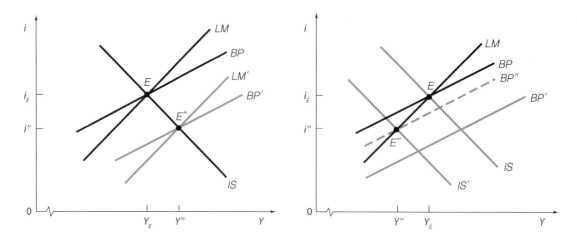

그림 7-8 단기자본이동과 총수요

양쪽 도표상의 균형점 E에서 시작하여 국내가격이 불변인 상태에서 독자적인 단기자본의 유입이 발생하는 경우 고정환율제도에서는 BP 곡선과 LM 곡선은 BP′ 곡선과 LM′ 곡선으로 오른쪽으로 이동하여 왼쪽 도표에서 더 높은 소득 Y″을 갖는 새로운 균형점 E″을 정의한다. 이와 같이 해서 AD 곡선은 오른쪽으로 이동한다(그림에는 나타나지 않음). 변동환율제도에서는(오른쪽 도표) 통화가 평가상승하여 IS 곡선과 BP′ 곡선이 IS′ 곡선 과 BP″ 곡선으로 이동하여 최초의 LM 곡선을 따라서 새로운 균형점 E″을 정의하며, 총수요곡선은 왼쪽으로 이동한다.

이동한다(그림에서는 보이지 않음). 이와 같이 단기자본유입은 고정환율제도에서는 일국의 총수요 곡선을 오른쪽으로 이동시키지만, 변동환율제도에서는 왼쪽으로 이동시킨다. 그 국가로부터 독자 적인 단기자본유출이 있는 경우에는 정반대 방향의 결과가 나타난다.

7.4C 개방경제하에서 재정정책, 통화정책과 총수요

우리는 6.4C절에서 국제단기자본이동의 탄력성이 매우 높은 경우(BP 곡선이 LM 곡선보다 기울기 가 완만한 경우) 고정환율제도에서 통화정책은 무력하지만 재정정책은 강력하고, 변동환율제도에 서는 정반대 방향의 결과가 나타난다는 것을 보았다.

구체적으로 고정환율제도에서 단기국제자본이동이 매우 탄력적인 경우 팽창적 재정정책은 자본 유입을 가져오고 그 국가의 총수요곡선을 오른쪽으로 이동시키는 데 매우 효과적이다. 반대로 긴축 적 재정정책은 자본유출을 가져오고 그 국가의 총수요곡선을 왼쪽으로 이동시키는 데 매우 효과적 이다. 한편, 고정환율제도이고 단기국제자본이동성이 매우 높은 경우 통화량을 증가시켜(완화적 통 화정책) 이자율을 낮추고자 하는 어떤 시도도 그 국가의 총수요에 거의 영향을 주지 않고 단순히 자 금유출만을 가져올 뿐이므로 효과적이지 못하다.

변동환율제도에서 단기국제자본이동이 매우 탄력적인 경우 정반대의 결과가 나타난다. 즉, 완화 적 통화정책은 국가의 총수요곡선을 오른쪽으로 이동시키는 데 매우 효과적이다. 반대로 긴축적 통 화정책은 그 국가의 총수요곡선을 왼쪽으로 이동시키는 데 매우 효과적이다. 한편, 재정정책은 단 기자본이동이 재정정책의 효과를 대부분 상쇄하므로 효과적이지 못하다. 이와 같이 단기자본이동 이 매우 탄력적이고 가격 신축성이 있는 개방경제에서는 거시경제정책의 효과를 검토할 때 고정환율제도에서는 재정정책에, 변동환율제도에서는 통화정책에 집중할 것이다.

　국제단기자본의 이동성이 매우 높고, 가격이 신축적인 현재의 상황하에서 경제충격 및 거시경제정책이 총수요에 미치는 효과를 다음과 같이 요약할 수 있다.

1. 경제의 실물부문에 영향을 주는 충격은 고정환율제도에서는 총수요(AD)곡선에 영향을 주지만, 변동환율제도에서는 그렇지 않다. 일례로 독자적으로 상품수지가 개선되면 고정환율제도에서는 그 국가의 총수요곡선을 오른쪽으로 이동시키지만 변동환율제도에서는 그렇지 못하다.
2. 통화부문의 충격은 고정환율이든, 변동환율이든 그 국가의 총수요곡선에 영향을 주지만, 그 방향은 반대이다. 예를 들면 독자적인 단기자본의 유입증가는 고정환율제도에서는 총수요곡선의 오른쪽 이동을 가져오지만 변동환율제도에서는 왼쪽으로 이동한다. 정반대의 경우도 사실이다.
3. 재정정책은 고정환율제도에서는 효과적이지만 변동환율제도에서는 그렇지 못하며, 통화정책의 경우는 정반대이다. 예컨대 통화정책이 아닌 팽창적 재정정책은 고정환율제도에서 총수요곡선을 오른쪽으로 이동시키지만, 재정정책이 아닌 통화정책이 변동환율제도에서 총수요곡선을 오른쪽으로 이동시키기 위해 사용될 수 있다.

7.5 가격이 신축적인 개방경제에서 재정정책과 통화정책의 효과

우리는 앞 절에서 고정환율제도이고 단기국제자본이동이 매우 탄력적인 경우 통화정책은 무력하지만 재정정책은 효과가 강력하다는 것을 보았다. 한편 변동환율제도에서의 통화정책은 효과적이지만 재정정책은 효과적이지 않다는 것도 알았다. 따라서 여기서는 고정환율제도에서의 재정정책과 변동환율제도에서의 통화정책을 검토하기로 한다.

　그림 7-9의 왼쪽 도표에서 자연산출량 수준이 Y_N이고, 물가수준이 P_E인 점에서 AD, SRAS 그리고 LRAS가 교차하는 장기균형점 E에서 시작하여 고정환율제도에서 팽창적 재정정책을 사용하는 경우를 보자. 팽창적 재정정책은 AD 곡선을 AD'으로 상향 이동시켜, 가격이 P_A이고 산출량 Y_A가 자연산출량 수준 Y_N을 초과하는 점에서 AD'과 SRAS가 서로 교차하는 단기균형점 A를 정의한다. 산출량이 일시적으로 Y_A까지 상승하는 것은 7.3절에서 폐쇄경제에 대하여 보았듯이 시장의 불완전성 또는 정보의 불완전 때문에 발생한다. 이것은 기업이 최초에 그들이 판매하는 제품의 가격만이 상승하고, 실제가격이 일시적으로 예상가격보다 높다고 믿기 때문에 발생한다.

　그러나 시간이 경과함에 따라 기업들이 모든 가격(생산비를 포함하여)이 상승했다는 것을 믿게 됨에 따라 SRAS 곡선은 SRAS' 곡선으로 상방 이동한다. LRAS 곡선상에서 AD'과 SRAS'의 교점은 물가가 P_C이고 산출량이 Y_N인 새로운 장기균형점 C를 정의한다. 물가수준은 더 높지만 산출량 수준은 단기보다 더 낮은 장기수준으로 되돌아오게 된다. 예상가격이 실제가격의 상승에 맞추어 상향조정됨에 따라 산출량의 단기적 증가는 장기에서는 모두 제거된다. 이것은 폐쇄경제의 경우와 정확히 동일하다는 것을 주목할 필요가 있다. 유일한 차이점은 우리가 개방경제를 다루고 있다는 것이다.

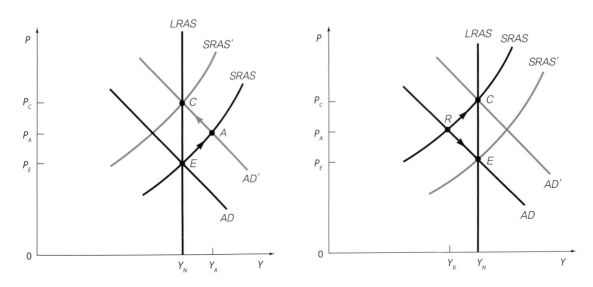

그림 7-9 **고정환율제도에서 자연산출량 수준과 불경기인 경우 팽창적 재정정책**
왼쪽 도표의 장기균형점 E에서 시작하여 팽창적 재정정책을 사용하는 경우 AD 곡선을 AD'으로 상향 이동시켜, 가격이 P_A이고 $Y_A > Y_N$인 단기균형점 A를 정의한다. 장기에서는 $SRAS$가 $SRAS'$으로 상향 이동하여 물가이 P_C이고 산출량이 Y_N인 균형점 C를 정의한다. 오른쪽 도표에서 가격이 P_R, 산출량이 $Y_R < Y_N$인 불경기점 R에서 시작하여 팽창적 재정정책을 사용하는 경우 AD 곡선을 AD'으로 상향 이동시켜 가격이 P_C이고 산출량이 Y_N인 균형점 C를 정의한다. 이 점에서 AD', $SRAS$와 $LRAS$가 서로 교차한다. 그러나 그 국가는 시간이 경과하면 국내가격이 자동적으로 하락하여 $SRAS$가 $SRAS'$으로 하방 이동함에 따라 균형점 E에 도달할 수도 있다.

그러나 우리가 경제개방의 효과가 AD와 AD' 곡선으로 포괄되었다고 가정하면 경제의 산출량이 일시적으로 보다 높은 가격에서 장기산출량 수준을 초과하는 과정은 정확히 동일하다. 보다 흥미 있고 현실적인 경우는 그림 7-9의 오른쪽 도표에서 가격이 P_R이고, $Y_R < Y_N$인 점 R과 같이 불경기의 상황에서 팽창적 재정정책을 사용하는 것이다. 오른쪽 도표의 R점에서 시작하여 AD 곡선을 AD'으로 상향 이동시키는 팽창적 재정정책은 가격이 P_C이고 산출량이 Y_N인 균형점 C에 도달하게 한다. 이 점에서 AD', $SRAS$와 $LRAS$가 서로 교차한다. 단기균형점 R로부터 장기균형점 C로의 이동은 $SRAS$ 곡선을 따라 이동한다는 것을 주목할 필요가 있다.

그러나 그 국가는 팽창적 재정정책을 사용하지 않고 단순히 시장의 힘이 작용하도록 허용하더라도 $LRAS$ 곡선상에서 AD와 $SRAS'$ 곡선이 교차하는 장기균형점 E에 도달할 수 있다. 즉, 점 R에서 산출량 수준 YR이 자연산출량 수준 Y_N보다 적기 때문에 기업의 비용을 포함한 모든 가격이 하락할 것으로 예상되고, 실제로 하락함에 따라 불변하는 AD 곡선이 $LRAS$ 곡선상의 점 E에서 교차하도록 하기 위해 $SRAS$ 곡선은 $SRAS'$으로 하방 이동한다. 주어진 AD 곡선상에서 점 R에서 점 E로 아래로 이동은 국내가격 하락(7.2A에서 설명)의 결과 상품과 서비스의 총수요의 폐쇄경제하에서의 증가를 반영할 뿐 아니라 국내가격 하락으로 인한 그 국가의 무역수지의 개선도 반영하고 있다(7.3절에서 설명).

그렇다면 그 국가가 팽창적 재정정책이 인플레이션을 야기시킬 뿐이고, 불경기는 어쨌든 낮은 가격에 의해 자동적으로 제거되는데도 불구하고 그 정책을 채택하는 이유는 무엇인가? 그 이유는 시장의 힘에 의해 불경기를 극복하는 데 걸리는 시간이 너무 길기 때문인데, 이것은 가격이 하방 신축적이지 않을 경우 더욱 그럴 것이다. 가격이 경직적이고, 하방 신축적이지 않다고 믿는 경제학자들은 팽창적 재정정책을 선호한다. 팽창적 재정정책이 차후의 가격상승에 대한 기대와 인플레이션을 가져온다고 믿는 경제학자들은 팽창적 재정정책 없이 시장의 힘에 의해 불경기가 자동적으로 해소되는 것을 선호한다.

우리가 고정환율제도와 변동환율제도에서 일어나는 상이한 조정을 총수요에 포괄하게 되면 변동환율제도에서 통화정책의 효과는 고정환율제도에서 재정정책의 효과와 질적으로 동일하다는 것을 알 수 있다. 즉, 장기균형점으로부터 시작하여 완화적 통화정책은 AD 곡선을 오른쪽으로 이동시키고, 그 국가의 산출량이 일시적으로 증가한다. 그러나 장기에서는 예상가격이 실제가격의 상승에 맞추어 상승함에 따라 $SRAS$ 곡선이 상방으로 이동하고 보다 높은 가격하의 자연산출량 수준에서 새로운 균형점을 생성하게 된다.

변동환율제도의 경우 그 국가의 통화 역시 평가상승할 것이다. 유사하게 최초의 불경기에서 시작하여, 통화정책은 보다 높은 자연산출량 수준으로 이동을 가속화시키지만 가격상승의 대가를 치르게 된다. 다른 대안은 불경기가 시장의 힘에 의해 자동적으로 조정되도록 허용하는 것이다. 이 경우 그 국가는 낮은 가격과 평가상승된 통화로 귀결될 것이다. 그러나 문제는 가격이 경직적이고 하방 신축적이지 않는 한 그 과정에 많은 시간이 걸린다는 것이다. 그 경우 완화적 통화정책으로 인한 인플레이션 비용은 오래 끄는 불경기로 인한 산출량과 고용 손실의 기회비용보다 작을지도 모른다. 중앙은행이 보다 독립적인 국가들은 독립성이 약하고, 정치적 압력에 민감하게 반응하는 국가들에 비해 더 낮은 인플레이션을 경험한다는 어떤 증거가 있고(사례연구 7-2 참조), 그러한 국가는 인플레이션 타기팅을 채택한다(사례연구 7-3 참조).

사례연구 7-2 🌐　선진국에서 중앙은행의 독립성과 인플레이션

그림 7-10은 1955년부터 1988년까지 선진국에서 중앙은행의 독립성과 평균 인플레이션 간의 관계를 보여 준다. 그림에 따르면 중앙은행이 좀 더 독립적인 국가들(독일, 스위스, 미국)은 독립성이 낮은 국가들(뉴질랜드, 스페인, 이탈리아, 영국, 프랑스)에 비해 인플레이션이 더 낮다. 특히 지나치게 팽창적인 재정정책으로 인해 이자율이 상승하고 통화의 평가상승을 야기시킬 때 통화당국은 통화량을 증가시켜 증가된 통화수요에 대처하도록 유권자나 재정정책 입안자들로부터 점점 압력을 크게 받는다.

통화당국이 그러한 압력에 저항하지 못하고(즉, 중앙은행이 충분히 독립적이지 않다면) 순응한다면 그 결과는 인플레이션이 될 것이다. 미국에서 연방준비은행(미국의 중앙은행)은 준자율적이고, 지출과 조세(재정정책)를 책임지고 있는 집행부서와는 매우 독립적이다. 이와 같이 미국은 덜 독립적인 중앙은행을 갖고 있는 프랑스나 영국에 비해 인플레이션이 낮다. 불경기에는 피선된 관리나 유권자들은 일반적으로 중앙은행의 독립성을 축소시킨다는 위협하에 보다 느슨하거나 팽창적인 통화정책을 요구한다. 한 가지 사건은 1991~1992년 미국이 불경기하에 있었을 때 연방준비은행은 통화정책을 느슨하게 하라는 강한 압력을 받았다. 연방준비은행은 2001년 불경기 동안 어떤 저항도 하지 않고 이자율을 6회(6.5%에서 1.0%까지) 인하하였다. 심지어 2008~2009년에는 더 많이 인하하였다.

(계속)

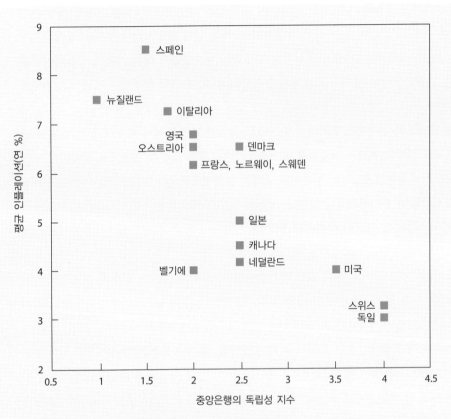

그림 7-10 중앙은행의 독립성 지수와 평균 인플레이션

독일, 스위스, 미국과 같이 중앙은행의 독립성이 높은 국가들은 뉴질랜드, 스페인, 이탈리아, 영국, 프랑스와 같이 독립성이 낮은 국가에 비해 인플레이션이 더 낮다.

출처 : A. Alesina and L. H. Summers, "Central Bank Independence and Macroeconomic Performance: Some Comparative Evidence," *Journal of Money, Credit and Banking*, May 1993, p. 155.

사례연구 7-3 ⊕ 인플레이션 타기팅 — 통화정책의 새로운 접근방법

1990년대에 시작하여 몇몇 국가들은 인플레이션에 대한 특정한 타깃을 달성하는 것에 근거한 통화정책의 새로운 접근방법인 인플레이션 타기팅(inflation targeting)을 채택하였다. 이 접근방법이 새롭고 차별화되는 점은 인플레이션 통제를 투명성과 계산가능성을 가지고 하겠다는 공적인 선언을 명시적으로 한 것이다. 2012년까지 26개국(반은 선진국, 나머지 반은 개도국)이 이 정책을 채택하였다. 더 나아가 미국연방준비은행, 유럽중앙은행, 일본은행, 스위스국립은행도 인플레이션 타기팅의 주요 요소 중 많은 것을 채택하였고 다른 국가들도 그 방향으로 움직이고 있다.

일반적으로 인플레이션 타기팅을 채택하는 국가들은 항상 하는 것이 아니라 중기(보통 2~3년에 걸쳐서)에서의 인플레이션 타기팅을 달성하고자 한다.

표 7-1은 인플레이션 타기팅을 채택한 국가와 채택 시기 및 채택 기간의 평균 인플레이션율, 2009년의 평균 인플레이션율, 타깃 인플레이션율을 보여준다. 1991~2009년 동안 대부분의 국가들에서 인플레이션과 성장률이 개선되었지만 인플레이션 타기팅 국가들은 다른 국가들보다 개선의 정도가 더 컸고 인플레이션과 성장에서 변동성이 적었으며 글로벌 경제위기에 역으로 영향을 덜 받았다.

(계속)

표 7-1 인플레이션 타기팅

국가	인플레이션 타기팅 채택 시기	채택 기간 중 인플레이션율	2009년 평균 인플레이션율	타깃 인플레이션율
뉴질랜드	1990	3.3	0.8	1 − 3
캐나다	1991	6.9	0.3	2 ± 1
영국	1992	4.0	2.2	2 ± 1
스웨덴	1993	1.8	−0.3	2 ± 1
오스트레일리아	1993	2.0	1.9	2 − 3
체코공화국	1997	6.8	1.0	3 ± 1
이스라엘	1997	8.1	3.3	2 ± 1
폴란드	1998	10.6	3.8	2.5 ± 1
브라질	1999	3.3	4.9	4.5 ± 2
칠레	1999	3.2	1.5	3 ± 1
콜롬비아	1999	9.3	4.2	2 − 4
남아프리카공화국	2000	2.6	7.1	3 − 6
타이	2000	0.8	−0.9	0.5 − 3
한국	2001	2.9	2.8	3 ± 1
멕시코	2001	9.0	5.3	3 ± 1
아이슬란드	2001	4.1	12.0	2.5 ± 1.5
노르웨이	2001	3.6	2.2	2.5 ± 1
헝가리	2001	10.8	4.2	3 ± 1
페루	2002	−0.1	2.9	2 ± 1
필리핀	2002	4.5	1.6	4.5 ± 1
과테말라	2005	9.2	1.8	5 ± 1
인도네시아	2005	7.4	4.6	4 − 6
루마니아	2005	9.3	5.6	3.5 ± 1
터키	2006	7.7	6.3	6.5 ± 1
세르비아	2006	10.8	7.8	4 − 8
가나	2007	10.5	19.3	14.5 ± 1

출처 : S. Roger, "Inflation Targeting Turns 20", *Finance & Development*, March 2010, pp. 47.

7.6 성장을 촉진하고 공급충격을 조정하는 거시경제정책

이 절에서는 가격이 신축적인 개방경제에서 장기성장을 촉진하고 공급충격을 조정하기 위한 재정정책 및 통화정책을 살펴본다.

7.6A 성장을 위한 거시경제정책

재정정책과 통화정책이 주로 단기와 중기에서 총수요에 영향을 미치기 위해 사용되지만 경제의 장기적인 성장을 촉진하기 위해서도 사용될 수 있다(즉, *LRAS* 곡선을 우측으로 이동). 정부는 교육, 사회간접자본, 기초연구에 대한 지출을 증가시킴으로써 또는 시장의 기능을 개선함으로써 장기성

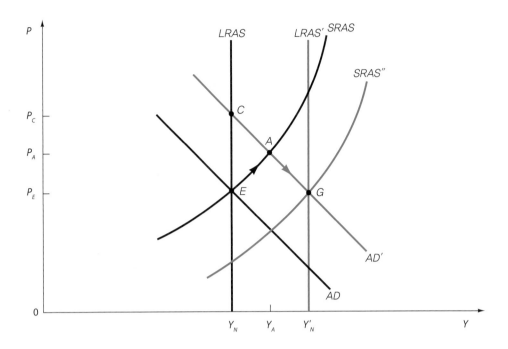

그림 7-11   장기성장을 위한 거시경제정책

최초의 장기균형점 E에서 시작하여 성장을 위한 팽창적 거시경제정책은 AD 곡선을 AD′으로 오른쪽으로 이동시키고, $P_A > P_E$이고 $Y_A > Y_N$인 새로운 단기균형점 A를 정의한다. 장기성장의 경우 LRAS와 SRAS는 LRAS′과 SRAS″으로 이동하고, $P_G = P_E$이고, $Y'_N > Y_N$인 새로운 균형점 G를 정의한다.

장을 높일 수 있으며, 또한 조세상의 인센티브나 사적 투자를 촉진시키기 위한 낮은 장기이자율을 유지함으로써 장기성장을 촉진시킬 수도 있다. 그러나 아직까지는 장기성장의 과정이 완전히 이해되지 않고 있다. 경제의 장기성장을 촉진시키려는 노력이 성공하는 경우 그 국가의 LRAS 곡선은 우측으로 이동할 것이며, 보다 많은 고용과 더 높은 소득, 낮은 물가, 아마도 장기적으로 평가절상된 통화를 갖게 될 것이다.

성장을 촉진시키기 위한 팽창적 거시경제정책(재정 및 통화정책)의 사용은 그림 7-11에서 검토한다. 그 국가의 AD 곡선과 SRAS 곡선이 LRAS 곡선과 P_E와 Y_N에서 교차하는 최초의 장기균형점 E에서 시작한다. 성장을 촉진하기 위해 재정정책 및 통화정책을 사용한다고 하자. 이 경우 AD 곡선을 AD′으로 오른쪽으로 이동하고, 그 국가는 P_A이고 $Y_A > Y_N$인 새로운 단기균형점 A에 도달한다(지금까지는 그림 7-9의 왼쪽 도표와 동일). 팽창적 재정정책이 실제로 장기성장을 촉진시키는 정도에 따라 LRAS와 SRAS는 LRAS′과 SRAS″으로 이동하고, LRAS′과 SRAS″ 및 AD′이 교차하는 점에서 P_G (=P_E)이고, $Y'_N > Y_N$인 새로운 균형점 G를 정의한다(그림 7-11 참조).

성장으로 인해 최초의 균형점과 비교하여 더 높은 자연산출량 수준에도 불구하고 가격은 변하지 않았다. 이와 같이 성장이 없는 경우 장기에서 SRAS 곡선의 상향 이동과 동일한 자연산출량 수준, 훨씬 더 높은 물가를 가져오는 대신에(그림 7-9의 왼쪽 도표에 있는 점 C) 성장의 경우에는 보다 높은 자연산출량 수준에도 불구하고 물가의 장기적 상승이 존재하지 않게 된다. 성장의 경우 물가는 최초의 장기균형 수준과 비교하여 더 높을 수도 있고 더 낮을 수도 있다. 그것은 *LRAS* 곡선과 *SRAS* 곡선이 *AD* 곡선과 관련하여 성장을 목표로 하는 팽창적 거시경제정책의 결과로 어느 정도 오른쪽으로 이동하는가에 전적으로 달려 있다. *LRAS* 곡선과 *SRAS* 곡선이 *AD* 곡선과 관련하여 오른쪽으로 많이 이동할수록 그 국가의 자연산출량 수준은 그만큼 높아지고, 장기에서 물가도 더 낮아질 것이다.

7.6B 공급충격을 조정하는 거시경제정책

거시경제정책은 공급충격을 조정하기 위해서도 사용될 수 있다. 전후 가장 악명 높았던 공급충격은 1973년 가을과 1974년 말 사이, 다시 1979년부터 1981년까지 OPEC(석유수출국기구)에 의해 시발된 석유가격의 급격한 상승이다. 석유가격의 상승은 석유수입국의 생산비를 증가시켰고, 단기 및 장기 공급곡선의 좌방 이동을 야기시켰다. 총수요에 미치는 효과는 불분명하다. 언뜻 볼 때 석유수입국들은 국제수지 악화, 통화의 평가하락으로 인해 총수요곡선의 오른쪽으로의 이동을 가져올 것 같으나, 자세히 보면 항상 그런 것이 아니라는 것을 알 수 있다. 그 이유는 다음과 같다.

석유에 대한 수요가 비탄력적이기 때문에 석유가격이 상승하는 경우 석유수입국은 이 투입물을 구입하기 위해 더 많은 총지출을 해야 한다. 그러나 오일쇼크에 수반되는 자연산출량 수준의 감소로 인해 다른 모든 수입품의 수입도 감소하게 된다. 따라서 석유수입국의 무역수지는 이러한 두 가지 상반된 힘 중 어느 것이 더 큰가에 따라 악화될 수도 있고 개선될 수도 있다. 그러나 무역수지 요소에는 이외에도 더 많은 것이 존재한다. 대체로 국제수지와 관계되는 것은 *BP* 곡선인데 이것은 무역수지와 자본계정에 관한 수지를 포함한다. 이와 같이 석유수입국들의 무역수지가 석유가격 상승의 직접적 결과로 악화되더라도, OPEC가 그들의 보다 높은 석유수입을 선진국에 투자한다면 그들의 자본계정 또한 개선될 수 있다. 이것은 실제로 미국에서 일어났던 것이다. 이와 같이 석유가격의 상승으로 인한 수입국의 국제수지의 순효과를 사전적으로 결정하는 것은 불가능하다. 그리고 자료를 검토해 본 결과 두 번의 오일쇼크 후에 어떤 국가와 어떤 시기에는 수지가 개선되었고, 다른 경우에는 악화되었다. 그러므로 이후에는 석유수입국의 총수요곡선은 석유가격 상승의 결과로 변화하지 않는다고 가정한다. 그러나 이런 상황이 아닌 경우를 검토하는 것은 단순한 문제이므로 연습으로 남겨둔다.

위의 것을 염두에 두고 오일쇼크가 선진국에 미치는 효과와 이러한 충격을 조정하기 위해 요구되는 가능한 거시경제정책을 분석하기 위해 총수요와 총공급의 분석틀을 사용하기로 한다. 이것은 그림 7-12에서 행해진다. *LRAS*와 *SRAS*, 그리고 *AD* 곡선이 P_E와 Y_N에서 교차하는 최초의 장기균형점 *E*에서 시작하자. 석유가격의 상승의 직접적인 충격은 그 국가의 단기총공급곡선을 *SRAS*에서 *SRAS'* 으로 이동시켜 *SRAS'*과 *AD* 곡선의 교점에서 $P' > P_E$이고, $Y'_N < Y_N$인 새로운 단기균형점 *E'*을 정의한다. 점 *E'*에서 불경기(또는 침체)와 보다 높은 물가(또는 인플레이션)의 결합은 스태그플레이션(stagflation)이라고 한다.

그러나 Y'_N에서 보다 낮은 자연산출량과 고용으로 인해 물가와 그로 인한 비용을 하락시켜 *SRAS'*

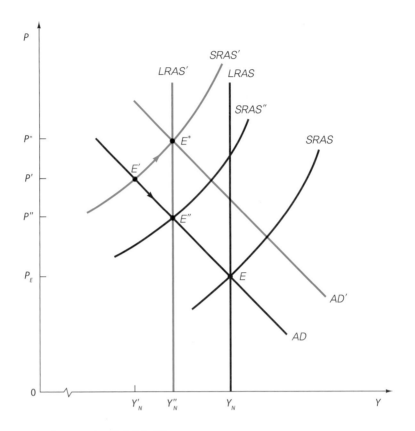

그림 7-12 공급충격을 조정하는 거시경제정책

최초의 장기균형점 E에서 석유가격의 상승은 $SRAS$ 곡선을 $SRAS'$으로 이동시켜 $P' > P_E$이고, $Y_N' < Y_N$인 점 E'에서 단기균형점이 된다. 시간이 경과함에 따라 불경기로 인해 가격은 하락하고, 그 국가는 새로운 장기균형점 E''에 도달하게 된다. 이 점에서는 $LRAS'$ 곡선과 $SRAS''$ 곡선, 그리고 AD 곡선이 $P'' < P'$이고 $Y_N'' < Y_N'$인 점에서 교차한다. AD 곡선을 AD'으로 이동시키는 팽창적 통화정책은 $P > P'$이고 산출량 Y_N''에서 다른 장기균형점 E^*를 가져온다.

곡선은 $SRAS$까지는 아니지만 우하방으로 이동한다. 또한 석유가격 상승의 결과 장기비용 역시 상승하여 $LRAS$ 곡선 역시 $LRAS'$과 같이 왼쪽으로 이동한다. 이와 같이 새로운 장기균형점 E''은 $LRAS'$ 곡선과 $SRAS''$ 곡선 그리고 AD 곡선이 $P'' < P'$이고 $Y_N'' > Y_N'$인 점에서 교차하여 얻는다. 점 E''에서는 오일쇼크 이전의 점 E에 비해 물가는 높고, 자연산출량과 고용은 더 낮다.

가격이 하락하여 결국 장기균형점 E''에 도달하는 것을 기다리는 대신 점 E'으로부터의 회복 속도를 높이기 위해 팽창적 통화정책을 사용하여 총수요곡선을 AD에서 AD'으로 이동시키는 경우 그 국가는 $LRAS'$ 곡선과 $SRAS'$ 곡선 그리고 AD' 곡선의 교점에서 새로운 균형점 E^*에 도달하게 된다. 이 경우 가격은 한층 더 높아질 것이다. 어느 경우에든 그 국가는 공급(석유)충격이 발생하기 전의 자연산출량 수준으로 돌아갈 수 없다는 것을 주목하라. 1970년대의 오일쇼크로부터 발생한 스태그플레이션과 싸우기 위해 팽창적 통화정책을 사용했던 프랑스와 이탈리아 같은 국가들은 불경기의 상황에서조차도 긴축적 통화정책을 사용한 일본과 독일과 같은 국가보다 훨씬 더 높은 인플레이션을 경험하였다. 사례연구 7-4는 두 차례의 오일쇼크로 인한 미국에서 스태그플레이션(불경기와 인플레이션)의 두 기간을 보여 주고, 사례연구 7-5에서는 석유가격이 15달러 상승하는 경우 미국, 일본, 유로지역 및 모든 OECD 국가들에 미치는 충격의 예측치를 보여 준다. 사례연구 7-6에서는 1980년 이후 실제실업률과 자연실업률과의 관계를 분석하는 한편으로 인플레이션율의 관계로까지 확장한다.

사례연구 7-4 🌐 미국에서의 오일쇼크와 스태그플레이션

그림 7-13은 1970년부터 2011년까지 미국의 인플레이션율과 실업률을 보여 준다. 1973년 말부터 1975년 중반까지와 1979년 중반부터 1982년 말까지의 스태그플레이션 기간은 명백히 두 차례의 오일쇼크와 관련된다. 1990년 이후 미국의 인플레이션율은 석유가격의 하락과 상승을 밀접하게 반영한 반면, 실업률은 1992년부터 2000년까지 계속해서 하락하였다. 실업률은 2000년부터 2003년 기간은 상승하였고, 2003년부터 2006년까지는 하락하였으며 불황의 결과 2007년부터 2010년까지는 상승하였고 그후 2014년까지 상승하였다. 그러나 실업률과 인플레이션 모두 높은 석유가격에도 불구하고 2007년까지 여전히 비교적 낮은 상태이다.

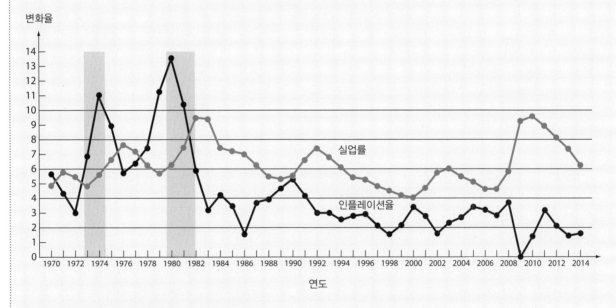

그림 7-13 미국의 스태그플레이션(1970~2014)
음영진 영역은 두 차례의 오일쇼크로 인한 미국의 스태그플레이션(불경기와 인플레이션) 기간이다.
출처 : Organization Economic Cooperation and Development, *Economic Outlook* (Paris: OECD, Various Issues)..

사례연구 7-5 🌐 석유가격 상승의 충격효과

표 7-2에서는 석유가격이 지속적 또는 영속적으로 15달러 상승하는 경우 미국, 유럽통화연합(EMU), 일본 및 OECD 국가들에 미치는 충격효과의 추정치를 2004년과 2005년에 대해 보여 준다. 충격효과는 충격이 없는 경우에 대한 편차로 측정되며 이자율은 변하지 않는 것으로 가정한다. 이 표로부터 석유가격이 15달러 지속적으로 상승하는 경우 미국의 GDP는 2004년에는 0.15%(1%의 약 1/7 수준), 2005년에는 0.35% 감소한다. 미국의 인플레이션은 2004년에는 0.70%p 차로 더 높고, 2005년에는 0.45%p 차로 더 높

다. 반면 미국의 경상수지 적자는 GDP의 백분율로 측정할 때 2004년에는 0.30%, 2005년에는 0.25% 악화된다. 또한 표로부터 EMU, 일본 및 OECD에 대한 충격도 유사하다는 것을 알 수 있다. 1970년대와 1980년대의 에너지 위기 이후로 선진국들은 훨씬 더 에너지 효율적으로 바뀌었고, 1970년대에 비해 1달러의 GDP 생산에 소요되는 에너지는 거의 절반에 불과하였다. 지난 30년간 발생한 급속한 세계화의 과정과 더불어 이것으로 인해 석유가격 상승의 인플레이션 충격은 완화되었다.

표 7-2 석유가격 15달러 상승으로 인한 미국, EMU, 일본 및 OECD에 대한 충격효과의 추정치

	미국		EMU		일본		OECD	
	2004	2005	2004	2005	2004	2005	2004	2005
GDP 수준	−0.15	−0.35	−0.20	−0.20	−0.35	−0.35	−0.20	−0.25
인플레이션(%p)	0.70	0.45	0.65	0.30	0.40	0.15	0.65	0.35
경상수지(GDP의 %)	−0.30	−0.25	−0.40	−0.30	−0.30	−0.40	−0.15	−0.15

출처 : Organization for Economic Cooperation and Development, *Economic Outlook* (Paris: OECD, December 2004), p. 135.

사례연구 7-6 🌐 미국 실제 및 자연실업률과 인플레이션

표 7-3은 1980~2011년 동안 미국에서의 실제실업률과 인플레이션율을 보여 준다. 1990년대 중반까지만 해도 미국의 자연실업률은 6% 정도 되는 것으로 믿고 있었다. 6% 이하의 실업률은 인플레이션을 높이는 것으로 생각하였다. 1980~1993년 기간의 14년 중 6년만 높은 실업률이 낮은 인플레이션율과 연관되었다. 그러나 1995~2007년 기간 중 1997~1998년과 2001~2002년 그리고 2006~2007년 기간에는 미국에서 실업률이 자연실업률 수준 이하로 하락하였음에도 불구하고 인플레이션율은 낮게 유지되거나 오히려 하락하였다. 그 이유는 세계경제의 글로벌화로 인해 기업들은 외국의 경쟁자에게 시장을 빼앗길 것을 두려워하여 가격상승을 주저하거나 노동자들은 일자리 상실을 염려하여 과도한 임금 상승을 주저하였기 때문으로 보인다. 다른 말로 표현하면 자연실업률을 1980년대의 6%에서 그

후 계속 4%로 낮추는 미국 노동시장에 구조변화가 있었던 것 같다. 2008~2009년의 불황과 그 후 2014년까지의 더딘 회복 동안 인플레이션율과 실업률은 2009년, 2011년, 2014년에만(예상대로) 반대방향으로 움직였다.

출처 : "A Century of Booms and How They Ended," *The Wall Street Journal*, February 1, 2000, p. B1; "Sluggish U.S. Economy a Global Concern," *The New York Times*, September 27, 2002, p. 14; "On the Roll," *U.S. News and World Report*, January 12, 2004, pp. 32–39; C. Reinhart and K. Rogoff, "Is the 2007 U.S. Sub-Prime Financial Crisis So Different? An International Historical Comparison," *American Economic Review*, May 2008, pp. 339–344; and D. Salvatore, "The Global Financial Crisis: Predictions, Causes, Effects, Policies, Reforms and Prospects," *Journal of Economic Asymmetries*, December 2010, p. 1–20 and D. Salvatore, ed., *Rapid Growth or Stagnation in the U.S. and World Economy?* Special Issue of the *Journal of Policy Modeling*. July/August 2014.

(계속)

표 7-3　미국에서의 실업률과 인플레이션율

연도	실업률	인플레이션율	연도	실업률	인플레이션율
1980	7.2	9.2	1998	4.5	1.5
1981	7.6	9.2	1999	4.2	2.2
1982	9.7	6.3	2000	4.0	3.4
1983	9.6	4.3	2001	4.8	2.8
1984	7.5	4.0	2002	5.8	1.6
1985	7.2	3.5	2003	6.0	2.3
1986	7.0	1.9	2004	5.5	2.7
1987	6.2	3.6	2005	5.1	3.4
1988	5.5	4.1	2006	4.6	3.2
1989	5.3	4.8	2007	4.6	2.9
1990	5.6	5.4	2008	5.8	3.8
1991	6.8	4.2	2009	9.3	−0.3
1992	7.5	3.0	2010	9.6	1.6
1993	6.9	3.0	2011	8.9	3.1
1994	6.1	2.6	2012	8.1	2.1
1995	5.6	2.8	2013	7.4	1.5
1996	5.4	2.9	2014	6.2	1.7
1997	4.9	2.3			

출처 : Organization for Economic Cooperation and Development, *Economic Outlook* (Paris: OECD, June 2015).

요약

1. 개방경제 거시경제학에 관한 지금까지의 논의에서 우리는 일반적으로 경기순환에 따라 경제가 팽창하고 수축하더라도 물가는 변하지 않는 것으로 가정했다. 이 장에서는 물가불변의 가정을 완화하고 총수요와 총공급의 분석틀을 사용하여 국제무역과 자본이동을 포괄하는 개방경제하에서 물가와 산출량 간의 단기와 장기적인 관계를 검토한다.

2. 총수요곡선(*AD*)은 제6장의 *IS-LM* 곡선으로부터 유도된다. 한 경제에서 물가가 낮을수록 재화와 용역의 수요량은 증가하므로 총수요곡선은 우하향한다. 장기총공급곡선(*LRAS*)은 물가와는 독립적이고 그 국가의 자연산출량 수준에서 수직선을 이룬다. 자연산출량 수준은 그 국가의 노동, 자본, 천연자원 및 기술의 이용 가능성에 의존한다. 산출량은 불완전 정보나 시장의 불완전성으로 인해 일시적으로 자연산출량 수준에서 이탈될 수 있다[그 국가의 단기총공급곡선(*SRAS*)은 우상향한다]. 총수요가 예기치 않게 증가하는 경우 기업들은 일시적으로 산출량을 증가시킨다. 그러나 장기적으로는 예상되는 가격상승이 실제가격의 상승으로 반영되므로 단기총공급곡선은 가격상승분만큼 상향 이동하여 변하지 않는 자연산출량 수준과 더 높은 물가수준하에서 새로운 장기균형점을 형성한다.

3. 한 국가의 물가수준이 상승하는 경우 그 국가의 통화량의 실질가치가 감소하므로 *LM* 곡선은 좌상방으로 이동한다. *IS* 곡선은 무역수지 악화로 인해 좌하방으

로 이동하고, *BP* 곡선은 무역수지 악화를 상쇄하기 위해 더 많은 국제자본을 유치하려면 이자율이 상승해야 하므로 좌상방으로 이동한다. 국내물가가 상승할 때 폐쇄경제인 경우보다 개방경제의 경우 그 경제의 총수요를 더 많이 감소시킨다. 개방경제 총수요곡선은 변동환율제도에서 기울기가 완만하거나 더 탄력적인데 이는 물가상승과 무역수지 악화가 보통 환율변화를 가져오고 추가적인 무역수지 효과를 갖기 때문이다.

4. *IS*, *LM*, *BP* 곡선에 영향을 주는 어떤 변화도 총수요곡선에 영향을 주게 되며, 또한 그 국가가 고정환율제도나 변동환율제도 중 어느 제도를 채택하는가에 따라 그 결과가 서로 다르다. 국내물가가 불변인 상태에서 무역수지가 개선되면 고정환율제도에서는 그 국가의 총수요곡선이 우상방으로 이동하지만 변동환율제도에서는 통화의 평가상승만을 가져올 뿐이다. 단기자본이 독자적인 유입이 증가하거나 유출이 감소하면 고정환율제도에서는 총수요곡선이 우상방으로 이동하지만 변동환율제도에서는 좌하방으로 이동한다. 국제단기자본의 이동성이 매우 높은 경우 고정환율제도에서 통화정책은 무력하지만 재정정책은 강력하다. 반면에 변동환율제도에서는 정반대의 결과가 나타난다.

5. 장기균형점에서 고정환율제도에서의 팽창적 재정정책이나 변동환율제도에서의 통화정책은 물가의 상승을 가져오고 산출량은 일시적으로 증가할 뿐이다. 한 국가는 고정환율제도에서 팽창적 재정정책이나 변동환율제도에서 완화적 통화정책으로 불경기를 해소할 수 있지만 물가상승의 대가를 치르게 된다. 시간이 지나면 불경기는 가격하락으로 자동적으로 해소되지만 가격이 경직적이고 하방 신축적이지 않는 경우 시간이 오래 걸린다. 중앙은행의 독립성이 강한 국가들은 독립성이 약한 국가들에 비해 더 나은 인플레이션 성과를 나타냈다.

6. 거시경제정책은 장기적인 경제성장을 위해서도 사용될 수 있다. 그 경우 팽창적 거시경제정책을 사용하고 성장이 없는 경우보다 *LRAS* 곡선과 *SRAS* 곡선은 오른쪽으로 이동하여 자연산출량 수준과 고용은 증가하고 물가는 하락한다. 1970년대 석유가격의 급격한 상승이라는 공급충격으로 인한 비용증가 때문에 석유수입국의 *LRAS* 곡선과 *SRAS* 곡선은 좌방으로 이동하였다. 총수요에 어떤 변화가 있었는가는 불분명하다. *LRAS* 곡선과 *SRAS* 곡선의 좌측 이동은 석유수입국에 불경기와 인플레이션, 즉 스태그플레이션을 가져왔다. 스태그플레이션을 저지하기 위해 팽창적 통화정책을 사용한 국가들은 일반적으로 그렇지 않은 국가에 비해 한층 높은 인플레이션을 겪게 되었다.

주요용어

단기총공급곡선(SRAS)(short-run aggregate supply (SRAS) curve)

스태그플레이션(stagflation)

예상가격(expected prices)

자연산출량 수준(Y_N)(natural level of output, Y_N)

장기총공급곡선(LRAS)(long-run aggregate supply (LRAS) curve)

총공급(AS)곡선(aggregate supply (AS) curve)

총수요(AD)곡선(aggregate demand (AD) curve)

복습문제

1. 개방경제 거시경제학에 관한 분석에서 물가와 산출량의 관계를 검토하는 것은 왜 중요한가? 개방경제 거시경제학에서 물가는 어떻게 포함되는가?

2. 폐쇄경제하에서 총수요곡선은 무엇을 보여주는가? 그것은 어떻게 유도되는가? 왜 우하향하는가?

3. 주어진 물가수준에서 통화량의 증가는 총수요곡선의 이동으로 보이는 데 반해 주어진 통화량에서 일반물가수준의 감소는 왜 주어진 총수요곡선을 따라서 이동하는 것으로 보이는가?

4. 정부지출의 증가는 총수요에 어떻게 영향을 주는가? 그 이유? 이것을 어떤 종류의 재정정책이라 부르는가?

5. 총공급곡선은 무엇을 보여주는가? 장기총공급곡선은 단기총공급곡선과 어떻게 다른가?

6. 자연산출량 수준이란 무엇인가?

7. 한 국가의 산출량은 일시적으로 어떻게 자연산출량 수준과 괴리되는가? 한 국가의 산출량 수준은 어떻게, 왜 장기자연산출량 수준으로 복귀하는가?

8. 총수요와 총공급의 틀을 활용하여 한 국가가 장기균형점에 있으면 필연적으로 단기균형점에도 있는 이유를 설명하라. 그 국가는 장기균형 밖에서 단기균형에 있을 수 있는가?

9. 고정환율제도에서 개방경제의 총수요곡선은 어떻게 유도되는가? 이것은 그 국가가 폐쇄적인 경우보다 왜 더 탄력적인가?

10. 개방경제하의 총수요곡선이 폐쇄경제의 경우보다 더 탄력적이기 위해서는 왜 마샬-러너 조건이 충족되어야 하는가?

11. 변동환율제도에서 개방경제의 총수요곡선은 어떻게 유도되는가? 이것은 폐쇄경제나 고정환율제도의 개방경제보다 왜 더 탄력적인가?

12. 실물부문이 그 국가의 총수요에 미치는 충격은 고정환율제도와 변동환율제도에서 어떻게 다른가?

13. 통화부문의 충격이 총수요에 미치는 효과는 실물부문의 충격의 경우와 고정환율제도와 변동환율제도에서 어떻게 다른가?

14. 고정환율제도에서는 재정정책이 유효하고 통화정책은 무력하나, 변동환율제도에서는 반대가 되는 이유는 무엇인가?

연습문제

1. IS-LM 곡선을 사용하여 한 국가의 일반물가수준이 감소하는 경우 어떻게 총수요곡선을 따라서 하방 이동하는가를 그래프로 보여라.

2. IS-LM 곡선을 사용하여 주어진 LM 곡선에 대해 IS 곡선이 편평하면 할수록 총수요곡선이 그만큼 더 편평하거나 더 탄력적인 이유를 그래프로 보여라.

3. IS-LM 곡선을 사용하여 완화적인 통화정책이 총수요곡선에 미치는 효과를 보여라.

4. IS-LM 곡선을 사용하여 팽창적인 재정정책이 총수요곡선에 미치는 효과를 보여라.

5. 경직적인 임금하에서(가격과 같은 비율로 즉각적으로 상승하지 않은 임금) 예상치 않은 가격상승이 우상향하는 단기총공급곡선을 가져오는 이유를 설명하라.

6. 그림 7-3에서 그 경제의 최초의 장기 및 단기균형점은 AD' 곡선이 LRAS와 SRAS' 곡선과 만나는 점을 C라고 가정하자. 총수요곡선이 AD'에서 AD로 하방 이동하는 경우 일시적인 산출량 감소와 영구적인 가격하락을 가져오는지 설명하라.

7. 노동시장의 불완전성에 비추어 총수요곡선의 하향 이동이 어떻게 일시적인 산출량 감소와 영구적인 가

격하락을 일으키는지 설명하라.

8. 고정환율제도에서 운영 중인 경제에서 그림 7-5에서 LM' 곡선이 IS' 곡선과 BP' 곡선의 아래에서 만나는 경우 어떻게 재화시장과 통화시장 그리고 국제수지의 균형이 달성되는가?

9. 변동환율제도를 운영 중인 경제에서 LM' 곡선이 IS' 곡선과 BP' 곡선의 아래에서 만나는 경우 어떻게 재화시장과 통화시장 그리고 국제수지의 균형이 달성되는가를 보여 주는 그림 7-6의 왼쪽 도표와 유사한 그림을 그려라.

10. 고정환율제도에서 한 국가의 무역수지가 독자적으로 악화되는 경우 그 국가의 총수요곡선에 미치는 효과를 검토하라.

11. 변동환율제도에서 문제 10번과 동일한 문제를 풀어라.

12. 불경기를 해소하기 위해 팽창적 재정정책 또는 완화적 통화정책 사용의 유용성이 국내가격의 하방 신축성의 정도에 의존하는 이유를 설명하라.

13. 그림 7-12와 관련하여 스태그플레이션을 조정하기 위해 그 국가의 총수요곡선을 AD'으로 이동시키는 통화정책은 그 국가의 장기총공급곡선이 장기에서 $LRAS$상에 유지되는 경우 어떤 결과가 발생하는가를 설명하라.

14. 사례연구 7-5에서 제시된 자료에 비추어 볼 때 자연실업률의 개념은 유용한가?

제 8 장

변동환율제도 대비 고정환율제도, 유럽통화제도 및 거시경제정책 조정

- 고정환율제도와 변동환율제도의 장점과 단점을 이해한다.
- 최적통화지역의 의미를 이해한다.
- 유로의 창출과 유럽중앙은행의 운영을 설명한다.
- 통화위원회의 운영과 그것을 실제로 채택한 국가에서 어떻게 작동하는지를 설명한다.
- 조정가능 페그, 크롤링 페그 및 관리변동환율제도의 의미와 작동 방법을 이해한다.
- 거시경제정책 조정의 의미와 중요성을 파악한다.

8.1 서론

제4장부터 제7장까지는 변동환율제도와 고정환율제도 각각에 대해서 별도로 국제수지 불균형의 조정과정을 검토하였다. 이 장에서는 상반되는 관계에 있는 고정환율제도와 변동환율제도 간의 상대적 우위 및 열위 그리고 변동환율제도와 고정환율제도의 여러 가지 특성이 혼합되어 있는 혼합제도(hybrid system)들의 장단점도 아울러 비교, 평가해 보기로 한다.

일반적으로 변동환율제도를 옹호하는 사람들은 변동환율제도가 고정환율제도보다 국제수지 불균형을 해소하는 데 더 효율적이라고 주장한다. 더 나아가 그들은 변동환율제도에서 대외균형이 용이하게, 자동적으로 달성되기 때문에 대내균형 및 여타 경제목표도 쉽게 달성할 수 있다고 강조한다. 한편 고정환율제도 옹호자들은 변동환율제도에서는 고정환율제도에서 나타나지 않는 불확실성으로 인해 국제무역과 투자가 감소하고 불안정적 투기와 인플레이션이 발생할 가능성이 높다고 주장한다.

양측에서 제기된 이론적 논점을 자세히 살펴보면, 한 제도가 다른 제도에 비해 압도적으로 우월하다고 명쾌하게 결론 내리기는 곤란하다. 1970년대 초 고정환율제도가 붕괴되던 당시에 대부분의 경제학자들은 변동환율제도를 지지하는 것처럼 보였다. 그러나 지난 40년간 경험했던 환율의 급변성(volatility)으로 인해, 오늘날에는 고정환율제도나 관리변동환율제도를 다소 더 선호하는 것으로 보인다. 종종 경제학자들은 지배적인 환율제도가 무엇이든 그 제도하의 고통을 명백한 단점으로 인식하고 이러한 단점이 이상적인 대체적인 제도하에서는 나타나지 않을 것으로 생각하는 것 같다. 이는 사업가, 은행가 및 정부 관리들이 다소 일관성 있게 환율이 고정되거나 적어도 변동이 아주 제한된 제도를 선호하는 것과는 대조된다.

한 국가가 전국적으로 단일통화를 유지함으로써 국내 여러 지역 간에 **영구적인 고정환율**을 채택할 때(예 : 뉴욕의 1달러가 샌프란시스코나 미국의 기타 지역에서의 1달러와 교환될 때) 발생하는 이익이 매우 크다는 것을 부정할 수는 없다. 그러나 이 경우 고정환율과 변동환율에 관한 논쟁은 본질적으로 **최적통화지역**(optimum currency area)에 관한 논쟁이거나 또는 고정환율의 장점이 단점에 의해 압도되기까지 영구적인 고정환율의 영역을 점점 확장해 가는 경우 그 영역이 어느 정도까지 커져야 하는가에 대한 논쟁이 된다. 결국 변동환율과 고정환율 중 어느 것이 더 나은가에 관한 최종적인 결론은 관련된 국가나 지역 및 환율제도가 운영되는 상황에 따라 다르다.

이 장의 8.2절에서는 변동환율제도를 옹호하는 근거를 살펴본다. 8.3절에서는 고정환율제도를 옹호하는 근거를 검토하고, 8.4절에서는 이 문제와 밀접한 관련이 있는 최적통화지역의 이론을 소개하고 유럽통화제도에 관해 논의한다. 8.5절에서는 통화위원회제도와 달러화를 다루고 8.6절에서는 변동환율제도와 고정환율제도의 특성이 다양한 정도로 혼합된 혼합제도의 장단점을 검토한다. 여기에는 환평가(par value) 주변에서 다양한 변동폭을 갖는 환율제도 또는 조정가능 페그(adjustable peg), 크롤링 페그(crawling peg)와 같은 고정환율제도 및 관리변동환율(managed floating)제도가 포함된다. 마지막으로 8.7절에서는 국제거시경제 정책조정을 다룬다. 부록에서는 국제통화기금의 모든 회원국의 환율제도를 정리한다.

8.2 변동환율제도를 찬성하는 논거

제4장에서 순수한 변동환율제도에서는 한 국가의 국제수지 적자나 흑자가 정부의 개입 없이 또는 그 나라의 국제준비자산이 감소하거나 축적되지 않고도 통화의 평가상승이나 평가하락을 통해 자동적으로 조정되는 것을 보았다. 반면에 법률로 어떤 상품의 가격을 고정하는 것과 같이 환율을 일정수준으로 고정하면 외환에 대한 초과공급이나 초과수요가 나타나는데(즉, 일국의 국제수지에 적자나 흑자가 발생), 이것은 환율 이외의 다른 경제변수의 변화에 의해서만 수정될 수 있다. 이것은 비효율적일 뿐 아니라 정책상의 오류를 초래할 수도 있으며 (통화정책과 같은) 여러 정책의 이용이 불가피하게 되어, 이들 정책을 순수한 국내경제 목표를 달성하는 데 이용할 수 없게 된다.

8.2A 시장의 효율성

변동환율제도에서는 국제수지 불균형을 해소하기 위해 환율의 변동만이 필요하다. 만약 (금본위제도에서 가격-정화-유통기구처럼) 국내 모든 가격이 완전 신축적이라면 고정환율제도에서도 국제수지 균형은 달성될 수 있다. 그러나 국제수지를 조정하기 위해 모든 국내가격을 변화시키는 것보다는 한 가지 가격(즉, 환율)을 변화시키는 것이 보다 더 효율적이다. 이것은 여름이 되면 모든 사건들을 한 시간 일찍 재조정하는 것보다 섬머타임제를 실시하는 것이 효율적인 것과 동일한 논리이다. 더구나 현실세계에서는 국내가격이 완전히 신축적이지 않고 하방 경직적인 경향이 있다.

변동환율제도의 옹호자들에 의하면 변동환율제도는 국제수지 불균형이 발생할 때 이를 유연하게 연속적으로 조정한다고 한다. 그 결과 안정적인 투기가 나타나게 되어 환율변동을 완화시킨다. 따라서 환율의 변동은 적은 비용으로 헤징할 수 있게 된다. 한편 고정환율제도에서는 한 국가가 균형환율에서 이탈될 때 환율을 조정할 능력이나 의지가 없으면 불안정화 투기가 야기되고, 결국 그 국가는 불연속적으로 환율변경을 대폭 단행하지 않을 수 없게 된다. 이는 경제에 충격을 줄 뿐 아니라, 그 국가에 심각한 조정비용을 부담하게 하고 또 국제무역 및 투자의 원활한 흐름을 방해한다.

변동환율제도에서는 균형환율에 의해 국내가격으로 환산되는 경우 일국의 여러 가지 상품의 비교우위와 비교열위의 정도를 명백히 알 수 있다. 반면에 고정환율은 현실세계에서 균형환율로부터 종종 이탈하는데, 이 경우에는 무역 패턴을 왜곡시키고 전 세계적으로 자원분배의 효율성을 저해한다.

예를 들어 환율이 과도하게 높은 경우 한 국가는 균형환율에서보다 훨씬 더 많은 상품을 수출할 수 있다. 극단적인 경우에는 그 국가가 실제로는 비교열위에 있는 상품조차도 수출하는 경우가 있다. 즉, 균형환율에서는 한 상품이 경쟁적인 외국상품보다 훨씬 비싸더라도 국내통화가 저평가된 환율에서는 (동일한 통화로 표시할 때) 더 저렴하게 되는 경우도 있다. 이것은 세계자원의 효율적인 이용을 저해하여 생산 및 무역의 국제적 특화로 인한 이익을 감소시킨다.

8.2B 정책상의 우위

변동환율제도에서는 한 국가가 대외균형을 염두에 두지 않고 물가가 안정된 상태의 완전고용, 성장, 공정한 소득분배 등과 같은 순수한 국내목표를 달성하기 위해 모든 정책을 자유롭게 이용할 수 있다. 예를 들면, 제6장과 제7장에서 고정환율제도에서 대내균형을 달성하기 위해서는 재정정책을, 대외균형을 달성하기 위해서는 통화정책을 사용할 수 있음을 보았다. 다른 조건이 같다면 대내균형을 달성하기 위해 재정정책과 병행하여 통화정책을 자유롭게 사용할 수 있다면 훨씬 더 용이하게 목표를 달성할 수 있다. 또한 성장과 같은 기타 순수한 국내목표를 달성하기 위해서도 통화정책이 이용될 수 있다. 각국이 이용할 수 있는 효율적인 정책수단이 제한되어 있음을 감안할 때 이것은 결코 작은 이익이 아니다. 그 외에도 변동환율제도에서는 대외균형을 달성하는 데 있어서 정책상의 실수나 지연 가능성도 최소화된다.

이 외에도 변동환율제도를 옹호하는 보편화된 논거로 변동환율제도(국내목표 달성을 위해 통화정책을 자유롭게 사용할 수 있다는 점 외에도)가 통화정책의 효율성을 제고시켜 준다는 점을 들 수 있다. 예를 들면 반인플레이션(anti-inflation) 정책의 결과 무역수지가 개선되는 경우 국내통화는 평가상승하게 될 것이다. 이것은 수입을 촉진하고 수출을 억제함으로써 국내의 인플레이션 압력을 한층 더 감소시킨다.

인플레이션과 실업 사이의 배향관계(trade-off)는 국가마다 상이하다. 가령 영국과 이탈리아는 실업률을 낮게 유지하기 위해서 미국보다 두 자리 숫자의 인플레이션을 더 용인하고, 일본 역시 독일

보다 실업률을 더 낮게 유지하기 위해서 인플레이션을 더 용인하는 것으로 보인다. 변동환율제도에서 각국은 자국이 소망하는 인플레이션-실업 간의 배향관계를 달성할 수 있는 국내정책을 추구할 수 있다. 고정환율제도에서는 각국의 인플레이션율이 상이하기 때문에 국제수지 압력이 나타나게 되며(인플레이션율이 높은 국가에서는 적자가, 인플레이션율이 낮은 국가에서는 흑자가 나타냄), 그 결과 각국은 자국의 최적 인플레이션-실업 간 배향관계를 달성할 수 없거나 부분적으로만 달성할 수 있게 된다. 그러나 이러한 점에서의 변동환율제도로 인한 이익은 일시적일 뿐이다.

변동환율제도에서는 정부가 환율을 균형환율 이외의 어떤 일정 수준으로 고정시켜서 한 부문에 이득을 주고 여타 경제부문을 희생하거나 또는 보다 손실이 적은 수단으로 달성될 수 있는 어떤 경제목표를 더 높은 비용으로 달성하거나 하는 것을 불가능하게 한다. 예를 들어 통상적으로 개발도상국들은 개발을 위해 필요한 자본설비의 수입을 촉진하기 위해 환율을 매우 낮게 유지하는데, 이것은 농업제품과 전통적 제품의 수출을 저해한다. 이때 정부는 환율이 균형환율보다 낮기 때문에 발생하는 외환에 대한 초과수요를 제거하기 위해 외환통제 및 무역통제를 혼합하여 사용한다. 다른 조건이 같다면 환율을 본래의 균형수준으로 유지하고 그 국가의 공업생산자에게 보조금을 지급하는 것이 훨씬 더 효율적일 것이다. 보조금은 훨씬 더 확실하고 입법부의 심의에 의해 지급되는 데 반해, 무역과 외환통제는 일반적으로 보조금을 지급하는 것보다 경제에 여러 가지 왜곡과 비효율성을 초래하기 때문에 비효율적이다.

끝으로 변동환율제도는 환율을 고정수준으로 유지하기 위해 필요한 정부의 외환시장 개입비용을 발생시키지 않는다. 변동환율제도는 일반적으로 노벨상 수상자인 밀튼 프리드만(Milton Friedman) 등과 같이 경제에 대한 정부 간섭의 최소화와 최대한의 개인적 자유를 옹호하는 사람들이 선호한다.

이상이 변동환율제도를 찬성하는 가장 강력한 논거인데 대체적으로 타당하지만, 상당히 수정되어야 한다. 이 문제는 8.3절과 8.4절에서 고정환율제도를 옹호하는 맥락에서 그리고 최적통화지역 이론을 검토하면서 다룰 것이다. 또한 여기에서 외환시장에 대한 정부의 개입이 전혀 없는 자유변동환율제도(freely floating exchange rate system)를 분석대상으로 하고 있다는 점을 주의해야 할 것이다. 환율의 장기적 추세에 영향을 미치거나 또는 어떤 특정 환율을 유지하지 않더라도 환율의 지나친 단기적 변동을 완화하기 위해 외환시장에 대한 정부의 개입을 최소한으로라도 허용하는 제도는 진정한 의미의 변동환율제도라 할 수 없으며, 이것은 관리변동환율제도(managed floating exchange rate system)라 하며 8.6D절에서 다루기로 한다.

8.3 고정환율제도를 찬성하는 논거

이 절에서는 고정환율제도를 찬성하는 논거를 살펴본다. 이러한 논거는 고정환율제도의 경우에 국제무역과 금융에서 불확실성이 감소한다는 점과 고정환율이 불안정적 투기가 아닌 안정적인 투기를 가져온다는 점 그리고 가격규율이 변동환율제도에서보다는 고정환율제도에서 더 잘 지켜진다는

(즉, 인플레이션율이 더 낮다는) 주장에 근거한다. 고정환율제도를 찬성하는 이러한 주장은 획득 가능한 실증적 증거뿐 아니라 변동환율제도 옹호자들의 반론과 함께 제시된다.

8.3A 불확실성의 감소

고정환율제도의 옹호자들에 의하면 고정환율제도에서는 변동환율제도에서 발생하기 쉽고, 생산의 특화 및 국제무역과 투자의 흐름을 저해하는 환율의 매일매일의 격심한 변동을 피할 수 있다는 것이다. 즉, 변동환율제도에서는 한 국가의 외환에 대한 수요와 공급이 매일매일 변화하면 환율도 빈번히 변동한다는 것이다. 게다가 외환에 대한 수요와 공급곡선이 비탄력적이기 때문에(즉, 기울기가 크므로) 환율의 변동이 빈번할 뿐 아니라 변동폭 또한 매우 크다는 것이다. 이러한 환율의 급격한 변동은 생산의 특화와 국제무역 및 투자의 흐름을 저해하고 감소시키게 된다. 이러한 점에서 고정환율제도를 선호하는 입장은 고정환율제도 자체를 선호하기보다는 변동환율제도를 반대하는 입장이다.

예를 들어 그림 8-1에서 미국의 유로에 대한 수요곡선이 시간이 지남에 따라 평균 $D_{\mathclose{€}}$로부터 $D'_{\mathclose{€}}$로 그리고 다시 $D^*_{\mathclose{€}}$로 이동하면 유로에 대한 미국의 공급곡선이 $S_{\mathclose{€}}$이거나 탄력적일 때는 환율이 R'으로부터 R^*로, 유로에 대한 미국의 공급곡선이 $S'_{\mathclose{€}}$이거나 비탄력적일 때는 환율이 R^*로부터 R^{**}로 변동한다.

그림 2-3을 보면 실제로 미국의 달러와 G7 선진국 통화 간의 환율이 1980년부터 2002년에 이르

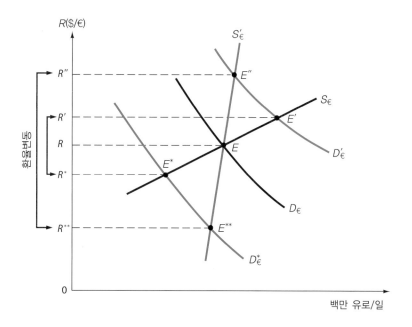

그림 8-1 외환에 대한 수요곡선의 이동과 불확실성
미국의 유로에 대한 수요곡선이 시간이 지남에 따라 평균 $D_{\mathclose{€}}$로부터 $D'_{\mathclose{€}}$로 그리고 다시 $D^*_{\mathclose{€}}$로 이동하면 유로에 대한 미국의 공급곡선이 $S_{\mathclose{€}}$이거나 탄력적일 때는 환율이 R'으로부터 R^*로, 유로에 대한 미국의 공급곡선이 $S'_{\mathclose{€}}$이거나 비탄력적일 때는 환율이 R'으로부터 R^{**}로 변동한다.

기까지 일간 기준으로 크게 변동하였음을 알 수 있다. 1973년 이래 대부분의 국가들은 자유변동환율제도보다는 관리변동환율제도를 채택했다. 외환시장에 대한 통화당국의 개입 결과 환율의 단기적 변동이 완화된 만큼 자유변동환율제도에서라면 환율이 더 큰 폭으로 변동했을 것이다.

또한 시간의 문제도 중요하다. 즉, 장기에는 단기에서보다 탄력성이 높기 때문에 환율변동이 작아진다. 그러나 보통 관심의 초점이 되는 것은 환율의 단기적 불안정성이다. 변동환율제도에서 환율이 단기적으로 과도하게 변동하고 그 결과 경제 내의 여러 부문 사이에 과도하게 국내자원이 재배분된다면 환율의 지나친 단기변동은 마찰적 실업의 증대를 가져와 손실이 클 수도 있다. 환율이 단기적으로 장기 균형환율 수준에 비해 오버슈팅(overshooting)되는 경향은 3.5A절과 사례연구 3-7에서 언급한 바 있다.

변동환율제도의 옹호자들에 의하면 고정환율제도에서 주기적으로 요구되는 대규모 불연속적인 환평가의 변화와 관련된 불안정성과 불확실성은 변동환율제도에 내재되어 있는 불확실성보다 국제무역과 투자의 원활한 흐름을 훨씬 더 저해하고 와해시킨다는 것이다. 게다가 일반적으로 변동환율제도에서의 불확실성은 헤지를 통해 피할 수 있지만 고정환율제도에서는 그것이 불가능하다는 것이다. 그러나 금본위제도와 같은 진정한 의미의 고정환율제도에서는 환율이 항상 고정되어 있으므로 이러한 불확실성이 근원적으로 존재하지 않는다는 점은 지적되어야 한다.

8.3B 안정화 투기

고정환율제도의 옹호자들에 의하면 투기는 고정환율제도에서보다는 변동환율제도에서 더 불안정해진다고 본다. 불안정화 투기의 경우에 투기자들은 환율이 상승하고 있을 때 환율이 더욱더 상승할 것이라는 기대하에 외환을 매입하며, 환율이 하락하고 있을 때는 환율이 더 하락할 것이라는 기대하에 외환을 매출한다. 이러한 과정에서 경기순환으로 인한 환율변동은 커지며 국제거래에 관련된 불확실성과 위험도 증대된다. 안정화 투기의 경우에는 이와 반대현상이 나타난다.

이것은 그림 8-2에서 설명된다. 곡선 A는 투기가 없을 때 경기순환에 따른 환율의 가상적인 변동(경기순환 전 과정에서 달러는 평가하락하는 경향이 있음을 암묵적으로 가정함)을 보여 준다. 곡선 B는 안정화 투기의 경우로 환율의 변동이 작고, 곡선 C는 불안정화 투기의 경우로 환율변동이 크다는 점을 보여 준다. 불안정화 투기의 경우 환율변동이 확대되면 국제거래의 불확실성과 위험이 증대되고, 무역 및 투자의 국제적인 이동이 감소하게 된다. 고정환율제도의 옹호자들에 따르면 이러한 현상은 환율이 고정되어 있을 때보다도 자유롭게 변동할 때 더 발생하기 쉽다는 것이다.

그러나 변동환율제도의 옹호자들은 이에 동의하지 않는다. 그들은 환율이 지속적으로 조정되지 못하여 마침내 대규모의 불연속적인 환율변화가 불가피하게 되는 경우보다는 환율이 계속적으로 조정될 때 불안정화 투기가 덜 발생한다고 본다. 대규모의 환율변화를 예상하는 경우 평가절하될 것으로 생각되는 통화를 매출하고 평가절상될 것으로 생각되는 통화를 매입하면(불안정화 투기) 그 결과 그들의 예상은 스스로 실현되는 경우가 있다. 그러나 이것은 브레튼우즈 체제와 같은 형태의 고정환율제도에서 타당한데 브레튼우즈 체제에서는 '기초적 불균형'의 경우에 환율변동을 허용하

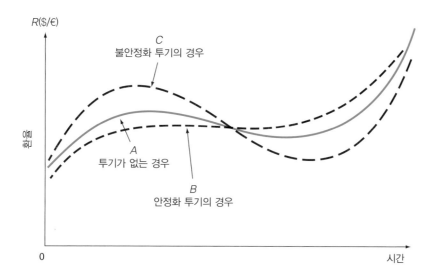

그림 8-2 투기가 없는 경우, 안정화 투기와 불안정화 투기가 있는 경우의 환율변동
곡선 *A*는 투기가 없을 때 경기순환에 따른 환율의 변동을 보여 준다. 곡선 *B*는 안정화 투기의 경우로 환율의 변동이 작고,
곡선 *C*는 불안정화 투기의 경우로 환율변동이 크다.

기 때문이다. 금본위제도와 같은 진정한 고정환율제도에서는 환율이 항상 고정되어 있으며, 아무리
어렵더라도 국제수지 조정은 환율변경 이외의 다른 방법에 의해 달성된다. 그러한 경우 투기는 대
부분 안정적이다. 그러나 진정한 변동환율제도에서도 마찬가지일 것이다.

밀튼 프리드만(Milton Freedman)에 의하면 불안정화 투기를 하게 되면 투기자들은 계속적으로
손해를 보게 되고, 이에 따라 투기자들이 투기를 하지 않기 때문에 투기는 평균적으로 안정적이라
고 한다. 즉, 불안정화 투기의 경우에 투기자들은 외환 가격이 상승할 때 그 가격이 훨씬 더 상승할
것이라는 기대 아래 외환을 매입하는데, 만일 가격이 상승하지 않으면 보다 낮은 가격으로 통화를
다시 매출해야 하기 때문에 손해를 입게 된다. 만일 그러한 과정이 계속되면 그들 대부분은 파산하
게 될 것이다. 투기자들이 이익을 얻고 계속 활동하기 위해서는 환율이 낮을 때 외환을 매입하여 환
율이 높을 때 이 외환을 재매도할 수 있어야 한다. 이것은 투기가 평균적으로 안정적이라는 점을 의
미한다. 일부 경제학자들은 이러한 주장을 반박하고 불안정화 행동을 하는 투기자 계층은 항상 다
시 보충되기 때문에 투기는 장기적으로도 불안정화될 수 있다는 점을 지적한다. 아울러 불안정화
투기의 결과 투기자들이 파산하게 된다는 사실에도 불구하고 대공황이 시작되었던 1929년 주식시
장 혼란기 및 보다 최근에 1987년 10월 주식시장이 붕괴된 시기에 투기자들이 불안정화 행동을 하
지 않은 것은 아니었다.

이 문제는 현실세계에서의 경험을 살펴봄으로써만 해결될 수 있다. 그러나 현실세계에서의 경험
을 살펴보면 서로 상충되는 증거를 대하게 된다. 넉시(R. Nurkse)에 따르면 양차 대전 사이(제1차 및
제2차 세계대전)의 변동환율제도에 관한 경험으로부터 불안정화 투기가 만연되었음을 알 수 있다
(하지만 이러한 견해도 최근에는 변동환율제도에 관한 경험을 통해 수정하게 되었다). 양차 대전 사

이의 이러한 경험은 제2차 세계대전 말기에 동맹국들이 고정환율제도(브레튼우즈 체제)를 설립하도록 하는 데 큰 영향을 미쳤다. 반면 변동환율제도에 관한 1950년대 캐나다의 경험으로부터는 안정화 투기가 지배적이었음을 알 수 있다.

1970년대 초반 브레튼우즈 체제 말기에 외환시장의 혼란상과 몇몇 환율의 재조정 그리고 명백히 불안정화 투기 등에 의하여 브레튼우즈 체제는 훼손되었다. 반면 금본위제도(1880~1914년) 동안은 확실히 안정화 투기의 시대였다. 1973년 이래 운영되고 있는 관리변동환율제도에서는 환율이 매일 매일 대폭적으로 변동하였으나 투기가 평균적으로 안정적이었는가, 불안정적이었는가에 관한 일반적인 의견 일치는 없다. 아마 양자 모두 존재했을 것이다.

따라서 투기는 브레튼우즈 체제와 같은 형태의 고정환율제도에서와 마찬가지로 오늘날 운영되고 있는 관리변동환율제도에서도 불안정화 형태로 발생할 수 있다. 그러나 대부분의 경제학자들은 '정상적'인 조건하에서 투기는 양 체제에서 모두 대부분 안정화 상태라고 믿는 것으로 보인다. 진정한 변동환율제도와 진정한 고정환율제도에서 투기는 틀림없이 안정적이다.

8.3C 가격규율

고정환율제도에서는 변동환율제도에서 존재하지 않는 가격규율의 문제가 각국에 부과된다[이른바 앵커(anchor) 논쟁]. 즉, 고정환율제도에서는 타국보다 인플레이션율이 높은 국가는 지속적인 국제수지 적자와 지불준비의 감소에 직면한다. 국제수지 적자와 지불준비의 감소는 영원히 지속될 수 없기 때문에 그 국가는 과도한 인플레이션을 억제할 필요가 있으며, 따라서 가격규율을 하지 않을 수 없다. 변동환율제도에서는 국제수지 불균형이 적어도 이론상으로는 환율의 변화에 의해 자동적으로 즉시 조정되기 때문에 이러한 가격규율의 필요성이 존재하지 않는다. 이것을 알고 있기 때문에 선출된 관리들은 그들의 재선 가능성을 높이기 위해 경제를 과도하게 자극하기 쉽다.

이론적으로는 변동환율제도가 고정환율제도보다 인플레이션 경향이 더 있는 것으로 보인다. 제4장에서 한 국가의 통화가 평가하락하면 국내물가가 상승한다는 점을 살펴보았다. 한편, 오늘날에는 물가가 하방경직적이기 때문에 평가상승을 해도 물가는 하락하지 않는다. 확실히 고정환율제도에서 평가절하 역시 인플레이션 압력을 가하지만 평가절상의 결과 국내물가는 하락하지 않는다. 그러나 변동환율제도에서는 균형환율이 두 가지 방향으로 오버슈팅되고 평가하락할 때는 물가가 상승하지만, 평가상승할 때는 물가가 하락하지 않으므로 [소위 톱니효과(ratchet effect)] 고정환율제도에서보다 변동환율제도에서 인플레이션이 더 높아질 것이다.

앞에서 지적한 바와 같이 진정한 변동환율제도에 대한 실제 경험이 없기 때문에 관리변동환율제도에 대한 경험을 참고하여야 한다. 1973년 이래 관리변동환율제도는 1980년대 초까지 대부분의 국가에 심한 인플레이션 압력을 가했지만, 그 후에는 그렇지 않았다. 더구나 이러한 인플레이션 압력은 변동환율제도 때문에 발생했다기보다는 원유가의 급등과 대부분의 국가에서의 과도한 통화창출(그리고 이로 인한 인플레이션 심리)의 결과이다. 그러나 1970년대의 보다 불안정한 시기는 제외하더라도 주요 선진국의 경제적 성과가 1983~2011년 기간보다 1960~1973년에 더 좋았다는 것을 알 수 있다(사례연구 8-1 참조).

변동환율제도의 찬성자들도 변동환율제도가 고정환율제도보다 인플레이션 경향이 더 강하다는 것을 인정한다. 그러나 이것은 각국이 원하는 인플레이션-실업 사이의 배향관계가 상이하고 또한 변동환율제도에서는 각국이 독자적인 안정화 정책을 추구할 수 있기 때문으로 본다. 즉, 각국이 보다 높은 인플레이션과 더 낮은 실업을 (또는 이 반대로) 원하는 방향으로 선택할 수 있기 때문에 생긴다는 것이다. 변동환율제도의 옹호자들은 이것을 변동환율제도의 중요한 장점으로 생각한다.

대체적으로 변동환율제도는 고정환율제도보다도 훨씬 더 외부의 충격(수출의 외생적 변화와 같은)으로부터 국내경제를 격리시킨다. 결과적으로 변동환율제도는 커다란 외부 충격을 받기 쉬운 국

사례연구 8-1 🌐 고정환율제도와 변동환율제도에서의 거시경제 성과

표 8-1은 지난 14년간 고정환율제도 기간(1960~1973)과 31년간 변동환율제도 기간(1983~2014)의 G7 선진국의 거시경제성과에 관한 지표를 보여 주고 있다. 1974년부터 1982년까지의 기간은 1973~1974년의 석유위기와 그 후 1979~1980년의 위기로 인해 매우 비정상적인 상황이므로 분석대상에서 제외하였다. 이 표를 통해 고정환율제도 기간이 변동환율제도 기간에 비해 성장률 또는 실질 GDP는 평균적으로 훨씬 높고(거의 2배), 인플레이션율은 50% 더 높으며, 실업률은 훨씬 낮다(거의 반)는 것을 알 수 있다.

그러나 고정환율제도 기간(1960~1973)의 거시경제 성과가 좋은 것이 전적으로 또는 주로 환율제도에 기인한 것

으로 볼 수는 없다. 왜냐하면 경제성과란 노동시장의 신축성, 기술변화율, 세계화와 같은 다른 요인들에 의해서도 좌우되기 때문이다. 예를 들어 급속한 세계화는 고정환율제도에 비해 관리변동환율제도 기간의 낮은 인플레이션이 원인이었다(통상적으로는 관리변동환율제도가 고정환율제도에 비해 인플레이션 가능성이 높다는 사실에도 불구하고). 실제로 경제성과에 영향을 미치는 모든 요인을 고려할 때 어느 제도가 더 우월한지를 판단하는 것은 어렵다. 왜냐하면 실제로 환율제도는 운영되는 국가와 상황에 따라 다르기 때문이다. 최종적으로는 어떤 환율제도를 선택하느냐보다는 건전한 경제정책 시행이 더 중요하다.

표 8-1 고정환율제도와 변동환율제도에서의 거시경제 성과(1960~1973, 1983~2014)

국가	실질 GDP 성장(%)		인플레이션율(%)		실업률(%)	
	1960~1973	1983~2014	1960~1973	1983~2014	1960~1973	1983~2014
미국	3.7	3.0	2.8	2.8	4.9	6.4
일본	11.0	1.9	5.6	0.6	1.2	3.5
독일	5.5	1.8	2.9	1.9	0.6	7.5
영국	2.9	2.1	4.5	3.2	2.8	7.5
프랑스	6.0	1.8	4.3	2.6	1.8	9.9
이탈리아	5.7	1.1	3.8	4.0	3.1	9.4
캐나다	5.0	2.7	2.8	2.7	5.1	8.6
가중평균	5.7	2.1	3.8	2.5	2.8	7.6

출처 : Organization for Economic Cooperation and Development, *Economic Outlook* (Paris: OECD, Various Issues); A. Ghosh, J. D. Ostry, and C. Tsangarides, Exchange Rate Regimes and the Stability of the International Monetary System (Washington, D.C.: IMF, 2010); J. E. Gagnon, *Flexible Exchange Rates for a Stable World Economy* (Washington, D.C.: Peterson Institute for International Economics, 2011); and D. Salvatore, Editor, *Rapid Growth or Stagnation in the U.S. and World Economy*, Special Issue of the *Journal of Policy Modeling*, July/August 2014, with papers by Robert Barro, Martin Baily, Martin Feldstein, Dale Jorgenson, and John Taylor, among others.

가들에게 특히 매력적이다. 반면에 대규모의 내적인 충격을 받기 쉬운 개방경제는 고정환율제도에서 더 안정적일 수 있다.

예를 들어 한 국가의 투자가 독자적으로 증가하면 승수과정에 의해 국민소득이 증가한다. 소득이 증가하면 수입이 증가하여 고정환율제도에서는 국제수지 적자가 야기될 수 있다. 이 국가는 국제지불준비로 당분간은 적자를 보전할 수 있다. 그러나 변동환율제도에서 이 국가의 통화는 자동적으로 평가하락하여 수출을 자극하기 때문에 소득이 증대되는 경향이 강화된다. 그러나 자본의 국제적 이동을 고려하게 되면 그 결과는 크게 달라진다. 게다가 1973년 이후 환율이 변동하고 있었지만 동시에 경기변동은 더욱더 발생한 것으로 보인다.

이상을 요약하면 모든 요인을 고려할 때 변동환율제도에 의해 야기되는 투기의 형태와 국제거래에서의 불확실성의 정도 등으로 인해 변동환율제도가 고정환율제도에 비해 불리하다고 할 수는 없다. 반면에 변동환율제도는 일반적으로 보다 효율적이며, 각국은 더 신축적으로 자국의 안정화 정책을 추구할 수 있다. 동시에 변동환율제도는 일반적으로 고정환율제도에 비해 인플레이션 압력이 더 크며 커다란 국내 충격에 직면하는 국가에게는 고정환율제도가 보다 적합하며 안정적이다. 통화당국의 경우 변동환율제도의 가장 큰 매력은 각국은 변동환율제도에서 통화량에 대한 보다 강력한 통제력을 갖게 되고 아마도 고정환율제도 혹은 조정가능 고정환율제도에서보다 실업률을 더 낮출 수 있다는 점이다. 그러나 오늘날처럼 국제자본이동이 대단히 큰 경우에는 이러한 이익이 크게 감소한다. 변동환율의 가장 큰 단점은 가격 규율이 존재하지 않고 환율이 날마다 오버슈팅되고 발산된다는 점이다.

일반적으로 고정환율제도는 대부분의 교역을 소수의 대국과 행하고, 교란의 성격이 1차적으로 통화적인 소규모 개방경제에 바람직하다. 반대로 교역 상대국에 비하여 상이한 인플레이션-실업의 배향관계(inflation-unemployment trade-off)를 가지고 있으며, 다변화된 무역을 행하고 교란이 1차적으로 해외의 실물부문으로부터 야기되는 상대적으로 폐쇄된 대규모 경제의 경우에는 변동환율제도가 우월한 것으로 보인다.

8.3D 개방경제 트릴레마

지금까지의 논의로부터 개방경제에서 정책입안자는 대내균형과 대외균형을 달성하는 데 정책 트릴레마(trilemma)에 직면한다는 것을 알 수 있다. 그들은 다음의 세 가지 정책 대안 중 두 가지만을 선택할 수 있다. (1) 고정환율제도, (2) 무제한적 금융 또는 자본이동, (3) 통화정책의 자율성 또는 독립성. 그 국가는 통화정책의 자율성 또는 독립성을 포기해야만 고정환율제도와 무제한적 국제금융 또는 자본이동을 이룰 수 있다(대안 1과 대안 2). 또는 국제적인 자본이동을 제한하거나 통제해야만 고정환율제도와 통화정책의 자율성 또는 독립성을 유지할 수 있다(대안 1과 대안 3). 마지막으로 고정환율제도(대안 1)를 포기해야만 무제한적 국제금융 또는 자본이동과 통화정책의 자율성 또는 독립성을 유지할 수 있다(대안 2와 대안 3).

개방경제에서 정책입안자가 직면하는 세 가지 정책의 트릴레마는 그림 8-3의 삼각형의 코너들로

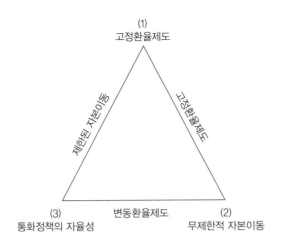

그림 8-3 개방경제에서 정책 트릴레마
삼각형의 각 꼭짓점은 국가가 선택하는 한 가지 정책 대안을 보여 준다. 각국은 세 가지 중 두 가지만 선택 가능하다.

보여진다. 만약 고정환율제도와 무제한적 자본이동을 선택하면(삼각형의 오른쪽 변) 통화정책의 독립성은 포기해야 한다(금본위제도나 경직적인 고정환율제도에서와 같이). 이 경우에 적자국은 무역 및 국제수지 적자가 해소되려면 통화공급이 하락하는 것을 허용해야 한다. 역으로 고정환율제도와 통화정책의 독립성을 유지(삼각형의 왼쪽 변)하려면 통화공급의 통제를 위해 자본이동을 제한해야 한다. 마지막으로 통화정책의 독립성과 무제한적 자본이동을 원하면 고정환율제도를 가질 수 없다 (삼각형의 밑변처럼 변동환율제도를 허용해야 한다). 물론 중간적인 정책을 선택할 수도 있다. 예를 들어 어느 정도 환율의 탄력성을 갖고 통화정책의 독립성의 약간의 손실 또는 자본이동에 대한 미미한 통제 등을 결합하는 것이다.

8.4 최적통화지역, 유럽통화제도 및 유럽통화연합

이 절에서는 최적통화지역 이론, 유럽통화제도 및 유럽중앙은행의 창설과 공통통화(유로)를 보유하고 있는 유럽통화연합을 검토한다.

8.4A 최적통화지역

최적통화지역 이론은 1960년대에 먼델(Mundell)과 맥키논(Mckinnon)에 의해 개발되었다. 이 이론을 통해 고정환율제도와 변동환율제도 사이의 비교논쟁을 조명할 수 있기 때문에 흥미가 있다. 최적통화지역 혹은 블록(optimum currency area or bloc)은 각국 통화들이 영구적인 고정환율로 연결되는 국가 그룹과 그러한 지역을 최적으로 만드는 조건들을 뜻한다. 이때 회원국들의 통화는 비회원국들의 통화에 대해 공동으로 변동할 수 있다. 동일국가의 각 지역은 단일통화를 공유하기 때문에 분명히 최적통화지역이다.

　최적통화지역이 형성되면 환율이 영구히 고정되어 있지 않을 때 발생하는 불확실성이 제거되어 회원지역이나 회원국가 간의 생산의 특화 및 무역과 투자의 이동을 활발하게 한다. 또한 최적통화지역을 형성하게 되면 생산자들은 전 영역을 하나의 단일시장으로 간주하게 되고 생산에서 규모의 경제로 인한 이익을 얻을 수 있다.

　최적통화지역에서는 영구적인 고정환율로 인해 환율이 여러 회원국 사이에 변동할 수 있는 경우보다 가격은 더 안정적이 될 것이다. 또한 최적통화지역 내부의 상이한 지역이나 국가에서 발생하는 예측할 수 없는 충격(random shock)은 서로 상쇄되고 또한 최적통화지역이 더 커지게 되면 잔존하는 교란요인은 상대적으로 더 작아지기 때문에 가격은 보다 안정적이 된다. 이렇듯 가격 안정성이 증대됨에 따라 교환의 매개 및 가치저장 수단으로서의 통화의 이용이 활발해지며 인플레이션이 심한 경우에 나타나는 비효율적인 물물교환이 억제된다. 또한 최적통화지역은 회원국 통화와 관련된 외환시장에 대한 공적 개입비용, 헤징 비용 그리고 회원국 간을 여행할 때 드는 통화교환비용(만일 최적통화지역이 공통통화를 채택한다면) 등을 절감할 수 있다.

　아마도 최적통화지역의 가장 큰 단점은 각 회원국이 자국의 독특한 선호 및 환경에 적합한 독자적인 안정화 정책과 성장정책을 추구할 수 없다는 것이다. 예를 들면 한 최적통화지역 내에서 침체된 지역이나 국가는 과도한 실업률을 줄이기 위하여 팽창적 재정정책 및 팽창적 통화정책을 필요로 하는 반면, 보다 번창하고 있는 지역이나 국가는 인플레이션 압력을 억제하기 위하여 긴축적 정책을 필요로 할 수 있다. 최적통화지역의 형성에 수반되는 이러한 비용은 자본 및 노동이 초과공급지역이나 국가(여기서는 보수와 수익이 더 낮다)로부터 초과수요가 있는 국가(여기서는 보수와 수익이 더 높다)로 더 많이 이동함으로써 어느 정도는 감소한다. 한 국가 내에서 특정지역이 침체를 탈피하기 위해 독립국가를 세우는 것이 그들의 문제를 보다 잘 해결하는 방법이라고 제안하는 사람들은 거의 없을 것이다(그러나 1971년 12월 동파키스탄은 착취를 비난하면서 서파키스탄으로부터 독립하여 방글라데시를 선포하였으며 퀘벡은 문화적, 경제저 이유로 캐나다로부터 달퇴하겠다고 위협하고 있는 실정이다). 그 대신 이러한 경우에 통상 취해지는 조치는 중앙정부가 침체된 지역에 투자유인과 같은 특별지원을 하는 것이다.

　결국 최적통화지역 형성은 다음의 조건하에서 이익이 될 가능성이 높다. (1) 여러 회원국 사이에 자원의 이동성이 클수록, (2) 회원국이 구조적으로 유사할수록, (3) 각국이 재정정책, 통화정책 및 기타 정책을 긴밀히 협조할수록 이익이 된다. 최적통화지역은 영구적인 고정환율제도의 이득을 극대화하고 비용을 극소화하는 데 목표를 두어야 한다. 그러나 최적통화지역을 형성함으로써 각 회원국이 얻는 순이익을 실제로 측정하는 것은 지극히 어려운 일이다.

　최적통화지역을 형성함으로써 얻을 수 있는 몇 가지 이익은 고정환율제도에 의해 제고되는 보다 느슨한 형태의 경제관계를 통해서도 얻을 수 있다. 따라서 최적통화지역 형성에 대한 논거는 또한 어느 정도 변동환율제도와 반대되는 고정환율제도에 대한 찬성의 논거가 될 수 있다. 최적통화지역이론은 통화 분야에서 관세동맹이론의 특수한 분야로 간주될 수도 있다.

8.4B 유럽통화제도(1979~1998)

1979년 3월 유럽연합 또는 EU(그 당시에는 유럽경제공동체 또는 EEC라 부름)는 공통통화와 공동체 범위의 중앙은행의 창설이라는 궁극적 목표를 포함한 회원국 간의 보다 진전된 통화통합의 일환으로 유럽통화제도(European Monetary System, EMS)의 설립을 공표했다. EMS의 주요특징은 (1) 회원국 통화의 가중치로 정의되는 유럽통화단위(European Currency Unit, ECU)의 창출, (2) 각 회원국의 통화가 중심률(central rate) 또는 환평가(par value)를 기준으로 상하 최고 2.25%까지 변동할 수 있도록 한 것이다(영국의 파운드와 스페인의 페세타는 6%, 그리스와 포르투갈은 나중에 가입). 따라서 EMS는 가맹국 사이에서는 고정되어 있으면서 조정 가능한 환율제도이지만 달러에 대해서는 가맹국의 통화가 공동으로 변동한다. 그러나 1992년 9월을 시작으로 그 제도는 공격을 받았고, 1993년 8월에 허용된 변동폭의 범위가 2.25%에서 15%로 증가하였다(사례연구 8-2 참조). (3) 가맹국에게 단기 및 중기의 국제수지 원조를 제공하기 위한 유럽통화협력기금(European Monetary Cooperation Fund, EMCF)의 설립이다.

가맹국 통화가 허용된 변동폭의 75%에 이를 때, 즉 변동의 한계점(threshold of divergence)에 이를 때 각국은 자국통화가 허용된 변동폭 밖으로 변동하지 않도록 여러 가지 조정조치를 취하게 된다. 환율이 범위의 한계에 도달하면 개입의 부담을 약세통화 회원국과 강세통화 회원국 간에 상호협력을 통해 분담하였다. 예를 들어, 프랑스 프랑이 독일 마르크에 대해 상한선까지 평가하락한다면 프랑스 중앙은행은 독일 마르크 준비금을 매각해야 하고 독일 중앙은행(분데스방크)은 필요한 마르크를 프랑스에 대여해야 했다.

가맹국은 EMCF로부터 쿼터를 할당받는데, 이 중 20%는 (시장가격으로 평가하여) 금으로 지불하고 나머지는 달러를 지불하여 ECU와 교환하기로 되어 있다. 가맹국이 자국의 달러와 금을 ECU로 보다 많이 전환시킴에 따라 ECU의 액은 증가하였으며, 실제로 ECU는 중요한 국제준비자산과 개입통화(intervention currency)가 되었다. ECU의 한 가지 장점은 임의의 한 국가의 통화와 비교하여 가치에서 더 큰 안정성을 갖는다는 것이다. EMCF는 결국 EU의 중앙은행으로 발전할 것으로 예상되었다. 1998년 초까지 EMCF의 총준비 '풀'은 500억 달러를 상회하였고 1 ECU의 가치는 약 1.1042달러였다.

1979년 3월부터 1992년 9월까지 총 11차례의 EMS의 통화 재조정(currency realignments)이 있었다. 일반적으로 이탈리아와 프랑스(1987년까지)와 같은 인플레이션이 높은 국가는 독일과 같이 인플레이션이 낮은 국가에 대한 경쟁력을 유지하기 위해 자국의 통화를 ECU에 대해 주기적으로 평가절하할 필요가 있다. 이 점은 EMC 가맹국의 통화정책, 재정정책 및 기타의 정책을 통합하지 않고 가맹국 사이의 환율을 좁게 설정한 한계 내에서 유지하려고 하는 EMS의 기본적 취약점을 잘 보여준다. 프라티아니와 하겐(Fratianni and von Hagen)이 지적한 바와 같이 1979~1987년 기간에 이탈리아와 프랑스의 인플레이션은 EMS에서 독일로 인해 억제되었고, 이것으로 인해 독일 마르크의 실질적인 더 높은 평가상승의 필요가 감소하였다. 그러나 프랑스와 이탈리아는 독일이 낮은 인플레이션으로 단계적으로 수렴함에 따라 큰 실업을 받아들여야 했다. EU가 환율을 안정화하고자 하는 것

사례연구 8-2 🌐 유럽통화제도에서의 통화위기(1992~1993)

1992년 9월에 영국과 이탈리아는 환율 메커니즘(Exchange Rate Mechanism, ERM)을 포기했다. 이로 인해 EU 통화들은 좁게 정의된 한도 내에서만 변동이 허용되었다. 이것은 1992년 9월과 1993년 5월 사이에 스페인의 페세타, 포르투갈의 에스쿠도, 아일랜드의 파운드의 평가절하를 야기했다. (동독 재건의 고비용으로 인한) 인플레이션의 압력을 억제하기 위해 독일이 이자율을 높게 유지하자 독일의 마르크는 다른 통화에 비해 강세를 띠게 되었으며 유럽통화제도(EMS)의 긴장의 원인으로 널리 비난을 받았다. 영국과 이탈리아는 심화된 불경기와 상승하는 고실업률로 인해 ERM 내에서 환율을 유지하는 비용을 감당할 수 없다고 판단하고 그것을 포기하였다. 이것은 그들의 통화가 평가하락하고 이자율이 인하되는 것을 허용했으며 둘 다 경제성장을 자극하였다.

그러나 이것이 위기의 끝은 아니었다. 1993년 8월에 독일의 분데스방크(독일의 중앙은행)가 많은 금융분석가들과 통화거래자들이 예상했던 대로 할인율을 낮추는 것을 거부하자 투기자들은 철저하게 프랑스, 덴마크, 스페인,

포르투갈, 벨기에의 통화를 매각함으로써 반응하였다(영국과 이탈리아는 이미 ERM을 떠났고, 영향을 받지 않았다). 분데스방크와 협력한 프랑스 은행에 의한 외환시장에 대한 대규모의 개입이 투기적 공격을 종결시키는 데 실패한 후, 유럽연합은 각국들에게 상하 2.25%의 좁은 변동폭을 포기하고 중심률의 어느 쪽으로든 15%의 보다 넓은 변동폭을 허용했다.

위의 기간에 분데스방크는 350억 달러 이상의 마르크를 프랑과 다른 통화를 지지하기 위해 매각했으며, 관련된 모든 중앙은행의 시장개입에 지출된 총비용은 1,000억 달러를 초과했을지도 모른다. 그러나 1조 달러 이상이 외환시장을 통해 이동함으로써 그러한 대량의 개입마저도 대량의 투기적 공격에 직면하여 시장의 힘을 역전시킬 수는 없었다. 허용된 변동폭을 크게 확대함으로써 투기적 공격을 종결시키긴 했지만 환율은 여전히 위기 전의 수준 가까이 유지되었다.

출처 : D. Salvatore, "The European Monetary System: Crisis and Future," *Open Economies Review*, December 1996, pp. 593–615.

은 1973년 환율의 대폭적인 변동에 비추어 이해될 수 있다(사례연구 8-2 참조). 실증적 증거(Giavazzi & Giovannini, 1989; MacDonald & Taylor, 1991)에 따르면 EMS 회원국 간의 명목 및 실질환율과 통화량의 변동은 적어도 1992년 9월까지는 비회원국에 비해 더 적었던 것으로 평가된다.

8.4C 통화통합으로의 전환

1989년 6월에 유럽집행위원회 의장인 자크 들로르가 인도하는 위원회에서는 통화통합을 목표로 3단계의 정책전환을 권고했다. 첫 번째 단계는 1990년 7월에 시작하였고, 공동체 내의 자본이동에 관한 모든 제한을 철폐함과 아울러 경제성과의 수렴과 재정정책과 통화정책에서의 협력을 요구하였다. 두 번째 단계는 1991년 네덜란드 마스트리흐트에서 가진 모임에서 승인되었는데, 1994년 1월까지 회원국의 거시경제정책을 더 집중화시키고, 환율변동을 감소시키기 위해 유럽중앙은행(ECB)의 선행주자로서 유럽통화기구(European Monetary Institute, EMI)의 창설을 요구했다. 세 번째 단계는 1997년 또는 1999년까지 단일통화의 창설 및 외환시장 개입과 공개시장 조작에 가담할 유럽중앙은행의 창설을 골자로 하는 통화통합의 완성을 포함한다. 이것은 회원국들이 통화량과 통화정책에 관한 그들의 주권을 포기하는 것을 의미하며, 추가적으로 재정정책에 대해서도 그들은 더 이상 충분한 자유를 갖지 못한다. 공통된 중앙은행으로 인해 각국의 중앙은행은 미국에서의 연방준비은

행과 다르지 않은 역할을 수행할 것이다.

마스트리흐트 조약(Maastricht Treaty)은 한 국가가 통화연합에 가입하기 전의 여러 가지 조건을 설정하였다. (1) 인플레이션율은 인플레이션율이 가장 낮은 3개의 공동체 국가의 평균율을 1.5% 이상 상회해서는 안 된다. (2) 재정적자는 GDP의 3%를 초과해서는 안 된다. (3) 총체적인 정부부채는 GDP의 60%를 초과해서는 안 된다. (4) 장기이자율은 이자율이 가장 낮은 3개의 공동체 국가의 평균율을 2% 이상 상회해서는 안 된다. (5) 평균환율은 가입하기 전 2년 동안 EMS 평균의 2.25% 이상으로 하락해서는 안 된다. 1991년까지는 프랑스와 룩셈부르크만이 이러한 조건 모두를 충족시켰다. 독일은 1991년 가입 당시는 통일비용으로 인해 GDP의 5%까지 재정적자가 발생해서 모든 조건을 다 충족시키지는 못했고, 이탈리아는 GDP의 10%의 재정적자와 GDP의 100% 이상이 되는 총외채로 인해 이러한 조건의 어느 것도 충족시키지 못했다. 그러나 1998년까지 유럽연합 대부분의 회원국은 마스트리흐트 기준의 대부분을 충족시켰고(사례연구 8-3 참조), 진정한 통화통합의 단계에 서게 되었다.

1997년에 통화통합에 참여하는 국가들이 운영하는 재정상의 제약을 한층 더 강화하기 위해 안정 및 성장조약(Stability and Growth Pact, SGP)이 체결되었다. SGP는 재정적자를 GDP의 3% 이하로 할 것을 요구하였으며, 불경기의 경우 팽창적 재정정책을 사용할 수 있으나 3% 이하의 가이드라인은 유지해야 한다. 재정 지표를 어기는 국가는 상당한 벌금이 부과된다. 독일은 이 조약을 재정적 가이드라인이 통화연합에서 지배되고, 지나친 통화창출과 인플레이션과 약한 유로를 피하기 위해 통화통합으로 진행하기 위한 조건으로써 요구하였다.

협상 내내 영국은 보다 큰 정치적 · 경제적 통합으로 가려는 EU의 움직임에 대해 더 많은 주권을 포기해야 한다는 두려움으로 인해 속도를 지속적으로 늦추고자 시도하였다. 영국은 국가통화로 스털링을 포기하는 약속을 거부했으며 또 공동체 전반의 노동규제를 받아들인다는 약속도 거부하였다. 문화, 언어, 국민적 기질의 차이로 인해 통화통합으로의 진전은 어려웠고 동유럽과 중유럽의 민주국가의 차후의 가입은 문제를 한층 복잡하게 할 것으로 예상된다. 그럼에도 불구하고 마스트리흐트 조약은 유럽중앙은행이 가동되기 시작하고, 유로가 존재하는 1999년 초에 유럽에서 진정한 통화연합을 가져오는 가교 역할을 수행했다.

8.4D 유로의 탄생

1999년 초 유럽통화제도는 유로의 도입과 유럽중앙은행에 의한 공통통화정책으로 인해 유럽통화연합(European Monetary Union, EMU)이 되었다. 1999년 1월 1일에 유로(1euro, €)는 11개의 유로지역 또는 유로 나라(오스트리아, 벨기에, 독일, 핀란드, 프랑스, 아일랜드, 이탈리아, 룩셈부르크, 스페인, 포르투갈, 네덜란드)의 공통된 통화로서 존재하게 되었다. 그리스는 2001년 1월 1일에 가입하였고, 영국과 스웨덴 그리고 덴마크는 참여하지 않았다. 유로의 창출은 전후 통화의 역사에서 가장 중요한 사건 중의 하나로, 지금까지 주권국가의 큰 그룹이 공통통화를 위해 자발적으로 자국의 통화를 포기한 적이 없었다.

사례연구 8-3 🌐 마스트리흐트 수렴지표

표 8-2는 1998년 1월 유럽연합의 15개 회원국에 대해 마스트리흐트 5개 지표 중 4개 지표값을 보여 준다. 이 정보는 환율지표와 더불어 유럽집행위원회가 단일통화에 참여할 자격이 있는가를 결정하기 위해 사용하는 지표이다. 표로부터 그리스를 제외하고 모든 국가가 인플레이션율, 공적 적자, 장기이자율 지표를 충족시키고 있다. 8개 국가는 공적 부채 지표를 충족시키지 못한다. 아일랜드는 환율지표도 충족시키지 못하고 있다. 유럽집행위원회는 그리스를 제외하고 모든 국가가 단일통화에 참여할 만큼 충분한

진전이 있었다고 결정했다. 영국과 덴마크, 스웨덴은 통화공급과 통화정책에 대한 완정한 통제를 잃을 것을 원치 않아 참여하지 않기로 결정하였다. 그러나 나중에 참여할 권리를 유보하였다. 그리스는 2001년 1월 1일, 슬로베니아는 2007년, 키프로스와 몰타는 2008년, 슬로바키아는 2009년, 에스토니아는 2011년, 라트비아는 2014년, 리투아니아는 2015년에 가입이 허용되었다. 이와 같이 유로존의 회원국의 수는 19개국으로 증가하였다(그림 8.4 참조).

표 8-2 EU 회원국의 마스트리흐트 수렴지표(1998년 1월)

	인플레이션율(%)	GDP 대비 공적 적자[a](%)	GDP 대비 공적 부채[a](%)	장기이자율(%)
독일	1.4	2.5	61.2[b]	5.6
프랑스	1.2	2.9	58.1	5.5
이탈리아	1.8	2.5	118.1[b]	6.7
영국	1.8	0.6	52.3	7.0
오스트리아	1.1	2.3	64.7[b]	5.6
벨기에	1.4	1.7	118.1[b]	5.7
덴마크	1.9	−1.1	59.5	6.2
그리스	5.2[b]	2.2	107.7[b]	9.8[b]
핀란드	1.3	−0.3	53.6	5.9
아일랜드	1.2	−1.1	59.5	6.2
룩셈부르크	1.4	−1.0	7.1	5.6
네덜란드	1.8	1.6	70.0[b]	5.5
포르투갈	1.8	2.2	60.0	6.2
스페인	1.8	2.2	67.4[b]	6.3
스웨덴	1.9	0.5	74.1[b]	6.5
EU 연합	1.6	1.9	70.5	6.1
기준값	2.7	3.0	60.0	7.8

[a] 추정치
[b] 기준 미충족 국가
출처 : European Commission, *Convergence Report 1999* (Brussels: European Commission, 1998).

1999년 1월 1일 이후 유로는 금융시장에서 거래되었으며, 새로 발행되는 증권은 유로로 표시되었고, 유로지역에서 공식적인 통계는 유로로 표기되었지만 2002년 시작까지는 유로 수표와 동전은 도입되지 않았다. 즉, 이 기간까지 유로는 계산단위에 불과하고 실제로 물리적으로 통용되는 통화는 아니었다. 그러나 2002년 1월 1일부터 7월 1일까지 이를 선택한 국가들에 대해서 유로와 자국통화

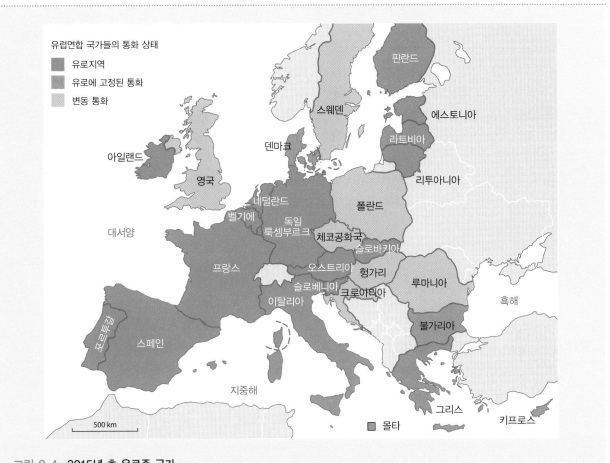

그림 8-4   2015년 초 유로존 국가

2015년 현재 유로존의 19개 국가는 오스트리아, 벨기에, 키프로스, 에스토니아, 핀란드, 프랑스, 독일, 그리스, 아일랜드, 이탈리아, 라트비아, 리투아니아, 룩셈부르크, 몰타, 네덜란드, 포르투갈, 슬로바키아, 슬로베니아, 스페인이다.

출처 : *The Economist*, 2015.

는 함께 통용되다가 2002년 7월 1일까지는 모든 국가통화는 무대에서 사라지고 유로 지폐와 동전이 유로지역 12개 참여국의 유일한 법정통화가 되었다.

참여국의 통화로 표시한 유로의 가치는 1998년 가을에 결정되었으나, 엄격하게 고정되었다. 참여국의 통화와 유로의 공식적인 교환비율은 표 8-3에 제시되어 있다.

1999년 1월 1일부터 2002년 1월 1일까지 미국의 달러, 영국의 파운드, 일본의 엔 등 다른 국가의 통화로 표시한 유로의 환율은 변동하였지만 각 참여 통화의 가치는 유로 단위로 엄격히 고정되었다. 이것은 유로에 참여한 국가의 통화는 다른 국가의 통화와 유로가 다른 국가의 통화와 변동하는 정도만큼 변동한다는 것을 의미한다. 예를 들어 유로의 달러화 가격이 1.10달러이면 독일 마르크의 달러화 가치는 유로의 독일 마르크 가격보다 10% 더 높거나 1.10 × 1.95583, 즉 2.151413달러와 동일하다. 그 후 유로가 1.05달러로 평가하락하면 독일 마르크의 달러 가격은 1.05 × 1.95583 또는

표 8-3   유로에 대한 공식적인 통화변환율

국가	자국통화	유로당 자국 통화단위
오스트리아	실링	13.7603
벨기에	벨기에 프랑	40.3399
핀란드	마르카	5.94573
프랑스	프랑스 프랑	6.55957
독일	독일 마르크	1.95583
아일랜드	푼트	0.787564
이탈리아	이탈리아 리라	1936.27
룩셈부르크	룩셈부르크 프랑	40.3399
네덜란드	길더	2.20371
포르투갈	에스쿠도	200.482
스페인	페세타	166.386

출처 : "The Launch of the Euro," *Federal Reserve Bulletin*, October 1999, pp. 655 - 666.

2.0536215달러이다.

영국과 스웨덴 그리고 덴마크의 통화와 유로 간의 지나친 변동성과 가능한 잘못된 정렬을 피하기 위해 유럽통화제도에서 운영되었던 것과 유사한 환율 메커니즘 II(ERM II)가 설정되었다. 그러나 1992~1993년의 ERM 위기의 경험이 보여 준 바와 같이 그러한 체제는 불안정하고 위기에 예민하다. 또한 영국과 스웨덴 그리고 덴마크는 미래 유로의 선택을 용이하게 하기 위해 유로에 대한 그들의 통화변동을 제한하는 데 관심이 있었다(Salvatore, 2002 참조). 2004년에 에스토니아, 리투아니아, 슬로베니아는 통화기준 15%의 변동폭을 갖는 환율 메커니즘(ERM II)에 가입한다.

유로는 1999년 1월 1일에 €1 = $1.17로 도입되었지만 대부분의 전문가 의견과 달리 1999년 말까지 평가(€1 = $1) 밑에서 하방으로 이동하였다. 그것은 실제로 2002년 중반 달러와 근접한 평가로 복귀하기 전 2000년 10월 말에 0.82달러까지 하락하였다. 그 후 2004년 12월에는 1.36달러까지 상승했다가 2008년 7월에는 1.63달러까지 상승했으며 2014년 1월에 1.16달러가 되었다(사례연구 3-8 참조). 유로의 탄생은 유로지역에서는 중요한 이익이 되지만 특별히 단기에서는 심각한 비용부담을 가져올 것으로 예상된다(사례연구 8-4 참조).

8.4E 유럽중앙은행과 공통통화정책

1998년에 유럽연합의 국가별 중앙은행의 연합구조인 **유럽중앙은행체제(ECSB)**의 운영도구로써 **유럽중앙은행(ECB)**이 창설되었다. 1999년 1월에 ECB는 유럽통화연합(EMU)의 공통통화정책에 대한 책임을 떠맡았다. ECB의 통화에 관한 정책은 6명으로 구성되는 집행위원회(2003년까지 ECB의 총재인 네덜란드의 빔 다위센베르흐와 2011년까지 프랑스의 장클로드 트리셰, 그후 이탈리아의 마리오 드라히)와 각국의 중앙은행 총재들로 구성되는 이사회에서 다수결에 의해 결정된다.

마스트리흐트 조약에 의해 ECB에 가격안정을 추구하는 유일한 권한이 부여되었고, 그것은 거의

사례연구 8-4 🌐 유로의 수익과 비용

유로지역 국가의 공통통화로서 유로를 선택하는 것은 참여하는 국가에게 주요한 이익을 제공하지만, 또한 심각한 비용을 야기시킬 것이다. 이익들은 다음과 같다 : (1) 유로지역 국가에서 통화를 교환할 필요성의 제거(1년에 300억 달러를 절약할 것으로 추정), (2) 참여국 통화 간의 환율의 급변성의 제거, (3) 참여국들의 보다 빠른 경제 및 통화통합, (4) 과거에 독일의 분데스방크가 여타 유럽연합 회원국들에게 실제로 부과했던 것보다 보다 팽창적인 통화정책을 추구하는 유럽중앙은행의 능력, (5) 외부적으로 부가된 조건 없이는 국내를 정돈하려고 하지도 않고 할 수도 없는 그리스나 이탈리아와 같은 국가에 대한 보다 큰 경제적 규율, (6) 유로의 국제통화로의 사용에 따른 세뇨리지(사례연구 2-1 참조), (7) 국제금융시장에서 차입비용의 감소, (8) 국제문제에서 유럽연합에 대한 경제적 · 정치적 중요성의 증가.

유로를 채택함으로써 참여국에서 발생하는 가장 심각한 문제점은 그들 중의 하나나 소수가 불경기에 직면하거나 비대칭적 충격에 직면할 때이다. 그 이유는 그렇게 영향을 받는 국가들이 그 문제를 극복하기 위해 환율정책도 통화정책도 사용할 수 없고, 재정정책 또한 심각하게 제한되기 때문이다. 그러한 상황하에서 시간이 경과함에 따라 문제가 점진적으로 해결되도록 기다려야 한다. 미국과 같이 보다 더 완전히 통합된 국가에서는 한 지역에서 불경기가 발생하면 즉각 노동이 빠져나갈 것이며, 그 지역은 재정상의 재배분으로 이익을 얻을 것이다. 그러나 유럽에서는 미국에서보다 노동이동이 훨씬 제한되고, 재정적 재배분도 그러하다. 이와 같이 유로지역의 국가가 비대칭적 충격을 다루기는 더욱 어렵다. 경제통합이 유럽통화연합 내의 노동이동을 자극하지만, 완성되기에는 수년이 걸리는 느린 과정이다. 유로지역 내의 자본이동은 어느 정도 그 문제를 해결하는 데 있어 부적절한 노동이동의 대용물이 된다.

출처 : G. Fink and D. Salvatore, "Benefits and Costs of European Economic and Monetary Union," *The Brown Journal of World Affairs*, Summer/Fall 1999, pp. 187–194; D. Salvatore, "The Unresolved Problem with the EMS and EMU," *American Economic Review Proceedings*, May 1997, pp. 224–226; and D. Salvatore, "Euro," *Princeton Encyclopedia of the World Economy* (Princeton, N.J.: Princeton University Press, 2008), pp. 350–352.

정치적인 압력과는 독립적이었다. ECB는 활동에 관해 유럽의회가 보고하는 것만 요구되고, 유럽의회는 ECB의 결정에 영향을 주는 어떤 힘도 가지지 않는다. 이를테면 미국의회는 연방준비이사회의 독립성을 감소시킬 수 있는 법을 통과시킬 수 있는 반면, ECB의 위상이 변화되기 위해서는 마스트리히트 조약 자체가 법에 의하거나 모든 회원국의 투표에 의해 변경되어야 한다. ECB의 거의 총체적인 독립성은 ECB에 지나친 통화자극을 강요하는 정치적인 압력으로부터 보호하기 위한 것이다. 그러나 이것은 또한 ECB가 너무 멀며, 비민주적이고 시민들의 경제적 요구에 무반응하다는 비판을 받았다.

그러나 이상하게도 유로의 환율정책은 ECB보다는 정치가의 수중에 있다. 통화정책과 환율정책은 밀접하게 연관되기 때문에 이해하기 어려운 것이며, 타국과 관계없이 진실로 독립적인 통화정책을 수행한다는 것은 불가능하다. 예상할 수 있듯이 1999년 EMU 첫해의 운영은 성장을 자극하기 위해 낮은 이자율을 요구하고, 유로의 약함을 극복하길 바라는 정치가들과 대부분 치솟는 인플레이션을 두려워하여 저항하는 ECB (적어도 공식적인 발표상으로는) 간에 어느 정도 소란스러움이 있었다. 연합차원의 통화정책에 관한 갈등으로는 아일랜드와 스페인 같은 국가는 과도한 성장과 인플레이션의 위험에 직면한 반면(따라서 보다 제한적인 통화정책을 요구) 다른 국가들(독일과 이탈리아)은 저성장에 직면하여 보다 낮은 이자율을 요구하였다.

ECB는 아일랜드와 스페인의 기준에서는 너무 낮고, 독일과 이탈리아의 관점에서 볼 때는 너무 높은 중도적인 통화정책을 채택하였다. 2000년부터 2008년까지 ECB는 치솟는 인플레이션을 두려워하고, 신뢰성을 달성하기 위해 매우 긴축적인 통화정책을 시행하였다(확실히 미국 Fed가 수행한 것보다 훨씬 긴축적이었다). 그러나 ECB는 2008년 가을부터 유로존이 직면한 심각한 경기침체와 경제위기를 해결하기 위해 이자율을 인하하였다(사례연구 8-5 참조)

2012년 6월 유럽연합(EU)의 지도자들은 은행연합(Banking Union)을 창설하기로 결정하였다. 2014년 11월 4일 유럽중앙은행은 2013년 10월 15일 단일감독체계(SSM)의 규정에 따라 은행(영국과

사례연구 8-5 🌐 유로존 위기

2008~2009년의 글로벌 금융위기가 종식되기 전에 유로존은 2010~2011년 존재 자체를 위협하는 심각한 위기에 빠져들었으며, 이 책을 저술하는 2015년 시점에서도 그대로 진행 중이다. 그 위기로 인해 아일랜드, 그리스, 포르투갈, 스페인, 이탈리아 등이 주로 영향을 받았고 저성장의 침체기에 과도하고 지속 불가능한 차입 때문에 발생하였다(표 8-4 참조).

과도한 차입은 유로에 참가하면서 취약국의 차입비용이 급격하게 감소하게 된 것이 원인이다. 그러나 2008~2009년 저성장 또는 침체로 인해 그러한 취약국들이 부채를 상환할 수 없다는 것이 분명해졌다. 아일랜드, 포르투갈, 특히 그리스의 붕괴를 막기 위해 부유한 유로존 국가들(주로 독일)의 대량의 구제금융, 유럽중앙은행의 취약국의 정부

채권 구입, 800개 이상의 유럽은행에 1%의 이자율로 1조 3,000억 달러의 융자를 제공하였다. 이에 대한 대답으로 취약국들은 재정적자를 GDP의 0.5% 이하, GDP의 60%까지 부채한도를 책정하는 등 새로운 안정화 정책을 추진하였다. 그러나 과감한 재정의 긴축은 취약국들을 성장의 둔화와 침체에 빠져들게 하였다. 유로위기는 통화정책은 공통, 재정정책은 독립적으로 유지하는 하프웨이하우스라는 측면에서 볼 때 일어날 수밖에 없는 측면이 있다.

출처 : D. Salvatore, "The Common Unresolved Problems of EMS and EMU," *American Economic Review*, May 1997, pp. 224–226; and D. Salvatore, Editor, *When and How Will the Euro Crisis End?*, Special Issue of the *Journal of Policy Modeling*, May/June 2015, with papers by Paul De Grauwe, Barry Eichengreen, Martin Feldstein, and Jeffrey Frankel, among others.

표 8-4 유로존 국가들의 정부부채와 재정적자(2011)

국가	GDP 대비 재정적자(%)	GDP 대비 정부부채(%)	실질 GDP 성장률(%)
독일	1.0	87.2	3.1
오스트리아	2.6	79.7	3.0
벨기에	3.9	102.3	2.0
네덜란드	4.6	75.2	1.3
프랑스	5.2	100.1	1.7
이탈리아	3.8	119.7	0.5
포르투갈	4.2	117.6	−1.6
스페인	8.5	75.3	0.7
그리스	9.2	170.0	−6.9
아일랜드	13.0	114.1	0.7

출처 : Organization for Economic Cooperation and Development, *Economic Outlook* (Paris: OECD, May 2012).

스웨덴 은행 제외)의 허가권을 갖게 되었다. 더 나아가 단일해결위원회(SRB)는 2015년 1월 120개의 가장 큰 규모의 유럽은행(총자산 300억 유로 초과)의 위기를 관리하기 위해 감독하에 두고 단일해결기금(SRF)은 자금으로 은행에 자금지원을 하게 되었다. 그러나 이 모든 것은 실질적인 은행연합의 창설에는 미치지 못한 결과이다.

8.5 통화위원회제도와 달러화

이 절에서는 통화위원회제도를 창설함으로써 또는 다른 국가의 통화를 채택함으로써(달러화) 일국의 환율을 경직적으로 페그(peg)시키거나 고정시키는 것의 이익과 비용을 검토한다. 다음 절에서는 고정환율제도와 변동환율제도의 특성을 다양한 정도로 결합하고 있는 혼합환율제도의 장단점을 검토한다.

8.5A 통화위원회제도

통화위원회제도(Currency Board Arrangment, CBA)는 공통통화를 채택하거나 달러화(달러를 자국의 통화로 채택하는 것)에는 미치지 못하나 가장 극단적인 형태의 환율 페그(고정환율제도)이다. CBA하에서 그 국가는 자국의 환율을 외국통화, SDR 또는 복합통화에 (법으로) 경직적으로 고정시키고, 중앙은행은 독자적으로 운영하지 못하게 된다. CBA는 그 국가의 통화량에 대해 100%의 국제준비자산의 지원이 있으므로 금본위제도와 유사하다. 이와 같이 그 국가는 통화량에 대한 통제를 포기하고, 중앙은행은 독자적인 통화정책을 수행하는 기능을 포기한다. CBA하에서 국가의 통화량은 국제수지 흑자와 국제준비자산의 유입이나 국제수지 적자와 국제준비자산의 유출에 반응하여 각각 증가하거나 감소한다. 그 결과 대부분 인플레이션율과 이자율은 한 국가가 자국의 통화를 페그하는 그 국가의 상황에 의해 결정된다.

　보통 한 국가는 심각한 금융위기에 있을 때, 인플레이션과 효율적으로 싸우는 수단으로써 이러한 극단적인 협정을 하게 된다. CBA는 홍콩(1983년 이후), 아르헨티나(1991년부터 2001년 말까지), 에스토니아(1992년 이후부터 2010년 말까지), 리투아니아(1994년 이후부터 2014년 말까지), 불가리아(1997년 이후), 보스니아와 헤르체고비나(1997년 이후) 같은 국가나 경제에서 운영되어 왔다. CBA가 성공적으로 운영되는 핵심조건은 건전한 은행제도(중앙은행이 최종 대부자가 될 수 없거나 은행에 신용제공이 불가능하므로)와 조심스러운 재정정책(중앙은행이 정부에 대여할 수 없으므로)이다.

　CBA의 주요한 장점은 경제정책체제의 신뢰성인데 그것으로 인해 낮은 이자율과 낮은 인플레이션을 야기한다. CBA의 비용은 그 국가의 중앙은행이 (1) 독자적인 통화정책을 수행하지 못한다. (2) 최종적인 대여자로서 행동하지 못한다. (3) 자국통화를 독자적으로 발행하는 데서 오는 세뇨리지를 징수하지 못한다는 것이다. 사례연구 8-6에서는 1990년대 CBA하의 아르헨티나의 경험을 살펴본다.

사례연구 8-6 ⚙ 아르헨티나 통화위원회제도와 위기

아르헨티나가 깊은 경제위기에 직면하여 붕괴되었던 1991년부터 2001년 말까지 통화위원회제도가 있었다. 아르헨티나의 CBA는 브라질이 먼저 자국의 통화를 평가절하해야 했고, 그후 급격히 평가하락이 허용된 1999년까지 합리적으로 운영되었다. 페소가 달러에 경직적으로 묶임에 따라 브라질(최대의 무역상대국)에 대해 국제경쟁력의 큰 손실을 입었고, 불경기에 빠져들었다. 그러나 총량적으로 과대평가된 통화는 아르헨티나가 직면한 유일한 문제는 아니었으며, 통제 불가능한 재정적자는 한층 더 심각했다. 아르헨티나는 자신의 능력 밖에서 살고 있었으며, 이것은 지속 불가능하였다. 페소의 과대평가는 위기를 더 심각하게 하였다. 그러나 해외투자를 유치하기 위해 공공금융을 축소하는 것은 불황을 심화시킬 뿐이었으며, 아르헨티나를 두려워하는 많은 투자자들을 유치하지도 못하고, 거리에서의 폭동을 일으키게 할 뿐이었다. 따라서 아르헨티나는 통화위원회제도를 포기하고 페소를 평가절하하였다.

이것은 아르헨티나에게 페소의 평가절하 또는 완전한 달러화의 두 가지 선택을 남겼다. 아르헨티나는 CBA를 포기하는 것을 달갑지 않게 생각했으며, 1980년대 말의 초인플레이션으로 돌아갈 것을 두려워하여 페소를 평가절하하였다. 달러화는 위험이 없는 것이 아니다. 특히 그것이 외환위험을 제거하고 더 많은 해외투자를 끌어들일 것처럼 보였지만 달러화는 브라질과 관련하여 국제경쟁력의 문제를 제거하지 못했을 뿐 아니라 아르헨티나의 재정문제마저도 해결하지 못했다. 아는 바와 같이 2002년 1월에 아르헨티나는 대규모의 외채에 대해 채무불이행을 하였으며, 통화위원회제도를 포기하고 페소를 평가절하하고 변동하도록 하였다. 2002년 가을까지 CBA하에서 달러당 1페소에서 달러당 3.5페소로 평가하락하였다(250% 평가하락). 결국 아르헨티나는 외국인 채권 보유자에게 달러당 25센트에 상환했다.

출처 : A. de la Torre, E. Yeyati, and E. Talvi, "Living and Dying with Hard Pegs: The Rise and Fall of Argentina's Currency Board," in G. von Furstenberg, V. Alexander, and J. Melitz, Eds., *Monetary Unions and Hard Pegs* (New York: Oxford University Press, 2004), pp. 183 – 230.

8.5B 달러화

어떤 국가들은 CBA보다 한층 더 나아가 다른 국가의 통화를 법화로 채택한다. 그 국가가 달러가 아닌 다른 국가의 통화를 채택하더라도 그 과정을 보통 달러화라 부른다. 푸에르토리코 연방, 미국의 버진아일랜드, 파나마는 1904년 이래 공식적으로 달러화(dollarization)를 시행했다. 에콰도르는 2000년에 완전히 달러화를 하였고, 엘살바도르는 2001년에 시행하였다. 2001년 이후 니카라과는 거의 달러화를 시행하였고 코스타리카는 달러화로의 전환을 고려하고 있다.

달러화의 이익과 비용은 CBA를 채택하는 경우와 유사하지만 달러화는 CBA보다 더 나아가 그 체제를 포기할 탈출 옵션까지 포기하는 것을 의미하므로 그 국가의 통화주권의 보다 완전한 포기를 의미하게 된다. 달러화는 다음과 같은 이익을 필요로 하는 국가에서 발생한다. (1) 국내통화를 달러로 바꾸는 비용을 축소하고, 환위험을 헤지할 필요, (2) 상품재정의 결과로 미국과 유사한 인플레이션에 직면하거나, 어떤 국가위기를 제외하고 이자율이 미국의 수준으로 하락하는 경우, (3) 외환위기를 피할 목적으로 외환 및 무역통제 및 재정규율을 강화하고 보다 빠르고도 완전한 통화통합을 고무하기 위해, (4) 보다 신속하고 완전한 국제금융통합을 촉진하기 위해.

달러화는 달러화하는 국가에게 다음의 비용을 발생시킨다. (1) 국내통화를 달러로 대체하는 비용(평균 라틴아메리카 국가에 대해 GDP의 4~5% 정도로 추정됨), (2) 통화 및 환율정책의 독립성 상실

(그 나라는 경기상황과 상관없이 미국과 동일한 통화정책에 직면함), (3) 위기에 직면하여 국내은행 및 기타 금융기관을 돕는 최종 대여자로서의 중앙은행의 위치 상실.

달러화가 바람직한 국가들로는 미국이 주요한 파트너가 되는 소규모 개방경제와 통화성과의 역사가 좋지 않거나 경제정책의 신뢰성이 거의 없는 국가이다. 라틴아메리카 대부분의 소국들, 특히 카리브해 국가뿐 아니라 중앙아메리카에 있는 국가들은 이러한 상황에 매우 유사하다. 그러나 소국에서 대국으로 점점 이동하는 경우 달러화가 그 국가에 순이익을 줄 것인가에 관해서는 명쾌한 대답을 얻기가 매우 어렵다.

8.6 환율 밴드, 조정가능 페그제도, 크롤링 페그제도 및 관리변동환율제도

이 절에서는 고정환율제도의 특성과 변동환율제도의 특성을 결합한 혼합환율제도의 장단점을 검토한다. 여기에는 평가가치 또는 고정환율을 중심으로 환율 밴드가 다양한 경우, 조정가능 페그제도, 크롤링 페그제도 및 관리변동환율제도가 포함된다.

8.6A 환율 밴드

대부분의 고정환율제도는 보통 한정된 좁은 범위 내에서 환율이 변동할 수 있도록 한다. 즉, 각국은 자국통화의 환율 혹은 환평가를 결정하고 환율이 그 환평가를 중심으로 상하 소폭으로 변동할 수 있도록 허용한다. 예를 들어 제2차 세계대전 후부터 1971년까지 운용되었던 브레튼우즈 체제하에서는 환율이 이미 설정된 환평가 또는 고정환율의 상하 1% 내에서 변동하도록 허용하였다. 금본위제도에서는 예컨대 달러와 파운드 사이의 환율이 주조평가를 중심으로 뉴욕과 런던 사이에 1파운드 가치의 금을 운반하는 데 드는 비용만큼 상하로 변동(소위 금수출입점)할 수 있었다(4.6A 참조).

고정환율제도에서 실제환율은 변동폭 내에서 수요와 공급에 의해 결정되었다. 그리고 금과 연계되어 있지 않은 고정환율제도에서는 외환시장에 대한 공식적인 개입에 의해, 순수한 금본위제도에서는 금 수송에 의해 환율이 이 변동폭을 벗어나지 않도록 하였다(제4장에서 설명된 것과 같이). 다음에서는 금과 연계되지 않은 고정환율제도를 집중적으로 살펴보기로 한다. 고정환율제도에서 환율의 변동폭이 소폭이라는 것은 통화당국이 이미 설정된 환평가를 유지하기 위해 계속적으로 외환시장에 개입할 필요가 없이 환율이 허용된 변동폭을 벗어나지 않도록만 하면 된다는 장점이 있다.

그림 8-5의 맨 위 도표에서 달러와 유로 사이의 평가 또는 고정환율은 $R = \$/€ = 1$로 가정되었으며 (브레튼우즈 체제에서와 같이) 평가의 상하 1% 내에서 변동하도록 허용된다. 그 결과 (수평 점선으로 표시된) 변동폭은 $R = 0.99$달러(하한)와 $R = 1.01$달러(상한)로 결정된다.

이와 같이 고정환율제도는 고정환율 또는 평가를 중심으로 어느 정도 신축성을 보여 준다. 기술적으로 각국은 허용된 변동폭을 넓혀서 실제환율이 보다 더 시장력에 의해 결정되도록 하여 공식적 개입의 필요성을 점차 감소시킬 수 있다. 궁극적으로 허용된 변동폭은 외환시장에 대한 모든 공식적 개입을 제거할 수 있을 정도로 넓혀질 수도 있다. 이것은 본질적으로 변동환율제도를 의미한다. 고정환

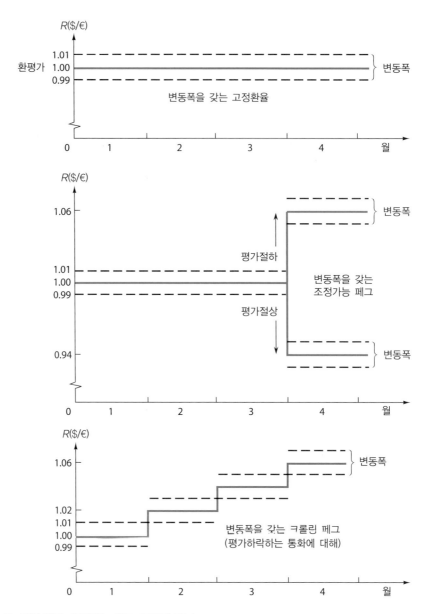

그림 8-5 환율 밴드, 조정가능 페그, 크롤링 페그

맨 위의 도표에서 달러와 유로 사이의 평가는 $R = 1\$/1€$로 가정되었으며 설정된 평가를 중심으로 평가의 상하 1% 내에서 변동하도록 허용된다. 중간 도표는 그 국가가 국제수지 적자를 해소하기 위해 $R = 1$달러에서 $R = 1.06$달러로 평가절하하고, 국제수지 흑자를 해소하기 위해 $R = 1$달러에서 $R = 0.94$달러로 평가절상하는 것을 보여 준다. 맨 아래 도표는 국제수지 적자를 해소하기 위해 3개월 동안 월말에 약 2% 정도 평가절하하는 것을 보여 준다.

율제도를 선호하게 되면 변동폭이 좁아지며, 변동환율제도를 선호하게 되면 변동폭이 넓어진다.

8.6B 조정가능 페그제도

조정가능 페그제도(adjustable peg system)에서는 평가가 주기적으로 변화되고, 국제수지 적자를 해소하기 위해서는 통화가 평가절하되고, 흑자 해소를 위해서는 평가절상되어야 한다는 전제조건하에서 평가와 허용 변동폭을 정의하게 된다. 브레튼우즈 체제(제9장 참조)는 원래 조정가능 페그제도로 설립되었으며 기초적 불균형에 처했을 때 각국은 자국통화의 평가를 변경시킬 수 있었다. '기초적' 불균형에 대해서는 어디에서도 명확히 정의되지는 않았지만 대체로 수년간에 걸쳐 지속되는 대규모의 잠재적 혹은 실질적인 국제수지 적자나 흑자를 뜻한다.

그러나 브레튼우즈 체제에서 각국은—국가적 위신과 환율의 빈번한 변동으로 불안정적 투기가 조장될지도 모른다는 염려 때문에(미국의 경우에도 달러가 국제적 지불준비로 보유되었기 때문에)—자주 불안정적인 투기의 상황에서도 실제로 평가를 변경하지 않을 수 없게 될 때까지 평가를 변경하려 하지 않았다. 따라서 브레튼우즈 체제가 조정가능 페그제도로 설립되었지만, 실제에 있어서는 거의 진정한 고정환율제도처럼 운용되었다.

진정한 조정가능 페그제도는 국제수지의 불균형에 처해 있는 국가가 조정가능 페그제도의 신축성을 이용하여 (혹은 이용하도록 요구되고) 환율변화에 대한 압박을 견디지 못할 때까지 기다리지 않고 그들의 평가를 실제로 변경시키는 제도이다. 이것은 그림 8-5의 중간 도표에 나타나 있는데, 거기에서 원래의 평가는 맨 위의 도표와 같으며 그 국가는 네 번째 달 초에 국제수지 적자에 직면하고 있으면 자국통화를 평가절하(환율을 인상)하거나 국제수지 흑자에 직면하고 있으면 평가절상(환율을 인하)을 한다.

그러나 조정가능 페그제도가 의도된 대로 운영되기 위해서는(한 국가의 국제지불준비고가 일정 백분율만큼 감소되었을 때와 같이) 그 국가가 평가를 언제 변경시켜야 할 것인가를 결정할 수 있도록 몇 가지 객관적인 규칙이 합의되어야 하고 시행되어야 한다. 어떠한 규칙도 어느 정도는 자의적이 될 것이며 투기자들에게 알려지게 될 것이고, 그들은 평가변화를 예측하여 이윤이 발생하는 불안정화 투기에 뛰어들 것이다.

8.6C 크롤링 페그제도

크롤링 페그제도(crawling peg system)나 '슬라이딩 평가 또는 글라이딩 평가제도(sliding or gliding parties)'는 조정가능 페그제도에서 나타나는 비교적 큰 폭의 평가변화와 불안정적인 투기의 가능성을 피하기 위해서 고안되었다. 이 제도하에서 평가는 균형환율에 도달할 때까지 빈번히 그리고 분명히 규정된 간격으로 예컨대 월별로 미리 알려진 소량 혹은 적은 비율만큼 변화한다. 그림 8-5의 맨 아래 도표에서 통화의 평가절하가 필요한 국가에 대해 이를 표시하였다. 3개월 뒤 요구되는 1회의 6% 평가절하 대신에 그 국가는 3개월 동안 매달 월말에 약 2%씩 평가절하한다.

이 국가는 예정된 환율변화에서 생기는 어떠한 이익도 상쇄되도록 단기이자율을 조정함으로써 불안정적 투기를 피할 수 있다. 예를 들어 2%의 평가절하를 발표하면 단기이자율은 2% 상승하게 되지만, 이것은 이 나라가 통화정책을 수행하는 데 방해가 된다. 그럼에도 불구하고 크롤링 페그제도는 대규모 평가절하에 따르는 정치적 오점을 제거하고 불안정적 투기를 막을 수 있다. 크롤링 페그제도는 넓은 변동폭과 더불어 사용되면 한층 더 큰 신축성을 달성할 수 있다.

소규모 평가절하 전에 변동폭의 상한이 우연히(그림에서처럼) 소규모 평가절하 후에 변동폭의 하한과 같거나 위에 있는 경우 평가절하는 실제의 현물환율에 어떤 변화도 가져오지 않을 것이다. 크롤링 페그제도를 사용하고자 하는 국가는 평가변화의 빈도와 변화 정도 및 허용되는 변동폭의 크기를 결정해야 하며, 이 제도는 실물적인 충격과 높은 인플레이션율에 직면하는 개발도상국에 가장 적절할 것이다.

8.6D 관리변동환율제도

투기가 안정적이라 하더라도 경기순환으로 인한 실물경제요소의 변동 때문에 환율은 여전히 시간에 따라(허용된다면) 변동한다. 불안정적 투기와 오버슈팅(overshooting)은 이러한 환율의 내재적인 변동을 확대시킨다. 앞에서 살펴보았듯이 환율변동은 국제무역과 투자의 흐름을 감소시키는 경향이 있다. 관리변동환율제도(managed floating exchange rate system)에서 한 국가의 통화당국은 장기적 환율 추세에 영향을 미치지 않고 환율의 단기적인 변동을 완화하기 위해 외환시장에 개입할 책임이 있다. 통화당국이 성공하는 만큼 그 국가는 고정환율제도에서 생기는 대부분의 이익을(8.4절 참조) 누리는 한편 국제수지 불균형을 조정하는 데 신축성을 갖게 된다.

한 가지 발생할 수 있는 난점은 장기적인 환율의 추세가 어떻게 될 것인가를 파악하는 데 통화당국이 직업적 투기자, 투자가 그리고 무역업자보다 우위에 있지 않을 수도 있다는 점이다. 다행히도 만일 국가가 그때그때의 상황에 대처하는 정책(policy of leaning against the wind)을 채택한다면 환율의 단기변동을 안정시키기 위하여 환율의 장기적 추세를 알 필요가 없다. 이렇게 하기 위해서 그 국가의 통화당국은 국제지불준비를 활용하여 외환시장에서 외환에 대한 단기 초과수요의 일부(전부는 아니더라도)를 공급하고(따라서 이 국가의 통화가 평가하락하려는 경향이 완화됨) 외환에 대한 단기 초과공급의 일부를 흡수(지불준비의 증가)하여야(따라서 통화가 평가상승하려는 경향이 완화됨) 한다. 이것은 환율의 장기적 추세에는 영향을 주지 않고 환율의 단기적 변동만을 감소시킨다.

관리변동환율제도에서는 국제지불준비가 여전히 필요한 반면 자유변동환율제도에서 국제수지 불균형은 공적개입 및 지불준비 없이도 환율변동(안정적 외환시장의 경우에)에 의해 즉각적으로 그리고 자동적으로 수정된다는 점에 주목하라. 그러나 자유변동환율제도에서는 관리변동환율제도가 완화시키려 하는 환율변동을 받아들일 수밖에 없다.

관리변동환율제도에서 통화당국이 환율의 단기변동을 얼마만큼 성공적으로 완화시킬 수 있는가 하는 문제는 외환에 대한 단기 초과수요 및 초과공급을 얼마만큼 흡수할 수 있는가에 달려 있다. 이것은 또한 그 국가가 안정화 목적을 위해 외환시장에 개입하고자 하는 의지와 이 국가가 보유하고 있는 국제지불준비의 규모에 달려 있다. 한 국가의 국제지불준비 저량이 크면 클수록 통화당국이 달성할 수 있는 환율의 안정성은 더욱 증대된다.

그러나 앞에서 논의한 그때그때의 상황에 대처하는 정책(오늘날과 같이)이 정확하게 파악되지 않으면 (1973년 이후의 상황) 수출을 촉진하기 위해 환율을 높게(즉, 자국통화를 평가하락한 수준에서) 유지하려는 위험이 따른다(2005년 이후 미국과 중국의 상황임). 이것은 위장된 인근 궁핍화 정책이며 다른 나라의 수출이 감소하고 수입이 증가할 때 타국의 보복을 초래한다. 이러한 종류의 변동환율제도를 때때로 더티 플로우팅(dirty floating)이라고 부른다. 따라서 명확하게 정의되고 준수되는 행동규칙이 없는 경우에 국제무역과 투자를 저해하는 왜곡 및 갈등의 위험이 있다.

1973년 이래 전 세계는 다양한 관리변동환율제도를 채택하고 있다. 이 제도는 심사숙고한 후에 채택된 것은 아니고, 외환시장의 혼란상과 감당하기 어려운 불안정적 투기로 인해 브레튼우즈 체제가 붕괴함에 따라 받아들이게 된 것이다. 관리변동환율제도의 초기에는 더티 플로우팅과 이에 따른 불가피한 마찰을 방지하기 위하여 환율변동을 관리하기 위한 특별 규칙을 고안하려고 하였다. 그러나 최근까지의 이러한 노력은 모두 실패했다. 지난 15년간의 관리변동환율제도의 시기에 1970년대 초에 변동환율을 선호했던 사람들이 희망했던 것이나 변동환율을 반대했던 사람들이 심각하게 불안했던 것들은 사실상 모두 나타나지 않았다. 또한 원유가의 폭등과 이에 따른 세계적 인플레이션 및 불황으로 인해 야기된 1970년대의 대혼란기 및 2008~2009년의 글로벌 금융위기 및 대침체기에 어떠한 고정환율제도도 존속될 수 없었을 것이라는 점도 역시 사실일 것이다.

그럼에도 불구하고 달러가 1980년부터 1985년 2월까지 큰 폭으로 평가상승하고, 1985년 2월부터 1987년 말까지 큰 폭으로 평가하락했다는 점은, 현행 관리변동환율제도에서는 큰 폭의 환율 불균형이 발생하면 수년간 지속될 수 있다는 점을 명백히 보여 준다. 이에 따라 주요통화의 변동 허용폭에 대한 목표를 설정하고 국제협조를 증진하며 주요국 사이의 정책협력을 모색하는 방향으로 현행 국제통화제도를 개혁하자는 요구가 새롭게 등장하였다.

현행의 제도는 보다 높은 정도의 신축성을 보여 주며 어느 정도 국가들로 하여금 자국의 선호와 여건에 가장 적합한 환율제도를 선택하도록 허용하고 있다(사례연구 8-7 참조). 일반적으로 공업대국과 인플레이션 압력을 많이 받는 국가들은 소규모의 개발도상국이나 고도로 특화된 개방경제에 비해 더 큰 환율변동을 채택하였다. 1976년의 자메이카 협정으로(이것은 1973년 이후로 운용되었던 사실상의 관리변동환율제도를 다소간 공식적으로 인정하였다) 일국은 환율체제의 변동이 무역상대국이나 세계경제에 혼란을 주는 것으로 입증되지 않는 한 조건이 변화함에 따라 환율체제를 변경시킬 수 있게 되었다(이에 관해서는 제9장에서 논의함). 최근에 국가들은 아주 경직적인 고정환율제도나 매우 신축적인 환율만을 고려하고 선택해야 한다는 데 거의 의견의 일치를 보이는 것 같다. 중간 위치에 있는 제도는 불안정적 투기를 더 불러오고, 지속하기가 더 어렵다는 점에서 덜 매력적인 것으로 생각된다.

사례연구 8-7 🌐 IMF 회원국의 환율제도

표 8-5는 2014년 4월 30일 현재 IMF 188개 회원국과 3개 자치령[아루바, 생마르탱(네덜란드), 홍콩특별행정구(중국)]의 실제 환율제도의 분포를 보여 준다. 108개국(총 191 개국 중 56.6%)은 경직된 또는 유연한 페그(고정환율제도)를 83개국(총 회원국의 43.4%)은 변동 또는 관리변동환율 제도로 운영되고 있다.

그중 13개국은 독립된 법정통치가 없는 국가로 에콰도르, 엘살바도르 및 파나마가 여기에 속하고, 이들 국가는 달러를 자국 통화로 사용한다. 또한 12개국은 통화위원회 제도(이것도 경직된 페그임)를 운영하는데, 불가리아와 홍

(계속)

콩특별행정구가 여기에 속한다. 전통적인(유연한) 페그를 운영하는 국가는 덴마크, 요르단, 쿠웨이트, 리비아, 모로코, 사우디아라비아, 베네수엘라이다. 안정화된 제도를 운영하는 국가는 21개국인데, 여기에는 방글라데시, 이집트, 이라크, 싱가포르, 베트남이 속한다. 크롤링과 유사한 제도를 운영하는 국가는 아르헨티나, 중국, 도미나카공화국, 튀니지, 스위스이다.

변동환율제도를 운영하는 36개국은 브라질, 콜롬비아, 헝가리, 인도, 인도네시아, 한국, 멕시코, 필리핀, 루마니아, 남아프리카공화국, 타이이다. 자유변동환율제도를 운영하는 국가는 미국, 18개 유럽통화연합(EMU) 회원국, 일본, 영국, 오스트레일리아, 캐나다, 칠레, 폴란드, 스웨덴이다. 2004년 4월 말 현재 다양한 형태의 환율제도가 운영되고 있다는 것을 알 수 있다.

표 8-5 IMF 회원국의 환율제도(2014년 4월 30일)

환율제도	회원국 수	비율
경직된 페그	25	13.1
독립 법화 부재	13	6.8
통화위원회	12	6.3
유연한 페그	83	43.5
전통적 페그	44	23.0
안정화된 제도	21	11.1
크롤링 페그	2	1.0
크롤링 유사 페그	15	7.9
구간대 페그 환율	1	0.5
변동	65	34.0
변동	36	18.8
자유 변동	29	15.2
기타		
기타 관리제도	18	9.4
총계	191	100.0

출처 : IMF, *Annual Report on Exchange Rate Arrangements and Exchange Restrictions* 2014 (Washington, D.C. : IMF, 2014).

8.7 국제거시경제 정책조정

최근 수십 년간 세계는 한층 더 통합되고, 선진국들은 점점 더 상호의존적이 되어 가고 있다. 국제무역은 산출량보다 2배 빠른 속도로 증가하였고, 특히 1970년대 초 이후로 금융자본의 국제이동은 더욱 증가하였다. 오늘날 7대 선진국(G7)에서 GNP에 대한 무역의 비율은 1960년대에 비해 2배가 되었고, 세계는 진정으로 통합되고 세계화된 국제금융시장을 목표로 빠른 속도로 진행되고 있다.

세계경제의 상호의존성이 증가함에 따라 오늘날 개별 국가의 경제정책의 효과는 크게 감소되었고, 여타 세계에 미치는 스필오버 효과는 증가하였다. 예컨대 미국 경제를 부양시키기 위해 완화적 통화정책을 사용하면 미국의 이자율은 낮아지고, 자본유출이 발생한다. 이 자본유출로 인해 미국에서의 완화적 통화정책의 팽창적 효과는 잠식되고 달러는 평가하락된다. (다른 조건이 동일한 한) 다

른 국가들은 자본유입에 직면하게 되고, 미국의 팽창적 통화정책의 결과로 그들 국가통화는 평가상
승하게 된다. 이것은 그 국가 자신의 특수한 목표의 달성을 저해할 것이다. 유사하게 미국에서의 팽
창적 재정정책도 여타 세계에 스필오버 효과를 미칠 것이다(사례연구 5-6, 6-3 및 6-4 참조).

　이와 같이 상호의존성이 증가함에 따라 국제거시경제 정책조정은 바람직하고 필수적인 것이 되
었다. 특히 각자는 독립적으로 행동하는 것보다는 협조적으로 정책을 시행함으로써 성과가 더 좋을
수 있다. 국제거시경제 정책조정(international macroeconomic policy coordination)이란 국제적 상호
의존성의 인식하에 한 국가의 경제정책을 수정하는 것을 지칭한다. 예를 들어 전 세계의 경기침체
의 경우 각 국가는 무역수지의 악화를 피하기 위해 경제를 부양하는 것을 주저할지도 모른다. 그러
나 모든 국가가 상호조정을 통해 동시적으로 팽창정책을 사용하면 어떤 국가도 무역수지의 악화를
경험하지 않고, 산출량과 고용이 증가할 수 있다. 또 하나의 예는 각 국가가 수출을 촉진하고 수입
을 억제하기 위해 취하는 경쟁적인 평가절하를 들 수 있다(인근 궁핍화 정책). 이러한 노력들은 자
기 좌절적이며 국제무역을 저해한다. 이것은 실제로 대전 기간(제1차 세계대전과 제2차 세계대전
기간)에 발생했으며, 제2차 세계대전 후 고정환율제도(브레튼우즈 체제) 창설의 주요 이유 중 하나
이다. 이것은 경쟁적 평가절하를 피하기 위한 협조적 동의로 간주될 수 있다.

　현재의 국제통화제도하에서 국제정책조정은 매우 특수하게 발생하며 그 영역도 제한되어 있다.
한 가지 사건은 1978년 그 제도에 대해 '기관차적'(자국경제를 부양하여 그것으로 수입을 증가시키
고, 나머지 세계의 경기도 활성화) 역할을 수행하는 데 동의했을 때 발생했다. 그러나 독일은 국내
인플레이션이 상승하는 것을 두려워한 나머지 성과를 보기도 전에 그 노력을 포기했다. 제한된 국
제정책조정에 대한 보다 성공적인 예는 1985년 9월의 플라자 합의로서 G5국가(미국, 일본, 독일, 프
랑스, 영국)가 달러의 지나친 과대평가를 제거하기 위해 외환시장에 공동으로 개입하여 달러의 단
계적인 평가하락 또는 '연착륙'을 시도한 것이다. 이것과 관련된 성공적이었지만 제한된 국제정책
조정의 예는 달러-엔과 달러-마르크 환율에 대한 연참조영역(soft reference ranges) 또는 목표 존의
설정을 가져온 1987년 2월의 루브르 협정이다. 제한된 다른 정책조정의 성공적인 예는 1986년 미국,
일본, 독일에 의해 시작된 일련의 이자율 삭감을 위한 조정과 1987년 10월 전 세계적인 주식시장 폭
락 그리고 2001년 9월 11일 테러공격 및 2008~2009년의 전 세계적 경제불황기간 동안의 조정을 통
한 신속한 반응이다.

　그러나 이러한 정책조정의 사례들은 간헐적이고 범위가 제한되어 있다. 1989년 이후로 조정과정
또한 악화된 것 같다. 예를 들어 1991년 12월 독일은 미국과 여타국들이 불경기로 인해 낮은 이자율
을 선호했음에도 불구하고, 동독의 재건으로 촉발된 인플레이션의 압력을 억제하기 위해 이자율을
1948년 이후 최고 수준으로 크게 상승시켰다. 미국은 불경기에서 탈출하기 위해 실제로 이자율은
낮추었으며, 이것은 독일 마르크에 대한 달러의 급격한 평가하락을 불러일으켰다. EU의 여타국들
은 대신에 독일의 리드를 따를 수밖에 없었으며 유럽통화제도가 요구한 바대로 허용된 2.25%의 변
동폭 내에서 유지하기 위해 이자율을 인상했으며, 이와 같이 유약한 경제를 활성화하기 위한 완화
적 통화정책을 포기해야 했다. 이러한 다른 선진국의 요구에 대한 독일의 총체적 무시로 인해 국제

통화협력은 심각한 퇴보를 가져왔고 1992년 9월과 1993년 8월의 환율 메커니즘(ERM)의 심각한 위기를 초래했다(8.4B 참조).

　　효과적이고 성공적인 국제적 거시경제정책의 조정에는 많은 장애물이 존재한다. 한 가지는 국제통화제도의 기능에 관한 의견일치의 부족이다. 예를 들면 미국의 연방준비은행은 통화팽창이 산출량과 고용의 증가를 가져오는 것으로 믿는 반면, 유럽중앙은행은 인플레이션을 가져오는 것으로 믿을지도 모른다. 또 하나의 장애는 요구되는 정확한 정책조합에 관한 의견일치의 부족에서 발생한다. 가령 주어진 재정정책의 효과에 관해 계량경제모형이 달라짐에 따라 결과도 달리 나타난다. 또한 성공적인 정책조정으로 인한 이익을 참여국 간에 어떻게 배분할 것인가와 협상을 하고 정책을 수행하는 동의의 비용을 어떻게 확산하는가의 문제이다. 프렌켈, 골드스타인, 메이슨(Frenkel, Goldstein, & Masson, 1991)이 보고한 실증적 연구에 따르면 각국은 국제적 거시경제정책의 조정으로 어느 정도 이익을 얻지만 그 이익이 매우 크지 않다고 지적한다. 그러나 이러한 연구는 성공적인 국제적 정책조정이 가져오는 이익을 충분히 다 파악하지 못했기 때문에 나타난 결과일지도 모른다(Salvatore, 2013, 2014).

요약

1. 앞의 장들에서는 변동환율제도 및 고정환율제도 각각에 대해서 별도로 조정과정을 검토하였으나 이 장에서는 고정환율제도 및 그와 대비되는 변동환율제도의 장점과 단점을 비교하여 평가하였다. 또한 변동환율제도와 고정환율제도의 여러 가지 특성을 결합한 혼합제도의 장단점도 비교 · 평가하였다.

2. 변동환율제도를 찬성하는 논거는 그 제도가 보다 더 큰 시장효율성과 정책상의 장점을 갖는다는 것이며, 다음과 같은 이유로 고정환율제도보다 더 효율적이라고 한다. (1) 국제수지를 조정하는 데 모든 국내가격 변동에 의하기보다는 환율변동에만 의존한다. (2) 특별한 경우에 대규모로 국제수지를 조정하기보다는 유연하게 연속적으로 해 나간다. (3) 여러 가지 상품의 비교우위와 비교열위의 정도를 명백히 식별할 수 있다. 변동환율제도의 정책상 장점은 다음과 같다. (1) 통화정책을 국내 목적을 위해 자유롭게 사용할 수 있다. (2) 변동환율제도는 통화정책의 효율성을 높여 준다. (3) 각국은 자국의 인플레이션-실업 간 배향관계를 추구할 수 있다. (4) 변동환율제도는 다른 정책에 의해 보다 잘 달성할 수 있는 목표를 환율을 통해 달성하느라 환율을 잘못 사용할 위험을 제거시켜 준다. (5) 외환시장에 대한 공적 개입 비용이 없다.

3. 고정환율제도를 찬성하는 논거는 불확실성이 더 적다는 주장과 투기가 보다 안정적일 것이라는 생각, 그리고 고정환율제도에서 인플레이션 압력이 상대적으로 적다는 점이다. 그러나 이론적 및 실증적 논거에서 볼 때 변동환율제도는 고정환율제도에 비해 투기 가능성이 더 높은 것으로 평가되진 않는다. 한편 변동환율제도는 일반적으로 보다 더 효율적이며 각국은 보다 신축적으로 자국의 독자적인 안정화 정책을 추구할 수 있다. 그러나 변동환율제도는 고정환율제도보다 인플레이션 가능성이 더 크며 안정화 경향이 낮고 내부적인 충격을 겪는 경제의 경우에 덜 적합하다. 또한 과도한 환율의 변동성을 갖는다. 어떤 환율제도하에서든 정책입안자들은 개방경제정책 트릴레마에 직면할 수밖에 없다.

4. 최적통화지역 또는 블록은 여러 국가의 통화가 영구적으로 고정된 환율을 통해 연결된 국가들의 그룹을 뜻한다. 이것은 중요한 이익을 제공하지만 참여하는 국가들에게 비용도 야기시킨다. 유럽통화제도(EMS)는 1979년에 시작되었고, 유럽통화단위(ECU)의 창설을 포함하며, 회원국의 환율이 2.25%의 범위에서 변동하고, 유럽통화협력기금(EMCF)을 창설하여 회원국들에게 단기와 중기의 국제수지 지원을 제공한다. 1989년 6월에 유럽집행위원회 의장인 자크 들로르가 인도하는 위원회는 1997년 또는 1999년까지 단일통화와 유럽중앙은행(ECB)을 갖는 통화통합을 목표로 3단계의 전환을 권고했다. 영국과 이탈리아는 1992년 9월에 환율 메커니즘으로부터 이탈하였으며, 변동의 허용폭은 상하 15%가 되었다. 1999년 1월 1일에 유럽연합의 15개 회원국 중 11개국은 공통통화로서 유로를 채택하고, 유로지역에서 연합차원의 통화정책에 책임을 지는 유럽중앙은행(ECB)을 둔 유럽통화연합(EMU)을 형성하였다. 2015년까지 19개의 유럽연합 국가는 유로를 채택하였다.

5. 통화위원회제도(CBA)하에서 해당 국가는 환율을 경직적으로 고정시키고, 중앙은행은 통화량에 대한 통제력이나 독립적인 통화정책을 시행할 능력과 최종 대여자로서의 자격을 상실한다. CBA하에서 일국의 통화량의 증가나 감소는 각각 국제수지 흑자나 적자의 결과로만 발생하게 된다. CBA의 주요한 장점은 경제정책의 신뢰성이 있다는 것과 이자율과 인플레이션이 낮다는 것이다. 달러화란 한 국가가 다른 나라의 통화(대부분 달러)를 자국의 법정 통화로 채택하는 것이다. 달러화의 이익과 비용은 CBA의 경우와 유사하지만 그 국가가 탈출의 선택권을 포기했기 때문에 보다 단호하다는 측면에서만 차이가 있다.

6. 대부분의 환율제도는 통상 한정된 소폭의 범위 내에서 환율이 변동하도록 허용된다. 그러나 조정가능 페그제도에서는 한 국가가 국제수지 불균형에 처할 때 환율을 주기적으로 변경시키는 것이 요구된다. 조정가능 페그제도의 단점은 불안정적인 투기가 초래될 수도 있다는 것이다. 이것은 크롤링 페그제도로 극복될 수 있는데, 이 경우에는 평가가치가 소폭으로, 빈번히 일정한 간격을 두고 변화한다. 2014년에 IMF의 191개 회원국의 108개국 또는 56.5%는 어떤 유형의 고정환율제도에서 운영되며, 그 다른 반은 어느 정도 환율 탄력성을 갖고 있다.

7. 최근 수십 년간 세계는 점점 더 상호의존적이 되었고, 이로 인해 국제적인 정책 조정은 더 바람직하고, 필요불가결하게 되었다. 현재의 국제통화제도에서 국제적인 정책조정은 간헐적으로 있었고 그 영역도 제한되었다. 국제통화제도의 기능에 대한 의견일치의 부족, 요구되는 정확한 정책조합에 대한 동의의 결여, 성공적인 정책조정으로부터의 이익을 참여국 간에 배분하는 방법에 관한 의견일치의 어려움, 협상하고 동의를 이끌어 내는 데 드는 비용을 분산시키는 방법의 결여로 인해 여러 가지 어려움이 발생한다. 실증적 연구에 의하면 정책적 조정으로 인한 후생의 이익이 있기는 하지만 아주 크지는 않다.

주요용어

관리변동환율제도(managed floating exchange rate system)

국제거시경제 정책조정(international macroeconomic policy coordination)

그때그때의 상황에 대처하는 정책(policy of leaning against the wind)

달러화(dollarization)

더티 플로우팅(dirty floating)

마스트리히트 조약(Maastricht Treaty)

안정 및 성장조약(Stability and Growth Pact, SGP)

유럽중앙은행(ECB)

유럽통화기구(European Monetary Institute, EMI)

유럽통화단위(European Currency Unit, ECU)

유럽통화연합(European Monetary Union, EMU)

유럽통화제도(European Monetary System, EMS)

유럽통화협력기금(European Monetary Cooperation Fund, EMCF)

유로(1euro, €)

은행연합(Banking Union)

인플레이션-실업의 배향관계(inflation-unemployment trade-off)

자유변동환율제도(freely floating exchange rate system)

조정가능 페그제도(adjustable peg system)

최적통화지역 혹은 블록(optimum currency area or bloc)

크롤링 페그제도(crawling peg system)

통화위원회제도(Currency Board Arrangment, CBA)

트릴레마(trilemma)

복습문제

1. 변동환율제도는 일반적으로 국제수지 불균형을 어떻게 조정하는가? 고정환율제도는 일반적으로 국제수지 불균형을 어떻게 조정하는가? 이러한 기본적인 두 가지 유형의 조정제도 사이의 선택이 중요한 이유는?

2. 고정환율제도와 대비되는 변동환율제도의 두 가지 주요 장점은 무엇인가? 변동환율제도의 주요 장점에 포함되는 특별한 장점들은 무엇인가?

3. 변동환율제도에 비하여 고정환율제도의 추정되는 장점은 무엇인가? 변동환율제도 찬성자들은 이에 대해 어떻게 대답하는가?

4. 이용 가능한 실증적, 이론적 근거에서 볼 때 변농환율제도와 고정환율제도 중 어떤 제도가 보다 선호되는가에 대해 어떠한 총체적 결론에 도달하는가?

5. 최적통화지역 또는 블록은 무엇을 의미하는가?

6. 최적통화지역의 장단점은 무엇인가? 최적통화지역을 형성할 때 필요한 조건은 무엇인가?

7. 유럽통화제도란 무엇인가? 창설 이후로 어떻게 기능해 왔는가? 유럽통화연합이란 무엇인가? 유로란? 유럽중앙은행의 기능은 무엇인가?

8. 통화위원회제도란 무엇인가? 달러화란? 각국이 이것을 채택하는 이유는? 각각은 어떻게 작동하는가? 각의 이익과 비용은 무엇인가?

9. 고정환율제도에서 환율변동 허용폭을 증대시키면 어떠한 효과가 발생하는가?

10. 조정가능 페그제도란 무엇인가? 영구히 고정된 환율제도와 관련하여 조정가능 페그제도의 장단점은 무엇인가?

11. 크롤링 페그제도란 무엇인가? 이러한 제도가 조정가능 페그제도의 단점을 어떻게 극복할 수 있는가?

12. 관리변동환율제도란 무엇인가? 그때그때의 상황에 대처하는 정책은 어떻게 운영되는가? 자유변동환율제도 및 고정환율제도와 비교하여 관리변동환율제도의 장점은 무엇인가?

13. 더티 플로우팅이란 무엇인가? 현재의 관리변동환율제도는 얼마나 순조롭게 운영되고 있는가?

14. 국제거시경제 정책조정이란 무엇인가? 그것은 왜 필요하며, 어떻게 운영되는가?

15. 거시경제정책 조정이 확대되는 경우의 잠재적 이익은 무엇인가? 예측 가능한 미래에 주요 선진국 간에 훨씬 더 많은 거시경제정책 조정이 있을 것이라는 것은 얼마나 그럴 것 같은가?

연습문제

1. 한 상품의 가격이 미국에서는 3.5달러이고, 유럽통화연합에서의 가격은 4유로라고 하자. 또 달러와 유로 간의 실제 환율은 $R = \$1/€1$이고 균형환율은 $R' = \$0.75/€1$라 가정하자. 이때
   (a) 미국은 이 상품을 수출하겠는가, 수입하겠는가?
   (b) 미국은 이 상품에 비교우위를 갖고 있는가?

2. 고정환율제도에서 국제자본이동이 완전 탄력적일 때 통화정책이 완전 무력한 이유를 설명하라.

3. 그림 8-1과 유사한 그림을 그리고, 주어진 외환공급곡선의 이동이 있을 때 외환에 대한 수요가 비탄력적일 때보다는 탄력적일 때 환율변동이 보다 작음을 보여라.

4. 경기순환의 과정에서 환율의 장기추세가 없다고 할 때 투기가 없는 경우, 안정적 투기가 있는 경우, 불안정적 투기가 있는 경우 각각에 대해 경기순환의 과정에서 환율의 변동을 보여 주는 그림 8-2와 유사한 그림을 그려라.

5. 경기순환의 과정에서 달러의 암묵적 평가상승 추세가 있다고 할 때 문제 4번을 풀어라.

6. 최적통화지역과 고정환율제도 간의 차이를 설명하라.

7. 유럽연합의 국가들에 대해 하나의 중앙은행과 하나의 통화를 갖는 것은?
   (a) 그 회원국들이 더 이상 독립적인 통화정책을 갖지 못하고
   (b) 회원국 간에 환율과 같은 것이 존재하지 않게 되는 이유를 설명하라.

8. 단일통화의 창설로 EU 회원국에 발생할 것 같은 비용과 이익을 지적하라.

9. 다음의 차이를 지적하라.
   (a) 고정환율제도
   (b) 통화위원회제도
   (c) 달러화

10. 환율이 $R = \$2/€1$인 경우에서 시작하여 평가가치의 상하 1% 변동폭을 허용하고 그 통화를 매월 말 1%씩 3개월 동안 평가상승하는 국가의 크롤링 페그제도에서의 환율을 나타내는 그림을 그려라.

11. 그림 8-2에서 투기가 없는 경우 경기순환의 과정에서 환율변동을 보여 주는 실선(곡선 A)에서 시작하여 환율변동의 약 1/2을 제거하는 그때그때의 상황에 대처하는 정책으로 경기순환 과정에서의 (관리변동환율제도에서 투기가 없는 경우) 환율변동을 보여 주는 그림을 그려라.

12. 변동환율제도는 국제적 교란으로부터 경제를 격리하므로 국제적 정책조정이 필요하지 않다. 옳은가, 그른가? 그 이유를 설명하라.

13. 국제거시경제 정책조정을 위해 어떻게 게임이론이 사용될 수 있는가를 설명하라.

14. 국제적 정책조정이 없는 경우에는 팽창적 재정정책과 긴축적 통화정책을 추구하지만 정책조정이 있는 경우에는 반대가 되는 이유를 설명하라.

15. (a) 지난 20년간 주요 선진국 간에 국제거시경제 정책조정의 경험을 검토하라.
    (b) 오늘날 전 세계의 주요 선진국 간에 더 큰 국제거시경제 정책조정이 있을 가능성에 관해 어떤 결론에 도달할 수 있는가?

| 부록 |

A8.1 환율협정

이 부록에서 우리는 2014년 4월 30일 현재 국제통화기금(IMF)의 187개 회원국에 대한 환율제도를 소개하고 있다. 이것은 다음의 표 8-6에서 볼 수 있다. 이 표에 의하면 현재의 체제는 각 국가가 자신에 가장 적합한 제도를 선택하도록 많은 정도의 자유를 주고 있다. 그 결과 어떤 사람들은 현재의 체제를 무체제라고도 한다. 각국은 환율제도의 변동으로 무역상대국이나 세계경제에 혼란을 주지 않는 한 자국의 환율체제를 자유롭게 변경시킬 수 있다.

연습문제 1999년 1월 1일 현재 유럽연합 각국은 어떤 종류의 환율제도를 채택하고 있는가?

표 8-6 환율체제와 통화정책 틀의 실제 분류표(2014년 4월 30일 현재)

환율체제 (국가 수)	통화정책의 골격						
	환율 앵커				화폐의 총량 목표(25)	인플레이션 타기팅 구조(34)	기타(43)
	미국 달러(43)	유로(26)	복합통화(12)	기타(8)			
독립적 법화가 없는 환율협정 (13)	Ecuador El Salvador Marshall Islands Micronesia Panama Timor-Leste Zimbabwe	Kosovo Montenegro San Marino		Kiribati Tuvalu			
통화위원회 (12)	Djibouti Hong Kong SAR **ECCU** Antigua and 　Barbuda Dominica Grenada St. Kitts and 　Nevis St. Lucia St. Vincent 　and the 　Grenadines	Bosnia and 　Herzegovina Bulgaria Lithuania		Brunei 　Darussalam			

표 8-6 **환율체제와 통화정책 틀의 실제 분류표(2014년 4월 30일 현재) (계속)**

환율체제 (국가 수)	통화정책의 골격						
	환율 앵커				화폐의 총량 목표(25)	인플레이션 타기팅 구조(34)	기타(43)
	미국 달러(43)	유로(26)	복합통화(12)	기타(8)			
전통적 페그 (44)	Aruba The Bahamas Bahrain Barbados Belize Curatpio and 　　Sint Maarten Eritrea Jordan Oman Qatar Saudi Arabia South Sudan Turkmenistan United Arab 　　Emirates Venezuela	Cabo Verde Comoros Denmark Sáo Tomé and 　　Pr.ncipe **WAEMU** Benin Burkina Faso Côte d'Ivoire Guinea-Bissau Mali Niger Senegal Togo **CEMAC** Cameroon Central African 　　Rep. Chad Rep. of Congo Equatorial Guinea Gabon	Fiji Kuwait Libya Morocco Samoa	Bhutan Lesotho Namibia Nepal Swaziland			Solomon Islands
안정화된 제도(21)	Guyana Iraq Kazakhstan 　　(02/14) Lebanon Maldives Suriname Trinidad and 　　Tobago	FYR Macedonia	Singapore Vietnam		Bangladesh 　　(02/13) Burundi 　　(03/13) Democratic 　　Rep. of the 　　Congo Guinea(08/13) Sri Lanka 　　(10/13) Tajikistan Yemen		Angola Azerbaijan Bolivia Egypt(07/13)
크롤링 페그(2)	Nicaragua		Botswana				
크롤링 유사 페그(15)	Honduras Jamaica	Croatia			China Ethiopia Uzbekistan	Armenia (03/13) Dominican 　　Republic Guatemala 　　(11/12)	Argentina Belarus (09/12) Haiti Lao P.D.R. Switzerland 　　(05/13) Tunisia
구간대 페그 환율(1)			Tonga				

표 8-6 환율체제와 통화정책 틀의 실제 분류표(2014년 4월 30일 현재) (계속)

환율체제 (국가 수)	환율 앵커				화폐의 총량 목표(25)	인플레이션 타기팅 구조(34)	기타(43)
	미국 달러(43)	유로(26)	복합통화(12)	기타(8)			
기타 관리 제도(18)	Cambodia(7/13) Liberia		Algeria Iran Syria		The Gambia Myanmar Nigeria Rwanda	Czech Rep. (11/13)	Costa Rica (08/13) Kyrgyz Rep. Malaysia Mauritania Pakistan(12/13) Russia Sudan Vanuatu
변동(36)					Afghanistan Kenya Madagascar Malawi (05/12) Mozambique Papua New Guinea Seychelles (03/14) Sierra Leone Tanzania Ukraine (02/14) Uruguay	Albania Brazil Colombia Georgia(11/13) Ghana Hungary Iceland Indonesia(08/13) Israel (05/13) Korea Moldova New Zealand Paraguay(07/13) Peru Philippines Romania Serbia South Africa Thailand Turkey Uganda	India Mauritius Mongolia Zambia
자유 변동 (29)					Australia Canada Chile Japan Mexico Norway Poland Sweden United Kingdom	Somalia United States **EMU** Austria Belgium Cyprus Estonia Finland France Germany Greece Ireland Italy Latvia(01/14) Luxembourg Malta Netherlands Portugal Slovak Rep. Slovenia Spain	

출처 : IMF, *Exchange Arrangements and Exchange Restrictions 2014* (Washington, D.C.: IMF, 2014), pp. 5–8.

제 9 장

국제통화제도 : 과거, 현재 및 미래

■ 금본위제도가 어떻게 운영되었는지를 이해한다.
■ 전후 브레튼우즈 체제가 어떻게 운영되었고 왜 붕괴되었는지를 설명한다.
■ 현행의 국제통화제도가 어떻게 작동되는지를 이해한다.
■ 오늘날 세계가 직면한 주요 국제경제 문제를 파악한다.

9.1 서론

이 장에서는 금본위제도 시대부터 현재까지 국제통화제도가 어떻게 운영되었는가를 살펴보기로 한다. 이 중 일부는 여러 가지 국제수지 조정기구를 살필 때 실례를 들면서 소개된 바 있다. 이제는 이것들을 종합하여 1880년대부터 지금까지 다양한 국제통화제도하에서 실제로 발생했던 국제수지 조정과정과 보다 광범위하게 개방경제 거시경제정책 및 그 성과에 대해 평가하고자 한다. 역사적인 접근방법을 취하지만 제4장부터 제8장까지 논의한 분석틀을 근거로 다양한 국제통화제도의 운영에 대하여 평가해 본다.

국제통화제도(international monetary system, 때때로 국제통화질서 또는 체제라고도 함)는 국제결제를 하기 위한 규칙, 관습, 수단, 융자제도 및 조직을 뜻한다. 국제통화제도는 환율이 결정되는 방법이나 국제준비자산이 어떤 형태를 취하느냐에 따라 분류된다. 환율에 의해 분류하는 경우 평가가치를 중심으로 소폭의 변동을 할 수 있는 고정환율제도, 넓은 폭으로 변동할 수 있는 고정환율제도, 조정가능 페그(adjustable peg)제도, 크롤링 페그(crawling peg)제도, 관리변동환율제도 또는 자유변동환율제도 등이 있다. 국제준비자산에 따라 분류하면 (금이 유일한 국제준비자산인) 금본위제도, (순수한 달러본위제도 또는 금과는 아무 관계도 없는 환본위제도와 같은) 순수한 환본위제도나 (양자를 결합한) 금환본위제도가 있다.

이러한 여러 가지의 분류형태는 다양한 방법으로 결합될 수 있다. 예를 들면 금본위제도는 고정환율제도이다. 그러나 금과는 전혀 관계없이 금에 의해 뒷받침되지 않는 미국 달러와 같은 어떤 국가의 통화로 구성되는 국제준비자산을 가진 고정환율제도도 있다. 마찬가지로 금과 외환 또는 외환만을 국제준비자산으로 갖는 조정가능 페그제도나 관리변동제도도 있다. 자유변동환율제도에서는 국제수지 불균형이 발생할 때 환율이 자동적으로, 즉각적으로 변화하여 이를 조정하게 되므로 이론적으로 준비자산은 필요하지 않다. 이 장에서 설명하겠지만 분류상 가능했던 대부분의 국제통화제도는 분석기간 동안 어떤 시점이나 일부 국가에서 운영되고 있었다.

바람직한 국제통화제도는 국제무역과 투자의 흐름을 극대화하며, 무역으로부터 이익을 세계 각국에 '공평하게' 분배하는 제도이다. 국제통화제도는 조정, 유동성, 신인도의 측면에서 평가할 수 있다. 조정(adjustment)이란 국제수지 불균형이 해소되는 과정을 뜻한다. 훌륭한 국제통화제도는 조정에 필요한 비용과 시간을 극소화해야 한다. 유동성(liquidity)은 일시적 국제수지 불균형을 해결하기 위해 이용할 수 있는 국제준비자산의 양을 뜻한다. 훌륭한 국제통화제도는 각국에 적정한 준비자산을 공급하여 국내경제를 위축시키거나 세계 전체에 인플레이션 압력을 가하지 않고 국제수지 적자를 조정할 수 있어야 한다. 신인도(confidence)란 조정기구가 적절히 작동하고, 국제준비자산의 절대가치와 상대가치가 유지되는 것에 대한 신뢰를 의미한다.

9.2절에서는 1880년부터 1914년까지 운영된 금본위제도와 제1차 세계대전과 제2차 세계대전 사이의 경험을 살펴보기로 한다. 금본위제도는 금이 유일한 국제준비자산인 고정환율제도이다. 양차 세계대전 사이의 시기는 처음의 변동환율제도와 나중의 금본위제도로 복귀하려는 노력—이러한 시도는 실패했다—으로 특징지어진다. 9.3절과 9.4절, 9.5절에서는 제2차 세계대전 말부터 1971년 8월까지 운영된 고정된 또는 조정가능 페그 금환본위제도인 브레튼우즈 체제의 설립, 운영 및 붕괴를 살펴보고자 한다. 그때부터 1973년 3월까지는 조정가능 페그 달러본위제도가 지배적이었다. 9.6절에서는 현재의 관리변동환율제도의 운영 및 문제점을 살펴보고, 마지막으로 부록에서는 1950년부터 2011년까지 국제준비자산의 구성 및 가치에 관해 소개한다.

9.2 금본위제도와 두 세계대전 사이의 경험

이 절에서는 먼저 1880년경부터 제1차 세계대전이 발발했던 1914년까지 운영되었던 금본위제도를 살펴본다. 그리고 1919년에서 1924년까지 양차 세계대전 사이에 있었던 변동환율제도에 대한 경험과 그 후의 금본위제도를 회복하려는 시도에 대해 살펴본다(이러한 시도는 1931년 대공황이 심화됨에 따라 실패했다).

9.2A 금본위제도(1880~1914)

금본위제도(gold standard)는 1880년경부터 1914년까지 운영되었다. 4.6A절에서 설명한 바와 같이 금본위제도하에서 각국은 자국통화 한 단위의 금의 함량을 규정하고, 이 가격으로 얼마든지 금을 수동적으로 매입하거나 매출하게 된다. 각국 통화 1단위당 금의 함량은 고정되어 있으므로 환율 또한 고정되었다. 이를 주조평가(mint parity)라 하는데, 환율은 이 주조평가를 중심으로 외국통화 1단위와 동일한 가치의 금을 두 금융센터 간에 수송하는 데 드는 비용만큼 상하, 즉 금 수송점(gold points) 내에서 변동할 수 있다.

환율은 금 수송점 내에서 수요와 공급에 의해 결정되었고, 금 수송 때문에 금 수송점 밖으로 이동할 수 없었다. 즉, 금 수출점(gold export point) 아래로 통화가 평가하락하려는 경향은 그 국가로부터의 금의 유출로 인해 지속될 수 없었다. 이러한 금의 유출은 그 국가의 국제수지 적자를 의미한다. 반대로 한 국가의 통화가 금 수입점(gold import point) 이상으로 평가상승하려는 경향은 금의 유입으로 인해 지속될 수 없었다. 이러한 금의 유입은 이 국가의 국제수지 흑자를 의미한다. 적자는 금으로 청산되어야 하고 각국의 금 준비는 제한되어 있으므로 적자는 영원히 지속될 수는 없고 신속하게 조정되어야 했다.

흄(Hume)이 설명한 바와 같이 금본위제도에서의 조정기구는 자동적인 가격-정화-유통기구(price-specie-flow mechanism)인데(4.6B절 참조) 이는 다음과 같이 작동한다. 각국의 통화량은 금 자체나 금에 의해 뒷받침되는 지폐로 구성되어 있으므로 적자국의 통화량은 감소하고 흑자국의 통화량은 증가한다. 이에 따라 적자국의 국내가격은 하락하고 흑자국에서는 상승한다(**통화수량설** 참조). 결과적으로 적자국의 수출은 촉진되고 수입은 위축되어 국제수지 적자가 해소되며, 흑자국에서는 이와 반대가 될 것이다.

국제수지 사정에 따라 수동적으로 통화량이 변화하도록 한다는 것은 한 국가가 인플레이션 없는 완전고용을 달성하기 위해 통화정책을 사용할 수 없었다는 것을 뜻한다. 그러나 고전파 경제학자들은 경제제도 내에는 인플레이션 없이 완전고용에 도달하려고 하는 자동적인 경향이 있는 것으로 믿었기 때문에 이러한 점은 별문제가 안 되었다.

조정과정이 작동하기 위해서는 각국이 국제수지 적자나 흑자가 통화량에 미치는 효과를 불태화(sterilize 즉, 중화)시키지 않아야 한다. 반대로 금본위제도에서의 게임의 룰은 적자국은 여신을 제한하고 흑자국은 여신을 확대함으로써 조정과정을 가속화하도록 요구하였다. 그러나 넉시(Nurkse)와 블룸필드(Bloomfield)는 금본위시대에 통화당국이 이러한 게임의 룰을 종종 준수하지 않았고, 국제수지 불균형이 자국의 통화량에 미치는 효과를 전부는 아닐지라도 부분적으로는 불태화시켰다는 점을 발견했다. 마이켈리(Michaely)는 조정과정을 원만히 하고 적자국의 통화량이 지나치게 감소하고 흑자국의 통화량이 지나치게 증가하는 것을 방지하기 위해서는 이러한 것들이 필요하다고 주장했다.

위의 방법이 금본위제도에서의 조정기구가 작동해야 했던 방식이었다. 실제로 1920년대에 타우시그(Taussig)와 하버드대학교의 그의 제자들은 조정과정이 대단히 신속하고도 원활하게 이루어져 국가 사이에 금이 거의 이동하지 않았다는 점을 발견했다. 타우시그는 국제수지 불균형이 대체로 (위에서 설명한 바와 같이) 금의 수송보다는 국제자본이동에 의해 청산되었다는 점을 발견했다. 즉, 영국의 경우 국제수지가 적자일 때 통화량은 감소하고 이자율이 상승하여 단기자본이 유입됨으로써 적자가 청산되었다.

영국은 의도적으로 할인율을 상승시킴으로써[영국에서는 **은행률**(bank rate)이라 부름] 자본유입에 대한 유인을 강화하였는데, 이에 따라 이자율은 더욱 상승하고 자본은 더욱 유입되었다. 게다가 적자로 인한 영국의 통화량 감소는 물가보다는 국내 경제활동을 위축시켰던 것으로 보이며(제5장에서 논의된 자동적인 소득조정기구로 설명한 바와 같이) 이에 따라 수입은 억제되었고, 국제수지 흑자의 경우에는 위와는 반대의 과정으로 조정되었다.

금본위제도에서 대부분의 조정은 가격-정화-유통기구에서 설명한 바와 같이 이루어지지 않았는데, 이는 조정과정이 신속하고 원활했다 할지라도 금본위시대에 존재했던 특수한 사정에 기인하기 때문이다. 이 시기는 전 세계적으로 경제적 팽창 및 안정의 시기였다. 파운드 스털링은 유일한 국제통화였으며, 런던은 유일한 국제금융센터였다. 따라서 파운드에 대한 신인도의 결여가 있을 수 없었고 기타의 통화 또는 다른 경쟁적인 국제금융센터로 신인도가 이동할 수 없었다. 오늘날보다는 가격이 더 신축적이었고 각국은 대내균형보다는 대외균형에 중점을 두었다. 이러한 상황에서는 어떤 국제통화제도라도 원활하게 운영되었을 것이다.

제1차 세계대전 전 또는 약 30년 동안 금본위제도가 순조롭게 운용될 수 있었던 조건을 충족시키지 않고 오늘날 금본위제도로 복귀하려고 한다면 이는 확실히 실패할 것이다. 그럼에도 불구하고 금본위제도 시대는 '지나간 좋은 시절'에 대한 잊혀지기 어려운 향수를 자아내게 했으며, 이는 오늘날에도 어느 정도 남아 있다. 그렇다고 (가까운 장래에) 금본위제도나 이와 유사한 어떤 제도로 복귀할 것 같지는 않다.

9.2B 두 세계대전 사이의 경험

제1차 세계대전이 발발하자 고전적인 금본위제도는 붕괴되었다. 1919년에서 1924년까지 환율은 급격히 변동했으며 이에 따라 안정성 있는 금본위제도로 복귀하고자 했다. 1925년 4월 영국은 전쟁 전의 가격으로 파운드의 금에 대한 태환성을 회복했고 제1차 세계대전 발발 시 시행했던 금수출 금지를 철폐했으며 다른 국가들도 영국의 뒤를 이어 금본위제도로 복귀했다(미국은 이미 1919년에 금본위제도로 복귀했다). 그러나 새로운 제도는 금 및 금으로 태환 가능한 통화(대부분 파운드지만 미국의 달러와 프랑스의 프랑도 포함됨)가 국제준비자산으로 이용되었다는 점에서 순수한 금본위제도라기보다는 금환본위제도의 성격을 띠고 있었다. 이는 세계 총무역액에서 차지하는 비율이(전쟁의 결과 다른 물가가 실질적으로 상승했음에도 불구하고 전쟁 전의 가격으로 평가되어) 훨씬 작아진 금을 효율적으로 사용하기 위한 것이었다.

그러나 영국이 (특히 미국에게) 경쟁력을 상당히 상실했고 전쟁비용을 지불하기 위하여 해외투자의 상당 부분을 정리했으므로 전쟁 전의 수준으로 평가를 설정함에 따라 파운드는 대단히 과대평가되었다(3.2절 카셀의 구매력평가 이론에 대한 논의 참조). 이에 따라 영국에서는 국제수지 적자가 야기되었고 적자를 억제하려 함에 따라 경기는 위축되었다. 반대로 프랑은 1926년 평가하락된 수준에서 안정되었으므로 프랑스는 대규모의 국제수지 흑자를 나타내게 되었다.

프랑스는 파리를 국제금융센터로 만들기 위해 1928년 프랑스의 국제수지 흑자에 대해 파운드나 기타의 통화로 결제하지 않고 금으로 결제하도록 하는 법안을 통과시켰다. 이에 따라 얼마 되지 않은 영국의 금 보유고는 상당량 고갈되었으며 런던으로부터 파리와 뉴욕으로 단기자본이 이동하게 되었다. 프랑스가 이미 축적된 파운드의 금에 대한 태환을 시도하자 영국은 1931년 9월에 파운드의 금으로의 태환을 중지하지 않을 수 없었으며 파운드는 평가절하되었고 금환본위제도는 붕괴되었다

(1933년에 미국은 실제로 금본위제도를 폐지하였다).

프랑스가 보유하고 있던 파운드를 모두 금으로 전환시키기로 한 결정이 금환본위제도가 붕괴되는 데 직접적인 원인이 되었지만 보다 근본적인 원인은 (1) 전반적으로 부적절한 평가에 직면하여 국제수지 불균형이 자국의 통화량에 미치는 효과를 각국이 불태화시킴에 따라 적절한 조정기구가 없었던 점, (2) 런던과 새로 등장하게 되는 국제금융센터인 뉴욕이나 파리 사이의 불안정적인 막대한 자본이동, (3) 대공황의 발생(여기에는 국제금융제도가 제대로 기능하지 못한 점이 크게 작용하였다) 등이 있다. 그러나 세계적인 엄청난 불황하에서는 어떠한 국제금융제도도 붕괴되었을 것이다.

1931년부터 1936년까지는 각국이 자국의 실업을 '수출'하려 함에 따라 심각한 불안정과 경쟁적인 평가절하가 이루어진 시기였다. 미국은 1933년과 1934년에 수출을 증대시키기 위하여 국제수지 흑자 상태에서도(1온스당 금의 달러가격을 20.67달러에서 35달러로 인상함으로써) 달러를 평가절하하였다. 언급할 필요도 없이 이것은 심각한 정책상의 과오였다. 팽창적인 국내정책을 사용했더라면 미국 경제는 진작되었을 것이며 동시에 국제수지 흑자는 시정되거나 감소했을 것이다. 1936년까지 주요 통화 사이의 환율은 경쟁적인 평가절하가 시작되기 전인 1930년의 환율과 거의 비슷하였으며, 유일한 효과는 금 보유고의 가치가 상승했다는 점이다. 그러나 평가절하에 대한 방어책으로 대규모의 금으로 전환되었기 때문에 외환보유고는 많이 감소했다.

이 시기는 또한 각국이 고율의 관세와 기타 심각한 무역규제를 실시하여 국제무역액이 거의 반으로 감소했던 시기였다. 예를 들어 1930년 미국은 스무트–홀리 관세법(Smoot-Hawley tariff Act)을 통과시켰는데, 이는 미국의 수입관세를 전례 없이 높게 인상한 것이다(9.6A절 참조). 1939년에는 불경기로 인해 완전고용을 포기했고 곧이어서 전쟁이 발발했다.

넉시에 의하면 양차 대전 사이의 경험을 통해 불안정적 투기가 만연했다는 것과 변동환율제도의 불안정성을 명백히 확인할 수 있었다. 이러한 경험으로 인해 제2차 세계대전 말 연합국들은 약간의 신축성은 있지만 환율의 고정성을 대단히 강조하는 국제통화제도를 설립하게 되었다(이 문제는 다음 절에서 논의). 보다 최근에 학자들은 1919년에서 1924년까지 환율의 급격한 변동은 제1차 세계대전 동안 진행되어 온 심각한 불균형 및 전후의 복구와 관련된 불안정성을 반영하며, 이 기간의 고정환율제도는 어떤 경우에도 붕괴될 수밖에 없었던 것으로 양차 세계대전 사이의 경험을 재해석하고 있다.

9.3 브레튼우즈 체제

이 절에서는 소위 브레튼우즈 체제와 (새로운 국제통화제도의 운영을 감독하고 일시적으로 국제수지 어려움을 겪는 국가에 신용을 공여하기 위하여 창설된 기구인) 국제통화기금(IMF)을 설명하기로 한다.

9.3A 금환본위제도(1947~1971)

1944년 미국, 영국 및 기타 42개국 대표들은 전후 창설될 국제통화제도를 논의하기 위해 뉴햄프셔 주의 브레튼우즈에서 회합을 가졌다. 이 회합에서 (1) 국제무역 및 금융에 관하여 합의된 일련의 행위 규칙을 각국이 준수하도록 감독하고, (2) 일시적으로 국제수지 어려움을 겪는 국가에게 차입의 편의를 제공하기 위해 국제통화기금(International Monetary Fund, IMF)을 설립하기로 하였다.

새로운 국제통화제도는 영국 대표인 케인즈가 제시한 안보다는 미국 재무성의 화이트가 제시한 안을 반영하였다. 케인즈는 (미국의 연방준비은행과 같은) 한 국가의 중앙은행이 국내에서 통화를 창출하는 것과 마찬가지로 '방코르(bancor)'라 불리는 새로운 계산단위를 기초로 국제유동성을 창출할 수 있는 청산동맹(clearing union)의 창설을 주장하였다. IMF는 1947년 3월 1일 30개 가맹국으로 설립되었다. 1990년대에 소비에트공화국들과 여타국들이 가입하였고 2014년 초에는 IMF 회원국이 191개국에 달하였으며, 쿠바와 북한과 같은 소수의 국가만이 비회원국으로 남아 있다.

브레튼우즈 체제(Bretton Woods system)는 금환본위제도였다. 미국은 금의 가격을 1온스당 35달러로 고정하였고, 어떠한 규제나 제약 없이 요구할 때마다 (이 가격으로) 금을 매입하거나 매출하기로 되어 있었다. 기타국은 자국통화의 가격을 달러에 대해 고정하고 (따라서 금에 대해서는 간접적으로) 환율이 평가의 상하 1%를 초과하여 변동하지 못하도록 외환시장에 개입하기로 하였다. 환율은 허용된 변동폭 내에서 수요와 공급에 의해 결정되었다.

특히 한 국가는 자국통화가 합의된 평가에서 1% 이상 평가하락하지 않도록 달러를 방출하여 자국통화를 매입해야 하거나 혹은 자국통화가 평가로부터 1% 이상 평가상승하지 않도록 하기 위해서는 자국통화로 달러를 매입해야(국제준비자산의 증가) 했다. 기타 통화가 달러로 완전히 태환할 수 있게 된 1950년대 후반과 1960년대 초반까지는 미국의 달러가 유일한 개입통화(intervention currency)였으므로 새로운 체제는 사실상 금달러 본위제도였다.

가국은 일시적으로 국세수지 적자가 발생하는 경우 자국의 국제준비자산과 IMF로부터의 차입으로 충당하게 된다. 기초적 불균형(fundamental disequilibrium)의 경우에만 각국은 IMF의 승인을 거친 후에 자국통화의 평가를 변경시킬 수 있었다. 기초적 불균형에 대해서는 명확하게 정의되지는 않았지만 일반적으로 대규모의 지속적인 국제수지 적자나 흑자를 뜻한다. 그러나 10% 미만의 환율 변화는 기금의 승인 없이도 허용되었다. 따라서 브레튼우즈 체제는 적어도 원래 구상되기는 일반적인 환율의 안정성과 몇 가지 신축성을 결합한 조정 가능한 페그제도의 성격을 띠고 있었다. 환율의 고정성을 강조한 것은 각국이 양차 세계대전 사이에 일어났던 국제무역 및 금융에서의 무질서한 상태를 피하려 했기 때문인 것으로 이해된다.

전후 과도기 이후 각국은 자국통화를 기타 통화 및 미국 달러로 태환하는 데 대한 모든 규제를 철폐하기로 하였다. 각국은 추가적인 무역규제를 하는 것이 금지되었으며[그렇지 않다면 통화의 태환성(currency convertibility)은 별 의미가 없게 됨], 현행의 무역규제는 GATT의 후원 아래 다자간 협상을 통해 점진적으로 철폐하기로 하였다. 그러나 대규모의 불안정적 또는 국제적 핫머니(hot money)의 이동으로부터 자국통화를 보호할 수 있도록 유동자본의 국제적 이동에 대한 규제는 허용되었다.

(다음에서 설명할) 기금으로부터의 차입은 일시적 국제수지 적자를 충당하는 데에만 국한되었으며, 장기여신으로 인한 기금 자원의 정체를 방지하기 위해 3년에서 5년 이내에 상환하도록 하였다. 장기의 개발 원조는 국제부흥개발은행(International Bank for Reconstruction and Development, IBRD) 또는 세계은행(World Bank)과 (가난한 개발도상국에 대하여 낮은 이자율로 신용을 공여하기 위해 1960년도에 설립된) 이의 부속기관인 (외국으로부터 개발도상국으로의 민간투자를 촉진하기 위하여 1956년에 설립된) 국제금융공사(International Finance Corporation, IFC)와 국제개발연맹(International Development Association, IDA)에 의해 제공되었다. 2015년에 중국은 브릭스(BRICS, 브라질, 러시아, 인도, 중국, 남아프리카공화국)와 소수의 선진국, 다수의 개발도상국의 참여하에 아시아 인프라 투자은행(Asian Infrastructure Inverstment Bank, AIIB)을 역내의 인프라 사업(교통, 통신 및 에너지 사업)의 자금지원을 목적으로 설립하였으며, 500억 달러의 초기 자본으로 시작하여 1,000억 달러까지 자본 확충을 할 계획이고, 본부는 중국의 상하이에 위치하고 있다.

국제통화기금은 또한 가맹국의 국제수지, 국제무역 및 기타 경제자료를 수집하고 공표하였다. 오늘날 IMF는 특히 국제금융통계(International Financial Statistics)와 무역통계(Direction of Trade Statistics)를 발간하는데, 이는 가맹국의 국제수지, 무역 및 기타 경제지표에 대해 상호 비교가 가능한 가장 권위 있는 시계열 자료이다.

9.3B 국제통화기금으로부터의 차입

IMF에 가입하게 되면 각국은 자국의 경제적 중요도 및 국제무역량에 따라 쿼터를 할당받으며, 할당받은 쿼터의 크기에 따라 자국의 투표권과 기금으로부터의 차입규모가 결정된다. 기금에 대한 총불입금은 1944년 88억 달러로 설정되었으며, 가장 강대국인 미국은 가장 많은 쿼터인 31%를 할당받았다. 쿼터는 가맹국의 국제무역 및 상대적인 경제적 중요도의 변화를 반영하기 위하여 5년마다 개정되었다. 2014년 말에 기금에 대한 총불입금은 2,381억 SDR(약 3,667억 달러)로 증가하였는데, 이는 가맹국의 증가와 쿼터의 주기적 증가 때문이다. 미국의 쿼터는 전체의 16.75%로 감소하였으며, 일본과 독일의 쿼터는 각각 6.23%와 5.81%였고, 프랑스와 영국의 쿼터는 4.29%였다. 그리고 세계경제의 15.4%를 차지하는 중국은 3.81%의 쿼터를 할당받았다.

IMF에 가입하게 되면 각국은 쿼터의 25%를 기금에 금으로 내고, 나머지는 자국통화로 내야 한다. 기금으로부터 차입할 때는 자국통화를 추가적으로 IMF에 예치하여 IMF에 의해 승인된 이와 동등한 태환 가능한 통화를 획득할 수 있는데, 이때 국제통화기금은 차입 국가의 통화로 쿼터의 200%를 초과하여 보유할 수 없다.

국제통화기금의 원래 규칙에 의하면 가맹국은 1년 동안 쿼터의 25% 이상을 차입할 수 없으며, 5년 동안 쿼터의 총 125%까지 차입할 수 있다. 각국은 소위 골드 트랑슈(gold tranche)인 쿼터의 처음 25%까지는 어떠한 제약이나 조건 없이 거의 자동적으로 차입할 수 있다. (그다음 연도에) 소위 크레디트 트랑슈(credit tranche)인 추가적인 차입에 대해서는 적자국이 적자를 없애기 위해 적절한 조치를 취할 수 있도록 더 높은 이자율을 부과하고 감독을 강화하며 조건을 까다롭게 한다.

상환은 3년에서 5년 이내에 하도록 되어 있으며 기금이 인정한 다른 태환 가능한 통화를 기금으로부터 재매입하는 형태를 취하게 되어 IMF는 차입 국가 쿼터의 75% 이상을 차입 국가의 통화로는 보유하지 않게 된다. 기금이 보유하고 있는 통화가 발행국 쿼터의 75%가 안 될 경우에는 자국통화로 상환을 해도 된다. 한 국가(A국)가 상환하기 전에 다른 국가(B국)가 기금으로부터 A국 통화를 차입하면 기금이 보유하고 있는 A국 통화가 A국 쿼터의 75%가 될 때 A국은 차입을 상환하게 된다.

기금이 보유하고 있는 한 국가의 통화가 쿼터의 75%에 미달하면 이 국가는 차입금을 상환하지 않고도 기금으로부터 차입할 수 있다. 이것이 슈퍼골드 트랑슈(super gold tranche)이다. 기금이 보유하고 있는 어떤 통화가 고갈되는 경우 기금은 이 통화가 '희소'함을 선포하고 가맹국으로 하여금 희소통화국에 대해 무역차별을 할 수 있도록 허용하고 있다. 이는 기금이 국제수지 조정을 적자국과 흑자국의 공동책임으로 보고 있기 때문이다. 그러나 지금까지 기금이 이러한 희소통화 조항을 발동한 적은 없다.

한 국가의 골드 트랑슈를 기준으로 슈퍼골드 트랑슈를 합하거나 차입액을 차감한 것이 한 국가의 순 IMF 포지션(net IMF position)이다. 따라서 한 국가의 순 IMF 포지션은 자국의 쿼터에서 IMF가 보유하고 있는 자국통화를 차감한 것과 같다. 기금에 가입할 때 한 국가가 납부하는 금준비(gold reserve)의 양은 IMF에 대한 '리저브 포지션'이라 하며, 여기에 이 국가의 기타 금준비, 특별인출권(SDR 다음 절 참조)과 기타 태환 가능한 통화를 합하면 이 국가의 총국제준비가치가 된다(1.3절 참조).

9.4 브레튼우즈 체제의 운영과 변천

이 절에서는 1947년에 브레튼우즈 체제가 시작되어 1971년에 붕괴하기까지의 운영을 살펴보기로 한다. 또한 브레튼우즈 체제가 환경의 변화에 대응하여 1944년에 합의한 최초의 청사진으로부터 어떻게 변천되어 왔는지를 살펴보고자 한다.

9.4A 브레튼우즈 체제의 운영

브레튼우즈 체제에서는 기초적 불균형의 경우 환율의 변화가 허용되었다. 그러나 실제로는 선진국들이 환율의 변화에 대단히 소극적이어서 이러한 환율의 변화는 상당히 지체되었고, 이로 인해 불안정화 투기가 발생하자 실제로 환율을 변경시키지 않을 수 없었다. 적자국은 평가절하를 자국경제의 취약성을 드러내는 것으로 생각하였으므로 평가절하에 소극적이었으며, 흑자국은 필요한 평가절상을 기피하고 대신 국제준비자산을 축적하였다. 1950년부터 1971년 8월까지 영국은 1967년에만 평가절하를 하였고, 프랑스는 1957년과 1969년에만 평가절하하였으며, 서독은 1961년과 1969년에 평가절상을 단행하였다. 또한 미국, 이탈리아 및 일본은 자국의 평가를 변화시킨 적이 없다. 한편 캐나다는 (IMF 규칙을 무시하고) 1950년부터 1962년까지 변동환율제도를 채택하였으며 1970년에는 이를 다시 실시하였다. 한편 후진국들은 모두 평가절하를 매우 자주 단행하였다.

선진국들이 기초적 불균형에 직면해서도 정책적으로 자국의 평가를 변경시키지 않으려 했기 때문에 두 가지 중요한 결과가 초래되었다. 첫째, 브레튼우즈 체제는 국제수지 불균형을 조정하기 위한 신축성과 메커니즘을 대부분 상실하게 되었다. 이것이 브레튼우즈 체제가 붕괴하는 데 결정적 원인이 되었다는 점을 9.5절에서 설명할 것이다. 둘째, 첫째와 관련되어 있지만 기초적 불균형에 직면하여 선진국들이 자국의 평가변경에 소극적이었던 점이 투기자에게는 일방적으로 훌륭한 도박장을 제공하게 되어 국제적으로 대규모의 불안정화 자본이 이동하게 되었다.

특히 전후 대부분의 기간 동안 만성적인 국제수지 적자에 직면했던 영국과 같은 국가의 경우는 파운드가 평가절하되리라는 예상 때문에 막대한 유동자본이 유출되어 고통을 받았다. 실제로 이러한 기대는 스스로 실현되어 영국은 1967년(평가절하를 피하기 위해 경기를 위축시키려고 노력한 후)에 파운드를 평가절하하지 않을 수 없었다. 반대로 독일과 같이 만성적 국제수지 흑자에 직면한 국가는 마르크가 평가절상되리라는 기대 때문에 막대한 자본이 유입되었다. 이에 따라 1961년과 1969년에는 마르크의 평가절상이 불가피하게 되었다.

달러의 금으로의 태환성은 제2차 세계대전 후 곧 회복되었다. 1958년에 주요 유럽통화는 경상계정거래에 대하여 사실상 태환성을 회복했으며, 1961년에는 정식으로 또는 공식적으로 태환성을 회복했다. 일본의 엔은 1964년 미국 달러 및 기타 통화로 태환되기 시작했다. 9.3A절에서 지적한 바와 같이 불안정화 자본이동으로부터 각국을 어느 정도 보호하기 위해 자본계정에 대한 규제는 허용되었다. 이러한 규제에도 불구하고 전후에는 막대한 양의 불안정화 자본이동이 발생했는데 점점 더 빈번해지고 파행적이 되었으며, 1971년 8월 브레튼우즈 체제가 붕괴될 때 절정에 달하였다. 1960년대의 유로커런시 시장의 성립 및 급격한 성장으로 인해 이러한 대규모의 불안정적 '핫머니(hot money)' 이동은 가속화되었다(2.7절 참조).

1962년의 무역확대법과 GATT의 후원 아래 미국은 광범위한 다자간(multilateral) 무역협정(케네디 라운드)을 주도하고 관여했는데, 이에 따라 제조업제품에 대한 평균관세율은 10% 이하로 인하되었다. 그러나 개발도상국에 특히 중요한 섬유와 같은 단순 제조업제품이나 농업의 경우에는 국제무역에 대한 여러 비관세장벽이 잔존해 있었다. 이 시기에 몇 차례에 걸쳐 경제통합이 시도되었는데 가장 성공적인 것이 그 당시 유럽공동시장(European Common Market)이라 불린 유럽연합(EU)이다.

9.4B 브레튼우즈 체제의 변천

브레튼우즈 체제는 환경의 변화에 따라 여러 해에 걸쳐 여러 방향으로 (1971년까지) 변천하였다. 1962년 IMF는 국제수지상의 어려움에 직면한 국가를 도울 수 있도록 필요한 경우 자금을 보충하기 위하여 가장 중요한 10대 선진국(미국, 영국, 서독, 일본, 프랑스, 이탈리아, 캐나다, 네덜란드, 벨기에, 스웨덴) 외에 스위스와 60억 달러까지의 일반차입협정(General Arrangements to Borrow, GAB)을 체결하였다. 이 60억 달러의 금액은 IMF를 설립할 당시 합의조항(Articles of Agreement)에서의 정기적 증가액을 상회하는 것이었다. GAB는 이후 매년 갱신되고 확대되었다.

1960년대 초부터 가맹국들은 스탠바이 협정(standby arrangements)을 체결하기 시작했다. 이는 가맹국이 IMF로 장차 차입을 받기 위해 미리 승인을 받는 것이다. 일단 스탠바이 협정이 체결되면 그 국가는 해당 금액의 1%의 1/4에 해당하는 약간의 계약금(commitment charge)을 지불하고 필요할 때 추가적인 금액을 즉시 차입할 수 있으며, 이때 실제 차입금에 대해 연 5.5%의 이자를 지불한다. 스탠바이 협정은 불안정적 '핫머니'가 이동할 것으로 예상될 때 이에 대한 1차 방어선으로 체결되었다. 쿼터가 몇 차례 증액된 후 기금의 총자금은 1971년도에 285억 달러에 달했다(이 중 67억 달러 또는 23.5%가 미국의 쿼터이다). 1971년 말 기금은 약 220억 달러를 대출하였는 바(대부분 1956년 이후) 이 중 약 40억 달러가 상환되지 않았다. 또한 기금의 규정은 변경되어 가맹국은 어느 한 해에 자국 쿼터의 50%까지(25%로부터 상향되어) 차입할 수 있도록 하였다.

각국의 중앙은행도 '핫머니'의 이동에 대처하기 위해 외환시장에 개입할 때 사용되는 상대방 국가의 통화를 서로 교환하도록 하고 있는 소위 스왑협정(swap arrangements)을 체결하였다. 따라서 대규모의 유동자본이동에 직면하는 국가는 외환에 대한 선물할인율을 상승시키거나 선물할증률을 감소시켜 불안정적 '핫머니'의 이동을 억제하기 위해 외환을 선물매출할 수 있게 되었다(2.3절에서 2.6절까지 참조). 스왑협정은 특정기간에 대해 체결되었고 환율이 고정되었다. 만기가 되면 스왑협정은 거래로 청산되거나 다음 기간에 대하여 다시 체결되었다. 1960년대에 미국과 유럽 각국은 이러한 스왑협정을 여러 번 체결하였다.

1947년부터 1971년까지 브레튼우즈 체제에 도입된 가장 중요한 변화는 국제금준비, 외환, IMF의 리저브 포지션을 보완하기 위한 특별인출권(Special Drawing Right, SDR)의 창출이다. 때때로 지금(paper gold)이라 불리는 SDR은 IMF가 규정한 회계항목이다. SDR은 금이나 기타의 통화에 의해 뒷받침되지는 않고 IMF가 창출한 순수한 국제준비자산이다. SDR의 가치는 가맹국들의 합의에 의해 결정된다. SDR은 국제수지 적자나 흑자를 결제하기 위해 중앙은행 간의 거래에만 이용되고 민간 상업거래에는 이용되지 않는다. 각국의 SDR 보유량이 배분된 양을 초과하거나 부족한 부분에 대해서는 1.5%의 이자가 부과된다(그 후 이는 5%로 인상되고 지금은 시장률에 의하여 결정된다). 그 이유는 적자국이나 흑자국으로 하여금 국제수지 불균형을 조정하도록 압력을 가하기 위해서이다.

1967년 리우데자네이루에서 열린 IMF 회의에서 95억 달러의 SDR을 창출하고 이를 1970년 1월, 1971년, 1972년의 3회에 걸쳐 가맹국들에게 IMF에서의 가맹국의 쿼터에 따라 배분하기로 결정하였다. 1979~1981년에는 SDR의 추가적인 배분이 있었다(9.6A절 참조). 1 SDR의 가치는 원래 1달러와 같도록 설정되었으나 1971년 및 1973년 달러의 평가절하 결과 1 SDR의 가치는 1달러를 상회하게 되었다. 9.6A절에서 설명하는 바와 같이 1974년부터 SDR의 가치는 통화 바스켓에 연계되었다.

1961년에는 금가격이 1온스당 35달러의 공적 금가격을 상회하는 것을 방지하기 위하여 공적 보유금을 런던 금시장에 매출하도록 하는 소위 골드 풀(gold pool)이 미국의 주도 아래 선진국 국가군에 의해 시작되었다. 이는 1968년 금위기의 결과 이중금시장(two tier gold market)이 설립되었을 때 중단되었다. 이에 따라 금의 자유시장가격은 공적 가격을 상회할 수 있게 되었고 시장에서의 수요와 공급에 의해 결정된 반면, 중앙은행 간의 공적 거래에서는 1온스당 35달러로 유지되었다. 이러한 조치는 미국의 금준비가 고갈되는 것을 방지하기 위해 취해졌다.

그동안 IMF 가맹국은 전 세계 대부분의 국가를 포함할 정도로 증가했다. 브레튼우즈 체제의 결함에도 불구하고 1971년까지의 전후 시대에는 세계의 산출량이 급속히 증가하고 국제무역은 이보다 더 급속히 증가했다. 따라서 총체적으로 판단할 때 브레튼우즈 체제는, 특히 1960년대 중반까지는 세계 공동체에 큰 도움이 되었다고 볼 수 있다(사례연구 9-1 참조).

사례연구 9-1 🌐 상이한 환율제도하에서의 거시경제 성과

표 9-1은 영국과 미국의 금본위제도 기간, 대전 간 기간 및 제2차 세계대전 후 기간의 고정환율제도와 변동환율제도에서의 거시경제 성과를 보여 준다. 표에서 영국과 미국의 1인당 소득의 성장률이 제2차 세계대전 기간 후가 금본위제도하에서보다 더 높고, 1973년부터 2014년까지의 영국을 제외하고는 인플레이션율은 더 높고, 실업률은 더 낮은 것을 알 수 있다. 이와 같이 양국의 거시경제적 성과는 낮은 인플레이션율은 별도로 하고, 금본위제도 기간이 제2차 세계대전 후의 기간과 비교하여 더 높지 않다는 것을 알 수

있다. 한편 대공황에 의해 지배되었던 양차 대전 간의 기간은 금본위제도나 제2차 세계대전 후의 기간에 비해 일반적으로 거시경제적 성과가 더 나쁜 것으로 나타난다. 유일한 예외는 미국에서 대전 간 기간의 1인당 소득의 성장이 금본위제도 기간의 성장을 앞서고 있다는 것이다. 그러나 제2차 세계대전 전과 후를 비교할 때 대전 전의 자료의 질이 떨어지고, 성장에 영향을 주는 기타 많은 요인들이 두 기간이 상이하기 때문에 해석하는 데 주의를 기울여야 한다.

표 9-1 상이한 환율제도에서의 미국과 영국의 거시경제 성과(1870~2014)

	1인당 실질소득의 연평균 성장률	인플레이션율	실업률
금본위제도			
영국(1870~1913)	1.0	−0.7	4.3[a]
미국(1879~1913)	1.4	0.1	6.8[b]
대전 간 기간			
영국(1919~1938)	0.6	−4.6	13.3
미국(1919~1940)	1.6	−2.5	11.3
제2차 세계대전 후 기간 —			
고정환율기간			
영국(1946~1972)	1.7	3.5	1.9
미국(1946~1972)	2.2	1.4	4.6
제2차 세계대전 후 기간 —			
변동환율기간			
영국(1973~2014)	2.0	5.9	7.5
미국(1973~2014)	2.8	4.2	6.5

[a] 1888~1913.
[b] 1890~1913.
출처 : M. D. Bordo, "The Classical Gold Standard: Some Lessons for Today," in *Readings in International Finance* (Chicago: Federal Reserve Bank of Chicago, 1987), pp. 83 – 97; M. Friedman and A. J. Schwartz, *A Monetary History of the United States* (Princeton, N.J.: Princeton University Press, 1963); and Organization for Economic Cooperation and Development, *Economic Outlook* (Paris: OECD, Various Issues).

9.5 미국의 국제수지 적자와 브레튼우즈 체제의 붕괴

이 절에서는 전후 대부분의 기간 동안 미국의 국제수지 적자의 원인과 이것이 1971년 8월 브레튼우즈 체제의 붕괴와 갖는 관련성을 간단히 살펴본다. 그 후 브레튼우즈 체제가 붕괴하게 된 보다 근본적인 원인과 이것이 현행의 관리변동환율제도에 대해서 갖게 되는 의미를 살펴본다.

9.5A 미국의 국제수지 적자

1945년부터 1949년까지 미국은 유럽에 대해 막대한 국제수지 흑자를 나타냈고, 유럽의 부흥을 위해 마셜 플랜(Marshall Plan)에 의한 원조를 확대했다. 1950년도까지 유럽의 경제가 완전히 회복됨에 따라 미국의 국제수지는 적자로 바뀌었다. 1957년까지 미국의 적자는 매년 평균 10억 달러로 비교적 작은 규모였으며, 이러한 미국의 적자에 따라 유럽 각국과 일본은 자국에 국제준비자산을 축적할 수 있었다. 이 시기는 달러 부족(dollar shortage)의 시기였다. 미국은 자국의 적자를 대부분 달러로 결제했다. 흑자국은 달러를 기꺼이 수취하려고 했는데, 이는 (1) 미국이 1온스당 35달러의 고정된 가격으로 금과 교환했으므로 달러는 금과 마찬가지로 선호되었고, (2) 달러는 다른 국가와의 국제거래를 결제하는 데 이용될 수 있었으며(즉, 달러는 진정한 국제통화였다), (3) 금은 이자수입이 없지만 달러 예금에는 이자수입이 있기 때문이었다.

1958년부터 미국의 국제수지 적자는 급격히 증가하였으며, 매년 연평균 30억 달러를 상회하였다. 1958년부터 미국의 국제수지 적자가 더욱 커진 것은 자금유출의 막대한 증가(대부분 유럽에 대한 직접투자)와 (베트남 전쟁 기간의 과도한 통화창출과 관련된) 미국에서의 높은 인플레이션 때문이었다. 이에 따라 1968년부터는 전통적인 미국의 무역수지 흑자가 사실상 소멸되었다. 미국은 국제수지 적자를 대부분 달러로 결제하여 1970년에는 외국의 공적 달러보유가 1949년의 130억 달러로부터 400억 달러로 증가했다(외국의 민간 달러보유는 이보다 더 컸는데, 이는 미국의 금준비에 대한 잠재적 청구권이 될 수 있다). 동시에 미국의 금준비는 1949년의 250억 달러에서 1970년에는 110억 달러로 감소하였다.

달러가 국제통화였으므로 미국은 자국의 국제수지 적자를 조정하기 위해 평가절하를 단행할 수 없었다. 대신 미국은 몇 가지 다른 정책을 채택하였으나, 이 정책은 제한적인 성공만을 거두었다. 1960년대 초 국내 성장을 촉진하기 위하여 장기이자율은 상대적으로 낮게 하는 한편, 단기자본의 유출을 억제하기 위하여 단기이자율을 높게 유지하려고 한 것은 이러한 조치 중의 하나이다[오퍼레이션 트위스트(operation twist)]. 또한 미국은 선물환시장에 개입하여 선물할인율을 상승시킴으로써 커버된 이자 중재에 의한 유동자본의 유출을 억제하기 위해 독일 마르크와 같은 강세통화를 선물매출하였다(2.6절 참조). 또한 달러를 지원하기 위해 현물환시장에도 개입했다.

현물환 및 선물환시장에 개입하기 위한 자금은 다른 나라의 중앙은행과의 스왑협정이나 IMF의 스탠바이 협정에 의해 조달되었다. 미국은 수출을 촉진하기 위한 기타의 조치를 추가적으로 실시하고 해외에 대한 군사 및 기타 정부지출을 감소시켰으며, 대부분의 해외원조는 미국에서 지출하도록 제한했다. 게다가 1963~1968년 기간에 미국은 자본유출에 대한 몇 가지 직접통제를 도입했는데, 이 것은 이자평형세(interest equalization tax), 해외직접투자계획(foreign direct investment program)과 외국인에 대한 은행여신의 규제이다.

미국의 국제수지 적자가 지속되고 시간이 지날수록 증가함에 따라 미국의 금보유는 감소한 반면, 외국의 달러보유는 증가하여 1960년대 초에는 미국의 금보유를 초과하기 시작했다. 외국의 공적 달러보유 기관이 여분의 달러를 연방준비에서 금으로 전환시켜 미국의 금준비가 더욱 감소되는 것을 억제하기 위하여 미국은 소위 루자본드(Roosa bonds)를 발행했다. 이것은 달러로 표시되었지만 환율을 보장한 중기 재무성 증권이다. 그럼에도 불구하고 미국의 금준비는 계속 감소하고 외국의 달러보유는 계속 증가하여 1970년에 이르러서는 미국의 총금준비의 약 4배에 달했다.

미국의 대규모의 지속적인 국제수지 적자와 급격히 감소하는 금준비에 직면하여 평가의 재조정이 필요하다는 것이 명백해졌다. 미국은 1970년과 1971년 초에 특히 서독이나 일본과 같은 흑자국으로 하여금 자국통화를 평가절상하도록 설득하였으나 실패하였으며, 조만간 달러를 평가절하할 것이라는 예상이 지배적이었다. 이때는 국제자본시장이 유로커런시 시장을 중심으로 고도로 통합되었으므로, 이에 따라 불안정적인(막대한) 자본이 달러로부터 독일 마르크, 일본의 엔 그리고 스위스 프랑과 같은 강세통화로 이동하였다. 1971년 8월 15일 닉슨 대통령은 달러의 금에 대한 태환을 중지하지 않을 수 없었다. 금교환창구(gold window)는 폐쇄되었으며, 브레튼우즈 체제는 붕괴되었다. 동시에 미국은 일시적으로 10%의 수입부과금을 부과하고, 임금 및 가격통제를 실시했는데 이는 통화 사이에 필요한 재조정이 이루어진 후 철폐하기로 하였다.

미국이 국제수지 적자를 달러로 결제할 수 있게 됨에 따라 (금 및 외환의 제한된 공급으로 말미암아 국제수지 적자를 감당하는 데 대해 엄격한 제약이 따랐던) 다른 나라의 경우와는 달리 미국은 중요한 특권을 부여받게 되었다. 통화를 발행함으로써 한 국가에 귀속되는 이익 또는 자국통화가 국제통화로 이용될 때 생기는 이익을 세뇨리지(seignorage)라 한다. 그러나 미국은 이러한 세뇨리지의 특권에 대해 비싼 대가를 지불했다. 미국은 브레튼우즈 체제를 붕괴시키지 않고는 (영국, 프랑스와 같은 국가가 때때로 평가절하했던 것처럼) 달러를 평가절하시킬 수 없었다. 미국에서는 다른 나라의 경우에 비해 통화정책의 사용이 제한되었다. 결과적으로 미국은 국내 목표를 달성하기 위하여 재정정책에 보다 더 의지하는 수밖에 없었으며 국제수지 적자를 조정하기 위해서는 (자본이동에 대한 규제와 같은) 임시변통(ad hoc) 정책에 의존하지 않을 수 없었다.

달러가 국제통화로 된 결과 미국이 평균적으로 이익을 보았는가 손해를 보았는가 하는 문제는 결정하기 어렵다. 어쨌든 프랑스, 독일, 일본 및 기타의 흑자국은 미국이 세계의 은행이라는 지위를 남용하여 대규모의 지속적인 국제수지 적자로 과도한 유동성을 공급하여 충당할 것으로 생각했다. 독일과 일본이 평가절상을 기피함에 따라 미국은 달러를 평가절하하지 않을 수 없었고 그 결과 브레튼우즈 체제는 붕괴되었다. 유일한 세계의 은행이라는 지위와 이러한(샤를르 드골의 말을 인용하면) 엄청난 특권을 미국으로부터 박탈한 것은 대체로 정치적 결정이었다. 아이러니하게 1971년 8월 브레튼우즈 체제가 붕괴된 후 그리고 1973년 3월 달러의 가치가 변동할 수 있도록 허용된 후에도 달러는 금의 뒷받침 없이도 국제통화가 되었다. 외국이 보유하는 달러는 1971년 이후 급격히 증가했다(9.6절 참조).

9.5B 브레튼우즈 체제의 붕괴

위에서 설명한 바와 같이 브레튼우즈 체제가 붕괴된 직접적인 원인은 1970년 말 및 1971년 초 미국이 막대한 국제수지 적자에 직면하여 곧 달러를 평가절하하지 않을 수 없을 것이라는 예상 때문이었다. 이에 따라 대규모의 유동자본이 미국으로부터 유출되었고 닉슨 대통령은 1971년 8월 15일 달러의 금에 대한 태환을 정지하고 10%의 일시적인 수입부과금을 부과하였다.

1971년 12월 10개국 대표가 워싱턴의 스미소니언 회관에 모여 금의 달러 가격을 1온스당 35달러에서 38달러로 인상시키기로 합의하였는데, 이는 달러가 약 9% 평가절하된 것을 의미한다. 동시에 독일 마르크와 일본의 엔은 달러에 대하여 각각 17% 및 14% 평가절상되었고 기타 통화들은 이보다 작게 평가절상되었다. 또한 환율의 변동폭은 새로운 중심환율(central rate)로부터 상하 1%에서 상하 2.25%로 확대되었고, 미국은 10%의 수입부과금을 폐지했다. 달러는 금으로 태환되지 않았으므로 세계는 사실상 달러본위제도(dollar standard)를 채택한 것이다. 닉슨 대통령은 이러한 스미소니언 협정(Smithonian Agreement)을 세계 역사상 가장 중요한 통화협정으로 평가하였으며 달러를 결코 또다시 평가절하하지 않을 것을 약속했다.

그러나 1972년 미국의 막대한 국제수지 적자로 인하여(공적 결제방법에 의하면 90억 달러 규모) 스미소니언 협정은 이행되지 않았으며 달러의 평가절하가 다시 필요한 것으로 생각되었다. 이러한 기대로 인하여 달러에 불리한 투기가 재현되었으며 1973년 2월 미국이 또다시 (공적 금가격을 1온스당 42.22달러로 인상함으로써) 달러를 약 10% 평가절하하지 않을 수 없었고, 이러한 기대는 스스로 실현되었다. 동시에 달러는 금으로 태환되지 않았다. 1972년 3월 유럽공동시장의 원래 가맹국이었던 6개국은 달러에 대하여 자국통화를 공동으로 변동하도록 하며 총변농쪽은 1971년 12월에 합의된 4.5% 대신 2.25%로 변경하였다. 이것이 유럽 스네이크제도(European snakes) 또는 터널 안의 스네이크(snake in the tunnel)이며 1973년 3월까지 지속되었다.

1973년 3월 달러에 불리한 투기가 또다시 재현되자 주요 선진국들의 통화당국은 자국통화를 독자적으로 변동하도록 하든가(미국의 달러, 영국의 파운드, 일본의 엔, 이탈리아의 리라, 캐나다의 달러, 스위스의 프랑) 공동으로 변동하도록 하였다(독일의 마르크, 프랑스의 프랑과 중부 및 북부유럽의 6개국 통화, 즉 달러에 대한 최강세 통화와 최약세 통화 사이의 최대 변동폭이 2.25%인 스네이크). 이런 과정을 통해 현재의 관리변동환율제도가 탄생하게 되었다. 프랑스는 1974년, 노르웨이는 1977년, 스웨덴은 1978년에 각각 스네이크를 폐지하였다(영국, 이탈리아 및 아일랜드는 1973년에 이에 참가하지 않았다).

브레튼우즈 체제가 붕괴된 직접적인 원인은 1970년과 1971년 미국의 막대한 국제수지 적자이지만 근본적인 원인은 유동성, 조정 및 신인도 사이의 상호 관련성에서 찾을 수 있을 것이다. 유동성이란 유동성이 필요할 때 이용할 수 있는 총국제준비자산의 양이다. 국제준비자산은 공적 보유금, 외환(대부분 미국의 달러), IMF 가맹국의 리저브 포지션 및 SDR로 구성된다. 표 9-2를 통해 브레튼우즈 체제에서 대부분의 유동성 증가는 미국의 국제수지 적자를 보전하기 위한 달러로 구성된 공적 외환보유의 증가에 기인한 것임을 알 수 있다.

현재 IMF는 모든 국제준비를 SDR로 표시하고 있지만 표 9-2에서는 국제준비가 달러로 표시되고 있다. 1 SDR은 1970년까지 1달러와 같았으며 1971년과 1972년에는 약 1.09달러, 1973년에는 약 1.21달러와 같았다(부록의 표 9-7 참조). 금준비는 1970년까지 1온스당 35달러의 금 공식가격으로 평가되었고, 1971년과 1972년에는 1온스당 38달러로, 1973년에는 1온스당 42.22달러로 평가되었다. 1973년 말 런던자유시장 가격인 1온스당 112.25달러로 평가하면 세계 총금준비는 1,150억 달러였다. 단순화하기 위해 모든 준비자산은 SDR 대신 미국 달러로 평가되었고 금준비는 공식가격으로 평가하였다.

조정과정이 작동하여 궁극적으로 적자가 조정되기까지 무역을 규제하지 않고 일시적 국제수지 적자를 보전할 수 있도록 하기 위해 국제유동성이 필요하게 된다. 유동성이 부족하면 세계무역의 확대가 저해되며, 과도한 유동성은 범세계적인 인플레이션 압력을 초래한다. 그러나 트리핀(Triffin)에 의하면 이 문제는 심각한 딜레마를 초래했다. 브레튼우즈 체제에서 대부분의 유동성은 미국의 국제수지 적자로 인한 외환의 증가에 의해 공급되었다. 그러나 이러한 국제수지 적자가 오래 지속될수록 그리고 의도하지 않았지만 달러가 외국에 축적될수록 달러에 대한 신인도는 감소하였다. 1950년대의 달러 부족은 1960년대에는 달러 과잉(dollar glut)으로 바뀌었다.

1967년 IMF가 95억 달러의 SDR을 창출하기로 결정한 것은 미국이 곧 자국의 적자를 조정할 것이라는 희망 아래 이러한 문제에 대응하기 위한 것이었다. SDR은 1970년 1월, 1971년 및 1972년 3차례에 걸쳐 배분되었는데, 이때는 미국의 막대한 국제수지 적자로 인해 세계적으로 유동성이 과잉공급된 시기였다. 표 9-2에 나타난 바와 같이 1970년부터 1971년, 1972년에 이르는 동안 SDR이 증가한 것은 1971년 1월과 1972년에 가맹국에게 SDR이 배분되었을 뿐만 아니라 1971년 12월 달러의 평가절하로 인하여 SDR의 달러가치가 상승했기 때문이기도 하다. 마찬가지로 1972년과 1973년 사이에는 SDR이 추가로 배분되지 않았지만 1 SDR의 가치는 1972년 약 1.09달러로부터 1973년에는 1.21달러로 상승했다.

이미 살펴본 바와 같이 우선 미국은 달러를 평가절하할 수 없었기 때문에 대규모의 지속적인 국

표 9-2 국제준비자산(1950~1973)(단위 : 10억 달러, 연말)

	1950	1960	1969	1970	1971	1972	1973
금(공식가격으로)	33	38	39	37	36	36	36
외환	13	19	33	45	75	96	102
SDR	−	−	−	3	6	9	9
IMF 리저브 포지션	2	4	7	8	6	6	6
총계	48	61	79	93	123	147	153

출처 : International Monetary Fund, *International Financial Statistics Yearbook*, 1989.

제수지 적자를 조정할 수 없었다. 따라서 브레튼우즈 체제에는 각국이 기꺼이 사용할 수 있는 적절한 조정기구가 결여되어 있었기 때문에 미국의 국제수지 적자는 지속되었고, 이에 따라 달러에 대한 신인도는 저하되었다. 따라서 브레튼우즈 체제가 붕괴된 근본적인 원인을 조정, 유동성 및 신인도 사이의 상호 관련성에서 찾을 수 있다.

9.6 국제통화제도 : 현재와 미래

이 절에서는 현재의 관리변동환율제도와 국제통화제도의 운영을 살펴본 후, 가장 중요한 통화 및 무역문제가 무엇인지를 확인하고 개혁을 위한 제안들에 대해 평가하기로 한다.

9.6A 현 제도의 운영

1973년 3월 이후 전 세계적으로 관리변동환율제도가 채택되었다. 이 제도에서 각국의 통화당국은 환율의 장기적 추세에는 영향을 미치지 않은 상태에서 환율의 단기적 변동을 완화시키기 위하여 외환시장에 개입할 책임이 있다. 이는 그때그때의 상황에 대처하는 정책(policy of leaning against the wind)으로 달성될 수 있다(8.6D절 참조). 확실히 현 제도는 심사숙고하여 선택한 것이라기보다는 외환시장의 혼란과 불안정화를 일으키는 막대한 투기에 직면하여 브레튼우즈 체제가 붕괴되자 어쩔 수 없이 선택하게 된 제도이다.

관리변동환율제도의 초기에는(자국의 수출을 촉진하기 위하여 각국이 이용할 수도 있는) 경쟁적인 평가절하를 방지하기 위하여 변동상황을 관리하는 특별한 규칙을 만들어 1930년대의 무질서한 상황으로 복귀하는 것을 방지하려고 했었다. 그러나 이러한 남용에 대한 두려움은 현실화되진 않았고 관리변동제도는 대단히 원활하게 작동하고 있는 것으로 생각되었다. 따라서 이러한 모든 시도는 실패했고 더 이상 적극적으로 추진되지 않았다. 실제로 1976년의 자메이카 협정(Jamaica Accords)에 의하여 관리변동환율제도는 정식으로 공인되었으며 자국의 행동이 무역상대국이나 세계무역에 파행적이지 않는 한 각국은 자신의 외환제도를 선택하는 것이 허용되었다. 이러한 자메이카 협정은 1978년 4월에 인준되고 효력을 발생하기 시작했다.

2014년 초에 191개 IMF 회원국 중 43.4% 또는 83개 회원국이 어떤 형태이든 환율변동성을 선택하였다. 그러나 여기에는 모든 선진국과 수많은 개발도상국이 포함되므로 세계무역의 약 4/5 정도가 독자적으로 또는 공동으로 (EU와 같이) 환율을 관리하고 있는 국가 사이에서 이루어졌다고 볼 수 있다. 나머지 국가의 대부분은 통화위원회제도(CBA)하에서 자국의 통화를 미국의 달러나 프랑스의 프랑, SDR 또는 통화 바스켓에 대하여 고정시켰다(8.6절과 표 8-4 참조). 1974년부터 1977년까지, 그 후 1981년부터 1985년까지 그리고 1990년대 초 이후로 미국은 달러가치를 안정화할 목적으로 외환시장에 개입하지 않는 관대한 무시(benign neglect) 정책을 취했다.

1979년 3월 유럽통화제도(EMS)가 출범하였고 1999년 1월에는 유로(2002년 초에 실제로 유통되기 시작함)와 더불어 유럽통화연합(EMU)이 창설되고 유럽중앙은행(ECB)이 활동을 개시하였다(8.4

절 참조).

현재의 관리변동제도에서도 각국이 환율의 단기변화를 완만히 할 수 있도록 외환시장에 개입하기 위해서는 국제준비자산이 필요하며, 현재는 대부분 달러를 이용하여 이러한 개입이 이루어지고 있다. 1975년 1월에 1933년 이후 처음으로 금을 소유하는 것이 허용되었다(보석으로는 예외로 하고). 미국은 자유시장에서 보유한 금의 일부를 매각하였다. 1980년 1월 런던시장에서 금 가격은 일시적으로 온스당 800달러 이상으로 상승하였으나, 곧 하락했으며 최고 가격의 약 절반 정도 수준에서 안정화되었다. 그러나 다시 상승하여 2011년 9월 5일에는 1,896.50달러를 상회하였다. 자메이카 협정의 일환으로 IMF는 국제준비자산으로 금을 없앤다는 입장을 드러내기 위해 1976년에서 1980년 사이에 금 보유의 1/6을 매각하였다(케인즈의 용어를 빌리면 야만적인 유산). 금의 공식가격은 폐지되었고, 차후에 IMF와 회원국 간의 금거래는 없을 것이라는 것에 동의하였다. IMF는 또한 계속해서 금 보유의 가치평가를 1971년 전의 공식가격인 온스당 35달러나 35 SDR로 유지하였다. 그러나 언젠가는 의도한다면 금이 국제준비자산으로 될 수도 있을 것이다. 1996년 가을에 IMF는 20억 달러 상당의 금 보유분을 매각하기로 결정했으며, 그 수입을 극빈 개발도상국의 외채를 감축시키는 데 사용하였다.

1971년까지 1 SDR은 1달러로 평가되었으나, 1971년 12월 달러의 평가절하 이후 1 SDR은 1.0857달러로 평가되었으며, 1973년 2월의 계속된 달러의 평가절하 이후에는 1 SDR은 1.2064달러로 평가되었다. 1974년 1 SDR의 가치는 그것의 가치를 안정시키기 위해 16개 주요 통화 바스켓의 가중평균과 같았다. 1981년 이 바스켓에 포함된 통화의 수는 다음의 5개로 줄었고, 유로의 출현과 더불어 4개가 되었다(괄호 안에는 2001년에 주어진 상대적인 가중치가 표시되어 있다). 즉, 미국 달러(41.9%), 유로(37.4%), 영국 파운드(11.3%), 일본 엔(9.4%)이었다. 2014년 말에 1 SDR은 1.4488달러로 평가되었다.

1974년 이후로 IMF는 모든 준비자산과 기타 공적 거래를 미국의 달러가 아닌 SDR로 측정하고 있다. 표 9-3은 미국 달러와 SDR(2014년 말 1.4488달러로 평가)로 측정된 국제준비자산의 구성을 보여 준다. 1950년부터 2014년까지 IMF가 제시한 대로 SDR로 표시되는 국제준비자산의 구성을 보기 위해서는 부록의 표 9-7을 참조하면 된다.

표 9-3 2014년의 국제준비자산(10억 달러, 10억 SDR, 연말)

	미국 달러	SDR
외환	11,600.3	8,006.8
SDR	295.8	204.2
IMF의 리저브 포지션	118.4	81.7
총계－금	12,014.5	8,278.1
공식가격의 금	52.2	36.0
금 포함 공식가격 총액	12,066.7	8,314.1

출처 : International Monetary Fund, *International Financial Statistics* (Washington, D.C.: IMF, April 2015).

9.6B 현행의 IMF 운영

최근 IMF의 운영에서 몇 가지 변화가 발생했다. IMF 회원국의 쿼터는 회원국 전반에 대해 여러 차례에 걸쳐서 증액되어 2014년 말 기금의 자원은 3,697억 달러에 달했다(1947년의 88억 달러에서 시작하여). 회원국들은 일반적으로 쿼터 증액의 25%는 SDR이나 기금이 선정한 국가의 통화로 그 국가의 승인하에서 납부하고 나머지는 자국의 통화로 하였으며, 새로운 회원국도 자국의 쿼터를 같은 방법으로 납부하였다. 과거의 골드 트랑슈는 지금은 1차 크레디트 트랑슈(first credit tranche)라 불린다.

IMF는 1962년 체결한 일반차입협정(General Arrangement to Borrow, GAB)을 10차례 갱신하고 확대했다. 1997년에는 신차입협정(New Arrangement to Borrow, NAB)으로 확대하였다. 중앙은행들도 그들 간의 스왑협정을 확대하였다. 스왑협정은 2008~2009년 세계금융위기 동안 정점에 달해 거의 30개국의 중앙은행이 총 5,530억 달러를 미국 연방준비은행으로부터 차입하였다. 기금에서의 차입 규정도 완화되었고, 회원국이 이용 가능한 신용의 총량을 크게 증가시키는 새로운 신용편의도 추가되었다. 그러나 신용의 총량은 여러 가지 조건에 따라서 여러 가지 다른 신용한도액(credit lines)으로 구성된다. 지금 IMF 대여는 SDR로 지정된다. 최초의 입회금이 있고, 부과되는 이자는 대여 기간, 사용되는 편의, 지배적인 이자율 등에 기초한다. 회원국의 환율정책에 대한 통상적인 감독책임 외에도 기금은 최근에 회원국들이 그들의 구조적인 문제를 극복하기 위한 도움 제공을 포함하여 그 책임을 확대하였다.

IMF가 설계한 새로운 신용공여제도들로는 다음과 같은 것이 있다. (1) EEF(Extended Fund Facility)는 1974년에 시작되었고 장기적인 성격의 국제수지 문제를 겪고 있는 국가들의 구조적인 문제해결을 위한 장기신용공여, (2) FCL(Flexible Credit Line)은 1999년 창설되어 신용공여의 탄력성 부여, (3) PLL(Precautionary and Liquidity Line)은 2011년에 창설된 건전한 경제기본과 정책을 갖춘 국가의 신용공여이다. 또한 특별히 저소득국가의 신용공여로는 다음과 같은 것이 있다. (1) ECF(Extended Credit Facility)는 2010년에 신설되어 중기의 국제수지 문제를, (2) SCF(Standby Credit Facility)는 2010년에 시작되어 단기 국제수지 문제 및 예비적 필요를, (3) RCF(Rapid Credit Facility)는 긴급한 국제수지문제에 대한 신속한 지원을 위한 것이다.

회원국의 기금으로부터의 출자금 인출은 현재 단일 연도에는 쿼터의 200%, 또는 회원국의 쿼터의 600%의 총누적적 한도액 내에서 지금까지의 누적액의 200%까지 가능하다. 융자의 수혜국 및 융자의 유형은 시대에 따라 크게 변화하였다. 최초의 20년 기간에는 자금 사용의 절반 이상이 선진국들이었고, 사용 목적도 단기적 국제수지 문제였다. 1980년대 초반 이후로 대부분의 융자는 개발도상국에게 이루어졌고, 구조적인 문제를 해결하기 위한 중기적인 성격이었다. 현재 기금의 총융자 및 신용액은 1980년에는 140억 달러, 1986년에는 410억 달러, 2014년에는 1,260억 달러이다.

1982년 이후 라틴아메리카 대국들과 같은 많은 개발도상국들의 대규모 외채에 대해 IMF는 여러 차례 채무재조정과 구조작업을 시도했다. 추가적인 대출과 특별지원을 위한 조건으로 수입을 감소시키고 수출을 촉진하며, 그 국가가 보다 지속 가능성을 갖도록 하기 위해 정부지출 및 통화량의 증가율을 감소시키고 임금인상을 자제할 것을 요구하였다. 그러나 그러한 IMF의 융자조건(IMF conditionality)은 매우 고통스러운 것으로 판명되었으며, 1980년대 말과 1990년대에 폭동과 정부의 전복을 초래하기까지 했다. 그로 인해 IMF는 채무국가의 사회적 필요와 그러한 요구로 인해 초래될 정치적인 결과를 고려하지 않은 채 '머리만 있고 가슴은 없는(all head and no heart)' 정책을 수행한 것으로 비난을 받게 되었다. 이러한 비난에 대한 부분적인 반응으로 최근에는 대출활동에 보다 신축적이 되었고, 구조적인 문제를 해결하기 위한 중기 대부(전통적으로 세계은행에 의해 이루어진 것)도 시행하기 시작했다.

2009년 이후로 IMF는 유럽집행위원회(EC)와 유럽중앙은행(ECB)과 함께 그리스, 아일랜드, 포르투갈, 스페인 등과 같은 과도한 채무를 지고 있는 유럽연합 회원국들이 부채상환, 정부부채의 융통이 불가능한 경우나 과도한 채무를 갖는 은행에 구제금융을 제공하였다.

2010년 12월 국제통화기금의 위원회는 과업에 관한 근본적인 개혁을 승인했는데, 그 개혁으로는 다자감독, 쿼터의 100% 증가(기금의 자원을 2배로 증가), 세계경제에서 IMF 회원국의 상대적 중요성을 반영한 쿼터 비율의 재배분이 있다. 그러나 2015년 현재 미국과 소수의 기타 국가들은 그러한 개혁에 대해 승인을 하지 않은 상태다.

요약표로서 표 9-4는 현대 통화 역사의 중요한 일지를 제시한다.

9.6C 현행 환율제도의 문제점

현재의 국제통화체제는 여러 가지 심각하고도 상호 관련된 국제통화상의 문제점에 직면해 있다. 이러한 것들로 (1) 환율의 급변성이 과도하고 환율의 오조정이 광범위하고 지속적이며, (2) 지도적인 선진국들이 경제정책을 보다 원활히 조정하는 데 실패하였고, (3) 신흥시장경제에서 국제금융위기를 방지하거나, 금융위기가 발생하는 경우 적절하게 대처하는 데 무능력하다는 것이다.

1973년 이후 환율의 특징이 급변성과 오버슈팅이라는 것은 2.5A절과 3.5A절에서 이미 살펴본 바있다. 이는 국제무역과 투자의 흐름을 상당히 저해할 수도 있다. 이보다 더 심각한 문제는 현재의 관리변동환율제도에서는 큰 폭의 환율 불균형이 발생할 수도 있고 수년간 지속될 수도 있다는 사실이다(2.5A절과 그림 2-3 참조). 달러가 1980년부터 1985년까지 크게 평가상승하였고, 1985년 2월부터 1987년 말까지 더 크게 평가하락하였다는 사실로부터 이 점을 명확하게 알 수 있다. 최근에 엔-달러 환율이 1995년 4월에 달러당 85엔에서 2002년 2월 달러당 132엔으로 변동하였고 2011년 말에는 달러당 78엔이 되었다. 1999년 1월 1일부터 2000년 10월까지 유로는 1.17달러에서 0.82달러로 평가하락하였고, 그 후 2004년 12월에는 1.36달러로 상승했다가 2005년 11월에는 1.18달러로 하락하였으며, 2008년 7월 15일 이후 1.60달러의 높은 수준을 유지하다가 2015년 1월에는 1.16달러로 하락하였다. 1980년대 전반기 달러의 과도한 평가상승과 1990년대 말과 2000년대 초 달러의 과대평가는 미국에서의 막대한 무역수지 적자와 보호무역에 대한 요구를 초래하였다. 1990년대 말과 2000년대 초 달러의 과대평가는 대규모의 지속 불가능한 미국의 무역적자와 관련된다. 불균형이 지속되었고 환율의 급변성이 과도했기 때문에 주요통화에 대한 변동 허용폭의 목표존을 설정하는 방향으로 현

표 9-4 현대 주요 통화 역사

1880~1914년	고전적 금본위제도 기간
1925년 4월	영국이 금본위제도로 복귀
1929년 10월	미국 주식시장 붕괴
1931년 9월	영국이 금본위제도를 포기
1934년 2월	미국이 금의 공식가격을 1 온스당 20.67달러에서 35달러로 인상
1944년 7월	브레튼우즈 회의
1947년 3월	IMF 활동시작
1967년 9월	SDRs의 창출 결정
1968년 3월	금의 이중시장 창설
1971년 8월	미국이 달러를 금으로 태환하는 것을 보류 ─ 브레튼우즈 체제의 종언
1971년 12월	스미소니언 협정(금의 공식가격이 온스당 38달러로 상승, 허용된 변동폭이 4.5%로 증가)
1973년 2월	미국이 금의 공식가격을 온스당 42.22달러로 인상
1973년 3월	관리변동환율제도의 등장
1973년 10월	OPEC 석유수출의 선별적 금지 및 석유가격의 급격한 상승 시작
1976년 1월	자메이카 협정(관리변동환율을 인정하고 금의 공식가격을 폐지하는 협정)
1978년 4월	자메이카 협정효력 발휘
1979년 봄	제2차 오일쇼크
1979년 3월	유럽통화제도(EMS)의 창설
1980년 1월	금 가격이 온스당 800달러 이상으로 일시적 상승
1985년 9월	달러가치를 낮추기 위해 개입한 플라자 협정
1986년 가을	GATT의 다자간 무역협정의 새로운 라운드가 시작
1987년 2월	환율을 안정화시키는 루브르 협정
1987년 10월	뉴욕 주식시장의 붕괴 및 전 세계로 확산됨
1989~1990년	동유럽에서 민주적 시장개혁의 시작, 독일의 통일
1991년 12월	유럽연합이 1997년 또는 1999년까지 통화통합의 방향으로 진행하는 마스트리히트 조약 승인
1991년 12월	소비에트연방 해체 및 독립국가연합(CIS) 형성
1992년 9월	영국과 이탈리아가 환율 메커니즘(ERM) 포기
1993년 1월 1일	유럽연합(EU)이 단일 통합시장이 됨
1993년 8월 1일	유럽통화제도(EMS)가 상하 15%의 변동폭 허용
1993년 12월	우루과이라운드가 종결되고 세계무역기구(WTO)가 GATT를 대체함
1994년 1월 1일	북미자유무역협정 체결
1994년 1월 1일	유럽연합에 의한 유럽중앙은행(ECB)의 전신으로 유럽통화기구(EMI)의 창설
1999년 1월 1일	단일통화(유로)의 도입 및 유럽중앙은행(ECB)에 의한 연합차원의 통화정책
2000년 10월	유로가 달러에 대해 가장 낮은 수준으로 하락
2002년 1월 1일	유로가 유럽통화연합(EMU)의 12개국 통화로서 유통되기 시작함
2006년 12월	미국의 경상수지 적자가 GDP의 6%의 높은 수준 유지
2008년 7월 15일	유로는 1.60달러의 높은 수준 유지
2008년 9월 15일	리먼 브라더스의 파산에서 시작된 세계금융위기
2011년 9월 5일	금가격의 온스당 1,896.50달러 도달
2012년 2월	그리스가 디폴트와 그에 따른 유로 포기를 피하기 위한 채무재조정
2014년 6월	석유가격의 급격한 하락, 유로의 평가하락 및 달러의 평가상승

행 국제통화제도를 개편하고 주요국 간의 국제협력을 강화하며, 정책을 조정하자는 요구가 새로이 대두되었다. 고정환율과 변동환율의 상대적 장점에 관한 과거의 논쟁 대신 환율 신축성의 최적의 정도와 정책협력이 주요 논제가 되었다.

어느 정도의 협력이 증대되었는데, 예를 들면 미국은 1985년 9월에 독일, 일본, 프랑스 및 영국과 협상하여(소위 뉴욕의 프라자 협정이라 부르는) 달러가치를 하락시키기 위하여 외환시장에 공동으로 개입하기로 한 바 있다. 1986년에 미국은 독일, 일본과의 협상을 통해 무역과 자본이동에는 직접 영향을 미치지 않고 성장을 촉진하며 실업(이는 1980년대 대부분의 유럽국가의 노동력 중 10%를 상회함)을 감소시키기 위하여 주요국의 이자율을 동시에 조정하여 하락시키자는 것이다(6.6C절 참조). 주요 선진국들은 통화 및 기타 정책변화의 국제적 반향효과에 점점 더 관심을 갖고 있다. 1987년 2월에 G7 국가는 루브르에서 달러-엔, 달러-마르크 환율에 대한 참조영역이나 목표존을 설정하는 데 동의했다(그러나 큰 성공은 없었음). 성공적인 국제통화협력의 다른 예로는 1987년 10월의 전 세계적인 주식시장 폭락과 2001년 9월 11일 테러리스트 공격에 대한 신속하고도 협조적인 반응 및 2008~2009년 기간의 선진국의 깊은 불황과 신흥국들의 성장 감축에 대한 반응을 들 수 있다.

이와 밀접한 관계에 있는 문제가 외국인이 보유한 막대한 규모의 위협적 달러(dollar overhang)인데, 이 위협적 달러는 국제이자율 차와 환율변화에 대한 기대에 대응하여 국제금융센터 사이에서 이동하려고 한다. 이러한 '핫머니'의 이동은 유로커런시 시장의 급격한 성장에 의해 촉진되었다(2.7절 참조). 이 문제를 해결하기 위한 오래된 제안으로는 IMF에 의한 대체계정(substitution account)을 도입하여 외국인이 보유한 달러를 SDR로 전환시키자는 것이 있다. 그러나 현재까지는 이러한 제안에 대한 어떤 행동도 취하지 않았으며, 이러한 SDR에 대하여 지급할 이자율과 미국이 IMF로부터 이러한 달러를 재매입하는 절차 등과 같이 몇 가지 해결되지 않은 문제가 남아 있다. 적어도 가까운 장래에는 (사례연구 2-1, 2-2 참조) 주요 국제통화와 개입통화로서의 달러의 중요성은 계속 유지될 것으로 보인다.

9.6D 현행 환율제도의 개혁을 위한 제안

환율의 과도한 변동을 감소시키고 환율의 오조정을 피하기 위한 여러 가지 제안이 있었다. 한 가지 제안은 윌리엄슨(Williamson, 1986)이 최초로 제안한 **목표존**(target zones)의 창설에 기초하고 있다. 그러한 체제하에서 주요 선진국들은 균형환율을 추정하고, 허용되는 변동폭에 동의할 것이다. 윌리엄슨은 균형환율에서 10% 상하로 환율의 변동폭을 허용할 것을 제안하였다. 환율은 허용된 변동폭의 범위에서는 수요와 공급의 힘에 의해 결정되고, 목표존 밖으로 이동하는 것은 외환시장의 공식적 개입에 의해 금지된다. 그러나 목표존은 엄격하지 않으며 기준이 되는 균형환율이 목표존 밖으로 이동하거나 경계 가까이 있는 경우에는 변화할 것이다. 명시적이진 않지만 주요 선진국들은 1987년 루브르 협정에서 이러한 달러와 엔, 달러와 마르크 간의 환율에 대해 '엄격하지 않은' 목표존 또는 '참조존'에 관해 동의했던 것으로 보인다(윌리엄슨이 주장했던 상하 10%보다 훨씬 좁은 변동폭으로). 그러나 1990년대 초반 이러한 암묵적인 협정은 달러가 엔에 대해 평가하락하는 것을 목격한 후 강한 시장 압력에 직면하여 포기하였다.

목표존의 비판자들은 목표존이 고정환율제도와 변동환율제도의 최악의 특징들을 구현하고 있다고 믿는다. 목표존은 변동환율의 경우처럼 환율의 상당한 변동과 변덕성을 허용하고 인플레이션을 유발할 수 있다. 목표존은 고정환율의 경우처럼 외환시장의 공식적인 개입에 의해서만 방어될 수 있기 때문에 국가의 통화의 독립성을 감소시킨다. 이러한 비판에 대응하여 밀러와 윌리엄슨(Miller & Willamson, 1988)은 목표존 내에서 환율을 유지할 목적으로 외환시장에 개입할 필요성을 감소시키기 위해 주요 선진국 편에서 상당한 정책조정을 요구하는 방향으로 청사진을 확장하였다.

현재의 국제통화제도를 개혁하고자 하는 다른 제안은 선진국들 간의 광범위한 정책협력에 기초를 두고 있다. 이러한 제안 중 최상이면서 밀접하게 연관된 것은 맥키논(McKinnon, 1984, 1988)이 제시한 제안이다. 이러한 제도하에서 미국, 일본, 독일(지금은 유럽통화연합)은 그들 통화 간의 환율을 (구매력평가에 의해 결정된) 균형수준에서 고정시킨 후 환율을 고정된 상태로 유지하기 위해 자신들의 통화정책을 긴밀하게 조정할 것이다. 달러가 엔에 대해 평가하락하는 경향일 때 미국은 통화량의 성장률을 감소시켜야 하는 반면, 일본은 증가시켜야 하는 신호로 본다. 이러한 세 국가의 통화량의 순효과는 전 세계경제의 반인플레이션 팽창과 일관성 있는 비율로 확장될 것이다.

1986년 IMF 임시위원회에 의해 제기된 다른 제안은 세계경제가 지속 가능한 반인플레이션 경로를 따라 성장하도록 하기 위해 기금의 감독하에 각국이 따를 조정된 거시정책의 유형에 대한 신호를 제공하기 위해 경제성과에 대한 객관적 지표를 개발하는 것이다. 이러한 객관적 지표로는 GNP의 성장, 인플레이션, 실업, 무역수지, 통화공급의 성장, 재정수지, 환율, 이자율, 국제준비자산이다. 이러한 객관적 지표의 상승 또는 하락은 그 국가의 제한적 또는 팽창적 정책의 필요에 대한 신호를 제공하며, 그 지표의 안정성은 세계 전반에 대해 반인플레이션 세계팽창의 지침이 될 것이다.

그러나 국가마다 매우 다른 인플레이션-실업 간의 배향관계가 있으므로 실제적으로 효과적이고도 실질적인 거시경제정책의 조정이 불가능할 것이다. 에를 들면 1980년대와 1990년대에 미국은 거대한 재정적자를 실질적으로 빠른 속도로 감소시킬 수도 없었고, 원하지도 않았던 것 같다. 독일은 높은 실업률에 직면하더라도 경제를 부양하기를 원치 않았으며, 일본은 미국과의 무역수지 불균형을 감소시키기 위해 미국으로부터 수입을 더 많이 허용하는 보호주의적인 정책을 폐지하는 데 달가워하지 않았다. 실증적 연구 또한 국가들이 국제적 정책협력으로부터 이익을 얻긴 하지만 협력으로부터의 후생이익은 그리 크지 않다는 것을 보여 준다(8.7절 참조).

현재의 국제통화제도를 개혁하고자 하는 또 하나의 제안은 오늘날의 고도로 통합된 국제자본시장에서 거대한 국제자본이동이 환율 불안정성과 세계경제를 괴롭히는 세계적 불균형의 원인이라는 전제에 근거하고 있다. 그러므로 이러한 제안은 국제적 투기자본의 이동을 제한하는 데 근거하고 있다. 토빈(Tobin, 1978)은 '국제금융이라는 바퀴에 약간의 모래를 뿌리기 위해' 거래기간이 짧을수록 세율이 점점 높아지는 거래세를 제안하였다. 반면에 돈부시와 프랑켈(Dornbusch & Frankel, 1987)은 무역거래에는 덜 신축적이고, 무역거래나 투자와 관련 없는 순수 금융거래에 대해서는 더 신축적인 이중환율로 금융자본이 국제적으로 이동하는 것을 줄일 것을 제안하였다. 토빈, 돈부시와 프랑켈은 자본시장분할이나 자산시장의 충격흡수방식으로 국제적 핫머니의 이동을 제한하게 되면 가능하지도 않고 유용성도 없는 선진국 간의 밀접한 정책조정 없이도 국제통화제도가 유연하게 작동한다고 보았다. 그러나 이러한 제안의 비판자들은 비생산적이거나 투기적인 자본과 국제무역과 투자와 관련된 생산적 자본을 구분하는 것이 거의 불가능하다고 지적한다. 마지막으로 먼델 (Mundell)은 글로벌 경제는 글로벌 통화를 요구한다는 점에서 세계 단일통화를 지지한다.

그러나 선진국들이 경제목표를 달성하는 데 더 큰 성공을 얻기 위해 앞으로 그들이 자주성을 포기할 각오가 되어 있는지는 여전히 의문으로 남는다. 결국 현재의 국제통화제도의 개혁은 현재의 제도를 완전히 새로운 것으로 대체하기보다는 그 기능을 개선하는 것으로 될 것 같다(Kenen, 1983, 2007; Goldstein, 1995; Eichengreen, 1999, 2008; Salvatore, 2000, 2005, 2010, 2011, 2012; Rajan, 2008, 2010; Truman, 2006, 2009; Dooley, Folkets-Landau, & Garbar, 2009; Ghosh, Ostry, & Tsangarides, 2010; Stigliz, 2010; Klein & Shambaugh, 2010; Reinhart & Rogoff, 2010; Razin & Rosefielde, 2011).

9.6E 금융위기 및 국제통화제도

현재의 국제통화제도가 직면하는 또 하나의 심각한 문제는 신흥시장 및 선진국시장 경제에서 발생하는 국제금융위기를 예방할 능력이 없는 것 같다는 것이다. 1990년대 중반 이후로 다음과 같은 7번의 위기가 있었다. 1994~1995년의 멕시코, 1997~1999년의 동남아시아, 1998년 여름의 러시아, 1999년의 브라질, 2001~2002년의 터키와 아르헨티나의 경우 및 2014년 러시아의 경우이다(사례연구 9-2, 9-3 참조). IMF는 가장 최근 위기 동안 GDP의 백분율로 표시한 산출량의 누적 손실을 멕시코의 경우 30, 인도네시아의 경우 82로 추정하였다.

이러한 위기를 가져온 근본적인 원인은 국가마다 다르지만 그 과정은 매우 유사하다. 각 위기는 그 국가의 금융적 약점의 첫 번째 신호로서 대량의 단기유동자본이 철수한 결과로 시작되었다. 1990년대 초반에 많은 신흥시장들이 그들의 자본시장을 자유화한 후 외국의 투자자들은 높은 수익률을 얻고, 포트폴리오를 다양화하기 위해 대량의 자금을 쏟아부었으나 그 국가의 경제적 문제의 첫 신호에 반응하여 대량으로 자금을 즉각 철수하였고, 그것이 위기의 전조가 되었다. 국제통화제도에 대한 위험은 이러한 위기가 선진국을 포함한 나머지 세계로 확산된다는 것이다.

보통 금융위기가 발생하면 그에 따라 평가절하 또는 평가하락이 이루어지며 개발도상국 경제에 더 심각한 폐해를 가져오게 된다. 그 이유는 개발도상국은 선진국과 달리 주요 외국통화로 차입(달러, 유로, 엔)하게 되고 공여자는 그 국가의 통화의 평가하락을 걱정하기 때문이다. 개도국의 통화가 평가하락할 때 부채의 국내통화가치는 평가하락, 평가절하만큼(외국공여자에게 부의 이전) 증가하게 된다. 개도국이 자국통화로 차입할 수 없는 상황을 아이켄그린과 하우스만(Eichengreen & Hausmann, 1999)은 원죄(original sin)라는 용어를 사용하여 설명하였다. 최근에 과거의 소위 죄인들인 멕시코, 브라질은 그 국가의 통화로 차입할 수 있게 되었지만 아직 많은 개도국의 민간차입은 달러로 이루어지기 때문에 그 국가의 통화가 평가절하 또는 평가하락하는 경우 더욱 심각한 문제에

사례연구 9-2 ⊕ 통화위기의 해부 : 멕시코 페소의 붕괴

멕시코는 1994년 12월 발생한 심각한 금융위기로 인해 수십 년간 경험해 보지 못한 최악의 불황을 겪게 되었다. 그러한 위기의 직접적인 원인은 1994년 미국이 이자율을 급격히 상승시켰기 때문이다. 그로 인해 미국에서 멕시코로 이동했던 자본이 역으로 이동하게 되었다. 이것은 1994년 치아파스 남부 주에서 발생한 무장 폭동과 1994년 2명의 고위정치 관료 살해로 발생한 정치적 위기로 더 악화되었다.

그로 인한 대량의 자본 유출을 방향전환하기 위해 멕시코는 단기의 달러표시 금융자산을 발행하고 국내 이자율을 급격히 인상하였다. 멕시코가 자국의 부채를 상환할 수 없을 것이라는 우려로 인해 외국 투자자들은 계속해서 자금을 멕시코로부터 인출하였다. 이로 인해 멕시코는 1994년 12월 20일 페소 가치를 달러당 3,500페소에서 4,025페소로 15% 평가절하할 수밖에 없었다. 그러나 멕시코의 조치는 너무 소량이고 또한 시기가 너무 늦어서 지속적으로 외환보유고가 감소하게 되었고, 그로 인해서 멕시코는 페소가 변동하도록 할 수밖에 없었다. 그 후 페소 가치는 1995년 3월 달러당 7페소로 평가하락하였고, 1995년 12월에는 달러당 거의 8페소까지 평가하락하였다. 미국은 멕시코를 돕고 금융위기가 다른 신흥시장(특히 아르헨티나, 브라질)에 확산되는 것을 막기 위해 1995년 1월 IMF를 통해 거의 480억 달러에 달하는 국제 원조를 결정하였고, 이것으로 인해 금융시장을 안정화시키고 금융위기를 멕시코로 한정하는 데 성공하였다. 그러나 멕시코는 1995년 매우 높은 이자율과 심각한 재정적자 축소로 인해 실물부문에서 심각한 경기침체를 겪게 되었다. 1996년에서야 비로소 침체의 저점에 도달하였고 성장세로 돌아섰다.

출처 : Federal Reserve Bank of Atlanta, "A Predictable and Avoidable Mexican Meltdown," *Economics Update*, December 1996, pp. 1-3.

사례연구 9-3 ⊕ 신흥시장에서 경제위기의 연표

표 9-5는 1990년대 말부터 현재까지 신흥시장에서의 경제위기의 연표를 보여 준다. 1990년대 신흥시장에서의 경제위기는 1997년 7월 타이에서 발생했다. 1997년 가을에 그 위기는 필리핀, 한국, 인도네시아, 말레이시아로 확산되었으며, 1998년 여름에는 러시아로, 1999년 1월에는 브라질까지 영향을 주었다. 그것은 멕시코, 아르헨티나뿐 아니라 중국, 타이완, 홍콩, 싱가포르 등 다른 개발도상국들에도 모두 영향을 미쳤으며, 선진국들 역시 영향을 받았다. 그러나 1999년 말경 그 위기는 다소간 해소되었으며, 인도네시아와 러시아를 제외하고는 신흥시장에서 성장이 회복되었다. 그러나 2001년 터키에서 은행 및 금융위기가 발생했으며, 2002년에 아르헨티나는 총체적인 금융, 경제 및 정치위기에 직면했다. 그러나 두 위기는 2003년에 어느 정도 해결되었다. 2008~2009년에 대부분의 선진국에서 발생한 심각한 불황의 결과 대부분의 신흥시장의 성장은 크게 둔화되었다(사례연구 9-4 참조). 2014년 말경에 러시아는 심각한 금융 및 경제위기에 다시 직면하였다.

표 9-5 1990년대 말 신흥시장에서 경제위기의 연표

1997년	
5월 15일	타이는 바트에 대한 압력을 완화시키는 노력의 일환으로 자본통제를 발표
7월 2일	타이는 바트를 15~20%까지 평가절하를 단행
7월 14일	필리핀과 인도네시아는 각각 페소와 루피아의 평가절하를 단행
8월 20일	타이와 IMF는 170억 달러의 금융안정화 패키지에 동의
10월 27일	다우존스 산업평균이 아시아의 공포로 인해 554포인트 하락

(계속)

10월 31일	인도네시아와 IMF는 230억 달러의 금융안정화 패키지에 동의
11월 7일	아르헨티나, 브라질, 멕시코, 베네수엘라에서 금융시장이 급격하게 하락
11월 17일	한국은 원화의 방어를 포기
12월 3일	한국과 IMF는 570억 달러의 금융안정화 패키지에 동의
12월	한국의 원과 인도네시아의 루피아 붕괴, 다른 아시아국가 통화들도 하락 시작
12월 30일	외국은행들은 한국의 1,000억 달러의 단기부채를 상환연장하기로 동의
1998년	
3월 초	인도네시아의 경제는 초인플레이션으로 기울다 폭동이 발생, 정부는 식료품 수입에 보조금 지급, IMF 프로그램을 어김
4월 10일	인도네시아는 새로운 개혁 프로그램에 대해 IMF와 의향서에 서명
5월 초	인도네시아의 경제적 상황이 악화됨. 보다 빈번하고도 대규모의 폭동이 발생함
5월 19일	인도네시아의 정치적 대변동이 러시아 시장에 재정적 전염의 확산을 두려워함
5월 21일	수하르토 인도네시아 대통령 사임. 하비가 승계함
5월 26일	한국의 주식시장 11년 내 최저로 하락
5월 27일	러시아 중앙은행은 해외자본이 머물 수 있도록 이자율을 150%까지 3배 올림
7월 13일	러시아와 IMF는 226억 달러의 긴급 금융안정화 패키지에 동의
8월 17일	러시아는 루블을 평가절하하고 단기외채에 대해 지불불능 선언
9월 말	뉴욕연방준비은행은 장기자본관리 조정, 부채 1,000억 달러로
11월 13일	브라질은 IMF, 세계은행 및 다국 구조계획에서 415억 달러 협상
1999년	
1월 8일	브라질은 대규모의 자본유출에 직면하여 헤알 8% 평가절하
1월 15일	브라질은 헤알이 세계시장에 자유롭게 변동하도록 허용, 헤알 35% 평가절하
1월 27일	중국은 위안화를 평가절하한다는 소문을 부인, 중국의 성장률 하락
1999년 말	신흥시장에서 금융위기 종료 선언, 성장회복
2001년	
2월	터키가 금융위기를 겪고, 통화(리라)의 자유변동 허용
12월	아르헨티나 부채 상환불능 선언(역사상 규모가 가장 큼)
2002년	
1월	아르헨티나 통화위원회제도를 경험, 페소의 평가절하, 금융, 경제, 정치적 소용돌이에 빠짐, IMF는 경제의 구조개혁에 대한 신뢰할 만한 계획이 없는 경우 자금 대여 거부
2월 4일	터키, IMF에서 128억 달러 대출
8월 7일	브라질은 새로운 금융위기를 피하기 위해 300억 달러 자금을 수령
2005년	
6월	아르헨티나는 채권 보유자의 약 75%에 대해 달러당 25센트를 지급하는 채무재조정을 단행
7월	중국은 자국통화를 2% 평가상승시켜 달러에 대한 환율 페그를 변경
11월	브라질은 IMF 부채를 조기상환
2006년	
1월	아르헨티나는 IMF 부채를 조기상환
2014년	
가을	러시아는 심각한 금융 및 경제위기에 봉착

출처 : Inter-American Development Bank, 1999; updated by the author.

봉착하게 된다.

　미래에 그러한 위기를 피하거나 최소화시키고, 현재의 **국제통화제도**의 골격을 크게 강화하고 그 기능을 개선하기 위해 많은 조치들이 제안되었고 몇 단계는 이미 취해졌다. 이러한 것들은 다음을 포함한다 : (1) 국제통화관계에서 투명성의 제고, (2) 은행 및 금융제도의 강화, (3) 더 큰 민간부문의 개입 촉진.

　시장은 신뢰할 만하며 시의적절한 정보 없이는 효율적으로 작동할 수 없기 때문에 투명성의 증가는 필요불가결하다. 이 목적으로 IMF는 1996년의 **특별자료유포기준**(SDDS), 1997년의 **일반자료유포체계**(GDDS)를 설정하였다(2001년 **자료품질평가틀**에 의해 개선됨). 재정이나 경상수지 적자, 장기 및 단기외채, GDP의 백분율로 표시한 국제준비자산과 같은 **조기경보 금융지표**들은 어떤 신흥국가들이 어려움을 겪게 될 것인가를 알려 줄 수 있다. 해외투자자들이 잠재적 위험을 주목하고, 과도한 자본을 그런 국가들에 쏟는 것을 피하게 되는 경우 위기를 피할 수 있다.

　현재의 국제통화제도의 구조를 개선하는 두 번째 방법은 신흥시장의 은행 및 금융제도를 강화하는 것이다. 은행제도의 약점은 지난 10년간 금융위기에 연루된 모든 신흥시장에서 공통적이다. 유약한 은행금융체제는 금융위기를 초래하고 심각성을 가져온다. 은행 금융제도는 감독이나 표준을 개선하고, 은행이 자본요구를 충족하고, 부실대출에 대한 적절한 조항을 갖추고, 대여활동에 대해 적절하고 시의에 맞는 정보를 제공함으로써 가능하다. 또한 지불불능인 기관들을 신속하게 효과적으로 정리하는 것도 중요하다. 이러한 정책들을 시행하는 것은 한 국가의 은행 금융제도가 이미 문제에 휘말린 경우에는 매우 어렵다. 그러나 건전한 금융제도는 전체 경제의 건전성과 성장을 위해 필수적이므로 IMF는 회계, 감독, 공사, 지불 및 결제제도, 보험 및 은행에서 좋은 관행의 표준을 설정해 오고 있다. 이러한 것 중 몇몇은 IMF 감독기능의 일환으로 이미 시행되고 있다.

　현재의 국제통화제도를 강화하는 세 번째 방법은 신흥시장에서 금융위기를 해결하는 데 IMF의 공적 원조의 전제조건으로서 출구를 향해 돌진하는 것보다는 상환기간을 연장하거나 대출을 재협상하고, 새로운 자금을 제공함으로써 민간부문의 개입을 증대시키는 것이다. 논리는 대여자들이 비생산적인 목적으로 신흥시장에서 너무 많은 단기자본을 대여함으로써 초래한 위기에 대해 책임을 져야 한다는 것이다. 즉, 자금제공자들이 풀려나서 출구로 돌진하는 것을 허용하는 것보다는 문제해결에 적극 참여하도록 해야 한다는 것이다. 이러한 목적으로 IMF는 금융위기에 직면한 신흥시장이 지속 가능한 상태로 신속히 복귀하도록 **국가채무재조정기구**(SDRM)의 창설을 제안하였다.

　그러나 금융위기는 신흥시장경제에서만 발생하는 것은 아니다. 2008~2009년 기간에 미국과 대부분의 기타 선진국들도 심각한 금융 및 경제위기를 겪었다(사례연구 9-4 참조). G20(Group of twenty)가 '힘을 얻고' 세계경제의 방향을 제시하는 위원회로서 G7(러시아를 포함하면 G8)을 대체하게 된 것은 이 시점에서이다. 2009년에 G20는 다음의 19개국 재무장관과 중앙은행 총재들을 포함했다. 아르헨티나, 오스트레일리아, 브라질, 캐나다, 중국, 프랑스, 독일, 인도, 인도네시아, 이탈리아, 일본, 멕시코, 러시아, 사우디아라비아, 남아프리카공화국, 한국, 터키, 영국 및 미국이다. 20번째 회원국은 유럽연합으로 이는 순번으로 돌아가는 집행위원회 총재직과 유럽중앙은행에 의해

사례연구 9-4 🌐 글로벌 금융위기와 대불황(2008~2009)

2008~2009년에 미국과 다른 선진국들은 1929년 대공황 이래로 경험해 보지 못한 가장 심각한 금융위기 및 경기침체를 겪게 되었다. 그 위기는 은행들이 비우량 대출 또는 주택담보대출을 상환능력이 없는 개인과 가계에 제공한 결과로 2007년 미국 주택부문에서 시작되었다. 많은 개인과 가계가 대출을 상환할 수 없게 되자 미국의 은행들은 심각한 위기에 빠졌고, 그것이 2008년에는 전체 금융부문으로 확산되었고, 거기서 다시 미국의 실물부문과 전 세계 나머지 국가까지 확대되었다. 그 결과는 소위 대불황이었다.

그 불황은 많은 유럽은행들이 미국 은행들보다 한층 더 과도한 행동을 하였기 때문에 미국에서 대서양까지 확산되었고 미국보다 훨씬 더 심각한 주식시장버블을 겪게 되었다. 모든 선진국에서의 심각한 불황으로 인해 그들의 수입과 신흥시장으로의 해외직접투자가 크게 감소하여 그 위기는 전 세계의 나머지 국가들에게까지 확산되었다. 대부분의 신흥시장경제(러시아, 멕시코, 터키)도 깊은 불황에 빠졌고 중국과 인도도 기록적인 성장이 크게 감소하였다.

2009년 깊은 불황으로 인해 실질 GDP는 미국에서 2.8%, 유로지역에서 4.5%, 영국에서 5.2%, 일본에서 5.5%, 캐나다에서 2.7% 감소하는 등 대규모의 선진국들에서 감소하였다. 경기 회복은 대부분의 규모가 큰 선진국들에서 완만하게 진행되어 2015년에야 (미국은 2011년에, 이탈리아, 스페인 및 유로지역 전체는 아직) 위기 이전의 실질 GDP 수준으로 회복하였다. 가장 큰 규모의 신흥시장 중 러시아에서 7.8%, 터키에서 4.8%, 멕시코에서 4.7%까지 하락하였고 중국과 인도도 심각한 성장저하를 겪게 되었다.

미국과 기타 선진국들은 대불황에 직면하여 은행과 기타 금융기관의 파산을 막기 위해 이자율을 인하하고 대규모의 경제부양정책을 도입하였으며, 대량의 유동성 주입(QE)을 시도하였다. 그러나 이러한 노력은 경기침체가 더 악화되지 않는 다른 점에서 도움을 주는 정도였고 경기 회복은 훨씬 더디게 진행되었다. 저성장과 고실업은 2014년 대부분의 선진국이 직면하는 심각한 경제문제로 여전히 남아 있었다. 미국은 유로지역 국가나 일본보다 정책을 더 잘 수행하였지만 그 경제적 성과는 수십 년간 경제위기 이전 수준보다 못하였다.

실로 성장은 기술진보와 혁신의 완화, 인구 및 노동력 감소 및 기타 구조적인 이유로 위기 이전 추세부터 전 세계적으로 저하되었다. 현재의 세계 성장 둔화가 '뉴 노멀' 또는 지속적인 추세의 시작이 될지는 시간이 지나야만 알 수 있다.

출처 : D. Salvatore, Editor, *Nobels on Where Is the World Economy Headed for?*, Special Issue of the *Journal of Policy Models* (JPM), July/August 2009 (with articles by Robert Fogel, Lawrence Klein, Robert Mundell, Edmund Phelps, and Michael Spence); D. Salvatore, *Growth or Stagnation after Recession?*, Special Issue of *JPM*, September/October 2010 (with articles by Olivier Blanchard, Martin Feldstein, Dale Jorgenson, Edmund Phelps, Joseph Stiglitz, and this author); D. Salvatore, "The Causes and Effects of the Global Financial Crisis," *Journal of Politics and Society*, April 2010, pp. 7–16; and D. Salvatore, Editor, *Growth or Stagnation in the U.S. and World Economy?*, Special Issue of *JPM*, July/August 2014 (with articles by Martin Baily, William Baumol, Robert Barro, Martin Feldstein, Dale Jorgenson, and John Taylor).

대표된다. 이러한 20개 회원국 외에도 다음의 포럼 또는 기관의 CEO들이 G20 회의에 참석한다. 참석하는 기관으로는 국제통화기금(IMF) 및 세계은행(WB), IMF와 세계은행 내의 국제금융통화위원회(MFC) 및 개발위원회(DC) 등이 있다. G20는 2009년 4월 런던에서 회합을 갖고 다음에 근거하여 심각한 금융 및 경제위기를 극복하고 미래의 위기를 방지하기 위한 개혁을 추진하기 위한 정책들, 즉 (1) 금융감독 및 규제의 강화, (2) 국제적인 정책협력의 촉진, (3) IMF의 개혁, (4) 시장개방의 유지 등을 제안하였다.

9.6F 기타 현재의 세계 문제

현행의 환율제도에서와 우리가 논의한 글로벌 금융 및 경제위기에서 발생되는 문제는 현재 세계가 직면하고 있는 다음의 심각한 경제문제들과 밀접하게 연관되어 있다 : (1) 대불경기 이후 선진국의 저성장과 고실업, (2) 급속히 글로벌화한 세계에서 선진국의 보호무역주의와 새로운 세계경제의 권력으로서 중국의 부상, (3) 선진국의 대규모 구조 불균형과 저성장, 중유럽과 동유럽의 전환경제에서의 불충분한 구조조정, (4) 많은 개발도상국에서의 심각한 빈곤 , (5) 성장과 지속 가능한 세계 발전을 저해하는 자원고갈, 환경악화 및 기후변화.

1. 대불경기 이후 선진국의 저성장과 고실업 2000년대 시작부터 선진국은 1929년 대공황 이후 가장 심각한 금융경제위기로부터 빠져 나왔음에도 불구하고 여전히 저성장과 고실업을 겪게 되었다. 미국과 기타 선진국들은 은행과 기타 금융기관들을 파산으로부터 구조하기 위해 이자율을 인하하고 대규모의 경제부양정책을 도입하였다. 그러나 이러한 노력은 경제적인 침체가 더 악화되는 것을 막는 정도의 성공만 달성하였다. 경기침체는 공식적으로는 2010년에 종결되었지만 저성장과 고실업은 대부분의 선진국들이 오늘날 직면한 가장 심각한 경제문제로 여전히 남게 되었다. 이러한 문제는 그리스, 아일랜드, 포르투갈, 스페인, 이탈리아(19개 유럽통화동맹 회원국들)에 더 심각하였고 여전히 과도한 차입, 지속 불가능한 재정적자, 국제경쟁력의 손실로 인해 위기는 지속되고 있다.

선진국들이 성장을 촉진하고 실업을 축소하기 위한 방법론에 의견의 차이가 있다. 자유주의 경제학자들은 추가적인 재정촉진 및 비전통적인 팽창적인 통화정책(QE)을 동원하여 수요와 성장을 촉진할 것을 주장한다. 반면 보수주의 경제학자들은 이미 대규모의 지속 불가능한 재정적자와 과도한 유동성으로 인해 이러한 정책들은 효과가 없을 뿐 아니라 상황을 더 악화시킬 수 있다고 본다. 더 큰 규모의 재정적자는 소비자들이 더 높은 재정적자를 지불하기 위해 미래의 세금을 더 많이 지불할 것으로 예상하기 때문에 민간소비를 위축시킨다. 유사하게 유동성이 이미 과도한 상태에서 유동성을 추가하는 것은 투자와 성장을 촉진하지 않고 미래의 인플레이션 압력을 강화시킬 것으로 생각한다. 이와 같이 보수주의 경제학자들은 미국과 기타 선진국의 성장을 촉진하기 위해서는 경제를 재구조화하고 교육과 인프라를 개선할 필요가 있다고 믿는다. 그러나 이러한 정책들은 결과를 도출하는 데 시간이 걸리고 또 저성장 시기에는 시도하기가 어려우며 대부분의 국가들이 이미 높고 지속 불가능한 재정적자를 겪는 상황에서 추가적인 지출을 필요로 한다. 자유주의 경제학자들도 선진국들이 장기적인 성장을 촉진하기 위해 경제를 구조조정할 필요가 있다는 데 동의한다. 그러나 장기에 도달하기 전에 그들은 추가적인 재정통화팽창 정책이 단기성장을 촉진하기 위해 필요하다고 믿는다.

2. 급속히 글로벌화한 세계에서 선진국의 보호무역주의와 새로운 세계경제의 권력으로서 중국의 부상 1970년대 중반 이후 비관세장벽(NTB)이 급속도로 성행하게 되었다. 오늘날 비관세장벽은 전후 무역체제 및 세계후생에 심각한 위협을 준다. 보호주의의 증가로 국제무역의 흐름이 왜곡됨으로써 국제 간 자원의 잘못된 배분, 성숙한 경제에서의 구조조정 둔화, 개발도상국의 저성장을 가져왔고 무역전쟁의 가능성이 높아졌다. 이러한 문제는 세계가 북미자유무역협정(NAFTA, 미국, 캐나다,

멕시코 포함), 유럽 블록 또는 유럽연합(EU), 훨씬 덜 분명하고 느슨한 아시아 블록이라는 3개의 주요 블록으로 분할됨으로써 한층 더 복잡해졌다.

1993년 12월 우루과이 라운드의 성공적인 종결로 오늘날 세계는 보호무역의 문제를 해결하는 방향으로 일보 전진하게 되었다. 그러나 많은 심각한 무역 문제들이 여전히 남아 있다. 가장 중요한 것은 몇몇 부문(보험과 같은)은 협정에 포함되어 있지 않고, 농업보조금은 여전히 높으며, 의약품의 특허보호는 실망스러운 수준이고, 컴퓨터 칩의 무역은 아직도 관세가 부과되고 있다. 반덤핑조치와 세이프가드가 아직도 가능하며 심각한 무역분쟁의 잠재성도 남아 있다. 이러한 문제들은 2001년 11월 카타르 도하에서 시작된 다자간 무역협상의 새로운 라운드(도하 라운드)에서 제기되었지만 2008년 7월 실패로 끝났다. 또한 우리는 지역 무역협정이 진정한 다자주의의 대안이 될 수 없다는 것에 주목할 필요가 있다.

기술발전, 세계화, 특히 중국과 같은 신흥시장경제의 제조업 수출로 인한 경쟁의 증가로 미국 및 선진경제는 광범위한 다운사이징, 일자리 불안정 및 임금상승의 둔화를 겪고 있다. 그러나 이러한 문제에 대한 해결방법이 무역을 제한하거나 국제경쟁을 감소시키는 것이 아니고, 오히려 직업훈련을 증가시키고 보다 숙련된 노동력을 창출하며, 새로운 정보, 원거리통신, 컴퓨터, 기타 하이테크 분야를 위해 지속적인 일자리를 준비할 필요가 있다. 이러한 새로운 하이테크 일자리에 필요한 기술을 획득한다면 미국 및 선진경제의 노동자들은 일자리가 있는 곳으로 이동할 것이고, 더 많은 숙련된 이민자들을 받아들인다면 미국 및 선진국들은 세계에서 가장 경쟁력이 있는 경제를 이룰 것이다. 이것은 부국 노동자들이 새로운 경제가 가져오는 더 높은 생산력과 임금 및 생활수준을 얻기 위해 지불해야 하는 대가이다.

3. 선진국의 대규모 구조 불균형, 전환경제의 불충분한 구조조정 오늘날 많은 선진국은 성장을 저해하는 심각한 구조적인 문제에 직면해 있다. 미국은 너무 많이 지출하고 너무 적게 저축한다. 이것은 해외에서 과도하게 차입하여 소득보다 많이 지출한다는 것을 의미한다. 그 결과 거대하고 지속 가능하지 않은 무역적자가 초래되고 금융상황이 불안정해진다(사례연구 9-5 참조). 미국 경제는 규모가 거대한 경제이므로 상호의존적인 세계에서 이것은 급속히 글로벌 경제문제화가 된다. 그래서 미국은 지출을 줄이고 저축률을 높일 필요가 있다. 이것은 쉬운 문제도, 신속히 해결될 문제가 아님에도 불구하고 미국은 문제를 해결하기 위해 크게 노력할 것 같지 않다.

유럽은 최근의 글로벌 금융위기 이전에도 성장을 저해하고 고실업을 야기한 약간 다른 구조적인 문제에 직면하고 있다. 대부분의 유럽국가들은 과도하게 관대한 사회보장혜택과 신축적이지 못한 노동시장을 보유하고 있다. 이로 인해 세계화와 국제경쟁 사회에서 직업과 일자리 창출에 어려움을 겪고 있다. 높은 실업으로 인해 유럽은 해외수입이 줄어들고 일자리 창출을 위해 무역을 제한하지만 성과를 거두지는 못한다. 다시 한 번 상호의존적인 세계에서 국가 또는 지역의 문제가 급속히 일반적인 글로벌 문제화가 되는 것을 알 수 있다. 유럽의 실업문제를 해결하기 위해서는 사회보장혜택을 줄이고 노동시장의 신축성을 저해하는 규제를 제거해야 한다는 데 동의하는 의견이 점점 많아

사례연구 9-5 ⊕ 주요 선진국의 무역 불균형

오늘날 세계경제가 직면한 가장 심각한 불균형 중의 하나는 미국과 영국의 고질적인 대규모 무역적자와 독일의 무역흑자이다(선진국 중에서). 표 9-6에서 미국의 무역적자는 1980년 255억 달러에서 1990년에는 1,103억 달러, 2000년에는 4,439억 달러, 그 후 2006년에는 8,329억 달러로 증가했고(표에는 나타나지 않음), 2014년에는 7,358억 달러를 기록했다. 독일의 무역수지 흑자는 1960년 21억 달러에서 2014년에는 사상 최대인 3,042억 달러가 되었다. 일본의 무역수지 흑자는 2011년 적자로 돌아섰고, 2014년에는 992억 달러에 이르렀다. 2014년에 영국은 1,970억 달러의 무역수지 적자를, 프랑스는 484억 달러의 무역수지 적자를 기록한 반면, 이탈리아는 653억 달러, 캐나다는 45억 달러

의 무역수지 흑자를 기록했다.

미국의 달러는 무역량으로 가중했을 때 1981년부터 1985년까지 거의 40% 평가상승했으나 1985년부터 1988년 같은 정도로 평가하락했다. 그러나 미국의 무역수지 적자는 1988년에만 감소했다. 기록적인 무역수지 적자에도 불구하고 미국의 달러는 1995년부터 2000년까지 급격하게 평가상승했는데, 그 이유는 미국의 고도성장으로 인해 막대한 양의 해외자본이 미국으로 유입되었기 때문이다. 달러가 2005년 중반에 평가하락하기 시작했지만 미국의 무역수지 적자는 2006년까지 증가했다. 현재 미국의 무역수지 적자는 장기적으로 유지할 수 없는 수준이며, 독일의 막대한 무역수지 흑자 역시 마찬가지이다.

표 9-6 주요 선진국의 무역 불균형(1960~2014)(단위 : 10억 달러)

국가	1960	1970	1980	1990	1995	2000	2005	2010	2014
미국	4.9	2.6	−25.5	−110.3	−172.3	−443.9	−783.3	−648.7	−735.8
일본	0.3	4.0	2.1	69.3	131.8	116.7	107.0	108.5	−99.2
독일	2.1	5.7	7.9	68.5	65.1	56.4	176.7	213.7	304.2
영국	−1.1	0.0	3.4	−32.5	−19.0	−49.9	−124.7	−152.5	−197.0
프랑스	0.6	0.3	−14.1	−13.3	11.0	−3.2	−19.7	−63.3	−48.4
이탈리아	−0.6	−0.2	−15.9	−1.5	39.7	9.5	0.5	−24.4	65.3
캐나다	−0.2	3.0	7.9	9.5	25.9	45.0	50.6	−9.4	4.5

출처 : International Monetary Fund, *International Financial Statistics Yearbook*, Various Years; and D. Salvatore, "Global Imbalances," *Princeton Encyclopedia of the World Economy* (Princeton University Press, 2008).

지고 있다. 이러한 논의는 쉽지만 행동으로 옮기기는 어렵다. 특히 유럽은 고임금과 포괄적인 사회적 노동의 보호를 자랑스럽게 여기기 때문에 더욱 그렇다.

일본은 실물부동산 버블과 이로 인해 많은 은행이 상환 불가능한 부채를 떠안게 된 1990년대 초반 이후 4번의 불황과 저성장을 겪고 있다. 그에 따라 일본은 심지어 사업성이 있는 분야까지 대출을 중단하여 경제적 침체에 빠져들었다. 일본은 이 문제를 극복하기 위해 가능한 모든 수단을 동원하였다. 민간투자를 촉진하기 위해 이자율을 실질적으로 0 수준까지 낮추었고 경제를 도약시키고 진작시키기 위해 도로와 사회간접자본(필요하지 않은 경우에도)을 건설하기 위해 공공사업을 수행하였고, 수출을 장려하기 위해 환율의 저평가를 유지하였다. 그럼에도 불구하고 2004년에야 겨우 경제불황에서 벗어났으나 최근의 세계적인 금융위기로 다시 불황에 빠져들었고, 2014년에도 다시 불황이 도래하였다. 일본은 과도한 재정적자와 국가부채를 줄이고 분배 시스템의 심각한 비효율성

을 제거해야 한다. 전에도 언급했듯이 저성장에 직면하여 경제를 구조조정하고 비효율성을 제거하고 예산을 삭감하는 것은 어려운 일이다.

전환경제(과거의 중유럽과 동유럽, 소련의 중앙계획경제)의 경우 구조조정과 시장경제를 위한 상당한 진전이 있었으나 그 과정이 완전한 것과 큰 차이가 있다. 2004년 이후 13개의 전환경제(중유럽과 동유럽의 11개국과 키프로스, 몰타)는 유럽연합에 가입하였고 그중 7개 국가는 유로를 채택하였다. 서유럽의 저성장에도 불구하고 전환경제의 세계경제로의 통합은 구조조정을 원활히 하고 다른 선진국과의 생활수준의 격차를 해소하는 데 기여할 것이다.

4. 많은 개발도상국에서의 심각한 빈곤   개발도상국들은 매우 빠른 속도로 성장하고 있지만, 특히 사하라 이남 아프리카의 많은 극빈 개발도상국들은 심각한 가난, 관리 불가능한 외채, 경제적 침체, 생활수준의 국제적 격차 심화 등에 직면해 있다. 이러한 상황은 세계경제에 심각한 문제를 제기한다. 국제무역과 특화로 인한 이익을 이렇게 불균등하게 확산시키는 국제경제체제는 적절한 기능을 하고 있다고 볼 수 없고 공평하다고는 더욱 말할 수 없다. 수백만 명이 굶어 죽는 세계는 윤리적 관점에서도 용인될 수 없을 뿐 아니라 평화와 평온이 지배하는 세계라고 할 수도 없다.

지난해 동안 개발도상국의 상황을 개선시키고 개발을 촉진하는 방법에 관한 여러 가지 제안이 UNCTAD와 기타 국제포럼을 통해 제시되었다. 이러한 제안들은 1980년대와 1990년대 선진국(특히 서유럽, 일본, 미국)이 자신의 통화 및 환율 안정, 저성장, 구조 불균형 및 고실업 문제로 인해 고심하면서 관심에서 멀어지게 되었다. 신국제경제질서(NIEO, 9.6C절 참조)에 대한 요구의 일환으로 개발도상국들은 보다 많은 원조와 아울러 개발도상국 수출품의 대선진국 시장 접근을 더 많이 요구하고 있다.

1993년 12월 우루과이 라운드가 성공적으로 종결되었지만 개발도상국이 직면한 무역 문제는 부분적으로만 해결되었다. 최빈국이 직면하는 문제가 여전히 심각하다는 사실에도 불구하고 선진국이 제공하는 외국원조는 답보상태에 있다(사례연구 9-5 참조). 2000년 9월 새천년 선언은 2015년까지 소득빈곤의 감소, 지속 가능한 발전을 이룬다는 구체적인 타깃을 포함한 정확한 목표를 설정하였다(사례연구 9-6 참조). 도하 라운드에서 무역 문제를 제기하였으나 실패하였고, G20 국가들이 최빈국의 무역 문제를 제기하는 데 성공하기를 기대하고 있다. 그러나 2009년 창설 이후 큰 진전을 이루지 못하고 있다.

5. 자원의 희소성, 환경악화, 기후변화 및 지속 가능한 발전   선진국의 성장과 개발도상국의 발전은 자원의 희소성, 환경악화 및 기후변화에 의해 위협을 받고 있다. 수년에 걸쳐서 중국과 인도와 같은 국가의 급속히 증가하는 수요와 많은 생산국가에서 공급의 경직성으로 인해 석유 및 원자재뿐 아니라 식량가격의 급격한 상승이 초래되었다. 최근에 글로벌 금융위기의 결과로 인한 경기침체와 저성장으로 인해 원자재, 식량의 수요 및 가격상승이 완만하거나 둔화되었지만 자원의 희소성은 미래에 확실히 다시 문제가 될 것이다. 또한 많은 신흥시장 경제에서 환경보호가 성장에 장애가 되고 있다.

환경오염은 중국의 특정 지역에서는 매우 심각하고 아마존의 숲은 급속도로 파괴되고 있다. 또한 지구의 생명에 점점 더 극적인 결과를 초래할 위험한 기후변화에 직면하고 있다. 이러한 문제들은 모든 과학을 동원한 협동적인 노력과 전 세계적인 노력에 의해서만 적절히 분석되고 문제가 제기되며 해결될 수 있다. 그러나 이러한 방향으로의 진전은 매우 더딘 편이다.

지금까지의 논의로부터 오늘날 세계가 직면한 문제는 상호 밀접하게 연관되어 있다는 것은 분명하다. 예를 들어 미국의 과도한 무역 및 재정적자로 인해 보호무역주의, 달러평가 하락이 초래되며 이로 인해 개발도상국이든 선진국이든 모든 나라가 영향을 받고 있다. 또한 국제무역과 국제금융 간의 밀접한 연관관계가 있다는 것도 분명하다.

이러한 심각성에도 불구하고 세계는 유사한 문제, 때로는 과거보다 더 악화된 문제에 직면하고 있다. 세계가 현재의 경제적, 금융적, 사회적, 정치적, 환경적인 도전들을 협동과 상호이해의 정신으로 해결하기를 희망한다.

요약

1. 이 장에서는 금본위제도 시기부터 현재까지의 국제통화제도의 운영에 대해 살펴보았다. 국제통화제도란 국제결제를 가능하도록 하는 규칙, 관습, 도구, 수단 및 조직을 뜻한다. 국제통화제도는 환율이 결정되는 방법이나 국제준비자산의 형태에 따라 분류된다. 바람직한 국제통화제도는 국제무역 및 투자의 이동을 극대화하며, 무역으로부터의 이익을 국가 간에 공평하게 배분하는 제도로 조정, 유동성 및 신인도의 관점에서 평가할 수 있다.

2. 금본위제도는 1880년경부터 1914년 제1차 세계대전이 발발할 때까지 운영되었다. 금본위제도에서 대부분의 실제 조정은 가격-정화-유통기구에 따른 국내가격의 변화보다는 안정화적인 단기자본이동과 그에 따라 유발된 소득변화에 의해 이루어진 것으로 보인다. 또한 조정은 활발하고도 안정적인 경제상황에 의해 더욱 촉진되었다. 1919년부터 1924년까지의 기간은 환율이 크게 변동된 것으로 특징지어진다. 1925년에 시작하여 영국과 기타 국가들은 금본위제도로 복귀하려고 시도하였으나, 이러한 시도는 1931년 대공황이 심화됨에 따라 실패하였다. 그 후 각국은 자국의

실업을 수출하려고 경쟁적인 평가절하를 단행하였다. 이러한 평가절하와 대부분의 국가들이 행한 심각한 무역규제로 인해 국제무역은 거의 절반 수준으로 감소하였다.

3. 1944년 합의된 브레튼우즈 체제에 따라 국제통화기금(IMF)이 창설되었다. 이 기구의 목적은 (1) 각국이 국제무역 및 금융에서 합의된 행위규칙을 준수하는가를 감독하고, (2) 일시적으로 국제수지 어려움을 겪는 국가에게 차입편의를 제공하는 것이다. 이것은 금과 태환 가능한 통화(초기에는 미국의 달러뿐이었음)를 국제준비자산으로 하는 금환본위제도였다. 환율은 설정된 평가의 상하 1%까지만 변동할 수 있고, 평가는 기초적 불균형의 경우에만 IMF의 승인을 거친 후에 변경될 수 있었다. 각국은 국제무역에서 자국의 중요성에 따라 기금에 대한 쿼터를 할당받았다. 각국은 쿼터의 25%는 금으로, 나머지 75%는 자국통화로 이를 납입했다. 국제수지 어려움에 처한 국가는 매년 자국통화를 예치하고 태환 가능한 통화를 교환하는 방식으로 기금으로부터 자국 쿼터의 25%까지 차입할 수 있는데, 이는 기금이 이 국가의 통화를 쿼터의

200% 보유할 때까지 가능하다.

4. 브레튼우즈 체제에서 기초적 불균형에 처한 선진국들은 평가 변경에 소극적이었다. 전후 달러의 태환성은 곧 회복되었고, 기타 선진국들의 통화의 태환성은 1960년대 초에 회복되었다. 1971년까지 제조업제품에 대한 관세가 평균 10% 이하로 인하되었다. 가맹국 및 쿼터의 증가에 따라 1971년 기금의 자금은 285억 달러로 증가했으며, 기금은 자금을 더욱 보강하기 위해 일반차입협정을 체결했다. 각국은 IMF와 스탠바이 협정을 체결하고 다른 중앙은행과는 스왑협정을 체결했다. 또한 IMF는 가맹국이 임의의 한 해에 자국 쿼터의 50%까지 차입할 수 있도록 하였으며, 1967년에 IMF는 국제준비자산을 보완하기 위하여 95억 달러의 특별인출권(1970~1972 사이에 배분됨)을 창출하기로 결정했다. 1961년에는 골드 풀이 설립되었지만 1968년 붕괴하였고 이중가격제가 창설되었다. 브레튼우즈 체제 동안 EU와 유로커런시 시장이 탄생했으며 세계의 산출량은 급속히 증가했고 국제무역은 이보다 더 빠른 속도로 증가했다.

5. 달러가 주요한 국제통화로서 통용됨에 따라 미국은 세뇨리지 이익을 얻었다. 하지만 미국은 국제수지 적자를 조정하기 위하여 평가절하를 할 수 없었고 미국의 통화정책은 심각하게 제한되었다. 브레튼우즈 체제가 붕괴된 직접적인 원인은 1970년 미국의 거대한 국제수지 적자와 1971년에 적자가 한층 더 커질 것이라는 예상 때문이었다. 이로 인해 달러에 불리한 대량의 불안정적 투기가 발생했으며, 1971년 8월 15일에 달러의 금으로의 태환이 연기되었고, 1971년 12월에 통화들 간의 재조정이 이루어졌다. 브레튼우즈 체제가 붕괴된 근본적인 원인은 적절한 조정기구가 없었다는 점에서 찾을 수 있다. 미국 국제수지의 지속적인 적자에 따라 브레튼우즈 체제에 유동성은 공급하였지만 달러에 대한 신인도는 낮아졌다. 달러는 1973년 2월 다시 평가절하되었고, 1973년 3월에는 달러에 불리한 계속적인 투기에 직면하여 주요 통화들은 독자적으로 또는 공동으로 변동하도록 허용되었다.

6. 1973년 3월 이후 관리변동환율제도가 전 세계적으로 시행되었다(이것은 자메이카 협정에서 정식으로 인정되었고 1978년 4월부터 효력이 발생했음). 1979년 3월 유럽통화제도가 설립되었고, 1988년 10월에 유럽중앙은행이 창설되었고, 1999년 1월에는 유럽연합의 단일통화로서 유로가 도입되었다(2002년 1월 1일부터 통용되기 시작). IMF로부터의 차입규정이 완화되었으며 중요한 신용편의가 새로 창출되었다. 오늘날 세계가 처한 가장 심각한 통화문제는 환율의 과도한 변동과 환율의 오조정이 심각하다는 것이다. 이러한 문제들을 극복하기 위해 목표존과 국제적인 거시정책의 조정이 요구되었다. 과거 10년 기간에 멕시코, 동남아시아, 러시아, 브라질, 터키, 아르헨티나 등에서 일련의 금융 및 경제위기가 있었고, 2008년과 2009년에는 미국과 대부분의 다른 선진국에서도 위기가 있었다. 이에 대해 G20가 제시한 해결책으로는 금융감독 및 규제의 강화, 국제적인 정책협조의 강화, IMF 개혁 및 시장개방의 유지이다. 기타 심각한 국제경제 문제로는 (1) 대불경기 이후 선진국의 저성장과 고실업, (2) 급속히 글로벌화한 세계에서 선진국의 보호무역주의, (3) 선진국의 대규모 구조 불균형과 저성장, 중유럽과 동유럽의 전환경제에서 불충분한 구조조정, (4) 많은 개발도상국에서의 심각한 빈곤, (5) 성장과 지속 가능한 세계발전을 저해하는 자원고갈, 환경 악화 및 기후변화 등이 있다.

주요용어

개입통화(intervention currency)

골드 트랑슈(gold tranche)

관대한 무시(benign neglect)

국제개발연맹(International Development Association, IDA)

국제부흥개발은행(International Bank for Reconstruction and Development, IBRD)

국제통화기금(International Monetary Fund, IMF)

국제통화제도(international monetary system)

기초적 불균형(fundamental disequilibrium)

달러 과잉(dollar glut)

달러본위제도(dollar standard)

달러 부족(dollar shortage)

대체계정(substitution account)

루자본드(Roosa bonds)

브레튼우즈 체제(Bretton Woods system)

세계은행(World Bank)

세뇨리지(seignorage)

순 IMF 포지션(net IMF position)

슈퍼골드 트랑슈(super gold tranche)

스미소니언 협정(Smithonian Agreement)

스왑협정(swap arrangements)

스탠바이 협정(standby arrangements)

신인도(confidence)

신차입협정(New Arrangement to Borrow, NAB)

아시아 인프라 투자은행(Asian Infrastructure Inverstment Bank, AIIB)

원죄(original sin)

위협적 달러(dollar overhang)

유동성(liquidity)

일반차입협정(General Arrangements to Borrow, GAB)

자메이카 협정(Jamaica Accords)

조정(adjustment)

크레디트 트랑슈(credit tranche)

통화의 태환성(currency convertibility)

특별인출권(Special Drawing Right, SDR)

1차 크레디트 트랑슈(first credit tranche)

G20(Group of twenty)

IMF의 융자조건(IMF conditionality)

복습문제

1. 국제통화제도란 무엇인가? 국제통화제도는 어떻게 분류될 수 있는가?

2. 바람직한 국제통화제도의 특징은? 국제통화제도는 어떻게 평가될 수 있는가?

3. 흄은 금본위제도하에서 국제수지 불균형에 대한 조정을 어떻게 설명하는가? 금본위제도에서 조정은 실제로 어떻게 이루어졌는가?

4. 1920년부터 1924년까지 어떠한 국제통화제도가 운영되었는가? 1925년에서 1931년 사이에는 어떤 일이 있었는가? 1931년 이후에는 어떤 일이 있었는가?

5. 국제통화기금(IMF)의 두 가지 기본적인 기능은 무엇인가?

6. 브레튼우즈 체제가 금환본위제도라는 것은 무슨 뜻인가? 브레튼우즈 체제에서 환율은 어떻게 결정되었는가? 각국은 어떤 조건에서 환율을 변경시킬 수 있었는가?

7. 각국이 IMF로부터 차입하기 위한 절차는?

8. 브레튼우즈 체제는 어떻게 해서 의도한 바대로 운용되었는가? 어떻게 해서 의도한 바대로 운용되지 못했는가? 브레튼우즈 체제는 시간의 경과에 따라 어떻게

변천했는가?

9. 일반차입협정이란 무엇인가? 스탠바이 협정이란? 스왑협정이란? 특별인출권이란? 골드 풀이란? 이중 금시장이란?

10. 달러 부족이란 무엇인가? 달러 과잉이란? 루자본드란 무엇인가? 이자평형세와 해외직접투자 계획의 목적은 무엇인가?

11. 세뇨리지란 무엇인가?

12. 스미소니언 협정이란 무엇인가? 유럽 스네이크 제도란 무엇인가? 달러본위제도란? 조정, 유동성, 그리고 신인도란?

13. 자메이카 협정에서 합의된 내용은?

14. 오늘날 특별인출권의 가치는 어떻게 결정되는가? IMF가 새로 창설한 추가적인 신용편의에는 무엇이 있는가?

15. 오늘날 세계가 직면한 주요 문제에는 어떠한 것들이 있는가? 이를 해결하기 위해 어떠한 것들이 제안되었는가?

연습문제

1. 다음에 관해 설명하라.
   (a) 오늘날의 경제상황은 금본위제도 시기와 비교해서 어떻게 다른가?
   (b) 오늘날의 경제상황에서는 금본위제도로 복귀하여 이를 순조롭게 운영하는 것이 왜 불가능한가?

2. IMF에 대해 1억 달러의 쿼터를 가진 국가에 대해 이 국가는 IMF에 쿼터를 어떻게 납입하고 원래의 규정에 따라 이 국가가 어느 임의의 한 해에 IMF로부터 차입할 수 있는 금액에 대해 설명하라. 오늘날의 규정과는 어떻게 다른가?

3. 문제 2번에서 이 국가가 IMF로부터 첫해에 허용된 최대금액을 차입할 수 있는 절차를 설명하라.

4. 문제 2번에서 최초의 규정하에서 첫해에 허용된 최대금액을 이미 차입한 후에 이 국가가 매년 IMF로부터 허용된 최대금액을 차입할 수 있는 절차를 설명하라.

5. 문제 2번의 국가에 대하여 최초의 규정하에서 이 국가는 IMF로부터의 차입금을 언제, 어떻게 상환할 수 있는가?

6. 만일 문제 2번의 국가가(A국) 1년 후에 차입을 중단하고 차입금을 상환하기 전에 다른 국가가 IMF로부터 A국 통화를 1,000만 달러 차입하는 경우에는 어떻게 되는가?

7. (a) 한 국가가 브레튼우즈 체제하에서 선물환시장에 개입함으로써 어떻게 대규모의 불안정적 자본유입의 억제를 시도할 수 있는가를 설명하라.
   (b) 동일한 사항이 현재의 국제통화제도하에서 달성될 수 있는가?

8. (a) 한 국가가 브레튼우즈 체제하에서 현물환시장에 개입함으로써 어떻게 대규모의 불안정적 자본유입의 억제를 시도할 수 있는가를 설명하라.
   (b) 동일한 사항이 현재의 국제통화제도하에서 달성될 수 있는가?

9. 브레튼우즈 체제에서 달러의 역할에 대하여 설명하라.

10. 브레튼우즈 체제에서 다음을 설명하라.
    (a) 붕괴의 직접적 원인
    (b) 붕괴의 근본적 원인

11. 현재의 국제통화제도의 운영에 관해 간단히 설명하라.

12. (a) 1994년 12월 멕시코 통화위기의 근본적 원인에 관해 설명하라.
    (b) IMF는 미래에 유사한 위기의 재발을 방지하기 위해 어떤 것을 제안하는가?

13. 1994년 12월 멕시코 위기에 관하여
    (a) 단기자본에 크게 의존하고 있는 개발도상국에 제공하는 교훈을 제시하라.
    (b) 일단 시작된 통화위기를 어떻게 다룰 것인가에 관한 교훈을 제시하라.

14. (a) 1990년대 후반 신흥시장 및 2008~2009년 선진국에서 발생한 경제위기의 근본적인 원인을 설명하라.

(b) 미래에 유사한 위기를 피하기 위한 처방은 무엇인가?

15. 오늘날 세계가 처한 가장 중요한 경제문제를 열거하라.

| 부록 |

A9.1 국제준비자산 : 1950~2014년

이 부록에서는 IMF가 보고한 대로 SDR로 평가한 국제준비자산의 양에 관한 역사적 자료를 제시한다. IMF는 온스당 35 SDR의 공식가격으로만 금 보유고를 환산한다. 표 9-7은 SDR 시장가격으로 표시한 금 보유고를 나타내고 또한 연말에 1 SDR의 달러가치를 보고한다. 표상의 몇 부분의 총계는 매우 작은 반올림상의 오차가 있다. 금의 SDR 시장가격은 1968년 이중 금시장이 창설될 때까지 온스당 35 SDR의 공식적 시장가격과 동일했다. 1971년 브레튼우즈 체제의 붕괴 이후 외환준비자산(대부분 달러) 및 금준비의 급격한 증가가 있었다는 것을 주목하라. 1992년 SDR 보유고가 감소한 것은 IMF 회원국들이 IMF의 증액된 쿼터를 SDR로 납부하였기 때문이다.

연습문제 (a) 1950년, 1955년, 1965년, 1970년, 1980년, 1985년, 1990년, 1995년, 2000년, 2005년 및 2008~2014년 국제준비자산의 총달러가치의 세계총수입의 달러가치에 대한 비율을 계산하라.

(b) 여러 해에 걸쳐 발생한 국제유동성의 변화에 관해 무엇이라 말할 수 있는가?

(c) 현재의 국제통화체세에서 국제유동성은 왜 과잉이 되는가?

표 9-7 1950~2014년도 국제준비자산(10억 SDR, 연말)

	1950	1955	1960	1965	1966	1967	1968	1969
1. 외환	13.3	16.7	18.5	24.0	25.7	29.4	32.6	32.9
2. 특별인출권(SDR)	—	—	—	—	—	—	—	—
3. 기금에서 리저브 포지션	1.7	1.9	3.6	5.4	6.3	5.7	6.5	6.7
4. 금을 제외한 총준비자산	15.0	18.6	22.1	29.4	32.0	35.2	39.1	39.8
5. 온스당 35 SDR로 평가한 금	32.2	35.0	37.9	41.8	40.8	39.6	38.7	38.9
6. 온스당 35 SDR로 평가한 금을 포함한 총준비자산	48.2	53.6	60.0	71.2	72.8	74.6	77.8	78.7
7. SDR 시장가격으로 평가한 금	33.0	35.0	38.6	41.9	41.1	39.4	46.4	45.7
8. SDR 시장가격으로 평가한 금을 포함한 총계	48.0	53.6	60.7	71.3	73.1	74.8	85.5	79.0
9. SDR당 미국 달러	1.0000	1.0000	1.0000	1.0000	1.0000	1.0000	1.0000	1.0000

표 9-7 1950~2014년도 국제준비자산(10억 SDR, 연말) (계속)

	1970	1971	1972	1973	1974	1975	1976	1977	1978	1979	1980	1981
1.	45.1	74.6	95.7	101.8	126.2	137.3	160.2	202.3	222.5	248.6	292.6	291.9
2.	3.1	5.9	8.7	8.8	8.9	8.8	8.7	8.1	8.1	12.5	11.8	16.4
3.	7.7	6.4	6.3	6.2	8.8	12.6	17.7	18.1	14.8	11.8	16.8	21.3
4.	56.2	87.1	110.9	116.8	144.0	158.7	186.6	228.5	245.5	272.9	321.3	329.7
5.	37.0	36.0	35.8	35.9	35.8	35.7	35.5	36.0	36.3	33.1	33.5	33.5
6.	93.2	123.1	146.7	152.7	179.8	194.4	222.2	264.5	281.8	306.0	354.7	363.1
7.	39.6	38.7	52.9	82.6	133.0	140.3	109.1	125.3	154.0	220.5	455.4	406.8
8.	95.8	125.8	163.8	199.4	277.0	299.0	295.7	353.8	399.5	493.8	776.6	736.4
9.	1.0000	1.0857	1.0857	1.2064	1.2244	1.1707	1.1618	1.2417	1.3028	1.3173	1.2754	1.1640

	1982	1983	1984	1985	1986	1987	1988	1989	1990	1991	1992	1993
1.	284.7	308.8	349.1	347.9	363.8	455.9	494.4	545.1	611.3	646.2	673.3	750.3
2.	17.7	14.4	16.5	18.2	19.5	20.2	20.2	20.5	20.4	20.6	12.9	14.6
3.	25.5	39.1	41.6	38.7	35.3	31.5	28.3	25.5	23.7	25.9	33.9	32.8
4.	327.9	362.3	407.1	404.9	418.7	507.6	542.8	591.1	655.4	692.6	720.1	797.7
5.	33.4	33.3	33.3	33.4	33.3	33.1	33.1	32.9	32.9	32.9	32.5	32.2
6.	361.2	395.6	440.3	438.2	452.0	540.8	576.0	624.0	688.3	725.5	752.6	829.9
7.	324.1	383.4	348.9	274.8	286.0	297.7	307.5	273.0	253.1	237.5	231.6	241.4
8.	652.0	745.7	756.1	679.6	704.6	805.3	850.3	864.0	908.3	929.8	951.7	1,039.0
9.	1.1031	1.0470	0.9802	1.0984	1.2232	1.4187	1.3457	1.3142	1.4227	1.4304	1.3750	1.3736

	1994	1995	1996	1997	1998	1999	2000	2001	2002	2003	2004	2005
1.	812.8	934.9	1,089.2	1,197.9	1,167.6	1,298.3	1,486.1	1,631.0	1,770.9	,035.5	2,413.5	3,022.5
2.	15.8	19.8	18.5	20.5	20.4	21.5	21.5	21.5	21.5	21.5	21.5	21.5
3.	31.7	36.7	38.0	47.1	60.6	54.8	47.4	56.9	66.1	66.5	55.8	28.6
4.	860.3	991.3	1,145.8	1,265.5	1,248.6	1,371.6	1,552.0	1,707.4	1,856.8	2,122.1	2,489.7	3,071.3
5.	32.0	31.8	31.8	31.2	33.9	37.7a	37.2	36.9	36.6	36.0	35.4	34.6
6.	890.4	1,020.1	1,177.6	1,296.7	1,282.5	1,409.3	1,589.2	1,744.3	1,893.4	2,158.1	2,525.1	3,105.9
7.	240.4	236.1	245.2	218.9	202.3	219.1	227.7	227.3	238.3	251.4	266.3	308.5
8.	1,100.7	1,227.4	1,391.0	1,484.4	1,450.9	1,590.7	1,779.7	1,934.7	2,131.7	2,409.5	2,791.4	3,414.4
9.	1.4599	1.4865	1.4380	1.3493	1.4080	1.3725	1.3029	1.2567	1.3595	1.4860	1.5530	1.4293

	2006	2007	2008	2009	2010	2011	2012	2013	2014
1.	3,491.7	4,242.6	4,769.2	5,208.1	6,016.0	6,647.4	7,126.2	7,588.3	8,006.8
2.	21.5	21.5	21.4	204.1	204.3	204.3	204.2	204.2	204.2
3.	17.5	13.7	25.1	38.7	48.8	98.3	103.2	97.5	81.7
4.	3,527.9	4,275.2	4,813.5	5,447.6	6,264.5	6,939.8	7,421.1	7,876.5	8,278.1
5.	34.2	33.7	33.7	34.3	34.7	35.1	35.7	35.9	36.0
6.	3,562.1	4,308.9	4,847.2	5,481.9	6,299.2	6,974.9	7,456.8	7,912.4	8,314.1
7.	393.5	424.7	545.5	609.0	788.8	1,026.1	1,107.3	939.8	1,303.4
8.	3,955.6	4,733.6	5,392.7	6,090.9	7,088.0	8,001.0	8,564.1	8,852.2	9,581.5
9.	1.5044	1.5803	1.5403	1.5677	1.5400	1.5353	1.5369	1.5400	1.4488

[a] IMF는 금 보유량을 재산정

출처 : IMF, *International Financial Statistics Yearbooks* 1985, 1998, 2000, 2014, and IFS, April 2015.

참고문헌

| 제1장 |

국제수지

The classic work on the balance of payments is still:

J. Meade, *The Balance of Payments* (London: Oxford University Press, 1951).

For the methods of presenting U.S. international transactions and measuring the balance of payments, see:

U.S. Bureau of the Budget, Review Committee for Balance of Payments Statistics, *The Balance of Payments of the United States* (Washington, D.C.: U.S. Government Printing Office, 1965).

D. S. Kemp, "Balance of Payments Concepts—What Do They Really Mean?" in Federal Reserve Bank of Chicago, *Readings in International Finance* (Chicago: Federal Reserve Bank of Chicago, 1987), pp. 13–22.

U.S. Department of Commerce, Bureau of Economic Analysis, *The Balance of Payments of the United States: Concepts, Data Sources, and Estimating Procedures* (Washington, D.C.: U.S. Government Printing Office, May 1990).

IMF, Balance of Payments and International Investment Position Manual (BPM6), 2009.

M. Borga and K. L. Howell, "The Comprehensive Restructuring of the International Economic Accounts: Changes in Definitions, Classifications, and Presentations," *Survey of Current Business*, March 2014, pp. 1–19.

International Monetary Fund, *Balance of Payments and International Investment Position Manual*, 6th ed. (Washington, D.C.: IMF, 2015).

Data on U.S. international transactions are presented in:

U.S. Department of Commerce, Bureau of Economic Analysis, *Survey of Current Business* (Washington, D.C.: U.S. Government Printing Office, monthly).

For international transactions of members of the International Monetary Fund as well as discussion of the statistical discrepancy in the world's current account balances, see:

International Monetary Fund, *Balance of Payments Statistics Yearbook* (Washington, D.C.: IMF, yearly).

International Monetary Fund, *Final Report of the Working Party on the Statistical Discrepancy in World Current Account Balances* (Washington, D.C.: IMF, September 1987).

For the U.S.–Japan trade problem, see:

D. Salvatore, *The Japanese Trade Challenge and the U.S. Response* (Washington, D.C.: Economic Policy Institute, 1990).

L. D' Andrea Tyson, *Who's Bashing Whom? Trade Conflict in High-Technology Industries* (Washington, D.C.: Institute for International Economics, 1992).

C. F. Bergsten and M. Noland, *Reconcilable Differences? The United States-Japan Economic Conflict* (Washington, D.C.: Institute for International Economics, 1993).

D. Salvatore, "Can the United States Compete with Japan?" in M. E. Kreinin, ed., *Contemporary Issues in Commercial Policy* (New York: Pergamon Press, 1995), pp. 3–11.

W. R. Cline, *Predicting External Imbalances for the United States and Japan* (Washington, D.C.: Institute for International Economics, 1995).

For the U.S.–China trade problem, see:

Federal Reserve Bank of New York, "The Growing U.S. Trade Imbalance with China," *Current Issues in Economics and Finance* (New York, May 1997).

D. Salvatore, "Structural Imbalances and Global Monetary Stability," *Economia Politica*, December 2008, pp. 441–454.

R. Tyers, and Y. Zhang, "Appreciating the Renminbi," *The Global Economy*, February 2011, pp. 265–297.

Excellent surveys of postwar changes in the structure of U.S. trade and investment position are found in:

W. H. Branson, "Trends in United States International Trade and Investment Since World War II," in M. S. Feldstein, ed., *The American Economy in Transition* (Chicago: University of Chicago Press, 1980), pp. 183–257.

R. E. Lipsey, "Changing Patterns of International Investment in and by the United States," in M. S. Feldstein, *The United States in the World Economy* (Chicago: University of Chicago Press, 1988), pp. 475–545.

P. Hooper and C. Mann, *The Emergence and Persistence of the U.S. External Imbalance: 1980–1987*, Studies in International Finance (Princeton, N.J.: Princeton University Press, October 1989).

D. Salvatore, "Trade Protection and Foreign Direct Investment in the United States," *Annals of the American Academy of Political and Social Science*, July 1991, pp. 91–105.

A. J. Lenz, *Narrowing the U.S. Current Account Deficit* (Washington, D.C.: Institute for International Economics, 1992).

U.S. Trade Deficit Review Commission, *The U.S. Trade Deficit: Causes, Consequences and Recommendations for Action* (Washington, D.C.: U.S. Trade Deficit Review Commission, 2000).

C. L. Mann, "Perspectives on the U.S. Current Account Deficit and Sustainability," *Journal of Economic Perspectives*, Summer 2002, pp. 131–152.

Sebastian Edwards, "Is the U.S. Current Account Deficit Sustainable?" *Bookings Papers on Economic Activity*, Vol. 1, 2005, pp. 211–271.

M. Higgins, T. Klitgaard, and C. Tille. "The Income Implications of Rising U.S. International Liabilities," *Federal Reserve Bank of New York, Current Issues in Economics and Finance*, December 2005, pp. 1–7.

Lawrence J. Kotlikoff, "Is the United States Bankrupt?" *Federal Reserve of Bank of St. Louis Review*, July/August 2006, pp. 235–249.

P. R. Lane and G. M. Milesi-Ferretti, "The External Wealth of Nations Mark II: Revised and Extended Estimates of Foreign Assets and Liabilities, 1970–2004," *Journal of International Economics,*

November 2007, pp. 223–270.

United Nations, *World Investment Report* 2015 (New York and

Geneva: United Nations, 2015).

인터넷

Data on the international transactions and the international
investment position of the United States are found on the Bureau of
Economic analysis website:
http://www.bea.gov [by clicking "international data"]

Data on current account balances and ratio of current account balance
to GDP for each nation are found in the *World Economic Outlook*,
published in April and October of each year by the International
Monetary Fund, whose website is:
http://www.imf.org [by clicking on "World Economic Outlook"]

The *Survey of Current Business* with data on U.S. international

transactions and U.S. international investment position are found in
the July issue of each year at:
http://www.bea.gov/scb/index.htm

Information and data on the international investment situation of the
United States and other nations, as well as on foreign direct
investments is published in the *World Investment Report*. For the
2015 *Report*, see:
http://unctad.org/en/PublicationsLibrary/wir2015_en.pdf

Data on foreign direct investments are also published by OECD at:
http://www.oecd.org/corporate/mne/statistics.htm

| 제2장 |

외환시장과 환율

The operation of the foreign exchange markets is explained in detail in:

S. Y. Cross, *All about the Foreign Exchange Market in the United
States* (New York: Federal Reserve Bank of New York, 1998).

The Federal Reserve Bank of New York, *Survey of Foreign Exchange
Market* (New York: Federal Reserve Bank of New York, 1998).

Federal Reserve Bank of Chicago, *Readings in International Finance*,
3rd ed. (Chicago: Federal Reserve Bank of Chicago, 1987), Part VI.

R. M. Levich, *International Financial Markets: Prices and Policies*
(Boston: Irwin McGraw-Hill, 1998).

P. Hartman, *Currency Competition and Foreign Exchange Markets*
(Cambridge: Cambridge University Press, 1999).

R. Z. Aliber, *The International Money Game*, 7th ed. (New York:
Basic Books, 2011).

M. R. King, C. Olser, and D. Rime, "Foreign Exchange Market,
Players and Evolution," in J. James, I. Marsh, and L. Sarno, Eds.,
Handbook of Exchange Rates (Hoboken, N.J.: Wiley, 2012).

International Monetary Fund, *International Capital Markets*
(Washington, D.C.: IMF, 2014).

Bank for International Settlements, *Annual Report* (Basel,
Switzerland: BIS, 2014).

*On the creation of the euro and the international use of the dollar, the
euro, and the yen, see:*

G. Tavlas and Y. Ozeki, *The Internationalization of Currencies: An
Appraisal of the Japanese Yen*, Occasional Paper 90 (Washington,
D.C.: International Monetary Fund, January 1992).

G. Tavlas, "The International Use of Currencies: The U.S. Dollar and
the Euro," *Finance and Development*, June 1998, pp. 46–49.

Board of Governors of the Federal Reserve System, "The Launch of
the Euro," *Federal Reserve Bulletin*, October 1999, pp. 655–666.

D. Salvatore, "The Euro: Expectations and Performance," *Eastern
Economic Journal*, Winter 2002, pp. 121–136.

P. Bacchetta and E. van Wincoop, "A Theory of the Curency
Denomination of International Trade," *NBER Working Paper
No. 9039*, July 2002.

M. D. Chinn and J. A. Frankel, "The Euro May Surpass the Dollar as

the Leading Currency over the Next 15 Years," NBER Paper No.
13909, April 2008.

L. S. Goldberg and C. Tille, "Vehicle Currency Use in International
Trade," *Journal of International Economics*, December 2008,
pp. 177–192.

D. Salvatore, "Euro" and "Vehicle Currency," *Princeton Encyclopedia
of the World Economy* (Princeton, N.J.: Princeton University Press,
2008), pp. 350–352, 1162–1163.

On the internationalization of the renminbi or yuan, see:

D. Salvatore, "Evolution of Chinese Financial Markets in the Global
Context," *The Chinese Economy*. November–December 2010,
pp. 8–21.

B. Eichengreen, "The Renminbi as an International Currency," *Journal
of Policy Modeling*, September/October 2011, pp. 723–730.

IMF, *Internationalization of Emerging Market Currencies: A
Balance Between Risks and Rewards* (Washington, D.C.: IMF Staff
Discussion Note, October 19, 2011).

R. McCauley, "Renminbi Internationalization and China's Financial
Development," *BIS Quarterly Review*, December 2011, pp. 41–56.

B. Eichengreen, "Number One Country, Number One Currency?"
The World Economy, April 2013, pp. 363–374.

A. Subramanian and M. Kessler, "The Renminbi Bloc Is Here: Asia
Down, Rest of the World to Go?" *Peterson Institute for International
Economics WP 12–19*, August 2013.

D. Salvatore, "Exchange Rate Misalignments and the International
Monetary System," *Journal of Policy Modeling*, July/August 2012,
pp. 594–604.

For the carry trade, see:

C. Burnside, "Carry Trade and Risks," *NBER Working Paper
No. 17278*, August 2011.

C. Burnside, M. Eichenbaum, and S. Rebelo, "Carry Trade and
Momentum in Currency Markets," *Annual Review of Financial
Economics*, December 2011, pp. 511–535.

The classic work on the spot and forward markets for foreign exchange, hedging, and speculation is:

P. Einzig, *The Dynamic Theory of Forward Exchange* (London: Macmillan, 1967).

The first clear exposition of the theory of covered interest arbitrage is found in:

J. M. Keynes, *A Tract on Monetary Reform* (London: Macmillan, 1923), pp. 113–139.

For the empirical testing of covered interest arbitrage and the efficiency of foreign exchange markets, see:

J. A. Frankel and M. L. Mussa, "The Efficiency of the Foreign Exchange Market and Measures of Turbulence," *American Economic Review*, May 1980, pp. 374–381.

J. F. O. Bilson, "The 'Speculative Efficiency' Hypothesis," *Journal of Business*, July 1981, pp. 435–451.

R. M. Levich, "Empirical Studies of Exchange Rates: Price Behavior, Rate Determination and Market Efficiency", in R. W. Jones and P. B. Kenen, eds., *Handbook of International Economics*, Vol. II (Amsterdam: North-Holland, 1985), pp. 979–1040.

J. A. Frankel and A. T. MacArthur, "Political vs. Currency Premia in International Real Interest Differentials," *European Economic Review*, June 1988, pp. 1083–1121.

D. L. Thornton, "Tests of Covered Interest Arbitrage," *Federal Reserve Bank of St. Louis*, July–August 1989, pp. 55–66.

K. A. Lewis, "Puzzles in International Financial Markets," in G. M. Grossman and K. Rogoff, eds., *Handbook of International Economics*, Vol. III (Amsterdam: North-Holland, 1995), pp. 1913–1971.

M. Taylor, "The Economics of Exchange Rates," *Journal of Economic Literature*, March 1995, pp. 13–47.

K. Rogoff, "Monetary Models of the Dollar/Yen/Euro," *The Economic Journal*, November 1999, pp. 655–659.

R. H. Clarida, L. Sarno, M. P. Taylor, and G. Valente, "The Out of Sample Success of Term Structure Models as Exchange Rate Predictors: A Step Beyond," *Journal of International Economics*, Vol. 60, 2003, pp. 61–83.

M. Chinn, "The (Partial) Rehabilitation of Interest Rate Parity in the Floating Rate Era: Longer Horizons, Alternative Expectations, and Emerging Markets," *Journal of International Money and Finance*, February 2006, pp. 7–21.

C. Engle, "Exchange Rates and Interest parity," *NBER Working paper 1936*, August 2013.

A discussion of the operation of the Euromarkets and international banking is found in:

G. McKenzie, *Economics of the Eurodollar Market* (London: Macmillan, 1976).

R. I. McKinnon, *The Eurocurrency Market*, Princeton Essays in International Finance, No. 125 (Princeton, N.J.: Princeton University Press, International Finance Section, December 1977).

Y. S. Park and J. Zwick, *International Banking in Theory and Practice* (Reading, Mass.: Addison-Wesley, 1985).

Federal Reserve Bank of Chicago, *Reading in International Finance*, 3rd ed. (Chicago: Federal Reserve Bank of Chicago, 1987), Parts IV and V.

R. L. Heinkel and M. D. Levi, "The Structure of International Banking," *Journal of International Money and Finance*, June 1992, pp. 251–272.

International Monetary Fund, *Modern Banking and OTC Derivatives Markets* (Washington, D.C.: IMF, 2000).

M. Obstfeld and A. M. Taylor, "Globalization and Capital Markets," *NBER Working Paper No. 8846*, March 2002.

Bank of International Settlements, *Triennial Central Bank Survey* (Basel, Switzerland: BIS, February 2014).

International Monetary Fund, *International Capital Markets* (Washington, D.C.: IMF, 2014).

Bank for International Settlements, *Annual Report* (Basel, Switzerland: BIS, 2014).

인터넷

The basics of the foreign exchange market in the United States can be found at:
http://www.ny.frb.org/markets/foreignex.html

Data on exchange rates by country and region, cross rates, and the ability to calculate the exchange rate between any two currencies can be found at:
http://www.x-rates.com/

The monthly trade-weighted exchange rate of the dollar, as well as data on U.S. interest rates, can be obtained by clicking, respectively, on "Exchange Rates" and "Interest Rates" (for covered interest arbitrage) on the Federal Reserve Bank of St. Louis website at:

http://research.stlouisfed.org/fred2

For the internationalization of the renminbi, see:
http://www.bis.org/repofficepubl/arpresearch200903.05.pdf
http://www.jpmorgan.com/tss/General/China_Internationalization_of_RMB/1288220029583

The carry trade is examined at:
http://www.babypips.com/school/what-is-carry-trade.html
http://www.forbes.com/sites/investor/2014/09/04/carry-trade-the-multi-trillion-dollar-hidden-market/
http://forextrading.about.com/od/carrytrading/a/carry_trading.htm

| 제3장 |

환율결정이론

The purchasing-power parity theory is presented and tested empirically in:

G. Cassel, *Money and Foreign Exchange after 1914* (New York: Columbia University Press, 1928).

B. Balassa, "The Purchasing Power Parity Doctrine: A Reappraisal," *Journal of Political Economy*, December 1964, pp. 584–596.

P. Samuelson, "Theoretical Notes on Trade Problems," *Review of Economics and Statistics*, May 1964, pp. 145–154.

J. A. Frenkel, "Purchasing Power Parity: Doctrinal Perspective and Evidence from the 1920s," *Journal of International Economics*, May 1978, pp. 161–191.

I. B. Kravis and R. E. Lipsey, "Price Behavior in the Light of Balance of Payments Theories," *Journal of International Economics*, May 1978, pp. 193–246.

R. I. McKinnon, *Money in International Exchange* (New York: Oxford University Press, 1979).

J. A. Frenkel, "The Collapse of Purchasing Power Parity in the 1970's," *European Economic Review*, May 1981, pp. 145–165.

R. M. Levich, "Empirical Studies of Exchange Rates: Price Behavior, Rate Determination and Market Efficiency," in R. W. Jones and P. B. Kenen, eds., *Handbook of International Economics, Vol. II* (Amsterdam: North-Holland, 1985), pp. 979–1040.

R. Dornbusch, "Purchasing Power of Money," in *The New Palgrave* (New York: Stockton Press, 1987), pp. 1075–1085.

J. A. Frenkel, "International Capital Mobility and Crowding-Out in the U.S. Economy: Imperfect Integration of Financial Markets or Goods Markets?" in R. W. Hafer, ed., *How Open Is the U.S. Economy?* (Lexington, Mass.: Lexington Books, 1986, pp. 33–67.

J. A. Frenkel, "Zen and the Art of Modern Macroeconomics: A Commentary," in W. S. Haraf and T. D. Willet, eds., *Monetary Policy for a Volatile Global Economy* (Washington, D.C.: American Enterprise Institute for Public Policy Research, 1990), pp. 117–123.

J. A. Frenkel and A. K. Rose, "Empirical Research on Nominal Exchange Rates," in G. Grossman and K. Rogoff, eds., *The Handbook of International Economics, Vol. III* (Amsterdam: North-Holland, 1995), pp. 1689–1729.

K. O. Froot and K. Rogoff, "Perspectives on PPP and Long-Run Real Exchange Rates," in G. Grossman and K. Rogoff, eds., *The Handbook of International Economics, Vol. III* (Amsterdam: North-Holland, 1995), pp. 1647–1688.

K. Rogoff, "The Purchasing Power Parity Puzzle," *Journal of Economic Literature*, June 1996, pp. 647–668.

J. R. Lothian and M. P. Taylor, "Real Exchange Rate Behavior: The Recent Float from the Perspective of the Past Two Centuries," *Journal of Political Economy*, September 1996, pp. 488–509.

R. MacDonald, "Exchange Rate Behavior: Are Fundamentals Important?" *The Economic Journal*, November 1999, pp. 673–691.

K. Rogoff, "Monetary Models of Dollar/Yen/Euro Nominal Exchange Rates: Dead or Alive?" *The Economic Journal*, November 1999, pp. 655–659.

A. M. Taylor, "A Century of Purchasing Power Parity," *Review of Economics and Statistics*, February 2002, pp. 139–150.

L. Sarno and M. P. Taylor, "Purchasing-Power Parity and the Real Exchange Rate," *IMF Staff Papers*, No. 1, 2002, pp. 65–105.

P. Cashin and C. J. McDermott, "An Unbiased Appraisal of Purchasing Power Parity," *IMF Staff Papers*, Vol. 50, No. 3, 2003, pp. 321–351.

M. R. Pakko and P. S. Pollard, "Burgernomics: A Big Mac Guide to Purchasing Power Parity," *Federal Reserve Bank of St. Louis Review*, December 2003, pp. 9–28.

A. M. Taylor and M. P. Taylor, "The Purchasing Power Parity Debate," *Journal of Economic Perspectives*, Fall 2004, pp. 135–158

E. U. Choundri and M. S. Khan, "Real Exchange Rates in Developing Countries: Are Balassa Samuelson Effects Present?" *IMF Staff Papers*, Vol. 52, No. 3, 2005, pp. 387–409.

P. Cashin and C. J. McDermott, "Parity Reversion in Real Exchange Rates: Fast, Slow, or Not at All?" *IMF Staff Papers*, Vol. 53, No. 1, 2006, pp. 89–119.

A. Deaton and A. Heston, "Understanding PPP and PPP-Based National Accounts," *American Economic Journal: Macroeconomics*, Vol. 2, October 2010, pp. 1–35.

The monetary approach to the balance of payments originated with:

R. Mundell, *International Economics* (New York: Macmillan, 1968), chs. 9, 11, and 15.

R. Mundell, *Monetary Theory: Inflation, Interest and Growth in the World Economy* (Pacific Palisades, Calif.: Goodyear, 1971).

H. Johnson, "The Monetary Approach to the Balance of Payments Theory," *Journal of Financial and Quantitative Analysis*, March 1972, pp. 1555–1572.

R. Dunn, "Does the Big Mac Predict Exchange Rates?" *Challenge*, May–June 2007, pp. 113–122.

Other works on the monetary approach are:

R. Dornbusch, "Currency Depreciation, Hoarding and Relative Prices," *Journal of Political Economy*, July–August 1973, pp. 893–915.

M. Mussa, "A Monetary Approach to the Balance of Payments Analysis," *Journal of Money, Credit and Banking*, August 1974, pp. 333–351. Reprinted in J. Frenkel and H. Johnson, *The Monetary Approach to the Balance of Payments* (London: Allen & Unwin, 1975, and Toronto: University of Toronto Press, 1976), pp. 187–221.

D. Kemp, "A Monetary View of the Balance of Payments," *Federal Reserve of St. Louis Review*, April 1975, pp. 14–22.

J. Frenkel and H. Johnson, *The Monetary Approach to the Balance of Payments* (London: Allen & Unwin, 1975).

J. A. Frenkel and M. Mussa, "Asset Markets, Exchange Rates, and the Balance of Payments," in W. R. Jones and P. B. Kenen, eds., *Handbook of International Economics,* Vol. II (Amsterdam: North-Holland, 1985), pp. 679–747.

The most important references for the portfolio balance approach are:

W. H. Branson, "Stocks and Flows in International Monetary Analysis," in A. Ando, R. Herring, and R. Martson, eds., *International Aspects of Stabilization Policies* (Boston: Federal Reserve Bank of Boston, 1975), pp. 27–50.

W. H. Branson, "Portfolio Equilibrium and Monetary Policy with Foreign and Nontrade Assets," in E. Classen and P. Salin, eds., *Recent Issues in International Monetary Economics* (Amsterdam: North-Holland, 1976), pp. 239–250.

P. R. Allen and P. B. Kenen, *Asset Markets, Exchange Rates, and Economic Integration* (London: Cambridge University Press, 1980).

W. H. Branson and D. W. Henderson, "The Specification and Influence of Asset Markets," in W. R. Jones and P. B. Kenen, eds., *Handbook of International Economics,* Vol. II (Amsterdam: North-Holland, 1985), pp. 749–805.

For exchange rate dynamics and overshooting, see:

R. Dornbusch, "Expectations and Exchange Rate Dynamics," *Journal of Political Economy*, December 1976, pp. 1161–1176.

J. A. Frenkel, "Flexible Exchange Rates, Prices, and the Role of 'News': Lessons from the 1970s," *Journal of Political Economy*,

August 1981, pp. 665–705.

R. M. Levich, *Overshooting in the Foreign Exchange Market*, Occasional Paper, No. 5 (New York: Group of Thirty, 1981).

J. F. O. Bilson, "Exchange Rate Dynamics," in J. F. O. Bilson and R. Marston, eds., *Exchange Rate Theory and Practice* (Chicago: University of Chicago Press, 1984).

M. Mussa, "The Theory of Exchange Rate Determination," in J. F. O. Bilson and R. C. Marston, eds., *Exchange Rate Theory and Practice* (Chicago: University of Chicago Press, 1984), pp. 13–78.

International Monetary Fund, *Exchange Rate Volatility and World Trade, Occasional Paper 28* (Washington, D.C.: IMF, July 1984).

M. Obstfeld and A. C. Stockman, "Exchange Rate Dynamics," in R. W. Jones and P. B. Kenen, eds., *Handbook of International Economics*, Vol. II (Amsterdam: North-Holland, 1985), pp. 917–977.

K. Rogoff, "Monetary Models of Dollar/Yen/Euro Nominal Exchange Rates: Dead or Alive?" *The Economic Journal*, November 1999, pp. 655–659.

K. Rogoff, "Dornbusch's Overshooting Model after Twenty-Five Years," *IMF Staff Papers*, Vol. 49, 2002, pp. 1–34.

M. E. E. Evans, *Exchange Rate Dynamics* (Princeton, N.J.: Princeton University Press, 2011).

Evaluations and empirical testing of the monetary and portfolio balance approaches are found in:

J. A. Frenkel, "A Monetary Approach to the Exchange Rate: Doctrinal Aspects and Empirical Evidence," *Scandinavian Journal of Economics*, March 1976, pp. 200–224.

W. H. Branson, H. Halttunen, and P. Mason, "Exchange Rates in the Short-Run: The Dollar–Deutschemark Rate," *European Economic Review*, December 1977, pp. 303–324.

J. F. O. Bilson, "The Monetary Approach to Exchange Rate: Some Empirical Evidence," *IMF Staff Papers*, 1978, pp. 48–75.

R. Dornbusch, "Monetary Policy Under Exchange-Rate Flexibility," in *Managed Exchange-Rate Flexibility: The Recent Experience*, Federal Reserve Bank of Boston, Conference Series No. 20 (Boston, 1979), pp. 90–122.

R. Dornbusch, "Exchange Rate Economics. Where Do We Stand?" *Brookings Papers on Economic Activity*, No. 1, 1980, pp. 143–186.

J. A. Frenkel, "Exchange Rates, Prices, and Money: Lessons from the 1920s," *American Economic Review*, 1980, pp. 235–242.

R. Meese and K. Rogoff, "Empirical Exchange Rate Models of the Seventies: How Well Do They Fit Out of Sample?" *Journal of International Economics*, February 1983a, pp. 3–24.

R. Meese and K. Rogoff, "The Out-of-Sample Failure of Empirical Exchange Rate Models: Sampling Error or Misspecification?" in J. A. Frenkel, ed., *Exchange Rates and International Macro-economics* (Chicago: University of Chicago Press, 1983b), pp. 67–105.

J. A. Frenkel, "Tests of Monetary and Portfolio Balance Models of Exchange Rate Determination," in J. F. O. Bilson and R. C. Marston, eds., *Exchange Rate Theory and Practice* (Chicago: University of Chicago Press, 1984), pp. 239–260.

J. F. O. Bilson and R. M. Martson, eds., *Exchange Rate Theory and Practice* (Chicago: University of Chicago Press, 1984).

D. Salvatore, "Petroleum Prices, Exchange Rate Changes, and Domestic Inflation in Developing Nations," *Weltwirtschaftliches Archiv*, No. 119, 1984, pp. 580–589.

D. Salvatore, "Oil Import Costs and Domestic Inflation in Industrial Countries," *Weltwirtschaftliches Archiv*, No. 122, 1986, pp. 281–291.

J. A. Frankel and A. T. MacArthur, "Political vs. Currency Premia in International Real Interest Differentials," *European Economic Review*, June 1988, pp. 1083–1121.

M. Mussa, *Exchange Rates in Theory and Practice, Princeton Essay in International Finance No. 179* (Princeton, N.J.: Princeton University Press, December 1990).

J. A. Frankel, "Monetary and Portfolio Balance Models of the Determination of Exchange Rates," in J. A. Frankel, ed., *On Exchange Rates* (Cambridge, Mass.: MIT Press, 1993), pp. 95–116.

R. MacDonald and M. P. Taylor, "The Monetary Approach to the Exchange Rate: Rational Expectations, Long-Run Equilibrium, and Forecasting," *IMF Staff Papers*, March 1993, pp. 89–107.

N. C. Mark, "Exchange Rates and Fundamentals: Evidence on Long-Horizon Predictability," *American Economic Review*, March 1995, pp. 201–218.

J. A. Frankel and A. K. Rose, "Empirical Research on Nominal Exchange Rates," in G. Grossman and K. Rogoff, eds., *The Handbook of International Economics*, Vol. III (Amsterdam: North-Holland, 1995), pp. 1689–1729.

K. K. Lewis, "Puzzles in International Financial Markets," in G. Grossman and K. Rogoff, eds., *The Handbook of International Economics*, Vol. III (Amsterdam: North-Holland, 1995), pp. 1913–1971.

R. MacDonald, "Exchange Rate Behavior: Are Fundamentals Important?" *The Economic Journal*, November 1999, pp. 673–691.

K. Rogoff, "Monetary Models of Dollar/Yen/Euro Nominal Exchange Rates: Dead or Alive?" *The Economic Journal*, November 1999, pp. 655–659.

C. J. Neely and L. Sarno, "How Well Do Monetary Fundamentals Forecast Exchange Rates?" *Federal Reserve Bank of St. Louis Review*, September/October 2002, pp. 51–74.

D. E. Rapach and M. E. Wohar, "Testing the Monetary Model of Exchange Rate Determination: New Evidence from a Century of Data," *Journal of International Economics*, April 2002, pp. 359–385.

C. Engle, J. H. Rogers, and A. K. Rose, "Empirical Exchange Rate Models," Editors, Special Issue, *Journal of International Economics*, May 2003.

P. De Grauwe, *Exchange Rate Economics: Where Do We Stand?* (Cambridge, Mass.: MIT Press, 2003).

C. Engle and K. West, "Accounting for Exchange Rate Variability," *American Economic Review*, May 2004, pp. 405–414.

M. D. Evans and R. K. Lyons, "Messe-Rogoff Redux: Micro-Based Exchange-Rate Forecasting," *American Economic Review*, May 2005, pp. 405–414.

C. M. Engle, N. C. Mark, and K. D. West, "Exchange Rate Models are Not as Bad as You Think," *NBER Working Paper No. W13318*, August 2007.

J. Wang and J. Wu, "The Taylor Rule and Interval Forecast for Exchange Rates," *FRB International Finance Discussion Paper No. 963*, January 2, 2009.

Della Corte, P. L. Sarno, and I. Tsiakas, "An Economic Evaluation of Empirical Exchange Rate Models," *Review of Financial Studies*, Vol. 22, No. 9, 2009, pp. 3,481–3,530.

D. L. Rime, L. Sarno, and E. Sojli, "Exchange Rate Forecasting,

Order Flow and Macroeconomic Information," *Journal of International Economics*, January 2010 pp. 72–88.

M. E. E. Evans, *Exchange Rate Dynamics* (Princeton, N.J.: Princeton University Press, 2011).

M. D. Chinn and M. J. Moore, "Order Flow and the Monetary Model of Exchange Rates: Evidence from a Novel Data Set," *Journal of Money, Credit and Banking*, Vol. 43, December 2011, pp. 1599–1624.

J. Luciana, "Sources of Exchange Rate Fluctuations: Are They Real or Nominal?" *Journal of International Money and Finance*, Vol. 30, September 2011, pp. 849–876.

P. Bacchetta and E. van Wincoop, "Modeling Exchange Rates with Incomplete Information," in J. James, I. Marsh, and L. Sarno. Eds., *Handbook of Exchange Rates* (Hoboken, N.J.: Wiley, 2012).

M. D. D. Evans, *Exchange Rate Dynamics* (Princeton: Princeton University Press, 2011).

W. Cline, "Estimates of Fundamental Equilibrium Exchange Rates," *Peterson Institute for International Economics Policy Brief*, Number PB14–16, May 2014.

P. R. Bergin, R. Glick and JL. Wu, " The Micro-Macro Disconnect of Purchasing Power Parity," *Review of Economics and Statistics*, July 2013, pp. 798–812.

C. Engle, "Exchange Rates and Interest Parity," *NBER Working Paper 19336*, August 2013.

B. Rossi, "Exchange Rate Predictability," *Journal of Economic Literature*, December 2013, pp. 1063–1119.

N. C. Miller, *Exchange Rate Economics* (Northampton, Mass.: Edward Elgar, 2014).

For the Euro/dollar exchange rate, see:

D. Salvatore ed., "The Euro, the Dollar, and the International Monetary System," Special Issue, *Journal of Policy Modeling*, June 2000, June 2005, September 2011, and July 2015, with articles by P. DeGrauwe, B. Eichengreen, M. Feldstein, J. Frankel, H. Grubel, O. Issing, P. Kenen, R. McKinnon, R. Mundell, M. Mussa, K. Rogoff, D. Salvatore, and T. Willet.

Also see the references at the end of Chapter 7.

인터넷

Data on the exchange rate of the dollar, interest rates, money supply, and inflation rate in the United States are found on the Federal Reserve Bank of St. Louis web site at:
http://www.research.stlouisfed.org/fred
Data on the exchange rates, interest rates, money supply, and inflation rates for most countries are found by following the links to the various countries' central banks on the web site of the Bank for International Settlement at:
http://www.bis.org

| 제4장 |

변동환율제도와 고정환율제도하에서 가격조정기구

For a problem-solving approach to the topics covered in this chapter, see:

D. Salvatore, *Theory and Problems of International Economics*, 4th ed. (New York: McGraw-Hill, 1996), ch. 9 (sects. 9.1 to 9.3).

Adjustment under flexible exchange rates is presented by:

G. Haberler, "The Market for Foreign Exchange and the Stability of the Balance of Payments: A Theoretical Analysis," Kyklos, September 1949, pp. 193–218.

On the Dutch disease, see:

W. M. Corden, "Booming Sector and Dutch Disease Economics: Survey and Consolidation," Oxford Economic Papers, 1984, pp. 359–380.

For exchange rate policies in developing countries, see:

S. Edwards, *Real Exchange Rates, Devaluation, and Adjustment* (Cambridge, Mass.: MIT, 1989).

M. Noland, *Global Economic Effects of the Asian Currency Devaluations* (Washington, D.C.: Institute for International Economics, 1998).

For the Marshall–Lerner condition, see:

A. Marshall, *Money, Credit and Commerce* (London: Macmillan, 1923).

A. Lerner, *The Economics of Control* (London: Macmillan, 1944).

The mathematical derivation of the formula for the Marshall–Lerner condition, as well as the derivation of the condition for an improvement in the devaluing nation's terms of trade, is found in:

R. M. Stern, *The Balance of Payments* (Chicago: Aldine, 1973), pp. 62–69.

For estimates of elasticities in international trade, see:

T. C. Chang, "International Comparison of Demand for Imports," Review of Economics Studies, 1945–1946, 1945, pp. 53–67.

T. C. Chang, "A Statistical Note on World Demand for Exports," Review of Economics and Statistics, February 1948, pp. 106–116.

A. C. Harberger, "Some Evidence on the International Price Mechanism," Journal of Political Economy, December 1957, pp. 506–521. Reprinted in R. N. Cooper, *International Finance* (Baltimore: Penguin, 1969), pp. 165–190.

H. Houthakker and S. Magee, "Income and Price Elasticities in World Trade," Review of Economics and Statistics, May 1969, pp. 111–125.

R. M. Stern, J. Francis, and B. Schumacher, *Price Elasticities in International Trade—An Annotated Bibliography* (London: Macmillan, 1976).

J. R. Artus and M. D. Knight, *Issues in the Assessment of Exchange Rates of Industrial Countries*, Occasional Paper 29 (Washington, D.C.: International Monetary Fund, July 1984).

M. Goldstein and M. S. Khan, "Income and Price Effects in International Trade," in R. W. Jones and P. B. Kenen, eds., *Handbook of International Economics* (Amsterdam: North-Holland, 1985), pp. 1041–1105.

J. Marquez, "Bilateral Trade Elasticities," Review of Economics and Statistics, February 1990, pp. 70–78.

P. Hooper, K. Johnson, and J. Marquez, "Trade Elasticities for the G–7 Countries," Board of Governors of the Federal Reserve System, International Discussion Paper No. 609, April 1998, pp. 7–8.

M. D. Chinn, "Still Doomed in Deficits? Aggregate U.S. Trade Flows Re–Examined," Review of World Economics, May 2005, pp. 460–485.

L. Crane, M. A. Crawley, and S. Quayyum, "Understanding the Evolution of Trade Deficits: Trade Elasticities of Industrialized Countries," Economic Perspectives, November 2007, pp. 2–17.

J. Marquez and J. W. Schindler, "Exchange–Rate Effects on China's Trade," Review of International Economics, November 2007, pp. 837–853.

H. L. Kee, A. Nicita, and M. Olarreaga, "Import Demand Elasticities and Trade Distortions," Review of Economics and Statistics, November 2008, pp. 666–682.

J. Imbs and I. Mejean, "Elasticity Optimism," IMF Working Paper WP/09/27, December 2009.

R. C. Feentra, P. Luck, M. Obstfeld, and K. N. Russ, "In Search of the Armington Elasticity," *NBER Working Paper No. 20063*, April 2014.

I. Simonovska and M. Vaugh, "The Elasticity of Trade: Estimates and Evidence," http://inasimonovska.weebly.com/uploads/1/3/2/5/1325220/diff_elas_submit.pdf, September 2014.

The problems of elasticity measurements are discussed in:

G. Orcutt, "Measurements of Price Elasticities in International Trade," Review of Economics and Statistics, May 1950, pp. 117–132. Reprinted in R. E. Caves and H. G. Johnson, *Readings in International Economics* (Homewood, Ill.: Irwin, 1968), pp. 528–552.

E. E. Leamer and R. Stern, *Quantitative International Economics* (Boston: Allyn & Bacon, 1970).

D. Salvatore and D. Reagle, *Theory and Problems of Statistics and Econometrics*, 2nd ed. (New York: McGraw-Hill, 1982), chs. 7 and 8.

D. Salvatore, *Theory and Problems of Microeconomic Theory*, 4th ed. (New York: McGraw-Hill, 2006), ch. 5 (sect. 5.6).

For a discussion of the J-curve and pass-through effects of an exchange rate change, see:

H. Junz and R. Rhomberg, "Price Competitiveness in Export Trade Among Industrial Countries," American Economic Review, May 1973, pp. 412–418.

E. Spitaeller, "Short-Run Effects of Exchange Rate Changes on the Terms of Trade and Trade Balance," IMF Staff Papers, May 1980, pp. 320–348.

C. L. Mann, "Prices, Profit Margins, and Exchange Rates," Federal Reserve Bulletin, June 1986, pp. 366–379.

R. E. Baldwin, "Hysteresis in Import Prices: The Beachhead Effect,"

American Economic Review, September 1988, pp. 773–785.

S. P. Magee, "Currency, Pass-Through, and Devaluation," Brookings Papers on Economic Activity, No. 1, 1993, pp. 303–323.

P. K. Goldberg and M. M. Knetter, "Goods Prices and Exchange Rates: What Have We Learned?" NBER Working Paper No. 5862, December 1996.

J. Taylor, "Low Inflation, Pass-Through, and the Pricing Behavior of Firms," European Economic Review, June 1999, pp. 1389–1408.

J. McCarthy, "Pass-Through of Exchange Rates and Import Prices to Domestic Inflation in Some Industrialized Economics," BIS Working Paper No. 79, November 1999.

J. Campa and L. S. Goldberg, "Exchange Rate Pass-Through into Import Prices," Review of Economics and Statistics, November 2005, pp. 679–690.

J. Ihrig, M. Marazzi, and A. D. Rothenberg, "Exchange Rate Pass-Through in the G-7 Countries," FED Discussion Paper No. 2006–851, 2006.

Y. F. Takhtamanova, "Understanding Changes in Exchange Rate Pass-Through," Federal Reserve Bank of San Francisco Working Paper 2008–13, February 2008.

F. S. Mishkin, "Exchange Rate Pass-Through and Monetary Policy," Board of Governors of the Federal Reserve System, March 2008.

For an examination of the effect of exchange rate changes on the current account, see:

R. C. Bryant, G. Holtman, and P. Hooper, *The External Deficits and the Dollar* (Washington, D.C.: The Brookings Institution, 1988).

P. Hooper and C. L. Mann, *The Emergence and Persistence of the U.S. External Imbalance, 1980–1987*, Princeton Studies in International Finance (Princeton, N.J.: Princeton University Press, October 1989).

R. Z. Lawrence, "U.S. Current Account Adjustment: An Appraisal," *Brookings Papers on Economic Activity*, No. 2, 1990, pp. 343–392.

P. Krugman, *Has the Adjustment Process Worked?* (Washington, D.C.: International Economic Institute, 1991).

A. J. Lenz, *Narrowing the U.S. Current Account Deficit* (Washington, D.C.: Economic Policy Institute, 1992).

M. R. Pakko, "The U.S. Trade Deficit and the New Economy," Federal Reserve Bank of St. Louis Review, September/October 1999, pp. 11–19.

C. L. Mann, "Perspectives on the U.S. Current Account Deficit and Sustainability," Journal of Economic Perspectives, Summer 2002, pp. 131–152.

O. Blanchard and F. Giavazzi, "The U.S. Current Account and the Dollar," *Brookings Papers on Economic Activity*, No. 1, 2005, pp. 1–49.

M. Obstfeld and K. S. Rogoff, "Global Account Imbalances and Exchange Rate Adjustments," *Brookings Papers on Economic Activity*, No. 1, 2005, pp. 67–123.

S. Edwards, "Is the U.S. Current Account Deficit Sustainable? If Not, How Costly Is Adjustment Likely to Be?" *Brookings Papers on Economic Activity*, No. 1, 2005, pp. 211–271.

D. Salvatore, ed., special issue of the Journal of Policy Modeling on "U.S. Trade Deficits, the Dollar, and International Monetary Stability" with Martin Feldstein, Ronald McKinnon, Robert Mundell, Michael Mussa, Kenneth Rogoff, and others, September/October 2007.

M. Fratzscher, "U.S. Shocks and Global Exchange Configurations,"

Economic Policy, April 2008, pp. 365–409.

The United States–Japan trade problem is examined in:

C. Fred Bergsten and W. R. Cline, *The United States–Japan Economic Problem* (Washington, D.C.: Institute for International Economics, 1985).

D. Salvatore, *The Japanese Trade Competitiveness Challenge and the U.S. Response* (Washington, D.C.: Economic Policy Institute, 1990).

P. Krugman, ed., *Trade with Japan* (Chicago: University of Chicago Press, 1991).

C. Fred Bergsten and M. Noland, *Reconcilable Differences?* (Washington, D.C.: Institute for International Economics, 1993).

D. Salvatore, "Can the United States Compete with Japan?" in M. Kreinin, *Contemporary Issues in Commercial Policy* (New York: Pergamon Press, 1995), pp. 3–10.

W. C. Cline, *Predicting External Imbalances for the United States and Japan* (Washington, D.C.: Institute for International Economics, 1995).

R. I. McKinnon and K. Ohno, *Dollar and Yen: Resolving Economic Conflict Between the United States and Japan* (Cambridge, Mass.: MIT Press, 1997).

The operation of the gold standard is discussed in:

D. Hume, "Of the Balance of Trade," in *Essays, Moral, Political and Literary*, Vol. 1 (London: Longmans Green, 1898). Excerpts reprinted in R. N. Cooper, *International Finance* (Baltimore: Penguin, 1969), pp. 25–37.

W. Bagehot, *Lombard Street* (London: Smith Elder & Co., 1915). Reprinted by Arno Press, New York, 1978.

R. Nurkse, *International Currency Experience* (Princeton, N.J.: League of Nations, 1944).

A. I. Bloomfield, *Monetary Policy Under the International Gold Standard: 1880–1914* (New York: Federal Reserve Bank, 1959).

M. Michaely, *Balance-of-Payments Adjustment Policies* (New York: National Bureau of Economic Research, 1968).

B. Eichengreen, ed., *The Gold Standard in Theory and History* (New York: Methuen, 1986).

R. I. McKinnon, "International Money in Historical Perspective," Journal of Economic Literature, March 1993, pp. 1–44.

M. Bordo, "The Gold Standard, Bretton Woods and Other Monetary Regimes: An Historical Appraisal," NBER Working Paper No. 4310, April 1993.

T. Bayoumi, B. Eichengreen, and M. Taylor, *Modern Perspectives on the Gold Standard* (Cambridge: Cambridge University Press, 1996).

R. I. McKinnon, *The Rules of the Game* (Cambridge, Mass.: MIT Press, 1997).

Currency boards are discussed in:

J. T. Balino and C. Enoch, *Currency Board Arrangements: Issues and Experiences*, Occasional Paper 151 (Washington, D.C.: IMF, August 1997).

C. Enoch and A. M. Gulde, "Are Currency Boards a Cure for All Monetary Problems?" Financial Development, December 1998, pp. 40–43.

J. T. Balino, A. Bennett, and E. Borensztein, *Monetary Policy in Dollarized Economies*, Occasional paper 171 (Washington, D.C.: IMF, 1999).

D. Salvatore, ed., "A Common Currency for the Americas?" Special Issue of the Journal of Policy Modeling, May 2001.

S. Edwards and I. I. Magendzo, "Dollarization, Inflation and Growth," NBER Working Paper No. 8671, December 2001.

D. Salvatore, J. Dean, and T. Willett, *The Dollarization Debate* (New York: Oxford University Press, 2003).

인터넷

Data on exchange rates (daily, monthly, and trade-weighted average from 1971 or 1973) for the United States and the world's most important currencies, as well as data on current account balances, that can be used to find the effect of exchange rate changes on the trade and current account balances of the United States and other nations are found on the Federal Reserve Bank of St. Louis web site at:
http://www.stlouisfed.org

Some recent studies on the effect of international trade and finance on the U.S. economy are found on the web site of the Institute for International Economics and the Council of Foreign Relations at:
http://www.iie.com
http://www.cfr.org

Data to examine the effect of changes in the trade and current account balances on the economy of the United States are found on the Bureau of Economic Analysis and the Federal Reserve Bank of St.

Louis websites, respectively, at:
http://bea.gov
http://www.stls.frb.org

Trade data to examine the economic impact of a change in the trade and current account balances on the economics of the European Monetary Union and Japan are found on the web sites of their central banks, respectively, at:
http://www.ecb.europa.eu/stats/html/index.en.html
http://www.boj.or.jp/en/index.html

Data for measuring the effect of exchange rate changes on trade and current account balances and inflation in Latin American and Asian countries are found on the web sites of the Inter-American Development Bank and the Asian Development Bank, respectively, at:
http://www.iadb.org
http://www.adb.org

| 제5장 | ....

소득조정기구 및 자동조정기구의 종합

For a problem-solving approach to the topics discussed in this chapter, see:

D. Salvatore, *Theory and Problems of International Economics*, 4th ed. (New York: McGraw-Hill, 1996), ch. 9 (sects. 9.4–9.6).

The pioneering work on the income adjustment mechanism is:

J. M. Keynes, *The General Theory of Employment, Interest and Money* (London: Macmillan, 1936).

For the application of Keynesian economics of income determination to an open economy with foreign repercussions, see:

F. Machlup, *International Trade and the National Income Multiplier* (Philadelphia: Blackston, 1943). Reprinted in the *Economic Classics Series* (New York: A. Kelly, 1965).

J. E. Meade, *The Theory of International Economic Policy*, Vol. 1, *The Balance of Payments* (New York: Oxford University Press, 1951), parts 2 and 3.

Estimates of the income elasticity of demand for imports are presented in:

H. Houthakker and S. Magee, "Income and Price Elasticities in World Trade," *Review of Economics and Statistics*, May 1969, pp. 111–125.

M. Goldstein and M. S. Khan, "Income and Price Effects in International Trade," in R. W. Jones and P. B. Kenen, eds., *Handbook of International Economics* (Amsterdam: North-Holland, 1985), pp. 1041–1105.

J. Marquez, "Bilateral Trade Elasticities," *Review of Economics and Statistics*, February 1990, pp. 70–78.

P. Hooper, K. Johnson, and J. Marquez, "Trade Elasticities for the G-7 Countries," Board of Governors of the Federal Reserve System, *International Discussion Paper No. 609*, April 2008, pp. 7–8.

The original presentation of the absorption approach is found in:

S. S. Alexander, "Devaluation versus Import Restriction as an Instrument for Improving Foreign Trade Balance," *International Monetary Fund Staff Papers*, April 1951, pp. 379–396.

S. S. Alexander, "Effects of a Devaluation on a Trade Balance," *International Monetary Fund Staff Papers*, April 1952, pp. 263–278. Reprinted in R. E. Caves and H. G. Johnson, *Readings in International Economics* (Homewood, Ill.: Irwin, 1968), pp. 359–373.

For an evaluation of the absorption approach and attempts to integrate the elasticity and absorption approaches, see:

F. Machlup, "Relative Prices and Aggregate Spending in the Analysis of Devaluation," *American Economic Review*, June 1955, pp. 255–278.

S. S. Alexander, "Effects of a Devaluation: A Simplified Synthesis of Elasticities and Absorption Approaches," *American Economic Review*, March 1959, pp. 23–42.

S. C. Tsiang, "The Role of Money in Trade Balance Stability: Synthesis of the Elasticity and Absorption Approaches," *American Economic Review*, December 1961, pp. 912–936. Reprinted in

R. E. Caves and H. G. Johnson, *Readings in International Economics* (Homewood, Ill.: Irwin, 1968), pp. 389–412.

For the relationship between absorption, the budget, and welfare, see:

W. Max Corden, "Absorption, the Budget, and Debt: The Wonderland of Possibilities," in H. Herberg and N. V. Long, eds., *Trade, Welfare, and Economic Policies: Essays in Honor of Murray Kemp* (Ann Arbor: Michigan University Press, 1993), pp. 379–391.

The interdependence between the current account and national income is examined in:

M. Obstfeld and K. Rogoff, "The Intertemporal Approach to the Current Account," in G. Grossman and K. Rogoff, eds., *The Handbook of International Economics*, Vol. III (Amsterdam: North-Holland, 1995), pp. 1731–1799.

M. Baxter, "International Trade and the Business Cycle," in G. Grossman and K. Rogoff, eds., *The Handbook of International Economics*, Vol. III (Amsterdam: North-Holland, 1995), pp. 1803–1864.

G. M. Milesi-Ferretti and A. Razin, *Current Account Sustainability*, *Princeton Studies in International Finance No. 81* (Princeton, N.J.: Princeton University Press, International Finance Section, October 1996).

Organization for Economic Cooperation and Development, OECD Economic Outlook (Paris: OECD, December 2015).

A discussion of the problems that might arise from the large and growing U.S. current account deficit is found in:

M. R. Pokko, "The U.S. Trade Deficit and the New Economy," *Federal Reserve Bank of St. Louis Review*, September/October 1999, pp. 11–19.

C. L. Mann, "Perspectives on the U.S. Current Account Deficit and Sustainability," *Journal of Economic Perspectives*, Summer 2002, pp. 131–152.

S. Edwards, "Is the U.S. Current Account Deficit Sustainable? If Not, How Costly Is Adjustment Likely to Be?" *Brookings Papers on Economic Activity*, No. 1, 2005, pp. 211–271.

Estimates of real-world adjustments to disturbances in open economies are presented in:

R. C. Fair, "Estimated Output, Price, Interest Rate, and Exchange Rate Linkages Among Countries," *Journal of Political Economy*, June 1982, pp. 507–535.

J. F. Helliwell and T. Padmore, "Empirical Studies of Macroeconomic Interdependence," in R. W. Jones and P. B. Kenen, eds., *Handbook of International Economics* (Amsterdam: North-Holland, 1985), pp. 1107–1151.

R. Bryant, D. Henderson, G. Holtman, P. Hooper, and S. Symansky, eds., *Empirical Macroeconomics for Interdependent Economies* (Washington, D.C.: Brookings Institution, 1988).

W. J. McKibbin and J. Sachs, *Global Linkages* (Washington, D.C.: Brookings Institution, 1991).

R. Bryant, P. Hooper, and C. Mann, eds., *Evaluating Policy Regimes: New Research in Empirical Macroeconomics* (Washington, D.C.:

Brookings Institution, 1993).

W. J. McKibbin, "Empirical Evidence on International Policy Coordination," in M. Fratianni, D. Salvatore, and J. von Hagen, eds., *Handbook of Macroeconomic Policy in Open Economies* (Westport, Conn.: Greenwood Press, 1997), pp. 148–176.

P. Isard, H. Faruquee, G. R. Kincaid, and M. Fetherstorn, *Methodology for Current Account and Exchange Rate Assessment*, Occasional Paper 209 (Washington, D.C.: IMF, 2001).

G. Coenen *et al.*, "Effects of Fiscal Stimulus in Structural Models," *American Economic Journal: Macroeconomics*, 41 (1), 2012, pp. 22–68.

Organization for Economic Cooperation and Development, OECD Economic Outlook (Paris: OECD, December 2015).

The debate on the transfer problem between Keynes and Ohlin appears in:

J. M. Keynes, "The German Transfer Problem," *Economic Journal*, March 1929, pp. 1–7. Reprinted in H. S. Ellis and L. M. Metzler, *Readings in the Theory of International Trade* (Homewood, Ill.: Irwin, 1950), pp. 161–169.

B. Ohlin, "The Reparation Problem: A Discussion," *Economic Journal*, June 1929, pp. 172–173. Reprinted in H. S. Ellis and L. M. Metzler, *Readings in the Theory of International Trade* (Homewood, Ill.: Irwin, 1950), pp. 170–178.

L. A. Metzler, "The Transfer Problem Reconsidered," *Journal of Political Economy*, June 1942, pp. 397–414. Reprinted in H. S. Ellis and L. M. Metzler, *Readings in the Theory of International Trade* (Homewood, Ill.: Irwin, 1950), pp. 179–200.

인터넷

Data on exchange rates (daily, monthly, and trade-weighted average from 1971 or 1973) for the United States and the world's most important currencies, as well as data on current account balances, that can be used to find the effect of exchange rate changes on the trade and current account balances of the United States and other nations are found on the Federal Reserve Bank of St. Louis web site at:

http://research.stlouisfed.org/fred2

Some recent studies on the effect of international trade and finance on the U.S. economy are found on the web sites of the Peterson Institute for International Economics and the Council of Foreign Relations at:

http://www.iie.com
http://www.cfr.org

Data to examine the effect of changes in the trade and current account balances on the economy of the United States are found on the Bureau of Economic Analysis and the Federal Reserve Bank of St. Louis web sites, respectively, at:

http://www.bea.doc.gov
http://www.stls.frb.org

Trade data to examine the economic impact of a change in the trade and current account balances on the economies of the European Monetary Union and Japan are found on the web sites of their central bank, respectively, at:

http://www.ecb.europa.eu/home/html/index.en.html
http://www.boj.or.jp/en/index.htm

Data for measuring the effect of the financial crisis in Mexico, Latin America, and other emerging markets are found on the web sites of the Inter-American Development Bank and the Asian Development Bank at:

http://www.iadb.org
http://www.adb.org

| 제6장 |

개방경제 거시경제학 : 조정정책

For a problem-solving approach to the topics covered in this chapter, see:

D. Salvatore, *Theory and Problems of International Economics*, 4th ed. (New York: McGraw-Hill, 1996), ch. 10.

The classics on the theory of economic policy in general and balance-of-payments adjustment policies in particular are:

J. E. Meade, *The Theory of International Economic Policy*, Vol. I, *The Balance of Payments* (London: Oxford University Press, 1951), parts 3 and 4.

Jan Tinbergen, *On the Theory of Economic Policy* (Amsterdam: North-Holland, 1952).

T. Swan, "Longer-Run Problems of the Balance of Payments," in H. W. Arndt and W. M. Corden, eds., *The Australian Economy: A Volume of Readings* (Melbourne: Cheshire Press, 1955), pp. 384–395. Reprinted in R. E. Caves and H. G. Johnson, *Readings in International Economics* (Homewood, Ill.: Irwin, 1968), pp. 455–464.

The classics on internal and external balance in a world with money are:

R. A. Mundell, "The Appropriate Use of Monetary and Fiscal Policy Under Fixed Exchange Rates," *International Monetary Fund Staff Papers*, March 1962, pp. 70–77. Reprinted in R. A. Mundell, *International Economics* (New York: Macmillan, 1968), pp. 233–239.

R. A. Mundell, "Capital Mobility and Stabilization Policy under Fixed and Flexible Exchange Rates," *Canadian Journal of Economics and Political Science*, November 1963, pp. 475–485.

M. J. Fleming, "Domestic Financial Policies Under Fixed and Under Floating Exchange Rates," *International Monetary Fund Staff Papers*, November 1962, pp. 369–379. Reprinted in R. N. Cooper, *International Finance* (Baltimore: Penguin, 1969), pp. 291–303.

For an evaluation and extension of the IS–LM–BP model, see:

R. Mundell, *International Economics* (New York: Macmillan, 1968).

R. Stern, *The Balance of Payments: Theory and Economic Policy*

(Chicago: Aldine, 1973).

M. Mussa, "Macroeconomic Interdependence and the Exchange Rate Regime," in R. Dornbusch and J. A. Frenkel, eds., *International Economic Policy* (Baltimore: Johns Hopkins University Press, 1979), pp. 160–204.

R. C. Bryant, *Money and Monetary Policy in Interdependent Nations* (Washington, D.C.: Brookings Institution, 1980).

P. B. Kenen, "Macroeconomic Theory and Policy: How the Closed Economy Was Opened," in R. W. Jones and P.B. Kenen, eds., *Handbook of International Economics*, Vol. II (Amsterdam: North-Holland, 1985), pp. 625–677.

R. C. Marston, "Stabilization Policies in Open Economies," in R. W. Jones and P. B. Kenen, eds., *Handbook of International Economics*, Vol. II (Amsterdam: North-Holland, 1985), pp. 859–916.

J. A. Frenkel and A. Razin, "The Mundell–Fleming Model a Quarter Century Later," *IMF Staff Papers*, December 1987, pp. 567–620.

R. Dornbusch, *Open Economy Macroeconomics* (New York: Academic Press, 1989).

N. G. Mankiw, "Symposium on Keynesian Economics Today," *Journal of Economic Perspectives*, Winter 1993, pp. 3–4.

M. Obstefeld, "International Macroeconomics: Beyond the Mundell-Fleming Model," NBER Working Paper No. 8369, July 2001.

P. R. Lane, "The New Open Economy Macroeconomics," *Journal of International Economics*, August 2001, pp. 235–266.

The experience with fiscal, monetary, and exchange rate policies to achieve internal and external balance is examined in:

M. Michaely, *The Responsiveness of Demand Policies to Balance of Payments: The Postwar Patterns* (New York: NBER, 1971).

S. W. Black, "The Relationship Between Exchange Rate Policy and Monetary Policy in Ten Industrial Countries," in J. F. O. Bilson and R. C. Marston, eds., *Exchange Rate Theory and Practice* (Chicago: University of Chicago Press, 1984), pp. 499–515.

L. O. Laney, "The Strong Dollar, the Current Account, and Federal Deficits: Cause and Effect," *Economic Review*, Federal Reserve Bank of Dallas, January 1984, pp. 1–14.

B. M. Friedman, "Lessons on Monetary Policy from the 1980s," *Journal of Economic Perspectives*, Summer 1988, pp. 51–72.

R. C. Bryant, G. Holtman, and P. Hoover, *External Deficits and the Dollar* (Washington, D.C.: Brookings Institution, 1988).

D. Salvatore, ed., *Handbook of National Economic Policies* (Westport, Conn., and New York: Greenwood Press and North-Holland, 1992).

A. J. Lenz, *Narrowing the U.S. Current Account Deficit* (Washington, D.C.: Institute for International Economics, 1992).

W. Max Corden, "Absorption, the Budget, and Debt: The Wonderland of Possibilities," in H. Herberg and N. V. Long, eds., *Trade, Welfare, and Economic Policies: Essays in Honor of Murray Kemp* (Ann Arbor: University of Michigan Press, 1993), pp. 379–391.

R. Bryant, P. Hooper, and C. Mann, eds., *Evaluating Policy Regimes: New Research in Empirical Macroeconomics* (Washington, D.C.: Brookings Institution, 1993).

M. Obstfeld and K. Rogoff, "The Intertemporal Approach to the Current Account," in G. Grossman and K. Rogoff, eds., *The Handbook of International Economics, Vol. III* (Amsterdam: North-Holland, 1995), pp. 1731–1799.

M. Baxter, "International Trade and the Business Cycle," in G. Grossman and K. Rogoff, eds., *The Handbook of International Economics, Vol. III* (Amsterdam: North-Holland, 1995), pp. 1803–1864.

M. Fratianni, D. Salvatore, and J. von Hagen, eds., *Handbook of Macroeconomic Policy in Open Economies* (Westport, Conn.: Greenwood Press, 1997).

R. I. McKinnon and K. Ohno, *Dollar and Yen: Resolving Economic Conflict Between the United States and Japan* (Cambridge, Mass.: MIT Press, 1997).

A. M. Meulendyke, *U.S. Monetary Policy and Financial Markets* (New York: Federal Reserve Bank of New York, 1998).

A. Cuckierman, "Are Contemporary Central Banks Transparent about Economic Models and Objectives and What Difference Does It Make?" *Federal Reserve Bank of St. Louis Review*, July–August 2002, pp. 15–36.

D. Salvatore, ed., "U.S. Trade Deficits, the Dollar, and International Monetary Stability," "Twin Deficits, Growth and Stability in the U.S. Economy," and "Growth, Productivity and Wages in the U.S. Economy," Special Issues of the *Journal of Policy Modeling*, respectively, of September 2006, 2007, and 2008, with the participation of William Baumol, Guillermo Calvo, Richard Cooper, Sebastian Edwards, Barry Eichengreen, Martin Feldstein, Jeffrey Frankel, Glenn Hubbard, Dale Jorgenson, Lawrence Klein, Greg Mankiw, Ronald McKinnon, Robert Mundell, Kenneth Rogoff, John Taylor, and others.

D. Salvatore, "Global Imbalances," *Princeton Encyclopedia of the World Economy* (Princeton, N.J.: Princeton University Press, 2008), pp. 536–541.

S. Kim and N. Roubini, "Twin or Twin Divergence Fiscal Policy, Current Account, and Real Exchange Rate in the U.S.," *Journal of International Economics*, March 2008, pp. 362–383.

K. Flood, "The Global Effects of U.S. Fiscal Policy," Bank of Canada Discussion Paper 2008–08, May 2008.

P. O. Gourinchas and M. A. Kose, eds., "Fiscal Policy, Stabilization, and Sustainability," *Special Issue of the IMF Economic Review*, July 2011.

T. Cwick and V. Wieland, "Keynesian Spending," *Economic Policy*, July 2011, pp. 493–549.

D. Salvatore, ed., "Rapid Growth or Stagnation in the U.S. and World Economy?" Special Issue of the *Journal of Policy Modeling*, July/August 2014 with papers by Martin Baily, Robert Barro, William Baumol, Martin Feldstein, Dale Jorgenson, John Taylor, among others.

International Monetary Fund, *World Economic Outlook* (Washington, D.C.: IMF, October 2014).

Organization for Economic Cooperation and Development, *Economic Outlook* (Paris: OECD, December 2014).

Council of Economic Advisors, *Economic Report of the President* (Washington. D.C.: U. S. Government Printing Office, 2014).

For an evaluation of information on direct controls, see:

J. N. Bhagwati, *Anatomy and Consequences of Exchange Controls Regimes* (Cambridge, Mass.: Ballinger, 1978).

J. N. Bhagwati, *Protectionism* (Cambridge, Mass.: MIT Press, 1988).

S. Edwards, *Real Exchange Rates, Devaluation, and Adjustment* (Cambridge, Mass.: MIT Press, 1989).

J. N. Bhagwati, *The World Trading System at Risk* (Princeton, N.J.: Princeton University Press, 1991).

B. B. Aghevli, M. S. Khan, and P. J. Montiel, *Exchange Rate Policy in*

Developing Countries: Some Analytical Issues (Washington, D.C.: IMF, 1991).

M. P. Dooley, "A Survey of Literature on Controls over International Capital Transactions," *IMF Staff Papers*, December 1996, pp. 639–687.

S. J. Wei and Z. Zhang, "Collateral Damage: Exchange Rate Controls and International Trade," NBER Working Paper No. 13020, December 2007.

International Monetary Fund, *Exchange Rate Arrangements and Exchange Rate Restrictions* (Washington, D.C.: IMF, 2014).

인터넷

Data on the current account, budget balance, and growth of the GDP of the United States that can be used to examine the relationship among them are found on the Bureau of Economic Analysis, the Penn World Table, and the Federal Reserve Bank of St. Louis web sites, respectively, at:

http://www.bea.gov

http://research.stlouisfed.org/fred2

Information and data on the conduct and effectiveness of fiscal and monetary policy in industrial nations can be found on the web sites of the Bank for International Settlements (BIS), the Organization for Economic Cooperation and Development (OECD), and the National Bureau of Economic Research (NBER), respectively, at:

http://www.bis.org

http://www.oecd.org

http://www.nber.org

| 제7장 |

개방경제하에서의 물가와 산출량 : 총수요와 총공급

For a review of open-economy macroeconomics, see:

N. G. Mankiw, *Macroeconomics* (New York: Worth, 2012). chs. 9–13.

J. D. Sachs and F. B. Larrain, *Macroeconomics in the Global Economy* (Englewood Cliffs, N.J.: Prentice-Hall, 1993), chs. 3, 13–16.

A discussion of fiscal and monetary policies in open economies is found in:

A. Santomero and J. Seater, "The Inflation-Unemployment Trade-Off: A Critique of the Literature," *Journal of Economic Literature*, June 1978, pp. 499–544.

V. Argy and J. Salop, "Price and Output Effects of Monetary and Fiscal Policy Under Flexible Exchange Rates," *International Monetary Fund Staff Papers*, June 1979, pp. 224–356.

S. Black, "Strategic Aspects of the Political Assignment Problem in Open Economies," in R. Lombra and W. Witte, eds., *Political Economy of International and Domestic Policy Reform* (Iowa City: Iowa State University Press, 1982), pp. 130–152.

R. C. Marston, "Stabilization Policies in Open Economies," in R. W. Jones and P. B. Kenen, eds., *Handbook of International Economics* (Amsterdam: North-Holland, 1985), pp. 859–916.

B. Laurence, N. G. Mankiw, and D. Romer, "The New Keynesian Economics and the Output-Unemployment Trade-Off," *Brookings Papers on Economic Activity*, No. 1, 1988, pp. 1–66.

M. R. Garfinkel, "What Is an Acceptable Rate of Inflation—A Review of the Issues," *Federal Reserve Bank of St. Louis Review*, July–August 1989, pp. 3–15.

R. Dornbusch and A. Giovannini, "Monetary Policy in an Open Economy," in B. M. Friedman and F. M. Hahn, eds., *Handbook of Monetary Economics* (Amsterdam: North-Holland, 1990), pp. 1231–1303.

D. Salvatore, ed., *Handbook of National Economic Policies* (Amsterdam and Westport, Conn.: North-Holland and Greenwood Press, 1991).

M. Fratianni and D. Salvatore, *Handbook of Monetary Policies in Developed Economies* (Amsterdam and Westport, Conn.: North-Holland and Greenwood Press, 1993).

B. T. McCallum, *International Monetary Economics* (New York: Oxford University Press, 1996), ch. 6.

M. Fratianni, D. Salvatore, and J. von Hagen, *The Handbook of Macroeconomic Policy in Open Economies* (Westport, Conn.: Greenwood Press, 1997).

B. T. McCallun, "Recent Developments in the Analysis of Monetary Policy," *Federal Reserve Bank of St. Louis Review*, November/December 1999, pp. 3–12.

J. B. Taylor, "An Historical Analysis of Monetary Policy Rules," in J. B. Taylor, ed., *Monetary Policy Rules* (Chicago: University of Chicago Press, 1999), pp. 319–341.

P. R. Lane, "The New Open Economy Macroeconomics," *Journal of International Economics*, August 2001, pp. 235–266.

M. Obstefeld, "International Macroeconomics: Beyond the Mundell-Fleming Model," *NBER Working Paper No. 8369*, July 2001.

P. Aghion, R. Frydman, J. Stiglitz, and M. Woodford, *Modern Macroeconomics* (Princeton, N.J.: Princeton University Press, 2003).

D. Salvatore, "Global Imbalances," *Princeton Encyclopedia of the World Economy* (Princeton, N.J.: Princeton University Press, 2008), pp. 536–541.

J. F. Gagnon, "Stabilizing Properties of Flexible Exchange Rates: Evidence from the Global Financial Crisis," Peterson Institute for International Economics, *Policy Brief PB13-28*, November 2013.

The relationship between central bank independence and inflation is examined in:

T. M. Andersen and F. Schneider, "Coordination of Fiscal and Monetary Policy Under Different Institutional Arrangements," *European Journal of Political Economy*, February 1986, pp. 169–191.

A. Cukierman, S. B. Web, and B. Neyapti, "Measuring the Independence of Central Banks and Its Effect on Policy Outcomes," *The World Bank Economic Review*, September 1992, pp. 353–398.

A. Alesina and L. H. Summers, "Central Bank Independence and

Macroeconomic Performance: Some Comparative Evidence," *Journal of Money, Credit and Banking*, May 1993, pp. 151–162.

P. S. Pollard, "Central Bank Independence and Economic Performance," *Federal Reserve Bank of St. Louis Review*, July/August 1993, pp. 21–36.

Federal Reserve Bank of Kansas City, *Changing Capital Markets: Implications for Monetary Policy* (Kansas City, Mo.: 1993).

S. Fischer, "Maintaining Price Stability," *Finance and Development*, December 1996, pp. 34–37.

Federal Reserve of Kansas City Symposium, *New Challenges for Monetary Policy* (Kansas City, Mo.: Federal Reserve of Kansas City, 1999).

A. Cuckierman, "Are Contemporary Central Banks Transparent About Economic Models and Objectives and What Difference Does It Make?" *Federal Reserve Bank of St. Louis Review*, July–August 2002, pp. 15–36.

M. J. M. Neumann and J. von Hagen, "Does Inflation Targeting Matter?" *Federal Reserve Bank of St. Louis Review*, July–August 2002, pp. 127–148.

P. S. Pollard, "A Look Inside Two Central Banks: The European Central Bank and the Federal Reserve," *Federal Reserve Bank of St. Louis Review*, January/February 2003, pp. 11–30.

B. S. Bernake, T. Laumbach, F. S. Mishkin, and A. S. Posen, *Inflation Targeting: Lessons from the International Experience* (Princeton, N.J.: Princeton University Press, 2001).

S. Roger, "Inflation Targeting Turns 20," *Finance & Development*, March 2010, p. 47.

R. Baldwin and L. Reichlin, "Is Inflation Targeting Dead? Central Banking after the Crisis," *VOX*, April 14, 2013.

Long-run growth in the United States and other leading countries is examined in:

J. W. Kendrick, ed., *International Comparisons of Productivity and Causes of the Slowdown* (Cambridge, Mass.: Ballinger, 1984).

E. F. Denison, *Trends in American Economic Growth: 1929–1982* (Washington, D.C.: Brookings Institution, 1985).

A. Madison, "Growth and Slowdown in Advanced Capitalist Economies," *Journal of Economic Literature*, June 1987, pp. 649–698.

C. Giorno, P. Richardson, and D. Roseveare, "Potential Output, Output Gaps and Structural Budget Balances," *OECD Economic Studies*, No. 1, 1995, pp. 167–209.

D. Salvatore, ed., "The New Economy and Growth," Editor, Special Issue, *Journal of Policy Modeling*, July 2003, with articles by W. Baumol, M. Feldstein, D. Jorgenson, L. Klein, J. Stiglitz, L. Summers, and D. Salvatore.

D. Salvatore, ed., "Growth, Productivity and Wages in the U.S.

Economy," Special Issues of the *Journal of Policy Modeling*, respectively, July/August 2008, with the participation of W. Baumol, M. Feldstein, G. Hubbard, D. Jorgenson, J. Taylor, and others.

D. Salvatore, ed., "The United States in the World Economy," Special Issue of the *Journal of Policy Modeling*, September/October 2011 with the participation of R. Gomory, W. J. Baumol, D. Jorgenson, K. M. Vu, and J. Lipsky.

D. Salvatore, ed., *Rapid Growth or Stagnation in the U.S. and World Economy?* Special Issue of the *Journal of Policy Modeling*, July/August 2014 (with papers by Martin Baily Robert Barro, Martin Feldstein, Dale Jorgenson, and John Taylor, among others).

International Monetary Fund, *World Economic Outlook* (Washington, D.C.: IMF, October 2014).

Organization for Economic Cooperation and Development, *Economic Outlook* (Paris: OECD, November 2014).

A discussion of the petroleum shocks is found in:

R. J. Gordon, "Supply Shocks and Monetary Policy Revisited," *American Economic Review Papers and Proceedings*, May 1984, pp. 38–43.

D. Salvatore, "Petroleum Prices, Exchange Rates, and Domestic Inflation in Developing Nations," *Weltwirtschaftliches Archiv*, No. 119, 1984, pp. 580–589.

M. Bruno and J. Sachs, *The Economics of Worldwide Stagflation* (Cambridge, Mass.: Harvard University Press, 1985).

D. Salvatore, "Oil Import Costs and Domestic Inflation in Industrial Countries," *Weltwirtschaftliches Archiv*, No. 122, 1986, pp. 281–291.

D. Salvatore and G. Winczewski, "World Oil Prices, the Decline of OPEC, and the OECD Trade Balance," *Open Economies Review*, Spring 1990, pp. 89–106.

R. B. Barsky and K. Lutz, "Oil and the Macroeconomy since the 1970s," *Journal of Economic Perspectives*, Fall 2004, pp. 115–134.

For an analysis of macroeconomic policies in the United States, see:

A. Blinder, "The Challenge of High Unemployment," *American Economic Review Papers and Proceedings*, May 1988, pp. 1–15.

L. Klein, L. Summers, and D. Salvatore, "The New Administration: A First Year Appraisal," *Challenge*, March–April 1994, pp. 1–9.

M. Fratianni, D. Salvatore, and J. von Hagen, *The Handbook of Macroeconomic Policy in Open Economies* (Westport, Conn.: Greenwood Press, 1997).

Council of Economic Advisors, *Economic Report of the President* (Washington, D.C.: U.S. Government Printing Office, 2015).

인터넷

Data on the current account, budget balance, and growth of the GDP of the United States that can be used to examine the relationship among them are found on the Bureau of Economic Analysis and the Federal Reserve Bank of St. Louis web sites, respectively, at:
http://www.bea.gov
http://research.stlouisfed.org/fred2/
Information and data on the conduct and effectiveness of fiscal and monetary policy in industrial nations can be found on the web sites of the Bank for International Settlements (BIS), the Organization for

Economic Cooperation and Development (OECD), and the National Bureau of Economic Research (NBER), respectively, at:
http://www.bis.org
http://www.oecd.org
http://www.nber.org
Information on the specific monetary policies conducted by the world's most important central banks is found at:
http://www.federalreserve.gov/policy.htm
http://www.ecb.europa.eu/home/html/index.en.html

http://www.boj.or.jp/en/index.htm

On inflation targeting, see:

http://www0.gsb.columbia.edu/faculty/fmishkin/PDF
papers/01ENCYC.pdf

http://www.imf.org/external/np/seminars/eng/2011/res/pdf /go2.pdf

http://web.stanford.edu/~johntayl/2014_pdfs/SARB_Keynote_
Inflation_Targeting_In_Emerging_Markets- 10-30-14.pdf

| 제8장 |

변동환율제도 대비 고정환율제도, 유럽통화제도 및 거시경제정책 조정

For a problem-solving approach to the topics presented in this chapter, see:

D. Salvatore, *Theory and Problems of International Economics*, 4th ed. (New York: McGraw-Hill, 1996), ch. 11, sects. 11.4 to 11.6.

The debate over flexible versus fixed exchange rates is found in:

M. Friedman, "The Case for Flexible Rates," in M. Friedman, *Essays in Positive Economics* (Chicago: University of Chicago Press, 1953).

H. G. Johnson, "The Case for Flexible Exchange Rates," in G. N. Halm, *Approaches to Greater Flexibility of Exchange Rates* (Princeton, N.J.: Princeton University Press, 1969).

J. R. Artus and J. H. Young, "Fixed and Flexible Rates: A Renewal of the Debate," *IMF Staff Papers*, December 1979, pp. 654–698.

M. Goldstein, *Have Flexible Rates Handicapped Macroeconomic Policy?* Special Papers in *International Finance, No. 14* (Princeton, N.J.: Princeton University Press, June 1980).

S. Edwards, The Determinants of the Choice Between Fixed and Flexible Exchange Rate Regimes, *NBER Working Paper No. 5756*, September 1996.

M. A. Kouparitas, "Are International Business Cycles Different Under Fixed and Flexible Exchange Rate Regimes?" in Federal Reserve Bank of Chicago, *Economic Perspectives*, No. 1, 1998, pp. 46–64.

M. Mussa et al., "Exchange Rate Regimes in an Increasingly Integrated World Economy," *IMF Occasional Paper No. 193*, 2000.

F. B. Lorrain and A. Velasco, "Exchange-Rate Policy in Emerging-Market Economies: The Case for Floating," *Princeton Essays in International Economics No. 224*, December 2001.

C. A. Calvo and C. M. Reinhart, "Fear of Floating," *Quarterly Journal of Economics*, May 2002, pp. 379–408.

J. A. Frankel, "Experience and Lessons from Exchange Rate Regimes in Emerging Market Economies," NBER Working Paper 10032, October 2003.

G. Calvo and F. S. Mishkin, "The Mirage of Exchange Regimes for Emerging Markets Countries," *Journal of Economic Perspectives*, Winter 2003, pp. 99–118.

M. Stone, H. Anderson, and R. Veyrune, "Exchange Rate Regimes: Fix or Float?" Finance and Development, March 2008, pp. 42–43.

J. A. Frankel and S.-J. Wei, "Estimation of Exchange Rate Regimes: Synthesis of the Techniques for Inferring Flexibility and Basket Weights," NBER Working Paper No. 14016, May 2008.

A. Ghosh, J. D. Ostry, and C. Tsangarides, *Exchange Rate Regimes and the Stability of the International Monetary System* (Washington, D.C.: IMF, 2010).

J. E. Gagnon, *Flexible Exchange Rates for a Stable World Economy* (Washington, D.C.: Peterson Institute for International Economics,

2011).

International Monetary Fund, *Annual Report on Exchange Rate Arrangements and Exchange Rate Restrictions 2014.* (Washington, D.C.: IMF, 2014).

The classics of the theory of optimum currency areas are:

R. McKinnon, "Optimum Currency Areas," *American Economic Review*, September 1963, pp. 717–725.

R. Mundell, "The Theory of Optimum Currency Areas," *American Economic Review*, September 1961, pp. 657–665.

For other works on the theory of optimum currency areas, see:

H. G. Johnson and A. Swoboda, *Madrid Conference on Optimum Currency Areas* (Cambridge, Mass.: Harvard University Press, 1973).

T. D. Willett and E. Tower, *The Theory of Optimum Currency Areas and Exchange Rate Flexibility*, Special Papers in International Economics, No. 11 (Princeton, N.J.: Princeton University Press, International Finance Section, May 1996).

B. T. McCallum, "Theoretical Issues Pertaining to Monetary Unions," NBER Working Paper No. 7393, October 1999.

A. Alesina, R. J. Barro, and S. Tenreyro, "Optimal Currency Areas," NBER Working Paper No. 9072, June 2002.

D. Salvatore, J. Dean, and T. Willett, *The Dollarization Debate* (New York: Oxford University Press, 2003).

G. von Furstenberg, ed., *The Euro and Dollarization: Forms of Monetary Union in Integrating Regions* (New York: Oxford University Press, 2004).

The European Monetary System is examined in:

F. Giavazzi and A. Giovannini, eds., *Limiting Exchange Rate Flexibility: The European Monetary System* (Cambridge, Mass.: MIT Press, 1989).

H. Ungerer et al., *The European Monetary System: Developments and Perspectives, IMF Occasional Paper 73* (Washington, D.C.: IMF, 1990).

R. MacDonald and M. P. Taylor, "Exchange Rates, Policy Convergence, and the European Monetary System," *Review of Economics and Statistics*, August 1991, pp. 553–558.

M. Feldstein, "Does One Market Require One Money?" in *Policy Implications of Trade and Currency Zones* (Kansas City, Mo.: Federal Reserve Bank of Kansas, 1991), pp. 77–84.

M. Fratianni and J. von Hagen, *The European Monetary System and European Monetary Union* (Boulder, Colo.: Westview Press, 1992).

C. R. Bean, "Economic and Monetary Union in Europe," *Journal of Economic Perspectives*, Fall 1992, pp. 31–52.

P. B. Kenen, *EMU After Maastricht* (New York: Group of Thirty,

1992).

B. Eichengreen, "European Monetary Unification," *Journal of Economic Literature*, September 1993, pp. 1321–1357.

G. S. Tavlas, "The Theory of Monetary Integration," *Open Economies Review*, January 1994, pp. 1–25.

B. Eichengreen, *A More Perfect Union? The Logic of Economic Integration*, Essays in International Finance No. 198 (Princeton, N.J.: Princeton University Press, June 1996).

P. P. Kenen et al., *Making the EMU Happen: Problems and Proposals: A Symposium*, Essays in International Finance No. 199 (Princeton, N.J.: Princeton University Press, August 1996).

D. Salvatore, "The European Monetary System: Crisis and Future," *Open Economies Review*, December 1996, pp. 593–615.

R. Dornbusch, P. Kenen, R. McKinnon, R. Mundell, M. Mussa, and D. Salvatore, "Common Currencies vs. Currency Areas," *American Economic Review*, May 1997, pp. 208–226.

G. Fink and D. Salvatore, "Benefits and Costs of the European Economic and Monetary Union," *The Brown Journal of World Affairs*, Summer/Fall 1999, pp. 187–194.

A. K. Rose, "One Money, One Market: The Effect of Common Currencies on Trade," *Economic Policy*, April 2000, pp. 8–45.

D. Salvatore, ed., "The Euro, The Dollar, and the International Monetary System," Special Issue of the *Journal of Policy Modeling*, May 2000.

D. Salvatore, "The Euro, the European Central Bank, and the International Monetary System," *Annals of the American Academy of Political and Social Science*, January 2002, pp. 153–167.

D. Salvatore, ed., "The Euro versus the Dollar: Will There Be a Struggle for Dominance?" Special Issue of the *Journal of Policy Modeling*, July 2002.

G. St. Paul, "Why Are European Countries Diverging in Their Unemployment Experience?" *Journal of Economic Perspectives*, Fall 2004, pp. 49–68.

D. Salvatore, "The Euro: Expectations and Performance," *Eastern Economic Journal*, Winter 2002, pp. 121–136. Reprinted in H. P. Gray and J. R. Dilyard, *Globalization and Economic and Financial Instability* (Northampton, MA.: Elgar, 2006).

P. Kenen and E. Meade, *Economic and Monetary Union in Europe* (Cambridge: Cambridge University Press, 2008).

A. Alesina and F. Giavazzi, eds., *Europe and the Euro* (Chicago: University of Chicago Press, 2010).

A. A. Weber, "Challenges for Monetary Policy in the European Union," *St Louis Fed Review*, July/August 2011, pp. 235–242.

D. Salvatore, Editor, *When and How Will the Eurozone Crisis End?* Special Issue of the *Journal of Policy Modeling*, May/June 2015, with papers by Paul De Grauwe, Barry Eichengreen, Martin Feldstein, and Jeffrey Frankel, among others.

For the original analysis of the interwar currency experience, see:

R. Nurkse, *The Interwar Currency Experience: Lessons of the Interwar Period* (Geneva: United Nations, 1944).

The present managed floating system is discussed and evaluated in:

G. Haberler, "The International Monetary System after Jamaica and Manila," *Contemporary Economic Problems*, No. 2 (Washington, D.C.: American Enterprise Institute, 1977), pp. 239–287.

P. A. Tosini, *Leaning Against the Wind: A Standard for Managed Floating*, Essays in International Finance, No. 126 (Princeton, N.J.:

Princeton University Press, December 1977).

J. R. Artus and A. D. Crocket, *Floating Exchange Rates and the Need for Surveillance*, Essays in International Finance, No. 127 (Princeton, N.J.: Princeton University Press, May 1978).

M. Mussa, *The Role of Official Intervention, Occasional Paper No. 6* (New York: The Group of Thirty, 1981).

V. Argy, "Exchange Rate Management in Theory and Practice," Princeton Studies in International Finance, October 1982.

R. N. Cooper et al., eds., *The International Monetary System under Flexible Exchange Rates* (Cambridge, Mass.: Ballinger, 1982).

J. Williamson, *The Exchange Rate System* (Washington, D.C.: Institute for International Economics, 1983).

W. H. Branson, "Exchange Rate Policy after a Decade of 'Floating,'" in J. F. O. Bilson and R. C. Marston, eds., *Exchange Rate Theory and Practice* (Chicago: University of Chicago Press, 1987), pp. 79–117.

R. C. Marston, "Stabilization Policies in Open Economies," in R. W. Jones and P. B. Kenen, eds., *Handbook of International Economics*, Vol. 2 (Amsterdam: North-Holland, 1985), pp. 859–916.

R. Dornbusch and J. Frankel, "The Flexible Exchange Rate System: Experience and Alternatives," NBER Working Paper No. 2464, December 1987.

P. B. Kenen, ed., *Managing the World Economy* (Washington, D.C.: Institute for International Economics, 1994).

M. Fratianni, D. Salvatore, and P. Savona, eds., *Ideas for the Future of the International Monetary System* (Boston: Kluwer, 1999).

D. Salvatore, "How Can Exchange Rate Systems Be Made to Work Better?" in R. Rehaman, ed., *Exchange Rate Systems and Options for the Next Millennium* (New Haven, Conn.: JAI Press, 1999), pp. 209–236.

D. Salvatore, "The Present International Monetary System: Problems, Complications, and Reforms," *Open Economies Review*, August 2000, pp. 133–148.

D. Salvatore, "The Architecture and Future of the International Monetary System," in A. Arnon and W. Young, eds., *The Open Economy Macromodel: Past, Present and Future* (New York: Kluwer, 2002), pp. 310–330.

D. Salvatore, "Currency Misalignments and Trade Asymmetries among Major Economic Areas," *The Journal of Economic Asymmetries*, Vol. 2, No. 1, 2005, pp. 1–24.

International Monetary Fund, "Official Foreign Exchange Intervention," *Occasional Paper 229*, 2006.

D. Salvatore, "Structural Imbalances and Global Monetary Stability," *Economia Politica*, December 2008, pp. 429–441.

Currency boards and dollarizations are discussed in:

J. T. Balino and C. Enoch, *Currency Board Arrangements: Issues and Experiences, Occasional Paper 151* (Washington, D.C.: IMF, August 1997).

C. Enoch and A. M. Gulde, "Are Currency Boards a Cure for All Monetary Problems?" Financial Development, December 1998, pp. 40–43.

J. T. Balino, A. Bennett, and E. Borensztein, *Monetary Policy in Dollarized Economies*, Occasional Paper 171 (Washington, D.C.: IMF, 1999).

D. Salvatore, ed., "Dollarization for the Americas?" Special Issue of the *Journal of Policy Modeling*, May 2001.

S. Edwards and I. I. Magendzo, "Dollarization Inflation and Growth," NBER Working Paper No. 8671, December 2001.

D. Salvatore, J. Dean, and T. Willett, *The Dollarization Debate* (New York: Oxford University Press, 2003).

D. Salvatore, "Euroization, Dollarization and the International Monetary System," in G. von Furstenberg, ed., *The Euro and Dollarization: Forms of Monetary Union in Integrating Regions* (New York: Oxford University Press, 2004), pp. 27–40.

International macroeconomic policy coordination is examined in:

R. N. Cooper, "Economic Interdependence and Coordination of Economic Policies," in R. W. Jones and P. B. Kenen, eds., *Handbook of International Economics*, Vol. 2 (Amsterdam: North-Holland, 1985), pp. 1195–1234.

M. S. Feldstein, "Distinguished Lecture on Economics in Government: Thinking about International Policy Coordination," *Journal of Economic Perspectives*, Spring 1988, pp. 3–13.

J. A. Frankel and K. E. Rockett, "International Macroeconomic Policy Coordination When Policy Makers Do Not Agree on the True Model," *American Economic Review*, June 1988, pp. 318–340.

J. Horne and P. R. Masson, "Scope and Limits of International Economic Cooperation and Policy Coordination," *IMF Staff Papers*, June 1988, pp. 259–296.

Y. Fubabashi, *Managing the Dollar: From the Plaza to the Louvre* (Washington, D.C.: Institute of International Economics, 1988).

P. B. Kenen, *Exchange Rates and Policy Coordination* (Ann Arbor: Michigan University Press, 1990).

W. H. Branson, J. A. Frankel, and M. Goldstein, eds., *International Policy Coordination and Exchange Rate Fluctuations* (Chicago: University of Chicago Press, 1990).

A. R. Ghosh and P. R. Masson, "Model Uncertainty, Learning and Gains from Coordination," *American Economic Review*, June 1991, pp. 465–479.

D. Salvatore, ed., *Handbook of National Economic Policies* (Amsterdam and Westport, Conn.: North-Holland and the Greenwood Press, 1991).

J. A. Frenkel, M. Goldstein, and P. R. Masson, *Characteristics of a Successful Exchange Rate System, IMF Occasional Paper 82* (Washington, D.C.: IMF, July 1991).

M. Fratianni and D. Salvatore, eds., *Handbook of Monetary Economics in Developed Economies* (Amsterdam and Westport, Conn.: North-Holland and the Greenwood Press, 1993).

P. B. Kenen, ed., *Understanding Interdependence: The Macro-economics of Open Economies* (Princeton, N.J.: Princeton University Press, 1995).

T. Persson and G. Tabellini, "Double-Edged Incentives: Institutions and Policy Coordination," in G. Grossman and K. Rogoff, eds. *The Handbook of International Economics*, Vol. III (Amsterdam: North-Holland, 1995), pp. 1975–2030.

R. C. Bryant, *International Coordination of National Stabilization Policies* (New York: Oxford University Press, 1996).

M. Fratianni, D. Salvatore, and J. von Hagen, eds., *Handbook of Macroeconomic Policy in Open Economies* (Westport, Conn.: Greenwood Press, 1997), Part II, chs. 4–6.

M. Canzoneri, R. E. Cumby, and B. T. Diba, "The Need for International Policy Coordination: What's New, What's Yet to Come?" NBER Working Paper No. 8765, February 2002.

I. Tchakarov, "The Gains from International Monetary Cooperation Revisited," *IMF Working Paper WP 04/01* (Washington, D.C.: IMF, 2004).

G. Corsetti and G. J. Muller, "Multilateral Economic Cooperation and the International Transmission of Fiscal Policy," NBER Working Paper No. 17708, December 2011.

M. Lamberte and P. J. Morgan, "Regional and Global Monetary Cooperation," *ADBI Working Paper No. 246*, February 2012.

R. C. Feenstra and A. M. Taylor, *Globalization in an Age of Crisis: Multilateral Economic Cooperation in the Twenty-First Century* (Chicago: University of Chicago Press, 2013).

D. Salvatore, Editor, *International Policy Coordination*, Special Issue of the *Journal of Policy Modeling*, Part B, May/June 2013, with papers by Barry Eichengreen, Martin Feldstein, Peter Kenen, Ronald McKinnon, Robert Mundell, John Taylor, Jean-Clause Trichet, and Lawrence Klein and this author.

D. Salvatore, Editor, *Rapid Growth or Stagnation in the U.S. and World Economies*, Special Issue of the *Journal of Policy Modeling*, July/August 2014, with papers by Robert Barro, William Baumol, Martin Baily, Martin Feldstein, Dale Jorgenson, and John Taylor, among others.

International Monetary Fund, *World Economic Outlook* (IMF, Washington, D.C.: October 2014).

Organization For Economic Cooperation and Development, *Economic Outlook* (Paris: OECD, November 2014).

인터넷

The International Monetary Fund (IMF), the Organization for Economic Cooperation and Development (OECD), and the Bank for International Settlements (BIS) regularly review the monetary, fiscal, and exchange rate policies of various nations and other economic units and post many of their results on their web sites, which are:

    http://www.imf.org

    http://www.oecd.org

    http://www.bis.org

The central banks of the leading nations (the Board of Governors of the Federal Reserve Bank and the Federal Reserve Bank of New York for the United States and the European Central Bank for the European Monetary Union) include on their web sites a great deal of information on national economic and financial policies. The web sites for the United States, the European Union, the Bank of England, the Bank of Japan, and the Bank of Canada are:

    http://www.federalreserve.gov/policy.htm

    http://www.newyorkfed.org/index.html

    http://www.ecb.europa.eu/home/html/index.en.html

    http://www.bankofengland.co.uk

    http://www.boj.or.jp/en/index.htm

    http://www.bankofcanada.ca/?page_moved=1

The link to most of the worlds' central banks is found on the web site of the Bank for International Settlements (BIS) at:

    http://www.bis.org/cbanks.htm

Analyses of monetary and other economic policies of the leading nations are also provided in *The Economic Report of the President*, The Federal Reserve Bank of St. Louis, the European Commission (EC), National Bureau of Economic Research (NBER), and Institute for International Economics (IIE). The web sites for these organizations are:

http://www.stlouisfed.org/
http://europa.eu

http://nber.org
http://www.iie.com

| 제9장 |

국제통화제도 : 과거, 현재 및 미래

The operation of the gold standard is discussed in:

D. Hume, "Of the Balance of Trade," in *Essays, Morals, Political and Literary*, Vol. 1 (London: Longmans Green, 1898). Excerpts reprinted in R. N. Cooper, *International Finance* (Baltimore: Penguin, 1969), pp. 25–37.

F. W. Taussig, *International Trade* (New York: Macmillan, 1927).

R. Nurkse, *International Currency Experience* (Princeton, N.J.: League of Nations, 1944).

A. I. Bloomfield, *Monetary Policy Under the International Gold Standard: 1880–1914* (New York: Federal Reserve Bank, 1959).

M. Michaely, *Balance-of-Payment Adjustment Policies* (New York: National Bureau of Economic Research, 1968).

W. Bagehot, *Lombard Street* (New York: Arno Press, 1978).

M. D. Bordo and A. J. Schwartz, eds., *A Retrospective on the Classical Gold Standard* (Chicago: University of Chicago Press, 1984).

R. I. McKinnon, *The Rules of the Game* (Cambridge, Mass.: MIT Press, 1996).

T. Bayoumi, B. Eichengreen, and M. P. Taylor, eds., *Modern Perspectives on the Gold Standard* (New York: Cambridge University Press, 1996).

C. M. Meissner, "A New World Order: Explaining the Emergence of the Classical Gold Standard," NBER Working Paper No. 9333, October 2002.

For the presentation and evaluation of the interwar experience, see:

R. Nurkse, *The Interwar Currency Experience: Lessons of the Interwar Period* (Geneva: United Nations, 1944).

S. C. Tsiang, "Fluctuating Exchange Rates in Countries with Relatively Stable Economies: Some European Experiences after World War I," International Monetary Fund Staff Papers, October 1959, pp. 244–273.

R. Z. Aliber, "Speculation in Foreign Exchanges: The European Experience, 1919–1926," *Yale Economic Essays*, Vol. 2, 1962, pp. 171–245.

An examination of the post-World War II international monetary experience is found in:

R. Triffin, *Gold and the Dollar Crisis* (New Haven, Conn.: Yale University Press, 1961).

M. Mussa et al., *Improving the International Monetary System*, Occasional Paper No. 116 (Washington, D.C.: IMF, 1984).

M. G. de Vries, *The IMF in a Changing World* (Washington, D.C.: IMF, 1986).

R. Dornbusch and J. Frankel, "The Flexible Exchange Rate System: Experience and Alternatives," *Working Paper No. 2464* (Cambridge, Mass.: National Bureau of Economic Research, 1987).

M. Feldstein, "The Case Against Trying to Stabilize the Dollar," American Economic Review, May 1989, pp. 36–40.

J. J. Polak, *The Changing Nature of IMF Conditionality, Essays in International Finance No. 184* (Princeton, N.J.: Princeton University Press, September 1991).

M. D. Bordo and B. Eichengreen, eds., *A Retrospective on the Bretton Woods System* (Chicago: University of Chicago Press, 1993).

P. B. Kenen, *Managing the World Economy* (Washington, D.C.: Institute for International Economics, 1994).

P. M. Garber and L.E.O. Svensson, "The Operation and Collapse of Fixed Exchange Rate Regimes," *The Handbook of Internat-ional Economics*, Vol. III (Amsterdam: North-Holland, 1995), pp. 1865–1911.

P. De Grauwe, *International Money* (New York: Oxford University Press, 1996).

R. I. McKinnon, *The Rules of the Game* (Cambridge, Mass.: MIT Press, 1996).

M. G. de Vries, "The International Monetary Fund and the International Monetary System," in M. Fratianni, D. Salvatore, and J. von Hagen, eds., *Handbook of Macroeconomic Policy in Open Economies* (Westport, Conn.: Greenwood Press, 1997), ch. 7.

D. Salvatore, "International Monetary and Financial Arrangements: Present and Future," Open Economies Review, December 1998, pp. 375–417.

M. Fratianni, D. Salvatore, and P. Savona, eds., *Ideas for the Future of the International Monetary System* (Boston: Kluwer, 1999).

J. M. Boughton, *Silent Revolution: The International Monetary Fund, 1979–1989* (Washington, D.C.: IMF, 2001).

W. M. Corden, *On the Choice of Exchange Rate Regimes* (Cambridge, Mass.: MIT Press, 2002).

D. Salvatore, "Currency Misalignments and Trade Asymmetries among Major Economic Areas," *The Journal of Economic Asymet-ries*, Vol. 2, No. 1, 2005, pp. 1–24.

D. Salvatore, "The Euro, the Dollar and the International Monet-ary System," Special Issue of the *Journal of Policy Modeling*, (with the participation of B. Eichengreen, M. Feldstein, J. Frankel, H. Grubel, O. Issing, P. Kenen, R. McKinnon, R. Mundell, M. Mussa, and K. Rogoff, and D. Salvatore, June 2005.

D. Salvatore, "International Liquidity," "Reserve Currency," and "Vehicle Currency," *The Princeton Encyclopedia of the World Economy* (Princeton, N.J.: Princeton University Press, 2008), pp. 683–686, 968–971, 1161–1163.

D. Salvatore, "Nobels on the Future of the World Economy," Special Issue of the *Journal of Policy Modeling* (with the participation of R. Fogel, L. Klein, R. Mundell, E. Phelps, and M. Spence), August 2009.

B. Eichengreen, *Globalizing Capital: A History of the International Monetary System*, 2nd ed. (Princeton, N.J.: Princeton University Press, 2008).

B. Eichengreen, "The Dollar Dilemma: The World's Top Currency

Faces Competition," Foreign Affairs, September/October 2009, pp. 53–68.

M. W. Klein and J. C. Shambaugh, *Exchange Rate Regimes in the Modern Era* (Cambridge, MA: MIT Press, 2010).

A. Ghosh, J. D. Ostry, and C. Tsangarides, *Exchange Rate Regi-mes and the Stability of the International Monetary System* (Washington, D.C.: IMF, 2010).

D. Salvatore, *Growth or Stagnation After Recession?* Special Issue of the *Journal of Policy Modeling*, September/October 2010 (with papers by O. Blanchard, M. Feldstein, D. W. Jorgenson, E. Phelps, J. Stiglitz, and this author).

D. Salvatore, Rapid *Growth or Stagnation in the U.S. and the World Economy*, Special Issue of the *Journal of Policy Modeling*, July/August 2014 (with papers by I. Visco, R. J. Barro, J. B. Taylor, M. Feldstein, M. Baily, and D. Jorgenson).

International Monetary Fund, Annual Report (Washington D.C.: IMF, 2015).

BIS, Annual Report (Basel: BIS, 2015).

For the "original sin," see:

B. Eichengreen and R. Hausmann, *"Exchange Rates and Financial Fragility,"* in New Challenges for Monetary Policy (Kansas City, MO: Federal Reserve of Kansas City, 1999), pp. 329–368.

B. Eichengreen and R. Hausmann, eds., *Other People's Money: Debt Denomination and Financial Instability in Emerging Market Economies* (Chicago: University of Chicago Press, 2005).

The recent global financial crisis is examined in:

R. Rajan, *Fault Lines* (Princeton, N.J.: Princeton University Press, 2010).

C. Reinhart and K. Rogoff, *This Time Is Different: Eight Centuries of Financial Folly* (Princeton, N.J.: Princeton University Press, 2010).

D. Salvatore, "The Global Financial Crisis: Predictions, Causes, Effects, Policies, Reforms and Prospects," *Journal of Economic Asymmetries*, December 2010, pp. 1–20.

A. Razin and S. Rosefielde, "Currency and Financial Crisis of the 1990s and 2000s," NBER Working Paper No. 16754, February 2011.

Reforms of the international monetary system are examined in:

M. Stamp, "The Stamp Plan," Moorgate and Wall Street, Autumn 1962, pp. 5–17.

Y. S. Park, *The Link Between Special Drawing Rights and Development Finance*, Essays in International Finance, No. 100 (Princeton, N.J.: Princeton University Press, 1973).

J. Tobin, "A Proposal for International Monetary Reform," *Eastern Economic Journal*, July/October 1978, pp. 153–159.

P. B. Kenen, "The Use of the SDR to Supplement or Substitute for Other Means of Finance," in G. M. von Furstenberg, ed., *Internat-ional Money and Credit: The Policy Roles* (Washington, D.C.: IMF, 1983), pp. 327–360.

R. N. Cooper, "A Monetary System for the Future," Foreign Affairs, Fall 1984, pp. 166–184.

R. I. McKinnon, *An International Standard for Monetary Stabilization* (Washington, D.C.: Institute for International Economics, 1984).

J. Williamson, "Target Zones and the Management of the Dollar," *Brookings Papers on Economic Activity*, No. 1, 1986, pp. 165–174.

J. A. Frenkel and M. Goldstein, "A Guide to Target Zones," IMF Staff Papers, December 1986, pp. 663–669.

J. Williamson and M. H. Miller, *Targets and Indicators: A Blueprint for the International Coordination of Economic Policy* (Washington, D.C.: Institute for International Economics, 1987).

M. H. Miller and J. Williamson, "The International Monetary System: An Analysis of Alternative Regimes," European Economic Review, June 1988, pp. 1031–1048.

R. I. McKinnon, "Monetary and Exchange Rate Policies for Inter-national Financial Stability: A Proposal," *Journal of Economic Perspectives*, Winter 1988, pp. 83–104.

D. Salvatore, "Concepts for a New International Trade and Monetary Order," in G. Fink, ed., *The World Economy and the East* (Vienna and New York: Springer-Verlag, 1989), pp. 26–47.

J. Frenkel, M. Goldstein, and P. R. Masson, *Characteristics of a Successful Exchange Rate System*, IMF Occasional Paper 82 (Washington, D.C.: IMF, July 1991).

P. Krugman, "Target Zones and Exchange Rate Dynamics," *Quarterly Journal of Economics*, August 1991, pp. 669–682.

D. Salvatore, "The International Monetary System: Past, Present, and Future," Fordham Law Review, May 1994, pp. 1975–1988.

B. Eichengreen, *International Monetary Arrangements for the 21st Century* (Washington, D.C.: The Brookings Institution, 1994).

M. Goldstein, *The Exchange Rate System and the IMF: A Modest Agenda* (Washington, D.C.: Institute for International Economics, 1995).

J. Frankel, "Recent Exchange-Rate Experience and Proposals for Reform," American Economic Review, May 1996, pp. 153–157.

Federal Reserve Bank of Kansas City, *Maintaining Financial Stability in the Global Economy* (Kansas City, MO: Federal Reserve Bank, 1997).

B. Eichengreen, *Towards a New Financial Architecture* (Washington D.C.: Institute for International Economics, 1999).

R. Mundell and A. Cleese, *The Euro as a Stabilizer in the International Economic System* (Norwell, Mass.: Kluwer, 2000).

R. A. Mundell, "A Reconsideration of the Twentieth Century," American Economic Review, June 2000, pp. 327–340.

M. Mussa et al., "Exchange Rate Regimes in an Increasingly Integrated World Economy," IMF Occasional Paper No. 193, 2000.

D. Salvatore, "The Present International Monetary System: Problems, Complications, and Reforms, Open Economy Review, August 2000, pp. 133–148.

D. Salvatore, "The Architecture and Future of the International Monetary System," in A. Arnon and W. Young, eds., *The Open Economy Macromodel: Past, Present, and Future* (New York: Kluwer, 2002), pp. 310–330.

D. Salvatore, "Currency Misalignments and Trade Asymmetries among Major Economic Areas," *The Journal of Economic Asymmetries*, Vol. 2, No. 1, 2005, pp. 1–24.

P. E. Kenen, "Reform of the International Monetary Fund," Council on Foreign Relations, CSR No. 29, May 2007.

R. Rajan, "The Future of the IMF and the World Bank," American Economic Review, May 2008, pp. 110–115.

E. M. Truman, "The IMF and the Global Crisis: Role and Reform," Remarks Delivered to the Committee on Foreign Relations, January 22–23, 2009.

M. P. Dooley, D. Folkerts-Landau, and P. M. Garber, "Bretton Woods II Defines the International Monetary System," NBER Working Paper No. 14731, February 2009.

C. M. Reinhart and K. Rogoff, *This Time Is Different: Eight*

Centuries of Financial Folly (Princeton, N.J.: Princeton University Press, 2009).

J. Stigliz et al., *The Stiglitz Report: Reforming the International Monetary and Financial Systems in the Wake of the Global Crisis* (New York: The New Press, 2010).

D. Salvatore, ed., "The Euro, the Dollar, the Renminbi and the International Monetary System," Special Issue of the *Journal of Policy Modeling*, September/October 2011, with articles by B. Eichengreen, M. Feldstein, O. Issing, P. Kenen, R. McKinnon, and D. Salvatore.

D. Salvatore, ed., "A New International Monetary Order?" Special Issue of the *Journal of Policy Modeling*, September/October 2012, with articles by B. Eichengreen, P. Kenen, R. McKinnon, R. Mundell, M. Mussa, and D. Salvatore.

C. Bastasin, *Saving Europe: How National Politics Nearly Destroyed the Euro* (Washington, D.C.: Brookings Institution, 2012).

H. James, *Making the European Monetary Union* (Cambridge, MA: Harvard University Press, 2012).

P. R. Lane, "The European Sovereign Debt Crisis," *Journal of Economic Perspectives*, Summer 2012, pp. 49–68.

J. C. Shambaugh, "The Euro Three Crises," *Brookings Papers on Economic Activity*, No.1, 2012, pp. 157–2011.

A. Blinder, *After the Music Stopped: The Financial Crisis, the Response, and the Work Ahead* (New York: Penguin Press, 2013).

S. Nayk, *The Global Financial Crisis* (New York: Springer, 2013).

L. A. V. Catao and Gian Maria Milesi-Ferretti, "External Liabilities and Crises," *IMF Working Paper*, WP13/113, May 2013.

J. E. Gagnon, "Stabilizing Properties of Flexible Exchange Rates: Evidence from the Global Financial Crisis," *Policy Brief Number PB13-28*, Peterson Institute for International Economics, November 2013.

D. Salvatore, *When will the Euro Crisis End?* Special Issue of the *Journal of Policy Modeling*, May/June 2015 (with papers P. De Grauwe, B. Eichengreen, M. Feldstein, J. Frankel, R. Mundell, R. McKinnon, and this author).

The current trade problems and reforms are examined in:

W. R. Cline, *Trade Policy in the 1980s* (Washington, D.C.: Institute for International Economics, 1982).

R. E. Baldwin, "Trade Policies in Developed Countries," in R. W. Jones and P. B. Kenen, eds., *Handbook of International Economics*, Vol. 1 (Amsterdam: North-Holland, 1984), pp. 572–619.

Organization for Economic Co-Operation and Development, *Costs and Benefits of Protection* (Paris: OECD, 1985).

J. N. Bhagwati, *Dependence and Interdependence* (Cambridge, Mass.: MIT Press, 1985).

D. Salvatore, ed., *The New Protectionist Threat to World Welfare* (New York: North-Holland, 1987).

M. W. Corden, *Protection and Liberalization: A Review of Analytical Issues*, Occasional Paper 54 (Washington, D.C.: IMF, 1987).

J. N. Bhagwati, *Protectionism* (Cambridge, Mass.: MIT Press, 1988).

J. Bhagwati, *The World Trading System at Risk* (Princeton, N.J.: Princeton University Press, 1991).

D. Salvatore, "How to Solve the U.S.-Japan Trade Problem," Challenge, January/February 1991, pp. 40–46.

D. Salvatore, ed., *Handbook of National Trade Policies* (Westport, Conn., and Amsterdam: Greenwood Press and North-Holland, 1992).

D. Salvatore, ed., *Protectionism and World Welfare* (New York:

Cambridge University Press,1993).

R. E. Feenstra, G. M. Grossman, and D. A. Irwin, eds., *The Political Economy of Trade Policy* (Cambridge, Mass.: MIT Press, 1996).

D. Salvatore, "Europe's Structural and Competitiveness Problems," The World Economy, March 1998, pp. 189–205.

I. M. Destler, *American Trade Policies*, 4th ed. (Washington, D.C.: Institute for International Economics, 2005).

D. Salvatore, "Global Imbalances," *The Princeton Encyclopedia of the World Economy* (Princeton, N.J.: Princeton University Press, 2008), pp. 536–541.

WTO, *Annual Report* (Geneva: WTO, 2015).

UNCTAD, *Trade and Development Report* (New York: United Nations, 2015).

For the international debt and growth problems of developing countries, as well as financial crises in emerging markets, see:

W. R. Cline, *International Debt: Systematic Risk and Response* (Washington, D.C.: Institute for International Economics, 1984).

D. Salvatore, "Petroleum Prices, Exchange Rate Changes, and Domestic Inflation in Developing Nations," Weltwirtschaftliches Archiv, March 1984, pp. 580–589.

D. Salvatore, ed., *World Population Trends and Their Impact on Economic Development* (Westport, Conn.: Greenwood Press, 1988).

E. Cardoso and R. Dornbusch, "Foreign Capital Flows," in H. Chenery and T. N. Srinivasan, *Handbook of Development Economics*, Vol. II (Amsterdam: North-Holland, 1989), pp. 1387–1439.

H. Chenery and T. N. Srinivasan, *Handbook of Development Economics*, Vols. I and II (Amsterdam: North-Holland, 1988 and 1989).

D. Salvatore, ed., *African Development Prospects: A Policy Modeling Approach* (New York: Taylor and Francis for the United Nations, 1989).

B. Eichengreen and P. H. Lindert, *The International Debt Crisis in Historical Perspective* (Cambridge, Mass.: MIT Press, 1989).

J. A. Frankel et al., eds., *Analytical Issues in Debt* (Washington, D.C.: IMF, 1989).

J. Sachs, *Developing Country Debt, Volume 1: The World Financial System* (Chicago: University of Chicago Press for the NBER, 1989).

E. Grilli and D. Salvatore, eds., *Handbook of Development Economics* (Westport, Conn., and Amsterdam: Greenwood Press and North-Holland, 1994).

J. Eaton and R. Fernandez, "Sovereign Debt," in G. Grossman and K. Rogoff, eds., *The Handbook of International Economics*, Vol. III (Amsterdam: North-Holland, 1995), pp. 2031–2077.

G. L. Kaminsky and A. Pereira, "The Debt Crisis: Lessons of the 1980s for the 1990s," *Journal of Development Economics*, June 1996, pp. 1–24.

D. Salvatore, "International Trade Policies, Industrialization, and Economic Development," *International Trade Journal*, Spring 1996, pp. 21–47.

D. Salvatore, "Could the Financial Crisis in East Asia Have Been Predicted?" *Journal of Policy Modeling*, May 1999, pp. 341–348.

G. L. Kaminsky and C. M. Reinhart, "The Twin Crises: The Causes of Banking and Balance of Payments Problems," American Economic Review, June 1999, pp. 473–500.

"Symposium on Global Financial Instability," *Journal of Economic Perspectives*, Fall 1999, pp. 3–84.

"Symposium: The Origin and Management of Financial Instability,"

The Economic Journal, January 2000, pp. 235–262.

D. Reagle and D. Salvatore, "Forecasting Financial Crises in Emerging Market Economies," Open Economies Review, August 2000, pp. 133–150.

R. Dornbusch, "A Primer on Emerging Market Crises," NBER Working Paper No. 8326, June 2001.

N. Roubini and B. Setser, *Bailout or Bailins? Responding to Financial Crises in Emerging Economies* (Washington, D.C.: Institute for International Economics, 2004).

B. Eichengreen and R. Hausman, eds. *Other People's Money: Debt Denomination and Financial Instability in Emerging Market Economics* (Chicago: University of Chicago Press, 2005).

D. Regale and D. Salvatore, "Robustness of Forecasting Financial Crises in Emerging Market Economies with Data Revisions," Open Economies Review, April 2005, pp. 209–216.

J. A. Frankel, "Contractionary Currency Crashes in Developing Countries," NBER Working Paper No. 11508, July 2005.

D. Salvatore and F. Campano, "The Financial Crisis in East Asia—Then and Now," *East Asia Law Journal*, March 2010, pp. 1–20.

United Nations, *Human Development Report* (New York: United Nations, 2015).

World Bank, *World Development Report* (Washington, D.C.: The World Bank, 2015).

World Bank, *Global Development Finance* (Washington, D.C.: The World Bank, 2015).

International Monetary Fund, *Global Financial Stability Report* (Washington, D.C.: IMF, September 2015).

인터넷

Data and analyses of the operation of the present international monetary and trading systems are regularly conducted by the International Monetary Fund (IMF), the Organization for Economic Cooperation and Development (OECD), the Bank for International Settlements (BIS), the World Trade Organization (WTO), and the World Bank (WB). Many of these are posted on their web sites at:

  http://www.imf.org
  http://www.oecd.org
  http://www.bis.org
  http://www.wto.org
  http://www.worldbank.org

For historical exchange rate, interest rate, and price of gold data during the gold standard, see:

  http://www.nber.org/databases/macrohistory/contents/index.html

For the operation of the international monetary system and International Monetary Fund, as well as proposals for reforms of the international monetary system, see:

  http://www.imf.org/external/pubs/ft/weo/2014/01/index.htm

To compare price discipline under fixed and flexible exchange rate systems, examine historical CPI data for various countries at:

  http://www.economagic.com/blsint.htm

For the Special Drawing Rights (SDR) "valuation basket: percentage weights," see:

  http://www.imf.org/external/np/exr/facts/sdr.htm

GDP and trade data are found at:

  http://www.worldbank.org
  http://www.wto.org

Financial data on emerging markets and their crises are found at:

  http://www.worldbank.org
  http://www.emgmkts.com
  http://www.roubini.com

찾아보기

**역자
소개**

김갑용

서울대학교 무역학과 졸업
서울대학교 대학원 국제경제학과 석사
서울대학교 대학원 국제경제학과 박사
현재 광주대학교 경영대학 국제물류무역학과 교수

주요 저서 및 역서
국제경제학원론(시그마프레스), 국제경제학연습(비봉출판사)

**저자
소개**

도미니크 살바토레

포담대학교 경제학과 교수

주소 : 뉴욕 10458
전화번호 : 718-817-4048
팩스 : 914-337-3355
email : salvatore@fordham.edu